Zeiten und Menschen 3

Herausgegeben von:

Hans-Jürgen Lendzian

Autoren:

Lambert Austermann

Siegfried Bethlehem

Michael Bohle

Ulrich Bröhenhorst

Daniel Burger

Bernd Hendig

Ulrich Henselmeyer

Hans-Jürgen Lendzian

Schöningh

westermann GRUPPE

© 2009 Bildungshaus Schulbuchverlage
Westermann Schroedel Diesterweg Schöningh Winklers GmbH, Braunschweig
www.westermann.de

Druck A^{10} / Jahr 2019
Alle Drucke der Serie A sind im Unterricht parallel verwendbar.

Umschlaggestaltung: Nora Krull, Bielefeld
Druck und Bindung: Westermann Druck GmbH, Braunschweig

ISBN 978-3-14-**034517**-0

Inhalt

Kennzeichnung mit Sternchen* = Vertiefung

Methoden in diesem Band

Sowjetunion und USA: Neue weltpolitische Koordinaten

Die Statue „Arbeiter und Kolchosbäuerin" wurde für die Pariser Weltausstellung im Jahre 1937 geschaffen. Das Stahlkunstwerk der Bildhauerin Vera Muchina hat eine Höhe von 25 Metern und wiegt 7,5 Tonnen.

Denkmäler haben symbolische Funktion. Oft besteht sie darin, Herrschaft zu symbolisieren oder bedeutsame historische Persönlichkeiten zu würdigen bzw. zu verherrlichen. In vielen Fällen sind Denkmäler auch Abbilder großer Ideen, wie im Fall der beiden Statuen auf dieser Doppelseite:

● „Arbeiter und Kolchosbäuerin" als Sinnbild für ein revolutionäres sozialistisch-kommunistisches Gesellschaftskonzept.

● Die „Freiheitsstatue" steht für ein bürgerlich-liberal-demokratisches Gesellschaftskonzept.

Sie symbolisieren zwei politische und gesellschaftliche Ordnungskonzepte, die sich seit 1917 mit einem globalen, d.h. weltumspannenden Geltungsanspruch unversöhnlich gegenüberstanden.

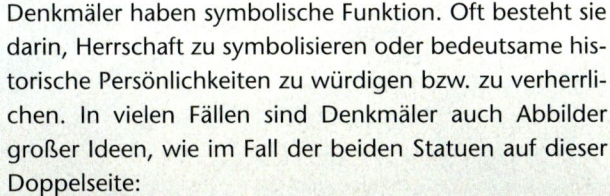

Dies ist die „Freiheitsstatue", die im New Yorker Hafen auf Liberty Island steht. Sie soll jeden Einwanderer und Rückkehrer nach Amerika begrüßen. Die Statue wurde am 28. Oktober 1886 eingeweiht. Sie war ein Geschenk Frankreichs an die USA anlässlich der Hundertjahrfeier der amerikanischen Unabhängigkeitserklärung von 1776.

Sowjetunion und USA:
Neue weltpolitische Koordinaten – Ein Überblick

„Jahrhundert der Ideologien"

Der Erste Weltkrieg markiert einen tiefen Einschnitt in der europäischen und weltgeschichtlichen Entwicklung. Als prägender Ausgangspunkt der Epoche des 20. Jahrhunderts hat er nicht nur die territorialen Grenzen in Europa neu gezogen, sondern auch den Weg zu neuen Staats- und Herrschaftsformen frei gemacht.

Die Welt von gestern hatte ausgedient. Die großen Monarchien des Deutschen Reiches und Österreich-Ungarns waren zusammengebrochen, neue Staaten wie die Tschechoslowakei und Jugoslawien entstanden. Frankreich und England gehörten zwar zu den Siegern, waren wirtschaftlich und politisch jedoch geschwächt. Insgesamt gesehen verlor Europa seine beherrschende Rolle in der Welt.

Vor allem in Europa suchten viele Staaten und die in ihnen lebenden Menschen nach neuen Orientierungen bzw. Ideen und Wertvorstellungen. Zu diesen sogenannten Ideologien gehörten das kommunistische Sowjetsystem sowie die Demokratie nach dem Vorbild der USA. „Jahrhundert der Ideologien" haben moderne Historikerinnen und Historiker deshalb auch das 20. Jahrhundert genannt.

Die Sowjetunion entsteht

Bereits 1916 hatte sich die Niederlage des alten absolutistischen Zarenreiches abgezeichnet. Die Unzufriedenheit der Bevölkerung äußerte sich in Streiks und Demonstrationen, Tausende von Soldaten desertierten. 1917 beseitigten schließlich zwei Revolutionen das alte absolutistische Zarenreich und brachten ein neues Staatswesen hervor, das mehr als sieben Jahrzehnte Bestand hatte: die Sowjetunion. Sie entwickelte sich bis zu ihrem Zusammenbruch am Ende der 80er-Jahre des letzten Jahrhunderts neben den USA zu einer Supermacht, die die Weltpolitik dominierte.

Die Flamme der Revolution (Plastik von Vera Muchina, 1922/23)

Eine bessere Alternative?

In der Sowjetunion entstand eine neuartige Gesellschafts- und Wirtschaftsordnung, die beanspruchte, eine bessere Alternative zu den kapitalistischen Demokratien des Westens zu sein. Mit dem Modell des Kommunismus sollte die Ausbeutung des Menschen in einer klassenlosen Gesellschaft überwunden und ein Leben ohne Mangel möglich werden.

Russland/Sowjetunion									
18. Jh.	**1905**	**1906**	**Februar 1917**	**Oktober 1917**	**1921**	**1922**	**1924**	**1928**	**1929**
Aufstieg Russlands zur Großmacht	Erste Revolution nach dem Petersburger Blutsonntag	Erste russische Verfassung, Duma	Februarrevolution, Abdankung des Zaren	Oktoberrevolution, Machtübernahme der Bolschewisten	Sieg der Roten Armee im Bürgerkrieg, Matrosenaufstand von Kronstadt	Gründung der UdSSR, Stalin wird Generalsekretär der Partei	Tod Lenins (24.1.)	Beginn der Kollektivierung der Landwirtschaft	Beginn des ersten Fünfjahresplanes

USA: Zukunftsgestaltung in demokratischer Tradition

Die Idee der Freiheit: Die Freiheitsstatue des New Yorker Hafens, die auf S. 9 zu sehen ist, setzt ihren Fuß auf zerbrochene Ketten, die Zwangsherrschaft und Unterdrückung symbolisieren. Die Fackel soll für die Erleuchtung der Welt stehen. Dieses Bild von sich selbst als der freiheitlichen Nation hat Amerikas Politik seit der Gründung des Staates bestimmt. So auch im Epochenjahr 1917.

Amerikas „Kreuzzug" für die Demokratie: Obwohl sich die USA immer wieder als neutral bezeichneten, griffen sie auf der Seite Englands und Frankreichs in den europäischen Krieg ein, der damit zum Ersten Weltkrieg des 20. Jahrhunderts wurde. Der amerikanische Präsident Woodrow Wilson schickte junge Soldaten in das entfernte Europa, um für eine bessere, demokratische Welt zu kämpfen, in der freie Staaten friedlich zusammenarbeiten.

Die Entstehung des demokratischen Selbstverständnisses: Dieser Anspruch, eine bessere Welt zu schaffen, ist tief verwurzelt in der amerikanischen Geschichte. Schon in der Zeit des kolonialen Amerika entstand die Vorstellung, ein Land zu sein, in dem die Menschen frei und gleich sind und ihr Glück verwirklichen können. 1776 erklärten die ursprünglichen 13 englischen Kolonien ihre Unabhängigkeit vom Mutterland. Sie beanspruchten, über ihre Angelegenheiten selbst bestimmen zu können. Die Verfassung von 1787 garantierte die bis heute gültigen demokratischen Prinzipien.

Die USA werden zur Weltmacht: Nach der Gründung der USA erfolgte die weitere Eroberung des Kontinents, die am Ende des 19. Jahrhunderts abgeschlossen war. Der mühsame Kampf der Siedler, für die Amerika das gelobte Land war, prägte das amerikanische Selbstverständnis. Der junge Staat fühlte sich auserwählt, nachdem er den Westen durchquert hatte, seine Ideale auch über den Kontinent hinaus auszubreiten. Diese Ausdehnung verfolgte direkte politische und wirtschaftliche Interessen. Das Land wollte wirtschaftliche Weltmacht werden. Die Wirtschaftsordnung beruhte auf Privateigentum. Seine Besitzer strebten nach größtmöglichem Gewinn; dass dieser ungleich verteilt war, schien ihnen nur natürlich.

Mit ihrem marktwirtschaftlich-kapitalistischen Wirtschaftssystem, ihrem Anspruch auf eine freie, liberale Gesellschaftsordnung und ihrem demokratischen Politikverständnis unterschieden sich die USA grundsätzlich von der Sowjetunion. Es war nur konsequent, dass dieser Gegensatz der Ordnungen zu einer machtpolitischen Rivalität führte, die die internationale Politik des 20. Jahrhunderts bestimmte.

Wahlplakat des Kandidaten William McKinley anlässlich der Präsidentschaftswahlen im Jahre 1896

Vereinige Staaten von Amerika

1607	4.7.1776	1861 – 1865	1890	1898	6.4.1917
Gründung der ersten englischen Siedlung in Amerika	Die 13 englischen Kolonien erklären ihre Unabhängigkeit als Vereinigte Staaten von Amerika.	Bürgerkrieg zwischen Süd- und Nordstaaten, Sieg der Nordstaaten, Verbot der Sklaverei, Einheit der USA gesichert.	Abschluss der Eroberung des amerikanischen Westens bis zum Pazifik	Beteiligung der USA am Imperialismus (Mittel-/Südamerika, Pazifik, Südostasien)	Kriegserklärung der USA an Deutschland, Eintritt in den Ersten Weltkrieg

Russische Revolution und Sowjetunion – Sozialistischer Weg der Zukunftsgestaltung

„Lenin verkündet die Sowjetmacht"
(Gemälde von Vladimir Serov, 1947, im Stil des „Sozialistischen Realismus", Ausschnitt).

Stalin (Aufnahme aus den 1920er-Jahren)

Die Russische Revolution von 1917 unter der Führung Lenins hatte den Untergang des absolutistischen Zarenreiches besiegelt und der Ideologie des Kommunismus den Weg bereitet. Aus kommunistischer Perspektive wurde die Russische Revolution deshalb zum Ausgangspunkt der Weltrevolution und die Sowjetunion zur Wiege des Kommunismus, die es zu unterstützen galt. Dem widersprach aus Sicht der kommunistischen Machthaber auch nicht, dass sich die Sowjetunion unter der Herrschaft Stalins zu einer Diktatur entwickelte. Bis zu ihrer Auflösung verkörperte die Sowjetunion ein Gesellschaftssystem, das den Anspruch erhob, die bessere Alternative zu den kapitalistischen Demokratien des Westens zu sein.

Im folgenden Kapitel beschäftigen wir uns mit der Russischen Revolution, die die Welt verändern sollte, und mit der Sowjetunion unter der Herrschaft Stalins.
Dabei stehen diese **Leitfragen** im Mittelpunkt:

- **Wie und warum kam es zum Zusammenbruch des Zarenreiches in Russland?**
- **Wie verlief die Revolution und was waren ihre Ergebnisse?**
- **Welche Merkmale charakterisieren die Sowjetunion unter der Herrschaft Stalins?**
- **Welche weltpolitische Bedeutung hatte die Russische Revolution von 1917?**

Die Russische Revolution: Zukunftsgestaltung durch Sozialismus

1917 – Revolution in Russland

Mit dem Jahr 1917 endete in Russland eine Epoche der Geschichte. Die jahrhundertelange Alleinherrschaft des Zaren, des Oberhauptes des russischen Reiches, war zusammengebrochen. Die Russische Revolution bedeutete für Russland den Aufbruch in eine neue Zeit.

● **Revolution in Russland: Vorgeschichte, Verlauf und Ergebnisse**

Wir strukturieren und visualisieren ereignisgeschichtliche Verläufe und Zusammenhänge eines Schlüsselereignisses von weitreichender weltpolitischer Bedeutung.

1. Erstellt auf der Grundlage des Infotextes eine Mindmap. Erinnert euch an die Vorgehensweise bei der Französischen Revolution. Bei Revolutionen ist es sinnvoll, zu unterscheiden zwischen

– Ursachen
– Trägern
– Zielen
– Verlauf und
– Ergebnissen.

Vorschlag, wie ihr den informationsreichen Darstellungstext auf diese zentralen Aspekte verknappen könnt:

a) Bildet kleine Arbeitsgruppen. Jedes Gruppenmitglied erstellt zunächst in Einzelarbeit eine Stichwortsammlung, die nach den oben genannten Aspekten strukturiert ist.

b) Erstellt gemeinsam auf einer Folie anhand eurer Stichwortlisten eine Mindmap.

2. Präsentiert eure Lösungsvorschläge vor der Klasse.

Das vorrevolutionäre Russland

Revolutionen sind Ereignisse, die alles umstürzen bzw. radikal verändern. Um sie zu verstehen, muss man sich vergegenwärtigen, was verändert wird. Zu einer sachgerechten Darstellung einer Revolution gehört also auch die Vorgeschichte.

Russland vor 1917

Im 18. Jahrhundert war Russland zur europäischen Großmacht aufgestiegen. Nach Bevölkerungszahl und Fläche stellte Russland am Ende des 19. Jahrhunderts die mit Abstand größte Macht dar. In seiner wirtschaftlichen, sozialen und politischen Entwicklung war Russland jedoch hinter den anderen europäischen Staaten zurückgeblieben. An der Wende zum 20. Jahrhundert herrschte Nikolaus II. nach wie vor als Zar „autokratisch", d.h. unumschränkt. Seine Macht war weder durch ein Parlament noch durch eine Verfassung eingeschränkt. Ein Karikaturist hat die Autokratie im Bild festgehalten: Der Zar stützte sich auf den Adel, der über Grundbesitz verfügte, auf die Kirche und auf eine Beamtenschaft, die aufgrund ihrer privilegierten Stellung kein Interesse an einer Veränderung der politischen Verhältnisse hatte. Ein umfangreicher Polizeiapparat sollte sicherstellen, dass jede Handlung der Untertanen gegen das System der Autokratie unterbunden blieb.

Die Situation der Bauern

Der Großteil der russischen Bevölkerung – etwa 85% – bestand aus abhängigen Kleinbauern, die keine politischen Rechte hatten und damit der Willkür der adeligen Großgrundbesitzer ausgeliefert waren. Etwa drei Viertel aller Russen konnten weder rechnen noch schreiben. Der Anstieg der Bevölkerung bewirkte, dass immer mehr Bauern immer weniger Land teilen mussten. Viele Bauern verarmten.

Die Situation der Arbeiter

Trotz verstärkter Anstrengungen zum Aufbau einer modernen Industrie verbesserte sich die Situation der russischen Arbeiter durch die Industrialisierung nicht. Harte Arbeitsbedingungen, niedrige Löhne und das Fehlen sozialer Absicherung kennzeichneten die Lebenssituation der Industriearbeiter.

Die Opposition formiert sich

Bereits 1905 war es aufgrund der schlechten Lebensverhältnisse der russischen Bevölkerung zum sogenannten „Petersburger Blutsonntag" (9.1.) gekommen, an dem

Gesellschaftskritik (anonyme russische Karikatur, 1900)

ca. 1000 Demonstranten durch Soldaten getötet wurden. Es folgten Arbeiterstreiks und Erhebungen der Bauern. Als Reaktion ließ der Zar die Ausarbeitung einer Verfassung und die Bildung eines Parlamentes, der Duma, zu. Eine politische Mitsprache durch die Mehrheit der Bevölkerung war nach wie vor nicht möglich.

Ende des 19. Jahrhunderts bildeten sich politische Gruppen, die dem Marxismus nahe standen. Ihre Mitglieder kritisierten das autokratische System oder wollten es sogar abschaffen. Die gedanklichen Grundlagen fanden diese Gruppen in den Werken von Karl Marx und Friedrich Engels. Ihr erinnert euch? Nach ihrer Theorie des Kommunismus war es die historische Aufgabe des Proletariats, die Herrschaft durch eine Revolution zu übernehmen und die Ausbeutung des Menschen durch den Menschen zu beenden.

1903 hatten sich die radikalen Bolschewiki unter Führung von Wladimir Iljitsch Lenin gebildet, die für eine proletarische Revolution im Sinne von Marx und Engels eintraten, also eine Revolution durch Arbeiter und Bauern.

1917: Zwei Revolutionen verändern Russland

Die Februarrevolution

Ähnlich wie 1905 protestierten am 23. Februar 1917 in Petrograd (St. Petersburg) Hunderttausende gegen Hunger und Not, gegen die Beteiligung Russlands am Ersten Weltkrieg, der große Opfer forderte, und gegen die fast unumschränkte Herrschaft des Zaren. Diesmal weigerten sich die Soldaten des Zaren jedoch, auf die Demonstranten zu schießen. Ein Regiment nach dem anderen schloss sich den Aufständischen an. Die Revolution breitete sich noch im Februar des Jahres 1917 im ganzen Land aus. Bereits am 2. März musste der Zar abdanken.

Führende liberale Abgeordnete der Duma bildeten eine „Provisorische Regierung". Nahezu zeitgleich bildeten sich in den Städten Arbeiter- und Soldatenräte, die von nun an alle Verwaltungsaufgaben übernahmen und damit faktisch die Macht übernommen hatten. Zentrale Bedeutung erhielt der Petrograder Sowjet (herrschende Gruppe in St. Petersburg), der für einen schnellen Friedensschluss eintrat, um das zentrale Ziel des Aufstandes, die Beseitigung der Not, einzulösen. Auch weiter reichende Forderungen wurden formuliert: Verkürzung der Arbeitszeiten, Kontrolle der Industrieproduktion durch die Arbeiter, Land und Vieh für die Bauern.

Die Oktoberrevolution

Die Februarrevolution brachte keine eindeutigen Machtverhältnisse hervor. Am 3. April 1917 war Lenin aus seinem Genfer Exil nach Russland zurückgekehrt. Lenin gelang es, die Bolschewiki zu einem selbstbewussteren Auftreten zu bewegen. Noch waren die Bolschewiki eine Minderheit, doch die von Lenin propagierten Forderungen nach Frieden, Land, Brot und Freiheit fanden die Zustimmung der Massen. Lenin vertrat die Meinung, dass man angesichts des Schwankens der Regierung eine Mehrheit der Bolschewiki im ganzen Land nicht mehr abwarten sollte, sprach sich für einen bewaffneten Aufstand aus und konnte sich schließlich durchsetzen.

Der von Trotzki, dem im September neu gewählten Vorsitzenden des Petrograder Sowjet, organisierte Aufstand begann in der Nacht des 24. Oktober. Am Ende des folgenden Tages hatten die bolschewistischen Truppen alle strategisch wichtigen Punkte der Stadt eingenommen und die Mitglieder der Provisorischen Regierung verhaftet. Unter Lenins Vorsitz bildete sich am 26. Oktober die Regierung des „Rats der Volkskommissare". Als erste Amtshandlung erließ der Rat ein Dekret über einen sofortigen Friedensschluss mit den Kriegsgegnern und die Enteignung des Grundbesitzes. Da die neue bolschewistische Regierung damit wesentliche Forderungen der Arbeiter und Bauern umgesetzt hatte, wurde sie in den meisten Gebieten des Landes akzeptiert. Dennoch erhielten die Bolschewisten bei den Wahlen zur verfassunggebenden Nationalversammlung nicht die Mehrheit. Als sich die neu gegründete Nationalversammlung im Januar 1918 weigerte, die bolschewistische Herrschaft anzuerkennen, wurde sie vom Rat der Volkskommissare gewaltsam aufgelöst.

Petrograder Sowjet der Arbeiter und Soldaten, März 1917

■ Erschließt den Darstellungstext (S. 14/15) mithilfe der erlernten Methode „Markieren und Strukturieren". Ihr erinnert euch an die Arbeitsschritte? Erstes kursorisches Lesen – zweites genaues Lesen und unter thematischen Stichworten zentrale Aussagen markieren oder herausschreiben – Stichwortsammlung zu den in Aufgabe 1 genannten Aspekten erstellen.

Sozialistisch-kommunistisch: Der neue Zukunftsentwurf für Russland

Mit der Revolution von 1917 war das Zarenreich zusammengebrochen. An der Spitze des Staates stand nun Lenin. Sein Ziel war es, eine neue sozialistisch-kommunistische Gesellschafts- und Staatsordnung in Russland aufzubauen.

- **Wie sollte die neue Ordnung von Staat und Gesellschaft aussehen?**

- **Was machte diese neue Ordnung für die Menschen attraktiv?**

Wir analysieren zeitgenössische Vorstellungen und urteilen aus der Perspektive der Zeit.

1. Schreibe einen persönlichen Brief, den ein Zeitgenosse in der damaligen Situation aus Moskau oder Petrograd an einen Freund auf dem Land geschrieben haben könnte. Beschreibe darin, was für dich an dem neuen Staats- und Gesellschaftsmodell am wichtigsten ist und warum du es für attraktiv hältst.

2. Wer die Perspektive wechseln will, muss sich zunächst informieren:
Bearbeitet die beiden Quellentexte (M1, M4) sowie die Bildquellen (M2, M3) in Partnerarbeit. Nutzt dazu die Erschließungshilfen. Haltet eure Arbeitsergebnisse in Stichworten fest.

3. Lest eure Briefe in der Klasse vor und diskutiert sie.

Schwerpunkte des Programms der neuen Regierung

M1 **Auszug aus der Verfassung der RSFSR**

Vor dem Hintergrund des Bürgerkrieges beschloss der Sowjetkongress die Gründung der „Russischen Sozialistischen Föderativen Sowjetrepublik" (RSFSR). Im Juli 1918 erhielt der neue Staat seine erste Verfassung (Auszüge):

14. Um den Arbeitenden wirkliche Freiheit ihrer Meinungsäußerung zu sichern, beseitigt die Russische Sozialistische Föderative Räterepublik die Abhängigkeit der Presse vom Kapital und übergibt in die Hände der
5 arbeitenden Klasse und der bäuerlichen Armut alle technischen und materiellen Mittel zur Herausgabe von Zeitungen, Broschüren, Büchern und aller anderen Druckerzeugnisse und gewährleistet ihnen freie Verbreitung im ganzen Lande.

15. Um den Arbeitenden wirkliche Versammlungsfrei- 10 heit zu sichern, stellt die Russische Sozialistische Föderative Räterepublik, in Anerkennung des Rechts der Bürger der Räterepublik auf freie Veranstaltung von Versammlungen, Meetings, Zusammenkünften und dgl., alle für die Abhaltung von Versammlungen taug- 15 lichen Räume einschließlich der Einrichtung, Beleuchtung und Beheizung in die Verfügungsgewalt der Arbeiterklasse und der armen Bauernbevölkerung.

16. Um den Arbeitenden wirkliche Freiheit der Verei- 20 nigung zu sichern, leistet die Russische Sozialistische Föderative Räterepublik [...] den Arbeitern und ärmsten Bauern jede materielle und sonstige Mitwirkung bei ihrer Vereinigung und Organisierung.

17. Um den Arbeitenden wirklichen Zutritt zu den 25 Wissenschaften zu sichern, stellt sich die Russische Sozialistische Föderative Räterepublik zur Aufgabe, den Arbeitern und ärmsten Bauern volle, allseitige und unentgeltliche Bildung zu gewähren.

18. Die Russische Sozialistische Föderative Räterepub- 30 lik erklärt die Arbeit als Pflicht aller Bürger der Republik und verkündet die Losung: „Wer nicht arbeitet, hat kein Daseinsrecht."

19. Um die Errungenschaften der großen Arbeiter- und Bauernrevolution auf jede Weise zu wahren, er- 35 klärt die Russische Sozialistische Föderative Räterepublik es zur Pflicht aller Bürger der Republik, das sozialistische Vaterland zu schützen, und stellt die allgemeine Militärpflicht fest. Das Ehrenrecht, die Revolution mit der Waffe in der Hand zu schützen, steht 40 nur den Arbeitenden zu; den nicht arbeitenden Elementen dagegen obliegt die Verrichtung anderer Militärobliegenheiten.

(Zit. nach: Helmut Altrichter (Hg.), Die Sowjetunion, Bd. 1, München 1986, S. 143 ff.)

1 Stellt zusammen, welche Rechte und Pflichten die Arbeiter und Bauern nach der Verfassung von 1918 haben.

2 Erläutert, welche Veränderungen sich im Vergleich zur Zeit vor 1917 feststellen lassen.

Zeitgenössische Propagandaplakate

M2 Plakat von 1917

Freiheit! Gleichheit! und Brüderlichkeit!

M3 Plakat von 1919

Text unten: Entweder Tod dem Kapital – oder Tod unter dem Stiefel des Kapitals!
Fahne links: Es lebe die Arbeiter-Bauern-Sowjetmacht!
Fahne rechts: Alle Macht den Kapitalisten! Tod den Arbeitern und Bauern!

Untersucht die Plakate in folgenden Arbeitsschritten:

1 Betrachten und dabei spontane erste eigene Eindrücke notieren.

2 Beschreiben, was zu sehen ist.

3 Beschreiben, wie das Plakat gestaltet ist.

4 Erschließen, welche Plakataussage beabsichtigt ist.

M4 Modernisierung

1920 legte Lenin das Modernisierungsprogramm der Bolschewisten dar:

Kommunismus – das ist Sowjetmacht plus Elektrifizierung des ganzen Landes. Sonst wird das Land ein kleinbäuerliches Land bleiben und das müssen wir klar erkennen. Wir sind schwächer als der Kapitalismus, nicht nur im Weltmaßstab, sondern auch im Innern unseres Landes. Das ist allbekannt. Wir haben das erkannt und wir werden es dahin bringen, dass die wirtschaftliche Grundlage aus einer kleinbäuerlichen zu einer großindustriellen wird. Erst dann, wenn das Land elektrifiziert ist, wenn die Industrie, die Landwirtschaft und das Verkehrswesen eine moderne großindustrielle technische Grundlage erhalten, erst dann werden wir endgültig gesiegt haben. Wir haben bereits einen vorläufigen Plan für die Elektrifizierung des Landes ausgearbeitet. [...] Gewiss, für die parteilose Bauernmasse ist das elektrische Licht ein „unnatürliches" Licht; für uns aber ist es unnatürlich, dass die Bauern und Arbeiter jahrhunderte-, jahrtausendelang in solcher Finsternis, in Elend, in Unterdrückung durch die Gutsbesitzer und Kapitalisten leben konnten. Dieser Finsternis kann man nicht so schnell entrinnen. Aber wir müssen es jetzt dahin bringen, dass jedes Kraftwerk, das wir bauen, wirklich zu einem Stützpunkt der Aufklärung wird, dass es sozusagen die elektrische Bildung der Massen fördert. [...] Man muss jedoch wissen und darf nicht vergessen, dass die Elektrifizierung nicht mit Analphabeten durchzuführen ist. [...] Wir brauchen Menschen, die nicht nur des Lesens und Schreibens kundig sind, sondern kulturell hochstehende, politisch bewusste, gebildete Werktätige. [...] Wir müssen es dahin bringen, dass jede Fabrik, jedes Kraftwerk zu einer Stätte der Aufklärung wird, und wenn Russland sich mit einem dichten Netz von elektrischen Kraftwerken und mächtigen technischen Anlagen bedeckt haben wird, dann wird unser kommunistischer Wirtschaftsaufbau zum Vorbild für das kommende sozialistische Europa und Asien werden.

(Lenin, Werke, Bd. 31, Berlin (Dietz Verlag) 1959, S. 513ff.)

1 Arbeitet heraus, welche Ziele Lenin mit der Elektrifizierung des Landes verbindet.

2 Beschreibt die Voraussetzungen, die nach Lenins Ansicht für einen erfolgreichen Aufbau der Wirtschaft notwendig sind.

Die Bolschewiki sichern ihre Macht

Unmittelbar nach der Revolution übernahmen die neuen Machthaber unter Lenins Führung die Regierung über ein Land, das politisch immer noch instabil war und wirtschaftlich weitgehend am Boden lag. Diese Probleme galt es in den Griff zu bekommen. Einerseits um die eigene Macht zu festigen und zum anderen, um zu verhindern, dass die Unruhen in Russland weiter andauerten.

- **Welche politischen und gesellschaftlichen Probleme kennzeichnen die Situation in Russland unmittelbar nach der Revolution?**

- **Wie reagierten die neuen Machthaber auf die krisenhaften Zustände?**

Wir formulieren zeitgenössische Sichtweisen und präsentieren sie in einer Gesprächsszene.

1. Zeitreise: Du begibst dich auf eine Zeitreise und führst ein Interview mit Lenin. Du möchtest etwas über die Problemlage im Land und die Maßnahmen zu ihrer Überwindung erfahren.
   Darauf solltet ihr unbedingt achten:
   a) Nur Fragen stellen, die auch aus der damaligen Zeit heraus beantwortet werden können. Keine Fragen aus heutiger Sicht stellen.
   b) Alle Fragen schriftlich auf Karteikarten vorformulieren.
   c) Nur solche Antworten formulieren, wie sie Zeitgenossen hätten geben können. Keine Kommentare aus heutiger Sicht.

2. Bereitet euch in Partnerarbeit auf das Interview vor. Informiert euch mithilfe der beiden Darstellungstexte und der zwei Quellen (M1, M2) sowie der statistischen Daten (M3, M4) über die damalige Zeit, damit ihr in die Rolle eines Zeitgenossen schlüpfen könnt. Nutzt dazu die angebotenen Erschließungshilfen.

3. Lost Interviewpaare aus und führt die Interviews durch. Die Zuhörer beurteilen, ob zeitgenössisch gefragt und sachlich richtig geantwortet wurde oder wo möglicherweise eher heutige Sichtweisen oder sachliche Ungenauigkeiten zu beobachten waren.

Krieg und Kriegskommunismus

In den Jahren bis 1920 wurde Russland durch den Bürgerkrieg zwischen den Befürwortern und Gegnern der Revolution verwüstet. Wirtschaft und Infrastruktur bra-

Plakat mit Hilfsaufruf während der Hungersnot 1921/22

chen zusammen und Millionen von Menschen starben durch Kriegshandlungen oder Hunger. Erst 1921 gewann die Rote Armee die Kontrolle über das ehemalige russische Reich. 1922 wurde die Union der Sozialistischen Sowjet-Republiken (UdSSR) gegründet.
Unter diesen Voraussetzungen konnte sich der junge Sowjetstaat nur behaupten, indem er die gesamte wirtschaftliche Tätigkeit auf die Bedürfnisse des Bürgerkriegs ausrichtete. Dabei versuchte die neue Regierung, schon jetzt Elemente des Sozialismus einzuführen. Betriebe wurden verstaatlicht und in die Verwaltung der Arbeiter gegeben. Bauern wurden verpflichtet, ihre Erzeugnisse an den Staat abzugeben, der die Lebensmittel verteilte. Durch dieses System des „Kriegskommunismus" schrumpfte die Produktion auf ein Drittel des Vorkriegsniveaus, da die Arbeiter im Allgemeinen über keine betriebswirtschaftlichen Kenntnisse verfügten. Mit Ende des Krieges 1921 war das Land wirtschaftlich am Boden. Etwa fünf Millionen Menschen starben an Hunger.

■ Notiert die Merkmale des Kriegskommunismus in Stichworten.

Lenin reagiert auf politische Opposition

M1 Forderungen der Matrosen von Kronstadt

Aufgrund der wirtschaftlichen Not und aus Protest gegen das gewalttätige Vorgehen der neuen Regierung gegen Andersdenkende kam es im März 1921 zu einem Aufstand der Matrosen im Kriegshafen von Kronstadt. Der Aufstand wurde von den bolschewistischen Herrschern blutig niedergeschlagen. Von 15 000 Matrosen überlebten kaum 150. In der folgenden Quelle rechtfertigen die Kronstädter Matrosen ihren Widerstand gegen die Bolschewiki:

Als die Arbeiterklasse die Revolution zum Erfolg führte, hoffte sie, ihre Befreiung zu erlangen. Das Ergebnis war aber eine noch größere Versklavung. [...] Auf die Proteste der Bauern antworteten sie [= die Bolschewis-
5 ten] mit Massenerschießungen und Blutgier. Immer klarer zeichnet sich ab, dass die Kommunistische Partei nicht, wie sie vorgab, für die Werktätigen eintritt. Einmal an die Macht gelangt, kennt sie nur die Sorge, diese nicht wieder zu verlieren, und deshalb sind alle
10 Mittel erlaubt: Verleumdung, Betrug, Mord und Rache an den Familienangehörigen der Aufständischen.

(Zit. nach: F. Kool/E. Oberländer, Arbeiterdemokratie oder Parteidiktatur, Olten 1967, S. 386f.)

M2 Lenin bezieht Stellung

Die politischen Unruhen zu Beginn des Jahres 1921 waren der Hintergrund dafür, dass Lenin auf dem 10. Parteitag im März 1921 die folgenden Maßnahmen zum Umgang mit der politischen Opposition durchsetzte:

Wir brauchen jetzt keine Opposition, Genossen, es ist nicht die Zeit danach! [...] Und ich denke, der Parteitag wird die Schlussfolgerung ziehen müssen, dass es jetzt mit der Opposition zu Ende sein, ein für alle Mal
5 aus sein muss, dass wir jetzt der Opposition müde sind. Der Parteitag erklärt ausnahmslos alle Gruppen, die sich auf der einen oder anderen Plattform gebildet haben, [...] für aufgelöst bzw. ordnet ihre sofortige Auflösung an.

(Lenin, Werke, Band 32, Berlin (Dietz Verlag) 1974, S. 201f.)

1 Stellt die Vorwürfe zusammen, die die Kronstädter Matrosen gegen die bolschewistische Regierung erheben (M 1).

2 Beschreibt, wie Lenin politisch reagierte, und erläutert sein Vorgehen vor dem Hintergrund der gesamtpolitischen Lage.

Lenin reagiert auf die Wirtschaftskrise

Nach dem Ende des Bürgerkrieges kam es zu Unruhen und Aufständen gegen das Zwangssystem des Kriegskommunismus. Die Bolschewiki sahen sich daher zu einem Kurswechsel gezwungen.

Eine „Neue Ökonomische Politik" (NEP) sollte die Wirtschaft wieder auf die Beine bringen. Während des Krieges war die landwirtschaftliche Produktion unter staatliche Kontrolle gestellt worden. Nun wurde den Bauern zugestanden, die Hälfte ihrer Erzeugnisse frei zu verkaufen. Auch in Handel und Gewerbe wurde die ursprünglich von der neuen Regierung durchgesetzte staatliche Kontrolle gelockert. Kleinunternehmen konnten wieder eigenverantwortlich tätig werden. Die bolschewistische Regierung versprach sich davon eine deutliche Erholung der landwirtschaftlichen Produktion, des Handels und der Kleinindustrie. In allen anderen Bereichen wurde die staatliche Kontrolle jedoch grundsätzlich beibehalten.

Mit der NEP gelang es der Sowjetunion innerhalb weniger Jahre, und damit schneller als den meisten anderen kriegsbeteiligten Staaten, die Folgen von Krieg und Bürgerkrieg zu überwinden und das Vorkriegsniveau der Volkswirtschaft wieder zu erreichen.

M3 Getreideerzeugung 1913 – 1927

Angaben in Mio. dz

	1913	1921	1927
Weizen	206	80	212
Roggen	189	–	244
Gerste	90	13	45
Hafer	134	100	133

M4 Rohstofferzeugung 1913 – 1929

	1913	1921	1927	1929
Kohle (Mio. t)	29,5	7,8	32,2	34,5
Erdöl (Mio. Bls)	62,8	25,4	77	87,8
Eisen (1 000 t)	4 220	115	2 977	3 374
Stahl (1 000 t)	4 212	63	3 541	4 267

■ Untersucht die Tabellen M 3 und M 4. Zeigt auf, welche Veränderungen mit der Einführung der NEP einhergingen.

Die Sowjetunion unter der Diktatur Stalins

Sozialistische Idee und sowjetische Wirklichkeit

Nach dem Tode Lenins im Jahre 1924 begann sein Nachfolger Stalin, ein neues Russland nach seinem Verständnis von Sozialismus zu gestalten. Seine Pläne für die künftige Entwicklung der Sowjetunion unterschieden sich deutlich von denen Lenins. In den folgenden drei Jahrzehnten zwang Stalin der Sowjetunion seine Vorstellungen von Herrschaft auf: „Stalinismus", ein Herrschaftssystem, das praktisch einer Alleinherrschaft Stalins gleichkam.

Wir präsentieren typische Merkmale einer Herrschaftsform.

Das sind eure **Forschungsfragen**:

- **Was sind die charakteristischen Merkmale des Konzepts „Sozialismus in einem Land"?**

- **Wie setzte Stalin seine Zukunftsvorstellung vom Aufbau des Sozialismus in die Realität um?**

1. Entwerft ein aussagekräftiges anschauliches Lernplakat zu jedem der fünf Merkmale. Bildet dazu Arbeitsgruppen, die jeweils eines der Merkmale des Stalinismus erarbeiten.

2. Legt eure Lernplakate auf eurem Gruppentisch aus und bereitet euch darauf vor, auf dieser Grundlage eure Mitschüler zu informieren.

3. Rundgang: Besucht mit eurer Gruppe alle Gruppentische. Schaut euch die Lernplakate an. Die Mitglieder der jeweiligen Arbeitsgruppe stellen als Experten ihre Arbeitsergebnisse vor und erläutern sie. Ihr hört als „Besucher" zu, stellt Fragen und notiert, was ihr zu den Forschungsfragen erfahrt.

4. Erörtert in einer zusammenfassenden Plenumsdiskussion, inwiefern die stalinistische Herrschaft beispielhaft für „totalitäre Herrschaft" ist.

Merkmal 1: Die stalinistische Ideologie
- Welche Zukunftsvorstellungen hatte Stalin?

Merkmal 4: Totalitäre Herrschaft
- Was bedeutet „totalitäre Herrschaft"?

Merkmal 2: Kollektivierung und Industrialisierung
- Wie vollzogen sich Kollektivierung und Industrialisierung?
- Was bedeuteten sie für die betroffenen Menschen?
- Welche Erfolge hatten diese Prozesse?

Merkmal 5: Der Personenkult
- Welches Bild vermittelte die staatliche Propaganda von Stalin?
- Warum wurde dieses Bild von Stalin vermittelt?

Merkmal 3: Terror und Verfolgung
- Welche Maßnahmen des Terrors wandte die stalinistische Diktatur an?
- Welche Folgen hatte das System des Terrors für die Menschen?

Merkmal 1: Die stalinistische Ideologie

Lenins Nachfolger Stalin hatte andere Vorstellungen über den künftigen Weg der Sowjetunion zum Sozialismus. Er veränderte die Lehren des Leninismus und entwickelte eine eigene Ideologie.

- **Wer war Stalin?**

- **Welche Zukunftsvorstellungen hatte er?**

Wir stellen charakteristische Merkmale einer Ideologie grafisch dar.

Vorschläge zu Vorgehensweise und Präsentation:

1. Wertet in eurer Arbeitsgruppe die Materialien M1, M2, M3, M4 mithilfe der Arbeitsaufgaben aus. Es bietet sich an, die Arbeit untereinander aufzuteilen.

2. Erstellt auf der Grundlage eurer Arbeitsergebnisse gemeinsam ein aussagekräftiges Lernplakat. Es sollte folgende Aspekte aufnehmen: a) eine chronologische Auflistung von Stalins politischem Werdegang; b) seine Zukunftsvorstellungen über die Entwicklung der Sowjetunion; c) zentrale Unterschiede zu den Vorstellungen seines Vorgängers Lenin.
   Tipp: Fügt auch die Bilder ein. An ihnen könnt ihr anschaulich erläutern.

Wer war Stalin?

Stalin, der „Stählerne" – eigentlich Jossif Wissarionowitsch Dschugaschwili – kam 1879 als Sohn eines Schuhmachers in der Nähe der georgischen Hauptstadt Tiblisi zur Welt. Er besuchte dort von 1894 bis 1899 das Priesterseminar. 1903 schloss er sich der bolschewistischen Partei an. 1922 stieg er zum Generalsekretär auf.
Zu Beginn des Jahres 1921 erlitt Lenin einen Schlaganfall und ein parteiinterner Kampf um seine Nachfolge begann. Lenin warnte Ende 1922 den Parteitag vor Stalin. Er sei grob und intolerant und daher als Generalsekretär nicht geeignet. Stalin nutzte seine Funktion als Generalsekretär und besetzte bis 1924 etwa 16 000 Funktionsstellen in der Partei mit Leuten, die ihm persönlich ergeben waren. Im Januar 1924 starb Lenin. Stalin gelang es in den folgenden Jahren, seine Gegner auszuschalten. Er schloss seinen schärfsten Rivalen, Leo Trotzki, 1927 aus der Partei aus und verwies ihn 1929 aus der Sowjetunion. 1940 wurde Trotzki auf Befehl Stalins in Mexiko umgebracht. Wie Trotzki erging es vielen anderen, die Stalin gefährlich hätten werden können. 1929 hatte Stalin sich auf diese Weise in seiner Führungsrolle durchgesetzt.

Der Weg zum Sozialismus

M1 Stalin: Metall-Land

Stalin hat in öffentlichen Reden aufgezeigt, wie er sich den künftigen Weg der Sowjetunion vorstellte. Bei den Quellen M1 und M2 handelt es sich um zwei Redeausschnitte, die als exemplarisch für seine Äußerungen in der Öffentlichkeit gelten dürfen.

Das verflossene Jahr [1929] war ein Jahr des großen Umschwungs an allen Fronten des sozialistischen Aufbaus. Dieser Umschwung ging und geht im Zeichen der entschiedenen Offensive des Sozialismus gegen die kapitalistischen Elemente in Stadt und Land vor sich. Die zweite Errungenschaft der Partei besteht darin, dass wir im verflossenen Jahr ein beschleunigtes Tempo in der Entwicklung der Produktion von Produktionsmitteln eingeschlagen und die Voraussetzungen für die Umwandlung unseres Landes in ein Metall-Land geschaffen haben. Schließlich über die dritte Errungenschaft der Partei im verflossenen Jahre, die mit den ersten zwei Errungenschaften organisch verbunden ist. Es handelt sich um den grundlegenden Umschwung in der Entwicklung unserer Landwirtschaft von der kleinen und rückständigen individuellen Wirtschaft zur fortgeschrittenen kollektiven Großlandwirtschaft, zur gemeinsamen Bodenbearbeitung, zu Maschinen- und Traktorenstationen, zu Kollektivwirtschaften, die sich auf die neue Technik stützen, und schließlich zu Riesen-Sowjetwirtschaften, die mit Hunderten von Traktoren und Mähdreschmaschinen ausgerüstet sind. […] Wir gehen mit Volldampf den Weg der Industrialisierung – zum Sozialismus, unsere uralte russische Rückständigkeit hinter uns lassend. Wir werden zu einem Lande des Metalls, einem Lande der Automobilisierung, einem Lande der Traktorisierung. Und wenn wir die Sowjetunion aufs Automobil und den Bauern auf den Traktor gesetzt haben, mögen dann die ehrenwerten Kapitalisten, die sich mit ihrer „Zivilisation" brüsten, versuchen uns einzuholen. […]

(Zit. nach: Geschichte in Quellen, 1914–1945, München (Bayerischer Schulbuch Verlag) 1989, S. 141 f.)

1 Arbeitet heraus, welche Errungenschaften der Partei Stalin beschreibt.

2 Benennt die Bereiche, die nach Stalins Ansicht von der Industrialisierung erfasst werden müssen.

M2 Stalin: Wirtschaft – national und international

Also, ist die Einrichtung der sozialistischen Wirtschaft in unserem Lande möglich ohne den vorherigen Sieg des Sozialismus in anderen Ländern, ohne dass das siegreiche Proletariat des Westens direkte Hilfe mit
5 Technik und Ausrüstung leistet? Ja, sie ist möglich. Und sie ist nicht nur möglich, sondern auch notwendig und unausbleiblich. Denn wir bauen bereits den Sozialismus auf, indem wir die nationalisierte Industrie entwickeln und sie mit der Landwirtschaft zusam-
10 menschließen, indem wir das Genossenschaftswesen auf dem Lande entfalten und die bäuerliche Wirtschaft in das allgemeine System der sowjetischen Entwicklung einbeziehen, indem wir die Räte belegen und den Staatsapparat mit den Millionenmassen der
15 Bevölkerung verschmelzen, indem wir eine neue Kultur aufbauen und ein neues gesellschaftliches Leben entfalten. Es besteht kein Zweifel, dass unsere Aufgabe von Grund aus erleichtert würde, wenn uns der Sieg des Sozialismus im Westen zu Hilfe käme. Aber erstens
20 wird der Sieg des Sozialismus im Westen nicht so schnell zustande gebracht, wie wir das wünschten, und zweitens lassen sich diese Schwierigkeiten überwinden, und wir überwinden sie bekanntlich schon. Man kann nicht wirklich aufbauen, wenn man nicht
25 weiß, mit welchem Ziel man baut. Die große Bedeutung des Leninismus besteht unter anderem gerade darin, dass er einen Aufbau aufs Geratewohl, ins Blinde hinein nicht anerkennt, dass er sich einen Aufbau ohne Perspektive nicht denken kann, dass er auf die
30 Frage nach der Perspektive unserer Arbeit eine klare und bestimmte Antwort gibt, indem er erklärt, dass wir alles haben, was notwendig ist, um die sozialistische Wirtschaft in unserem Lande zu errichten, dass wir die vollendete sozialistische Gesellschaft aufbau-
35 en können und müssen.

(Zit. nach: Hans-Joachim Lieber/Karl-Heinz Ruffmann (Hg.), Der Sowjetkommunismus – Dokumente, Band 1, Köln/Berlin 1963, S. 227ff.)

■ Stellt zusammen, wie sich Stalin zu der leninistischen Vorstellung von einer „sozialistischen Weltrevolution" äußert.

M3 „Wir bauen den Sozialismus" (Plakat von 1927)

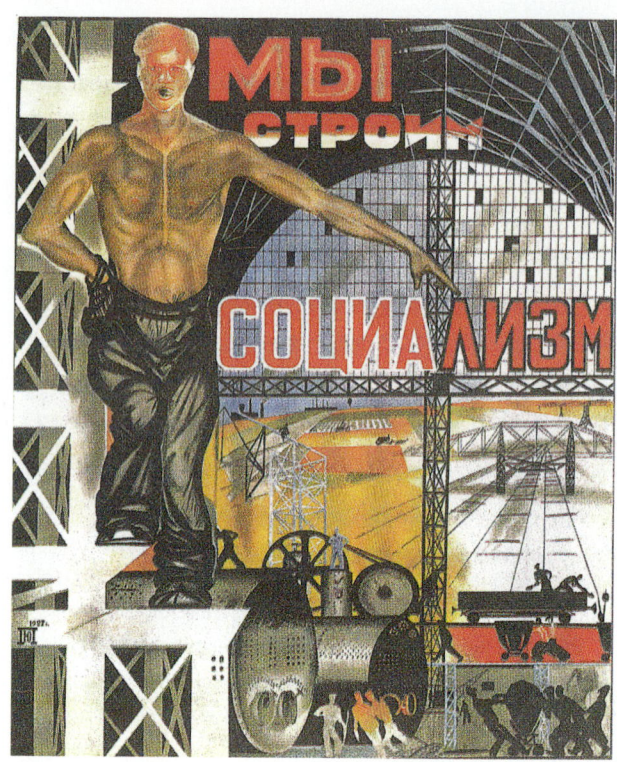

M4 Plakat von 1934

1 Arbeitet die Aussagen der Plakate M3 und M4 heraus.

2 Vergleicht die Plakataussagen mit den in M1 und M2 formulierten Zukunftsvorstellungen Stalins.

Merkmal 2: Kollektivierung und Industrialisierung

Mit der Umwandlung der Sowjetunion in einen sozialistischen Staat nach Stalins Vorstellungen begannen die Kollektivierung landwirtschaftlicher Betriebe und der Ausbau der Industrieproduktion. Für die Menschen hatten diese Veränderungen weitgehende Folgen.

- **Wie vollzogen sich Kollektivierung und Industrialisierung?**
- **Was bedeuteten sie für die betroffenen Menschen?**
- **Welche Erfolge hatten diese Prozesse?**

Wir analysieren Sachverhalte im Hinblick auf beabsichtigte und unbeabsichtigte Nebenfolgen.

Vorschläge zu Vorgehensweise und Präsentation:

1. Wertet arbeitsteilig die Text- und Bildmaterialien, das Schaubild und das statistische Material aus. Nutzt dazu die angebotenen Erschließungshilfen.

2. Gestaltet auf der Basis eurer Ergebnisse ein Lernplakat. Folgende Aspekte könntet ihr aufnehmen: a) eine Darstellung der Maßnahmen zur Kollektivierung und Industrialisierung; b) eine Zusammenstellung der Folgen, die diese für die Menschen hatten; c) die Sichtweise der Beteiligten; d) ein eigenes zusammenfassendes Urteil zum Prozess der Kollektivierung und Industrialisierung. **Tipp:** Führt auch Bild- und Datenmaterial mit auf.

Die Zwangskollektivierung der Landwirtschaft

Um das Programm des „Sozialismus in einem Land" zu verwirklichen, war es nötig, Russland aus seiner wirtschaftlichen Rückständigkeit zu befreien. 1929 wurde ein erster Fünfjahresplan beschlossen, der auch die Zwangskollektivierung der bäuerlichen Betriebe vorsah. Alle Bauern waren nun gezwungen, ihre Arbeitskraft größeren Genossenschaften, sog. Kolchosen, zu unterstellen. Gleichzeitig wurden staatliche Landwirtschaftsbetriebe gegründet. Man versprach sich von diesen Maßnahmen eine größere Leistungsfähigkeit der Betriebe, einen rationellen Maschineneinsatz, vor allem aber auch eine bessere „Kontrolle und Formung" des Bauerntums, das noch immer am Privatbesitz hing und aus sozialistischer Sicht als „rückständig" galt. Vor allem ärmere Bauern wurden für die Kolchosen gewonnen. Eine Mehrheit der Bauern leistete jedoch Widerstand gegen die Zwangskollektivierung. Armee und Geheimpolizei mussten Stalins neuen Kurs mit Gewalt durchsetzen.

M1-M2 **Zwei offizielle Fotos aus den Jahren 1930 und 1933**

Bäuerinnen eines ukrainischen Dorfes stimmen geschlossen für den Eintritt in den Kolchos (1930).

Traktorenparade in einer Kolchose (1933)

1 Beschreibt die Fotos.

2 Erläutert, welche Intention mit der Veröffentlichung der beiden Fotos verfolgt wurde.

M3 Vorher ... nachher: von der russischen Landgemeinde zur Kolchose

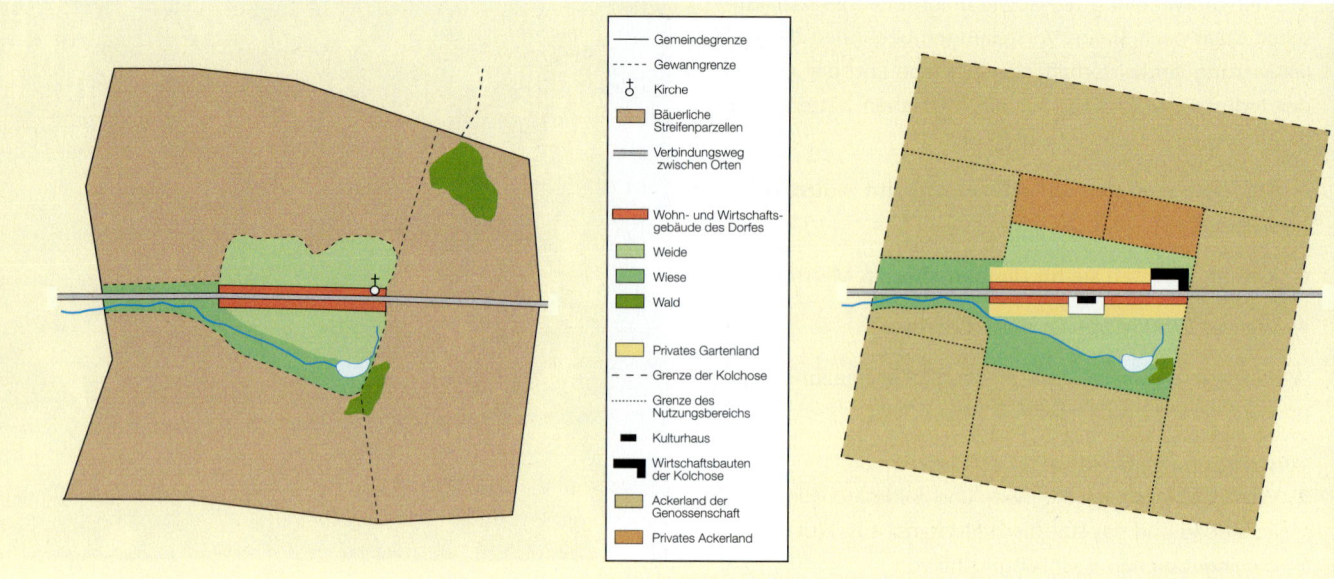

Legende:
- Gemeindegrenze
- Gewanngrenze
- Kirche
- Bäuerliche Streifenparzellen
- Verbindungsweg zwischen Orten
- Wohn- und Wirtschaftsgebäude des Dorfes
- Weide
- Wiese
- Wald
- Privates Gartenland
- Grenze der Kolchose
- Grenze des Nutzungsbereichs
- Kulturhaus
- Wirtschaftsbauten der Kolchose
- Ackerland der Genossenschaft
- Privates Ackerland

M4 Entwicklung der Gesellschaftsstruktur

Anteil der Gruppen in %	1913	1928	1939
Arbeiter	14,6	12,4	33,5
Großbauern (Kulaken)	11,4	4,2	–
Private Kleinbauern und Handwerker	66,7	74,9	2,6
Bauern/Handwerker in Genossenschaften	–	2,9	47,2
Angestellte/Beamte/Funktionäre	2,2	3,0	17,7
Kapitalisten	4,9	0,4	–

M5 Entwicklung der landwirtschaftlichen Produktion

Produkt in Mio. t	1913	1920	1928	1933	1940
Getreide	86	*	73,3	89,9	95,6
Baumwolle	0,7	*	0,8	1,3	2,2
Fleisch	1,3	*	0,7	*	1,5
Milch	2,3	*	1,9	*	6,5

* = unbekannt (1920 sank die gesamte landwirtschaftliche Produktion gegenüber 1913 auf 67 %.)

1 Beschreibt die Entwicklung, die sich anhand des Vergleichs der beiden Karten M3 feststellen lässt. Haltet eure Ergebnisse in Stichworten fest.

2 Untersucht die Tabellen M4 und M5. Stellt die wesentlichen Veränderungen in der Gesellschaftsstruktur und der landwirtschaftlichen Produktion zusammen.

Die Kollektivierung betrifft die Menschen

M6 Über die Kollektivierung der Landwirtschaft

Der russische Schriftsteller Lew Kopelew schreibt in seinem Buch „Und ich schuf mir einen Götzen" hierüber. Eine besondere Rolle spielt dabei auch das Schicksal der wohlhabenderen Bauern, der sogenannten Kulaken.

Ich hörte, wie die Kinder schrieen, sich dabei verschluckten, kreischten. Ich sah die Blicke der Männer: eingeschüchterte, flehende, hasserfüllte, stumpf ergebene, verzweifelte oder in halbirrer böser Wut blitzende. Es war quälend und bedrückend, all dies zu sehen und zu hören, und noch bedrückender war es, selbst dabei mitzumachen. Ich sah, was durchgängige Kollektivierung bedeutete – wie sie kulakisierten und entkulakisierten, wie sie im Winter 1932/33 den Bauern erbarmungslos alles nahmen. Ich nahm selbst daran teil, durchstreifte die Dörfer auf der Suche nach ver-

stecktem Getreide, stocherte mit einem Stock in der Erde herum, um es zu finden. Gemeinsam mit anderen leerte ich die Vorratskisten alter Leute und ver-
15 stopfte mir die Ohren, um das Geschrei der Kinder nicht anhören zu müssen. Im schrecklichen Frühjahr 1933 sah ich, wie Menschen Hungers starben. Ich sah blau angelaufene Frauen und Kinder mit aufgetriebenen Bäuchen und leeren, leblosen Augen, die kaum
20 noch atmeten. Und ich sah Leichen in zerlumpten Schaffellen und ärmlichen Bastschuhen, Leichen in Bauernhütten, im tauenden Schnee der Altstadt von Wologda und unter den Brücken von Charkow. Ich sah all das und verlor doch nicht den Verstand. Ich
25 verfluchte auch diejenigen nicht, die mich ausgesandt hatten, um den Bauern im Winter oder im Frühjahr das Getreide wegzunehmen und die zum Skelett abgemagerten oder aufgedunsenen Menschen, die sich kaum auf den Beinen halten konnten, zu überzeugen,
30 auf die Felder zu gehen und den Anbauplan der Bolschewiki nach Art von Stoßbrigaden zu erfüllen. Ich verlor auch meinen Glauben nicht. Wie bisher glaubte ich, weil ich glauben wollte.

(Zit. nach: Allan Bullock, Hitler und Stalin, Berlin (Siedler) 1991, S. 368)

M7 Die Behandlung der Kulaken

Der Amerikaner John Scott war 1932 bis 1937 in der UdSSR und schildert eine Begebenheit auf der Baustelle im Stahlzentrum Magnitogorsk:

Ich nahm meine Schutzmaske und die Elektroden und begab mich zum Hochofen Nr. 3. Auf dem Weg dorthin traf ich Schabkow, einen früheren Kulaken, einen großen, heiteren Jüngling mit rotem Gesicht
5 und freundlicher Stimme. Ihm fehlten zwei Finger der linken Hand. „Ich weiß, dass ihr's schwer habt", sagte Popow, der hinzugekommen war, zu Schabkow. „Das habt ihr eben davon, dass ihr Kulaken gewesen seid." Schabkow lächelte breit. „Hört mal, ich will mich in
10 keine politische Unterhaltung einlassen, aber eine Menge von denen, die in dem besonderen Stadtteil wohnen, sind nicht mehr Kulaken als ihr." Popow lachte. „Das wundert mich gar nicht. Aber kannst du mir sagen, wie sie eigentlich darüber entscheiden, wer
15 nicht mehr als Kulak gilt?" „Oh weh", sagte Schabkow, „das ist eine verdammt gefährliche Frage an einen Kerl, der gerade versucht, seine Sünden mit ehrlicher Arbeit zu sühnen. Aber wenn es zwischen uns Dreien bleiben kann, will ich's erzählen. Die armen
20 Bauern eines Dorfes versammeln sich und sagen: ‚Der

und der hat sechs Pferde, lange können wir ohne die nicht mehr im kollektiven Landbau auskommen. Außerdem hat er während der vorigen Ernte einen Knecht gehabt.' Die GPU wird benachrichtigt und dann ist's fertig. Der Betreffende bekommt fünf Jahre. 25 Sein Eigentum wird konfisziert und der Kollektivwirtschaft übergeben. Manchmal schicken sie die ganze Familie weg. Als sie uns rausschmeißen wollten, nahm mein Bruder ein Gewehr und schoss auf die GPU-Leute. Die schossen zurück. Mein Bruder wurde getötet. 30 Das machte die Sache natürlich nicht besser für uns. Wir kriegten alle fünf Jahre und an verschiedenen Orten. Mein Vater soll im Dezember gestorben sein. Sicher weiß ich's nicht." Schabkow nahm seinen Tabaksbeutel und seine Rolle Zeitungspapier heraus und 35 hielt beides Popow hin: „Bitte sehr, Kulakentabak gefällig?" Er lächelte bitter.

(John Scott, Jenseits des Ural – Die Kraftquellen der Sowjetunion, Stockholm (Bermann-Fischer) 1944, S. 240)

■ Listet die Eindrücke auf, die die Beteiligten in ihren Berichten schildern.

M8

Wachturm auf einem Feld: Von hier aus suchten Parteiaktivisten nach verhungernden Bauern, die unerlaubt Getreideähren abschnitten (Foto 1932/33).

Die Industrialisierung

Im Mittelpunkt der Industrialisierungsbemühungen standen seit Beginn des ersten Fünfjahresplanes 1929 die verstärkte Gewinnung von Grundstoffen, wie Stahl, Kohle, Erdöl und Strom, sowie der Maschinenbau. Die Verkehrswege wurden verbessert und erweitert; neue Industriezentren entstanden am Ural, in Sibirien und an der Wolga.

Vernachlässigt blieb dagegen die Konsumgüterindustrie; der Mangel an Wohnraum und Kleidung konnte auch mit den nachfolgenden Fünfjahresplänen nicht beseitigt werden.

Um eine möglichst hohe Leistung der Arbeiter zu erreichen, wurde mangelnde Arbeitsdisziplin zur staatsfeindlichen Handlung erklärt und mit Freiheitsstrafe belegt. Gleichzeitig appellierte man mithilfe von Propaganda an die Opferbereitschaft der Menschen.

M9 Eindrücke einer Reise durch die Sowjetunion in den Jahren 1930/31

Das Gesetz gibt dem Russen nicht mehr als drei Quadratmeter Wohnraum. In diesem Raum können gerade ein Bett und ein kleines Tischchen aufgestellt werden. Die Folge solcher Raumknappheit ist, dass es
5 heute in Russland keine abgeschlossenen Wohnungen mehr gibt. In jedem Zimmer der alten Häuser müssen mehrere Personen hausen. Wer den Raum nicht mit einer mehrköpfigen Familie teilen kann, muss ihn mit Fremden teilen. Im Allgemeinen sind die Leute aber
10 schon zufrieden, überhaupt ein Bett und ein Dach über dem Kopf zu haben.

Diese Häuser, in denen die Menschen wie in einem Ameisenbau aufeinanderhausen, strotzen begreiflicherweise vor Schmutz. Stiegenhäuser und Korridore
15 sind zerfallen, überall liegt Unrat; Fensterscheiben, sofern noch welche vorhanden sind, sind ungewaschen und trübe. Betten und Möbel sehen aus, wie sie notwendig aussehen müssen, wenn so viele Menschen aneinandergepresst hausen. Das Schrecklichste aber
20 ist die Luft, die Ausdünstung dieser armen ungewaschenen Menschen, die die Fenster niemals öffnen. […]

Viele, sehr viele irren umher, die nicht einmal ein Dach über dem Kopf haben, die auf freier Straße, auf
25 den Treppen vor den Häusern, auf nackten Steinen kampieren müssen. […] Ihre Zahl wird verschieden geschätzt. Der Staat spricht von kaum nennenswerten Größen. Andere Stimmen flüstern von 500 000 Obdachlosen, die allein in Moskau leben sollen. In Städten, in denen neue Fabriken entstanden sind, soll die
30 Zahl der Obdachlosen bis zu einem Drittel der gesamten Einwohnerschaft betragen.

Bevorzugt sind in erster Linie alle, die überhaupt eine Lebensmittelkarte bekommen. Das sind die Angehörigen der herrschenden Klasse, des industriellen städtischen
35 Proletariats, das in den Fabriken und Behörden arbeitet. Alle bourgeoisen Elemente, Privathändler, Popen, Kulaken, Intellektuelle, die nicht in staatlichen Diensten stehen, sind vom Bezug der Lebensmittelkarten
40 ausgeschlossen. Die oberste Schicht ist die Rote Armee und die GPU, die bewaffnete Macht, die aus politischen Gründen bevorzugte Rationen erhält, damit sie auch innerlich als willfähriges Instrument der Sowjetmacht scharf geladen ist. Ihr unmittelbar
45 folgen die Schwerarbeiter und der „Kommandostab der Betriebe", das heißt die Techniker und Ingenieure. In der dritten Reihe stehen die Sowjetangestellten und die Studenten. Dann kommen die Nachzügler, die Übrigen. Die Übrigen sind die Arbeiter schlechthin, die Masse der Unqualifizierten, die
50 mühselige und beladene Masse, die in der ganzen Welt auf die Ration der Übrigen gesetzt ist.

(Elsbeth und Herbert Weichmann, Alltag im Sowjetstaat – Macht und Menschen, Wollen und Wirklichkeit in Sowjetrussland, Berlin 1931, S. 49, S. 631)

■ Notiert die Eindrücke, die Elsbeth und Herbert Weichmann in ihrem Reisebericht schildern.

M10 Jahresproduktion an Rohstoffen, Produktionsmitteln und Konsumgütern

Gegenstand	Einheit	1928	1940
Elektroenergie	Mrd. kWh	5,0	48,3
Erdöl	Mio. t	11,6	30,1
Kohle	Mio. t	35,5	165,9
Stahl	Mio. t	4,3	18,3
Chemiefasern	1 000 t	0,2	11,1
Traktoren	1 000 Stck.	1,3	31,6
Radios	Mio. Stck.	?	0,2

Im Spiegel zeitgenössischer Plakate: Welche Aufgaben hatten Frauen im Prozess der Industrialisierung?

M 11 Plakat zum internationalen Frauentag 1920

„Der 8. März – Tag der Befreiung der Frau"

M 12 Plakat von 1923

„Frau! Lerne lesen und schreiben!"

M 13 Plakat aus den 1930er-Jahren

„Solche Frauen hat man in der Vergangenheit noch nie erlebt." (Stalin)

M 14 Plakat aus den 1930er-Jahren

„Proletarierin, beherrsche die Technik der Flugzeuge! Schreib Dich an einer Schule oder einem Institut der zivilen Luftfahrt ein!"

■ Formuliert auf der Grundlage einer fachgerechten Erschließung der Plakate (s. S. 17) einen darstellenden Text zur Themafrage, welches Frauenbild vermittelt werden sollte.

Merkmal 3: Terror und Verfolgung

Unmittelbar mit dem Namen Stalins verbunden sind der Begriff des Terrors sowie die Verschleppung und Ermordung von Millionen Menschen.

- **Welche Maßnahmen des Terrors wandte die stalinistische Diktatur an?**

- **Welche Folgen hatte das System des Terrors für die Menschen?**

Wir entnehmen aus unterschiedlichen Materialien Informationen, die für die gestellten Fragen relevant sind, und formulieren begründete Urteile.

Vorschläge zu Vorgehensweise und Präsentation:

1. Wertet den Darstellungstext und die Materialien mithilfe der Arbeitsaufträge arbeitsteilig aus.

2. Für euer Lernplakat könnt ihr eine Mindmap entwickeln, in der ihr das stalinistische System von Terror und Verfolgung sowie seine Folgen strukturiert darstellt. Dabei solltet ihr drei Aspekte berücksichtigen: a) das stalinistische System von Terror und Verfolgung; b) die Folgen, die dies für die Menschen hatte; c) die in den autobiografischen Texten geschilderten Erlebnisse und Gefühle Betroffener. Formuliert ausgehend von eurer Mindmap ein begründetes persönliches Urteil.

M1 Magnitogorsk 1929: Zwangsarbeit

Zwangsarbeiter auf der Baustelle des Stahlzentrums

■ Beschreibt, welchen Eindruck das Bild vermittelt.

Terror unter Stalin

Die umfangreichen Veränderungen in der Wirtschaft und in der Politik der Sowjetunion fanden nicht nur Befürworter. Seit Bestehen der UdSSR gab es Widerstand gegen Maßnahmen des Systems und dieses ging wiederum äußerst brutal mit Regimegegnern um. Die Verfolgung von Gegnern der Revolution erreichte seit 1934 einen Höhepunkt. Ein Attentat auf den Leningrader Parteisekretär Kirov wurde zum Vorwand Stalins für eine umfangreiche „Säuberung". Zehntausende von Parteimitgliedern wurden im Zusammenhang des Attentats verhaftet und deportiert. In den Jahren 1936 bis 1938 verschärften sich die Verfolgungen zum Massenterror. Kritiker Stalins, aber auch mögliche künftige Gegner wurden der Sabotage, des Hochverrats oder der Verschwörung bezichtigt und von der Staatspolizei umgebracht oder in sibirische Arbeitslager deportiert. Die Zahl der Opfer der stalinistischen Säuberungspolitik geht in die Millionen. Seinen sichtbaren Höhepunkt erreichte der Terror in Schauprozessen gegen Bolschewisten der ersten Stunde, die zum Tode verurteilt und erschossen wurden. 1938 war die Zahl der Opfer der stalinistischen Gewaltherrschaft so groß, dass selbst die Organisation der kommunistischen Partei ernstlich gefährdet war. Allein in den Jahren 1937/38 wurden unter Stalin etwa acht Millionen Menschen zu Zwangsarbeit verpflichtet und in Arbeitslager deportiert, etwa zwei Millionen Menschen starben dort.

Opfer des Terrors unter Stalin	
● Niederwerfung der Bauernaufstände zwischen 1918 und 1922:	ca. 0,5 Mio.
● Hungersnot 1921/22 (mitverursacht durch das Prinzip der Zwangsabgaben):	ca. 5 Mio.
● Hungersnot 1932/33 (mitverursacht durch die Kollektivierungspolitik):	ca. 6 Mio.
● Hinrichtung wegen „konterrevolutionärer Verbrechen" zwischen 1922 und 1953:	1 – 2 Mio.
● Deportationsopfer, in Lagern Umgekommene 1934 – 1953:	ca. 1 Mio.
= Gesamtzahl der Opfer: (andere Schätzungen:	ca. 15 Mio. ca. 35 Mio.)

(Schätzungen von Historikern; nach: Spiegel, 48/1997, S. 212)

■ Stellt anhand des darstellenden Textes und der Tabelle unter den Aspekten Verlauf, Vorgehensweisen und Folgen die charakteristischen Merkmale der stalinistischen Terrorherrschaft zusammen.

Schriftsteller beschreiben den Terror

Die drei russischen Schriftsteller Alexander Solschenizyn, Dimitrij Witkowski und Boris Pasternak haben in autobiographischen Texten ihre persönlichen Erfahrungen in der Ära Stalins literarisch verarbeitet.

M2 Alexander Solschenizyn schreibt über die Verpflegung der Lagerinsassen

Das einzig Gute an der Lagersuppe war, dass man sie gewöhnlich heiß bekam. Aber was Schu-
5 chow jetzt vor sich hatte, war fast kalt; trotzdem aß er so langsam und sorgfältig wie stets. Immer mit der Ruhe jetzt, auch
10 wenn das Dach brennt! Abgesehen vom Schlafen, hatten die Sträflinge freie Zeit für sich selbst

Alexander Solschenizyn als Häftling im Lager

nur zehn Minuten beim Frühstück, fünf Minuten bei
15 der Mittagspause und nochmals fünf Minuten beim Abendessen. Die Suppe änderte sich nicht von einem Tag zum anderen; was es gab, hing davon ab, welches Gemüse sie für den Winter eingelagert hatten. Im vergangenen Jahr bestand der ganze Vorrat nur aus ein-
20 gesalzenen Möhren, und so waren von September bis Juni nur Mohrrüben in der Suppe. Und jetzt hatten sie Kohl. Am besten war die Lagerverpflegung im Juni, wenn es mit den Gemüsen zu Ende ging und es stattdessen Grütze gab. Die schlimmste Zeit war der Juli.
25 Da kamen geschnittene Brennnesseln in den Kessel.

(Alexander Solschenizyn, Ein Tag im Leben des Iwan Denissowitsch, München/Zürich 1963, S. 32)

M3 Dimitrij Witkowski schildert das Schicksal von Zwangsarbeitern

Nach Arbeitsschluss bleiben in den Baugruben die Leichen zurück. Bald sind ihre Gesichter vom Schnee zugeweht. Einer verkroch sich unter dem umgekippten Schubkarren, seine Hände stecken Wärme suchend in
5 den Ärmeln, so liegt er da, erfroren. Ein anderer sitzt starr, den Kopf zwischen den Knien vergraben. Dort sind zwei erfroren, sie lehnen mit dem Rücken aneinander. Bauernburschen sind es, die zu arbeiten verstehen [...]. Zu Abertausenden werden sie zum Kanalbau
10 geschickt; nur darauf wird Acht gegeben, dass keiner

mit seinem Vater ins selbe Lager kommt. Dann brummt man ihnen vom ersten Tag an eine Norm auf, die auch im Sommer nicht zu schaffen ist. Unsereins findet nicht mehr die Zeit, ihnen was beizubringen, sie zu warnen; sie sind von zu Hause gewohnt, mit 15 ganzer Kraft zuzupacken – und werden rasch schwach und erfrieren [...]. Nachts kommt ein Pferdeschlitten und klaubt sie auf. Es klingt wie Holz, wenn der Fuhrmann sie auf den Schlitten wirft. Im Sommer aber findet man von den nicht rechtzeitig fortgeschafften 20 Leichen nur noch die Knochen. Die werden mit den Kieselsteinen in den Betonmischer geschaufelt. Die letzte Schleuse vor der Stadt Belomorsk ist aus einem solchen Gemisch gebaut; es bleiben die Gebeine für alle Zeiten darin eingemauert. 25

(D. Witkowski, in: A. Solschenizyn, Der Archipel Gulag – Arbeit und Ausrottung, Seele und Stacheldraht, Bern 1974, S. 92ff.)

M4 Boris Pasternak beschreibt die Errichtung eines Lagers

Unsere Gruppe wurde aus den Waggons geholt. Schneewüste ringsum. In der Ferne – Wald. Bewachungsmannschaft in Bereitschaft mit gesenktem Gewehr, Wachhunde. [...] Man ließ uns auf dem Feld in einem riesigen Viereck Aufstellung nehmen, den Rü- 5 cken zur Mitte, damit einer den anderen nicht sehen konnte. Dann wurde befohlen, dass wir uns niederknieten. Jeder Verstoß gegen das Verbot, zur Seite zu blicken, sollte die sofortige Exekution des Betreffenden zur Folge haben. Dann begann die endlose, 10 entwürdigende Prozedur des namentlichen Aufrufens, die sich über Stunden erstreckte. [...] Die anderen Gruppen wurden abgeführt, uns gab man bekannt: „Das hier ist euer Lager. Richtet euch ein, wie ihr wollt". Ein Schneefeld unter freiem Himmel, in der 15 Mitte ein Pfahl mit der Aufschrift: ‚Gulag 92 la 90'. In der ersten Zeit mussten wir bei Frost mit bloßen Händen Stangenholz brechen [...]. Wir haben Bäume gefällt, unsere Unterstände errichtet, haben Palisadenzäune gezogen, Gefängnisse und Wachttürme gebaut 20 – alles wir allein.

(Boris Pasternak, Doktor Schiwago, Frankfurt/M. 1958, S. 590f.)

■ Notiert die Eindrücke, die die drei Schriftsteller über die Arbeitslager festgehalten haben.

Merkmal 4: Totalitäre Herrschaft

Nach dem Machtantritt Stalins wurde der Parteiapparat systematisch ausgebaut. Die Kommunistische Partei der Sowjetunion (KPdSU) wurde zur Einheitspartei, die von Stalin als unumstrittener Autorität geführt wurde. Eine solche Herrschaftsstruktur bezeichnen Geschichtswissenschaftler auch als „totalitäre Herrschaft".

- **Was bedeutet „totalitäre Herrschaft"?**

Wir beschreiben die charakteristischen Merkmale eines Fachbegriffs und erläutern seine Bedeutung.

Vorschläge zu Vorgehensweise und Präsentation:

1. Wertet in eurer Arbeitsgruppe das Verfassungsschaubild M 1, den Quellenauszug M 2 sowie die Bildquelle M 3 aus. Nutzt die dazu angebotenen Arbeitsschritte.

2. Erstellt mithilfe der Arbeitsergebnisse ein Lernplakat, das Antworten auf die Leitfrage gibt. Euer Plakat könnte folgende Elemente enthalten: a) das Schaubild zur Staatsstruktur der Sowjetunion einschließlich Erläuterungen; b) eine Definition des Begriffs „totalitäre Herrschaft", die als Lexikoneintrag geeignet wäre; c) eine Kopie des Bildes M 3, zu dem ihr einen erläuternden Begleittext zur Plakataussage schreiben könntet.

M1 Staatstruktur der Sowjetunion

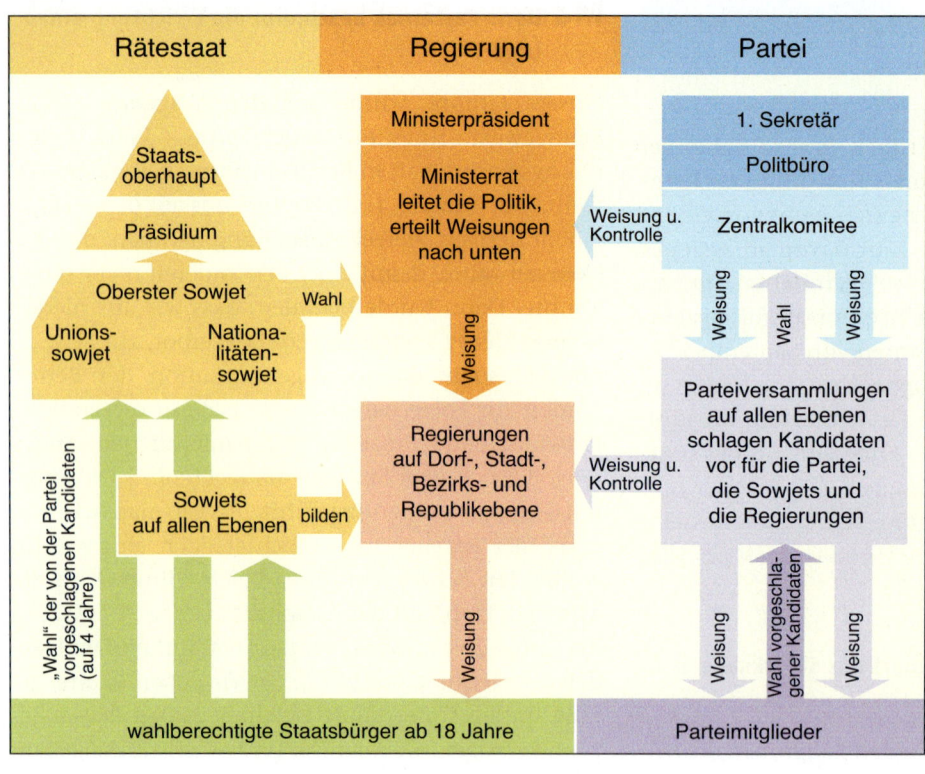

Erklärt mithilfe des Schaubildes den Aufbau des sowjetischen Staates. Wendet dabei das euch bekannte Frageschema an:

1 Einrichtungen:
- Welche Einrichtungen des Staates gibt es?
- Welche Aufgaben haben diese?

2 Gruppen/Personen:
- Welche Gruppen gibt es?
- Welche Ämter können sie bekleiden?

3 Mitbestimmung:
- Welche Gruppen oder Personen dürfen mitbestimmen, welche nicht?
- Wer bestimmt die Besetzung der Positionen?
- Wer hat wie viel Macht im Staat, wer hat keine?

Die Verfassung unter Stalin

1936 erhielt die Sowjetunion eine neue Verfassung. Durch ein allgemeines gleiches und direktes Wahlrecht sollten alle Sowjetbürger Einfluss nehmen können auf die Zusammensetzung des Obersten Sowjets. Zudem garantierte die Verfassung Bürgerrechte wie Rede-, Demonstrations- und Pressefreiheit. Zum ersten Mal wurde auch die Führungsrolle der KPdSU in der sowjetischen Verfassung festgeschrieben.

In der Realität war die Verfassung allerdings eher ein Feigenblatt, die Umsetzung der Bürgerrechte fand nicht statt. Von Anfang an sollte sie lediglich die Diktatur der KPdSU verdecken. In ihrem Zentrum stand Stalin: Er war Staatsoberhaupt, Ministerpräsident und 1. Sekretär der KPdSU in einer Person.

M2 Stalin nahm 1936 Stellung zum politischen System der Sowjetunion

Was die Freiheit verschiedener politischer Parteien anbetrifft, so vertreten wir hier einigermaßen andere Ansichten. Die Partei ist ein Teil der Klasse, ihr fortgeschrittener Teil. Mehrere Parteien und folglich auch
5 eine Freiheit der Parteien kann es nur in einer Gesellschaft geben, wo es antagonistische [= feindliche] Klassen gibt […], wo es, sagen wir, Kapitalisten und Arbeiter, Gutsbesitzer und Bauern, Kulaken und Dorfarmut gibt. […] In der Sowjetunion gibt es nur zwei Klassen, die Arbeiter und die Bauern, deren Interessen 10 einander nicht nur nicht feindlich gegenüberstehen, sondern im Gegenteil miteinander harmonisieren. Folglich gibt es in der Sowjetunion keinen Boden für die Existenz mehrerer Parteien; in der Sowjetunion gibt es Boden nur für eine Partei, die Kommunistische 15 Partei […]. Man spricht von Demokratie. Was aber ist Demokratie? Die Demokratie in den kapitalistischen Ländern, wo es antagonistische Klassen gibt, ist in letzter Instanz eine Demokratie für die Starken, eine Demokratie für die besitzende Minderheit. Die Demo- 20 kratie in der Sowjetunion ist im Gegenteil eine Demokratie für die Werktätigen, d.h. eine Demokratie für alle […]. Deshalb glaube ich, dass die Verfassung der UdSSR die einzige bis zum Letzten demokratische Verfassung der Welt ist. 25

(Zit. nach: Schmid, Fragen an die Geschichte 4, Cornelsen, S. 150)

■ Arbeitet heraus, wie Stalin die Rolle der KPdSU als Einheitspartei rechtfertigt.

M3 Plakat von 1945

СЛАВА СТАЛИНУ, ВЕЛИКОМУ ЗОДЧЕМУ КОММУНИЗМА!

1 Arbeitet heraus, welche Vorstellungen über die Entwicklung der Sowjetunion dieses Plakat verdeutlicht.

2 Vergleicht diese Vorstellungen mit den aus M1 und aus dem Darstellungstext gewonnenen Ergebnissen.

„Ehre sei Stalin, dem großen Bauherren des Kommunismus"

Merkmal 5: Der Personenkult

In einer Zeit, in der ein Großteil der Bevölkerung noch nicht lesen und schreiben konnte, hatten Bilder bzw. Propagandaplakate als Medium politischer Propaganda einen hohen Stellenwert. Der stalinistische Personenkult ist ein gutes Beispiel dafür.

- **Welches Bild vermittelte die russische Propaganda von Stalin?**

- **Warum wurde dieses Bild von Stalin vermittelt?**

- **Welche Funktion und Bedeutung hat dieser Personenkult?**

Wir interpretieren Propagandaplakate und formulieren eigene Urteile.

Vorschläge zu Vorgehensweise und Präsentation:

1. Interpretiert in eurer Arbeitsgruppe arbeitsteilig die Plakate M 1 – M 5 mithilfe der folgenden Arbeitsschritte.

Ein Propagandaplakat interpretieren

a) Leitfrage festlegen: Was wollen die Propagandaplakate über Stalin aussagen?

b) Betrachten: Lasst die Abbildung auf euch wirken. Notiert erste Eindrücke.

c) Beschreiben: Wer ist dargestellt? Was ist dargestellt? Wie ist der Plakataufbau? Was sind zentrale Gestaltungselemente?

d) Deuten: Wie ist der Diktator dargestellt? Was sollen die Details aussagen? An wen richtet sich die Darstellung?

e) Zusammenfassende Antwort auf die Leitfrage.

2. So wird ein Lernplakat, das ihr auf der Grundlage eurer Interpretationsergebnisse gemeinsam erstellen sollt, inhaltlich aussagekräftig und anschaulich:

a) Fertigt Kopien der Plakate M 1 bis M 5 an.

b) Formuliert die jeweiligen Bildaussagen und begründete Thesen zu den Zielen, die die sowjetische Führung mit der Veröffentlichung der einzelnen Plakate verfolgte.

c) Formuliert ausgehend von diesem Beispiel des sowjetischen Personenkults eine zusammenfassende Einschätzung der Auswirkungen und Bedeutung des Personenkults für totalitäre Herrschaftsordnungen.

Tipp: Schaut dazu, wenn ihr möchtet, auch in das Kapitel über den Nationalsozialismus (s. S. 141) und vergleicht.

Der Kult um einen Diktator

In den Jahren nach dem Zweiten Weltkrieg erreichte der maßlose Kult um die Person Stalins ihren Höhepunkt. In jeder Stadt und jeder größeren Ortschaft wurde ein Stalin-Denkmal errichtet.

Im Dezember 1949 bot Stalins 70. Geburtstag Gelegenheit zu der gewaltigsten Huldigung, die einem Menschen im 20. Jahrhundert zuteil wurde. Wochenlang zählten die sowjetischen Zeitungen Tausende von Geschenken auf, die der Herrscher aus aller Welt zum Zeichen der Dankbarkeit zugesandt bekam. Millionen von Grußbotschaften bejubelten den „genialen Führer des russischen Volkes" und versicherten ihm ihre tiefe Dankbarkeit angesichts der Weisheit, mit der er das Land in die Zukunft führe.

Insbesondere zu Beginn von Stalins Herrschaft war seine Popularität vor allem ein künstlich geschaffener Mythos, der in beharrlicher Propagandaarbeit aufgebaut worden war.

M1 Plakat von 1932

„Der Sieg des Sozialismus in unserem Land ist garantiert."

M2 Plakat aus den 1930er-Jahren

„Unsere Heimat soll blühen und gedeihen."

M3 Gemälde von 1939

Stalin auf dem 18. Parteitag

M4 Plakat aus den 1930er-Jahren

ЛЮБИМЫЙ СТАЛИН-СЧАСТЬЕ НАРОДНОЕ!

„Geliebter Stalin – Glück des Volkes!"

M5 Plakat nach einem Foto von 1936

„Der beste Freund der Kinder". Das Bild Stalins mit Geli Markisowa entstand nach einem Foto, 1936 bei einem Empfang im Kreml aufgenommen. Gelis Vater wurde als „Volksfeind" erschossen, ihre Mutter wurde verhaftet und beging später Selbstmord.

Bilanz: Die weltpolitische Bedeutung der Oktoberrevolution

Geschichte, das zeigt das Beispiel der Russischen Revolution, ist immer auch eine Deutung desjenigen, der sie untersucht. Von zahlreichen Historikern wurden die Ereignisse von 1917 bereits untersucht und beschrieben – ebenso zahlreich sind die Urteile über dieses bedeutende Ereignis der Weltgeschichte.

- **Welche weltpolitische Bedeutung hatte die Russische Revolution von 1917?**

Wir erkennen und vergleichen Deutungen von Geschichte.

1. Lest die Texte M1, M2, M3 und entscheidet, welchen Textauszug ihr in Partnerarbeit analysieren möchtet. Vorschlag für die Partnerarbeit:
   a) Jeder liest den Textauszug sorgfältig in Einzelarbeit und stellt dem Partner den Text unter folgenden Fragestellungen vor: *Autor*: Wer kommt hier zu Wort? *Zeitpunkt*: Wann äußert sich der Autor? *Hauptaussagen*: Was sind seine Hauptgedanken?
   b) Erstellt eine gemeinsame Folie, auf der ihr die Frage beantwortet: Welche Bedeutung misst der Autor den revolutionären Ereignissen zu?

2. Präsentiert eure Arbeitsergebnisse und vergleicht die Deutungen der Autoren.

3. Versucht ausgehend von den Deutungen, im Klassengespräch zusammenfassende Antworten auf die Leitfrage nach der weltpolitischen Bedeutung der Russischen Revolution von 1917 zu geben.

M1 Alexander Solschenizyn

Die sogenannte Oktoberrevolution – das ist ein Mythos, den sich die Bolschewiki nach ihrem
5 Sieg zurechtgelegt haben und den sich der auf den Fortschritt fixierte Westen völlig zu eigen gemacht hat. Am 25. Okto-
10 ber 1917 gab es in Petrograd einen gewaltsamen Staatsstreich. Er war eher für einen Tag konzipiert, methodisch aber brillant vorbereitet. Und zwar von Leo Trotzki, denn Lenin musste sich in jenen Tagen noch wegen Hoch-
15 verratsbeschuldigungen versteckt halten.

Was jetzt für die Russische Revolution von 1917 ausgegeben wird, war die Februarrevolution. Ihre Ursachen lagen tatsächlich in den Verhältnissen, die im damaligen Russland herrschten. Die Februarrevoluti-
20 on hatte tiefe Wurzeln. In erster Linie war das ein lang angestauter und gegenseitiger Hass der Bildungsschicht und der Machthaber. Er war es, der Kompromisse völlig undenkbar machte. Die Hauptverantwortung lastet natürlich auf dem Machtapparat. Wer soll
25 eine größere Verantwortung für einen Schiffbruch tragen als der Kapitän? Die Voraussetzungen für die Februarrevolution ergaben sich aus dem damaligen russischen Regime. Am Oktoberumsturz ist nichts, was mit der Natur Russlands zu erklären wäre – im Gegen-
30 teil: Dieser Staatsstreich hat Russland das Rückgrat gebrochen. Der deutlichste Beweis dafür ist der rote Terror – die Bereitschaft der Revolutionsführer, Russland im eigenen Blut zu ersäufen.

(A. Solschenizyn, in: Spiegel Special – Geschichte, Nr. 4/2007: Experiment Kommunismus, S. 140)

■ Arbeitet heraus, zu welchem Ergebnis Solschenizyn beim Vergleich von Februar- und Oktoberrevolution kommt.

M2 Aus einem DDR-Schulbuch

Die Große Sozialistische Oktoberrevolution hatte nicht nur das alte Russland entschieden verändert. Unter ihrem Einfluss veränderte sich das internationale Kräfteverhältnis grundlegend zugunsten des Frie-
5 dens, der Demokratie und des Sozialismus. Mit dem Ausbruch Russlands aus dem bis dahin weltbeherrschenden System des Imperialismus und der Errichtung des ersten sozialistischen Staates standen sich zwei einander entgegengesetzte gesellschaftliche Systeme – das imperialistische und das sozialistische
10 – gegenüber. […] Innerhalb des imperialistischen Systems kam es unter den Auswirkungen der Oktoberrevolution zu gewaltigen revolutionären Erhebungen, die in einer Reihe kapitalistischer Hauptländer die Herrschaft der imperialistischen Bourgeoisie erschüt-
15

terten. Eine mächtige Welle antiimperialistischer nationaler Befreiungskämpfe erfasste das Hinterland des Imperialismus, die kolonialen und abhängigen Länder, und leitete die Krise des imperialistischen Kolonialsystems ein. Die junge Sowjetmacht wurde zum Zentrum für den Befreiungskampf der Arbeiterklasse und der Volksmassen aller Länder gegen Imperialismus, Kolonialismus und Krieg. [...] Die allgemeine Krise des Kapitalismus ist gekennzeichnet durch seine ständig fortschreitende Zersetzung und seine innere Schwächung. Sie ist die Epoche des Niedergangs und des Verfalls des Kapitalismus bis zu seinem völligen Untergang. Mit der Großen Sozialistischen Oktoberrevolution begann die neue welthistorische Epoche des Übergangs vom Kapitalismus zum Sozialismus, die Epoche des Kampfes der beiden entgegengesetzten Gesellschaftssysteme, die Epoche der sozialistischen und der nationalen Befreiungsrevolutionen, die Epoche des Zusammenbruchs des Imperialismus und der Liquidierung des Kolonialsystems, die Epoche des Übergangs immer neuer Völker auf den Weg des Sozialismus, die Epoche des Triumphes des Sozialismus und Kommunismus im Weltmaßstab.

(Geschichte, Lehrbuch für Klasse 9, (Volk und Wissen/Volkseigener Verlag) Berlin 1980, S. 43f.)

■ Erläutert, welche Rolle die Russische Revolution in der Auseinandersetzung mit dem Kapitalismus einnimmt.

M3

In einem Interview befragten die Spiegel-Redakteure Christian Neef und Rainer Traub die Moskauer Historiker Wladimir Buldakow und Michail Gorinow:

SPIEGEL: Sie haben die Französische Revolution erwähnt, sie hat die moderne bürgerliche Welt geprägt. Die Frucht der Oktoberrevolution aber – die Sowjetunion – hat sich 1991 aufgelöst. War Ihre Revolution im Rückblick eine Sackgasse der Geschichte?

Buldakow: Aus meiner Sicht ist der November 1917 keine Sackgasse gewesen, sondern eine große Lehre. Eine Utopie kann Leute begeistern, doch man kann auf ihr nichts Festes aufbauen. Die Vorahnung, alles würde mit einem Riesenzusammenbruch enden, die hatte man schon immer. Mein Kontrahent Michail Gorinow ist ein Mann von überbordender Romantik. Ich respektiere seinen Standpunkt, sehe aber meine berufliche Pflicht darin, zu begreifen, was geschehen ist.

Gorinow: Die Französische Revolution bescherte der Welt die Idee von politischer Freiheit. Die Russische Revolution ging weiter, sie hat die politische durch eine soziale Freiheit zu ergänzen versucht. Die Idee, dass der Staat die Wirtschaft steuern sollte, hing mit der Vorstellung zusammen, nur so Wohlstand für alle erreichen zu können. Die Große Russische Revolution wollte denjenigen Hoffnung schenken, die in der kapitalistischen Welt nicht zur Elite gehörten. Dazu brachte sie eine neue Elite hervor, die an die Stelle der Zaren-Bürokraten trat. Nach dem Zusammenbruch der Sowjetunion gab es im Westen Bemühungen, den Wohlstand und die Rechte der sozial Schwächeren erneut zu beschneiden. Es ist unübersehbar: Seit es keine Alternative mehr für den althergebrachten Kapitalismus in der Welt gibt, leben erneut konservative Bemühungen auf.

Buldakow: Da ist ein Körnchen Wahrheit dran. Denn die Welt wird durch Ideen regiert.

(Spiegel Special – Geschichte, Nr. 4/2007: Experiment Kommunismus, S. 138f.)

1 Arbeitet heraus, worin Gorinow die Zusammenhänge zwischen Französischer und Russischer Revolution sieht.

2 Fasst zusammen, welche Bedeutung Buldakow den Ereignissen des Novembers 1917 beimisst.

Wladimir Buldakow

Michail Gorinow

Die USA – Weltmacht in demokratischer Tradition

Die wehende amerikanische Fahne in der Hand, befehligt der amerikanische Offizier französische und englische Soldaten. Etwa 150 Jahre nach ihrer Unabhängigkeit fühlen sich die USA moralisch verpflichtet, wie das Bild eindrucksvoll zeigt, nach Europa zurückzukehren, auf den Kontinent, den die Gründungsväter einst verlassen hatten.

Um diese weltpolitische Entscheidung zu verstehen, müssen wir in die Entstehungsgeschichte der USA schauen. Denn: Nur wenn man die Vergangenheit kennt, kann man die jeweilige Gegenwart verstehen. Deshalb hat das folgende Kapitel zwei Schwerpunkte: Das Jahr 1917, das so

weitreichende Folgen hatte, und die Vorgeschichte, die das Denken und Handeln der USA verständlich macht.

- Warum traten die USA in den Ersten Weltkrieg in Europa ein?

- Wie konnte aus einer unbedeutenden Kolonie eine Weltmacht werden?

- Was sind die zentralen Prinzipien der wirtschaftlichen und politischen Ordnung der USA, die sie schließlich zum Gegenspieler Russlands bzw. der Sowjetunion machten?

Die USA als Weltmacht:
Der Kriegseintritt im Jahre 1917

→

Wie die USA Weltmacht wurden:
Von der ersten Siedlung bis zum Imperialismus – Stationen ihrer Geschichte

In die Vergangenheit blicken, um die Gegenwart zu verstehen

Der gemeinsame Kampf der Alliierten im Ersten Weltkrieg (Zeichnung von A. Beltrame, 1917)

Das Epochenjahr 1917 – Die USA greifen in den europäischen Krieg ein

Die USA und Europa

Bis 1914 hatten die USA ihre Einflussgebiete in Mittel- und Lateinamerika, in der Karibik und im Pazifik bis nach China immer weiter ausgedehnt. An Europa hatten sie kein Interesse. Doch während des Krieges kam es zum Meinungsumschwung. Die USA griffen in Europa ein. Sie leiteten damit ein neues Weltsystem ein.

- **Welche Haltung gegenüber Europa zeigten die USA und wie veränderte sich diese?**

Wir wenden Fachbegriffe sachgerecht an und beschreiben Entwicklungen im Zusammenhang.

1. Kläre in Einzelarbeit mithilfe des Darstellungstextes die Begrifflichkeiten „Isolationismus" und „Interventionismus".

2. Partnerarbeit: Vergleicht eure Begriffsdefinitionen und formuliert (z. B. auf einer Folie) ausgehend von diesen beiden Prinzipien die Grundzüge der amerikanischen Außenpolitik in der Vor- und Weltkriegsphase.

3. Stellt eure Lösungen in der Klasse vor.

Der Kriegsausbruch in Europa

Als der Erste Weltkrieg ausbrach, verhielten sich die USA neutral. Bisher hatten sie sich nicht in die Angelegenheiten der Europäer eingemischt, sie waren „isoliert", also abgesondert von diesem Erdteil. Ihre Aufmerksamkeit galt dem großen amerikanischen Kontinent. Ihre bisherige Außenpolitik wurde deshalb als Isolationismus bezeichnet. Die USA blieben neutral, weil sie Konflikte in ihrem eigenen Land befürchteten: Ihre Bewohner kamen nämlich aus ganz unterschiedlichen Ländern Europas, die dort gegeneinander Krieg führten. Enger verbunden fühlten sie sich jedoch vor allem Großbritannien und auch Frankreich; obwohl sie grundsätzlich neutral waren, ergriffen die USA daher Partei für diese beiden Länder, und zwar aus mehreren Gründen: aus traditioneller politischer Freundschaft und kultureller Nähe, aber auch aus wirtschaftlichen Überlegungen. Banken gewährten Großbritannien und Frankreich Kredite, die Regierung lieferte Nahrungsmittel und Industriegüter. Im Falle eines Sieges des Deutschen Reiches und Österreich-Ungarns hätte Amerika großen wirtschaftlichen Schaden erlitten. In Deutschland sahen viele Amerikaner zudem ein undemokratisches monarchisches System.

Der Kriegseintritt der USA

Es bedurfte eines zusätzlichen Anlasses, dass die USA in den Krieg eintraten: 1915 versenkten deutsche U-Boote das englische Passagierschiff Lusitania, da der Verdacht bestand, dass es illegal Waffen transportierte. Heute wissen wir, dass dies tatsächlich zutraf. Dabei kamen auch 128 Amerikaner ums Leben. Die Empörung in den USA war groß. Als die deutsche Regierung 1917 den uneingeschränkten U-Boot-Krieg erklärte, traten die USA in den Krieg ein. Sie mischten sich in die inneren Angelegenheiten Europas ein. Eine solche Politik bezeichnen wir als Intervention. Die USA wurden zu Interventionisten. Zunehmend hatte sich nämlich die Überzeugung durchgesetzt, dass nur ein militärischer Einsatz die eigenen Interessen in der Nachkriegszeit sichern konnte.

Dem Kriegseintritt folgte eine massive Aufrüstung der USA, die zu einer wachsenden Überlegenheit der alliierten Truppen führte. Am 11.11.1918 musste das Deutsche Reich seine Niederlage eingestehen und den Waffenstillstand unterzeichnen.

Der erneute Rückzug

Anfang 1918 hielt Wilson seine Friedensziele in einem 14-Punkte-Programm fest. In das Zentrum der neuen Weltordnung stellte er den Völkerbund, einen Zusammenschluss freier, demokratischer Staaten, der die Unversehrtheit, Selbstbestimmung und Unabhängigkeit aller Völker gewährleisten und den Frieden sichern sollte. Die politischen Streitigkeiten um einen gerechten Frieden in Europa enttäuschten die USA jedoch, sodass sie sich aus Europa zurückzogen, wieder isolationistisch wurden. Der Versailler Friedensvertrag, mit dem die Siegermächte England und Frankreich das unterlegene Deutschland hart bestraften, wurde im Senat abgelehnt. Unabhängig davon blieben die USA die stärkste Wirtschaftsmacht der Welt und die Geldgeber Europas.

Der Kriegseintritt: Die Welt für die Demokratie sicher machen – Motive und langfristige Perspektiven der USA

Woodrow Wilson schickte als erster Präsident der USA Soldaten nach Europa. Noch war Russland nicht so stark, dass es ein politischer Gegenspieler der USA wurde. Aber seit 1917 begegneten sich auf dem europäischen Kontinent zwei gegensätzliche Ordnungen, die des Sozialismus und der marktkapitalistischen, liberalen Demokratie.

- Mit welchen Prinzipien und Idealen begründete Wilson seine Politik?

- Welche Ordnung der Welt strebte er mit den USA an?

- Welche Interessen verfolgten die USA?

Wir wenden grundlegende Arbeitsschritte der Interpretation einer Textquelle an und entwickeln auf dieser Basis Erklärungen und Deutungen.

1. Interpretiert die Rede unter den Leitfragen. Bildet dazu Kleingruppen. Wendet die Schritte der Methode „Eine politische Rede untersuchen" an.

2. Formuliert eure Antworten auf die Leitfragen in Form eines Thesenpapiers.

3. Diskutiert eure Thesenpapiere im Klassengespräch.

M **Kriegseintritt der USA**

Am 2. April 1917 trat Präsident Woodrow Wilson vor dem Kongress für eine Kriegserklärung an Deutschland ein:

Neutralität ist nicht länger durchführbar oder wünschenswert, wo es um den Frieden der Welt und die Freiheit ihrer Völker geht [...]. Wir haben keinen Streit mit dem deutschen Volk. Wir haben keine andere 5 Empfindung ihm gegenüber als eine der Sympathie und Freundschaft.

Woodrow Wilson (1856–1924) war der 28. Präsident der USA von 1913–1921. Er gilt als Begründer des Völkerbundes. 1919 wurde ihm der Friedensnobelpreis verliehen (offizielles Gemälde, ca. 1919).

Es war nicht auf seinen Impuls hin, dass seine Regierung handelte, als sie in diesen Krieg eintrat. [...] Es war ein Krieg, über den entschieden wurde, wie über 10 Kriege entschieden zu werden pflegte in den alten, unglücklichen Zeiten, als die Völker nirgendwo von ihren Herrschern zu Rate gezogen [...] wurden [...]. Wir sind froh, [...] dass wir so für den [...] Frieden der Welt und für die Befreiung ihrer Völker [...] kämpfen: 15 für die Rechte der Nationen [...] und das Vorrecht der Menschen allüberall, sich ihre Weise des Lebens und des Gehorsams auszusuchen. Die Welt muss sicher gemacht werden für die Demokratie. Ihr Friede muss auf den erprobten Grundlagen politischer Freiheit errich- 20 tet werden. [...] Wir verlangen nach keiner Eroberung, keiner Herrschaft. [...] Wir sind lediglich einer der Vorkämpfer für die Rechte der Menschheit. [...] Eben weil wir ohne Groll und eigensüchtiges Ziel kämpfen, indem wir nichts für uns suchen, als was wir mit allen 25 freien Völkern zu teilen wünschen, werden wir [...] unsere Operationen als Kriegführende ohne Leidenschaft ausführen und selbst mit stolzer Genauigkeit die Prinzipien des Rechts und des fairen Spiels beobachten, für die wir zu kämpfen versichern. [...] 30
Es ist eine [...] bedrückende Pflicht [...], die ich mit dieser Botschaft erfüllt habe. Wir haben vielleicht viele Monate der Feuerprobe und des Opfers vor uns. Es ist eine fürchterliche Sache, dieses große, friedfertige Volk [...] in den schrecklichsten [...] aller Kriege 35 [zu führen], in dem die Zivilisation selbst auf dem Spiele zu stehen scheint. Aber das Recht ist wertvoller als der Friede und wir werden für die Dinge kämpfen, die wir stets unserem Herzen zunächst getragen haben – für die Demokratie, für das Recht jener, die der Au- 40 tokratie unterworfen sind, auf ein Mitspracherecht bei ihrer Regierung, für die Rechte und Freiheiten kleiner Nationen, für eine allgemeine Herrschaft des Rechts durch ein Konzert der freien Völker, das allen Nationen Frieden und Sicherheit bringen und die 45 Welt selbst endlich frei machen wird. [...] Wir wissen, dass der Tag gekommen ist, da Amerika die Auszeichnung erfährt, sein Blut und seine Macht für die Prinzipien darzubringen, denen es seine Geburt und sein Glück und den Frieden verdankt, den es wertschätzte. 50 Gott helfe ihm, es kann nicht anders.

(Zit. nach: H. Schambeck/H. Widder/M. Bergmann (Hg.), Dokumente zur Geschichte der Vereinigten Staaten von Amerika, Berlin 1993, S. 434)

Eine politische Rede ist eine besondere Form einer historischen Quelle. Ein Redner möchte nicht nur etwas mitteilen, er möchte seine Zuhörer überzeugen, beeinflussen, vielleicht sogar in seinen Bann ziehen. Er benutzt wirksame Argumente, er bedient sich einer besonderen Sprache, er nutzt sein Mienenspiel, seine Gesten. Er reagiert auf seine Zuhörer, auf die besondere Atmosphäre des Augenblicks. Wenn uns die Rede nur schriftlich vorliegt, kann folglich die besondere Eigenart nur z. T. erfasst werden (z. B. ohne Gestik, Mimik, Tonfall).

1. Schritt: Die Leitfragen festlegen	– *Mit welchen Prinzipien und Idealen begründete Wilson seine Politik?* – *Welche Ordnung der Welt strebte er mit den USA an?* – *Welche Interessen verfolgten die USA?*
2. Schritt: Die Rede analysieren ➡ Die Redesituation beschreiben: • Welche Redegattung liegt vor? • Wer ist der Redner? • Wo und wann wird die Rede gehalten? • An wen ist die Rede gerichtet? • In welcher historischen Gesamtsituation wird die Rede gehalten? • Was ist der unmittelbare Anlass der Rede? ➡ Inhalt und Gedankengang herausarbeiten: • Was ist das Thema der Rede? • Was sind die zentralen Aussagen der Rede? • Wie ist der Gedankengang (Anordnung der Argumentation) der Rede?	*Z. B. Parlaments-, Wahlkampf-, Festrede etc.* *Kongressmitglieder, Regierungen und Öffentlichkeit in Europa …* Die Kerngedanken können in unterschiedlicher Weise wiedergegeben werden: – Einmal in indirekter Rede: *Wilson betont, dass Amerika nicht länger neutral bleiben könne (Konjunktiv), da es um die Sicherung des Weltfriedens gehe.* – Der Inhalt kann in eigenen Worten zusammengefasst werden, wobei aber immer deutlich bleibt, dass es sich um eine Wiedergabe handelt; z. B.: *Im ersten Abschnitt betont Wilson die Pflicht, die Neutralität aufzugeben, um den Frieden zu sichern. Oder: Nach Aussage Wilsons muss die Neutralität zum Zweck der Friedenssicherung aufgegeben werden.*
3. Schritt: Die Rede interpretieren ➡ Die Absicht und die Interessen des Redners erläutern: • Was will der Redner mit seiner Rede erreichen? ➡ Die sprachlichen Mittel untersuchen: • Welche sprachlichen Stilmittel werden genutzt, um die Absichten zu erreichen (Bilder, Vergleiche, Wiederholungen …)? ➡ Die Rede beurteilen: • Sind die Argumente des Redners überzeugend? • Worin liegt die historische Bedeutung dieser Rede?	*Z. B.: Überzeugung des Kongresses? Beeindruckung der europäischen Regierungen?* *Z. B.: Wilson nutzt parallele Satzstrukturen, die mit dem Personalpronomen „wir" beginnen. Damit betont er die Einigkeit der Nation. Wilson bildet Sätze, die wie Merksätze klingen: „Die Welt muss sicherer gemacht werden für die Demokratie".* *Nennt Wilson z. B. klar die Interessen, etwa die wirtschaftlichen?*
4. Schritt: Auf der Grundlage der Analyse und Interpretationsergebnisse Schlussfolgerungen ziehen	Die Schlussfolgerungen geben Antworten auf die Leitfragen.

300 Jahre amerikanische Geschichte im Zeitraffer

Als Amerika im Epochenjahr 1917 gewissermaßen in die Weltpolitik eintrat, blickte es auf eine kurze Geschichte zurück. Knapp 300 Jahre waren seit der Landung der ersten englischen Siedler vergangen. In dieser Zeit entwickelten die USA die wirtschaftliche, politische und militärische Stärke, vor allem auch ihre Werte und Prinzipien, um ihre Macht auch jenseits des Atlantiks, der die USA von Europa trennte, einzusetzen. Woher sie kommen, wer sie sind. Dies gilt es zu klären, um das Selbstverständnis der USA, das sich in Wilsons neuer Politik zeigte, zu verstehen.

- **Wie konnte aus der unbedeutenden Kolonie eine Weltmacht werden?**

- **Welches sind die zentralen Ideale und Prinzipien in Staat und Gesellschaft der USA?**

Wir dokumentieren historische Sachverhalte und Entwicklungen der Vergangenheit und erläutern ihre Bedeutung für zeitgenössische Wertvorstellungen und politisches Handeln.

1. Bildet sechs Arbeitsgruppen, in denen ihr eine computergestützte Präsentation zu einem Thema eurer Wahl erstellt.
   a) Schaut euch die Themen kursorisch an und bildet eure Gruppen so, dass alle Themen bearbeitet werden und die einzelnen Gruppen zahlenmäßig etwa gleich groß sind.
   b) Nutzt für die Organisation der Arbeit in den Gruppen die Methode „Dokumentieren mit PowerPoint".
   c) Bei der inhaltlichen Erarbeitung und Anlage der Präsentation für das Plenum helfen euch die Arbeitsaufträge und Präsentationstipps zu den einzelnen Stationen.
   d) Die fertige Präsentation solltet ihr eurer Lehrerin bzw. eurem Lehrer zugänglich machen – am besten in elektronischer Form –, um inhaltliche Beratung und Hinweise für die Korrektur noch vorhandener sachlicher Ungenauigkeiten oder Fehler sowie Anregungen für darstellerische Verbesserungen zu erhalten.

2. Präsentiert eure Arbeitsergebnisse.

3. Plenum: Diskutiert auf der Grundlage des Wissens über die Entwicklungsgeschichte der USA im Klassengespräch die beiden Leitfragen.
   Tipp: Stellt zur Vorbereitung des Gesprächs allen Mitschülerinnen und Mitschülern eure Präsentationen z. B. per Mail oder auf einer CD zur Verfügung.

Und das sind die Themen der Stationen:

Station 1
Thema: Auswanderer besiedeln die neue Welt

Station 2
Thema: Amerika wird unabhängig

Station 3
Thema: Westward, Ho! – Ausdehnung und Wagemut

Station 4
Thema: Der Bürgerkrieg Nord gegen Süd – für die Einheit des Landes

Station 5
Thema: Die USA werden Wirtschaftsgroßmacht

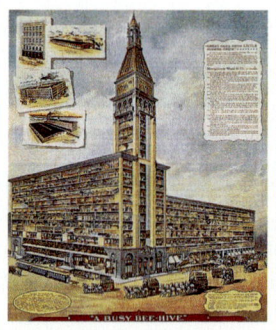

Station 6
Thema: Die USA werden eine politische Großmacht

Weiterführender Recherchetipp: Die Stationen des Buches bieten Basismaterialien. Unter der Internetadresse der Botschaft der USA in Berlin findet ihr reichhaltige Zusatzinformationen:
http://usa.usembassy.de/geschichte.htm
Ihr erinnert euch an die Grundregeln der Recherche: Suchziel festlegen – Informationen und Materialien zusammentragen – Ordnen und Auswerten – Ergebnisse in die Dokumentation einfügen.

Dokumentieren mit PowerPoint

Eine Dokumentation ist eine Sammlung und übersichtliche Anordnung von Schriftstücken, Bildern, Statistiken und anderen Materialien zu einem bestimmten Thema. Ihr Ziel ist es, einen komplexen und umfangreichen Themenbereich zu ordnen, zu erläutern und zu veranschaulichen, um eine schnelle Information zu ermöglichen. Durch ihre Anschaulichkeit prägt sie sich besser ins Gedächtnis ein.

Eine solche Sammlung kann z. B. als Mappe, als Wandzeitung oder in der Form einer kleinen Ausstellung angelegt werden. Diese Beispiele kennt ihr. Eine weitere Möglichkeit besteht darin, eine computergestützte Präsentation, z. B. als Abfolge von PowerPoint-Folien, zu erstellen. Einer ihrer Vorteile: Diese Form der Präsentation kann leicht allen Schülerinnen und Schülern, der Lehrerin bzw. dem Lehrer zur Verfügung gestellt werden. Sie kann unproblematisch archiviert und für spätere Weiterarbeit genutzt werden.

In sechs Schritten zu einer Dokumentation

1. Schritt: Das Thema benennen und gliedern Das Thema wird vorgestellt und in Themenbereiche, die angesprochen werden sollen, untergliedert.	**Unser Thema:** *300 Jahre amerikanische Geschichte im Zeitraffer: 6 historische Stationen, S. 42–53.*
2. Schritt: Ziele festlegen Es wird geklärt, um welche Untersuchungsfragen es in den Themenblöcken im Einzelnen jeweils gehen soll.	*Im vorliegenden Fall geben die Leitfragen die jeweiligen Untersuchungsaufträge vor.*
3. Schritt: Historische Materialien erarbeiten und auswerten Vorliegendes Material bzw. selbst recherchierte weitere Materialien werden gesichtet, themabezogen geordnet und mithilfe der erlernten fachmethodischen Arbeitsschritte analysiert bzw. interpretiert. Die Arbeitsergebnisse dokumentiert man am besten in Form zusammenfassender Texte oder grafisch in Skizzen und Schaubildern (z. B. Mindmaps, kurze Thesenpapiere, in Tabellenform).	
4. Schritt: Die Präsentation gestalten Zentrale Bilder, Quellenauszüge, Schaubilder und Grafiken und die jeweiligen Erläuterungen werden unter sachlichen Aspekten und mit Blick auf die Mitschülerinnen und Mitschüler, denen sie vermittelt werden sollen, geordnet und visuell so gestaltet, dass die jeweiligen Inhalte schnell und gut erfasst werden können. Kriterien: fachlich richtig, übersichtlich gegliedert, optisch ansprechend gestaltet, gut verständlich.	➡ **Schritte zur Erstellung einer PowerPoint-Präsentation:** • Folienlayout und -design auswählen. • Unter „Benutzerdefinierte Animation die Organisation der einzelnen Elemente festlegen. • Den Folienübergang auswählen. • Den Folienhintergrund festlegen. • Die Präsentation speichern. • Texte schreiben, formatieren und einfügen. • Bilder, Grafiken etc. einfügen. ➡ **Tipps zur Foliengestaltung:** • Stichwörter anstelle von ganzen Sätzen. • Beschränkung der Wörter und Sätze: z. B. max. 6–8 Wörter pro Zeile, 6–8 Zeilen pro Folie, 2 Bilder pro Folie o. Ä. • Gut lesbare Schriftgröße. • Funktionale Farbgebung, z. B. zur Hervorhebung. ➡ **Weitere Tipps und technische Hilfe:** Ihr erinnert euch? Methodenanleitung „Präsentieren mit PowerPoint", Bd. 2, S. 39.
5. Schritt: Die Präsentation vorführen	Zwei Möglichkeiten: Bildschirm- oder Beamerpräsentation.
6. Schritt: (Evtl.) Präsentation den Zuhörern digital zugänglich machen (z. B. CD, Mail)	*In diesem Fall könnten die von den Arbeitsgruppen vorgestellten sechs Einzelpräsentationen in einer Gesamtdatei zusammengefügt gespeichert werden.*

Station 1: Auswanderer besiedeln die Neue Welt – ihr Denken prägt Amerika

Im Herbst 1620 segeln 102 Passagiere, die meisten von ihnen sogenannte Pilgerväter, vom englischen Plymouth nach Amerika. Am 9. November landen sie mit ihrem Schiff „Mayflower" in der Bucht von Cape Cod, in der Nähe des heutigen Boston. Ihr Denken wird Amerika prägen.

- Wie lebten und dachten die ersten Siedler?

- Wie gestaltete sich das Zusammenleben der verschiedenen Bevölkerungsgruppen?

- In welcher Hinsicht prägte die erste Besiedlung das Denken Amerikas?

Wir informieren über Denken und Handeln von Menschen und beurteilen die Bedeutung ihrer zeitgenössischen Wertvorstellungen für zukünftige Entwicklungen.

1. Wertet in eurer Arbeitsgruppe die Bildquelle (M1), die Geschichtskarte (M2) sowie den Zeitschriftenartikel (M3) und den Autorentext mithilfe der Erschließungsaufgaben aus. Haltet eure Arbeitsergebnisse auf Karteikarten fest.

2. Gestaltungstipps für eure Folien:
   a) Visualisiert die Informationen, die für die drei gestellten Leitfragen relevant sind, mithilfe von geeigneten Strukturbildern, die die angesprochenen historischen Sachverhalte und Zusammenhänge übersichtlich verdeutlichen.
   b) Die Erschließungsaufgaben zu den einzelnen Materialien liefern Orientierung und inhaltliche Stichpunkte zur Gliederung.
   c) Scannt das Gemälde (M1) und die Karte (M2) ein und bezieht sie in eure Präsentation ein.

Ihr erinnert euch? Drei Schritte zur Erkenntnisgewinnung aus Bildquellen:

1 Betrachten.

2 Beschreiben: Bildautor – Bildthema – Einzelelemente der Darstellung (Szene, Personen...) – bildliche Gestaltungsmittel.

3 Auswerten: zentrale Bildaussage und Botschaft.

42

M1 Pilgerväter

Gemälde von Antonio Gisbert, um 1864

M2 Die 13 englischen Kolonien in Amerika

M3 „Das Heilige Experiment"

Die Journalistin Ulrike Moser schildert in einem Zeitschriftenartikel (2003) Überfahrt und Ankunft der „Mayflower". Ihr
Artikel richtet sich an ein breiteres Publikum von historisch
interessierten Laien. Es ist ihr Ziel, komplizierte geschichtliche Zusammenhänge anschaulich darzustellen.

Nein, so haben sie sich das Gelobte Land nicht vorgestellt. So bedrohlich und abweisend. Da liegt sie, die
neue Heimat, ein winterlicher Küstenstreifen, dunk-
ler, dichter Wald ohne Grenzen und Ende. Für dieses
5 unwirtliche Stück Erde haben sie die Zivilisation hinter sich gelassen und die gefährliche Überfahrt auf
dem herbstlichen Atlantik auf sich genommen.
Die Menschen, deren Schiff „Mayflower" an diesem
19. November 1620 vor Cape Cod an der nordameri-
10 kanischen Küste vor Anker geht, sind in elendem Zustand. Stürme, Krankheiten und Hunger haben ihnen
zugesetzt. Und nun fühlen sie sich auch noch verlassen und verloren. […] Zwei Monate ist es her, dass
diese 102 Männer, Frauen und Kinder vom englischen
15 Hafen Plymouth aufgebrochen sind. Auf der Überfahrt haben sie sich den knappen Raum mit Schwei-
nen, Ziegen und Hühnern geteilt. Zwei Menschen
sind gestorben […]. Aber auch ein Kind ist geboren
worden […].
20 Die Passagiere sind nicht die ersten Engländer, die in
Nordamerika ein neues Leben beginnen wollen. Schon
13 Jahre zuvor, 1607, haben sich wagemutige Siedler
in der neuen Kolonie Virginia niedergelassen. Adelige
zumeist, die die Gier nach Geld und Hoffnung auf
25 raschen Reichtum in die Ferne getrieben hat […].
Die Menschen an Bord der „Mayflower" dagegen sind
weder adelig noch reich. Es sind arme Handwerker
und Bauern mit ihren Familien. Sie haben das Wagnis
nicht für ihr Land, sondern als Verfolgte unternom-
30 men. Und es ist auch nicht die Hoffnung auf irdischen
Reichtum, die sie antreibt, sondern ein Experiment:
Der Traum von Amerika soll ihnen Raum für ihre eigene Utopie geben. Ein besseres England, ein neues
Jerusalem soll hier entstehen – leuchtendes Vorbild
35 für den alten Kontinent.
Puritaner sind sie, und sie bringen mit, was Amerika
prägen wird: ihr Vertrauen in demokratische Abstimmungen, ihr Misstrauen gegen weltliche Macht sowie
die Gewissheit, Werkzeuge der göttlichen Vorsehung
40 zu sein. „Saints" nennen sie sich, Heilige, Gottes aus-
erwähltes Volk. „Pilgrims" wird sie William Bradford
[einer von ihnen] später nennen, Reisende ins gelobte
Land, gleich dem Volk Gottes. […] Die Gemeinschaft
der auserwählten Saints wandelt sich zur auserwählten Nation. Aus dem Sendungsziel, […] der Welt durch 45
das eigene Beispiel ein Leuchtturm zu sein, leiten die
Amerikaner sehr viel später ihren […] Auftrag ab, der
Welt Demokratie und Freiheit zu bringen.

(Geo Epoche, Nr. 11/2003, Amerikas Weg zur Weltmacht, S. 42 ff.)

1 Stellt dar, wie nach Schilderung der Autorin die Überfahrt
der Siedler verlief.

2 Nennt die Motive, die sie bewegten.

3 Erklärt, warum sie „Pilgrims" oder „Pilgerväter" genannt
wurden.

4 Beschreibt, wie sie ihr Leben in Amerika gestalten wollten?

5 Zeigt auf, in welcher Weise ihr Denken laut der Autorin zukünftig das amerikanische Denken prägte.

Amerika – Land der Vielfalt

Die Ankunft der Siedler machte Amerika zum Land der
Vielfalt. Zwei Dinge waren besonders bedeutsam für die
amerikanische Geschichte und das Selbstverständnis des
Landes.
Erstens: Auf dem amerikanischen Kontinent trafen drei
höchst unterschiedliche Kulturen zusammen:
– die europäischen Siedler;
– die indianische Ursprungsbevölkerung: Fünf Jahrzehnte
lebten sie in Frieden mit den Siedlern, dann wurden sie
rücksichtslos bekämpft – innerhalb eines Jahrhunderts
sank ihre Zahl um 90%;
– Sklaven aus Afrika, die mit großer Brutalität seit etwa
1619 nach Amerika verschleppt wurden.
Die Begegnung dieser Kulturen führte zu blutigen Konflikten, nicht zum friedlichen Nebeneinander. Die Ausrottung der Indianer und die Unterdrückung der Afro-Amerikaner beeinflusst die Innenpolitik bis in die Gegenwart.
Zweitens: Die ersten Siedler waren Engländer. Die Siedler, die in der Folge nach Amerika kamen, waren von
großer Vielfalt der Religionen und Herkunft, kamen aus
vielen Ländern Europas. Amerika war somit eine „Heimat
von Fremden", von Menschen, die ihre ursprüngliche
Heimat aus Angst vor Verfolgung, Hunger und Elend verlassen hatten. Amerika ist ein Land von Einwanderern.
Amerika wurde und wird von ihnen als Land der Hoffnung gesehen.

1 Listet auf, welche Kulturen in Amerika aufeinandertrafen
und wie ihr Verhältnis untereinander war.

2 Erläutert, inwiefern Amerika ein Land der Vielfalt wurde.

Station 2: Amerika wird unabhängig – Gleichheit, Freiheit und das Streben nach Glück

Der 4. Juli ist der amerikanische Nationalfeiertag. An diesem Tag im Jahre 1776 verkündeten die 13 englischen Kolonien ihre Unabhängigkeitserklärung (Declaration of Independence). Elf Jahre später, am 17. September 1787, wurde die neue Verfassung beschlossen.

- **Wie kam es zum Bruch zwischen den Kolonien und dem englischen Mutterland?**

- **Von welchen Prinzipien wollen die Gründungskolonien ihr Zusammenleben leiten lassen?**

- **Auf welchen Grundsätzen beruht die Verfassung und wie wird die Regierung des Volkes geregelt?**

Wir analysieren politische Wertvorstellungen und erklären das Handeln von Menschen in historischen Entscheidungssituationen

1. Wertet in eurer Arbeitsgruppe den Darstellungstext sowie M 1 und M 2 mithilfe der zugehörigen Arbeitsaufgaben aus.

2. *Folientipps*:
   a) Zur Beantwortung der ersten Leitfrage bietet sich ein Flussdiagramm nach dem Schema einer Konfliktanalyse (s. u.) an.
   b) Scannt Kernbegriffe bzw. Kernaussagen der Unabhängigkeitserklärung und das Verfassungsschema ein.
   c) Verfasst einen Kommentar, in dem ihr das Neue und die Besonderheiten dieser Verfassung erläutert.

Vertrauen in die Verfassung. Das Motto der USA: E Pluribus Unum – Aus Vielem zu Einem, aus Vielfalt eine Einheit.

Die amerikanische Revolution

Es war ein unbedeutender Anlass, der diese Revolution entstehen ließ: der Streit um bescheidene Steuern. Möglich wurde er, weil der Hass auf England die Kolonien einte. Bis 1763 hatte sich die britische Regierung wenig in die inneren Angelegenheiten ihrer Kolonien eingemischt. Allmählich kam es jedoch zur Entfremdung mit dem englischen Mutterland. Dieses wollte die Kolonien davon abhalten, Industrien zu errichten, mit denen sie zu England in Konkurrenz treten würden. Die Kolonien sollten vor allem als Rohstoffquellen und Absatzmärkte für englische Produkte dienen. Dieser schwelende Konflikt entlud sich an der Frage von Steuern und Abgaben. England erhob Einfuhrzölle auf Zucker, Textilien, Kaffee und Wein und verlangte im sog. „Stempelsteuergesetz" Abgaben auf Druckschriften und Spielkarten. Die Siedler riefen zum Widerstand auf. Ihr Argument: Sie seien nicht selbst im britischen Parlament vertreten („No taxation without representation"). Diese Steuer sahen sie als einen Angriff auf ihre wichtigste Errungenschaft: Freiheit und Nutzung von Eigentum. Darin waren sie sich einig, die Kaufleute aus Neuengland, die Händler aus New York, die Plantagenbesitzer aus dem Süden.

Der Konflikt verschärfte sich. Radikale Siedler warfen im Bostoner Hafen eine Teeladung von einem englischen Schiff ins Wasser (Boston Tea-Party). Das britische Parlament reagierte mit harten Strafmaßnahmen und entsandte zusätzliche Truppen. Die amerikanischen Kolonien leisteten Widerstand. Sie bestellten George Washington zum Oberbefehlshaber ihrer Streitkräfte. Damit begann der Unabhängigkeitskrieg (1775–1783). Der Ruf nach einer endgültigen Trennung von England wurde lauter. Deshalb billigte der Kontinentalkongress am 4. Juli 1776 die im Wesentlichen von Thomas Jefferson formulierte Unabhängigkeitserklärung. Sie gilt als das eigentliche Gründungsdokument der Vereinigten Staaten von Amerika. In der Schlacht von Yorktown (Virginia, 19.10.1781) besiegten amerikanische und französische Truppen die englische Armee. Im Frieden von Paris (3.9.1783) musste der englische König die Unabhängigkeit der amerikanischen Kolonien anerkennen.

▉ Die folgenden Aspekte helfen euch, den geschilderten Konflikt gegliedert darzulegen: Ausgangslage (Konfliktgegner, Interessen, Ziele, Machtverhältnisse) – Konfliktverlauf – Konfliktlösung.

M1 Die amerikanische Unabhängigkeitserklärung

Wenn es im Zuge der menschlichen Geschichte für ein Volk notwendig wird, die politischen Bande zu lösen, die es mit einem anderen Volke verbunden haben, und unter den Mächten der Erde den selbstständigen und gleichen Rang einzunehmen, zu dem das Naturrecht und göttliches Gesetz es berechtigen, so erfordert eine geziemende Rücksichtnahme auf die Meinung der Menschheit, dass es die Gründe darlegt, die es zur Trennung veranlassen.

Folgende Wahrheiten halten wir für selbstverständlich: dass alle Menschen gleich geschaffen sind; dass sie von ihrem Schöpfer mit gewissen unveräußerlichen Rechten ausgestattet sind; dass dazu Leben, Freiheit und das Streben nach Glück gehören; dass zur Sicherung dieser Rechte Regierungen unter den Menschen eingesetzt werden, die ihre rechtmäßige Macht aus der Zustimmung der Regierten herleiten; dass, wann immer irgendeine Regierungsform sich als diesen Zielen abträglich erweist, es Recht des Volkes ist, sie zu ändern oder abzuschaffen und eine neue Regierung einzusetzen [...].

Die Regierungszeit des gegenwärtigen Königs von Großbritannien ist von unentwegtem Unrecht und ständigen Übergriffen gekennzeichnet, die alle auf eine Errichtung einer absoluten Tyrannei über diese Staaten abzielen. [... Es folgt eine Auflistung von 18 Beschwerden, darunter:]

Er [der König] hat im Inneren Aufstände in unserer Mitte angezettelt und versucht, die erbarmungslosen indianischen Wilden gegen unsere Grenzbewohner aufzuhetzen, deren Kriegführung bekanntlich darin besteht, ohne Unterschied des Alters, Geschlechts oder Zustands alles niederzumetzeln. [...]

Daher tun wir, die in einem gemeinsamen Kongress versammelten Vertreter der Vereinigten Staaten von Amerika, unter Anrufung des Obersten Richters über diese Welt als Zeugen für die Ehrlichkeit unserer Absichten namens und im Auftrag der rechtschaffenen Bevölkerung dieser Kolonien feierlich kund und zu wissen, dass diese Vereinigten Kolonien freie und unabhängige Staaten sind und es von Rechts wegen bleiben sollen; dass sie von jeglicher Treuepflicht gegen die britische Krone entbunden sind und dass sie als freie und unabhängige Staaten das Recht haben, Krieg und Frieden zu schließen, Bündnisse einzugehen, Handel zu treiben und alle anderen Handlungen vorzunehmen und Staatsgeschäfte abzuwickeln, zu denen unabhängige Staaten rechtens befugt sind.

(Zit. nach: Udo Sautter, Geschichte der Vereinigten Staaten von Amerika, Stuttgart (Kröner) 1976, S. 536f.)

Drei Schritte der Quelleninterpretation:

1 Leitfrage festlegen (hier ist es die zweite Leitfrage).

2 Analysieren: Thema, Textsorte, Autor, Adressat, Textwiedergabe mit Grobgliederung.

3 Interpretieren: Prinzipien, auf die sich die Erklärung beruft; beabsichtigte Wirkung der Erklärung; Faszination und historische Bedeutung der Erklärung.

M2 Die amerikanische Verfassung

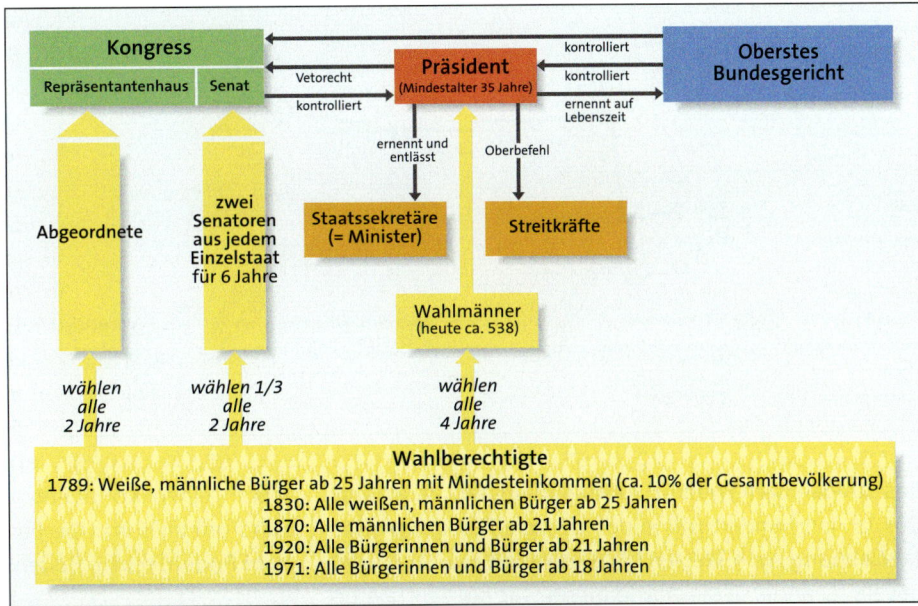

Drei Schritte zur Erklärung eines Verfassungsschaubildes:

Staatliche Einrichtungen – Gruppen und Personen – Macht und Mitbestimmung (hier besonders: Prinzip der Gewaltenteilung und der wechselseitigen Kontrolle, Beteiligung der Bürger).

Station 3: „Westward, Ho!" – Ausdehnung und Wagemut als Grunderfahrung

Zu Beginn des 19. Jahrhunderts konnten die weißen Pioniere im Osten nur spekulieren, wie es jenseits des Mississippi aussah. Sie vermuteten dort Mammuts, Salzberge und einen Wasserweg zum Pazifik. Die Wirklichkeit war viel beschwerlicher. Die entbehrungsreiche Eroberung des Westens ist fest im amerikanischen Denken verankert und formte das Bild, das Amerikaner von sich selbst haben.

- **Wie verlief die Westausdehnung?**

- **In welcher Weise prägte sie das amerikanische Selbstverständnis?**

- **Worin besteht die Problematik der Westausdehnung?**

Wir beschreiben charakteristische Merkmale historischer Entwicklungsprozesse und wechseln die Perspektive, um den zeitgenössischen Hintergrund und die Sichtweise anderer angemessen zu erfassen.

1. Wertet in eurer Arbeitsgruppe das Karten- und Bildmaterial unter der Fragestellung von Verlauf, Selbstverständnis und Problematik der Westausdehnung aus. Bezieht die Informationen des Darstellungstextes mit ein. Notiert eure Arbeitsergebnisse auf Karteikarten.

2. *Vorschlag für eine Foliengestaltung, mit der ihr Antworten auf die Leitfragen gebt:*
Erstellt eine animierte Bilderfolge zu M 2–M 4. Schreibt zu jedem Bild Texte aus zwei Perspektiven, der Perspektive der weißen Amerikaner und der Perspektive der Indianer.

M1 Die Ausdehnung der USA im 19. Jahrhundert

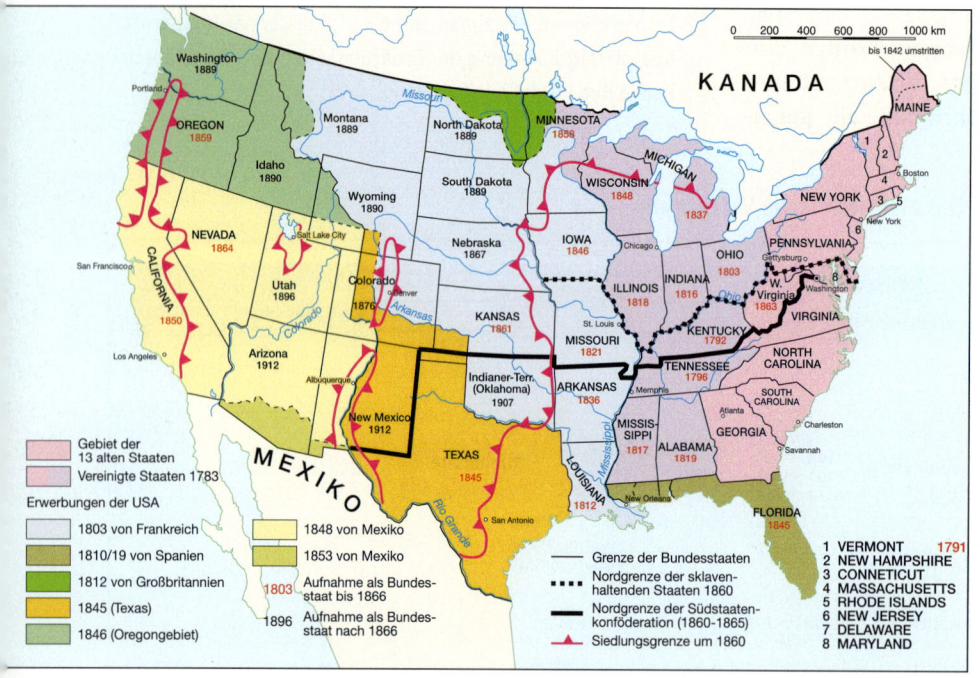

Gebiet der 13 alten Staaten Vereinigte Staaten 1783
Erwerbungen der USA
- 1803 von Frankreich
- 1810/19 von Spanien
- 1812 von Großbritannien
- 1845 (Texas)
- 1846 (Oregongebiet)
- 1848 von Mexiko
- 1853 von Mexiko
- 1803 Aufnahme als Bundesstaat bis 1866
- 1896 Aufnahme als Bundesstaat nach 1866

— Grenze der Bundesstaaten
···· Nordgrenze der sklavenhaltenden Staaten 1860
— Nordgrenze der Südstaatenkonföderation (1860-1865)
▲ Siedlungsgrenze um 1860

1 VERMONT 1791
2 NEW HAMPSHIRE
3 CONNETICUT
4 MASSACHUSETTS
5 RHODE ISLANDS
6 NEW JERSEY
7 DELAWARE
8 MARYLAND

Mit der Staatsgründung der USA war auch die erste Phase der Landnahme abgeschlossen. Sie umfasste das Gebiet der dreizehn Gründerstaaten. Die anschließende Besiedlung des Gebietes zwischen den Appalachen und dem Pazifik vollzog sich in mehreren Wellen. Zunächst kamen Jäger und Fallensteller, allein oder in kleinen Gruppen wagten sie sich in das Indianerland. Cowboys, Goldgräber und Holzfäller folgten. Siedler ließen sich nieder, rodeten Wald, errichteten Blockhütten, wurden Kleinbauern und Farmer. Nach dem Bürgerkrieg drangen Rancher mit ihren Viehherden in das Land vor. Schließlich kamen Handwerker und Kaufleute. Die Siedler erlebten einen Kontinent, der reich und riesig war. Das Land bot alles im Überfluss. Es bot leeren Raum, fruchtbare Böden, reiche Bodenschätze.

Das Streben nach Freiheit: Ausdehnung und Landnahme

Das 19. Jahrhundert war in den USA die Zeit der großen Ausdehnung nach Westen bis zum Pazifik bzw. zum Ufer des Rio Grande. Diese Ausdehnung war die zentrale Erfahrung des neuen Staates. Von 1803 bis 1853 verdreifachte sich das Gebiet der Vereinigten Staaten. Von 1810 bis 1900 wuchs die Bevölkerung von 7 auf 76 Millionen.

Der Frontier-Geist

Der Kampf der Pioniere, der ersten wagemutigen Siedler an der Grenze zwischen Zivilisation und Wildnis, der

„frontier", prägte das Selbstverständnis der Amerikaner grundlegend. Unter ständiger Lebensbedrohung schufen sich die Pioniere ihre Existenz. Sie waren frei, wagemutig, verfolgten ihr eigenes Glück, strebten nach immer neuen Grenzen. Standesunterschiede spielten keine Rolle. Diesen Geist brachten vor allem die Auswanderer mit: Wer auswandert, ist energisch, risikobereit, widerstandsfähig – und rücksichtslos im Kampf mit der Natur und den Indianern. Die Pioniere meinten, dass Gott es so wollte, dass die USA sich immer weiter ausdehnten. Diese Grenzerfahrung war auf die Dauer viel wichtiger als der Einfluss europäischer Traditionen. Die Siedler wurden Amerikaner, sie waren keine Europäer mehr.

Die Ausrottung der Indianer

Die Weißen glaubten, dass die Besiedelung erst mit ihnen begann. Für sie gab es keine wirklichen Gegner. Die Verlierer waren die Indianer. Der Kampf gegen sie wurde skrupellos geführt, denn sie verstellten den Weg in das ersehnte Paradies. Die Siedler wollten nicht akzeptieren, dass das Land brachlag; sie beanspruchten das Land, das sie bearbeiteten.

Die Natur- und Lebensphilosophie der Indianer, nach der die Menschen die Natur nicht bezwingen, sondern in Harmonie mit ihr leben sollten, verstanden sie nicht. Verträge wurden von den weißen Siedlern ständig gebrochen. Mit der Einrichtung von Reservaten für alle im Westen lebenden Stämme und dem Massaker von Wounded Knee (1890) endete das unabhängige Leben der indianischen Völker.

Bilder erzählen

M2 „American Progress"

„Der Fortschritt Amerikas" (Gemälde von John Gast, ca. 1872)

M3 Aufbruch in die neue Zeit

1869: Die Fertigstellung der ersten transkontinentalen Eisenbahnlinie wird gefeiert.
1850 maß das Gleisnetz 14 500 km, bis 1900 verzwanzigfachte es sich.

M4 „The Trail of Tears"

Gemälde von Robert Lindneux, 1942

Fünf Indianerstämme, die sich in den 13 Gründerkolonien bereits eingegliedert hatten, wurden unter Präsident Jackson (1829 – 1837) gewaltsam nach Westen umgesiedelt. Die Verschleppung endete mit dem 2 000 km langen „Zug der Tränen" (1838). Ein Viertel der verbliebenen 17 000 Cherokee-Indianer kam ums Leben. 1900 lebten noch 237 000 Indianer in den USA. Sie hatten 98 % ihres Landes verloren. Rechtlich galten sie nicht als Bürger.

Bildquellen interpretieren:

1 Betrachten.
2 Beschreiben: Bildautor – Bildthema – Einzelelemente der Darstellung (Szene, Personen ...) – bildliche Gestaltungsmittel.
3 Auswerten: zentrale Bildaussage und Botschaft.

Station 4: Der Bruderkrieg Nord gegen Süd – für die Einheit des Landes, für Freiheit und Demokratie

Der amerikanische Bürgerkrieg, der Bruderkrieg innerhalb eines gemeinsamen Vaterlandes, wurde schon von vielen Zeitgenossen als Tragödie empfunden; er wütete wie ein Krieg zwischen zwei Völkern. Für manche Historiker war er der erste „totale Krieg der Moderne". Rund 620 000 Soldaten starben; das waren mehr, als die USA in beiden Weltkriegen verloren.

- **Was waren die Ursachen des Bürgerkrieges, welche unmittelbaren Folgen hatte dieser?**

- **Welche Bedeutung hatte der Krieg für die Nation und deren Selbstverständnis?**

Wir erklären komplexe historische Zusammenhänge in ihrem vielschichtigen Ursachen- und Wirkungsgeflecht.

1. Wertet in eurer Arbeitsgruppe den Darstellungstext sowie die Materialien M1 und M2 aus. Die Arbeitsaufgaben bieten Hilfe. Haltet die wichtigen Informationen stichwortartig fest.

2. *Folientipp:*
   a) Strukturskizze, die die Zusammenhänge des Geflechts von Ursachen, Verlauf, Wirkung und Folgen grafisch veranschaulicht.
   b) Kurzes Thesenpapier zur zweiten Leitfrage.

M1 Das Schlachtfeld von Gettysburg

In der Schlacht von Gettysburg im Juli 1863 wendete sich der Kriegsverlauf zugunsten des Nordens. 51 000 Soldaten wurden getötet oder verwundet.

Ursachen und Verlauf des Bürgerkrieges

Die in Vielem so vorbildliche amerikanische Verfassung hatte zwei Problembereiche offen gelassen: Die Sklaverei wurde nicht verboten, obwohl sie doch so massiv gegen den Grundsatz der Gleichheit der Menschen verstieß. 1860 lebten etwa vier Millionen Sklaven in den USA. Sie stammten aus Dörfern im Inneren Afrikas, von wo aus sie von afrikanischen Sklavenhändlern entführt und an weiße Kapitäne zur Überfahrt nach Amerika verkauft wurden. Das zweite Problem: Wie eng sollten die Bundesstaaten zusammenarbeiten? Gab es einen unauflöslichen Bund oder konnten die Einzelstaaten den Bund wieder verlassen?

Im amerikanischen Bürgerkrieg traten diese beiden Probleme mit aller Deutlichkeit zutage. Der Auseinandersetzung über die Sklaverei lag ein tief greifender Nord-Süd-Gegensatz zugrunde. Im Süden wurden Tabak, Baumwolle, aber auch Zuckerrohr und Reis in großen Plantagen angebaut. Mit diesen Spezialkulturen konnten die Großgrundbesitzer große Gewinne durch Ausfuhren in andere Länder erzielen. Sklaven dienten ihnen als billige Arbeitskräfte.

Die gemischte Landwirtschaft des Nordens war weniger von der Ausfuhr abhängig. Gesellschaftlich entstand eine Mittelschicht freier Bauern. Daneben hatte sich in dem Gebiet zwischen den Appalachen und den Großen Seen frühzeitig Industrie entwickelt. Sie beruhte auf den Kohle- und Erzvorkommen in Pennsylvania und nutzte die Exporthäfen der Ostküste. Die Gesellschaft des Nordens bestand somit aus Unternehmern und freien Lohnarbeitern. Diese Gesellschaft konnte es sich also leisten, eher gegen Sklaverei zu sein.

Die alten Gegensätze zwischen Nord- und Südstaaten entzündeten sich im Streit um die Kontrolle der neuen Westgebiete. Immer wieder stellte sich die Frage, ob die neu hinzukommenden Staaten die Sklaverei zulassen sollten oder nicht.

In dieser Situation glaubten die Südstaaten, die Wahl

Abraham Lincolns zum 16. Präsidenten der USA nicht hinnehmen zu können, da seine Partei – die 1854 gegründete Republican Party – jedes weitere Vordringen der Sklaverei verhindern wollte. Die Südstaaten (Texas, Arkansas, Tennessee, Virginia und südliche Staaten bis Florida) erklärten den Austritt aus der Union (Sezession) und bildeten einen eigenen Bund. Mit der Emanzipations-, d. h. Befreiungserklärung vom 22. September 1862 kündigte Lincoln die Befreiung der Sklaven an.

Der Krieg wurde unversöhnlich als erster moderner Massenkrieg geführt. Drei Millionen Soldaten zogen ins Gefecht, der Norden für die Einheit und gegen die Sklaverei, der Süden für seine Unabhängigkeit unter Beibehaltung der Sklaverei. Nach vier Jahren unterlagen die Südstaaten. Kurz vor Kriegsende wurde Lincoln von einem fanatischen Südstaatler ermordet.

Die Folgen

Zwischen 1865 und 1870 setzten drei Verfassungszusätze Lincolns Befreiungserklärung in geltendes Recht um: Die Sklaverei wurde verboten, die in den USA geborenen Personen – mit Ausnahme der Indianer – erhielten das Bürgerrecht, Wahlrechtsbeschränkungen aus rassischen Gründen waren nicht zulässig.

Mit dem militärischen Sieg des Nordens wurde die Abspaltung der Südstaaten verhindert. Die nationale Einheit blieb erhalten. Die Gesellschaft des Nordens hatte gesiegt. Damit konnten sich die USA auf den Weg zu einem modernen, kapitalistischen Staat machen. Ohne diesen Sieg hätten sich die USA nicht zur führenden Industriemacht der Welt entwickeln können.

Trotz der formalrechtlichen Gleichstellung der Afro-Amerikaner konnte deren soziale Gleichheit nicht hergestellt werden. Die Sklaverei ging zu Ende, neue Diskriminierungen entstanden. Besonders im Süden trennte die Gesellschaft streng zwischen Weiß und Schwarz. Die Schwarzen waren frei, aber Bürger zweiter Klasse. Erst 100 Jahre später erkämpften sie sich ihre Gleichberechtigung. Fast 150 Jahre später wird mit Barack Obama der erste Afro-Amerikaner Präsident.

■ Die folgenden Stichworte helfen euch beim Verständnis des Darstellungstextes:
- Kriegsursachen: Ungelöste Probleme der Verfassung, Wirtschaft im Norden und Süden der USA, Sklaverei;
- Kriegsausbruch und Kriegsverlauf;
- Kriegsfolgen: Zerstörung, Einheit, Beendigung der Sklaverei, soziale Ungleichheit.

M2 Abraham Lincoln, Gettysburg Address (19.11.1863)

Die Grußansprache Lincolns wurde anlässlich der Einweihung eines Soldatenfriedhofs gehalten, der noch während des Bürgerkrieges angelegt wurde. Die Ansprache dauerte nur zweieinhalb Minuten und enthielt 272 Wörter. Amerikanische Schüler lernen sie heute auswendig, sie gilt als zentraler Bestandteil des nationalen historischen Gedächtnisses.

Vor 87 Jahren gründeten unsere Väter auf diesem Kontinent einen neuen Staat – in Freiheit gebildet und dem Gedanken geweiht, dass alle Menschen gleich geschaffen sind. Gegenwärtig führen wir einen großen Bürgerkrieg, in dem erwiesen werden wird, ob 5 dieser Staat oder irgendein so gebildeter und solchen Gedanken geweihter Staat Bestand haben kann. Wir sind hier auf einem großen Schlachtfelde dieses Krieges versammelt. Wir sind hierhergekommen, einen Teil dieses Schlachtfeldes den Kämpfern als letz- 10 ten Ruheplatz zu weihen, die hier ihr Leben hingaben, damit dieser Staat leben könne. Dies zu tun, ist nicht mehr als recht und billig. Aber in weiterem Sinne können wir diesen Boden gar nicht weihen, heiligen oder segnen. Die tapferen Männer, Lebende und Tote, die 15 hier gekämpft haben, gaben ihm eine Weihe, die weit darüber hinausgeht, was unsere Kraft hinzutun oder wegzunehmen vermag. […]

An uns, den Lebenden, ist es […], uns an dieser Stätte der von jenen schon so heldenmütig vorangebrachten 20 Aufgabe zu weihen. An uns ist es vielmehr, uns an dieser Stätte den verbliebenen großen Aufgaben zu weihen, damit wir uns angesichts der ehrwürdigen Toten noch stärker als zuvor jener Sache hingeben, für die sie hier das höchste Maß an Opfer gegeben haben; 25 damit wir uns feierlich geloben, dass sie nicht vergebens gefallen sein sollen, dass diese Nation unter Gottes Fügung zu neuer Freiheit geboren werde und dass die Herrschaft des Volkes durch das Volk und für das Volk nicht von dieser Erde verschwinde. 30

(Zit. nach: Herbert Schambeck u. a. (Hg.), Dokumente zur Geschichte der Vereinigten Staaten von Amerika, Berlin (Duncker & Humblot) 1993, S. 375)

1 Arbeitet heraus, was nach Lincoln die Ursache des Bürgerkrieges ist.

2 Erläutert, warum er sich verpflichtet sieht, den Friedhof zu weihen.

3 Beschreibt, wie Amerika – laut Lincoln – seine Zukunft gestalten soll.

Station 5: Die USA werden Wirtschaftsgroßmacht – Das Recht auf Eigentum und Gewinnstreben als Grundlage

„Strebe nach dem Höchsten; gehe nie in eine Bar, rühre keinen Alkohol an; […] identifiziere dich mit den Interessen deiner Firma; […] sei geduldig, denn keiner kann dich […] um den letzten Erfolg bringen als du selbst." Diese Sätze stammen von einem der erfolgreichsten Unternehmer der USA im 19. Jahrhundert, Andrew Carnegie (1835–1919). Er verkörperte den „American Dream", den Glauben an die Erfolgschancen des Tüchtigen. Die Wirklichkeit: Er drückte den Verdienst seiner Arbeiter um gut ein Drittel, damit er Konkurrenten unterbieten und zerstören konnte.

● **Was sind wesentliche Kennzeichen des amerikanischen Wirtschaftssystems?**

● **Wie verlief der Aufstieg der USA zur Weltwirtschaftsmacht und wie lässt sich dieser erklären?**

● **Wie sind die Folgen der Entwicklung zu beurteilen?**

Wir nutzen grundlegende Arbeitsschritte zur Erkenntnisgewinnung aus Statistiken und Bildquellen und präsentieren diese problemorientiert unter der Frage nach Ursachen und Wirkungen.

1. Wertet in eurer Arbeitsgruppe die Materialien M1–M5 aus. Bezieht die Informationen des Darstellungstextes ein.

2. *Gestaltungsvorschlag für Folien:*
Wählt exemplarisch aussagekräftiges statistisches Daten- und Bildmaterial aus und verfasst dazu erläuternde Kommentare. Geht darin auf Merkmale, Entwicklung und Folgen der amerikanischen Industrialisierung (s. die Leitfragen) ein.

M1 „Ein emsiger Bienenstock"

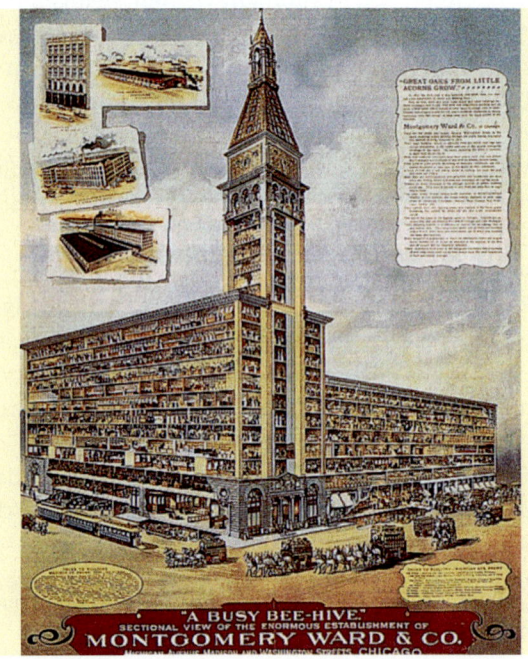

Plakat des Versandhauses Montgomery Ward & Co in Chicago, um 1900. Das Kaufhaus steht stellvertretend für die neue Massenkonsumgesellschaft, den „American way of life". Waschmaschine, Kühlschrank, Bügeleisen und Staubsauger bringen den Fortschritt in die eigenen vier Wände.
Ein weiteres Symbol der neuen Zeit: das Auto. Ford baut zwischen 1908 und 1927 zehn Millionen Stück seiner „Tin Lizzy". Der Preis: 290 Dollar, etwa ein Zehntel des jährlichen Mindesteinkommens.

Der Aufstieg zur Weltwirtschaftsmacht

Zwischen 1860 und 1920 stiegen die USA zur führenden Wirtschaftsmacht der Welt vor Großbritannien und Deutschland auf. Sie verwandelten sich von einem Agrarland in einen Industriestaat, wobei allerdings vor allem der Süden zurückblieb. Grundlagen der Industrialisierung waren:
– Reichhaltige Rohstoffvorkommen (Bodenschätze, Holz, Wasser).
– Technische Erfindungen und neue Verfahren: das Fließband mit der billigen Produktion von Massengütern (Fords Tin Lizzy), neue Vertriebsarten (Warenhäuser für den Massenkonsum), neue Verkaufsstrategien (Werbung).
– Der Ausbau des Verkehrsnetzes und die Erschließung des Landes (Wasserstraßen, Eisenbahn); um 1900 hatten die USA ein umfangreicheres Schienennetz als ganz Europa.
– Der Einsatz großer Kapitalien.
– Ein riesiger Binnenmarkt ohne Zollschranken.
– Eine stetig wachsende Bevölkerung (d. h. auch Verbraucher und Arbeitskräfte) aufgrund hoher Einwanderung (18 Mio. zwischen 1880 und 1910).
– Enorme Ertragssteigerungen in der Landwirtschaft durch Einsatz von Maschinen und großflächigen Anbau.
– Auf der Grundlage von Privateigentum Freiheit der wirtschaftlichen Betätigung, was die Großindustrie begünstigte („Big Business") und zu der – die Freiheit bedrohenden – Vormachtstellung großer Unternehmungen führte.
– Ausgeprägtes Leistungsdenken des Einzelnen und Fortschrittsoptimismus.

– Soziale Ungleichheit, niedrige Löhne, gefährliche Arbeitsbedingungen.

M2 Wirtschaft und Bevölkerung in den USA zwischen 1800 und 1900

	1800	1860	1900
Bevölkerung (Millionen)	5,3	31,5	76,1
Durchschnittliche Pro-Kopf-Produktion ($ im Wert von 1860) a) in den Vereinigten Staaten b) im Süden (Gesamtbevölkerung) c) im Nordosten (Neuengland-Staaten)	61 – –	130 94 181	227 116 311
Verteilung des Privatvermögens a) Das reichste 1% der Bevölkerung besaß b) Die reichsten 10% der Bevölkerung besaßen	21% 69%	24% 72%	31% 74%

(Nach: Willi Paul Adams (Hg.), Die Vereinigten Staaten von Amerika, Frankfurt/Main 1977, S. 179)

M3 Kennzeichen des Wachstums in der US-Wirtschaft 1860–1910

Jahr	Fabrikarbeiter (in Mio.)	Kohle (in Mio. t)	Roheisen (in Mio. t)	Eisenbahngleise (in km)	Weizen (in Mio. Scheffel)
1860	1,3	16	0,8	49 000	173
1890	4,1	141	8,5	246 000	504
1910	ca. 7,0	441	28,9	386 000	684

(Nach: Erich Angermann, Der Aufstieg der Vereinigten Staaten von Amerika 1607–1914, Stuttgart (Klett) 1965, S. 37)

Vier Schritte, um eine Statistik zu interpretieren:

1 Die Leitfrage im Blick haben.

2 Die Statistik analysieren: Thema der Statistik, Zeiträume, Regionen – Form und Anordnung der Daten (z.B. absolute Zahlen, Prozentangaben) – Gesamtentwicklung (Anstieg, Rückgang ...) – Besonderheiten (besonders starker Anstieg ...).

3 Die Statistik auswerten: ursächliche Zusammenhänge erörtern (Anstieg der Bevölkerung > Anstieg der Arbeitskräfte > Anstieg der Produktion ...) – Folgen betrachten (z.B. Verteilung des Privatvermögens ...).

4 Die Leitfrage beantworten.

M4 Slumbewohner in New York (um 1890)

M5 Kinderarbeit

Jugendliche Arbeiter einer Kohlenzeche in Pennsylvania um 1900. Um 1890 arbeiteten fast zwei Millionen Kinder auf Farmen und in der Industrie. Sie erhielten ein paar Dollar Lohn für 60 Stunden Arbeitszeit pro Woche. Erst 1938 wurde Kinderarbeit dieser Art in den USA endgültig verboten.

▮ Bildquellen:
Betrachten – Beschreiben – Deuten (hier: die Probleme der Industrialisierung) – Rückbezug zur Leitfrage.

Station 6: Die Freiheitsnation wird politische Großmacht – Ausdehnung als göttlicher Wille

Die USA entstanden, indem sich 13 Kolonien von der Herrschaft Englands lossagten. Sie lehnten Fremdherrschaft ab. Am Ende des 19. Jahrhunderts übten die USA Einfluss auf Gebiete außerhalb ihres Landes aus, sie wurden selbst imperialistisch.

- **Wie verlief die Machtausdehnung der USA?**

- **Wie begründeten die USA ihre Politik?**

- **War die Ausdehnung der USA gerechtfertigt?**

Wir analysieren und beurteilen Sachverhalte im Hinblick auf Interessenbezogenheit und weltanschauliche Rechtfertigungen.

1. Wertet in eurer Arbeitsgruppe unter Einbeziehung der Informationen des Darstellungstextes die Materialien M1–M3 aus.

2. *Tipps zur Foliengestaltung:*
   a) Scannt die Karte M2 ein und listet in Spiegelstrichform die Gründe auf, die die USA für ihre Politik anführen.
   b) Formuliert auf einer Folie ein Sachurteil: War die Ausdehnung der USA gerechtfertigt?
   Ein Sachurteil wird aus dem Horizont der Zeit gefällt. Es müssen somit Kriterien und Argumente aus dieser Perspektive gewählt werden. Für eine Rechtfertigung könnten z. B. folgende Aspekte sprechen: Konkurrenz zu anderen Staaten – Überlegenheit – Ausbreitung der Zivilisation. Gegen diese Politik könnten eingewandt werden: amerikanische Ideale – historische Erfahrung der USA als ehemalige Kolonie.

Ausdehnung über den Kontinent hinaus

Als der erste Präsident George Washington 1797 aus dem Amt schied, gab er der Nation einen außenpolitischen Rat auf den Weg: Sie möge mit anderen Ländern Handel treiben, sich aber aus deren inneren Angelegenheiten heraushalten. Die USA beschränkten sich folglich zunächst auf die Ausdehnung auf dem amerikanischen Kontinent Richtung Westen. Manche Historiker werten jedoch bereits diese Expansion mit der Vertreibung der Indianer als imperialistische Politik. Ausbreitung wird zur Grunderfahrung der USA.

Die Ausdehnung über den Kontinent hinaus begann am Ende des 19. Jahrhunderts. Die USA registrierten, dass die europäischen Länder die Welt unter sich aufteilten. Sie wollten nicht zurückstehen. Vor allem suchten sie neue Märkte und Anlagemöglichkeiten für ihr Kapital. Allmählich setzte sich die Auffassung durch, dass die USA eine große Flotte benötigten, um als Seemacht ihre weltpolitische Stellung, im Besonderen die Handelsflotte und die Handelsinteressen, zu sichern. Gerechtfertigt wurde dieser Anspruch durch die Ausdehnung von Zivilisation und Fortschritt in die weniger entwickelten Regionen, wozu die USA aufgrund ihrer göttlichen Auserwähltheit besonders bestimmt seien.

Die Ausdehnung erfolgte in drei Richtungen: Zunächst wurde der nördliche Kontinent unter Einschluss von Kanada und Mexiko erobert; dann wurde der Einfluss auf die Karibische See, weiter nach Lateinamerika und schließlich auf die Inseln des Pazifik und Ostasien ausgeweitet. Auf diese Weise wurde die Karibik in ein „amerikanisches Meer" verwandelt; mit dem Bau des Panama-Kanals wurde die Kanalzone gesichert; mit dem Erwerb der pazifischen Inseln wurde eine Inselbrücke nach Ostasien gebildet. Das Ziel war es, Einfluss auf China zu gewinnen. Dabei ging es weniger darum, direkt militärische Macht auszuüben; das Land sollte wirtschaftlich abhängig werden, indem große Geldmengen investiert wurden. Diese eher indirekte Einflussnahme wird informeller Imperialismus genannt, besonders in der Form des Dollarimperialismus.

M1 „Pass auf, Europa. Betritt nicht amerikanischen Boden"

Karikatur von Victor Gillam, New York, 1902

M2 Das amerikanische Empire um 1915

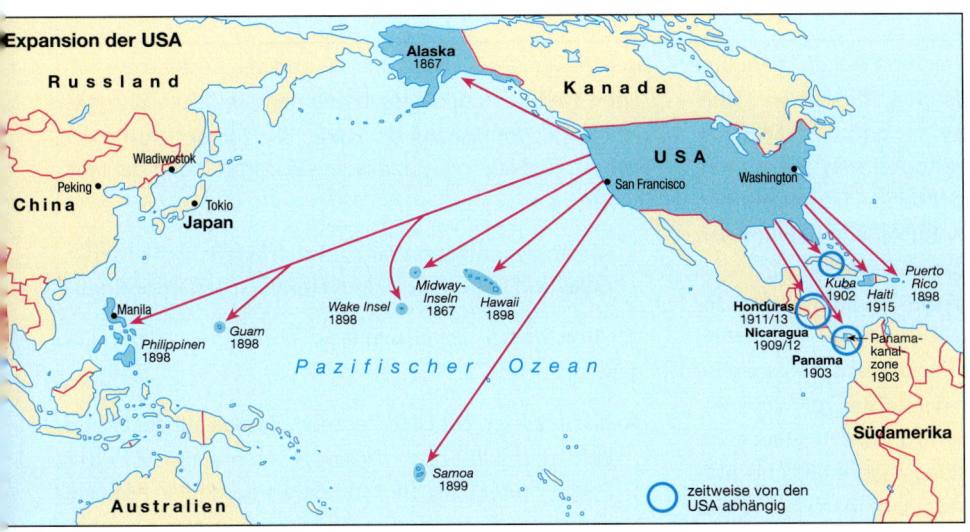

Expansion der USA

Russland — Kanada — USA — China — Japan — Wladiwostok — Peking — Tokio — San Francisco — Washington — Manila — Philippinen 1898 — Guam 1898 — Wake Insel 1898 — Midway-Inseln 1867 — Hawaii 1898 — Kuba 1902 — Haiti 1915 — Puerto Rico 1898 — Honduras 1911/13 — Nicaragua 1909/12 — Panama 1903 — Panamakanalzone 1903 — Samoa 1899 — Südamerika — Australien — Pazifischer Ozean

○ zeitweise von den USA abhängig

M3 Zwei Politiker äußern sich

a) Jahresbotschaft Präsident Theodore Roosevelts (1858–1919) an den Kongress, 6.12.1904. Hierin bezieht er sich auf die sog. Monroe-Doktrin von 1823, benannt nach dem damaligen Präsidenten, der die Einmischung europäischer Länder in Südamerika zurückwies und den Kontinent damit zur Einflusszone der USA erklärte (vgl. M1).

Es ist nicht wahr, dass die Vereinigten Staaten Hunger auf Land haben und irgendetwas mit anderen Nationen der westlichen Hemisphäre vorhaben, es sei denn, es dient deren eigener Wohlfahrt. Dieses Land wünscht
5 nur, seine Nachbarländer stabil, geordnet und blühend zu sehen. Jedes Land, dessen Bewohner sich gut betragen, kann unserer herzlichen Freundschaft sicher sein. Wenn eine Nation zeigt, dass sie weiß, wie man mit angemessener Tüchtigkeit und Anständig-
10 keit soziale und politische Angelegenheiten anfasst, wenn sie […] ihre Schulden bezahlt, braucht sie kein Eingreifen der Vereinigten Staaten zu befürchten. Chronisches Fehlverhalten oder Schwäche […] kann in Amerika, wie überall, schließlich die Intervention
15 einer zivilisierten Nation erfordern, und in der westlichen Hemisphäre kann die Bindung der Vereinigten Staaten an die Monroe-Doktrin die Vereinigten Staaten zwingen, in besonders schlimmen Fällen von Fehlverhalten oder Schwäche, wenn auch widerstrebend,
20 eine internationale Polizeigewalt auszuüben. […]
Unsere Interessen und die unserer südlichen Nachbarn sind in Wirklichkeit identisch. Sie besitzen große Naturschätze und wenn in ihren Grenzen Gesetz und Gerechtigkeit hergestellt
25 werden, dann kommt bestimmt auch der Wohlstand zu ihnen. Halten sie sich also an die Normen der zivilisierten Gesellschaft, dann können
30 sie versichert sein, dass wir sie im Geiste herzlicher und hilfreicher Anteilnahme behandeln. Wir würden uns bei ihnen nur einmischen,
35 wenn uns kein anderer Ausweg bleibt, und auch dann nur, wenn offenkundig geworden ist,
40 dass sie unfähig oder nicht willens sind, Gerechtigkeit im Innern walten zu lassen, und wenn sie nach außen die Rechte der Vereinigten Staaten verletzen […].

(Zit. nach: Günter Schönbrunn (Hg.), Geschichte in Quellen, Das bürgerliche Zeitalter 1815–1914, München (bsv) 1980, S. 599f.)

b) Aus einer Denkschrift von Senator A. J. Beveridge, 1900:
Gott hat die englisch sprechenden germanischen Völker nicht deshalb in einer tausendjährigen Geschichte so geformt, wie sie heute sind, damit sie in einer nutzlosen Selbstbetrachtung und Selbstbewunderung ihre
5 Zeit und ihre Kraft vergeuden. Nein! Gott hat uns zu Organisatoren der Welt bestimmt, mit dem Auftrag, da Ordnung zu schaffen, wo das Chaos herrscht. Er hat den Glauben an den Fortschritt in unser Herz gepflanzt […]. Er hat uns geschickt gemacht in allen Künsten der
10 Regierung, damit wir diese Kunst an wilden und senilen Völkern betätigen. Wenn es eine solche Kraft nicht gäbe, wie wir sie darstellen, so müsste die Welt in Barbarei und Nacht zurückfallen. Und innerhalb unserer Rasse hat Gott das amerikanische Volk gekennzeichnet als ein erwähltes Volk, das bei der Erneuerung der
15 Welt die führende Rolle spielen soll.

(Zit. nach: Hartmut Wasser, Die USA – der unbekannte Partner, Paderborn 1983, S. 109)

1 Arbeitet heraus, wie Roosevelt die Intervention der USA rechtfertigt.

2 Beschreibt, welches Bild der Nachbarstaaten er vermittelt.

3 Erarbeitet, welche Interessen er bestreitet.

4 Stellt zusammen, welche gottgegebenen Verpflichtungen und Aufgaben die USA laut Beveridge übernehmen müssen.

Ideologien – weltpolitische Koordinaten des 20. Jahrhunderts

Koordinate, so die Erklärung in einem Lexikon, bedeutet „Lageangabe" oder „Position". Spontan denken wir dabei an Mathematik, Geografie, Astronomie oder auch Seefahrt. Aber auch Historikerinnen und Historiker nehmen auf ihre Weise Lagebeschreibungen und Positionsbestimmungen vor, wenn sie Einschätzungen zu historischen Ereignissen oder längerfristigen Entwicklungen abgeben.

So schreibt z. B. rückblickend auf das 20. Jahrhundert der deutsche Historiker Eberhart Jäckel im Jahr 1996: „Gewiss könnte man das 20. Jahrhundert auch das amerikanische nennen, denn in ihm vollzog sich der Aufstieg der Vereinigten Staaten zur schließlich einzigen Weltmacht. Oder auch das russische, von Lenins Revolution im Jahre 1917 bis zum Zerfall der Sowjetunion." Seiner Meinung nach – und hier besteht weitgehend Einigkeit unter den modernen Historikern – sind im „Epochenjahr" 1917 und seinem engeren zeitlichen Umfeld neue „Positionen", man könnte auch sagen richtungsweisende Fixpunkte festgelegt worden bzw. entstanden. Sie haben in den nachfolgenden Jahrzehnten die Weltpolitik im 20. Jahrhundert entscheidend bestimmt. Zwei gegensätzliche Ideologien bildeten seitdem das Koordinatensystem in dem sich Weltpolitik vollzog. Der Gegensatz zwischen einem revolutionären sozialistisch-kommunistischen Ordnungskonzept für Staat und Gesellschaft und der Weltanschauung einer kapitalistisch ausgerichteten bürgerlich-demokratischen Gesellschaftsordnung hat den Verlauf des 20. Jahrhunderts und den Zustand der heutigen Welt geprägt. Deshalb betonen zahlreiche Historiker in ihren Antworten auf die Frage, was für ein Jahrhundert das 20. Jahrhundert war, dass es ein „Jahrhundert der Ideologien" war.

- **Ideologiekonflikte: Was sind charakteristische Merkmale und Etappen dieser weltpolitischen Koordinate?**

Wir beschreiben Schlüsselphasen historischer Entwicklungen.

1. Klassengespräch: Diskutiert die Leitfrage auf der Grundlage der Bild- und Kartendokumentation M1–M7. Folgt in eurer Diskussionsrunde der gewählten Materialabfolge im Buch.

2. So könnt ihr eure Diskussionsbeiträge vorbereiten:
   a) Bearbeitet mit einem Partner ein Material nach freier Wahl. Wendet dazu die erlernten Arbeitsschritte zur Erschließung von Bildquellen und zur Auswertung von Geschichtskarten an.
   b) Formuliert auf einer Karteikarte zusammenfassende Aussagen zur Leitfrage.

Recherchetipp: Informationen zur historischen Situation, in der das gewählte Material steht, findet ihr in den entsprechenden Kapiteln dieses Buches.

M1 Amerikanische Karikatur, 1919

„Der Bolschewismus bedroht die Zivilisation."

M2 Sowjetisches Plakat, 1920

„Genosse Lenin säubert die Erde von Unrat."

M3 Karikatur der „Schweizer Illustrierten", 11.4.1945

„Was nun?"

M4 Amerikanische Karikatur, 1945

„Die Kluft zwischen Ost und West"

M5 Foto um 1990

Ein Stalin-Denkmal wird entsorgt.

M6 Foto von 1991

Ende einer Epoche – Lenin als Kinderspielzeug (aufgenommen in Vilnius, der Hauptstadt Litauens)

M7 Karte aus dem Jahr 2007

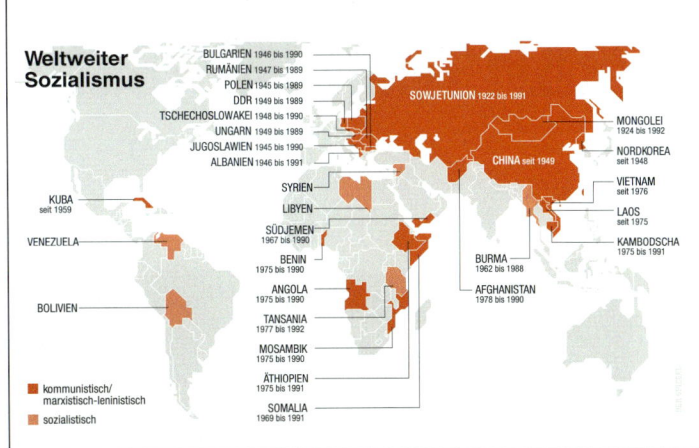

STOPP – Ein Blick zurück

Placemat:

1. Jedes Gruppenmitglied wählt mehrere Stichworte aus, die nacheinander auf Arbeitsplakaten bearbeitet werden.

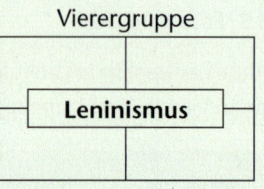
Vierergruppe / **Leninismus**

2. Das Placemat rotiert. Jeder hat die Möglichkeit, Ergänzungen und Korrekturen vorzunehmen.
Wichtig: Unterschiedliche Farben benutzen!

3. Vergleich und Prüfung der Lösungen.

Tipp: Nutzt dazu die „Begriffe zum Nachschlagen" und das Register (s. S. 302 ff.).

Politische Plakate

Politische Propagandaplakate spiegeln in ihrer Botschaft zeitgenössische Perspektiven und programmatische Vorstellungen. Insbesondere totalitäre Systeme nutzen, wie wir in diesem Kapitel kennengelernt haben, dieses Massenmedium, um Ideologie zu transportieren und die Wahrnehmungen der Menschen in ihrem Sinne zu lenken. Ihre Plakate stellen nicht die Wirklichkeit dar, sondern das, was die Herrschenden dargestellt haben wollen. Umso wichtiger ist es, ihre Bildaussagen kritisch zu hinterfragen.

■ Du bist die sachkompetente Expertin bzw. der Experte für Propagandaplakate aus der Stalin-Zeit. Schreibe einen Begleittext zum Plakat M 1 für die Besucher einer Plakatausstellung, in dem du das Plakat und seine Botschaft ausführlich vorstellst und kritisch kommentierst. Nutze dazu die empfohlenen Arbeitsschritte der Methode „Ein Propagandaplakat interpretieren" (s. S. 32).

M 1 Sowjetisches Plakat aus dem Jahre 1930

Text: „Bäuerin, kollektiviere das Dorf – tritt ein in die Reihen der roten Traktorfahrerinnen!"

M2 Die Monroe-Doktrin von 1823

In seiner Jahresbotschaft an den Kongress vom 2. Dezember 1823 formulierte der amerikanische Präsident Monroe die Prinzipien der amerikanischen Außenpolitik.

Es ist ein Grundsatz, in welchem die Rechte und Interessen der Vereinigten Staaten inbegriffen sind: dass die amerikanischen Kontinente infolge des freien und unabhängigen Standes, den sie angenommen haben
5 und behaupten, hinfort nicht als Gegenstände für die künftige Kolonisation durch irgendwelche europäischen Mächte zu betrachten sind [...].
Wir haben niemals an den Kriegen der europäischen Mächte teilgenommen, soweit sie diese allein angin-
10 gen, und es verträgt sich nicht mit unserer Politik, daran teilzunehmen [...].
Wir sind deshalb den freundlichen Beziehungen, die zwischen den Vereinigten Staaten und jenen Mächten bestehen, die aufrichtige Erklärung schuldig, dass wir
15 irgendwelchen Versuch von ihrer Seite, ihr System auf irgendeinen Teil dieser Halbkugel auszudehnen, als gefährlich für unseren Frieden und unsere Sicherheit betrachten würden. In die bestehenden Kolonien [...] irgendwelcher europäischen Macht haben wir nicht
20 eingegriffen und werden wir nicht eingreifen, aber bei den Regierungen, die ihre Unabhängigkeit erklärt und behauptet und deren Unabhängigkeit wir nach vieler Überlegung und aus gerechten Gründen anerkannt haben, könnten wir irgendwelche Dazwischenkunft
25 [d. h. ein Eingreifen europäischer Staaten], um sie zu unterdrücken oder irgendwie sonst ihr Schicksal zu bestimmen, vonseiten irgendeiner europäischen Macht in keinem anderen Licht sehen als in dem einer Bekundung unfreundlicher [Gesinnung gegen die
30 Vereinigten Staaten].

(Zit. nach: Fritz Wagner, USA – Geburt und Aufstieg der neuen Welt, Geschichte in Zeitdokumenten 1607–1865, München 1947, S. 176)

1 Interpretiert die Rede Monroes. Wendet dabei die erlernte Methode „Eine politische Rede untersuchen" (s. S. 39) an.

2 Vergleicht die Ausführungen Monroes mit der euch bekannten Wilson-Rede vom 2. April 1917 (s. S. 38).
Tipp zur Erinnerung: Vergleichen heißt Gemeinsamkeiten, Ähnlichkeiten und Unterschiede aufzeigen und erklären.

M3 Plakat von 1917

„Wach auf, Amerika! Die Zivilisation ruft jeden Mann, jede Frau und jedes Kind!"

▪ Beschreibt das Plakat und erläutert es unter der Fragestellung des Selbstverständnisses und der Prinzipien der USA.

Die Weimarer Republik: Anfang und Ende der ersten deutschen Demokratie

Der 9. November 1918:
Die Ausrufung der Republik

„Weimarer Republik", so nennen wir diese erste Demokratie auf deutschem Boden. Sie wurde so bezeichnet, weil das erste vom Volk gewählte Parlament aufgrund der Unruhen unter der Bevölkerung nicht in Berlin, sondern in der Stadt Weimar tagte.

Der 30. Januar 1933:
Das Ende der Weimarer Republik

Nachgestelltes Bild am dritten Jahrestag des Ereignisses: Fackelzug uniformierter Hitleranhänger am 30. Januar 1933
(Es gibt keine Originalfotos!)

Vierzehn Jahre später. Es ist der 30. Januar 1933. Wieder jubeln Menschen einem neuen Staat und vor allen Dingen einem neuen Führer zu: Adolf Hitler. Er war an diesem Tag vom amtierenden Reichspräsidenten von Hindenburg zum Reichskanzler ernannt worden – der Anfang eines Weges, auf dem die Republik einer Diktatur Platz machte.

Wer vom Anfang nichts weiß, kann das Ende nicht verstehen und erklären. Dies gilt insbesondere für die Entwicklungsgeschichte der ersten deutschen Demokratie. Wer das Scheitern erklären will, muss den umstrittenen Anfang kennen.

Warum blieb die Weimarer Republik auf eine so kurze Zeitspanne beschränkt?

Warum scheiterte die junge Republik am Ende trotz eines durchaus hoffnungsvollen Neubeginns?
Wer brachte Hitler an die Macht?
Ist es gerechtfertigt, die Weimarer Zeit nur unter dem Blickwinkel einer „Schleuse zur deutschen Diktatur" (K. D. Bracher u. a.) zu betrachten, oder hat diese erste deutsche Demokratie auch überdauernde Leistungen hervorgebracht?
Diese Fragen stehen im Mittelpunkt des folgenden Kapitels, das die kurze Geschichte der Weimarer Republik im Spannungsfeld zwischen Demokratie und Diktatur behandelt.

Zukunftsentwurf Demokratie – Ein Überblick

Welche Zukunft soll es sein?

Weimarer Republik, so nennen wir den deutschen Staat, der nach dem verlorenen Ersten Weltkrieg im November 1919 die Nachfolge des wilhelminischen Kaiserreichs antrat. Deutschland wurde auf Druck der alliierten Siegermächte durch die erzwungene Abdankung des letzten deutschen Kaisers Wilhelm II. zu einer Republik. An ihrer Spitze sollte nach dem Willen der alliierten Siegermächte USA, England und Frankreich eine parlamentarische Regierung stehen. Mit der Weimarer Republik wurde in Deutschland der Zukunftsentwurf Demokratie realisiert. Am Anfang der Weimarer Republik stand eine Revolution, die die Monarchie beseitigte und eine parlamentarische Republik errichtete. Eine Republik, die spätere Historikerinnen und Historiker aus der Rückschau als „ungeliebte", „improvisierte", „unvollendete" Republik charakterisiert haben und sogar als „Republikaner ohne Republikaner" oder wie der Historiker H. Hirsch als „Experiment in De-mokratie" bezeichnet haben. Dabei stellen einige Historikerinnen und Historiker die These auf, dass das Scheitern der Republik schon in ihrem Anfang begründet gewesen sei. Für ihre Argumentation spielen dabei die Krisenjahre 1918–1923 eine ganz entscheidende Rolle für die weitere Entwicklung. Sie betonen die Belastungen, unter denen der eigentlich hoffnungsvolle Neubeginn stand und die die Republik von Beginn an bis zum Ende als nicht getilgte Hypotheken belasteten. Ihrer Meinung nach stand der Weimarer Staat seit seiner Anfangsphase unter einem fortwährenden Lastendruck, unter dem er schließlich nach 14 Jahren endgültig zusammenbrach.

Zwischenhoch: Die „Goldenen Zwanziger"

Auch wenn die Weimarer Republik nur 14 Jahre dauerte, so ist sie nicht nur eine Geschichte des Scheiterns und bedrückender Untergangsstimmung. Das Aquarell des Malers Lutz Ehrenberger zeigt das andere Gesicht. Auch

„Szylla und Charybdis – Der Sonne entgegen!" („Der Wahre Jacob", 1920)

„Frei von Versailles!" (Plakat der Deutschnationalen Volkspartei/DNVP zur Reichstagswahl 1924)

„Tanzvergnügen" (Aquarell von Lutz Ehrenberger, 1926)

ab 28.10.1918	9.11.1918	10.11.1918	19.1.1919	28.6.1919	11.8.1919	1920
Unruhen, „November-revolution"	Abdankung des Kaisers, Ausrufung der Republik	Unterzeichnung des Waffenstillstands	Wahl zur Nationalversammlung	Unterzeichnung des Versailler Vertrages	Inkrafttreten der Verfassung	Umsturzversuche von rechts und links

das ist Weimar. Nach den verschiedenen Krisen der Anfangsjahre der Republik stabilisierten sich die politischen und wirtschaftlichen Verhältnisse. In dieser Phase der Stabilität der Weimarer Republik von 1925 bis 1929 erlebte die neue Massenkultur ihren Durchbruch. Die „Goldenen Zwanziger" – mit diesem Begriff, der aus den USA stammte, beschrieben die Menschen in der Mitte der 1920er-Jahre die spürbare Aufbruchstimmung und ein neu entdecktes Lebensgefühl. Die Gesellschaft wandelte sich in vielen Bereichen: Verstädterung und Großstadtleben als Motor für Modernisierung. Menschen gingen ins Kino, trafen sich im Theater oder im Kabarett. Film, Tanz, Kultur, neue Kunstrichtungen und Mode prägten die glamourösen „goldenen Zwanzigerjahre". Neben dieser sich entwickelnden Massenkultur veränderten sich auch das eigene Selbstverständnis und die Rolle der Frau. Technisierung und neue Wirtschaftsstrukturen veränderten die Arbeits- und Wirtschaftswelt.

Brüning: „Nach dieser Medizin, Madame Republik, werden Sie die Verfassung endgültig abführen" (Karikatur aus der Satirezeitschrift „Eulenspiegel", 1931).

Demokratie gescheitert:
Die Endphase der Weimarer Republik

Zwei Ereignisse markieren das Ende dieses Zwischenhochs. Am 25. Oktober 1929, am sogenannten „Schwarzen Freitag", brach die Börse in New York zusammen. Die Weltwirtschaftskrise begann. Im März 1930 kam es zum Bruch der amtierenden Großen Koalition. Der sozialdemokratische Reichskanzler Müller trat zurück. Er fand keine Mehrheit im Parlament für eine Neuordnung der Arbeitslosenversicherung. Der endgültige Auflösungsprozess der ersten deutschen Demokratie hatte begonnen. Die Weltwirtschaftskrise führte dazu, dass das Volkseinkommen in Deutschland in drei Jahren bis auf weniger als die Hälfte absank. Es herrschte Massenarbeitslosigkeit. Jede zweite deutsche Familie war von der Krise betroffen. Die Weltwirtschaftskrise hatte politische Folgen. Sie verstärkte vorhandene antidemokratische und nationalistische Einstellungen und Tendenzen. Die Menschen verloren noch weiter ihr Vertrauen in die politischen Einrichtungen der Demokratie. Der Bruch der Großen Koalition markiert einen Höhepunkt dieser demokratischen Krisenerscheinung. Unter Berufung auf den Artikel 48 der Weimarer Reichsverfassung (s. S. 68f.) beauftragte der damalige Reichspräsident Hindenburg ein Präsidialkabinett unter der Führung des Zentrumspolitikers Heinrich Brüning mit der Regierung. Damit wurde, so formulierte es der Historiker von Reeken im Jahre 2009, „der ‚normale' verfassungsgemäße Weg der Regierungsbildung erstmals – und wie sich dann herausstellte: endgültig verlassen". Von nun an wurde am Parlament vorbeiregiert. Auf der Suche nach Alternativen wurden autoritäre Staatsstrukturen favorisiert.

Diese Situation nutzte Hitler. Unter seiner Führung wurde die nationalsozialistische Bewegung mit ihrer Dynamik und Entschlossenheit sowie der offenen Gegnerschaft zur Republik zum Hoffnungsträger vieler Bürger.

Am Anfang, im November 1918, stand in Deutschland eine Revolution, am Ende, am 30. Januar 1933, die Übernahme der Macht durch die Nationalsozialisten und die Errichtung einer Diktatur.

Krisenjahr 1923 Ruhrkampf, Inflation, Hitler-Putsch, separatistische Bewegungen	**November 1923** Währungsreform	**1924 – 1929** Zwischenhoch, „Goldene Zwanziger"	**1925** Neugründung der NSDAP durch Hitler	**25.10.1929** „Schwarzer Freitag", Beginn der Weltwirtschaftskrise	**ab 1930** Erstarken der radikalen Parteien im Reichstag, Präsidialkabinette regieren durch „Notverordnungen".	**30.1.1933** RP Hindenburg ernennt Hitler zum Reichskanzler

Demokratischer Neustart mit Problemen

Herbst 1918 – Niederlage und Revolution

„Weihnachtslied" 1918
„O Tannenbaum, o Tannenbaum,
der Kaiser hat in Sack gehaun.
Er kauft sich einen Henkelmann,
und fängt beim Krupp als Dreher an."

So dachten und sangen viele Menschen in Deutschland im Herbst 1918. Was war geschehen? Kaiser Wilhelm II. hatte im Angesicht der Kriegsniederlage Deutschland verlassen. Zurück blieben ein Volk und ein Land, das unter den Kriegsfolgen schwer litt und nach einer staatlichen Neuordnung, nach Sicherheit und Frieden suchte.

- „Novemberrevolution 1918": Ursachen, Verlauf und Ergebnis

Wir strukturieren historische Zusammenhänge und Sachverhalte und präsentieren sie.

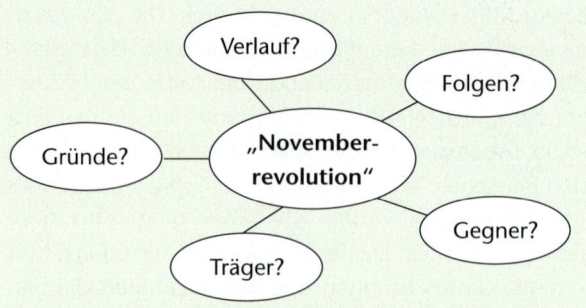

1. Vervollständigt eine Mindmap, in der ihr aus dem Darstellungstext die zentralen Informationen strukturiert zusammenstellt.

2. Präsentiert eure Mindmap auf einer Folie und stellt auf dieser Grundlage das Revolutionsgeschehen vor.

So kommentierte die Satirezeitschrift „Simplicissimus" die Abdankung Wilhelms II.: „Das Ende – Wir weinen ihm keine Träne nach, er hat uns keine zu weinen übrig gelassen."

Antikriegsstimmung

Bereits 1916 hatte sich ein Stimmungsumschwung in der Bevölkerung bemerkbar gemacht. Es kam zu spontanen Streiks in der Rüstungsindustrie. Noch waren es begrenzte Aktionen und sie hatten wirtschaftliche Hintergründe. 1917 wurde das Verlangen nach Frieden in der breiten Öffentlichkeit schon deutlicher vertreten. Auftrieb erhielt diese Antikriegsstimmung durch die revolutionären Ereignisse in Russland.

Die Niederlage

Im Frühjahr 1918 wollte die Oberste Heeresleitung die militärische Entscheidung an der Westfront suchen. Doch diese Anspannung aller Kräfte war nicht mehr erfolgreich. Heer und Marine wurden von Auflösungserscheinungen ergriffen. Befehlsverweigerungen und Desertationen häuften sich. Der Durchbruch britischer Panzer im August 1918 besiegelte die deutsche Niederlage.
Im September 1918 wurde auch der Obersten Heeresleitung klar, dass der Erste Weltkrieg für Deutschland verloren war. Am 29. September verkündete General Ludendorff im Hauptquartier der Obersten Heeresleitung in der belgischen Stadt Spa, dass die Weiterführung des Krieges aussichtslos sei. Auf die Truppen sei kein Verlass mehr, da sie bereits von antimonarchischem Denken „verseucht" seien.

Revolutionäre Soldaten und Matrosen am 9.11.1918 vor dem Brandenburger Tor

Legendenbildung: Die Dolchstoßlegende

General Ludendorff forderte die unverzügliche Aufnahme von Waffenstillstandsverhandlungen. Er fügte hinzu: „Ich habe seine Majestät gebeten, jetzt diejenigen Kreise an die Regierung zu bringen, denen wir es in der Hauptsache zu verdanken haben, dass wir so weit gekommen sind. […] Sie sollen die Suppe jetzt essen, die sie uns eingebrockt haben". Damit war die sogenannte Dolchstoßlegende geboren. Nicht die Politik der kaiserlichen Regierung und militärischen Führung war demzufolge für die Niederlage verantwortlich, sondern Demokraten und Sozialisten trugen die Schuld, sie hatten angeblich „dem Heer den Dolch in den Rücken gestoßen". Die Dolchstoßlegende wurde von den Gegnern der Republik als willkommene Begründung genutzt, um ihre häufig gewaltsame Ablehnung der neuen demokratischen Staatsform zu rechtfertigen.

Eine neue Regierung

Anfang Oktober 1918 wurde eine neue Regierung unter dem Reichskanzler Prinz Max von Baden gebildet. Ihr gehörten Vertreter der SPD, des Zentrums und der liberalen Fortschrittspartei (s. S. 71) an. In der Stunde der Niederlage übernahmen demokratische Parteien Verantwortung für eine Situation, die sie nicht zu verantworten hatten. Am 3. Oktober richteten sie ein Waffenstillstandsgesuch an den amerikanischen Präsidenten Wilson. Ende Oktober wurde eine Verfassungsreform durchgeführt. Erstmalig in der deutschen Geschichte benötigte der Reichskanzler das Vertrauen der Volksvertretung, also des Reichstags, und nicht das des Kaisers. Dieser verlor seine unumschränkte Kommandogewalt, es war eine parlamentarische Monarchie entstanden.

Die Revolution beginnt

Diese Monarchie erhielt jedoch keine Chance der Bewährung mehr. Im November 1918 überstürzten sich die Ereignisse. In Wilhelmshaven meuterten die Matrosen der Kriegsmarine, als sie den Befehl zum letzten Gefecht erhielten um die „Ehre der Waffengattung" zu retten. Ihre Anführer wurden verhaftet. Daraufhin brach am 3. November in Kiel der Aufstand aus. Er wurde der Ausgangspunkt der Revolution. Soldatenräte wurden gebildet, denen sich Arbeiter anschlossen. Betriebe wurden bestreikt. Arbeiterräte übernahmen die Betriebsleitung. Arbeiter- und Soldatenräte übten in vielen Städten die politische Gewalt aus.

Das Ende der Monarchie

Angesichts der zunehmenden Forderungen nach Abdankung floh der Kaiser ins Hauptquartier nach Spa. Damit war er faktisch entmachtet. Prinz Max von Baden verkündete eigenmächtig den Rücktritt des Kaisers und des Kronprinzen. Er ernannte den Vorsitzenden der SPD, Friedrich Ebert, zum Reichskanzler. Der Kaiser ging ins Exil in die Niederlande.

■ Wendet die erlernten Arbeitsschritte zur Informationsentnahme aus einem Darstellungstext an.
3 Schritte: Erste kursorische Lektüre – zweites genaues Lesen: gezielt die Informationen, die für das Thema zentral und relevant sind, herausschreiben bzw. markieren – als Stichwortsammlung geordnet auf Karteikarten notieren.
Tipp: Der Vorschlag für eine Mindmap liefert euch inhaltliche Gliederungspunkte.

Der 9. November – Die Republik wird zweimal ausgerufen …

Der 9. November 1918 markierte eine Zeitenwende in der deutschen Geschichte. Zwei Politiker, Philipp Scheidemann und Karl Liebknecht, wollten beide zum ersten Mal in Deutschland eine Republik verwirklichen. Innerhalb von vier Sunden nach der Bekanntgabe der Abdankung des Kaisers wurde die Republik gleich zweimal ausgerufen. Um 14 Uhr verkündete Philipp Scheidemann, ein Parteifreund Eberts, die „Deutsche Republik". Er kam um zwei Stunden Karl Liebknecht zuvor, der um 16 Uhr die „freie sozialistische Republik Deutschland" ausrief.

● **Welche Republik soll es sein?**

Wir gestalten eine Entscheidungssituation sachgerecht nach.

1. Gestaltet ein „Extrablatt" für eine Tageszeitung, mit dem ihr die deutsche Bevölkerung am Abend des 9. November über die Geschehnisse des Tages informiert und diese kurz kommentiert.

2. Recherche: Bearbeitet dazu die Zeitübersicht (s. Kasten) und die Materialien M1–M3.

3. Vervielfältigt eure „Extrablätter", verteilt sie in der Klasse und diskutiert eure Lösungen.

M1 14.00 Uhr: Philipp Scheidemann

Philipp Scheidemann (1865–1939), gelernter Buchdrucker und Mitglied der Sozialdemokratischen Partei, gehörte seit 1903 dem Reichstag an. Im Februar 1919 wurde er für kurze Zeit Reichsministerpräsident.

Arbeiter und Soldaten!
Furchtbar waren die vier Kriegsjahre. Grauenhaft waren die Opfer, die das Volk an Gut und Blut hat bringen müssen. Der unglückselige Krieg ist zu Ende. Das Morden ist vorbei. Die Folgen des Krieges, Not und
5 Elend, werden noch viele Jahre auf uns lasten.
Die Niederlage, die wir unter allen Umständen verhüten wollten, ist uns nicht erspart geblieben, weil unsere Verständigungsvorschläge sabotiert wurden; wir selbst wurden verhöhnt und verleumdet. Die Feinde
10 des werktätigen Volkes, die wirklichen „inneren Feinde", die Deutschlands Zusammenbruch verschuldet haben, sind still und unsichtbar geworden. Das waren die Daheimkrieger, die ihre Eroberungsforderungen bis zum gestrigen Tage ebenso aufrechterhielten, wie sie den verbissensten Kampf gegen jede Re-
15 ten, wie sie den verbissensten Kampf gegen jede Re-

form der Verfassung […] geführt haben. Diese Volksfeinde sind hoffentlich für immer erledigt. Der Kaiser hat abgedankt. Er und seine Freunde sind verschwunden. Über sie alle hat das Volk auf der ganzen Linie gesiegt! Der Prinz Max von Baden hat sein 20 Reichskanzleramt dem Abgeordneten Ebert übergeben. Unser Freund wird eine Arbeiterregierung bilden, der alle sozialistischen Parteien angehören werden. Die neue Regierung darf nicht gestört werden in ihrer Arbeit für den Frieden, in der Sorge um Arbeit und 25 Brot.
Arbeiter und Soldaten! Seid euch der geschichtlichen Bedeutung dieses Tages bewusst. Unerhörtes ist geschehen. Große und unübersehbare Arbeit steht uns bevor. 30
Alles für das Volk, alles durch das Volk! Nichts darf geschehen, was der Arbeiterbewegung zur Unehre gereicht! Seid einig, treu und pflichtbewusst! Das Alte und Morsche, die Monarchie ist zusammengebrochen. Es lebe das Neue! Es lebe die Deutsche Republik! 35

(Zit. nach: Philipp Scheidemann, Memoiren eines Sozialdemokraten, Bd. 2, Dresden 1928, S. 311 ff.)

■ Interpretiert den Aufruf. Wendet die Arbeitsschritte der Methode „Eine politische Rede untersuchen" (s. S. 39) an.

---

9. November 1918

Morgens: Die sozialdemokratischen Staatssekretäre treten aus der Regierung des Prinzen Max von Baden, des letzten vom Kaiser ernannten Reichskanzlers, aus.

11.30 Uhr: Ein Telegramm der Obersten Heeresleitung an den Reichskanzler in Berlin meldet, dass der Kaiser zum Rücktritt bereit ist.

12 Uhr: Prinz Max von Baden gibt den Rücktritt des Kaisers bekannt.

12.30 Uhr: Mehrere Sozialdemokraten unter Führung von Friedrich Ebert erscheinen beim Reichskanzler und fordern die politische Macht. Max von Baden tritt sein Amt an Ebert ab.

14 Uhr: Der Sozialdemokrat Philipp Scheidemann ruft vom Balkon des Reichstags die Deutsche Republik aus.

16 Uhr: Der Führer des kommunistischen „Spartakus-Bundes", Karl Liebknecht, ruft vom Balkon des Berliner Stadtschlosses die „freie sozialistische Republik" aus.

M2 16.00 Uhr: Karl Liebknecht

Karl Liebknecht (1871–1919), Sohn eines sozialistischen Arbeiterführers, wurde auch Sozialist und Kommunist. 1917 gründete er mit Rosa Luxemburg den kommunistischen Spartakusbund, aus dem 1919 die KPD hervorging. Er wurde 1919 ermordet.

Der Tag der Revolution ist gekommen. Wir haben den Frieden erzwungen. […] Das Alte ist nicht mehr. Die Herrschaft der Hohenzollern […] ist vorüber. […] Parteigenossen, ich proklamiere die freie sozialistische
5 Republik Deutschland, die alle Stämme umfassen soll, in der es keine Knechte mehr geben wird, in der jeder ehrliche Arbeiter den ehrlichen Lohn seiner Arbeit findet wird. Die Herrschaft des Kapitalismus, der Europa in ein Leichenfeld verwandelt hat, ist gebrochen. Wenn auch das Alte niedergerissen ist, dürfen wir 10 nicht glauben, dass unsere Aufgabe getan sei. Wir müssen alle Kräfte anspannen, um die Regierung der Arbeiter und Soldaten aufzubauen und eine neue staatliche Ordnung des Proletariats zu schaffen, eine Ordnung des Friedens, des Glücks und der Freiheit un- 15 serer deutschen Brüder und unserer Brüder in der ganzen Welt. Wir reichen ihnen die Hände und rufen sie zur Vollendung der Weltrevolution auf. […]

(Zit. nach: Geschichte in Quellen, 1914–1945, München 1975, S. 115)

■ Interpretiert den Aufruf mithilfe der Arbeitsschritte der Methode „Eine politische Rede untersuchen".

M3 Politikmodelle im Vergleich

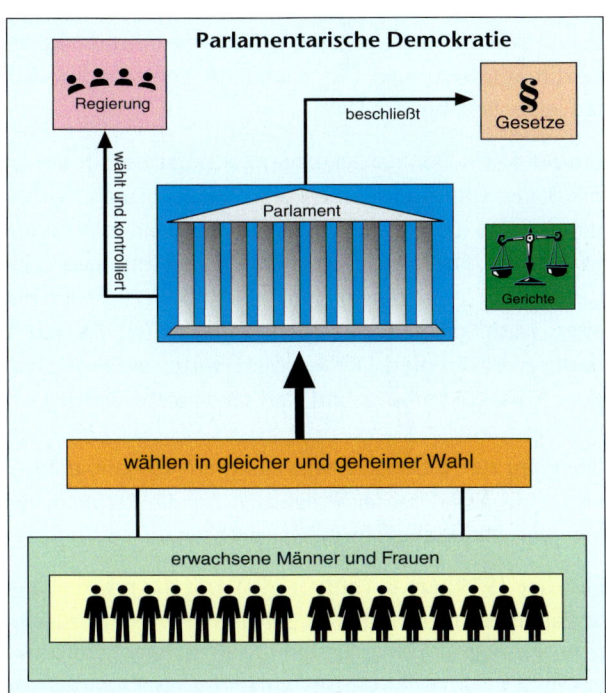

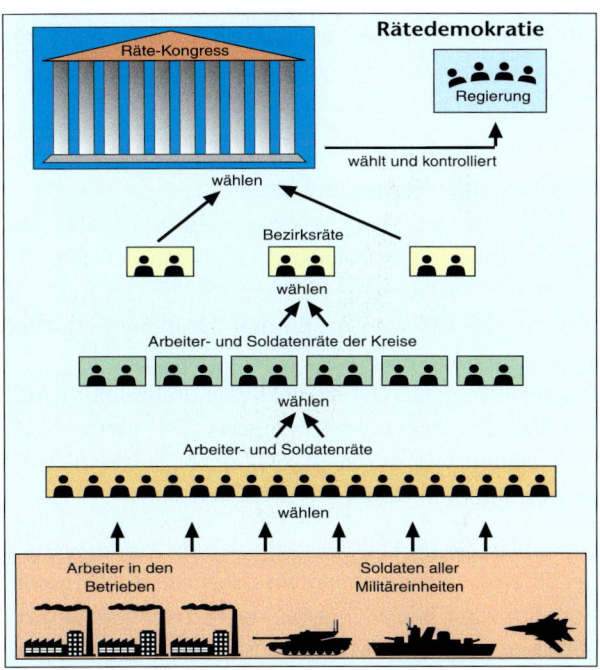

Die **Regierung** führt Gesetze aus und ist dem Parlament Rechenschaft schuldig.
Die **Parlamentsabgeordneten** vertreten das gesamte Volk und sind an keine Weisung gebunden.
Die **Gerichte** sind an Gesetze gebunden und handeln unabhängig von anderen Instanzen.

Die **Arbeiter- und Soldatenräte** senden Vertreter aus ihrem Kreis in die jeweils nächsthöhere Ebene.
Die **Räte** aller Ebenen sind an die Beschlüsse der Gruppe gebunden, die sie gewählt hat; sie sind jederzeit abwählbar.
Der **Rätekongress** hat legislative, exekutive und judikative Gewalt.
Die **Regierung** ist an alle Weisungen des Rätekongresses gebunden.

1 Vergleicht die beiden Politikmodelle, die in den Schaubildern dargestellt sind.

2 Erläutert mit Blick auf die beiden Aufrufe (M1, M2), welche Konsequenzen und Bedeutung die Umsetzung dieser Politikmodelle für die zukünftige politische Ordnung des neuen Deutschland haben würde.

Die demokratische Republik setzt sich durch

Das Vierteljahr vom November 1918 bis zum Januar 1919 war eine Phase konfliktbeladener politischer Auseinandersetzungen um den zu gestaltenden Staat.

- **Wie sollte die endgültige politische Ordnung des neuen Deutschlands aussehen?**

Wir beschreiben wesentliche Entwicklungen und Umbrüche im Zusammenhang.

Beschreibe auf der Grundlage des Darstellungstextes die Schlüsselereignisse des historischen Geschehens auf dem Weg zur Entscheidung für eine parlamentarische Demokratie in einem mündlichen Kurzvortrag.
Visualisierungstipp: Erstelle zu deinen Ausführungen eine knapp kommentierte Zeitleiste und projiziere sie, um den Zuhörern die Orientierung zu erleichtern.

Entscheidende Monate im Überblick

Es waren die sozialistische Gruppierungen – SPD und USPD – sowie in verschiedenen Regionen gewählte Arbeiter- und Soldatenräte, die das politische Geschehen in dieser Phase bestimmten. Bürgerliche Parteien spielten keine entscheidende Rolle. Friedrich Ebert und ein großer Teil der SPD suchten für die politische Umgestaltung den Rückhalt des Volkes. Ihr vorrangiges Ziel war die Wahl einer Nationalversammlung, die für den Staat eine neue demokratische Verfassung beschließen sollte.

November 1918: Ebert sicherte sich die Unterstützung der Obersten Heeresleitung. Das Heer stellte sich, so das Angebot von General Groener, der neuen Regierung zur „Bekämpfung des Bolschewismus zur Verfügung". Groener erwartete als Gegenleistung, dass die Ausweitung der revolutionären Unruhen und ein radikaler Umsturz verhindert wurden. Ebert bildete eine provisorische neue „Regierung der Volksbeauftragten". Ihr gehörten je drei Politiker der SPD und der USPD an.
Der linke Flügel der Unabhängigen Sozialdemokraten (USPD) befürwortete einen anderen Weg. Sie meinten, dass die Arbeiterschaft erst gerade begonnen habe, die Gesellschaft in ihrem Sinne zu reformieren. In ihren Augen waren gesellschaftliche Vorrechte vor allem des Adels und der Fabrikanten unangetastet geblieben. Auch die alten kaiserlichen Offiziere, Beamten und Richter waren nach wie vor im Amt. Dies galt es aus Sicht der USPD zu verändern.

Noch radikalere Forderungen erhob der Spartakus-Bund, eine extrem linke Gruppierung, deren Führer Karl Liebknecht und Rosa Luxemburg waren. Sie wollten eine Revolution nach russischem Vorbild durchsetzen. Der neue Staat sollte eine Räterepublik sein.

16. bis 21. Dezember 1918: Auf dem gesamtdeutschen Reichskongress der Arbeiter- und Soldatenräte in Berlin sprach sich eine große Mehrheit für die Vorstellungen der SPD, die eine parlamentarische Demokratie befürwortete, und somit gegen das Rätesystem nach russischem Vorbild aus. Die neue Ordnung sollte mit der Wahl eines Parlamentes im Januar 1919 beginnen. Wahlberechtigt sollten alle deutschen Bürger und Bürgerinnen sein, die das 20. Lebensjahr vollendet hatten. Daraufhin zogen sich die Vertreter der USPD aus dem Rat der Volksbeauftragten zurück. Die vorläufige Regierungsgewalt lag jetzt allein bei der SPD.

Januar 1919: Der Spartakusbund, aus dem am 1. Januar 1919 die Kommunistische Partei Deutschlands hervorging, wollte die geplanten Wahlen durch einen Aufstand verhindern. Ebert entschied sich, die revolutionären Unruhen mithilfe von freiwilligen militärischen Einheiten der alten kaiserlichen Armee, den sogenannten Freikorps, blutig zu bekämpfen. Der Aufstand wurde niedergeschlagen. Rosa Luxemburg und Karl Liebknecht wurden ermordet.
Die Wahl zur Nationalversammlung am 19. Januar 1919 erbrachte eine Dreiviertelmehrheit für die Parteien, die eine demokratische Republik anstrebten.

Februar 1919: Am 6. Februar 1919 trat das neu gewählte Parlament nicht in Berlin, sondern in Weimar zusammen, um den Unruhen in Berlin zu entgehen. „Weimarer Republik", so hieß deshalb auch der neu gegründete deutsche Staat.
Ebert wurde zum ersten Reichspräsidenten gewählt. An der Spitze der provisorischen Reichsregierung, die sich im Parlament auf eine bürgerliche Mehrheit der SPD, der Liberalen (DDP) und des Zentrums („Weimarer Koalition") stützen konnte, stand Scheidemann als Reichskanzler.

Anfang vom Ende? – Lastendruck eines hoffnungsvollen Neuanfangs

„Kriegsniederlage", „Revolution", Dolchstoßlegende", „Novemberverräter", „Schandfrieden von Versailles", „Republik ohne Republikaner" – typische Schlagworte, die sowohl die Anfangsphase als auch die Verlaufsgeschichte der Weimarer Republik zwischen 1918 und 1933 sowie darüber hinaus durchgängig begleiteten und darauf hinweisen, dass das Ende Weimars eine Vorgeschichte hatte.

Wer vom Anfang nichts weiß, kann das Ende nicht verstehen und erklären. Dies gilt für die kurze Geschichte der ersten deutschen Demokratie im Besonderen.

Woran scheiterte die Weimarer Republik?

Wer nach tragfähigen Erklärungen für „Weimars Ende" sucht, kann sich nicht auf die krisenhafte Schlussphase des Auflösungsprozesses seit Ende der 1920er-Jahre beschränken, sondern muss gleichermaßen das vielschichtige Faktorenbündel von Belastungen in den Blick nehmen, unter denen die erste deutsche Republik von Anfang an stand.

Das sind eure **Forschungsfragen**:

- **Was waren wesentliche Belastungsfaktoren, die längerfristig die Verlaufsgeschichte der Weimarer Republik entscheidend beeinflusst haben?**

- **Wie sind der jeweilige Anteil und das Gewicht für das Scheitern der Republik einzuschätzen?**

Wir analysieren historische Zusammenhänge und Entwicklungen und präsentieren sie sach- und adressatengerecht.

1. Bildet Expertengruppen. Legt in der Gruppe fest, mit welchem Aspekt der Belastungsproblematik ihr euch beschäftigen möchtet.

2. Erarbeitet in eurer Arbeitsgruppe eine Präsentation für euer Thema. Dazu findet jede Expertengruppe Vorschläge und Hinweise zur inhaltlichen Erschließung der Materialien und zur Präsentation der Arbeitsergebnisse.

3. Präsentiert eure Arbeitsergebnisse im Plenum.

4. Abschließende Plenumsdiskussion: Versucht, auf der Grundlage aller Arbeitsergebnisse der einzelnen Gruppen eine Gesamteinschätzung zum Forschungsauftrag zu formulieren, die ihr z. B. auf einer Folie sichern solltet.

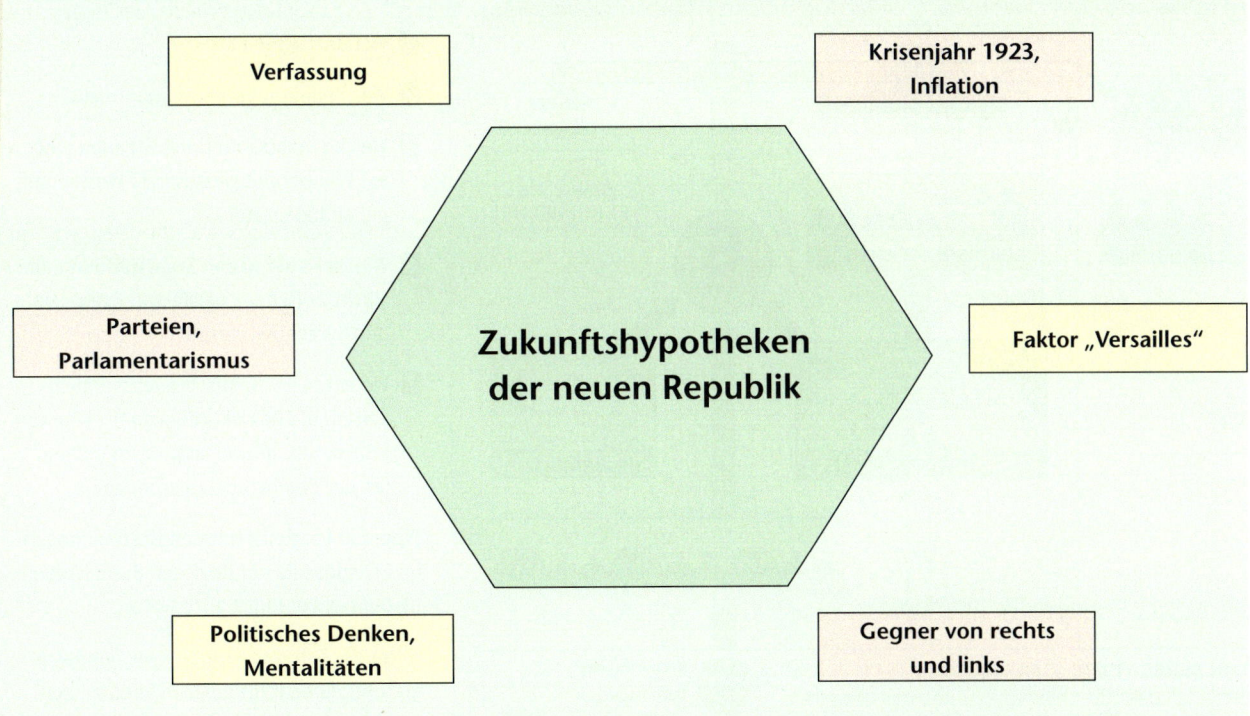

Die Weimarer Verfassung – ein Fortschritt mit verhängnisvollen Schwächen

Die Nationalversammlung sah es als ihre vordringliche Aufgabe an, eine neue Verfassung auszuarbeiten. Das fertige Verfassungswerk, das im August 1919 in Kraft trat, garantierte dem Volk umfassende Freiheits- und Beteiligungsrechte sowie Grundrechte für den einzelnen Bürger. Umso überraschender ist, dass dieser hoffnungsvolle Neubeginn einstimmig in das Faktorenbündel der wichtigen Gründe für das Scheitern der Weimarer Republik eingereiht wird. Das wirft Fragen auf:

- **Was sind die neuen Rechte und Freiheiten des Volkes?**

- **Was waren mögliche Schwachstellen des Verfassungssystems, die die Weimarer Republik belasteten und ihr Scheitern mit bewirkten?**

Wir wenden grundlegende Arbeitschritte zur Informationsentnahme und Erkenntnisgewinnung aus einem Verfassungsschaubild und -text an.

1. Übertragt das Verfassungsschaubild (M 1) auf eine Folie oder ein Plakat. Erläutert euren Mitschülerinnen und Mitschülern unter Einbeziehung der Verfassungstextauszüge (M 2) die neue staatliche Ordnung der jungen Demokratie. Die Erschließungshinweise lenken den Blick auf wesentliche Aspekte, die ihr untersuchen solltet.

2. Formuliert eine zusammenfassende Antwort auf die zweite Leitfrage. Präsentiert sie auf eurer Folie bzw. dem Plakat.

3. Diskutiert abschließend unter eurer Leitung die These in der Überschrift „ein Fortschritt mit verhängnisvollen Schwächen" im Plenum.

M1 Die Weimarer Verfassung

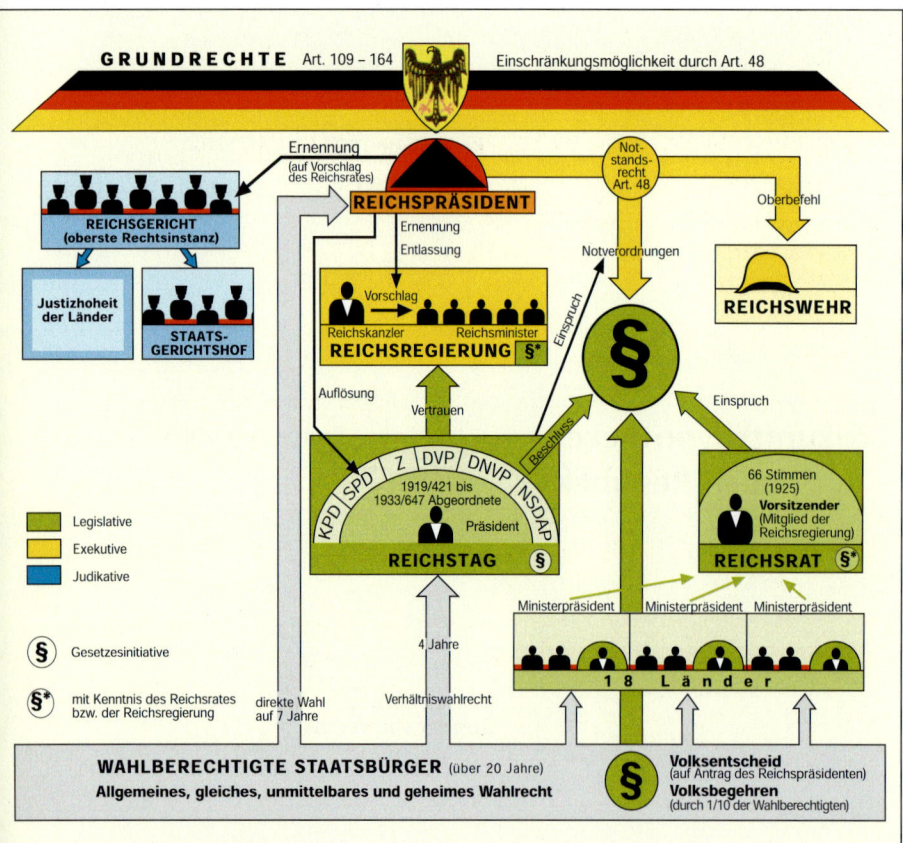

Wertet das Schema mithilfe der Textauszüge unter diesen Fragestellungen aus:

1. Wer darf wählen?

2. Was bedeutet Verhältniswahlrecht?

3. Welche Staatsämter und Gremien gibt es? Wie werden sie besetzt? Welche Aufgaben haben sie?

4. Wie ist in der neuen Staatsordnung die Macht zwischen Legislative, Exekutive und Judikative verteilt?

5. Wo entdeckt ihr Missbrauchsmöglichkeiten, die Demokratiegegnern Chancen eröffneten, die Verfassung zu nutzen, um der Demokratie zu schaden?

Tipp: Ein Vergleich mit den Bestimmungen im Grundgesetz der heutigen Bundesrepublik Deutschland hilft auch weiter.

Unter der Internetadresse www.bundesregierung.de habt ihr einen schnellen, verlässlichen Zugriff auf die Bestimmungen des Grundgesetzes.

Das Deutsche Volk, einig in seinen Stämmen und von dem Willen beseelt, sein Reich in Freiheit und Gerechtigkeit zu erneuern und zu festigen, dem inneren und äußeren Frieden zu dienen und den gesellschaftlichen Fortschritt zu fördern, hat sich diese Verfassung gegeben.

Art. 1 Das Deutsche Reich ist eine **Republik**. Die **Staatsgewalt** geht vom Volke aus. […]

Art. 20 Der **Reichstag** besteht aus den Abgeordneten des deutschen Volkes.

Art. 21 Die **Abgeordneten** sind Vertreter des ganzen Volkes. Sie sind nur ihrem Gewissen unterworfen und an Aufträge nicht gebunden.

Art. 22 Die Abgeordneten werden in allgemeiner, gleicher, unmittelbarer und geheimer **Wahl** von den über zwanzig Jahre alten Männern und Frauen nach den Grundsätzen der Verhältniswahl gewählt. […]

Art. 25 Der **Reichspräsident** kann den Reichstag auflösen, jedoch nur einmal aus dem gleichen Anlass.

Art. 41 Der **Reichspräsident** wird vom ganzen deutschen Volke gewählt. […]

Art. 48 […] Der Reichspräsident kann, wenn im Deutschen Reich die **öffentliche Sicherheit und Ordnung** erheblich gestört oder gefährdet wird, die zur Wiederherstellung der öffentlichen Ordnung nötigen Maßnahmen treffen, erforderlichenfalls mithilfe der bewaffneten Macht einschreiten. Zu diesem Zweck darf er vorübergehend die in den Art. 114, 115, 117, 118, 123, 124 und 153 festgesetzten Grundrechte ganz oder zum Teil außer Kraft setzen.

Von […] diesen Maßnahmen hat der Reichspräsident unverzüglich dem Reichstag Kenntnis zu geben. Die Maßnahmen sind auf Verlangen des Reichstags außer Kraft zu setzen.

Art. 53 Der **Reichskanzler** und auf seinen Vorschlag […] die Reichsminister werden vom Reichspräsidenten ernannt und entlassen.

Art. 54 Der **Reichskanzler** und die **Reichsminister** bedürfen zu ihrer Amtsführung des Vertrauens des Reichstags. Jeder von ihnen muss zurücktreten, wenn ihm der Reichstag durch ausdrücklichen Beschluss sein Vertrauen entzieht. […]

Art. 68 […] Die **Reichsgesetze** werden vom Reichstag beschlossen.

Art. 73 Ein vom Reichstag beschlossenes Gesetz ist vor seiner Verkündigung zum **Volksentscheid** zu bringen, wenn der Reichspräsident binnen eines Monats es bestimmt. […]

Ein Volksentscheid ist ferner herbeizuführen, wenn ein Zehntel der Stimmberechtigten das **Begehren** nach Vorlegung eines Gesetzentwurfes stellt.

Art. 76 Die **Verfassung** kann im Wege der Gesetzgebung geändert werden. Jedoch kommen Beschlüsse des Reichstags auf **Abänderung** nur zustande, wenn zwei Drittel der gesetzlichen Mitgliederzahl anwesend sind und wenigstens zwei Drittel der Anwesenden zustimmen. […]

Art. 109 Alle Deutschen sind **vor dem Gesetze gleich**. Männer und Frauen haben grundsätzlich dieselben staatsbürgerlichen Rechte und Pflichten. Öffentlich-rechtliche Vorrechte oder Nachteile der Geburt oder des Standes sind aufzuheben. […]

Art. 114 **Die Freiheit der Person** ist unverletzlich. Eine Beeinträchtigung oder Entziehung der persönlichen Freiheit durch die öffentliche Gewalt ist nur aufgrund von Gesetzen zulässig.

Art. 151 Die **Ordnung des Wirtschaftslebens** muss den Grundsätzen der Gerechtigkeit mit dem Ziele der Gewährleistung eines menschenwürdigen Daseins für alle entsprechen. In diesen Grenzen ist die wirtschaftliche Freiheit des Einzelnen zu sichern.

(Zit. nach: E. R. Huber [Hg.], Dokumente der Novemberrevolution und der Weimarer Republik 1918–1932, Stuttgart ²1966, S. 129 ff.)

Parteien – zerstrittene Akteure auf der neuen demokratischen Bühne

Der renommierte Historiker Hagen Schulze kommt zu diesem Urteil: „Die Parteien haben im Einzelnen wie gemeinsam versagt, indem sie ihrer Kardinalaufgabe in der parlamentarischen Demokratie, der Bildung stabiler parlamentarischer Mehrheiten, in Zeiten der Krise nicht nachkamen. Damit haben sie das Scheitern der Weimarer Republik mitentscheidend verursacht." Eine wenig schmeichelhafte kritische Einschätzung für den neuen Weimarer Parteienstaat, die fachwissenschaftlich von zahlreichen Experten geteilt wird.

- **Welche Parteien gab es und welche Zielvorstellungen vertraten sie?**
- **Welchen Anteil hatte diese Parteienlandschaft an der Krisenanfälligkeit der Weimarer Republik?**

Wir formulieren Deutungen und bereiten sie für eine Präsentation auf.

Präsentiert eure Arbeitsergebnisse zu den beiden Leitfragen. Eure Präsentation, die ihr frei wählen könnt, sollte folgende inhaltliche Aspekte aufnehmen:
- eine tabellarische Auflistung der Parteien einschließlich ihrer zentralen programmatischen Zielsetzungen;
- die Dokumentation der Analyseergebnisse des Diagramms M 1 und der Tabelle M 2, die ihr mithilfe der Erschließungsaufgaben erarbeitet habt (**Tipp:** Kopien der beiden Materialien erleichtern die Verständlichkeit);
- ein zusammenfassendes Urteil, in dem ihr euch zu der These von Hagen Schulze äußert.

M 1 Parteien im Reichstag 1919 – 1933

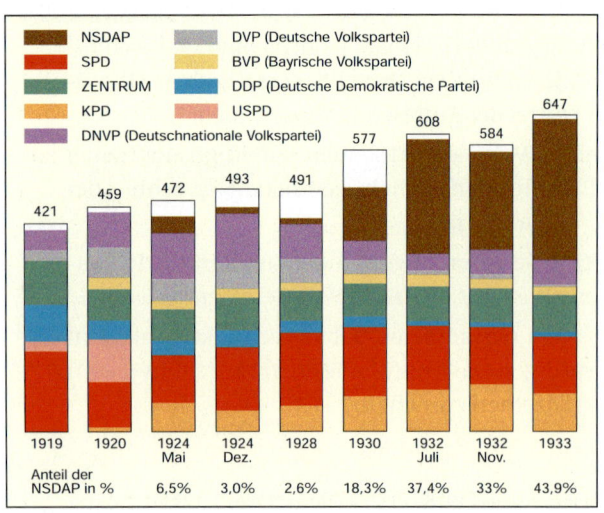

M 2 Reichsregierungen 1919 – 1933

Beginn	Koalition	Reichskanzler
10.11.1918	SPD-USPD	Ebert (SPD)
13.02.1919	SPD-Zentrum-DDP	Scheidemann (SPD)
21.06.1919	SPD-Zentrum-DDP	Bauer (SPD)
27.03 1920	SPD-Zentrum-DDP	Müller (SPD)
21.06.1920	Zentrum-DDP-DVP	Fehrenbach (Z)
10.05.1921	SPD-Zentrum-DDP	Wirth (Z)
22.11.1922	Zentrum-DDP-DVP	Cuno (parteilos)
13.08.1923	SPD-Z-DDP-DVP	Stresemann (DVP)
30.11.1923	Z-DDP-DVP-BVP	Marx (Z)
03.06.1924	Zentrum-DDP-DVP	Marx (Z)
15.01.1925	Z-DDP-DVP-DNVP	Luther (parteilos)
20.01.1926	Z-DDP-DVP-BVP	Luther (parteilos)
17.05.1926	Zentrum-DDP-DVP	Marx (Z)
29.01.1927	Z-DVP-BVP-DNVP	Marx (Z)
29.06.1928	SPD-Z-DDP-DVP-BVP	Müller (SPD)
30.03.1930	Präsidialkabinett	Brüning (Z)
01.06.1932	Präsidialkabinett	Papen (parteilos)
03.12.1932	Präsidialkabinett	Schleicher (parteilos)
30.01.1933	Präsidialkabinett	Hitler (NSDAP)

1 Beschreibt, welche Besonderheiten M 2 erkennen lässt.

2 Erläutert, welche Aussagen die Auflistung zur parlamentarischen Regierungspraxis macht. Fragt dabei z. B. nach den Ursachen und Wirkungen für die Stabilität des Parlamentarismus in der Weimarer Republik.

---

1 Beschreibt die Entwicklung des Stimmenanteils der einzelnen Parteien (M 1).

2 Benennt auffallende Merkmale dieser Entwicklung.

3 Notiert, welche belegbaren Rückschlüsse auf das Wahlverhalten der deutschen Bevölkerung vor 1933 gezogen werden können. Bezieht dazu die programmatischen Ausrichtungen der Parteien (s. S. 71: Die Parteienlandschaft) mit ein.

4 Erläutert, was diese Parteienlandschaft für die demokratische Stabilität der Weimarer Republik bedeutete.

Parteien – neue Akteure auf der politischen Bühne

Eine Partei ist der organisierte Zusammenschluss von Bürgern, die gemeinsame, weitgehend übereinstimmende politische Vorstellungen über die Gestaltung ihrer staatlichen, gesellschaftlichen und wirtschaftlichen Ordnung haben. Parteien wirken mit an der „politischen Willensbildung des Volkes". So beschreibt zum Beispiel das Grundgesetz der Bundesrepublik im Artikel 21 ihre Funktion. Aufgabe und Ziel von Parteien ist es, auf verfassungsrechtlich geregeltem Weg Herrschaft im Staat zu übernehmen. Parteien spielen eine ausschlaggebende, den Staat tragende Rolle in einer parlamentarischen Demokratie. Dies gilt ohne Einschränkung für alle Demokratien und somit auch für die junge Weimarer Demokratie, die 1918/19 auf den Weg gebracht werden sollte. Dabei stand die Parteienlandschaft zu großen Teilen noch sehr deutlich spürbar in der Tradition des wilhelminischen Kaiserreiches. Bis 1918 waren die Parteien weitgehend von der Regierungsverantwortung ausgeschlossen. Die Übernahme von eigenständiger Verantwortung für Staat und Nation waren sie nicht gewohnt. Die soziale Zusammensetzung der einzelnen Parteigruppierungen trug dazu bei, dass sich die Parteien eher als Vertreter von sozialen Gruppen und Weltanschauungen sahen, auf die sie sich stützten. Sie sahen sich weniger in der Rolle als Repräsentanten der Gesamtnation.

Bis in die zweite Hälfte der 1920er-Jahre standen sich vier politische Weltanschauungen gegenüber, die ihre Wurzeln im 19. Jahrhundert hatten.

Die Parteienlandschaft

Friedrich Ebert

Der Sozialismus

In diese Tradition gehörten die **Sozialdemokratische Partei Deutschlands (SPD), die Unabhängige Sozialdemokratische Partei (USPD) und die Kommunistische Partei Deutschlands (KPD)**. Trotz der gemeinsamen Herkunft vertraten diese Parteien jedoch höchst unterschiedliche Ziele.

Die **SPD** setzte sich vorbehaltlos für die Verwirklichung der parlamentarischen Demokratie ein. Sie trat für friedliche Lösungen internationaler Konflikte ein. Im Inneren

Rosa Luxemburg

förderte sie den Ausbau der Arbeitnehmerrechte. Die bekanntesten Vertreter waren Friedrich Ebert, der erste Reichspräsident, und Philipp Scheidemann.

Die **USPD**, eine Abspaltung der SPD, und die **KPD**, die wiederum aus dem linken Flügel der USPD hervorgegan-

gen war, befürworteten im Gegensatz zur SPD eine möglichst umgehende Umgestaltung der kapitalistischen Staats- und Gesellschaftsordnung. Sie traten für eine sozialistische Räterepublik ein. Die wichtigsten Politiker der KPD waren Rosa Luxemburg und Karl Liebknecht.

Matthias Erzberger

Der Katholizismus

Der politische Vertreter war das **Zentrum,** das bereits 1879 gegründet wurde. Seine Wähler kamen vornehmlich aus katholischen Kreisen. Das Zentrum trat für eine parlamentarische Demokratie ein. Es befürwortete Privatbesitz und Privatwirtschaft. Seine bekanntesten Politiker waren Matthias Erzberger und Heinrich Brüning (s. S. 98).

Gustav Stresemann

Der Konservatismus

Das konservative Milieu wurde vertreten durch die **Deutsch-Nationale Volkspartei (DNVP)** und Teile der **Deutschen Volkspartei (DVP)**.

Die Anhänger der **DNVP** entstammten dem Adel, den Großgrund besitzenden Schichten sowie dem nationalkonservativen und höheren Bürgertum. Sie befürworteten die Monarchie und lehnten die Republik ab. Sie waren gegen den Versailler Vertrag. Sie waren antisemitisch eingestellt.

Die **DVP** befürwortete eine konstitutionelle Monarchie. Sie vertrat vor allem die Interessen der Großindustrie und des Mittelstandes. Ihr bekanntester Politiker: Gustav Stresemann.

Walther Rathenau

Der Liberalismus

Die wichtigste liberale Partei war die **Deutsche Demokratische Partei (DDP)**. Wählerpotenzial fand sie vor allem im Mittelstand (Handwerker, kleine Händler, Kaufleute, Ärzte, Anwälte und höhere Beamte). Sie trat für die demokratische Verfassung ein. Sie war gegen Verstaatlichung. Einer der bekanntesten Politiker: Walther Rathenau.

Adolf Hitler

Die neue politische Kraft: der Nationalsozialismus

Neben diese ins Kaiserreich zurückreichenden politischen Gruppierungen trat Ende der 1920er-Jahre der Nationalsozialismus als dominierende politische Kraft (s. S. 90ff.). Der Nationalsozialismus war antidemokratisch, befürwortete stattdessen einen Führerstaat, betonte die Ungleichheit der Rassen und ging von einer verbindlichen Weltanschauung aus. Er lehnte damit Grundprinzipien der Weimarer Demokratie ab.

Zukunftshypothek: Der lange Schatten von Versailles

Nach dem Ersten Weltkrieg musste mit allen am Krieg beteiligten Staaten ein Friedensvertrag geschlossen werden. Der Vertrag sollte vor allem zweierlei leisten: Er sollte dauerhaft Frieden und Verständigung zwischen den Staaten schaffen. Er sollte so gestaltet werden, dass alle Seiten damit leben konnten.

Ob und wie diese hohen Ansprüche umgesetzt werden konnten, musste sich vor allem an der Behandlung des besiegten Deutschland zeigen, das sich in einer doppelt schwierigen Ausgangslage befand. Zum einen galt es, als Großmacht eine bittere Kriegsniederlage zu verarbeiten – und dies in einer Situation, in der gleichzeitig der Übergang von der Monarchie zu einem neuen Staat mit demokratischer Grundordnung zu leisten war. Die Spannbreite der Urteile um die Rolle und den Anteil des Faktors „Versailles" im Rahmen der Fragestellung nach den Gründen des Scheiterns von Weimar ist groß. Unumstritten ist, dass aus „Versailles" gewichtige Belastungen für die Republik erwuchsen.

- Was waren die wesentlichen Bestimmungen des Versailler Vertrages?

- Welche Folgen des „Versailles-Komplexes" als reale Belastung für die Demokratisierungs- und Parlamentarisierungsprozesse der jungen Republik stellen Zeitgenossen und Historiker heraus?

- Welches Gewicht ist dem Faktor „Versailles" für die Stabilität der Entwicklung der Republik beizumessen?

Wir analysieren und beurteilen zeitgenössische und moderne Deutungen von Geschichte.

1. Teilt die Arbeit in der Gruppe auf. Wertet die verschiedenen Materialien – den Darstellungstext, die Geschichtskarte (M 1), ein zeitgenössisches Plakat (M 2), den Quellentext (M 3) sowie den Historikertext (M 4) – mithilfe grundlegender Arbeitsschritte zur fach- und sachgerechten Informationsentnahme und Erkenntnisgewinnung aus. Notiert eure Teilergebnisse auf Karteikarten.

2. Erstellt auf diesen Informationsgrundlagen ein Lernplakat, auf dem ihr bezogen auf die beiden ersten Leitfragen über die Problematik des Versailler Friedensschlusses informiert. Stellt eure Plakatlösungen vor.

3. Plenumsdiskussion: „Versailles als belastende Zukunftshypothek". Diskutiert im Klassengespräch die Frage des Anteils und der Gewichtung des Faktors „Versailles" für den weiteren Verlauf der Entwicklung der Republik.

Der Weg zum Vertrag – Vertragsbestimmungen

Über die Bestimmungen des Vertrages verhandelten die Siegermächte Frankreich, England und die USA vom 18. Januar bis zum 7. Mai 1919 in Versailles. Eine deutsche Delegation war nicht beteiligt. Die Alliierten verfolgten unterschiedliche Ziele. Vor allem Frankreich verlangte eine Wiedergutmachung von Kriegsschäden und eine langfristige Schwächung des Reiches. Nachdem die Bedingungen ausgehandelt waren, wurde der deutschen Delegation der Vertragstext vorgelegt. Obwohl die deutsche Regierung und alle Parteien der Nationalversammlung protestierten, blieb der Nationalversammlung nichts anderes übrig, als den Vertrag anzunehmen, da die Alliierten mit erneuten Kriegshandlungen drohten.

Souveränitätseinschränkungen:

- Verbot der allgemeinen Wehrpflicht, Beschränkung des Heeres auf 100 000 Mann und der Marine auf 15 000 Mann;
- Verbot aller schweren Waffen;
- Besetzung des linken Rheinufers und rechtsrheinischer Brückenköpfe auf 15 Jahre, 50 km breite entmilitarisierte Zone rechts des Rheins.

Reparationen:

Als völkerrechtliche Grundlage aller Forderungen diente der Artikel 231 („Kriegsschuldparagraf"). Dieser bezeichnete Deutschland und seine Verbündeten als Urheber für alle Schäden und Verluste, die die Alliierten aufgrund des deutschen Angriffs erlitten hatten. Von Deutschland wurde Wiedergutmachung verlangt: umfangreiche Sachlieferungen, Ablieferung aller Handelsschiffe über 1 600 Tonnen, Zahlungen in Goldmark in erst noch zu berechnender Höhe.

Innenpolitische Folgen

Quer durch alle Schichten und Parteien war man sich einig in der Ablehnung des Vertrages. Am vehementesten war die Ablehnung im national eingestellten Bürgertum. Es lastete die „Schmach von Versailles" der neuen Republik an. Ihre politischen Repräsentanten, die den Vertrag unterschreiben mussten, wurden als „Erfüllungspolitiker" verhetzt. Einige, wie der Zentrumspolitiker Matthias Erzberger und Außenminister Walter Rathenau, fielen politischen Attentaten zum Opfer. Die Mörder, ehemalige Offiziere, hatten viele Sympathisanten.

■ Stellt die Bestimmungen des Vertrags übersichtlich, z. B. in einer Mindmap oder in Tabellenform, zusammen.

M1 Gebietsabtretungen nach dem Versailler Vertrag

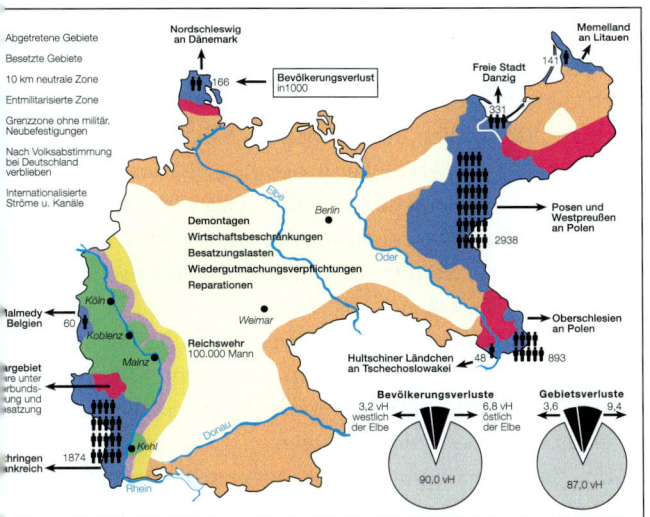

M2 Plakat der DVP, um 1920

1 Beschreibe das Plakat und erläutere seine Botschaft.

2 Überlege, welche Wirkung es auf den zeitgenössischen Betrachter ausgeübt haben dürfte.

M3 Erklärung der Zentrumspartei vom 9.7.1919

Der [...] Friedensvertrag [...] mutet dem deutschen Volk ein wahrheitswidriges Schuldbekenntnis zu; er fordert eine Auslieferung deutscher Männer, die mit Ehrgefühl und deutschen Rechten unvereinbar ist. Er
5 nimmt uns Land in West und Ost [...]. Die Zentrumsfraktion gibt trotzdem diesem Friedensvertrag [...] ihre Zustimmung. Es geschieht nicht aus freiem Willen und innerer Zustimmung; es geschieht lediglich unter dem harten Zwang der Tatsache, dass es keinen ande-
10 ren Weg gibt, [...] Volk und Vaterland vor dem si-

cheren Untergang zu bewahren. Das Reich wird nach besten Kräften suchen, den Vertrag zu erfüllen; aber binnen Kurzem wird sich zeigen, dass er in vielen und wesentlichen Teilen unerfüllbar ist.

(Zit. nach: Die Deutsche Nationalversammlung im Jahre 1919, hg. v. F. Heilfron, Bd. 5, S. 3438 f.)

■ Analysiere den Quellenauszug und erläutere, was Versailles für die damaligen Menschen bedeutete.

M4 Der Historiker Michael Salewski (1997)

Das Reich und damit die deutsche Einheit blieben bestehen, das war tatsächlich fast ein Wunder. Die territorialen Abtretungen waren schmerzlich, sie gingen aber nicht an die Substanz des Deutschen Reiches. Bei der Gestaltung ihrer inneren Angelegenheiten blie- 5 ben die Deutschen [...] souverän. [...] Es blieben die Reparationen. Dass die Siegermächte [...] die Endsumme offenließen und dann [...] versuchten, Deutschland wie eine Zitrone auszupressen, hat das Verhältnis zwischen Siegern und Besiegten von Anfang an vergif- 10 tet. [...] Der Vertrag war also objektiv betrachtet besser als sein Ruf. Er [...] [war] kein ungewöhnlich harter Vertrag [...]. Deutschland war zwar momentan geschlagen und geschwächt, potenziell aber immer noch mächtiger [...] als Frankreich. 15

Es waren keine ökonomischen, materiellen Fragen, die den Vertrag für Deutschland zu einem unerträglichen Diktat stempelten; es waren wieder einmal Motive der Ehre, des nationalen Selbstbewusstseins, die den Ausschlag gaben. Über die Frage, ob das Reich den 20 Vertrag unterzeichnen solle oder nicht, zerbrach die Regierung Scheidemann, die Regierung der Dreiviertelmehrheit. Eindrucksvoller konnte die Sprengkraft des Versailler Vertrages für das Weimarer System kaum unter Beweis gestellt werden. Und alle nachfolgenden 25 Regierungen waren parlamentarisch schwächer. Indem aber die DDP die Verantwortung für die doch unvermeidliche Unterzeichnung ablehnte, die erforderliche Mehrheit dann nur mit den Stimmen der USPD zustande kam, war es den bürgerlich-konserva- 30 tiven Kräften fortan ein Leichtes, die Sozialdemokratie als Hauptverantwortliche für die Unterzeichnung des „Schanddiktats" dingfest zu machen. Das war empörend ungerecht [...].

(Zit. nach: Weimar. Ein Lesebuch zur deutschen Geschichte 1918–1933, hg. v. H. A. Winkler/A. Cammann, München (Beck) 1998, S. 88 ff.)

1 Notiere in Thesenform die Hauptgedanken des Textauszugs.

2 Formuliere in knappen Sätzen, welche Position der Historiker vertritt.

Die neue Republik hat nicht nur Freunde

Eine stabile demokratische Republik benötigt die Zustimmung der überwältigenden Mehrheit von demokratisch gesinnten Bürgern. Nur ein Staat, in dem sich die Bürger mit der parlamentarischen Grundidee und der Verfassungsordnung des Staatswesens identifizieren und bereit sind, das gesellschaftliche und politische System generell zu akzeptieren und sich den Anforderungen des parlamentarischen Systems mit Überzeugung zu stellen, gewinnt auf Dauer innere Stabilität. Daran gemessen, wies die Situation der Weimarer Republik von Beginn an ungünstige Besonderheiten auf dem Feld der Mentalitäten und der Einstellungen großer Teile der Bevölkerung auf.

- **Wie handelten und dachten die Gegner der Republik und die Skeptiker der neuen demokratischen Staatsform?**

- **Welche Auswirkungen und Bedeutung hatten die Krisen der Anfangsjahre und das Verhältnis, das größere Teile der Bevölkerung zu Staat und Gesellschaft gefunden hatten, für die weitere Entwicklung und die Stabilität der Weimarer Demokratie?**

Wir entnehmen einem Darstellungstext und Bildquellen Informationen, die für gestellte Fragen relevant sind.

1. Erarbeitet in eurer Gruppe Antworten auf die beiden Leitfragen und stellt sie den Mitschülerinnen und Mitschülern vor.
   Gestaltet zur Veranschaulichung und zum besseren Verständnis eurer Ausführungen eine geeignete Form der Visualisierung (z. B. Plakat, OHP-Folien, Beamerpräsentation), in die ihr sowohl Text- als auch Bildelemente aufnehmen solltet.

2. Wer andere informieren will, muss selbst informiert sein: Wertet den Darstellungstext und die Bildquellen mithilfe der angebotenen Erschließungshilfen aus.
   Tipp zur Vorgehensweise:
   Jedes Gruppenmitglied liest den Darstellungstext sorgfältig durch.
   Die Interpretation der beiden Bilder und die Aufbereitung der Informationen des Darstellungstextes können arbeitsteilig erfolgen.

Antidemokratisches Denken

Nach dem Ende der Monarchie hatten viele Menschen Schwierigkeiten, sich auf die neuen Verhältnisse einzustellen. Nach der Abdankung des Kaisers musste eine neue Staatsform eingeführt werden. Das wirtschaftliche und gesellschaftliche Leben musste auf Friedensverhältnisse umgestellt werden. Es musste ein Friedensvertrag geschlossen werden.

Während in Weimar die Nationalversammlung die neue Verfassung beriet, tagte zwischen Januar und Mai 1919 in Versailles die internationale Konferenz der Siegermächte. Deutschland war nicht vertreten.

Als die Friedensbedingungen bekannt wurden, herrschten in allen Bevölkerungsschichten Wut und Enttäuschung; die Vertragsbedingungen wurden von allen Parteien abgelehnt, mussten aber letztlich hingenommen werden.

Angesichts dieser Unsicherheiten und des schwierigen Anfangs der neuen Republik erinnerten sich viele an die vermeintlich glorreiche Kaiserzeit. Angehörige der alten Führungsschichten – Adelige, Offiziere, Professoren, Richter, Unternehmer, Landwirte – wandten sich gegen die Demokratie. Radikale Parteien und Gruppen von rechts bedrohten die Republik. Sie hetzten gegen das „Schanddiktat von Versailles", beschimpften Parlamentarier als „Volksverräter", „Erfüllungspolitiker" und „Novemberverbrecher".

Besonders verheerend für die Akzeptanz der Republik wirkte sich die Dolchstoß-Legende aus: Gestützt durch General von Hindenburg besagte sie, dass die deutsche Armee im Felde unbesiegt geblieben und stattdessen die Heimat an der Niederlage schuld sei, da sie der kämpfenden Truppe in den Rücken gefallen sei. Diese Legende verschleierte das politische und militärische Versagen der Führungsschicht des kaiserlichen Deutschlands und stempelte die neue Regierung und die demokratische Republik, die die Last des Waffenstillstandes und des Friedensvertrages auf sich genommen hatte, zu Sündenböcken für die aktuelle Misere.

Zu den Mitteln der radikalen Rechten zählte auch der politische Mord. So wurde 1921 Matthias Erzberger (Zentrum), der Unterzeichner des Waffenstillstandes von 1918, von Rechtsradikalen ermordet.

Gleichermaßen bekämpften KPD und USPD die Republik. Ihnen war die Revolution nicht weit genug gegangen. Sie verunglimpften die SPD als „Handlanger des Kapitalismus".

Umsturzversuche von rechts und links

Die Gegner der Republik beschränkten sich nicht auf die Vergiftung des politischen Klimas mit Worten. Höhepunkte der links- und rechtsradikalen Umtriebe in dieser Anfangsphase der Weimarer Republik waren Versuche, die amtierende Regierung zu stürzen.

Im März 1920 versuchten Freikorpsführer, kaisertreue Offiziere und Politiker unter Führung des hohen Verwaltungsbeamten Kapp, die neue Ordnung mit Waffengewalt umzustürzen. Die Regierung wurde als abgesetzt erklärt. Kapp wurde zum Reichskanzler ausgerufen. Als daraufhin die Gewerkschaften zum Generalstreik aufriefen, musste Kapp aufgrund mangelnder Unterstützung für seine Ziele in der Gesamtbevölkerung aufgeben.

Etwa zur gleichen Zeit begannen in einer Reihe von Ländern – so im Ruhrgebiet, in Sachsen und Thüringen – linksradikale Umsturzversuche. Diese Aufstände wurden durch Reichswehreinheiten und Freikorps niedergeschlagen. Im Gegensatz dazu hatte sich die Reichswehr im Falle des Kapp-Putsches geweigert, gegen Kapp und seine Anhänger gewaltsam vorzugehen und Truppen zur Niederschlagung des Aufstands einzusetzen. Verfassungs- und Republiktreue der Reichswehr waren somit unsicher.

1 Notiert die Kernaussagen des Darstellungstextes in Stichworten.

2 Fasst die wichtigen Informationen über Gegner und Skeptiker gegenüber der neuen Staatsform strukturiert (z. B. Mindmap, Cluster; s. S. 183) zusammen.

M2 Nationalistische Lüge und die Wahrheit

Karikatur von Oskar Theuer in der satirischen Zeitschrift „Ulk", 1921

M1 „Sie tragen die Buchstaben der Firma – aber wer trägt den Geist?"

Karikatur von Thomas Theodor Heine aus dem Jahre 1927, veröffentlicht in der satirischen Zeitschrift „Simplicissimus".

Ein Dolchstoß, der eine Legende ist

Ein Dolchstoß, der keine Legende ist

■ Interpretiert die Karikaturen M 1 und M 2 unter den beiden Leitfragen.
Wendet die erlernten Arbeitsschritte der Methode „Karikaturen entschlüsseln" an. Ihr erinnert euch an die vier Schritte?

1. Betrachten
2. Beschreiben
3. Deuten
4. Zusammenfassende Antwort

„Republik ohne Republikaner" – Was erzählen Wahlplakate?

Die politische Stabilität eines Staates hängt wesentlich davon ab, ob die Bevölkerung diesen Staat in ihrer großen Mehrheit befürwortet und unterstützt. Historiker fragen deshalb u. a. nach dem Denken und den Einstellungen der Bürger, wenn sie nach den Gründen und Ursachen suchen, an denen Weimar gescheitert ist. Aufschlussreiche Quellen, um etwas über Einstellungen und Denken der Menschen in der Weimarer Republik zu erfahren, können Wahlplakate sein. Denn die politischen Parteien und ihre Wahlwerbung waren ein Spiegel der gesellschaftlichen Gruppen, die sie vertraten und um deren Stimmen sie warben.

- **Was erzählen zeitgenössische Wahlplakate über Einstellungen und Denken der Bürger in den ersten Jahren der Weimarer Republik?**

- **Welche Bedeutung kommt diesen beobachtbaren Einstellungen und diesem Denken im Rahmen der Suche nach den Ursachen und Gründen für das Scheitern der Weimarer Demokratie zu?**

Wir wenden grundlegende Schritte zur Erkenntnisgewinnung aus Bildquellen an und entwickeln Hypothesen.

1. Stellt eine kurze Präsentation (z. B. Folienbilder, PC-gestützte Form, Plakat) zusammen, in der ihr eure Gruppenarbeitsergebnisse vorstellt.
   a) Interpretiert in eurer Arbeitsgruppe M 1–M 4 arbeitsteilig mithilfe der Methode „Plakate interpretieren". Der kurze Darstellungstext zu den besonderen Merkmalen der Materialgattung bietet zusätzliche Hilfestellung.
   Bezieht auch den Darstellungstext auf S. 74 f. ein.
   b) Formuliert begründete Hypothesen zur zweiten Leitfrage.

2. Plenumsdiskussion: „Republik ohne Republikaner". Diskutiert eure Hypothesen. Bestimmt ein Gruppenmitglied, das das Gespräch in der Klasse moderiert.

Politische Plakate

In der Weimarer Republik hatte das politische Plakat große Bedeutung. Das Fernsehen gab es noch nicht; also bediente man sich des Plakats, um werbende Botschaften möglichst einprägsam zu verbreiten. Massenhaft aufgehängt an Litfaßsäulen, Wänden, Laternenmasten oder Bäumen lenken Plakate die Blicke der Menschen auf solche Botschaften. Plakate versuchen, mit ihren Botschaften bewusste oder unbewusste Wünsche der Menschen anzusprechen. Politische Plakate dienen dabei besonders der Mobilisierung der Massen. Sie leben vom Angriff auf die politischen Gegner und deren Positionen. Häufig bedienen sie sich der Hass- und Feindbilderzeugung. Eine Partei, die von möglichst vielen Menschen gewählt werden möchte, wird Wünsche, Hoffnungen, Ängste der Menschen aufgreifen und soziale, politische und wirtschaftliche Probleme ansprechen, die die Menschen beschäftigen. Wenn wir also Plakate aufmerksam betrachten, erfahren wir mehr als den Namen der Partei, der Kandidaten oder den Slogan. Wir erfahren Wichtiges über die Einstellung, die Mentalität der Menschen.

Methode Plakate interpretieren

1. Schritt: Betrachten
Plakate anschauen und erste Eindrücke, Informationen und Vermutungen in Stichworten festhalten.

2. Schritt: Analysieren
▶ Stellt zunächst das jeweilige Plakat mit seinen äußeren Merkmalen vor: Wer ist der politische Urheber? Wann entstand das Plakat? An wen richtet es sich? In welchem historischen Zusammenhang entstand es? *Tipp: Informationen zu den Parteien auf S. 71!*
▶ Beschreibt, was auf dem Plakat dargestellt ist: Was ist das Thema des Plakats? Welche Personen und Gegenstände werden dargestellt? Welche Schriftzüge werden verwandt? Welche Symbole werden benutzt?
▶ Beschreibt, wie das Plakat gestaltet ist: Wie sind die Personen dargestellt (Gestik, Gesichtszüge, Größenverhältnisse …)? Welche Perspektive wird gewählt? Welche Farben werden verwendet?

3. Schritt: Interpretieren
Welche politischen und gesellschaftlichen Einstellungen spiegelt das Plakat? Welche Feindbilder werden deutlich? Welche Ängste und Hoffnungen sollen angesprochen werden? Wie tragen Bildaufbau und Gestaltung dazu bei, die Partei attraktiv zu machen und die Bevölkerung anzusprechen?

4. Schritt: Zusammenfassende Schlussfolgerung(en) mit Blick auf die Leitfrage(n) ziehen
Was erzählen zeitgenössische Wahlplakate über Einstellungen und Denken der Bürger in den ersten Jahren der Weimarer Republik? Welche Bedeutung kommt diesen beobachtbaren Einstellungen und diesem Denken im Rahmen der Suche nach den Ursachen und Gründen für das Scheitern der Weimarer Demokratie zu?

M1 Wahlplakat der DNVP, 1924

Wer hat im **Weltkrieg** dem deutschen Heere den Dolchstoß versetzt? Wer ist schuld daran, daß unser Volk und Vaterland so tief ins Unglück sinken mußte? Der Parteisekretär der Sozialdemokraten **Vater** sagt es nach der Revolution 1918 in Magdeburg:

„**Wir** haben unsere Leute, die an die Front gingen, zur Fahnenflucht veranlaßt. Die Fahnenflüchtigen haben wir organisiert, mit falschen Papieren ausgestattet, mit Geld und unterschriftslosen Flugblättern versehen. **Wir** haben diese Leute nach allen Himmelsrichtungen, hauptsächlich wieder an die Front geschickt, damit sie die Frontsoldaten bearbeiten und die Front zermürben sollten. Diese haben die Soldaten bestimmt, überzulaufen, und so hat sich der Verfall allmählich, aber sicher vollzogen." Wer hat die Sozialdemokratie hierbei unterstützt? Die Demokraten und die Leute um Erzberger. Jetzt, am 7. Dezember, soll das Deutsche Volk den

zweiten Dolchstoß

erhalten. Sozialdemokraten in Gemeinschaft mit den Demokraten wollen uns

zu Sklaven der Entente machen,

wollen uns für immer zugrunde richten.

Wollt ihr das nicht, dann
Wählt deutschnational!

Nr. 306

M2 Plakat zur Wahl der Nationalversammlung 1919

Wer rettet Preußen vor dem Untergange?

Die Deutschnationale Volkspartei!

M3 Plakat von KPD/Spartakus zur Reichstagswahl 1920

M4 Wahlplakat von 1924

„Wacht auf und wählt den Völkischen Block". Die extrem rechten Gruppen schließen sich nach dem Verbot der NSDAP (November 1923) zum „Völkischen Block" zusammen. Sie gewinnen zwei Millionen Stimmen.

Deutschland 1923: Die junge Republik in einer Mehrfachkrise

„Krisenjahr", „Schicksalsjahr", „unseliges Jahr" – Zitate, die signalisieren, wie dramatisch sich die wirtschaftliche und politische Krise der Weimarer Republik 1923 zuspitzte.

- **Was geschah in Deutschland?**

- **Wie erlebten die Menschen dieses Jahr?**

- **Welchen Stellenwert und welche längerfristige Bedeutung hatten solche wirtschaftlichen und politischen Krisenerscheinungen, wie sie das Jahr 1923 prägten, für das politische Denken und Handeln der Menschen in der jungen Republik?**

Wir thematisieren historische Schlüsselereignisse und bereiten sie für eine mediale Präsentation auf.

1. Überlegt in eurer Arbeitsgruppe, wie ihr auf der Grundlage der Texte und Materialien eine Präsentation gestalten könnt, die geeignet ist, ein lebendiges Stimmungsbild der Ereignisse des Jahres 1923 sowie der Problem- und Gefühlslagen handelnder und betroffener Menschen in dieser krisenhaften Zeit zu zeichnen und vorzustellen. Wertet die Materialien aus und entnehmt ihnen die Informationen, die sie zu den ersten beiden Leitfragen bieten. **Weiterführender Recherchetipp:** „Googeln" unter dem Suchbegriff „Weimarer Republik – Krisenjahr 1923" bietet vielfältiges zusätzliches Material (s. S. 81).

2. Moderiert eine Gesprächsrunde in der Klasse, in der ihr ausgehend von eurer Präsentation die dritte Leitfrage diskutiert.

Das Krisenjahr 1923

Die Gefährdungen der Republik spitzten sich 1923 zu:
– In diesem Jahr besetzten französische und belgische Truppen das Ruhrgebiet, weil Deutschland angeblich mit seinen Reparationsleistungen im Rückstand geblieben war. Es gab einen Sturm der nationalen Entrüstung. Die Bevölkerung trat in den passiven Widerstand. Im September musste der Ruhrkampf abgebrochen werden.
– Es gab den Aufstandsversuch der KPD in Hamburg und den Hitler-Ludendorff-Putsch in München, ferner von Frankreich unterstützte separatistische Bewegungen in der Pfalz und im Rheinland.
– Das einschneidendste Ereignis war die Wirtschaftskrise als Folge der Inflation mit Hungerrevolten in vielen Regionen. Im November 1923 führte die Regierung eine Währungsreform durch. Eine Billion Papiermark wurde in eine Goldmark umgetauscht. Die neue Währung behielt

ihren Wert, weil der Staat seine Ausgaben radikal einschränkte und die Preise stabil blieben. Die Währungsreform vom November 1923 stabilisierte zwar die Wirtschaft, die Menschen aber fühlten sich betrogen und lasteten die Inflation der Republik an.

1923 – Ein Volk von „Milliardären"

Es sind zwei Wirtschaftskrisen, die in vielen deutschen Familien über Generationen hinweg in leidvoller Erinnerung blieben: die Inflation von 1923 und die Weltwirtschaftskrise von 1929. Ein Guthaben, das im Jahre 1914 100 000 Reichsmark ausmachte, hatte im Juli 1923 noch einen Wert von 1,19 Mark. Ein Kilogramm Roggenbrot kostete im November 20 Milliarden Reichsmark. Eine solch rapide Geldentwertung hatte massive Auswirkungen auf das Leben der Menschen, beeinflusste ihr Denken und ihre Einstellung gegenüber der neuen Republik.

> **Stichwort: Inflation**
> (von lat. Aufblähung). Bezeichnung für eine Geldentwertung, die auf dem Missverhältnis zwischen der umlaufenden übergroßen Geldmenge (Papiergeld) und dem geringen Angebot an Gütern beruht. Der Staat lässt Geld drucken, ohne dass sich das Warenangebot erhöht. Das Missverhältnis von Warenmenge und Nachfrage infolge der Geldflut führt zu steigenden Preisen. Betroffen sind vor allem Bezieher fester Einkünfte, Sparer und Gläubiger; Sachwertbesitzer und Schuldner profitieren.

M1 Karikatur von 1923

„Jetzt bin ich Millionär – mein Gott, wie werd ich erst als Milliardär aussehn!" (Simplicissimus)

Wie verändert die Inflation den Alltag?

M2 Aushang eines Berliner Theaters 1923

Rückkehr zum Naturalientausch: Da die Preise schneller stiegen, als die Reichsbank Geldnoten drucken konnte, gingen Geschäfte und Theater dazu über, ihre Preise in Naturalien zu berechnen.

Das Beispiel Biebrich

Biebrich, südlich von Wiesbaden am Rhein gelegen, war im November 1923 Schauplatz dramatischer Ereignisse. Der Ort hatte damals etwa 20 000 Einwohner. Viele lebten von der hier ansässigen chemischen Großindustrie, doch durch die Krise waren nun Tausende arbeitslos. Die Nachkriegskrise fand in diesem Jahr ihren Höhepunkt bei einem Sturm auf das Rathaus, von dem der 11-jährige Otto Fink berichtet (M3). Vorausgegangen waren Demonstrationen gegen die hohen Lebensmittelpreise, die Kartoffel- und Wohnungsnot sowie zahlreiche Streiks gegen die geringe Entlohnung. Auch in anderen Industrieregionen machten größere Arbeitergruppen durch Lebensmittelunruhen, Rathausbesetzungen und Revolten auf ihre Lage aufmerksam. Die öffentliche Verwaltung, in Biebrich ein sozialdemokratisch geprägter Magistrat, zeigte sich hilflos. Die Stimmenzahl der SPD sank von fast 4 000 nach Kriegsende auf 1 500 nach dem Krisenjahr. Die radikale USPD überflügelte die SPD deutlich. Auch die republiktreue Deutsche Demokratische Partei verlor erheblich an Stimmen.

M3 Der „Schwarze Freitag" (30.11.1923)

Otto Fink (damals 11) erinnert sich:

An jenem Tag [...] rotteten sich auf einmal viele hundert Erwerbslose in den Straßen zusammen. Auch zahllose Frauen und Kinder aller Altersstufen waren dabei. Unschwer war zu erkennen, dass dies [...] organisiert war! Kein Wunder, denn was den ohne eigenes 5 Verschulden arbeitslos Gewordenen als Unterstützung geboten wurde, war miserabel. Viele vegetierten am Rande des Verhungerns dahin! [...] Irgendetwas lag heute in der Luft! Vielleicht kam es wieder [...] zu Hungerdemonstrationen vor den Lebensmittelläden. 10 [...] An anderen Stellen hatten die Gewerkschaften den Ladenbesitzern Schleuderpreise für ihre Lebensmittel festgesetzt und die Geschäfte waren bis zum Abend leergekauft worden. [...]

[Es waren] linke Sozialdemokraten, Gewerkschaftler 15 und Kommunisten, die die Leitung der Massenaktion allen sichtbar in der Hand hatten [... namens Belz, Christmann, Hochstetter].

Etwa 16.31 Uhr war es, als sich die Volksmenge in der Schulstraße [...] laut schreiend staute. Es waren keine 20 Sprechchöre, sondern jeder brüllte, was ihm gerade passend erschien: ,Dißmol henge mer euch uff!', ,Kaiser, du Stromer', ,Awweidermerder'. Ich sagte zu einem Mann, der ruhig neben mir stand: ,Es gibt doch gakaan Kaiser mehr!' – ,Naa', sagte der, ,die mahne de 25 Armen-Kaiser'. Das war der äußerst unbeliebte städtische Beamte, der alle Fürsorgefragen zu regeln hatte, daher sein Spitzname ,Armen-Kaiser'.

Später erfuhr ich, dass am Vortage eine Abordnung von fünfzehn Ortsansässigen unter der Führung der 30 Vorgenannten (Belz, Christmann und Hochstetter) dem Magistrat im Rathaus die schriftliche Forderung nach Übergabe der Stadtverwaltung an sie gestellt habe. Das sollte [...] natürlich die Diktatur des Proletariats auf städtischer Ebene einleiten. [...] 35

Die laut schreiende Volksmenge hatte nun den Rathauseingang erreicht. Seit Tagen erwartete man einen Sturm auf dieses Gebäude. [...] Diesmal richtete sich der Zorn der aufgebrachten Menschenmassen nicht gegen die Lebensmittelpreise, sondern gegen die 40 Stadtverwaltung! Die Polizeibeamten in ihren blauen Uniformen und langen Säbeln, die vergeblich aufgefordert hatten, auseinanderzugehen und das Schreien einzustellen, mussten sich, als die Lage bedrohlich wurde, gegen den Eingang des Rathauses zurückziehen. 45 Da erhielt der Polizeibeamte Stein einen Schlag gegen den Kopf. Andere Beamte versuchte man in die Menge zu ziehen. Daraufhin eröffnete die Polizei mit ihren Pistolen das Feuer. Ob gezielt oder wahllos in die Menschenmenge gefeuert wurde, konnte auch später 50 nie geklärt werden. Vier Menschen fielen sofort tot um, fünf Verwundete wurden ins Krankenhaus transportiert. Von diesen starben noch zwei.

(Zit. nach: Hartmut Wunderer, Der Schwarze Freitag in Biebrich; in: Geschichte Lernen, Heft 77/2000, S. 30)

„Zwischenhoch": Die „Goldenen Zwanziger"

Auch wenn die Weimarer Republik nur 14 Jahre dauerte, so war sie nicht nur eine kurze Epoche eines gescheiterten Demokratieversuchs und Vorlauf des Nationalsozialismus. In manchen Bereichen des gesellschaftlichen Lebens, der Politik und Wirtschaft brachte die Weimarer Zeit auch zukunftsweisende Neuerungen und Veränderungen hervor. In der Wissenschaft wird ein solcher Prozess der beschleunigten Veränderungen einer Gesellschaft in Richtung auf einen weiterentwickelten neuen Zustand hin als „Modernisierung" bezeichnet. Kennzeichen dieser Modernisierung sind z.B. Verwissenschaftlichung, Bildungsverbreiterung, Technisierung, soziale Sicherung, Demokratisierung der Politik, neue Rolle der Frau, Massenkultur und Verstädterung. Zu drei zentralen Aspekten könnt ihr auf den folgenden Seiten fragend-forschend arbeiten.

● **Welche Modernisierungsleistungen hat die erste deutsche Demokratie hervorgebracht?**

Wir recherchieren selbstständig sach- und fachgerecht Informationen im Schulbuch sowie im Internet und präsentieren sie.

Themenverschiedene arbeitsteilige Gruppenarbeit projektorientiert gestalten:

1. Der erste Schritt projektorieren Arbeitens ist, den Themafindungsprozess einzuleiten.
   a) Einen ersten Blick in die drei Themenbereiche gewinnt ihr, indem jeder den Darstellungstext (s. S. 82) aufmerksam liest und ihn mithilfe der Arbeitshinweise auswertet.
   b) Auf dieser Basis sollte jede(r) von euch die Seiten 83–87 kursorisch durchlesen, um die Entscheidungsgrundlage zu erweitern.

Tipp: Ein erster Blick ins Internet unter den angebotenen Internetadressen (s. S. 81) ist zudem hilfreich für eure Themenentscheidung.

2. Bildet kleine Arbeitsgruppen. Erarbeitet gemeinsam eine Präsentation für den gewählten Themabereich. *Vorschläge für die inhaltliche Arbeit und das organisatorische Vorgehen:*
   a) Bearbeitet die auf den entsprechenden Seiten angebotenen Text- und Bildmaterialien, die ihr als Ausgangsplattform nutzen könnt. Bei der inhaltlichen Erarbeitung und Vorbereitung der Präsentation helfen die jeweiligen Arbeitsaufträge und Präsentationstipps.
   b) Führt weiterführend anhand der jeweiligen Internetadressen mithilfe der Methode „Im Internet recherchieren und Informationen gewinnen" eine gezielte Internetrecherche zu eurem Thema durch.
   c) Beachtet die bekannten fünf Schritte für erfolgreiche Gruppenarbeit:
   einvernehmliche Gruppenbildung – konzentrierte Lesephase am Anfang – gemeinsame Besprechung des Arbeitsablaufes in der Gruppe – gleichberechtigte Mitarbeit aller Gruppenmitglieder – teamorientierte Durchführung der Ergebnispräsentation.

3. Jedes Projekt hat ein Produkt. Präsentiert eure Ergebnisse (z.B. PowerPoint, Lernplakat, Wandzeitung, Folienfilm).

4. Formuliert im Klassengespräch auf der Grundlage der Gruppenpräsentation zusammenfassende Antworten auf die Leitfrage.

Thema 1: Massenkultur – nur Unterhaltung und Vergnügen?

Thema 2: Das Bild der modernen Frau der 20er-Jahre – eine veränderte Lebensrealität?

Thema 3: Wirtschaft und technische Errungenschaften – Fortschritt?

Eine Aufgabe: Suche im Internet nach Informationen! In unserem Fall gibt eine Schülerin den Begriff „Weimarer Republik" in eine bekannte Suchmaschine ein und erhält folgendes Ergebnis: ca. 1 440 000 Einträge. Doch welcher ist geeignet? Manchmal ist die Suche nach Informationen im Internet mit der Kunst vergleichbar, eine winzige Stecknadel in einem riesigen Heuhaufen zu finden. Eine unlösbare Aufgabe?

Die Internetrecherche ist eine gezielte Suche nach Informationen zu einem bestimmten Thema. Wer die Internetrecherche beherrscht, kann Informationen systematisch herausfiltern. Dies ist eine Schlüsselqualifikation, die zukünftig im beruflichen und im privaten Leben immer unverzichtbarer sein wird.

Im Internet recherchieren und Informationen gewinnen – die-3-Schritt-Methode

1. Schritt: Suchmaschinen nutzen Um an Informationen zur Forschungsfrage und zum Thema zu kommen, können Suchmaschinen hilfreich sein – vorausgesetzt ich weiß, wie sie richtig zu benutzen sind. Formuliere zunächst präzise Suchbegriffe. Versuche auch, Begriffe zu kombinieren.	*Die Eingabe des Suchbegriffs „Weimarer Republik" wird dir eine unüberschaubare Menge an Informationen liefern. Suchbegriffe wie „Wirtschaft der Weimarer Republik" grenzen die Ergebnisse ein. Überlege, welche Suchbegriffe für dein Thema geeignet sein können.* ***Tipp:*** *Du kannst auch „Wirtschaft" und/(+) „Weimarer Republik" in die Suchmaschine eingeben.*
2. Schritt: Internetseiten auswählen Unter der Vielzahl der Ergebnisse müssen nun geeignete Informationsquellen herausgefiltert werden. Welche Internetseiten dies sind, verraten möglicherweise Textausschnitte und Erläuterungen beim Suchergebnis. Entscheidende Hinweise liefern dir aber auch die Internetadressen selbst. Achte bei der Auswahl ebenfalls darauf, wie aktuell die Seite ist.	*Ob eine Internetseite geeignet ist, erfährst du oftmals erst beim genauen Hinschauen: Entscheidend ist dabei besonders, wer die Autoren der Seite sind. Handelt es sich um Privatpersonen? Sind es öffentliche Einrichtungen, wie z. B. Museen? Verfolgen sie ein bestimmtes Interesse? Wer ist die Zielgruppe? Ein Blick in das „Impressum" einer Seite hilft.*
3. Schritt: Informationen aus Internetseiten gewinnen Oft drucken Schülerinnen und Schüler Unmengen an Internetseiten aus. Dies nützt jedoch wenig. Internetseiten sollten gezielt im Hinblick auf die Frage oder das Thema untersucht werden. Das Material (Texte, Fotos usw.) der Internetseite muss dabei zielgerichtet ausgewertet werden. Faustregel: Drucke so wenig wie möglich! Schau genau hin und erkunde die Seite genau! **Tipp:** Nutzt „Links" auf geeigneten Seiten, um weitere Informationen auf anderen Internetseiten zu finden.	*Internetseiten, die für die Forschungsfragen in diesem Fall interessant sein könnten, wären zum Beispiel:* *www.bpb.de/publikationen/P8C5HC,0,Weimarer_Republik.html* *www.daserste.de/zwanzigerjahre* *www.dhm.de/lemo/html/weimar/index.html* *www.planet-schule.de/sf/wissenspool/20er-jahre/inhalt.html*

Deutschland atmet auf

Der Krieg war vorbei. Viele Menschen wollten nach Krieg und Armut endlich wieder das Leben genießen. Die Währungsreform und amerikanische Kredite sorgten vorübergehend für wirtschaftliche Stabilität in der jungen Republik, sodass viele endlich durchatmen konnten.

Kultur der „Goldenen Zwanziger": „Die Stadt gleicht einem Rummelplatz."

So beschrieb Erich Kästner in seinem Roman „Fabian" das Berlin der 1920er-Jahre.
Kunst und Kultur erlebten eine Blütezeit. Neue Stilrichtungen wie die Bauhausarchitektur versuchten, das neue Lebensgefühl der Menschen nach außen hin deutlich zu machen. Ebenso verhielt es sich in der Malerei und Literatur, in der sich eine neue Stilrichtung mit der Bezeichnung „Neue Sachlichkeit" durchsetzte.
Dazu kamen neue Musikrichtungen wie Jazz und Charleston. Tanzlokale schossen in den Großstädten wie Pilze aus dem Boden und Radiogeräte sowie Grammophone mit Schallplatten brachten die Musikkultur in jedes Haus.
Die 20er waren aber auch die Zeit des Kinos. Der Tonfilm löste den Stummfilm ab und lockte Millionen Menschen in die Kinos. Die Universum Film AG (Ufa) wurde in dieser Zeit zu Europas größter Filmgesellschaft. Alle diese Aspekte waren Ausdruck eines „Lebensgefühls" – doch: War die Massenkultur nur Unterhaltung und Vergnügen?

Die moderne Frau der 20er-Jahre

Auch das traditionelle Rollenbild der Frau veränderte sich weiter. Kennzeichen dieser Veränderung waren z. B. neue Frisuren oder neue Kleider. Ihre Position in gesellschaftlichen Bereichen wie in der Politik, im Alltag oder im Beruf wurde neu bestimmt. Es erfolgte eine Neudefinition ihrer gesellschaftlichen Rolle. Wie sah diese konkret aus? Welche Einstellung hatten Männer gegenüber Frauen in der Zeit der Weimarer Republik? Waren Frauen in den 20er-Jahren gleichberechtigt?

Wissenschaft, Technik und Wirtschaft

Nicht zuletzt faszinierten technische Errungenschaften. Die Medizin wurde durch bahnbrechende Entdeckungen bereichert, Charles Lindbergh überquerte mit seinem Flugzeug den Atlantik und jeder dritte naturwissenschaftliche Nobelpreis ging in dieser Zeit an deutsche Erfinder. Der wohl berühmteste war Albert Einstein. Und alle diese Entwicklungen hatten auch Folgen für die Wirtschaft … Forschen wir danach.

1 Fasse wesentliche Entwicklungen der 20er-Jahre in Stichworten zusammen. Diese können euch bei der späteren Recherche helfen.

2 Tausche dich mit deiner Sitznachbarin oder deinem Sitznachbarn aus und vergleicht die Ergebnisse.

Thema 1: Massenkultur – nur Unterhaltung und Vergnügen?

Modernisierung in den 1920er-Jahren bedeutete auch Verstädterung: Die Menschen zogen in die Stadt und damit änderte sich ihr Leben. Dort hatte eine sich ausprägende Massenkultur ihr Zentrum.

● **Was kennzeichnete die „Massenkultur" der 20er-Jahre?**

● **Massenkultur – nur Unterhaltung und Vergnügen?**

Wir beschreiben und beurteilen charakteristische Merkmale und das Ausmaß eines kulturellen Veränderungsprozesses.

Entwerft ein Konzept für einen bildgestützten Kurzvortrag zu den Leitfragen. So gelangt ihr zu Informationen:

a) Interpretiert die Bilder M1, M3, M4. Wendet die Arbeitsschritte zur Erkenntnisgewinnung aus Bildquellen an.

b) „Rundfunk", „Bücher", „Freizeit", „Großstadt", „Kabarett" oder „Kino": Recherchiert dazu unter den angebotenen Internetadressen (s. S. 81).

M1 „Stiglmaierplatz in München"

Gemälde von Wilhelm Heise, 1929

M2 Die Großstadt – Symbol des Untergangs!

Die Jugendbewegung der „Bündischen Jugend" kennzeichnete die Situation im Jahr 1929 in einer ihrer Zeitschriften so:

Die Großstadt ist kein organisches Gebilde, sie ist eine vollkommen unnatürliche Zusammenballung von Menschen, die nur möglich wurde durch die Technik und das Wirtschaftsdenken. [...] Kein Krieg frisst so
5 viel Menschen wie die Großstädte. [...] Dieser Menschenverschleiß ist aber nicht nur ein körperlicher, sondern in viel größerem Maße ein geistiger und seelischer. Wen die Großstadt in ihren Bann gezwungen, der wird ihr Sklave. Sie zwingt ihn in ihre Hörigkeit und macht ihn in der Regel unfähig, noch außerhalb 10 ihrer Mauern zu leben. Sie entfremdet den Menschen der Scholle, macht ihn wurzel- und heimatlos und schwächt durch die unnatürliche Lebensweise seine Lebensenergie.

(H. Mohr, Fronterlebnis und Großstadterlebnis; in: Der Falke, Heft 8/1929, S. 6f.)

■ Welche Folgen hatte das Leben in der Großstadt? Liste in Stichworten auf.

M3 „Der blaue Engel"

Filmplakat von 1930

M4 „Kabarett-Café"

Gemälde von Adolf Uzarski, 1928

Die Rolle der Frauen früher war eine andere als heute. Blicken wir beispielsweise in den Bereich der Politik: Politik galt in erster Linie als „Männersache". Dies änderte sich erst deutlich im 20. Jahrhundert. Eine zentrale Errungenschaft war das neu eingeführte Frauenwahlrecht. Das bis dahin geltende Frauenbild und damit auch die Lebensrealität der Frauen änderten sich grundlegend.

- **Was sind die Kennzeichen der sogenannten „neuen Frau"?**

- **Vergangenheit und Gegenwart: Wie zukunftsweisend ist das neue Frauenbild?**

Wir präsentieren gesellschaftliche Umbrüche und beschreiben Zusammenhänge zwischen Vergangenheit und Gegenwart.

1. Zur ersten Leitfrage könnt ihr eine Bildercollage erstellen. Dazu gehören auch kommentierende Begleittexte, die das Neue, die Auffälligkeiten und Besonderheiten erläutern.
   a) Betrachtet und beschreibt die Abbildungen M 1–M 6 genau. Erstellt dazu kurze erläuternde Textkarten.
   b) Berücksichtigt in diesem Zusammenhang auch die Materialien M 7 und M 8:
   Stellt Rechte und Pflichten von Frauen nach den Regelungen im Bürgerlichen Gesetzbuch von 1900 (M 7) in einer Tabelle zusammen.
   Formuliert mithilfe der Statistik (M 8) ein Statement zu folgender Frage: Welche Rolle spielten Frauen in der Politik?

2. Den Gegenwartsbezug solltet ihr in einem Kurzvortrag mit vergleichenden Bildern aus heutiger Werbung und Fotos zum Thema Frau erörtern.

M 2 Bademode

Badeanzüge durften auch mal kürzer sein (Foto aus den 1920er-Jahren).

M 3 Fabrikarbeiterinnen

Foto von 1926

M 1 Die Motorradfahrerin

Foto aus den 1920er-Jahren

M 4 Der „Bubikopf"

Diese neue Frisur kam in den 1920er-Jahren auf.

M5 Frauen und Sport

Lina Radke-Bratschauer (Mitte) gewann als erste Frau 1928 in der Leichtathletik eine Goldmedaille.

M6 „Die Dame"

Dieses Modejournal zeigte im Mai 1927 auf dem Titelblatt erstmals ein kniefreies Rockmodell.

M7 Ehe- und Familienrecht im Bürgerlichen Gesetzbuch, 1900

§ 1354: Dem Manne steht die Entscheidung in allen das gemeinschaftliche eheliche Leben betreffenden Angelegenheiten zu; er bestimmt insbesondere Wohnort und Wohnung.

Die Frau ist verpflichtet, der Entscheidung des Mannes Folge zu leisten, wenn sich die Entscheidung als Missbrauch seines Rechtes darstellt. [5]

§ 1355: Die Frau erhält den Familiennamen des Mannes.

§ 1356: Die Frau ist, unbeschadet der Vorschriften des [10] § 1354, berechtigt und verpflichtet, das gemeinschaftliche Hauswesen zu leiten. Zu Arbeiten im Hauswesen und im Geschäfte des Mannes ist die Frau verpflichtet, soweit eine solche Tätigkeit nach den Verhältnissen, in denen die Ehegatten leben, üblich ist. [15]

§ 1357: Die Frau ist berechtigt, innerhalb ihres häuslichen Wirkungskreises die Geschäfte des Mannes für ihn zu besorgen und ihn zu vertreten. Rechtsgeschäfte, die sie innerhalb dieses Wirkungskreises vornimmt, gelten als im Namen des Mannes vorgenommen, [20] wenn nicht aus den Umständen sich ein anderes ergibt. Der Mann kann das Recht der Frau beschränken oder ausschließen. [...]

§ 1363: Das Vermögen der Frau wird durch die Eheschließung der Verwaltung und Nutznießung des [25] Mannes unterworfen (eingebrachtes Gut).

(Zit. nach: Anne Conrad/Kerstin Michalik (Hg.), Quellen zur Geschichte der Frauen, Bd. 3, Stuttgart 1999, S. 136ff.)

M8 Frauen im Parlament 1919 – 1933

Parlament	Jahr	Abgeordnete insgesamt	davon Parlamentarierinnen Anzahl	in %
Nationalver- sammlung	1919[1]	423	37	8,7
	1919[2]		41	9,6
Reichstag	1920[1]	463	37	8,0
	1924[1]	472	27	5,7
	1924[2]	493	33	6,6
	1928[1]	490	33	6,7
	1930[1]	577	39	6,7
	1932[1]	608	34	5,6
	1932[2]	582	35	6,1
	1933[1]	558	21	3,8
	1933[2]	661	0	0,0

[1] Beginn der Legislaturperiode [2] Ende der Legislaturperiode

Der Krieg hinterließ den europäischen Volkswirtschaften große Probleme. Schwierig war besonders die Umstellung von der Kriegs- auf eine Friedenswirtschaft. Antwort auf diese Herausforderung waren neue Wirtschaftsstrukturen und eine veränderte Beschäftigungsstruktur. Dies hatte auch mit den technischen Errungenschaften zu tun.

- **Welche elementaren Veränderungen vollzogen sich im Bereich der Wirtschaft?**

- **Welche Folgen hatten die technischen und damit auch wirtschaftlichen Neuerungen für die Menschen?**

Wir beschreiben Entwicklungen und Umbrüche und beurteilen sie.

1. Informiert als Experten. Gestaltet eure Präsentation so, dass eure Antworten auf die Leitfragen gut zu erfassen sind (z.B. Bilder, Grafik, knappe Thesen).

2. Vorschlag zur Informationsbeschaffung:

  a) Wertet die Statistiken (M1–M3), die Arbeitsberichte (M4, M5) sowie die Bildquellen (M6–M8) sach- und fachgerecht aus.

  b) Recherchiert Informationen aus dem Internet. Suchwörter: „Konzernbildung", „Rationalisierung", „Fließbandarbeit", „soziale Rechte", „Arbeitsalltag".

M1 Preisindex für die Lebenshaltung

Verbrauchsverhältnisse (1934) einer fünfköpfigen Arbeiterfamilie (1928 = 100)

Jahres-durch-schnitt	Ernäh-rung	Woh-nung	Hei-zung und Be-leuch-tung	Beklei-dung	Insge-samt
1913/14	65	79	73	59	66
1924	90	43	100	102	86
1925	97	65	95	102	93
1926	95	79	96	96	93
1927	100	91	98	94	97
1928	100	100	100	100	100
1929	102	100	103	101	101
1930	95	102	104	96	97
1931	86	105	101	81	89
1932	76	96	93	66	80
1933	74	96	93	63	78

M2 Bruttoverdienst der Arbeiter und Arbeitszeit (Std.)

1928 = 100

Jahr	Nominallöhne[1]		Real-löhne[2]	Arbeitszeit durch-schnittl.
	je Stunde	je Woche	je Woche	wöchent-lich
1913/14	53	61	93	ca. 50–60
1925	77	75	81	49,5
1926	82	78	84	–
1927	90	88	89	46,0
1928	100	100	100	46,0
1929	106	103	102	–
1930	103	95	97	–
1931	95	84	94	–
1932	80	69	86	41,5
1933	77	71	91	42,9

[1] Effektivlöhne, d.h. vom Tarif abweichende Löhne sind enthalten.

[2] Umgerechnet mithilfe der Indexziffern für die Lebenshaltung

M3 Privateinkommen Selbstständiger und Abhängiger

In M/RM, Preise von 1938

Jahr	je Selbst-ständigen	je abhän-gige Er-werbsper-son	Einkom-men der Abhän-gigen in % der Selbst-ständigen
1913[1]	4700	1870	40
1925	3540	1710	48
1933	2500	1520	61
1939	5750	2260	40

[1] Das Einkommen 1913 wurde auf die Erwerbsstruktur von 1907 bezogen, sodass das Einkommen der Abhängigen für 1913 etwas überhöht ist.

(M1–M3 zusammengestellt nach verschiedenen Quellen)

■ Fasst zentrale Informationen der Statistiken M1–M3 in Aussagesätzen zusammen.

M4 Ein Betriebsrat der AEG berichtet 1926 über die Arbeit im AEG-Werk in Berlin

In unserem Betriebe, in dem Fließarbeit ist, sind neun Zehntel der Belegschaft Frauen und Mädchen. Die Arbeit ist aber auch so leicht, dass sie bequem von Frauen und Mädchen gemacht werden kann. [...] Ein un-
5 befangener Beobachter hat den Eindruck, als ob es sich gar nicht um eine Arbeit handelte, als ob die Sache spielend gemacht würde. [...] Der Eindruck, den ein unbefangener Beobachter hat, wenn er die bei der AEG beschäftigten Frauen und Mädchen bei der Ar-
10 beit sieht, erweist sich indes als trügerisch. Die Arbeit ist, obwohl sie wie ein Spiel aussieht, so, dass sie die ganze Aufmerksamkeit und äußerste Anspannung der Nerven erfordert. Die Arbeitsleistung wird berechnet, indem man zum Durchschnitt die Fähigkeit dreier Ar-
15 beiterinnen nimmt, und zwar einer Arbeiterin, die längere Zeit, z. B. fünf Jahre, im Betrieb arbeitet, dann die Fähigkeit einer Arbeiterin, die ungefähr ein Jahr im Betrieb arbeitet, und die einer Anfängerin. Man stellt das Band zuerst nach diesem Durchschnitt ein,
20 sodass alle mitkommen können, dann lässt man jeden Tag das Band ein wenig schneller laufen, sodass es der einzelnen Arbeiterin gar nicht zum Bewusstsein kommt, aber mittlerweile müssen diese ihre ganze Kraft darauf konzentrieren, mitzukommen. Auf eine
25 Zehntelsekunde werden die Arbeiten berechnet. In drei bis vier Wochen wird die Höchstleistung erreicht. Mit einer Stoppuhr, die auf eine Hundertstelsekunde anzeigt, wird genau die Schnelligkeit kontrolliert und die Höchstleistung herausgeholt. Zeigt es sich, dass
30 eine gewünschte Leistung herausgeholt ist, so wird diese ungefähr acht Tage beibehalten, um die Arbeiter daran zu gewöhnen, und dann wird doch mit allen Kräften versucht, ein neues Arbeitstempo herauszuholen, das jetzige noch zu beschleunigen.

(Zit. nach: Isa Strasser, Frauenarbeit und Rationalisierung, Berlin 1927, S. 35)

M5 Ein Arbeiter der Ford-Werke berichtet 1926 über seine Arbeit

Für die Arbeiter ist die Hauptsache das Mitkommen. Das Arbeitsstück fließt weiter, schneckengleich langsam zwar, aber es fließt. Die Verzögerung des einen bringt den ganzen Betrieb in Unordnung, lenkt sofort
5 die Aufmerksamkeit aller Kollegen und Vorgesetzten auf den ‚Bummler'. Kommt ein Arbeiter an einer Stelle nicht recht mit, wird er stillschweigend an eine andere versetzt. Versagt er dort auch, fliegt er ohne jede

Förmlichkeit. Das weiß auch jeder und setzt daher den letzten Handschlag daran, dem Tempo [...] zu folgen. 10 Da gibt's keinen Raum für nebensächliche Gedanken, keine Zeit etwa, eine Zigarette anzuzünden, ein Wort mit dem Nachbarn zu reden oder gar auszutreten [...].

(Zit. nach: Fähnders/Karrenbrock/Rector, Sammlung proletarisch-revolutionärer Erzählungen, Darmstadt/Neuwied 1977, S. 101)

M6 Frauen am Fließband

Foto um 1925

M7 Mensch und Maschine

Foto aus dem Film „Moderne Zeiten" mit Charlie Chaplin, 1936

M8 Der „Laubfrosch"

Dies war der erste in Deutschland serienmäßig hergestellte Wagen.

Die erste deutsche Demokratie am Ende – Warum scheiterte Weimar?

Alltägliches Leben in der Krise – Die Weimarer Republik in der Weltwirtschaftskrise

Die historischen Fotos auf dieser Seite zeigen Menschen in den 1930er-Jahren. Das Zwischenhoch der „Goldenen Zwanziger" war abrupt zu Ende gegangen. Am 25. Oktober 1929 brach in New York die Börse zusammen. Die Wirtschaft geriet weltweit in eine große Krise – mit dramatischen Folgen auch für die junge Weimarer Republik. Denn die weltumspannende Krise beeinflusste Denken, Handeln und alltägliches Leben der Menschen grundlegend.

- **Wie wirkte sich die Wirtschaftskrise auf den Alltag der Menschen aus?**

Wir schildern Lebensalltag im Kontext seiner zeitgenössischen Bedingungen.

1. Historische Fotos erzählen Geschichte und sind Geschichte. Versucht, die Geschichte, die sich hinter den Fotos (M1–M4) verbirgt und sich mit ihnen verbindet, zu erzählen.

2. Vorbereitende Recherche: Nutzt den Darstellungstext und die zeitgenössische Schilderung (M5), die wichtige Informationen zum Thema Weltwirtschaftskrise und ihre Auswirkungen liefern. Haltet eure Ergebnisse in Stichworten auf Karteikarten fest.

M1 Hunger

Arbeitslose durchsuchen die Abfälle vor einer Berliner Markthalle nach Essbarem.

M2 Armut

Arbeitslose protestieren gegen die unzureichenden Fürsorgezahlungen der Stadt Berlin.

M3 Arbeitssuche (Fotos von 1931/32)

M4 Eine Suppenküche der SA (um 1931)

Für Hunderttausende arbeitsloser Männer wurde die SA, die Parteiarmee der Nationalsozialisten, der letzte Anlaufpunkt. Sie bot nicht nur täglich warmes Essen und Kameradschaft mit Leidensgenossen, sondern auch einen „Sinn" im Leben, „etwas, wofür wir leben und kämpfen konnten".

M5 Die Lage der Arbeitslosen

Der amerikanische Publizist Hubert Renfro Knickerbocker (1898–1949) schilderte die Not der Arbeiter in Berlin im Jahre 1931:

Nach den Angaben des Arbeitsamtes in Neukölln beträgt der Reichsdurchschnitt der Unterstützung, die ein beschäftigungsloser Arbeiter mit Frau und Kind bezieht, 51 Mark im Monat. Gemäß den Berech-
5 nungen dieser offiziellen Stelle kommen Miete, Beleuchtung, Beheizung und unvermeidliche Nebenausgaben auf ein unerbittliches Minimum von 32 Mark und 50 im Monat. Für die Ernährung dreier Menschen bleiben also 18 Mark 50 im Monat übrig.
10 [...] Nach einer Statistik des Arbeitsamtes kann der Berliner Unterstützungsempfänger 45 Pfund Brot für 6 Mark kaufen; einen Zentner Kartoffeln für 2 Mark 50; 9 Pfund Margarine für 3 Mark; 15 Liter Milch für 4 Mark 50; 20 Pfund Kohl für 2 Mark; 10 Heringe, Salz
15 und Zucker für 1 Mark – und damit wären seine 18 Mark 50 aufgebraucht. Das bedeutet täglich ein halbes Brot, ein Pfund Kartoffeln, hundert Gramm Kohl, fünfzig Gramm Margarine und dreimal im Monat einen Hering pro Kopf.
20 Aufgrund dieser Berechnung habe ich in meiner eigenen Küche die Tagesverpflegung einer Person ausgewogen.

Das Rohmaterial für die drei Mahlzeiten [besteht aus einer mitteldicken] Scheibe Brot, einem Stückchen Kohl, das ungefähr faustgroß ist, und einem Stück-
25 chen Margarine von etwa 16 Kubikzentimetern. Das ist die Wochentagsration, und an drei Sonntagen im Monat kann jeder Erwachsene außerdem noch einen Hering essen, während das Kind jeden Sonntag einen Hering essen und wohl täglich einen halben Liter
30 Milch bekommen kann.

(Hubert Renfro Knickerbocker, Deutschland so oder so?, Berlin 1932, S. 14f.)

Deutschland in der Wirtschaftskrise: Der „Schwarze Freitag"

Die Krise begann in den USA. Es war der 25. Oktober 1929, der sogenannte „Schwarze Freitag". An der Börse in New York stürzten die Aktienkurse ab. Eine Aktie, die man für 100 Dollar gekauft hatte, war plötzlich nur noch 10 Dollar wert. Da die USA die größte Wirtschaftsmacht der Welt waren, schlug ihre Krise auf die gesamte Weltwirtschaft durch.

Schon ab 1928 hatten deutsche Unternehmen Absatzschwierigkeiten, woraufhin sie ihre Produktion drosselten und Arbeitkräfte einsparten. Damit begann eine Art Teufelskreis: Wachsende Arbeitslosigkeit bedeutete eine geringere Kaufkraft, was zu weiter verringertem Absatz von Waren führte. Dadurch mussten Unternehmen noch mehr einsparen, was den negativen Kreislauf verschärfte. In dieser Situation ereignete sich zusätzlich der „Schwarze Freitag".

Viele Menschen verloren ihre Ersparnisse, die sie in Aktien angelegt hatten. Andere verlangten aus Angst ihre Sparguthaben bei den Banken zurück. Diese aber brachen zusammen.

Zusätzlich erschwerten die USA Einfuhren in ihr Land, um ihre Wirtschaft zu stützen. Europa konnte seine Güter dort nicht mehr verkaufen. Es wurde damit weiter in den Sog der Krise hineingezogen.

Mit am schlimmsten traf es Deutschland: Die Industrieproduktion ging in den Jahren zwischen 1928 und 1932 um etwa ein Drittel zurück. Die Arbeitslosigkeit stieg von etwa 1 Million auf über 6 Millionen Menschen, von 6,3 % auf 25,9 %. Die Reallöhne sanken um mehr als 10 %.

Wahlen und Wählerverhalten in der Krise – Welche Partei profitierte?

Die Weltwirtschaftskrise prägte nicht nur das alltägliche Leben der Menschen, sie beeinflusste auch ihr politisches Verhalten. Menschen entscheiden sich aus ganz unterschiedlichen Gründen für eine Partei. Ihre Wahlentscheidung hängt zum einen häufig von aktuellen politischen, wirtschaftlichen und sozialen Erfahrungen ab. Dies gilt z. B. besonders in wirtschaftlichen und politischen Krisenzeiten. Andererseits darf nicht übersehen werden, dass das Wahlverhalten in vielen Fällen auch von langfristigen Einstellungen und Haltungen beeinflusst ist. Denn Wähler sind auch geprägt durch ihre soziale Herkunft und Zugehörigkeit.

- Wie entwickelten sich die Wahlergebnisse der Parteien in der Weltwirtschaftskrise?

- Was bewog viele Menschen, die NSDAP zu wählen?

Wir wenden grundlegende Arbeitsschritte zur Informationsgewinnung aus statistischem Material und Sekundärliteratur an und bereiten sie für eine Präsentation auf.

1. Du bist Wahlforscherin bzw. Wahlforscher. Als Expertin bzw. Experte ist es deine Aufgabe, Wahlergebnisse unter den beiden Leitfragen zu kommentieren. Belege deine Einschätzungen zu den Wahlergebnissen und zum Wahlverhalten anhand der statistischen Daten.

2. So werdet ihr zur Expertin bzw. zum Experten:
   a) Wertet die Diagramme (M1) und das statistische Zahlenmaterial (M2, M3) mithilfe der angebotenen Arbeitsschritte aus.
   b) Analysiert den Historikertext (M4).
   c) Formuliert auf dieser Daten- und Wissensgrundlage ein gemeinsames Statement zu den beiden Leitfragen.
   d) Benennt einen Vertreter für die Expertenrunde.

3. Wahlforscher unter sich: Stellt in einer Expertenrunde eure Statements vor und diskutiert sie. Die Zuhörer können Zwischenfragen stellen.
   Visualisierungstipp: Projiziert die Diagramme und Statistiken, damit ihr euch darauf beziehen könnt.

Ein Tipp: Die politische Bedeutung der in den Diagrammen dargestellten Ergebnisse könnt ihr leichter erschließen, wenn ihr vor allem die gegensätzlichen politischen Gruppierungen vergleicht: NSDAP – KPD – die demokratische „Weimarer Koalition" aus SPD, Zentrum, DDP.

M1 Reichstagswahlen 1928–1932

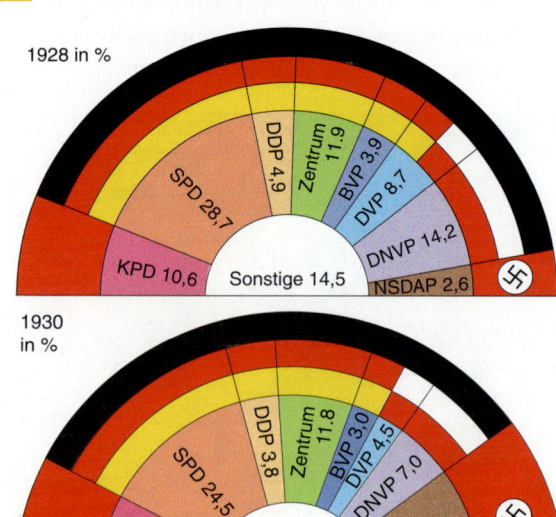

1928 in %

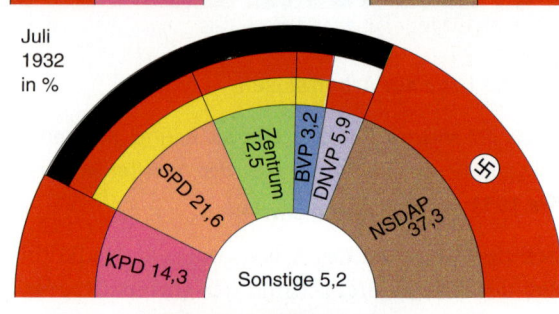

1930 in %

Juli 1932 in %

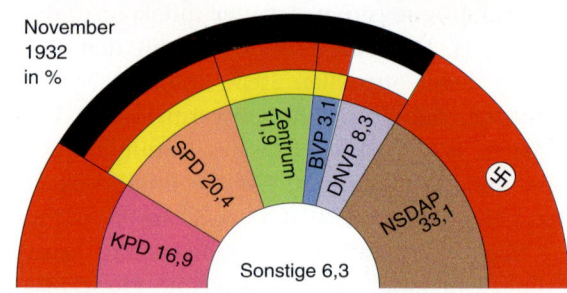

November 1932 in %

Zahlenstatistiken können auch in eine Grafik umgesetzt werden. Das können Kreis- bzw. Halbkreisdiagramme oder Linien- oder Säulendiagramme sein. Ihr Vorteil: Sie sind zumeist anschaulicher als Zahlentabellen.

▪ Wertet die Diagramme mithilfe der euch bekannten grundlegenden Arbeitsschritte aus: Leitfrage festlegen – Analyse (z. B. Darstellungsform, Zahlenarten, Aussagebereiche und dazu entnehmbare Informationen) – Auswertung (Formulierung von belegbaren Gesamtaussagen mit Bezug auf die Leitfrage).

M2 Arbeitslosigkeit als Erklärung der Wahlerfolge der NSDAP?

Die Wahlerfolge von NSDAP und KPD in Gebieten mit extrem hoher und extrem niedriger Arbeitslosigkeit (J = Juli, N = November); Angaben in % der Wahlberechtigten.

Kreis/ Bezirksamt	Ar- beits- lose	NS- DAP 1930	NS- DAP 1932 J	NS- DAP 1933	KPD 1932 N
Neustadt b. Coburg	30	37	45	48	13
Berlin-Mitte	27	11	22	30	27
Berlin-Wedding	26	8	16	23	29
Bochum (Stadt)	25	16	26	33	20
Nördlingen (Land)	2	10	43	55	1
Rothenburg/T. (Land)	2	29	76	79	0

(Nach: Jürgen Falter, Hitlers Wähler, München (Beck) 1991, S. 297)

1 Beschreibt die Wahlergebnisse von NSDAP und KPD in Gebieten mit niedriger und mit hoher Arbeitslosigkeit. Unterscheidet zwischen städtischen und ländlichen Regionen.

2 Erklärt die Wahlergebnisse. Nutzt dazu auch die Informationen aus dem Historikertext M4.

M3 Das Wahlverhalten von Männern und Frauen

Nach amtlichen Sonderauszählungen der Wahlergebnisse nach Geschlecht entschieden sich bei den Reichstagswahlen 1930 bis März 1933 Männer und Frauen zu folgenden Anteilen für die verschiedenen Parteien:

Partei	1930		1932 J		1932 N		1933	
	m	w	m	w	m	w	m	w
KPD	12,5	7,3	15,2	9,1	17,2	9,8	12,2	7,1
SPD	29,0	23,8	26,0	22,1	24,5	20,6	23,9	19,2
DDP	3,8	3,4	0,8	0,7	0,9	0,7	0,8	0,7
BVP/ Zent.	21,8	35,8	22,6	35,7	22,1	35,3	20,5	32,1
NSDAP	18,9	14,2	29,2	25,6	27,4	24,7	36,2	34,4

(Nach: Jürgen Falter/Thomas Schuhmann, Wahlen und Abstimmungen in der Weimarer Republik, München (Beck) 1986, S. 85)

1 Beschreibt das Datenmaterial (M3).

2 Arbeitet heraus, welche Entwicklung erkennbar ist, ob es auffällige Besonderheiten gibt, ob und wenn ja welche Parteien vorrangig von Männern bzw. Frauen gewählt wurden.

3 Versucht, das unterschiedliche Wahlverhalten zu erklären.

M4 Der Parteienforscher Jürgen W. Falter zu den Wahlerfolgen der NSDAP

Es handelte sich bei der NS-Bewegung immer um eine sozial gemischte, sowohl für Arbeiter als auch für Mittel- und Oberschichtenzugehörige […] attraktive Partei. Von der Sozialstruktur ihrer Mitglieder und Wähler her […] ist sie wohl am ehesten […] bemüht, in 5 ihrer Propaganda mithilfe […] [ihrer] Angebote und Versprechungen Angehörige aller Sozialschichten anzusprechen, was ihr auch stärker als den anderen politischen Parteien gelungen zu sein scheint. […]
Vergleicht man die NSDAP mit anderen Parteien, so 10 ist festzuhalten, dass sie – abgesehen von der Konfession – auf Kreisebene ein sehr viel ausgeglicheneres Sozialprofil aufwies als die Parteien des linken und des bürgerlich-protestantischen Wählerblocks; dies kann als weiteres Indiz für ihren Charakter als moderne 15 („Volks")partei angesehen werden. […]
Angesichts der […] Komplexität der sozialen Zusammensetzung und parteipolitischen Herkunft ihrer Anhänger lässt sich die NSDAP zwischen 1928 und 1933 als eine Partei charakterisieren, die wie andere moder- 20 ne Integrationsparteien für ihre Anhänger Unterschiedliches bedeutet hat: Für die Oberschicht […] fungierte sie als Bollwerk gegen eine damals wohl tatsächlich als real empfundene kommunistische Gefahr; für die Mittelschichten diente sie als Sammelpar- 25 tei des sozialen und wirtschaftlichen Protestes; für Teile der Arbeiterschaft als nationale Alternative zu den beiden sozialistischen Parteien; für die besonders unter der Arbeitslosigkeit leidenden Jungwähler, die zumindest unter den NSDAP-Mitgliedern weit über- 30 durchschnittlich vertreten waren, stellte sie eine Art Aufbruchsbewegung in eine bessere Zukunft dar; für die völkisch-antisemitischen Gruppen schließlich, die zwar die Parteielite stellten, innerhalb der nationalsozialistischen Wählerschaft aber vermutlich nur eine 35 kleine Minderheit ausgemacht haben dürften, bildete sie die Speerspitze deutschen Herrenbewusstseins.

(J. W. Falter, in: Bracher/Funke/Jacobsen (Hg.), Die Weimarer Republik 1918–1933, Düsseldorf 1988, S. 484 ff.)

■ Listet in knapper Form zusammenfassend auf,
– welchen Typus von Partei die NSDAP aus Falters Sicht darstellte und was seine charakteristischen Merkmale waren;
– welche sozialen Schichten die NSDAP mit welchen politischen Versprechungen laut Falter ansprach;
– was die Partei nach seiner Einschätzung für ihre Wähler attraktiv machte.

Die NSDAP – die willige Partei des „Verführers" Hitler

Die Geschichtsforschung ist sich weitgehend einig, dass der Aufstieg des Nationalsozialismus und seine Wahlerfolge ohne die besonderen agitatorischen Fähigkeiten Hitlers nicht denkbar gewesen wären. Wie konnte ein Mann seiner bescheidenen Herkunft eine solche Wirkung erreichen? Unstreitig ist, dass Hitler in Zeiten einer grundlegenden sozialen und wirtschaftlichen Krise der Weimarer Republik einflussreich wurde und politisch davon profitierte. Richtig ist aber ebenso, dass sein politischer Aufstieg eng mit seinem organisatorischen und propagandistischen Geschick verknüpft war. Es gelang ihm, die Menschen in seinen Bann zu ziehen. Dazu dienten die Partei und ihre Bewegung. Und er nutzte alle Mittel moderner Propagandatechnik, exakt geplante „Verführung" in Wort und Bild.

❶ Hitler inszenierte seine Auftritte nach modernsten Gesichtspunkten der Massenbeeinflussung. ❷ Dabei spielte das politische Plakat als zentrales Propagandamittel eine wichtige Rolle. ❸ Hitler nutzte seine Partei, die NSDAP, und ihre Verbände, um Meinung zu organisieren und öffentlich zu beeindrucken. Um diese drei Bereiche geht es auf den folgenden Doppelseiten.

- **Wie organisierte Hitler die NSDAP und seine Bewegung?**

- **Welche Wirkung wollte er erzielen?**

Wir stellen Rolle und Bedeutung einer Schlüsselperson vor.

1. Bereitet einen Diavortrag zu den beiden Leitfragen vor.

2. Erarbeitet euch die Informationsgrundlage dafür:
   a) Wertet die Fotos M 1 – M 4 mithilfe der erlernten Methode „Fotografien interpretieren" aus.
   b) Notiert in Stichworten die Informationen im Text.
   c) Recherchiert weitere Informationen (s. Internetadressen S. 93).
   d) Scannt die Fotos, die ihr präsentieren wollt, ein oder nutzt OHP-Folien.

Die NSDAP – Herkunft und Organisation

Als 1923 der Versuch scheiterte, gewaltsam an die Macht zu kommen, und die NSDAP verboten wurde, änderte Hitler seine politische Taktik: Er beschloss, die Macht auf legalem Wege zu erringen. Dazu gründete er 1925 die „Nationalsozialistische Arbeiterpartei Deutschlands" neu und gab ihr eine neue Organisationsstruktur, um bei den Wählern anzukommen. Zunächst hatte die Partei bei Wahlen noch nicht die erwünschten Erfolge. Dass sie sich

seit 1930 zu einer Massenpartei entwickelte, wäre ohne diese Neuorganisation nicht möglich gewesen.

Nach der Neugründung der NSDAP 1925 war die Zentrale der Partei in München zu finden. Die Partei wurde nun allein auf ihren Führer ausgerichtet. Bei den Parteitagen wurden keine Beschlüsse mehr gefasst, sondern Hitler gab nur noch seine Entscheidungen für die Partei und die Politik bekannt. Das Programm der NSDAP war wesentlich durch Hitlers Buch „Mein Kampf" beeinflusst. Für einen Außenstehenden wirkte das Programm jedoch verwirrend, denn es war eine Anhäufung widersprüchlicher Aussagen, die niemandem etwas Konkretes versprachen. Hitler schuf auch Parteiorganisationen: Bereits 1921 war die „Sturmabteilung" (SA) gegründet worden, eine Saalordnertruppe, die anfangs fast zur Hälfte aus Arbeitslosen bestand. Aus ihr wurde schnell eine militärische Organisation. Sie machte in braunen Uniformen ihrem „Führer" den Weg „frei", indem sie politische Gegner überfiel oder Wahlversammlungen störte. 1925 kam die „Schutzstaffel" (SS) als Leibgarde für Hitler hinzu. Für Jugendliche wurde die Hitler-Jugend (HJ) gegründet.

Hitler gab der Partei zudem ein neues äußeres Erscheinungsbild: Der Parteigruß, die Hakenkreuzfahne als „Parteifahne" und das Braunhemd als „Parteiuniform" wurden eingeführt. Die NSDAP war unermüdlich aktiv: Zahlreiche Aufmärsche, Versammlungen und Wahlkampfveranstaltungen wurden abgehalten. Die Partei nutzte die damals neuen Medien wie Lautsprecher, Film oder Schallplatte, um viele Menschen zu erreichen.

Adolf Hitler – Der Weg an die Macht

20.4.1889: Geboren in Braunau am Inn als Sohn eines österreichischen Zollbeamten
Besuch der Realschule (ohne Abschluss)

1908–1913: Hitler lebt in Wien von Gelegenheitsarbeiten; vergebliche Versuche, an der Wiener Kunstakademie aufgenommen zu werden. Entwicklung antisemitischer und antimarxistischer Grundgedanken

1914–1918: Soldat im Ersten Weltkrieg

1919: Hitler wird Mitglied der Deutschen Arbeiterpartei (DAP, damals etwa 20–30 Mitglieder).

1920: Hitler wird Vorsitzender der DAP, später NSDAP.

9.11.1923: Hitler-Putsch in München

1925: Hitler gründet die NSDAP neu.

30.1.1933: Hitler wird Reichskanzler.

M1 Nürnberg 1923

Hitler beobachtet als „Führer" seiner Partei den Aufmarsch nationaler Kampfverbände.

M2 Fahnenweihe durch die „Blutfahne" von 1923

Diese „Blutfahne" war eine kostbare „Erinnerung" an den 9. November 1923 (Hitler-Putsch). Sie war beim Marsch zur Feldherrnhalle vorausgetragen und mit dem Blut der beim Aufstand getöteten Nationalsozialisten getränkt worden.

M3 Weimar 1926

Vorbeimarsch der SA vor dem „Führer"

M4 Berlin 1930

Propagandamarsch einer SA-Kolonne

■ **Recherche:**
Nutzt die beiden Internetadressen, um weiteres Fotomaterial und Informationen über Hitler und die NSDAP zu erlangen:
http://www.hdg.de/lemo/html/weimar/innenpolitik/nsdap/index.html
http://www.hdg.de/lemo/html/biografien/HitlerAdolf/index.html

Adolf Hitler – Ein Agitator redet und zieht in den Bann

Nicht nur die NSDAP mit ihren Verbänden beeindruckte die Menschen. Es war Hitler selbst, der die Menschen anzog und viele Anhänger für sich, seine nationalsozialistische Weltanschauung und Bewegung gewann. Historiker vertreten die These, dass er mit seinen Auftritten „verführte" und „überwältigte". Um sich ein Urteil darüber bilden zu können, wie dies konkret geschah, eignet sich die Untersuchung eines „historischen Falls", der ein repräsentatives, typisches Beispiel für diese behauptete „Verführungskunst" ist: Hitlers Wahlkampfrede in Eberswalde am 27. Juli 1932. Diese Rede ist eine von 53 ähnlichen Reden, die er allein in der zweiten Julihälfte hielt. Dabei bedienten sich die Nationalsozialisten professionell der neuen technischen Medien: Lautsprecher, Radioübertragung, Schallplatten- und Filmaufzeichnung, Zeitungsmeldung. Dies sicherte deutschlandweite Verbreitung.

● **Wie gestaltete Hitler seine Auftritte und welche Wirkung erzielte er?**

Wir wenden grundlegende Arbeitsschritte der Interpretation politischer Reden an und prüfen eine fachwissenschaftliche These.

1. Bildet Arbeitsgruppen, in denen ihr die Rede mit Bezug auf die Leitfrage interpretiert.
   a) Wendet die Arbeitsschritte der erlernten Methode „Eine politische Rede untersuchen" (s. S. 39) an. Bezieht die Informationen, die die Fotos (Gestik, Mimik) und der Darstellungstext liefern, ein. Nutzt, wenn möglich, auch die Hörversion im Internet.
   Tipp: Eine Tonaufnahme findet sich unter der folgenden Adresse: www.nationalsozialismus.de/dokumente/audios/adolf-hitler-wahlkampfrede-in-Eberswalde-vom-27-07-1932.html-22k
   b) Erstellt ein Lernplakat, auf dem ihr eure Interpretationsergebnisse anschaulich verschriftlicht.

2. Stellt eure Arbeitsergebnisse anhand der Plakate vor und vergleicht eure Interpretationen.

3. Diskutiert auf der Grundlage dieser Ergebnisse im Klassengespräch die Historikerthese zur „Verführungskunst" und „Überwältigung".

Eine Wahlveranstaltung der NSDAP – das Beispiel Eberswalde, 27. Juli 1932

Hitler ließ die etwa 40 000 Menschen, die gekommen waren, zunächst etwas warten: Der Beginn der Veranstaltung sollte um 16 Uhr sein. Aber erst kurz nach vier sah man das Flugzeug am Horizont. Es landete in der Nähe des Stadions. Mit einem Auto-Konvoi wurde Hitler bis ins Stadion gefahren. Die Brandenburger SA marschierte unter Marschklängen und mit wehenden Fahnen in das Stadion ein. Ein NSDAP-Reichstagsabgeordneter hielt eine kurze Rede. Wenig später begab sich Hitler unter Marschmusik in das Stadion und begann nach einigen „Heil"-Rufen der SA zu sprechen. Nach der Rede bewegte Hitler sich zu einem geschlossenen Auto, das ihn zurück zum Flugzeug bringen sollte. Er fuhr durch eine Spalier stehende Menge, begleitet von einer Kolonne offener Wagen. Nach der Abfahrt Hitlers ertönte die Deutschlandhymne, gespielt von einer SA-Kapelle.

Inszenieren heißt, eine Bühnenaufführung auf den Weg bringen, etwas geschickt ins Werk setzen. Wie ein Theaterstück waren Hitlers Auftritte exakt geplant – als Massenveranstaltung, mit Aufmärschen und Uniformen, mit Fahnen und Symbolen, mit Lichteffekten und passender Musik, mit erhöhtem Rednerpodest, auf das Hitler sich durch ein Spalier von Menschen zubewegte, mit einem würdevollen Abgang.

■ Erarbeite das äußere Ablaufmuster – es ist typisch für Hitlers Wahlauftritte generell – der Veranstaltung.

M1 Hitler in Rednerpose

M2 Hitler spricht in Eberswalde

Die folgenden Sätze zeigen in Ausschnitten die wesentlichen Ausführungen Hitlers. Die in diesem Text kursiv gedruckten Passagen betonte Hitler besonders, sprach sie sehr laut, teilweise schrie er sie sogar heraus und unterstützte sie durch eine starke Gestik, wie sie etwa auf den Fotos erkennbar ist.

Wohin soll es in Deutschland noch kommen? Es ist überall dasselbe Bild einer Erhebung unseres Volkes. Einer Erhebung, die zeigt, dass sich heute Millionen von Menschen dessen bewusst geworden sind, dass 5 hier in der kommenden Wahl mehr auf dem Spiel steht als sonst. Dass nicht entschieden wird über irgendeine neue Koalition, ja, nicht einmal über eine neue Regierung, sondern dass entschieden wird über Sieg und Niederlage zweier Richtungen in Deutsch- 10 land, von denen die eine nun […] 13 Jahre regierte und bewiesen hat, was sie kann und was sie nicht kann […], während die andere sich bewusst konzentriert auf die in unserem Volk selbst vorhandenen Kräfte, auf das nationale Deutschland im besten Sinne des 15 Wortes, ohne Klassen, ohne Stände, ohne Konfessionen! […] Wenn das Schicksal einem System *dreizehn* Jahre zur Verfügung stellt, um seine Fähigkeit zu beweisen, dann müssen Taten und Leistungen sprechen. […]

20 Dreizehn Jahre lang haben sie wirtschaftlich, politisch bewiesen, was zu leisten sie fähig sind: eine Nation wirtschaftlich zerstört, den Bauernstand ruiniert, den Mittelstand verelendet, die Finanzen im Reich, in den Ländern, in den Kommunen zerrüttet, alles bankrott 25 und *sieben Millionen* Arbeitslose! Sie können sich winden, wie sie sich winden wollen! *Dafür sind sie verant-*

wortlich. [Bravorufe, Händeklatschen] Und so *musste es ja kommen!* Glaubt man wirklich, dass eine Nation überhaupt irgendwelche Leistungen vollbringen kann, wenn ihr wirtschaftliches Leben so zerfetzt und 30 zerrissen ist wie unser deutsches? Ich habe vor ein paar Stunden erst die Wahlvorschläge gelesen, z. B. in Hessen-Nassau: *vierunddreißig Parteien!* […] Und das in einer Zeit, in der die größten Aufgaben dastehen, die nur gelöst werden können, *wenn die ganze Kraft der* 35 *Nation zusammengerissen wird!*

Die Gegner werfen uns Nationalsozialisten vor, und mir insbesondere, dass wir intolerante, unverträgliche Menschen seien. […] Ein Politiker verschärft das noch, indem er sagt: ‚Die Nationalsozialisten sind überhaupt 40 nicht deutsch, denn sie lehnen die Arbeit mit den anderen Parteien ab.‘ *Also ist es typisch deutsch, dreißig Parteien zu besitzen!* Ich habe hier einiges zu erklären: Die Herren haben ganz Recht! *Wir sind intolerant! Ich habe mir ein Ziel gestellt: nämlich, die dreißig Parteien aus* 45 *Deutschland hinauszufegen!*

[Bravo, Händeklatschen]. […]

Vor diesen dreißig Parteien gab es ein deutsches Volk, und die Parteien werden vergehen und nach ihnen wird bleiben wieder unser Volk. Und wir wollen nicht 50 sein eine Vertretung eines Berufes, einer Klasse, eines Standes, einer Konfession oder eines Landes, sondern wir wollen den Deutschen so weit erziehen, dass es vor allem alle begreifen müssen, *dass es kein Leben gibt ohne Recht und dass es kein Recht gibt ohne Macht und* 55 *keine Macht ohne Kraft und dass jede Kraft im eigenen Volke sitzen muss.*

(Begleitveröffentlichung zum Filmdokument des Instituts für den wissenschaftlichen Film, Göttingen)

„Ein Plakat soll Ideen vermitteln" – Wie NS-Propaganda funktionierte

„Der Plakatkrieg steht auf dem Höhepunkt. Wir halten bis jetzt die Spitze." Dieser Tagebucheintrag von Joseph Goebbels, Reichspropagandaleiter der NSDAP, zeigt den hohen Stellenwert, der Plakaten bei der nationalsozialistischen Wahlwerbung in der Weimarer Republik beigemessen wurde. Dabei setzte die NSDAP verstärkt auf Bildplakate.

- **Nach welchen Prinzipien gestaltete die NSDAP ihre Propagandaplakate?**

- **Von welchem Menschenbild ließ sich die Partei dabei leiten?**

- **Welche Wirkung und Bedeutung hatte diese nationalsozialistische Propaganda im Rahmen der krisenhaften Entwicklung des Weimarer Staates?**

Wir analysieren und beurteilen Plakate im Hinblick auf beabsichtigte Wirkungen und ideologische Implikationen.

1. Bereitet in Partnerarbeit einen Kurzvortrag vor, in dem ihr an den Plakatbeispielen (M 1) die Propaganda-Strategie und den Erfolg der NSDAP in den 1930er-Jahren veranschaulicht und erläutert.

2. Vorbereitende Arbeitsschritte:
   a) Listet die Qualitätsmerkmale, die nach Goebbels (M 2) wirksame nationalsozialistische Propagandaplakate aufweisen müssen, in knapper Form zusammengefasst auf.
   b) Interpretiert die drei Plakate unter der Fragestellung, inwieweit sich Goebbels Auffassungen in den drei Plakaten bzw. in ihrer inhaltlichen und visuellen Gestaltung widerspiegeln.
   c) Fasst eure Erkenntnisse zu den drei Leitfragen abschließend in Thesenform zusammen.

M1 Drei Plakate der NSDAP zur Reichstagswahl am 31.7.1932

M2 Die Funktion von Plakaten in der NS-Propaganda

Auszüge aus einem Text von Joseph Goebbels, damals Leiter des Gaus Berlin der NSDAP, ab 1930 Reichspropagandaleiter, der am 15.5.1927 in der Zeitschrift „Nationalsozialistische Briefe" veröffentlicht wurde:

1. Das Plakat ist neben Rede, Zeitung und Flugblatt eines der wichtigsten und, richtig angewandt, erfolgreichsten Propagandamittel. Es stellt, wie die anderen, die Verbindung her zwischen Idee und breiter Masse,
5 muss also dementsprechend lebendiger Ausdruck der Idee sein, die es vertritt, und in vorbildlicher Weise diese der noch zu werbenden Gefolgschaft übermitteln. Das kann es nur, wenn es sowohl textlich als auch technisch bis ins Kleinste durchdacht und gestaltet ist.

10 2. Ein Plakat soll Ideen vermitteln oder doch auffordern zu Veranstaltungen, in denen Ideen vermittelt werden. Es richtet sich deshalb, was Größe und Aufmachung angeht, abgesehen von den Mitteln, die dafür zur Verfügung stehen, nach dem Kreis und Umfang von Menschen, den es erfassen will. […] 15

4. Es ist falsch zu glauben, dass man in wenigen Worten nichts sagen könne. Der wahre Meister des Wortes vermittelt in einem einzigen Plakat eine ganze Weltanschauung. Natürlich klingt sie da manchmal abrupt, zerrissen, unwahrscheinlich und unmotiviert, 20 aber das schadet beim Plakat nicht im Geringsten. Im Gegenteil! […]

7. Das Bildplakat vergrößert die agitatorische Beweiskraft des Textes. Ein Bildplakat muss künstlerisch einwandfrei und propagandistisch überzeugend sein. Das 25 sind die besten Bildplakate, die auch ohne Text alles Notwendige sagen. Glaube nicht, dass es das Bild an und für sich schon tut. Es muss in Farbe, Massenwirkung und Idee zu einem ganzen Eindruck geformt sein. […] 30

9. Wenn du plakatieren lässt, dann auch gleich ordentlich. Eines Morgens muss plötzlich die ganze Stadt unter dem Masseneindruck deiner Riesenplakate stehen. Von jeder freien Wand muss Redner und Thema dem Volksgenossen entgegenschreien: Auf zum 35 Protest! Dem darf sich niemand mehr verschließen können. Wie unter einer Massensuggestion muss Freund und Feind von der Gewalt deiner Parole gefangen werden. […]

12. Die Farbe unserer Bewegung ist leuchtendes Rot. 40 Unsere Plakate haben ausnahmslos diese einzige Farbe der Revolution. Ständige Wiederholung wirkt da nicht ermüdend, sondern hämmert dem Leser immer von Neuem die Unerbittlichkeit und Folgerichtigkeit unserer Idee in den Kopf. Das ist wichtiger, als du 45 denkst.

13. […] So wie wir plakatiert keine andere Partei. Das muss auf die Dauer wirken. Eine Massenbewegung muss auch durch die Massenhaftigkeit ihrer öffentlichen Agitation Eindruck machen. 50

14. […] Die Propaganda soll sich auf die zu bearbeitenden Menschen einstellen, nicht umgekehrt. Erziehen kannst du die Menschen erst, wenn du sie organisatorisch erfasst hast. […]

17. Auch das Thema muss groß und überzeugend for- 55 muliert und plakatiert werden. Kurz, knapp. Vier bis acht Worte, riesengroß. Flammend über dem Schlussteil des Plakates: So muss das Thema wirken. […]

20. […] Das Plakat ist auf Massen- und Gemütswirkung eingestellt. Es ist der Volksredner des geschrie- 60 benen Worts.

Dr. Goebbels

(Zit. nach: Geschichte lernen 114/2006)

Die Republik überlässt ihren Gegnern die Macht: Hitler wird Reichskanzler

Seit 1930 wurde die Wirtschaftskrise zur Staatskrise, die das ganze demokratische System bedrohte und schließlich dazu führte, dass die Demokratie außer Funktion gesetzt wurde. In der Reichstagswahl 1930 gewann die NSDAP 107 Sitze, 1928 waren es nur 12. Bis Juli 1932 konnte die NSDAP die Zahl ihrer Reichstagssitze mehr als verdoppeln, auf über 230. Die NSDAP, die Gegnerin der Demokratie, war zur stärksten Partei geworden, aber sie konnte nicht alleine regieren. Und dennoch kam sie an die Macht. Am 30. Januar 1933 ernannte Reichspräsident v. Hindenburg Hitler zum Reichskanzler.

- **Wie konnte es dazu kommen, dass Hitler Reichskanzler wurde?**

Wir stellen historische Entwicklungen dar und beurteilen sie im Hinblick auf Interessenbezogenheit und Folgen.

1. Lest den Infotext und legt eine Zeittafel an, in der ihr die wichtigen Daten des ereignisgeschichtlichen Verlaufs aufnehmt und die Stationen des Auflösungsprozesses der Weimarer Demokratie stichwortartig erläutert.

2. Formuliert auf einer OHP-Folie in Partnerarbeit begründete Antworten auf die Leitfrage. Folgende Aspekte könnten Leitlinie eures Urteils sein: die Rolle Hindenburgs, das Verhalten der Parteien, die Rolle einzelner Führungspersonen und Gruppen, die Reaktion der Bevölkerung, ein zusammenfassendes Fazit unter der Fragestellung „War die Katastrophe abwendbar"?

3. Stellt eure Urteile vor und formuliert im Klassengespräch zusammenfassende Antworten auf die Leitfrage, die ihr z. B. in einer Mindmap auf Folie sichern könnt.

Der Anfang vom Ende: Der Bruch der Großen Koalition

1928 fand eine reguläre Wahl zum Reichstag statt, deren Ergebnis die Bildung einer Großen Koalition aus Zentrum, Bayerischer Volkspartei (BVP), Deutscher Volkspartei (DVP), SPD und Deutscher Demokratischer Partei (DDP) war. Reichskanzler wurde Hermann Müller. Im März 1930 zerbrach diese Koalition im Streit um die Beiträge und Leistungen der Arbeitslosenversicherung: Die SPD wollte die Beiträge erhöhen, die DVP wollte die Leistungen kürzen. Kompromisse wurden nicht gewollt. Müller und sein Kabinett mussten am 27. März 1930 zurücktreten. Tragfähige demokratische Koalitionen kamen nicht mehr zustande.

Brüning, der erste Präsidialkanzler

Nach dem Rücktritt der Regierung Müller ernannte Reichspräsident Hindenburg mit Zustimmung seiner Berater aus der Reichswehrführung Heinrich Brüning (Zentrum) zum Reichskanzler. Dem Kabinett Brünings gehörten keine SPD-Minister

Heinrich Brüning

mehr an, stattdessen Vertrauensleute Hindenburgs aus der DNVP. Die Regierung Brüning hatte keine parlamentarische Mehrheit mehr. Die SPD widersetzte sich ihren Beschlüssen nicht, sie fürchtete nämlich bei einer Parlamentsauflösung weitere Stimmengewinne für die extremen Parteien. Die Angst der demokratischen Parteien vor dem Bürgerkrieg wurde zum stärksten Verbündeten Hitlers.

Die Befugnisse des Reichspräsidenten (RP):

→ Nach § 25 der Verfassung konnte der RP den Reichstag auflösen.

→ § 48 gab dem RP das Recht, ohne Zustimmung des Reichstags Maßnahmen zur Gewährleistung von Ordnung und Sicherheit zu ergreifen. Er konnte damit Verordnungen erlassen, die Gesetzeskraft hatten. Diese mussten später dem Reichstag vorgelegt werden.

→ Nach § 53 konnte der RP den Reichskanzler ernennen und erlassen.

→ Die Kombination dieser Befugnisse ermöglichte es dem Reichspräsidenten, ohne Mitwirkung des Parlaments zu regieren. Die demokratischen Parteien fürchteten nämlich, dass bei einer Auflösung des Reichstags die NSDAP noch stärker würde. Also widersetzten sie sich dem RP nicht. Der RP schließlich ernannte den Reichskanzler: Hindenburg hätte Hitler verhindern können, er tat es nicht.

→ Kabinette, die auf diese Weise vom Reichspräsidenten abhängig waren, werden Präsidialkabinette genannt.

Brüning versuchte, die Wirtschaftskrise durch eine rücksichtslose Sparpolitik zu bekämpfen. Die Arbeitslosigkeit stieg dramatisch. Damit verschärfte er nicht nur das Massenelend in Deutschland, sondern stieß auch auf immer mehr Ablehnung bei den mächtigen Kreisen um Hindenburg (Reichswehrführung, Großgrundbesitzer, DNVP). Diese antidemokratischen Kräfte, die die Republik und die moderne Industriegesellschaft verachteten, hatten einen verhängnisvollen Einfluss auf den Reichspräsidenten.

Franz von Papen

Die Präsidialkanzler v. Papen und Schleicher

Ende Mai 1932 wurde Brüning daher entlassen, als mit Franz von Papen ein Nachfolger gefunden war. Auch dieser und dessen Nachfolger, General Kurt von Schleicher (ab Dezember 1932), regierten bis zum Ende der Weimarer Republik mit solchen sog. „Notverordnungen" des Reichspräsidenten.

Wer war der neue Reichskanzler Franz von Papen? Diese Frage stellte sich so mancher, als die Zeitungen am 30. Mai 1932 die Bildung eines Kabinetts der „nationalen Konzentration" verkündeten. Papen, ein westfälischer Gutsbesitzer, war bis dahin ein unauffälliger Hinterbänkler der Zentrumspartei gewesen. Er hatte nur wenige Anhänger, die in den Reihen der Wirtschaft, des Großgrundbesitzes und des Militärs zu suchen waren. Die Arbeiterparteien spotteten über das „Kabinett der Barone", dessen soziale Zielsetzung so einseitig und rückständig war, als gelte es, eine agrarische Adelsrepublik statt eines modernen Industriestaates zu regieren. Als bald danach der Reichstag aufgelöst wurde, eroberte die SA die Straßen. Vor allem in den größeren Städten glich der Wahlkampf einem Bürgerkrieg. Allein in Preußen waren als Folge der politisch motivierten Auseinandersetzungen 99 Tote und 1 125 Verletzte zu beklagen.

Hitler auf dem Weg zur Macht

Bei der Reichstagswahl vom Juli 1932 erzielte die NSDAP große Gewinne. Gemeinsam mit der KPD gab es jetzt eine sog. „negative Mehrheit" im Reichstag, d. h. die beiden verfeindeten antidemokratischen Parteien KPD und NSDAP hatten die Mehrheit. Sie wollten nicht regieren, sondern die Demokratie zerstören.

Hitler wollte sich nicht mit dem Vorhof der Macht begnü-

gen. Er wollte selbst Reichskanzler werden. Nun vollzog sich ein politisches Intrigen- und Machtspiel, in dessen Mittelpunkt wieder Papen stand. Er setzte sich für eine Regierung Hitler/Papen ein. Die Idee: In einer neuen Regierung sollte Hitler von konservativen Ministern, die das Vertrauen von Industrie und Landwirtschaft besaßen, „eingerahmt" und „gezähmt" werden. Die NSDAP würde die notwendige politische Mehrheit schaffen.

Hindenburg ernennt Hitler zum Reichskanzler

Von diesem Konzept überzeugte von Papen den greisen Reichspräsidenten von Hindenburg. Papen jubelte: „Wir haben ihn (gemeint war Hitler) uns engagiert". Und weiter: „In zwei Monaten haben wir Hitler in die Ecke gedrückt, dass er quietscht".

Am 30. Januar 1933 war Hitler da, wohin es ihn immer getrieben hatte: an der Macht, an der Spitze eines auf Notverordnungen gestützten Kabinetts.

Die NSDAP feierte den Tag als „Machtergreifung". In den nächsten zwölf Monaten wurde der Rechtsstaat aufgehoben. Die Monarchisten, die Hitler die Macht antrugen, hatten sich gründlich verschätzt. Wenn sie Hitler nicht unterstützt hätten, sähe unsere Welt heute anders aus.

„Notverordnung: Nach den Erfahrungen der letzten Wochen ist verfügt worden, dass jeder Demonstrationszug seinen eigenen Leichenwagen mitzuführen hat." („Simplicissimus", 1931)

Warum Hitler? – Historiker urteilen

30. Januar 1933: „Die abwendbare Katastrophe" – „Hitler wurde völlig unterschätzt". Mit diesen Aussagen haben die angesehenen Historiker H.A. Winkler und H.U. Wehler nicht beschrieben, was faktenmäßig passiert ist, sie haben ein Urteil gefällt, ein weltbewegendes Geschehen gewichtet als einen Wendepunkt von weltgeschichtlicher Bedeutung, den Menschen hätten verhindern können. Zwei Beispiele für diesen so entscheidenden Tag, der immer wieder die Urteile zu einer Frage herausgefordert hat:

● **Warum konnte Hitler an die Macht gelangen?**

Wir analysieren und diskutieren Deutungen von Geschichte.

1. Analysiert die beiden Historikerurteile und stellt auf zwei Lernplakaten vor, welche Urteile die beiden Historiker fällen.

2. Diskussion: Nehmt zu diesen beiden Sichtweisen in einer Diskussionsrunde Stellung.

Methode | **Historische Urteile analysieren und sich mit ihnen auseinandersetzen**

So entstehen historische Urteile: Der Historiker
● formuliert seine Fragestellungen an historische Ereignisse und Gegenstände;
● sucht nach Zeugnissen aus der Vergangenheit (Quellen) und interpretiert sie mit Blick auf seine Fragestellungen;
● informiert sich über die Forschungsergebnisse anderer Wissenschaftler, verwirft sie oder bezieht sie ein;
● fällt sein historisches Urteil, d.h. er zieht seine Schlussfolgerungen und formuliert auf der Grundlage von Quellen und Forschungsergebnissen seine Deutung von Geschichte.

Die Maßstäbe seines Urteils sind nicht eigene Wertvorstellungen; es geht nicht darum, ob der Historiker persönlich eine Sache „gut" oder „schlecht" findet. Historisch urteilen heißt, dass vergangenes Geschehen an Maßstäben aus der jeweiligen Vergangenheit gemessen wird. Dabei schätzt der Historiker z.B. ein, welche Konsequenzen vergangenes Handeln hatte, welche Vor- und Nachteile sich ergaben, ob die Handelnden das Wissen und Denken der Zeit berücksichtigten, ob sie eigene Interessen verfolgten.

So kannst du historische Urteile analysieren und dich kritisch mit ihnen auseinandersetzen:

1. Schritt: Historikertexte in ihren Hauptaussagen verstehen und zusammenfassen Lest den Text aufmerksam durch, klärt Unbekanntes. Fasst die Hauptaussagen in eigenen Worten kurz zusammen.	→ Mögliche Fragen, die helfen den Text zu verstehen: – Welche Gründe für die historische Entwicklung *(hier die Ernennung Hitlers zum Reichskanzler)* werden genannt? – Wie werden die handelnden Personen beschrieben und charakterisiert? – Wie schätzt der Historiker die Entwicklung insgesamt ein?
2. Schritt: Historische Urteile erkennen Markiert oder schreibt die Textstellen heraus, die Urteile enthalten. Legt dar, welche Position der Autor zu dem Sachverhalt, um den es geht, vertritt. Erläutert, welche Argumente (z.B. Sachaussagen, Fakten) er nennt, um den vertretenen Standpunkt zu begründen und zu belegen.	→ Achtet auf direkt ausgesprochene Urteile: – *Z.B. (in M1): „Die abwendbare Katastrophe" – Bedeutet: Der Autor betrachtet die Machtübertragung als ein umfassendes Unglück. Er hält dieses Unglück für vermeidbar.* – *Z.B.: Der Autor fragt, ob Menschen „politisch versagt" (M1, Z. 35) hätten.* – *D.h.: Er unterstellt ein für Deutschland nachteiliges politisches Verhalten.* → Achtet auf wertende Worte oder Wendungen: – *Z.B.: „rücksichtslose Interessenpolitik" (M1, Z. 17) – Der Autor verurteilt damit die Unterstützer Hitlers als Politiker, die nur ihre eigenen Interessen verfolgten.*
3. Schritt: Sich kritisch mit den Urteilen auseinandersetzen	→ Schlüsselfragen, die ihr stellen könnt: – Sind die Urteile schlüssig und begründet? – Berücksichtigen die Urteile unterschiedliche Aspekte oder sind sie einseitig? – Werden die Urteile dem Zeithorizont gerecht?

M1 H. A. Winkler: „Die abwendbare Katastrophe"

[…] Als 1930 das parlamentarische durch ein Präsidialsystem abgelöst wurde, gab das den außerparlamentarischen Kräften Auftrieb. Hitler verdankte seine Wahlerfolge nicht zuletzt seinem Geschick, an beides
5 zu appellieren: an das verbreitete Ressentiment gegenüber der parlamentarischen Demokratie […] und an den Teilhabeanspruch des Volkes. […]
Ein Zufall oder „Betriebsunfall" war Hitlers Ernennung zum Reichskanzler […] nicht. Es gab historische
10 Gründe, die diese Krisenlösung über andere obsiegen ließ. […]
Aber daraus folgt noch nicht, dass die Berufung des nationalsozialistischen Parteiführers zum Reichskanzler zwangsläufig war. Die dramatische Zuspitzung der
15 deutschen Staatskrise durch Brünings Entlassung im Mai 1932 war in keiner Weise „notwendig", sondern ein Ausdruck rücksichtsloser Interessenpolitik militärischer und großagrarischer Kreise. Und noch im Januar 1933 hätte es nicht des verfassungswidrigen Auf-
20 schubs von Neuwahlen bedurft, um Hitler von der Macht fernzuhalten. Ein Reichspräsident, der entschlossen war, Hitler die Kanzlerschaft zu verweigern, hätte sich über das zu erwartende Misstrauensvotum gegen den von ihm ernannten Reichskanzler von
25 Schleicher hinwegsetzen können. […] Hindenburg hätte Schleicher auch durch einen „unpolitischen", nicht polarisierenden Nachfolger ablösen können und damit zumindest Zeit gewonnen. Aber der greise Reichspräsident wollte nun einmal „rechts" regieren
30 und ließ sich zuletzt von Papen und anderen Ratgebern davon überzeugen, dass Hitler als Chef eines mehrheitlich konservativen Kabinetts die am wenigsten gefährliche Krisenlösung wäre.
Man mag darüber streiten, ob die Mehrheit der Deut-
35 schen politisch „versagt" hat, als sie 1932 für Parteien stimmte, die die Demokratie abschaffen wollten. Aber gewiss haben jene versagt, die die Macht hatten, Hitler zu verhindern. Denn im entscheidenden Augenblick nutzten sie den Einfluss, um Hitler an die Macht
40 zu bringen.

(Heinrich August Winkler, Auf ewig in Hitlers Schatten? – Anmerkungen zur deutschen Geschichte, München (Beck) 2007, S. 101 ff.)

M2 „Hitler wurde völlig unterschätzt"

Interview mit dem Historiker H.-U. Wehler zum 75. Jahrestag der Machtübergabe (Auszug):

Herr Wehler, für Kinder der Demokratie ist kaum vorstellbar, wie und warum Hitler heute vor 75 Jahren zum Reichskanzler ernannt wurde. Wie soll man es ihnen erklären?
HANS-ULRICH WEHLER: Man sollte anfangen mit der existenziellen Krise, in der sich die meisten Deutschen 5 fühlen nach der Niederlage im Ersten Weltkrieg. Sprechen sollte man über die empfundene Kränkung durch den Versailler Vertrag […]. Hinzu gehört die […] Inflation, die das Vermögen vieler Menschen zerstörte und eine tiefe Depression nach sich zog. […] In dieser 10 Situation steigt eine bayerische Exotenpartei auf und vereint 1933 über 13 Millionen Stimmen auf sich. […]
War den Deutschen nicht klar, auf wen und was sie sich einließen? 15
WEHLER: Ich glaube, das war ihnen nicht klar. Nachdem binnen drei Jahren drei Reichskanzler gescheitert waren, waren sie an eine autoritäre Politik gewöhnt […]. Brüning, Papen und Schleicher regierten nicht mit Gesetzen, die von einer Mehrheit verabschiedet 20 wurden. […] Aber es gehörte noch nicht zur Vorstellung, auch der politisch interessierten Deutschen nicht, dass daraus in ganz kurzer Zeit eine totalitäre Diktatur entstehen könnte.
Aber warum wehrte sich in den Monaten nach dem 30. 25 *Januar 1933 niemand dagegen, dass Hitler die ganze Macht bekam?*
WEHLER: Die geläufige Interpretation der Historiker ist: Die Parteien außerhalb der Hitler-Bewegung waren nicht im Stande, sich auf eine Koalition zu einigen. 30 Gleichzeitig gab es die Massenbewegung der Nationalsozialisten […]. Um solch große politische Lager kann man nicht auf Dauer herumregieren. […] Die Konservativen und Deutschnationalen waren tatsächlich von dem Gedanken beseelt, sie könnten diesen Hitler 35 zähmen. Das zeigt sich am besten am Satz Papens nach der Ernennung Hitlers zum Reichskanzler: „Wir haben ihn in unserer Hand und drücken ihn an die Wand, bis er quietscht."
Ein naiver Irrglaube, wie sich bald herausstellte. 40
WEHLER: Das ist richtig. Tatsächlich wurde Hitler von diesen Zähmungsexperten völlig unterschätzt. […]

(Neue Westfälische vom 30.01.2008)

STOPP – Ein Blick zurück

Mit diesen Methoden kann ich arbeiten:

→ Plakate interpretieren

→ Im Internet recherchieren und Informationen gewinnen

→ Historische Urteile analysieren und sich mit ihnen auseinandersetzen

M1 **Plakat zur Wahl der Nationalversammlung am 19.1.1919**

■ Erkläre einer Mitschülerin oder einem Mitschüler, wofür dies Plakat wirbt. Wende dazu die Arbeitschritte der Methode „Plakate interpretieren" (s. S. 76) zur fach- und sachgerechten Erkenntnisgewinnung aus Plakaten an.

Ich kann sachkompetent ...

→ Begriffe erklären.

→ Schlüsselereignisse erläutern.

→ historisches Geschehen zusammenhängend beschreiben.

→ charakteristische Merkmale von Entwicklungen benennen.

• Novemberrevolution • Rätedemokratie • Parlamentarische Demokratie • Weimarer Reichsverfassung • Dolchstoßlegende • Versailler Vertrag • Inflation • Republik ohne Republikaner • Sozialismus • Konservatismus • Liberalismus • Katholizismus • Nationalismus • Propaganda • Goldene Zwanziger • Massenkultur • Modernisierung • Rationalisierung • Weltwirtschaftskrise • Präsidialkabinette • Machtübertragung

Redekette im Sitzkreis:

1. Die Stichworte werden auf einer Folie projiziert. Jeder erhält drei Karteikarten, auf denen jeweils ein Stichwort als Aufgabe vorgegeben ist.

2. Notiere auf deinen Karteikarten, was du zum jeweiligen Stichwort weißt und dazu vortragen möchtest. **Tipp:** In Punkten, wo du inhaltlich unsicher bist, helfen die „Begriffe zum Nachschlagen" und das Register (s. S. 302 ff.) als schnelle Orientierung.

3. Die Redekette beginnt, indem ein Teilnehmer ein Stichwort nennt, um das es gehen soll. Ruft einander auf, sodass eine Kette von Beiträgen entsteht, in der der betreffende historische Sachverhalt angemessen erfasst wird.

4. Eure Lehrerin bzw. euer Lehrer greift nur dann ein, wenn etwas falsch stehen bleibt oder etwas Wichtiges nicht zur Sprache kommt.

Im Spiegel der Karikatur: Die beiden Karikaturen M2 und M3 beschäftigten sich mit dem Aufstieg Hitlers zur Macht. Ihr könnt zeitgenössische Sichtweisen erfassen und aus eurer heutigen Sicht beurteilen.

1 Interpretiert in Partnerarbeit auf der Grundlage des erworbenen Wissens über die Anfangs- und Endphase der Weimarer Republik die beiden Karikaturen (M2, M3).
Zur Erinnerung! Folgt den vier grundlegenden Arbeitsschritten: betrachten – beschreiben (Überschrift, Personen, Bildaufbau, Symbole) – deuten im Kontext der Zeit (Ereignis, Thema, Botschaft des Karikaturisten, zeichnerische Mittel) – zusammenfassende Beurteilung (dein Urteil über die Botschaft des Karikaturisten).
Recherchetipp zu M3: Recherchiert im Internet zu den Personen Hindenburg, Brüning, Schleicher, Papen.

2 Präsentiert eure Arbeitsergebnisse vor der Klasse.

M2 Karikatur in der „Berliner Morgenpost" (1933)

Die Bildunterschrift lautet: „Ganz ohne einen kleinen Einbruch werden wir das Ding wohl doch nicht drehen können."

M3 „Brautvorführung"

Karikatur in der Schweizer Satirezeitschrift „Nebelspalter", Februar 1933

M4 Der Historiker Guido Knopp äußert sich zur Machtübernahme Hitlers (1999)

Hitler hatte die Macht an diesem Tag [dem 30. Januar 1933] nicht „ergriffen".

Sie wurde ihm auf einem goldenen Tablett serviert – nach einem selbstherrlichen Ränkespiel von eingefleischten Antidemokraten. 5

Eine britische Zeitung formulierte es treffend: Hitler habe sich „durch den Dienstboteneingang der Wilhelmstraße an die Macht geschlichen". Die Auslieferung der Macht an Hitler war vor allem Folge des persönlichen Versagens nationalkonservativer Traumtän- 10 zer, die sich von Hitler täuschen ließen. Denn sie hielten ihn so lange für den „Trommler", den sie vor den Karren ihrer Herrschaft spannen konnten, bis er sie entmachtete. Hätte er verhindert werden können? Alle Aufpeitschung der Massen und aller rednerischer 15 Aufruhr hätten Hitler nicht zur Macht verhelfen können. Die erhielt er erst durch das Intrigenspiel um einen altersmüden Präsidenten und durch das Versagen jener Kräfte, die die kranke Republik beschützen sollten. Denn trotz ihrer inneren Verzagtheit wäre Wei- 20 mars Macht prinzipiell noch stark genug gewesen, um die Diktatur zu stoppen: die geschrumpften, aber noch vitalen demokratischen Parteien durch ein „Nein" zum späteren Ermächtigungsgesetz; die Gewerkschaften durch eine Neuauflage jenes triumphalen Ge- 25 neralstreiks, der den Kapp-Putsch 1920 rasch im Keim erstickte; die Industrie durch finanzielle Renitenz; die Reichswehr durch die Drohung, ihre Macht anzuwenden. Doch kaum einer wollte mehr so richtig. Man nahm Hitler tätig hin wie ein Verhängnis. 30

Der 30. Januar 1933 war wohl der deutsche Schicksalstag des 20. Jahrhunderts. Es war ein Tag, der nicht zwangsläufig war. Ganz sicher war er mehr als bloß ein „Betriebsunfall".

(Guido Knopp, Die Bilder des Jahrhunderts, München (Verlagshaus Goethestraße 1999, S. 115)

1 Analysiere den vorliegenden Textauszug G. Knopps. Die erlernte Methode „Historische Urteile analysieren und sich mit ihnen auseinandersetzen" (s. S. 100) weist den Weg.

2 Setze dich kritisch mit der Position Knopps auseinander. Ziehe dazu im Vergleich die Positionen Wehlers und Winklers (s. S. 101) mit heran.

Vergangenheit, die nicht vergeht – Nationalsozialismus und Zweiter Weltkrieg

Die Fotos entstanden bei der Gefangennahme des Luftwaffenhelfers Hans-Georg Henke durch US-Truppen am 29. März 1945.

Zweiter Weltkrieg, Hitler, Holocaust – das sind nur einige Stichwörter zu den Jahren 1933 bis 1945. Es gibt keinen anderen Zeitraum in der deutschen Geschichte, über den so viele unterschiedliche Urteile existieren, über den so viel Widersprüchliches gesagt und geschrieben wurde und der so schwer zu begreifen ist.

Die folgenden Seiten haben die Aufgabe, grundlegende Kenntnisse über ein entscheidendes Kapitel der deutschen Geschichte zu vermitteln und euch dabei zu helfen, eigene Fragen aufzuwerfen und eigene Antworten zu finden. Und das Schicksal von Hans-Georg Henke besser zu verstehen.

Nationalsozialismus und Zweiter Weltkrieg – Ein Überblick

Der Luftwaffenhelfer Hans-Georg Henke ist gerade 16 Jahre alt geworden, als er in den letzten Kriegstagen gefangen genommen wird. 22 Jahre später erinnert er sich in einem Gespräch mit einem amerikanischen Journalisten: „Wir waren fünf, die von der 120 Mann starken Batterie übrig geblieben waren. Wir versteckten uns in einer Scheune, als wir russische Panzer hörten. Wir liefen hinaus und rannten um unser Leben. Dabei erwischte mich ein Granatsplitter. Ich humpelte weiter und kam in ein Dorf, wo ein Durcheinander von Flüchtlingstrecks und Soldaten herrschte. Wir waren jetzt nur noch drei. Und inmitten dieses Chaos überkam mich eine grenzenlose Verlassenheit. Ich wusste nicht mehr weiter, ich hatte einfach nur Angst." Wie Zehntausende anderer Jugendlicher hatte sich auch Hans-Georg Henke noch wenige Monate zuvor voller Begeisterung freiwillig gemeldet, um für „Führer und Vaterland" zu kämpfen und zu sterben. Man kann nur ahnen, wie groß seine Angst und Verzweiflung waren, als die Fotos gemacht wurden. In seinem jungen Leben hatte er kaum etwas anderes kennengelernt als die NS-Zeit und den Krieg. Aber was ist in diesen wenigen Jahren zwischen 1933 und 1945 alles passiert!

Wie wurde die Macht gesichert?

Jede Beschäftigung mit dem Thema setzt voraus, dass man genaue Kenntnisse über die Weltanschauung der Nationalsozialisten besitzt und weiß, wie die Macht abgesichert wurde. In diesem Zusammenhang sind die ersten Monate und Jahre nach der „Machtergreifung" besonders wichtig, denn in dieser Zeit wurden die Weichen für die weitere Entwicklung gestellt. Die von Hitler und seinen Anhängern entwickelten Ideen wurden jetzt in die Wirklichkeit umgesetzt. In einem atemberaubenden Tempo wurden die demokratischen Strukturen der Weimarer Republik zerschlagen und die Diktatur errichtet. Seit der Französischen Revolution hatte es in Europa das Bemühen um einen Zuwachs an individuellen Freiheitsrechten und demokratischen Prinzipien gegeben. Diese Entwicklung wurde nicht nur gestoppt, sondern umge-

kehrt. Schon im März 1933 notierte Hitlers Weggefährte und spätere Propagandaminister Goebbels in seinem Tagebuch: „Das Jahr 1789 wird aus der deutschen Geschichte gestrichen". Hermann Göring, Innenminister in Preußen und oberster Polizeichef, machte keinen Hehl aus seiner Bereitschaft zu Gewalt und Unterdrückung, als er möglichen Kritikern drohte: „Wo gehobelt wird, da fallen Späne".

Die Stabilisierung der Macht – Das Leben der Deutschen in den Jahren des Friedens 1933 – 1939

Aus heutiger Sicht ist besonders interessant, in welch hohem Maße sich das NS-Regime auf Einverständnis und Beteiligung der deutschen Bevölkerung stützen konnte. Die NS-Diktatur ist deshalb von der Geschichtswissenschaft als „Zustimmungsdiktatur" bezeichnet worden. Bei strenger Betrachtung bedeutet dieser Begriff einen Widerspruch in sich, denn Diktatur bedeutet Zwang und Gewalt, echte Zustimmung jedoch setzt Freiwilligkeit voraus. Für das Leben unter der NS-Herrschaft ist jedoch gerade diese Kombination aus Zwang und Freiwilligkeit typisch. Viele Deutsche haben nach dem Ende des Zweiten Weltkrieges und der NS-Herrschaft gesagt, sie hätten diese Zeit in guter Erinnerung – nur der Krieg, so lautete in der Regel die Einschränkung, sei negativ zu sehen. Es gab auch entschiedene Gegner, aber sie waren deutlich in der Minderheit. Worauf gründete sich die breit gestreute Zufriedenheit der Deutschen mit dem NS-Regime? Wie gelang es, Loyalität und Mitarbeit sicherzustellen? Ein kritischer Blick, auch auf die „Erfolge" des NS-Systems, soll Antworten auf diese Fragen ermöglichen.

Vernichtungskrieg und Völkermord

Die Geschichte des Nationalsozialismus ist untrennbar verknüpft mit der Entfesselung des Zweiten Weltkrieges und mit einer beispiellosen Vernichtungspolitik, bei deren Durchführung Millionen Menschen getötet wurden. Sowohl der Krieg als auch die Massenvernichtung ge-

30.1.1933	23.3.1933	1935	1938 (März)	1938 (9.11.)	1.9.1939
Hitler wird Reichskanzler.	„Ermächtigungsgesetz"	Nürnberger Gesetze	Anschluss Österreichs	„Reichskristallnacht"	Beginn Zweiter Weltkrieg

hörten zu der politischen Praxis und beide waren zentrale Elemente der NS-Weltanschauung, die seit Januar 1933 konsequent verfolgt wurde. Deshalb sind auch Flucht und Vertreibung nicht vom „Tag der Machtergreifung" zu trennen. Die Ungeheuerlichkeit der Verbrechen macht es schwer, rein sachlich zu informieren. Entsetzen und Scham über die Ereignisse sind mehr als angebracht – in der Hoffnung, dass eine Beschäftigung mit der Vergangenheit dazu beiträgt, dass sich diese schrecklichen Ereignisse nicht wiederholen werden.

Deutsche zwischen Anpassung und Widerstand

Gegner des Nationalsozialismus hatten in Deutschland einen schweren Stand. Dennoch gab es in vielen gesellschaftlichen Gruppen Menschen, die dem Regime nicht zujubelten, die sich auch nicht anpassten, sondern „dagegen" waren. In diesem Kapitel werden Möglichkeiten und Grenzen der verschiedenen Verhaltensweisen aufgezeigt. Die Frage, aus welchen Gründen Widerstand geleistet wurde und welche Mittel eingesetzt wurden, steht im Mittelpunkt. Ein kritischer Blick gilt der Frage nach der persönlichen Verantwortung.

Erntedankfest auf dem Bückeberg, 1937

Holocaust-Mahnmal in Berlin (2005)

ab 22.6.1941	**20.1.1942**	**Januar 1943**	**20.7.1944**	**30.4.1945**	**8./9.5.1945**
Krieg gegen die Sowjetunion	Wannsee-Konferenz	Niederlage der deutschen Truppen bei Stalingrad	Attentat auf Hitler	Selbstmord Hitlers	Bedingungslose Kapitulation

Das NS-Herrschaftssystem – Die Sicherung der Macht

Die Errichtung der Diktatur (1933/34)

Am „Tag der Machtergreifung", dem 30.1.1933, übernahmen die Nationalsozialisten die Regierung. Die folgenden Monate waren voller Dramatik. Am Ende standen die Zerstörung der Demokratie und die Errichtung der NS-Diktatur. Kompetent urteilen über das Ende des Rechts- und Verfassungsstaates in Deutschland setzt ein gesichertes Orientierungswissen über die Zeit 1933/34 voraus.

- **Wie gelang es den Nationalsozialisten, die Diktatur zu errichten?**

Wir beschreiben wesentliche Entwicklungen im Zusammenhang.

1. 1933/34 auf einen Blick: Erstellt eine kommentierte Datenliste.

2. Erster Überblick: Jeder liest den Infotext für sich und notiert die Daten und charakteristischen Merkmale der Schlüsselereignisse (s. S. 200: Exzerpieren).

3. Erstellt gemeinsam in der Klasse eine kommentierte Datenliste, in der ihr auch die jeweilige Bedeutung eines Vorfalls/einer Maßnahme aufnehmt. **Tipp:** Kopiert sie für jeden als Arbeitsgrundlage für die folgende Forschungsstation zum Thema „Machtsicherung konkret".

1933/34: Die Errichtung der Diktatur		
Datum	**Ereignis**	**Kommentar**
30.1.1933	Hitler wird Kanzler.	Hitler hat die Exekutive (von Reichspräsident Hindenburg wurde sie übertragen).
?	Auflösung des Reichstages, Ansetzung von Neuwahlen.	?
3.2.1933	?	?

Die Politik der ersten Tage

Am 30. Januar 1933 hatte der Reichspräsident Hindenburg Hitler als Reichskanzler eingesetzt. Wie würde Hitler

jetzt regieren? Einige Zeitgenossen dachten, es habe nur einen der zahlreichen Regierungswechsel gegeben, wie man sie in den zurückliegenden Jahren häufig erlebt hatte. Nicht wenige dachten, Hitler sei eine gescheiterte Existenz, ein Schreihals, der nicht weiter ernst zu nehmen sei – ein Mann ohne Schulabschluss, ohne Berufsausbil-

NSDAP-Gedenkpostkarte

dung und ohne Chance, längere Zeit zu regieren. Der Schriftsteller Tucholsky spottete über Hitler: „Den Mann gibt es gar nicht, es gibt nur den Lärm, den er verursacht". Andere hatten Hitlers Buch „Mein Kampf" gelesen, das Hitler während seiner Festungshaft geschrieben hatte und selbst als „politisches Glaubensbekenntnis und Programm" bezeichnete. Die Lektüre hatte viele ratlos gemacht, denn das Gedankengut der Nationalsozialisten, ihre Ideologie (s. S. 113), erschien den meisten sehr wirr und unklar. Aber sie befürchteten, dass mit der Ernennung Hitlers zum Reichskanzler eine verhängnisvolle Entscheidung getroffen war.

Hitler selbst ließ keinen Zweifel, dass er die Macht nicht mehr abgeben wollte. „Am 30. Januar 1933", so verkündete er öffentlich, „sind in Deutschland die Würfel gefallen". Die kommenden Wochen sollten zeigen, dass er entschlossen war, mit allen Mitteln die demokratische Struktur Weimars zu zerstören und die Diktatur zu errichten. Die erste Amtshandlung zeigt dies beispielhaft: Am 1. Februar schlug Hitler den Ministern der neuen Reichsregierung vor, den Reichstag aufzulösen und für den 5. März Neuwahlen anzusetzen. Die konservativen Parteien und das Zentrum stimmten zu – in der Hoffnung, selbst an Stimmen zu gewinnen und die NSDAP zu disziplinieren. Sie verkannten völlig die Situation. Denn die Ansetzung von Neuwahlen und die gleichzeitige Auflösung des Reichstages gaben der Regierung alle Spielräume. Auf der Basis von Notverordnungen konnte sie ungehindert schalten und walten – denn es gab ja kein Parlament mehr, das Widerspruch hätte einlegen können. Dass Hitler diese Spielräume nutzen wollte, zeigte sich sofort: Am

4. Februar unterschrieb Reichspräsident Hindenburg die ihm vorgelegte „Verordnung zum Schutze des Deutschen Reiches". Sie erlaubte, die Pressefreiheit aufzuheben. Oppositionelle Journalisten konnten so – „ganz legal", wie Hitler betonte – mundtot gemacht werden. Nur in wenigen Zeitungen fanden sich noch kritische Berichte zur Regierung Hitler oder deren Wahlkampf.

Der Wahlkampf

Die neue Regierung setzte alles daran, die Wahl als eine Entscheidung von größter Bedeutung darzustellen. Wer sich gegen die neue Regierung des „nationalen Zusammenschlusses" ausspreche, so hieß es, entscheide sich für den weiteren „Zerfall" oder gar den „Untergang" Deutschlands. Hitler selbst hastete von einem Treffen zum nächsten. Gezielt nutzte er das Flugzeug, um überall in Deutschland Veranstaltungen abzuhalten, und er sorgte dafür, dass die neuen Medien wie Rundfunk und Film darüber berichteten. Er verstand es, in relativ kurzer Zeit zwei Gruppierungen für seine Politik zu gewinnen, die dem Nationalsozialismus bislang zwar nicht feindlich, aber mehrheitlich abwartend gegenübergestanden hatten: Zum einen war dies die Generalität der Reichswehr, die auf den ehemaligen „österreichischen Gefreiten" lange Zeit verächtlich hinabgeblickt hatten. Bei einem geheimen Treffen, das am 3. Februar in der Privatwohnung des Chefs der Heeresleitung stattfand, versicherte Hitler den anwesenden Offizieren, dass in einem wiedererstarkten Deutschland das Militär eine herausragende Rolle spielen werde. Zudem gewann er die führenden Industriellen, die er in einem Gespräch am 20. Februar davon überzeugte, wie vorteilhaft und profitabel die Zusammenarbeit von Industrie und Nationalsozialismus für beide Seiten sein würde.

Der Reichstagsbrand

Ein weiteres wichtiges Datum bei der Stabilisierung der Macht war der 28. Februar. In den zurückliegenden Wochen hatten die politischen Gegner wie gelähmt gewirkt. Abgesehen von einigen Schlägereien zwischen Nationalsozialisten und Anhängern der „linken" Parteien war es zu keinen Widerstandshandlungen gekommen. Führende NS-Politiker wie Hitler, Goebbels und Göring (Innenminister in Preußen) hielten es jedoch für undenkbar, dass sich die „Marxisten", wie sie verächtlich sagten, kampflos ergeben würden. Da Göring der Polizei und der „alten" Führung nicht traute, ernannte er kurzerhand 50 000 NS-Anhänger zu Hilfspolizisten, stattete sie mit Schusswaffen aus und gab ihnen den Auftrag, die Polizei bei der „Förderung der nationalen Bewegung zu unter-

Plakat, Anfang März 1933

stützen" und die Umtriebe „staatsgefährdender Organisationen" zu unterbinden. Im Gegenzug entließ er zwei Drittel der oft von SPD-Bürgermeistern eingesetzten Leiter der Schutzpolizei. Goebbels notierte anerkennend in seinem Tagebuch: „Göring räumt in Preußen auf mit einer herzerfrischenden Forschheit".

In dieser Atmosphäre brach am Abend des 27. Februar im Gebäude des Berliner Reichstages ein Feuer aus. Am Tatort wurde der Niederländer Marinus van der Lubbe festgenommen, der sich als Kommunist bezeichnete und gestand, den Brand gelegt zu haben. Die näheren Umstände sind bis heute ungeklärt (hartnäckig hält sich die Theorie, dass van der Lubbe ein Werkzeug der Nazis gewesen sei). Aber als Vorwand für ein verschärftes Vorgehen gegen die politische Opposition kam der Reichstagsbrand wie gerufen. Hitler, Goebbels und Göring trafen sich vor dem brennenden Gebäude und redeten sich nach den Beobachtungen von Augenzeugen in eine „Blutrauschstimmung". Noch in der Nacht wurden etwa 4 000 Oppositionelle „in Schutzhaft" genommen. Die Zeitungen der SPD und der KPD wurden verboten. Am Morgen nach dem Brand unterzeichnete Reichspräsident von Hindenburg die „Notverordnung zum Schutz von Volk und Staat". Zur „Abwehr kommunistischer staatsgefährdender Gewaltakte" wurden mit sofortiger Wirkung die Grundrechte der Weimarer Verfassung außer Kraft gesetzt. Die klassischen individuellen Freiheitsrechte (Meinungs-, Presse-, Vereins- und Versammlungsfreiheit), das Brief-, Post- und Fernmeldegeheimnis, die Rechte auf Eigentum und Unverletzlichkeit der Wohnung wurden ausgelöscht. Beliebig lange konnten von nun an Menschen inhaftiert werden – ohne jeden Gerichtsbeschluss. Rückblickend ist erkennbar, dass sich schon im Februar 1933 ein abgestuftes System von Unterdrückungsmaßnahmen herausgebildet hatte. Die NS-Gegner wurden sprachlich angegriffen ("Ungeziefer, Volksschädlinge"), sie durften sich nicht mehr öffentlich äußern und wurden körperlich schikaniert. Im Laufe des Februar wurden mindestens 25 000 NS-Kritiker in "Schutzhaft" genommen und seit dem 21. März in den schnell eingerichteten Konzentrationslagern inhaftiert. Ein ausgeklügeltes Spitzelsystem sorgte dafür, dass die Sondereinheiten von SS (= Schutzstaffel) und Gestapo (= Geheime Staatspolizei) an die Informationen kamen, um NS-Kritiker zu verfolgen. Diese Gewalt wurde durchaus nicht verheimlicht. Verhaftungen wurden öffentlich gemacht und auch die Existenz von Konzentrationslagern war allgemein bekannt. Eine Brandstiftung hatte genügt, um alle rechtsstaatlichen Prinzipien der bürgerlichen Demokratie beiseitezuschieben. Bis zum Kriegsende 1945 blieb diese, formal "legale", Verordnung in Kraft und ein Freibrief für staatlichen Terror (s. S. 114).

Die Gleichschaltung

Joseph Goebbels, der spätere Leiter des "Ministeriums für Volksaufklärung und Propaganda", war davon überzeugt, dass die politischen Maßnahmen der ersten Wochen zwar die Macht im Staatsapparat sichern konnten; langfristig aber kam es darauf an, die gesamte Bevölkerung nicht zu unterdrücken, sondern zu begeistern. Er benannte dieses Ziel in der für ihn typischen Sprache: "Wir wollen die Menschen so lange bearbeiten, bis sie uns verfallen sind." Am 31. März 1933 tauchte erstmalig in einem Gesetzestext der Begriff der "Gleichschaltung" auf und ging von nun an in den allgemeinen Sprachgebrauch über: Nicht nur die Politik, auch die Wirtschaft und sämtliche Bereiche des alltäglichen Lebens sollten "gleichgeschaltet" werden (s. S. 115). Nach Goebbels sollte es in Deutschland "nur eine Meinung, eine Partei, eine Überzeugung" geben. Zentrale Stützpfeiler waren die Zeitungen und das Radio: Der Volksempfänger (die Typenbezeichnung VE 301 symbolisierte den Tag der Machtergreifung) wurde zu einem Massenprodukt und brachte die NS-Propaganda in jeden Haushalt.

Wenn sich jemand der Gleichschaltung widersetzte, war dies sehr gefährlich. Man wurde sofort verdächtigt, sich gegen die Volksgemeinschaft zu stellen. Am Abend des 10. Mai 1933 verbrannten Studenten und Professoren unter der Parole "Wider den undeutschen Geist" die Bücher missliebiger Autoren. Auch vor Nobelpreisträgern und "Weltstars" wurde nicht haltgemacht. Große Teile der deutschen Elite sahen sich zur Emigration gezwungen (etwa Thomas Mann, Bertolt Brecht, Albert Einstein).

"Der Führer spricht" (Gemälde von P. M. Padua, 1939)

Die Wahl

In den Tagen vor der Wahl am 5. März wurden die führenden KPD-Politiker inhaftiert, einige prominente Sozialdemokraten brachten sich im Ausland in Sicherheit. Die "linke" Presse durfte gar nicht mehr erscheinen, bürgerliche Zeitungen hatten täglich mit Einmischungen und Druckverboten zu rechnen. Von den pompösen Kundgebungen und Fackelzügen der NSDAP wurde dagegen ausführlich berichtet. Außenstehenden Beobachtern, etwa dem amerikanischen Botschafter, erschien die Wahl deshalb als eine "Farce". Dennoch erzielte die NSDAP nicht die erwartete absolute Mehrheit, sondern verbesserte sich "nur" auf 43,9 %. Nimmt man jedoch die Wählerstimmen hinzu, die der deutschnationale Koalitionspartner erhielt (8 %), ist das Fazit eindeutig: Eine Mehrheit hatte sich gegen die Republik und für die "nationale Revolution" ausgesprochen. Die Nationalsozialisten verstanden es, das Wahlergebnis als Triumph ihrer Politik darzustellen und gewannen im Monat März Hunderttausende neuer Mitglieder. Fassungslos hielt der liberale Jude und Universitätsprofessor Victor Klemperer in seinem Tagebuch fest, dass die Stimmung zugunsten der Nationalsozialisten gekippt war: Sein langjähriger Nachbar und Freund "schwärmte" nach der Wahl von den Nazis und erzählte "mit freudiger Anerkennung von einer

‚Strafexpedition' der SA-Leute im Sachsenwerk gegen ‚zu freche Kommunisten'."

Der Tag von Potsdam

Welche Bedeutung die geschickte Beeinflussung und Steuerung von Gefühlen bei der Machtsicherung hatte, kann man an den Vorgängen vom 21. März 1933 erkennen. An diesem Tage sollte der neu gewählte Reichstag zum ersten Mal zusammentreten. Joseph Goebbels, seit Jahren enger Vertrauter Hitlers, hatte die Abläufe minutiös geplant. Die Abgeordneten sollten sich nicht in der nüchternen, rein sachlichen Atmosphäre eines Parlamentes treffen, sondern bei einem gemeinsamen Staatsakt in der Garnisonkirche von Potsdam. Eine Live-Übertragung im Radio und unzählige (Foto-)Reporter sollten dafür sorgen, dass die Vorgänge jeden Deutschen erreichten und die „Gefühle der breiten Masse" bedienten. Eine Szene traf den Zeitgeist besonders: der Händedruck zwischen Hindenburg und Hitler. Millionenfach reproduziert hing das Foto vom „Händedruck" von nun an in zahlreichen Wohnzimmern (s. S. 116f.).

Die Ausschaltung aller Gegenmächte

Als Reichskanzler war Hitler noch kein Diktator; auf die Legislative und die Judikative hatte er noch keinen direkten Einfluss, denn das Recht der Gesetzgebung lag ja beim Parlament und die Richter waren laut Weimarer Verfassung unabhängig. Zudem gab es noch andere Gruppen und Institutionen, die mächtig genug waren, um sich Anordnungen zu widersetzen, etwa die Parteien oder die Gewerkschaften. Auch Länder wie Bayern oder Städte wie Hamburg waren „verdächtig", Eigeninteressen zu verfolgen. Im Frühjahr 1933 wurden diese möglichen Gegenmächte systematisch ausgeschaltet. Beispielhaft ist das sogenannte „Ermächtigungsgesetz" vom 23.3.1933, in dem sich die Volksvertretung streng genommen selbst entmachtete. Dieses Gesetz, das offiziell

als „Gesetz zur Behebung der Not von Volk und Reich" bezeichnet wurde, gab der Regierung das Recht, auch ohne Mitwirkung des Parlamentes Gesetze zu erlassen (s. S. 118f.). In den folgenden Jahren wurden nur noch sieben Gesetze vom Reichstag verabschiedet, dagegen Hunderte durch die Regierung. Die letzten Reste demokratischer Elemente wurden in den folgenden Wochen zerstört. Das „Gesetz zur Wiederherstellung des Berufsbeamtentums" (7. April) erlaubte die willkürliche Entlassung missliebiger Beamter (z.B. Lehrer oder Polizisten). Auch Richter wurden nicht geschützt, sondern oft durch treue NS-Anhänger ersetzt – hier zeigte sich, dass das neue System auch auf die Judikative zugriff und von Gewaltenteilung keine Rede mehr sein konnte. Am gleichen Tag wurde auch der Einheitsstaat Wirklichkeit: Die früheren Länder (wie Preußen, Bayern usw.) waren nun keine selbstständigen politischen Körperschaften mehr, sondern nur noch reine Verwaltungsbezirke. Am 2. Mai wurden die Freien Gewerkschaften verboten, am 22. Juni erfolgte das Verbot der SPD, bis zum 5. Juli hatten sich die anderen Parteien selbst aufgelöst. Dem Einheitsstaat entsprach der Einparteienstaat. Innerhalb weniger Monate waren die Nationalsozialisten die einzige politische Kraft in Deutschland geworden. Nur ein kleiner Mosaikstein fehlte noch im System der Diktatur: Nach dem Tod Hindenburgs am 2. August 1934 übernahm Hitler auch das Amt des Reichspräsidenten und ließ sofort die Armee (= Reichswehr) auf sich vereidigen. Von nun an nannte er sich „Führer und Reichskanzler".

SA und SS stürmen ein Gewerkschaftshaus (2.5.1933).

Machtsicherung konkret

In knapp 1 1/2 Jahren hatten die Nationalsozialisten die Zerstörung des demokratischen Weimarer Rechts- und Verfassungsstaates und den Aufbau der Diktatur vollendet. Ungeachtet, ob es sich dabei um eine „Machtergreifung" oder „Machtübertragung", eine „nationale Revolution" oder eine „autoritäre Revolution" (so sagt der Historiker Wehler) gehandelt hat: Die Frage, wie es gelingen konnte, so große Teile der Bevölkerung für sich zu gewinnen, beschäftigt seitdem Geschichtswissenschaft und Nachwelt.

Das sind eure **Forschungsfragen:**
- **Mit welchen Strategien gelang es den Nationalsozialisten, die errungene Macht abzusichern?**
- **Wie ist die große „Zustimmung" zu erklären?**

Wir analysieren und beurteilen das Handeln von Menschen im Kontext ihrer Zeit und im Spannungsfeld von Offenheit und Bedingtheit.

1. Entscheidet euch, welchen der fünf Themenbereiche ihr bearbeiten möchtet.

2. Wendet die euch bekannte Methode „Themenverschiedene arbeitsteilige Gruppenarbeit" an. Jede Gruppe findet zu ihrem Thema Vorschläge und Hinweise zur inhaltlichen Erschließung der Materialien und zur Präsentation der Arbeitsergebnisse.

3. Kreisgespräch: Diskutiert abschließend auf der Grundlage aller Arbeitsergebnisse die beiden Leitfragen.

Thema 1: Machtsicherung durch einfache Antworten auf schwierige Fragen – die NS-Ideologie

Thema 2: Machtsicherung durch Verfolgung Andersdenkender

Thema 3: Machtsicherung durch Gleichschaltung

**Machtsicherung konkret:
Wie gelang es, die errungene Macht abzusichern?**

Thema 4: Machtsicherung durch Propaganda – der Tag von Potsdam

Thema 5: Machtsicherung durch Ausschaltung der Gegenmächte – das Ermächtigungsgesetz

Thema 1: Machtsicherung durch einfache Antworten auf schwierige Fragen – die NS-Ideologie

Anfang 1933 war die Zukunft für viele Menschen ungewiss: Die Krisen in Wirtschaft und Politik waren überaus kompliziert und auch viele Experten wussten keine Lösung. Hitler dagegen versprach einfache Antworten auf komplizierte Fragen. Nach dem „Tag der Machtergreifung" folgte seine Politik genau den „einfachen" Grundsätzen, die er 1924 in seinem Buch „Mein Kampf" aufgeschrieben hatte, die er in seinen Reden aufgriff und an denen er zeitlebens festhielt. Die markigen Worte wurden von vielen Zeitgenossen nicht als vereinfachend verstanden, sondern als Ausdruck von Tatkraft und Sachverstand eines Krisenmanagers.

- Was sind zentrale Kernbegriffe der NS-Ideologie und was beinhalten sie?
- Wie sieht eine Politik aus, die sich an diesen ideologischen Begriffen orientiert?

Wir erschließen und beurteilen ideologische Kernbegriffe.

1. Analysiert die Quellenauszüge aus Hitlers „Mein Kampf". Vervollständigt die Tabelle.
2. Bereitet eine kurze Präsentation vor, in der ihr anhand der Tabelle die charakteristischen Merkmale der NS-Ideologie vorstellt und erläutert.

Die Ideologie des Nationalsozialismus			
Zentrales Element der Ideologie	Wogegen wendet sich Hitler, wofür spricht er sich aus?	Welches Problem wird, so Hitler, gelöst, wenn seinen Gedanken gefolgt wird?	Beurteilung dieser „Krisenlösung" aus heutiger Sicht

Drei Auszüge aus „Mein Kampf"

M1 Führerprinzip

Die Bewegung vertritt im Kleinsten wie im Größten den Grundsatz der unbedingten Führerautorität [...]. Der Fortschritt und die Kultur der Menschheit sind nicht ein Produkt der Majorität, sondern beruhen aus-
5 schließlich auf der Genialität und der Tatkraft der Persönlichkeit. Diese heranzuzüchten und in ihre Rechte einzusetzen, ist eine der Vorbedingungen zur Wiedergewinnung der Größe und Macht unseres Volkstums. Damit ist die Bewegung aber antiparlamentarisch und
10 selbst ihre Beteiligung in einer parlamentarischen Institution kann nur den Sinn einer Tätigkeit zu deren Zertrümmerung besitzen.

(Mein Kampf, S. 378f.)

M2 Lebensraum

So wie unsere Vorfahren den Boden, auf dem wir heute leben, nicht vom Himmel geschenkt erhielten, sondern durch Lebenseinsatz erkämpfen mussten, so wird auch uns in Zukunft den Boden und damit das Leben
5 für unser Volk keine göttliche Gnade zuweisen, sondern nur die Gewalt eines siegreichen Schwertes. Das Recht auf Grund und Boden kann zur Pflicht werden, wenn ohne Bodenerweiterung ein großes Volk dem Untergang geweiht erscheint. [...] Wenn wir aber heu-
10 te in Europa von neuem Grund und Boden reden, können wir in erster Linie nur an Russland und die ihm untertanen Randstaaten denken.

(Mein Kampf, S. 741f.)

M3 Rassismus und Antisemitismus

Völker, welche nicht die Bedeutung ihrer rassischen Grundlage erkennen und beachten, gleichen Menschen, die Möpsen die Eigenschaften von Windhunden anlernen möchten. [...] [Die völkische Weltanschauung] glaubt somit keineswegs an eine Gleichheit 5 der Rassen, sondern erkennt mit ihrer Verschiedenheit auch ihren höheren oder minderen Wert und fühlt sich durch diese Erkenntnis verpflichtet, [...] den Sieg des Besseren, Stärkeren zu fordern [...]. Menschliche Kultur und Zivilisation sind auf diesem Erdteil unzertrennlich 10 gebunden an das Vorhandensein des Ariers. [...] Die Nationalisierung unserer Masse wird nur gelingen, wenn bei allem positiven Kampf um die Seele unseres Volkes ihre internationalen Vergifter ausgerottet werden. [...] Den gewaltigsten Gegensatz zum 15 Arier bildet der Jude [...]. Er ist und bleibt der ewige Parasit [...], wo er auftritt, stirbt das Wirtsvolk nach kürzerer oder längerer Zeit ab.

(Mein Kampf, S. 329, 334, 372, 421)

Ein bekanntes und frühes Opfer der NS-Diktatur war Carl von Ossietzky. An seinem Beispiel kann man erfahren, dass es Menschen gab, die von Anfang an den Hass der Nationalsozialisten auf sich zogen, und wie diese Gegner behandelt wurden.

● **Was erwartete einen Gegner des NS-Regimes?**

Wir beschreiben an einem Beispiel die Funktionsweise des NS-Terrors.

1. „Das Schicksal des Carl von Ossietzky": Fertigt ein Kurzporträt an. Erläutert an diesem Beispiel, was Gegner des NS-Regimes zu erwarten hatten.

2. Nutzt die erlernten Schritte zur fach- und sachgerechten Gewinnung von Informationen aus dem Darstellungstext und der Quelle (M), die für die Leitfrage relevant sind.
   a) Beachtet, welche Eigenschaften Ossietzkys ihn aus der Sicht eines überzeugten Nationalsozialisten als willkommenes Opfer erscheinen ließen.
   b) Arbeitet heraus, wie ein Tag im Lager ausgesehen haben könnte, was Inhaftierten Angst gemacht haben könnte und welche „Behandlung" ihnen drohte.
   c) Stellt zusammenfassend dar, wie das KZ die Persönlichkeit Ossietzkys verändert hat.
   Tipp: Internetrecherche zu „Carl von Ossietzky".

Kurzbiographie: Carl von Ossietzky

Carl von Ossietzky (1889–1938) arbeitete als Journalist und Schriftsteller; seit 1926 gab er die angesehene Zeitschrift „Die Weltbühne" heraus, die vor allem vom Bildungsbürgertum gelesen wurde. Sein Hauptziel war es, den Frieden zu sichern. Er wandte sich nicht nur gegen Krieg und Kriegsverherrlichung, er griff grundsätzlich alle Formen des Militärischen an; der Vorwurf, militärische Geheimnisse verraten zu haben, brachte ihm 1931 eine 1 1/2-jährige Gefängnisstrafe ein, von der er gut die Hälfte absaß. Politisch stand er auf der „linken" Seite. Er kritisierte Hitler als „feige, verweichlichte Pyjamaexistenz". Ähnlich spöttisch und respektlos äußerte er sich aber auch über die Politiker von SPD und KPD. Ossietzky wurde 1933 verhaftet und in das KZ Sonnenburg (Pommern) gebracht, von wo aus er 1934 in das KZ Esterwegen (Emsland) verlegt wurde. Dass er eine bekannte Persönlichkeit war (1936 wurde ihm der Friedensnobelpreis verliehen), nutzte ihm im Lager wenig. Blutjunge SA-Leute

machten sich ein Vergnügen daraus, hinter dem prominenten Schutzhäftling herzulaufen und ihm Tritte und Schläge zu versetzen. Oft blieb er stumm und erschöpft am Boden liegen. Mehrfach wurde er gezwungen, sein eigenes Grab zu schaufeln. Die Hände zitterten nahezu ununterbrochen. Aus Scham versteckte er sie in den Ärmeln der Häftlingsjacke. Im Lager kursierte das Gerücht, dass Lagerärzte ihm Tuberkulosebakterien eingeimpft hätten. Sicher ist, dass Ossietzky körperlich immer mehr verfiel. 1935 beschrieb ein Vertreter des Roten Kreuzes den Gesundheitszustand mit folgenden Worten: „Ein zitterndes, totenblasses Etwas. Ein Wesen, das gefühllos zu sein schien, ein Auge verschwollen, die Zähne anscheinend eingeschlagen; er schleppte ein gebrochenes, schlecht verheiltes Bein." Auf internationalen Druck wurde Ossietzky 1936 krank entlassen. Zwei Jahre später starb er an den Folgen der Haft.

 Auszug aus der Disziplinar- und Strafverordnung für das Gefangenenlager des Konzentrationslagers Esterwegen (1.8.1934)

§ 4 mit 8 Tagen strengem Arrest wird bestraft:
wer zum Zwecke der Beschwerde Unterschriften sammelt, […]
wer sich in einer fremden Barackenstube, auch innerhalb der eigenen Gefangenen-Kompanie, aufhält […] ₅
§ 8 mit 14 Tagen strengem Arrest und mit je 25 Stockhieben zu Beginn und am Ende der Strafe werden bestraft: […]
wer in Briefen oder sonstigen Mitteilungen abfällige Bemerkungen über nationalsozialistische Führer, über ₁₀ Staat und Regierung, Behörden und Einrichtungen zum Ausdruck bringt, marxistische oder liberalistische Führer oder Novemberparteien verherrlicht, Vorgänge im Konzentrationslager mitteilt. […]
§ 11 Wer im Lager, an der Arbeitsstelle, in den Unter- ₁₅ künften, in Küchen und Werkstätten, Aborten und Ruheplätzen zum Zwecke der Aufwiegelung politisiert, aufreizende Reden hält, sich mit anderen zu diesem Zwecke zusammenfindet, Cliquen bildet, oder umhertreibt, wahre oder unwahre Nachrichten zum ₂₀ Zwecke der gegnerischen Gräuelpropaganda über das Konzentrationslager sammelt, empfängt, vergräbt, weitererzählt, […], wird kraft revolutionären Rechts als Aufwiegler gehängt!

(Zit. nach: Ursachen und Folgen, Bd. IX, S. 373)

Thema 3: Machtsicherung durch Gleichschaltung

Für den Prozess der Gleichschaltung ist kennzeichnend, dass nicht nur Parteien, sondern auch alltägliche, völlig unpolitisch erscheinende Gruppen vom neuen System vereinnahmt wurden. So wurden etwa alle Kraftfahrer im NS-Kraftfahrerkorps erfasst (= NSKK), die Bauern im Reichsnährstand, die Arbeiter in der Deutschen Arbeitsfront. Die entsprechenden Führer auf der Reichs-, der Gau- oder der Kreisebene überwachten die Tätigkeiten der Untergebenen. Auch Hobbygruppen waren betroffen. Ein Beispiel sind die Kaninchenzüchter: Nur Vereine, die dem neu gegründeten „Reichsverband" angehörten, durften Ausstellungen besuchen oder an Vergleichswettbewerben teilnehmen. Vereinsvorsitzende mussten Mitglied der NSDAP sein und darauf achten, dass die Vorgaben des Kreisgruppenleiters erfüllt wurden (Fleisch- und Fellgewinnung, Schwerpunkt Angorakaninchen). Klagten einzelne Kaninchenzüchter darüber, dass „das frühere bunte Bild auf den Ausstellungen fehlte, drohte ihnen der Ausschluss aus dem Verein. Die Gleichschaltung erfasste alle Lebensbereiche;

besonders interessant ist die Einflussnahme auf die heranwachsende Generation, also die Kinder und Jugendlichen.

- ● **Wie wurden Kinder und Jugendliche „gleichgeschaltet"?**

Wir simulieren eine historische Situation und beurteilen die dargestellten Sachverhalte.

1. Zeitreise: Versetze dich in die Rolle eines 16-jährigen Schülers/einer 16-jährigen Schülerin im nationalsozialistischen Deutschland. Erläutere anhand des Schaubildes M1, wie der NS-Staat bislang in dein Leben eingegriffen hat und wie er in der näheren Zukunft auf dein Leben einwirken wird.

2. Organisiert ein Kreisgespräch, in dem ihr ausgehend von der Simulation,
a) den Begriff der Gleichschaltung erläutert und in seiner Bedeutung und Funktion für Machtsicherung erörtert;
b) den Prozess der Gleichschaltung aus heutiger Sicht bewertet.

M1

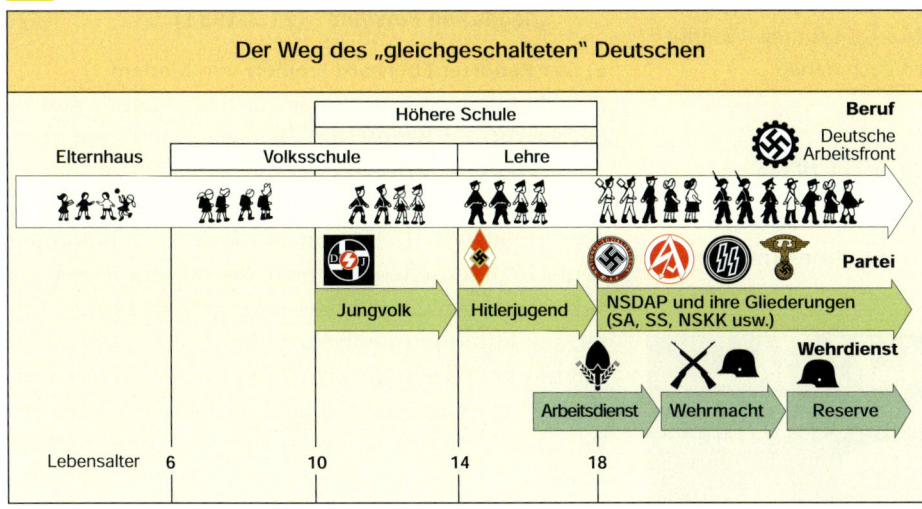

geben wir sie erst recht nicht zurück in die Hände unserer alten Klassen und Standeserzeuger, [10] sondern dann nehmen wir sie sofort in die Partei oder die Arbeitsfront, in die SA oder in die SS, in das NSKK usw. Und wenn [15] sie dort zwei Jahre sind und noch nicht ganz Nationalsozialisten geworden sein sollten, dann kommen sie in den Arbeitsdienst und werden [20] dort wieder sechs oder

M2 Aus einer Rede Adolf Hitlers in Reichenberg (1938)

Diese Jugend, die lernt ja nichts anderes als deutsch denken, deutsch handeln. Und wenn nun dieser Knabe und dieses Mädchen mit ihren zehn Jahren in unsere Organisation hineinkommen [...], dann kommen
[5] sie vier Jahre später vom Jungvolk in die Hitlerjugend, und dort behalten wir sie wieder vier Jahre, und dann

sieben Monate geschliffen, alle mit einem Symbol, dem deutschen Spaten. Und was dann noch an Klassenbewusstsein oder Standesdünkel da sein sollte, das [25] übernimmt dann die Wehrmacht zur weiteren Behandlung auf zwei Jahre. Und wenn sie dann zurückkehren, dann nehmen wir sie, damit sie auf keinen Fall rückfällig werden, sofort wieder in SA, SS und so weiter. Und sie werden nicht mehr frei, ihr ganzes Leben. [30]

(Zit. nach: Ursachen und Folgen, Bd. XI, S. 139)

In „Mein Kampf" hatte Hitler formuliert: Wer die „breite Masse gewinnen will, muss den Schlüssel kennen, der das Tor zu ihrem Herzen öffnet". Am Beispiel der Ereignisse vom 21.3.1933 kann man wie unter einer Lupe erkennen, wie die Gefühle der „breiten Masse" bedient wurden und wie Propaganda zur Machtsicherung beitrug.

- Der „Händedruck" zwischen Hitler und Hindenburg: Wie inszenierten die Nationalsozialisten funktionierende Propaganda?

Wir analysieren eine historische Schlüsselsituation und beurteilen sie im Hinblick auf beabsichtigte Wirkung und Folgen.

1. „Der Tag von Potsdam": Gestaltet eine Präsentation, in der ihr die damalige Situation (gewählter Schauplatz Potsdam, Abläufe, Auftreten und Rollen der handelnden Personen, zentrale Aussagen in den Reden) anschaulich vorstellt.
   Tipp: Ergänzt die Darstellung des Tages durch einen zusammenfassenden Rundfunk- oder Zeitungskommentar, in dem ein heutiger Betrachter die Geschehnisse unter der Leitfrage rückschauend kritisch kommentiert.

2. Bereitet dazu die Materialien M1–M4 für die Präsentation auf. Arbeitshinweise helfen euch dabei.

M1 Plakat zur Reichstagswahl (März 1933)

Es handelt sich um ein als Wahlplakat montiertes Bild von Hitler und Hindenburg, nicht um ein gemeinsames Foto der beiden!

- Betrachten – Analysieren – Interpretieren: Wendet die drei Grundschritte der Methode „Plakate interpretieren" (s. S. 76) an.

M2 Postkarte von 1933

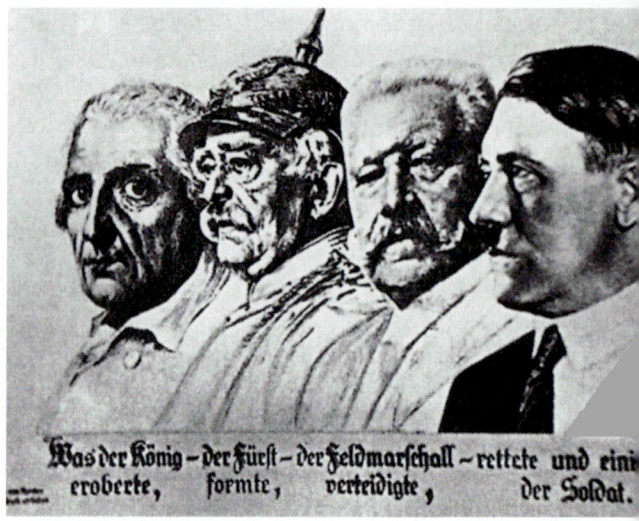

Was der König – der Fürst – der Feldmarschall – rettete und ein... eroberte, formte, verteidigte, der Soldat.

- Notiert, welche Botschaft über die nationalsozialistischen Vorstellungen die Postkarte vermitteln soll.

M3 Ausschnitte aus der Rundfunkübertragung des „Tages von Potsdam" (21.3.1933)

a) Der Reporter Eberhard Freiherr von Medem:

(Glockenläuten) Potsdamer Garnisonkirche, das ist ein Begriff, ein Begriff, der die vielen Millionen deutscher Volksgenossen über die Ätherwellen zu innerer Haltung zwingt. […]
(Orgelspiel) Wir treten ein in die Kirche. Millionen deutscher Menschen, kommen Sie mit mir, lassen Sie sich fassen von dem Ernste dieser großen Stunde. Faltet, ihr Millionen deutscher Menschen, die ihr hier mit mir kraft der Sehnsucht eurer Herzen vereint seid, die stärker ist als die Kraft der kosmischen Wellen des Weltäthers, die die Stimmen aus der Garnisonkirche zu euch tragen, faltet die Hände wie Hindenburg, wie der Kanzler des Reiches, wie die Männer der Reichsregierung, wie die deutschen Abgeordneten. Hört, was das neue Deutschland in Ehrfurcht und Selbstbesinnung am Grabe Friedrichs des Großen der Welt zu sagen hat.

(Zit. nach: Geschichte lernen, Heft 57, S. 36 ff.)

b) Reichspräsident Generalfeldmarschall von Hindenburg (Ansprache):

[...] Der Ort, an dem wir uns heute versammelt haben, mahnt uns zum Rückblick auf das alte Preußen, das in Gottesfurcht durch pflichttreue Arbeit, nie verzagenden Mut und hingebende Vaterlandsliebe groß
5 geworden ist und auf dieser Grundlage die deutschen Stämme geeint hat. Möge der alte Geist dieser Ruhmesstätte auch das heutige Geschlecht beseelen, möge er uns frei machen von Eigensucht und Parteizank und uns in nationaler Selbstbesinnung und seelischer
10 Erneuerung zusammenführen zum Segen eines in sich geeinten, freien, stolzen Deutschlands! [...]

(Zit. nach: Ursachen und Folgen, Bd. IX, S. 134)

c) Reichskanzler Adolf Hitler (Ansprache):

Die Regierung der nationalen Erhebung ist entschlossen, ihre von dem deutschen Volke übernommene Aufgabe zu erfüllen. Sie tritt daher heute hin vor den Deutschen Reichstag mit dem heißen Wunsch, in ihm
5 eine Stütze zu finden für die Durchführung ihrer Mission. Mögen Sie als gewählte Vertreter des Volkes den Sinn der Zeit erkennen, um mitzuhelfen am großen Werk der nationalen Wiedererhebung.

In unserer Mitte befindet sich heute ein greises Haupt.
10 Wir erheben uns vor Ihnen, Herr Generalfeldmarschall. Dreimal kämpften Sie auf dem Felde der Ehre für das Dasein und die Zukunft unseres Volkes. Als Leutnant in den Armeen des Königs für die deut-
15 sche Einheit, in den Heeren des alten deutschen Kaisers für des Reiches glanzvolle Aufrichtung, im größten Kriege aller
20 Zeiten aber als unser Generalfeldmarschall für den Bestand des Reiches und für die Freiheit unseres Volkes. Sie erlebten
25 einst des Reiches Werden, sahen vor sich noch des großen Kanzlers Werk, den wunderbaren Aufstieg unseres Volkes
30 und haben [uns] endlich geführt in der großen Zeit, die das Schicksal uns selbst miterleben und mit durchkämpfen

ließ. Heute, Herr Generalfeldmarschall, lässt Sie die 35 Vorsehung Schirmherr sein über die neue Erhebung unseres Volkes. Dieses Ihr wundersames Leben ist für uns alle ein Symbol der unzerstörbaren Lebenskraft der deutschen Nation. So dankt Ihnen heute des deutschen Volkes Jugend, und wir alle mit, die wir Ihre 40 Zustimmung zum Werk der deutschen Erhebung als Segnung empfinden. Möge sich diese Kraft auch mitteilen der nunmehr eröffneten neuen Vertretung unseres Volkes. Möge uns dann aber auch die Vorsehung verleihen jenen Mut und jene Beharrlichkeit, die wir 45 in diesem für jeden Deutschen geheiligten Raume um uns spüren, als für unseres Volkes Freiheit und Größe ringende Menschen zu Füßen der Bahre seines größten Königs.

(Zit. nach: Ursachen und Folgen, Bd. IX, S. 135)

1 Formuliert in Stichworten, welche Eindrücke vom Festakt die Rundfunkschilderung hinterlässt.

2 Fasst die wesentlichen Aussagen der Ansprachen zusammen. Überlegt, welche Wirkung sie auf Zuhörer oder Zeitungsleser hatten.

M4 Der Händedruck

Von diesem Foto wurden Sonderanfertigungen und Schmuckblätter in Millionenhöhe hergestellt und verkauft.

Beschreibt das Foto und skizziert, welche Eindrücke und Botschaften es transportieren soll.

Thema 5: Machtsicherung durch Ausschaltung der Gegenmächte – das „Ermächtigungsgesetz"

In der Reichstagssitzung vom 23.3.1933 stimmte eine Mehrheit der Abgeordneten dafür, das zentrale Recht jedes Parlaments aufzugeben: Mit 441 zu 94 Stimmen billigte der Reichstag der Regierung zu, Gesetze zu erlassen. Ohne diesen Freibrief hätte sich die NS-Diktatur nicht oder nicht so schnell festigen können. Das sog. „Ermächtigungsgesetz" war ein weiterer entscheidender Baustein auf dem Weg zur Machtsicherung. Heute urteilt die Geschichtswissenschaft unterschiedlich über das Verhalten der Abgeordneten. Für die einen war es unterwürfig und feige, zumindest Ausdruck einer Flucht in unbegründete Hoffnungen. Andere zeigen Verständnis für die schwierige Entscheidungslage und die äußeren Zwänge. Urteilt selbst!

- Ist die Zustimmung vieler Abgeordneter zum Ermächtigungsgesetz zu verurteilen?

Wir beurteilen das politische Handeln von Menschen in einer zeitgenössischen Entscheidungssituation.

1. Gestaltet ein Lernplakat, auf dem ihr über folgende Bereiche informiert:
   - den Sachverhalt, um den es geht, den zentralen Kern des Gesetzesinhalts und die Abstimmungssituation;
   - die Hauptargumente, mit denen Hitler die Notwendigkeit begründet, das Zentrum seine Zustimmung begründet, die SPD die Zustimmung verweigert.

2. Moderiert auf der Grundlage des Lernplakats eine Gesprächsrunde, in der die Leitfrage diskutiert wird.

M1 Um welches Gesetz ging es? – Das „Ermächtigungsgesetz" (23.3.1933)

Art. 1 Reichsgesetze können außer in dem in der Reichsverfassung vorgesehenen Verfahren auch durch die Reichsregierung beschlossen werden. […]
Art. 2 Die von der Reichsregierung beschlossenen
5 Reichsgesetze können von der Reichsverfassung abweichen, soweit sie nicht die Einrichtung des Reichstags und des Reichsrats als solche zum Gegenstand haben. Die Rechte des Reichspräsidenten bleiben unberührt.
Art. 3 Die von der Reichsregierung beschlossenen
10 Reichsgesetze werden vom Reichskanzler ausgefertigt. […]

(Zit. nach: Ursachen und Folgen, Bd. IX, S. 156 f.)

Parteien in der Reichstagssitzung

Zentrum: In zwei Gesprächen am 20. und 22. März hatte Hitler dem Vorsitzenden der Zentrums-Fraktion, Ludwig Kaas, mündliche Zusagen gemacht: Die Verfassung werde eingehalten, die dem Zentrum angehörenden Beamten würden nicht entlassen, ein kleines Gremium mit Mitgliedern aus mehreren Parteien werde an der Gesetzgebung beteiligt sein. Hitler versprach, in einem Brief diese Garantien schriftlich zu fixieren. Der Brief kam niemals an.
KPD: Die Abgeordneten der KPD waren nicht anwesend, da sie nach dem Reichstagsbrand inhaftiert wurden. Auf Anfrage nach ihrem Verbleib teilt der NS-Innenminister Frick mit, „die Kommunisten" hätten „im KZ Gelegenheit, sich an fruchtbringende Arbeit zu gewöhnen".
SPD: Von den 120 SPD-Abgeordneten befanden sich 25 in „Schutzhaft" oder waren emigriert; der Abgeordnete Julius Leber wurde unmittelbar vor der Sitzung verhaftet.

M2 Wie sah die Entscheidungssituation aus?

Wegen des Reichstagsbrandes waren die Sitzungen des Parlaments in die Krolloper verlegt worden. Vor der Abstimmung über das Ermächtigungsgesetz besetzten zum „Ordnungsdienst" abkommandierte SA-Männer das Gebäude. Auf dem Weg zum Plenarsaal mussten die Abgeordneten durch ein Spalier von johlenden SA- und SS-Männern gehen und sich Rufe wie „Marxistensau" oder „Zentrumsschwein" anhören.

Stellungnahmen zum Ermächtigungsgesetz

M3 Regierungserklärung Hitlers vor dem Reichstag

Es würde dem Sinn der nationalen Erhebung widersprechen und dem beabsichtigten Zweck nicht genügen, wollte die Regierung sich für ihre Maßnahmen von Fall zu Fall die Genehmigung des Reichstags er-
5 handeln und erbitten. Die Regierung wird dabei nicht von der Absicht getrieben, den Reichstag als solchen aufzuheben; im Gegenteil, sie behält sich auch für die Zukunft vor, ihn von Zeit zu Zeit über ihre Maßnahmen zu unterrichten oder aus bestimmten Gründen,
10 wenn zweckmäßig, auch seine Zustimmung einzuholen. Die Autorität und damit die Erfüllung der Aufgaben der Regierung würden aber leiden, wenn im Volke Zweifel an der Stabilität des neuen Regiments entstehen könnten. Sie hält vor allem eine weitere Tagung
15 des Reichstags im heutigen Zustand der tief gehenden Erregung der Nation für unmöglich. Es ist kaum eine Revolution von so großem Ausmaß so diszipliniert und unblutig verlaufen wie diese Erhebung des deutschen Volkes in diesen Wochen. Es ist mein Wille und
20 meine feste Absicht, für diese ruhige Entwicklung auch in Zukunft zu sorgen. Allein umso nötiger ist es, dass der nationalen Regierung jene souveräne Stellung gegeben wird, die in einer solchen Zeit allein geeignet ist, eine andere Entwicklung zu verhindern.
25 Die Regierung beabsichtigt dabei, von diesem Gesetz nur insoweit Gebrauch zu machen, als es zur Durchführung der lebensnotwendigen Maßnahmen erforderlich ist. Weder die Existenz des Reichstags noch des Reichsrats soll dadurch bedroht sein. Die Stellung und
30 die Rechte des Herrn Reichspräsidenten bleiben unberührt; die innere Übereinstimmung mit seinem Willen herbeizuführen, wird stets die oberste Aufgabe der Regierung sein. Der Bestand der Länder wird nicht beseitigt, die Rechte der Kirchen werden nicht geschmä-
35 lert, ihre Stellung zum Staate nicht geändert. […]

(Zit. nach: Ursachen und Folgen, Bd. IX, S. 145)

M4 Rede des Vorsitzenden des Zentrums Ludwig Kaas

Im Angesicht der brennenden Not, in der Volk und Staat gegenwärtig stehen, im Angesicht der riesenhaften Aufgaben, die der deutsche Wiederaufbau an uns stellt, im Angesicht vor allem der Sturmwolken, die in Deutschland und um Deutschland aufzusteigen 5 beginnen, reichen wir von der Deutschen Zentrumspartei in dieser Stunde allen, auch früheren Gegnern, die Hand, um die Fortführung des nationalen Aufstiegswerkes zu sichern, die Wiederherstellung eines geordneten Staats- und Rechtslebens zu beschleuni- 10 gen, chaotischen Entwicklungen einen festen Damm entgegenzusetzen, zusammen mit allen […], die ehrlichen, auf Aufbau und Ordnung gerichteten Willens sind […]. Manche der von Ihnen, Herr Reichskanzler, abgegebenen sachlichen Erklärungen geben […] be- 15 züglich einzelner wesentlicher Punkte des deutschen Staats-, Rechts- und Kulturlebens […] die Möglichkeit, eine Reihe wesentlicher Bedenken, welche die zeitliche und sachliche Ausdehnung des Ermächtigungsbegehrens bei uns ausgelöst hatte und auslösen muss- 20 te, anders zu beurteilen. In der Voraussetzung, dass diese […] Erklärungen die grundsätzliche und praktische Richtlinie für die Durchführung der zu erwartenden Gesetzgebungsarbeit sein werden, gibt die Deutsche Zentrumspartei ihre Zustimmung. 25

(Zit. nach: Ursachen und Folgen, Bd. IX, S. 148f.)

M5 Es ging auch anders … Rede des SPD-Vorsitzenden Otto Wels

Nach den Verfolgungen, die die Sozialdemokratische Partei in der letzten Zeit erfahren hat, wird billigerweise niemand von ihr verlangen oder erwarten können, dass sie für das hier eingebrachte Ermächtigungsgesetz stimmt. […] Die Verfassung von Weimar ist keine 5 sozialistische Verfassung. Aber wir stehen zu den Grundsätzen des Rechtsstaates, der Gleichberechtigung, des sozialen Rechts, die in ihr festgelegt sind. Wir deutschen Sozialdemokraten bekennen uns in dieser geschichtlichen Stunde feierlich zu den Grund- 10 sätzen der Menschlichkeit und der Gerechtigkeit, der Freiheit und des Sozialismus. Kein Ermächtigungsgesetz gibt Ihnen die Macht, Ideen, die ewig und unzerstörbar sind, zu vernichten.

(Zit. nach: Ursachen und Folgen, Bd. IX, S. 146 u. 148)

■ Erbeitet aus M3 – M5 die Standpunkte der Redner und ihre Begründungen.

Fackelzüge überall …
Die ersten Monate des Jahres 1933 in Städten und Gemeinden

Nicht nur in der Hauptstadt Berlin, sondern überall in den Ländern, Städten und Gemeinden verliefen die ersten Wochen und Monate des Jahres 1933 sehr turbulent. Bestimmt haben einige von euch Interesse, die Ereignisse „vor Ort" zu untersuchen. Da jede Stadt über ein Archiv verfügt, in dem wichtige Dokumente aufbewahrt werden, bietet sich der Besuch eines solchen Stadtarchivs an. Stadtarchive sind öffentliche Einrichtungen, die jedem Interessierten zur Benutzung zugänglich sind. Besonders lohnend erscheint die Untersuchung der Berichterstattung in den örtlichen Zeitungen. Schließlich haben die Zeitungen fast täglich über die Dynamik der Entwicklung berichtet.

- **Geschichte vor Ort: Die ersten Monate des Jahres 1933 in unserer Stadt**

Wir recherchieren im Archiv und bereiten mithilfe erlernter Methoden lokale Ereignisse für die Präsentation vor Öffentlichkeit auf.

Wer ohne klare Zielsetzung in ein Archiv geht, wird häufig enttäuscht. Jede Archivrecherche benötigt eine handwerkliche und inhaltliche Vorbereitung. Damit eure Arbeit erfolgreich ist, hilft euch die Methode „Arbeiten im Archiv".

Titelseite der „Volkswacht" vom 27. Februar 1933

NS-„Schandpfahl" für Literatur auf dem Domplatz von Münster, Mai 1933

Straßenterror: SA-Motorradabteilungen sammeln sich am Falkenkrug bei Detmold, 1933.

Notausgabe „Sauerländisches Volksblatt" vom 14. 3. 1933

1. Schritt: **Festlegung der Fragestellung**	Bei einer Archivarbeit ist die Eingrenzung auf eine klar umrissene Fragestellung besonders wichtig. Für eine erste Einarbeitung in das Thema könnt ihr eine Bibliothek aufsuchen oder im Internet recherchieren. Nach diesen Vorarbeiten solltet ihr eure Frage festlegen. *Beispiel: Wie reagierte die Bevölkerung auf den „Tag der Machtergreifung"?* *Oder: Die Wahl am 5. März – eine freie Wahl?* *Oder: Der Tag von Potsdam – Wie berichtete die Heimatzeitung?*
2. Schritt: **Anmeldung beim Archiv**	Fragt frühzeitig beim Archiv an und nennt euer Thema, damit euch die Mitarbeiterinnen und Mitarbeiter bei der Suche nach Materialien unterstützen können. Ihr solltet auch einen Termin vereinbaren, damit ihr vor Ort von ihnen beraten werdet. Vielleicht ist es auch möglich, eine Archivführung zu bekommen. Eine Archivführung vermittelt einen ersten Eindruck vom Archiv, seiner Funktion und den Arbeitsmöglichkeiten.
3. Schritt: **Bestellung der Archivalien**	Nun kann eure Arbeit im Archiv beginnen. Eine Übersicht über die Archivalien des Stadtarchivs bieten die sogenannten „Findbücher". Ihre Benutzung wird euch von den Mitarbeiterinnen und Mitarbeitern des Archivs erklärt. Bestellt das für euer Thema aussichtsreiche Material, damit es euch vorgelegt wird.
4. Schritt: **Arbeiten mit Archivalien**	Sichtet das vorgelegte Material. Interessante Schriftstücke solltet ihr zusammenfassen, abschreiben oder kopieren. Achtung: Das ist eine Arbeit, die viel Zeit erfordert! Achtet darauf, dass ihr die Fundstelle des Materials (Signatur, Verfasser, Seite usw.) genau aufschreibt.
5. Schritt: **Auswertung der Archivarbeit**	In der Regel findet die Arbeit im Archiv ihren Abschluss in der Schule. Ordnet eure Ergebnisse und haltet fest, welche Antworten ihr auf eure Frage bereits erhalten habt. Sind Fragen offen? Notiert diese. Vielleicht ist es sinnvoll, noch einen weiteren Besuch im Archiv durchzuführen.
6. Schritt: **Präsentation der Ergebnisse**	Überlegt euch eine geeignete Präsentationsform für eure Arbeitsergebnisse. Eine PowerPoint-Präsentation oder eine Ausstellung bieten sich häufig an. Dann könnt ihr euer Thema der Klasse vorstellen. Denkbar wäre auch eine kleine Austellung zu gestalten und sie einer größeren Öffentlichkeit (Schülerinnen und Schüler, Eltern) zugänglich zu machen.

Mitarbeiter in einem Gemeindearchiv vor einem Regal mit Archivalien

Der zweite Aufstieg des Nationalsozialismus: 1933–39

Mit seiner zunächst vielleicht ungewöhnlich erscheinenden Formulierung, die wir als Kapitelüberschrift gewählt haben, bringt der Historiker Klaus Bergmann zum Ausdruck, dass der Aufstieg des Nationalsozialismus mit der Machterlangung 1933 nicht beendet war. Seiner Ansicht nach begann damit eine neue, zweite Phase des Aufstiegs. Ihr Kennzeichen war, dass das nationalsozialistische Regime ein für uns unvorstellbar hohes Maß an Zustimmung in der Bevölkerung erfuhr; bis zum Kriegsausbruch 1939 hatte eine wachsende Zahl der Deutschen sich mit dem System zumindest arrangiert. Immer mehr wollten dazugehören – wieso? Warum gab es so eine große „Mitmachbereitschaft"? Zentrale Fragen für alle, die sich um ein kritisches Verstehen, nicht um verständnisvolles Erklären oder gar Entschuldigen des Geschehens bemühen.

- ● **Wieso stimmten so viele Deutsche der NS-Diktatur zu?**

Wir stellen historische Sachverhalte problemorientiert und adressatengerecht dar.

1. Erstellt eine mehrseitige Wandzeitung. Bildet dazu Arbeitsgruppen, die jeweils ihre Arbeitsergebnisse zu einem der fünf Themen auf DIN A2-Plakaten festhalten.

2. So erstellt ihr eure Seite der Wandzeitung für das gewählte Thema: Wertet die Materialien sach- und fachgerecht aus. Jede Gruppe findet für ihr Thema Hinweise zur inhaltlichen Erschließung sowie Vorschläge zur Präsentation der Ergebnisse auf dem Plakat.
Tipp: Beachtet die bekannten Gestaltungshinweise zur Anlage einer Wandzeitung: übersichtliche Gliederung, informative Überschriften, selbst geschriebene Texte, ansprechende optische Gestaltung (z. B. Bilder), Konzentration auf das Wesentliche.

3. Stellt eure Plakate vor. Die nebeneinander aufgehängten Plakate lassen schrittweise eine Wandzeitung entstehen, die von allen als Vorbereitung für das Kreisgespräch in Ruhe gelesen werden kann.

4. Kreisgespräch: Diskutiert auf der Grundlage der Gruppenarbeitsergebnisse die Gründe für die hohe Akzeptanz und Mitmachbereitschaft der deutschen Bevölkerung.

Zustimmung zur NS-Diktatur – wieso?

Thema 1: „Volksgemeinschaft" – viele wollen dazugehören

Thema 2: Jugend und Frauen werden gewonnen

Thema 3: Beeindruckende „Erfolge" in der Wirtschaftspolitik

Thema 4: Außenpolitische „Erfolge" sorgen für Jubel

Thema 5: Ein Volk im Rausch der Begeisterung – Olympia 1936

Thema 1: „Volksgemeinschaft" – viele wollen dazugehören

Im Alltag des Dritten Reiches spielte der Gedanke der „Volksgemeinschaft" eine herausragende Rolle. Auf den ersten Blick erscheint der Begriff „Volksgemeinschaft" harmlos, vielleicht sogar sehr positiv. Man könnte den Eindruck haben, dass einfach nur die Gemeinsamkeiten eines Volkes betont werden sollten. Die Nationalsozialisten verbanden mit diesem Begriff jedoch sehr viel mehr. Die Idee der Volksgemeinschaft spielte eine Schlüsselrolle auf dem Weg in die Diktatur und den Führerstaat.

- **Wieso erhöhte das Idealbild der „Volksgemeinschaft" die Zustimmung zur Diktatur?**

Wir thematisieren Alltagshandeln in historischer Perspektive.

Vorschlag zur Vorgehensweise und Gestaltung der Präsentation:

1. Wertet die Darstellungstexte und die Bildquellen (M1, M2, M3) mithilfe der Erschließungshinweise aus.

2. Gestaltet DIN A2-Seiten für die Wandzeitung, auf denen ihr eure Arbeitsergebnisse inhaltlich aussagekräftig und anschaulich darstellt. Wichtiger Bestandteil: Platziert euer zusammenfassendes Statement zur Leitfrage im Zentrum einer Plakatseite.

Was verstanden die Nationalsozialisten unter „Volksgemeinschaft"?

Für die Nationalsozialisten bildete das deutsche Volk eine „Bluts- und Schicksalsgemeinschaft" aller Deutschen, für die es ein „herrliches Gefühl" sein sollte, „Deutscher zu sein" (Goebbels). Gegensätze unter den Deutschen sollten keine Rolle mehr spielen: Ob jemand Arbeiter oder Fabrikant war, ob man katholisch, evangelisch oder konfessionslos lebte, ob man einen Volksschul- oder einen Hochschulabschluss besaß – all diese gesellschaftlichen Unterschiede galten als unbedeutend.

Gemeinschaftserlebnisse sollten ein neues Gefühl der Gleichheit und Gemeinsamkeit aller Deutschen schaffen. Die Unterschiede zwischen den Menschen verwischten, wenn beim Fahnenappell auf dem Schulhof die Tochter des reichen Fabrikanten und die Tochter des Hilfsarbeiters nebeneinanderstanden und die gleichen Blusen und Röcke trugen. Oder wenn beim jährlich stattfindenden Erntedankfest auf dem Bückeberg bei Hameln der Großbauer neben dem Knecht stand und beide gemeinsam als „Sachwalter des deutschen Bodens" geehrt wurden. Perfekt organisierte Großveranstaltungen dienten dazu, die Stärke und Geschlossenheit des Volkes vor Augen zu

führen. Jeder sollte sich als ein wichtiges Mitglied der Volksgemeinschaft fühlen. Fahnenweihen und Fackelzüge wurden zu gottesdienstähnlichen Veranstaltungen und gaben den Teilnehmern das Gefühl, an einem religiösen Fest von allergrößter Bedeutung teilgenommen zu haben. Der sogenannte

„Eintopfsonntag" ist ein weiteres einfaches Beispiel: An jedem vierten Sonntag sollten alle Deutschen, vom einfachen Arbeiter bis zum Universitätsprofessor und Fabrikbesitzer, aus riesengroßen Gulaschkanonen Eintopf essen – wie eine einzige große Familie. Nicht allen schmeckte der Eintopf und viele hätten sicherlich lieber einen Braten gegessen, aber insgesamt waren diese Eintopfsonntage sehr populär. Oft wurden die Zutaten gespendet und auch für die Zubereitung fanden sich Freiwillige, sodass die Mahlzeiten sehr preiswert waren oder nur eine Spende für einen „guten Zweck" erbeten wurde (etwa die NS-Volkswohlfahrt oder das Winterhilfswerk).

Kehrseite dieser Gemeinschaftsvorstellungen war die Ausgrenzung und Verfolgung all derer, die sich nicht unterordnen wollten. Wer sich nicht einfügte oder auch nur in den Verdacht geriet, ein Sonderinteresse zu verfolgen, wurde schnell als „undeutsch" eingestuft oder machte sich zumindest verdächtig. Wer am 20. April, dem Geburtstag Hitlers, die Hakenkreuzfahne aus dem Fenster hielt oder wer morgens beim Brötchenkauf mit „Heil Hitler" grüßte, hatte sich deutlich als „Volksgenosse" zu erkennen gegeben. Aber wo stand derjenige, der keine Fahne hisste und weiterhin „Guten Morgen" sagte? Eindeutige Regelungen gab es im Bereich der öffentlichen Medien. Zeitung, Radio oder Film unterlagen der Zensur. Das Ministerium gab täglich „Sprachregelungen" heraus, die genau befolgt werden mussten. Ein Berufsverbot war noch die geringste Gefahr, die Journalisten drohte, wenn sie von der vorgegebenen „Information" abwichen. In ihrer überregionalen Berichterstattung unterschieden sich die Zeitungen so gut wie nicht mehr. Alle liberalen, sozialistischen oder irgendwie fremdartigen Künstler wurden verfolgt, zur Auswanderung gezwungen oder inhaftiert – um die „Volksgemeinschaft" vor der „Zersetzung" zu schützen.

Die Geschichtswissenschaft sieht den Gedanken der

„Volksgemeinschaft" deshalb sehr kritisch; drei Kritikpunkte werden immer wieder genannt:
- Die Betonung der Unterordnung bedeutet gleichzeitig, dass die individuelle Entfaltung begrenzt wird.
- Die Beschwörung des gemeinsamen deutschen Blutes verdeckt den Blick darauf, dass Interessengegensätze unter den Deutschen weiterhin bestanden.
- Die Betonung des „gesunden Volksempfindens" ist eng verknüpft mit einem aggressiven Vorgehen gegen all jene, die diesem Ideal nicht entsprachen.

Wurden Arbeiter in der „Volksgemeinschaft" aufgewertet?

Ein Schlagwort der Zeit: „Arbeit adelt"

Im Kaiserreich und auch in der Weimarer Republik hatte die überwiegende Zahl der Angestellten, Beamten und Selbstständigen sich den Arbeitern überlegen gefühlt. Arbeiter zu sein, bedeutete in ihren Augen, eine geringe Bildung zu besitzen, vergleichsweise wenig Geld zu verdienen und – überhaupt – es im Leben nicht weit gebracht zu haben.

Die Nationalsozialisten dagegen nutzten jede Gelegenheit, um den Arbeitern zu sagen: Innerhalb der Volksgemeinschaft seid ihr genauso wichtig wie die anderen Berufsgruppen! „Arbeit adelt!" wurde zu einem geläufigen Schlagwort.

Der 1. Mai wird Feiertag

In der Planung der Nationalsozialisten sollten die Feiern zum 1. Mai sichtbarer Ausdruck der Aufwertung werden. Seit Jahrzehnten hatten die Arbeiterparteien versucht, diesen „Tag der Arbeit" als Feiertag mit bezahlter allgemeiner Arbeitsruhe durchzusetzen – und waren stets gescheitert. Jetzt, 1933, wurde der 1. Mai zum „Tag der nationalen Arbeit" erklärt. Nicht mehr der Klassengegensatz zwischen Kapitalisten und Arbeitern sollte Inhalt und Ablauf der Feierlichkeiten bestimmen, sondern die Betonung der Gemeinsamkeit der „deutschen Arbeiter der Stirn und der Faust".

Inwieweit die Arbeiter durch Flaggenumzüge und Kundgebungen für das NS-Gedankengut gewonnen werden konnten, ist bis heute umstritten. Es gibt viele Hinweise, dass zahlreiche Arbeiter, vor allem diejenigen, die aktive Gewerkschafter oder Mitglieder der SPD und KPD gewesen waren, nur widerwillig teilnahmen. Andererseits empfand es zweifellos die Mehrheit der Arbeiter als eine spektakuläre Angelegenheit, jetzt gemeinsam mit dem Chef durch die Straßen der Heimatstadt zu marschieren – und dafür, wie an einem normalen Arbeitstag, entlohnt zu werden.

M1 Gedenkpostkarte zum 1. Mai 1933

1. Mai Tag der Arbeit

DAF und KdF

Schon einen Tag später, am 2. Mai 1933, zeigte sich die Kehrseite dieser „Aufwertung". Die Gewerkschaftshäuser wurden besetzt, das Gewerkschaftsvermögen beschlagnahmt und die verbliebenen Gewerkschaftsführer in „Schutzhaft" genommen. An die Stelle der Gewerkschaften trat die Deutsche Arbeitsfront (DAF). Eine Mitgliedspflicht gab es nicht, aber der Zwang zum Eintritt war so stark, dass kaum jemand nicht eintrat (Nichtmitgliedschaft war ein Kündigungsgrund). Die DAF verfügte über beträchtliche Einnahmen, weil jedes Mitglied ca. drei Stundenlöhne als Monatsbeitrag entrichten musste. Auf betriebliche Entscheidungen (etwa die Lohnhöhe) hatte die DAF keinen Einfluss.

Große Bedeutung aber erlangte das Programm „Kraft durch Freude" (KdF). Zu dem Angebot gehörten Wanderungen, Konzerte und vor allem Urlaubsreisen. Viele Arbeiter konnten es sich jetzt erstmals leisten, „mit KdF" auf große Fahrt zu gehen, denn die Reisen waren sehr billig. Zuvor hatten nur „die Reichen" einen Urlaub finanzieren können. 1935 aber verbrachten bereits drei Millionen „Volksgenossen" einen Urlaub innerhalb Deutschlands, 1938 waren es sogar zehn Millionen. „Für uns Arbeiterkinder war's das erste Mal, die Nordsee zu sehen", erinnert sich ein Bergmann aus dem Ruhrgebiet. Seit Mitte der 1930er-Jahre nahmen Hunderttausende an einer

Hochseereise mit den besonders beliebten KdF-Kreuz-fahrtschiffen teil – dass die Reisen aus den eigenen Beiträgen finanziert waren, durchschaute kaum jemand. Dass es auf den Luxusschiffen keine 1., 2. oder 3. Klasse mehr gab und der ungelernte Arbeiter nicht anders behandelt wurde als ein reicher Bürger, konnte jeder sehen. Viele begriffen es als Ausdruck einer tatsächlichen Volksgemeinschaft – auch wenn der Arbeiter im Betrieb nichts zu sagen hatte und dem Betriebsführer gehorchen musste.

1 „Volksgemeinschaft": Erstellt anhand des Darstellungstextes ein Schaubild, das eine Definition des Begriffs enthält und die zentralen Aspekte der nationalsozialistischen Idee der Volksgemeinschaft grafisch verdeutlicht.

2 Interpretiert die Postkarten (M 1, M 3) und das Plakat (M 2). Wendet die Arbeitsschritte der Methode „Bildquellen interpretieren" und „Plakate interpretieren" an.

3 Erläutert am Beispiel der „Aufwertung von Arbeit und Arbeitern", wieso die Idee der „Volksgemeinschaft" so viele Menschen faszinierte.
Haltet eure Antworten in Thesenform fest.

M 2 Werbeplakat 1934

M 3 Postkarte 1935

Auf der Insel Rügen war eine gigantische Erholungsanlage für 20 000 Menschen geplant. 1935 wurde der Grundstein gelegt, der Rohbau (Bettenhäuser, Restaurants, Theater, Bahnhof, Kai) war 1939 fertig. Dieses größte Bauwerk Deutschlands ruft bis heute unterschiedliche Reaktionen hervor.

Für den Historiker H. U. Thamer erklärt sich die grundsätzliche „Mitmachbereitschaft" vieler Deutscher durch eine Mischung aus Faszination und Furcht. Je nach persönlicher Situation seien Begeisterung und Angst vor Nachteilen unterschiedlich verteilt gewesen und empfunden worden, aber rückblickend habe diese Kombination aus Verführung und Gewalt das System zweifellos stabilisiert.

- **Wie zeigte sich das Prinzip von Verführung und Unterdrückung im Alltag der Jungen, Mädchen und der Frauen?**

Wir entnehmen unterschiedlichen Materialsorten Informationen, die für die Leitfrage relevant sind, und gestalten geschichtliche Entscheidungssituationen sachgerecht nach.

Empfehlungen zur Gestaltung eurer Wandzeitungsseite(n):

1. Gestaltet eure Wandzeitungsseite(n) so, dass sie in Wort und Bild nationalsozialistische Idee und Wirklichkeit aus unterschiedlichen Perspektiven dokumentieren.

2. Wertet dazu die Darstellungstexte und das Quellenmaterial M 1–M 4 fragegeleitet aus. Hier findet ihr auch Beispiele für Verführung/Attraktivität und für Unterdrückung.

Die Jugend wird organisiert

Am Tage vor Hitlers Geburtstag traten 10-jährige Jungen in das Jungvolk und 10-jährige Mädchen in den Jungmädelbund ein und gelobten, allzeit ihre Pflicht in „Liebe und Treue zum Führer und unserer Fahne" zu erfüllen. Vom 14. bis zum 18. Lebensjahr dienten die Jungen in der Hitlerjugend (HJ) und die Mädchen im Bund deutscher Mädel (BDM). Die Jungen marschierten im Gleichschritt, uniformiert mit schwarzen Hosen und braunen Hemden. Zur Uniform gehörte auch ein Fahrtenmesser mit Hakenkreuz. Die Mädchen trugen alle einen dunkelblauen Rock, eine weiße Bluse und ein Halstuch. Auch sie marschierten in Gruppen. 1939 waren mindestens 95 % aller Jugendlichen Mitglieder in den Organisationen.

Mit heutigen Erziehungszielen, etwa der Selbstbestimmung in sozialer Verantwortung, hatten diese Jugendorganisationen nichts zu tun. „Meine Pädagogik ist hart. Das Schwache muss weggehämmert werden", soll Hitler bereits 1933 in einem privaten Gespräch gegenüber dem Funktionär eines Lehrerverbandes gesagt haben. „Eine gewalttätige, herrische, unerschrockene, grausame Jugend will ich. [...] Stark und schön will ich meine Jugend". Tatsächlich spielte die Einübung soldatischer Dis-

ziplin eine herausragende Rolle, aber es gab auch Plauderstunden, Gesang, Schulungen, Ernteeinsätze, Spendensammlungen oder Wanderfahrten. Mindestens zweimal in der Woche trafen sich die Mitglieder (deshalb gab es auch hausaufgabenfreie Nachmittage!) für ganz unterschiedliche „Dienste". Im Rückblick beurteilten ehemalige HJ- und BDM-Mitglieder ihre „organisierte" Kindheit und Jugend sehr unterschiedlich.

M 1 Plakat aus den 1930er-Jahren

M 2 Erinnerung an den BDM

Melitta Maschmann, geb. 1918, erinnert sich später an ihre Zeit im BDM:

In diesem Alter findet man sein Leben, das aus Schularbeiten, Familienspaziergängen und Geburtstagseinladungen besteht, kümmerlich und beschämend arm an Bedeutung. Niemand traut einem zu, dass man sich für mehr interessiert als für diese Lächerlich- ⁵keiten. Niemand sagt: Du wirst für Wesentlicheres gebraucht, komm! Man zählt noch nicht mit, wo es um ernste Dinge geht. Aber die Jungen und Mädchen in den Marschkolonnen zählten mit. [...]

Ich wollte aus meinem kindlichen, engen Leben her- ¹⁰aus und wollte mich an etwas binden, das groß und wesentlich war. Dieses Verlangen teilte ich mit unzähligen Altersgenossen. [...] Unsere Lagergemeinschaft war ein verkleinertes Modell dessen, was ich mir unter Volksgemeinschaft vorstellte. Niemals vorher oder ¹⁵nachher habe ich eine so gute Gemeinschaft erlebt.

[…] Unter uns gab es Bauernmädchen, Studentinnen, Arbeiterinnen, Verkäuferinnen, Friseusen, Büroangestellte usw. Geführt wurde das Lager von einer ost-
20 preußischen Bauerntochter. […] Gestützt auf diese Erfahrung glaubte ich, dass der Musterfall unseres Lagers sich eines Tages ins Unendliche würde vergrößern lassen.

(M. Maschmann, Fazit, Stuttgart 1963, S. 17 ff.)

Das Frauenbild des Nationalsozialismus

Die Leistungen der Frauen als Hausfrauen und Mütter wurden in einer bis dahin nicht gekannten Weise gewürdigt. Vor allem die Mütter wurden demonstrativ geehrt. Der Muttertag, Anfang des Jahrhunderts von den Blumenläden zur Geschäftsbelebung eingeführt, wurde am zweiten Maisonntag als Ehrentag feierlich begangen. Im Jahre 1939 wurde an diesem Tage zum ersten Mal das Mutterkreuz an kinderreiche Mütter verliehen – in Bronze für vier, in Silber für sechs und in Gold für acht Kinder. Das Mutterkreuz war ein Orden, der die Frauen mit anderen „Helden" in eine Reihe stellte. Auf der anderen Seite wurden die jungen oder kinderlosen Frauen unmissverständlich darauf hingewiesen, dass sie für erbgesunden Nachwuchs zu sorgen hatten, damit die Zukunft des deutschen Volkes gesichert war. Für Frauen, die heirateten, gab es ein zinsloses Darlehen in Höhe von 1 000 Reichsmark (etwa ein halbes Jahreseinkommen eines Facharbeiters). Pro Kind wurde ein Viertel erlassen.
Einfluss in der Politik oder in der Wirtschaft gestanden die Nationalsozialisten keiner Frau zu. Mit dem kritisch gemeinten Vorwurf gegen „Doppelverdiener" wurden verheiratete Frauen aus dem Erwerbsleben gedrängt. Sie sollten keine Arbeitsplätze für Männer blockieren. Die Frauenquote an den Universitäten wurde auf maximal 10 % festgelegt. Als Ende der 1930er-Jahre qualifizierte Stellen nicht mehr besetzt werden konnten, wurde das Idealbild der Frau als Hausfrau und Mutter zu einem Lippenbekenntnis. Vor allem in der Rüstungsindustrie wurden immer mehr Frauen eingestellt. In den Kriegsjahren wurde die Berufstätigkeit der Frauen zur Regel.

1 Stellt anhand des Darstellungstextes Ziele und charakteristische Merkmale nationalsozialistischer Jugenderziehung zusammen.

2 Fasst zusammen, wie Melitta Maschmann (M 2) ihre positive Haltung zum BDM begründet.

3 Erläutert anhand von Darstellungstext und Bildern (M 3/M 4) das Idealbild, das Hitler von der deutschen Frau entwirft.

4 Tipps zur Veranschaulichung von Alltagshandeln:
a) Spielt ein Gespräch unter 14-Jährigen vor; zumindest ein Junge oder ein Mädchen ist überzeugter Anhänger von HJ oder BDM, zumindest ein Jugendlicher will nicht eintreten. Jeder versucht, den anderen zu überzeugen.
b) Die Siegerin beim Bügelwettbewerb (M 4) ist überglücklich und schreibt einen Brief an ihre beste Freundin: „Liebste Gisela, heute ist der schönste Tag in meinem Leben …".
Gisela schreibt einen Antwortbrief, in dem sie auf den Sieg im Bügelwettbewerb eingeht und sich sehr kritisch zum NS-Frauenbild äußert.

M3 Zum Muttertag 1936

M4 Bügelwettbewerb beim Reichsberufswettkampf

Ermittelt wurden die besten „Mitarbeiterinnen am Werk des Führers" (Foto um 1938).

„Der Mann mag seine Fehler haben, aber er hat uns wieder Arbeit und Brot gegeben" – so lautete eine populäre These über Hitler. Aus der Sicht heutiger Historiker hat eine „erfolgreiche" Wirtschaftspolitik tatsächlich für große Zustimmung gesorgt. Dieser „Erfolg" jedoch hatte eine Kehrseite, die den Zeitgenossen oft verborgen blieb, aber aus heutiger Sicht offengelegt und beurteilt werden muss. Wir nehmen den „Erfolgsbereich Wirtschaft" unter die Lupe.

- **Worin bestand der „Erfolg" der Wirtschaftspolitik aus der Sicht der Zeitgenossen?**

- **Welche „Kehrseite" hatte diese Politik?**

Wir analysieren und beurteilen Sichtweisen und Handeln von Menschen im zeitgenössischen Kontext.

Vorschläge zur Erarbeitung der Wandzeitungsseite(n):

1. Wertet arbeitsteilig die Darstellungstexte, die Postkarte sowie das statistische Material mithilfe der Erschließungsvorschläge aus.

2. Die Gestaltung eurer Seite(n) sollte inhaltlich zwei Schwerpunkte – „Erfolg" und „Kehrseite" – haben und so Antworten auf die beiden Leitfragen geben.

M1 **Propagandapostkarte zum Autobahnbau, 1936**

Die Überwindung der Wirtschaftskrise – für viele Menschen war es ein Wunder

In den Jahren nach 1933 betrug das jährliche Wirtschaftswachstum durchschnittlich mehr als 10 % und die Arbeitslosigkeit ging immer mehr zurück: Im Januar 1933 waren noch fast sechs Millionen Deutsche arbeitslos gewesen, 1938 herrschte Vollbeschäftigung. Vielen Deutschen erschien diese Entwicklung wie ein Wunder, das sie sich nicht erklären konnten und deshalb als „Erfolg" der neuen Regierung bejubelten.

Wie sehr dieser wirtschaftliche Erfolg die Zustimmung zur Diktatur erhöhte, verdeutlicht eine Episode aus der Lebensgeschichte der **Zeitzeugin Eva Sternheim-Peters**. Sie beschreibt ein Erlebnis aus ihrer Kindheit, das sich auf dem Höhepunkt der Weltwirtschaftskrise ereignete: Eines Tages stand die Nachbarin, Frau Steinhauer, vor der Tür und wollte die Mutter sprechen. Frau Steinhauer bat dringend darum, gegen Bezahlung kleinere Näh- und Flickarbeiten erledigen zu dürfen, denn der Mann war schon seit Jahren arbeitslos und die Familie hatte kein Geld. Evas Mutter jedoch sah keine Möglichkeit, der Nachbarin zu helfen. Frau Sternheim-Peters erinnert sich genau, wie Frau Steinhauer „an jenem Nachmittag die Treppen wieder hinunterging: die unförmige Gestalt mit der alten Jacke über der Kittelschürze, die glanzlos-fettigen Haare, das breitflächige Gesicht mit dem grauen, hoffnungslosen Ausdruck." Die Steinhauers mussten die Wohnung verlassen. Etwa fünf Jahre später trafen Eva und ihre Mutter zufällig auf einem Wochenmarkt auf Frau Steinhauer. Fast hätten sie die ehemalige Nachbarin nicht erkannt: Sie hatte frische Dauerwellen, trug einen Pelzkragen auf dem Wintermantel und von Bedrückung oder Verzweiflung gab es keine Spur. Man kam ins Gespräch und Frau Steinhauer sagte: „Mir geht es gut! Mein Mann hat wieder Arbeit!" Eva war erst zehn Jahre alt, aber sie spürte deutlich: „In diesen Worten lag mehr als ein vom Herzen fallender Stein"; sie glaubte, dass „ein ganzes Gebirge von Erleichterung und neu erwachtem Lebensmut" zum Ausdruck kam. Als Eva einige Monate später die beiden Söhne der Steinhauers mit neuen Fahrrädern sah, wusste sie, dass die Steinhauers jetzt in einer ganz anderen Lage waren als fünf Jahre zuvor. Sie konnte sich die „wundersame Verwandlung" nicht recht erklären. Tief in ihrem Inneren spürte sie jedoch, dass die Überwindung der Not etwas mit der neuen Politik des Führers Adolf Hitler zu tun haben musste, der so tatkräftig und entschlossen vorging. In diesem Augenblick, so schreibt Frau Sternheim-Peters rückblickend, entwickelte die kleine Eva „eine kindliche Liebe zum Führer".

Das „Wirtschaftswunder" lässt sich erklären

Die Erfahrungen der kleinen Eva lassen sich durchaus verallgemeinern. Auch viele Erwachsene und zahlreiche ausländische Beobachter waren vom wirtschaftlichen Aufschwung der 1930er-Jahre überwältigt und sprachen von einem „deutschen Wirtschaftswunder". Bei nüchterner Betrachtung lässt sich diese Entwicklung jedoch recht einfach erklären. Das „Wunder" bestand darin, dass die Nationalsozialisten vom ersten Tag ihrer Regierung an deutlich mehr Geld ausgaben als die Regierungen der Weimarer Republik. Im Jahre 1934 waren es etwa fünf Milliarden Reichsmark zusätzlich. Diese Summe betrug ziemlich genau das Dreifache aller industriellen Investitionen. In den ersten Regierungsjahren flossen die zusätzlichen Gelder hauptsächlich in die Löhne für Arbeitskräfte, die jetzt Straßen oder Häuser bauten oder in Rüstungsbetrieben beschäftigt waren. Zuvor waren diese Menschen arbeitslos gewesen und hatten kein Geld verdient. Jetzt hatten sie Beschäftigung und kauften von ihrem Lohn Güter und Dienstleistungen, für die sie sonst kein Geld gehabt hätten. Die Nachfrage insgesamt stieg also an und die Produktion wurde angekurbelt.

Das „Wirtschaftswunder" hat eine Kehrseite

Man muss gar kein Experte sein, um zu begreifen, dass eine solche Politik zusätzlicher Ausgaben problematisch ist: Wer mehr Geld ausgibt, als er hat, muss sich das Geld leihen und zu einem späteren Zeitpunkt (gegen einen Zins) zurückbezahlen. Die Nationalsozialisten wandten nun einen Trick an, um das Verschuldungsproblem zu verschleiern. Sie liehen sich die zusätzlichen Gelder nicht bei normalen Banken oder direkt bei den Sparern, sondern bei neu geschaffenen „Geld- und Kapitalsammelstellen", die Gelder von Sparern einsammelten und eine hohe Verzinsung versprachen. Diese Sparer gingen davon aus, dass ihre Gelder sicher angelegt waren und freuten sich darauf, nach fünf, acht oder zehn Jahren einen viel höheren Betrag zu bekommen, als sie eingezahlt hatten. Aber da irrten sie sich gründlich. Denn die „Geld- und Kapitalsammelstellen" gaben die Gelder gleich an den Staat weiter und besaßen selbst überhaupt keine Gegenwerte (etwa Gebäude, Rohstoffe, Gold o.Ä.). Sie hätten die ihnen anvertrauten Gelder gar nicht zurückzahlen können. Für die Spitzenpolitiker im NS-Regime war dieser Zusammenhang von Anfang an klar. Sie wussten genau, dass es nur eine Chance gab, die geliehenen Gelder zurückzahlen zu können – nämlich durch die Beute in einem siegreichen Krieg.

Neben der unseriösen Finanzierung des wirtschaftlichen Aufschwungs gibt es eine zweite Schattenseite: Der Löwenanteil der zusätzlichen Gelder floss seit 1934 in den Bereich der Aufrüstung – um Panzer, Flugzeuge oder Kriegsschiffe zu bezahlen. Hitler sah die Arbeitsbeschaffung immer nur als Mittel zum Zweck: Arbeiter wurden eingestellt und bezahlt, um die Rüstung zu fördern und einen Krieg erfolgreich führen zu können.

M2 Arbeitslose 1932 – 1938

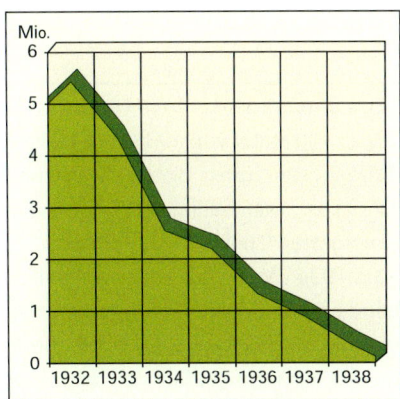

M3 Öffentliche Investitionen 1933 – 1938

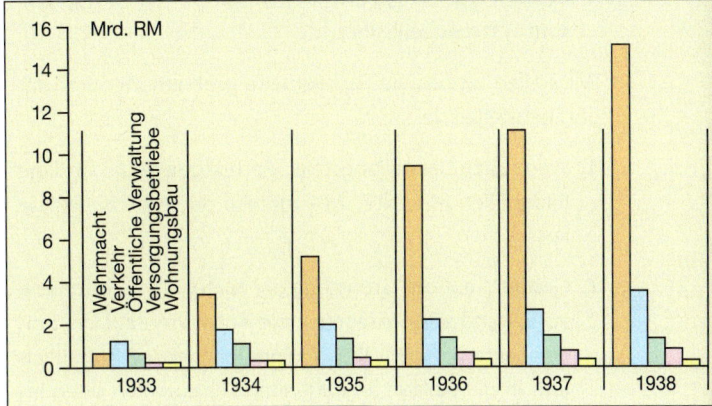

1 Erklärt die Zusammenhänge zwischen Wirtschaftspolitik und Aufstieg bzw. Akzeptanz des Nationalsozialismus.
  a) Stellt dar, wie die Zeitzeugin Eva Sternheim-Peters ihr Kindheitserlebnis rückblickend schildert.
  b) Interpretiert die Postkarte M 1 unter der Fragestellung, welche Erklärung für das „Wirtschaftswunder" sie nahelegt.
  c) Untersucht das Diagramm M 2 unter dem Aspekt Zustimmungsbereitschaft und Aufstieg des Regimes.
  d) Erstellt ein Flussdiagramm, das die Grundstrukturen des nationalsozialistischen „Wirtschaftswunders" visualisiert.

2 Erläutert auf der Grundlage der Informationen des Darstellungstextes und des Diagramms M 3 die „Kehrseite" des Wirtschaftswunders und nehmt dazu Stellung.

3 Spielszene: Stellt in einfacher Form die beiden Begegnungen vor, von denen Eva Sternheim-Peters rückblickend erzählt. Ein Gruppenmitglied tritt hinzu und erklärt den „Schauspielern" und der Klasse, wie der wirtschaftliche Aufschwung der Familie Steinhauer zu erklären ist. Es verschweigt aber auch nicht die hinterhältige Strategie.

„Zug um Zug zerriss Adolf Hitler das Diktat von Versailles!" Dieser Plakattitel von 1938 drückt die Bewunderung vieler Zeitgenossen über die „erfolgreiche" Außenpolitik seit 1933 aus. „Man hat im Rausch der Außenpolitik alles andere vergessen", notierte der jüdische Professor Klemperer am 23.3.1936. War wirklich eine Überwindung der als demütigend empfundenen Bestimmungen des Versailler Vertrages das Ziel des NS-Regimes – oder wurden unter dem Deckmantel der Versailles-Revision ganz andere Ziele verfolgt?

● **Was waren Schlüsselereignisse und charakteristische Merkmale der NS-Außenpolitik nach 1933?**

● **Warum war diese Form der Außenpolitik so populär und systemstabilisierend?**

Wir stellen historische Sachverhalte problemorientiert dar und beurteilen sie.

1. Wertet den Darstellungstext, die Textquelle M 3 und die Bildquellen M 1, M 2, M 4 mithilfe der Arbeitsaufträge aus.

2. Gestaltet auf der Grundlage der Materialauswertungen eure Wandzeitungsseite(n), die Antworten auf die beiden Leitfragen gibt. Dabei könnt ihr euch z. B. inhaltlich und in der Anlage an folgenden Leitaspekten orientieren: Datenliste, Merkmale und Ziele, Strategie „Schein und Wirklichkeit", Machtstabilisierung.

„Schein und Wirklichkeit" – Die NS-Außenpolitik 1933 – 1938

Bei oberflächlicher Betrachtung waren die außenpolitischen Erfolge in den Jahren nach 1933 spektakulär: Innerhalb von fünf Jahren wurden viele Bestimmungen des Versailler Vertrages überwunden. Im Januar 1935 gelang der erste Erfolg – 91 % der Saarländer entschieden sich in einer Volksabstimmung für die Rückkehr ins Deutsche Reich. Zwei Monate später führte die NS-Regierung die allgemeine Wehrpflicht ein und setzte sich damit über die Begrenzung der Truppenstärke hinweg. Im März 1936 besetzten deutsche Truppen die laut Vertrag entmilitarisierte Rheinlandzone, im Jahre 1938 erfolgte der im Vertrag ausdrücklich verbotene „Anschluss" Österreichs an das Deutsche Reich. In allen Fällen gab es allenfalls Proteste der ehemaligen Siegermächte, aber kein entschlossenes oder sogar militärisches Eingreifen. Die Briten wollten einen Krieg vermeiden und glaubten, durch Zugeständnisse die deutschen Ansprüche beschwichtigen zu können (Appeasement-Politik); die Franzosen waren

innenpolitisch zerstritten und fühlten sich militärisch nicht in der Lage, gegen das wiedererstarkte Deutsche Reich vorzugehen. Im Ergebnis bedeutete dies, dass die NS-Regierung alle Erfolge erzielt hatte, ohne einen einzigen Schuss abzugeben. Die Massen jubelten Hitler zu, denn jeder konnte ja sehen, dass Großdeutschland Wirklichkeit geworden war. Damit war die Demütigung von Versailles ausgelöscht. Mehr noch: Hitler und die anderen Regierungsmitglieder hatten immer wieder ihre Friedfertigkeit betont; entsprechende Verträge erhöhten die Glaubwürdigkeit dieser Politik. So schloss das Deutsche Reich im Sommer 1933 einen Staatsvertrag mit dem Vatikan, im Jahre 1934 einen Nichtangriffspakt mit Polen und 1935 ein Flottenabkommen mit Großbritannien – all das waren in der Wahrnehmung der Zeitgenossen Belege für eine vorsichtige Politik, die deutsche Interessen vertrat, aber keinen kriegerischen Konflikt suchte. Hitler war in den Augen vieler Deutscher nicht nur erfolgreich, er war auch ein Garant des Friedens. In einer Volksabstimmung im April 1938 erklärten über 99 % der Deutschen ihr Einverständnis mit der Politik des NS-Regimes. Die heutige Quellenlage belegt, dass Hitler die tatsächlichen Ziele seiner Außenpolitik von Anfang an verschleiert hat. Bereits am 3. Februar 1933 hielt er vor Generälen der Reichswehr einen Vortrag, in dem er unmissverständlich formulierte, dass die neu gewonnene politische Macht dazu gebraucht werden sollte, neuen Lebensraum im Osten zu gewinnen und die „rücksichtslose Germanisierung" dieses Raumes anzustreben. Parallel zur Umsetzung der Kriegszielpolitik wuchs der Anteil der Rüstungsausgaben am Sozialprodukt von 1,3 % im Jahre 1932 auf 21 % im Jahre 1938. Die Denkschrift zum Vierjahresplan (verfasst 1936) schließt mit dem klaren Führerbefehl: „Die deutsche Armee muss in vier Jahren einsatzfähig sein. Die deutsche Wirtschaft muss in vier Jahren kriegsfähig sein." Diese Aussagen und Befehle wurden jedoch nie öffentlich formuliert. Nach außen betonten alle Regierungsmitglieder immer ihre Friedfertigkeit. Beispielhaft dafür sind die Worte Adolf Hitlers in seiner Rede vor dem Reichstag am 21.5.1933: „Das nationalsozialistische Deutschland will den Frieden aus tiefinnersten weltanschaulichen Überzeugungen."

1 Erstellt eine kommentierte chronologische Datenliste (vgl. S. 108) der Schlüsselstationen der NS-Außenpolitik.

2 Listet in kurzen Sätzen die charakteristischen Merkmale und die Strategie der NS-Außenpolitik nach 1933 auf.

Plakat von 1938

Eine westdeutsche Kleinstadt (um 1935)

M3 **Hitler-Rede vor führenden Vertretern deutscher Zeitungen (10.11.1938)**

Die Umstände haben mich gezwungen, jahrzehntelang nur vom Frieden zu reden. Nur unter der fortgesetzten Betonung des deutschen Friedenswillens und der Friedensabsichten war es mir möglich, dem deutschen Volk Stück für Stück die Freiheit zu erringen und
5 ihm die Rüstung zu geben, die immer wieder für den nächsten Schritt als Voraussetzung nötig war. Es ist selbstverständlich, dass eine solche jahrzehntelang betriebene Friedenspropaganda auch ihre bedenklichen Seiten hat; denn es kann nur zu leicht dahin führen, 10 dass sich in den Gehirnen vieler Menschen die Auffassung festsetzt, dass das heutige Regime an sich identisch sei mit dem Entschluss und dem Willen, den Frieden unter allen Umständen zu bewahren. [...] Es war nunmehr notwendig, das deutsche Volk psycholo- 15 gisch allmählich umzustellen und ihm langsam klarzumachen, dass es Dinge gibt, die, wenn sie nicht mit friedlichen Mitteln durchgesetzt werden können, mit den Mitteln der Gewalt durchgesetzt werden müssen.
(Zit. nach: Geschichte in Quellen, 1914–1945, S. 407f.)

M4 **Hitlers „Friedenspolitik"**

Amerikanische Karikatur, Mai 1933

The Nation, New-York.

1 Interpretiert das Plakat (M1), das Foto (M2) und die Karikatur (M4) unter den beiden Leitfragen. Wendet die Arbeitsschritte der euch bekannten Methoden „Plakate interpretieren" (s. S. 76), „Fotografien interpretieren" und „Karikaturen entschlüsseln" an.
Präsentationstipp: Klebt Kopien des Plakats und der Bildquellen auf eure Wandzeitungsseite(n) und notiert darunter jeweils, welche belegbaren Schlussfolgerungen bezüglich der Leitfragen gezogen werden können.

2 Interpretiert die Hitler-Rede mithilfe der Methode "Eine politische Rede untersuchen" (s. S. 39). In eure Seite(n) solltet ihr eine kurze Wiedergabe der Kerngedanken der Rede und in Thesenform eure Antworten auf die Leitfragen aufnehmen.

Die Olympischen Spiele, die 1936 in Garmisch-Partenkirchen und in Berlin stattfanden, wurden von fast allen Besuchern und Beobachtern als großartige Sportveranstaltungen und Feste mit toller Stimmung gefeiert. Auch die ausländischen Gäste hatten überwiegend das Gefühl, Teil eines ganz außerordentlichen Geschehens zu sein. Fast ausnahmslos wurde bewundert, wie einfallsreich und perfekt die Spiele organisiert waren und welche hervorragenden Leistungen die (deutschen) Sportler unter diesen Bedingungen erzielten. Nur wenige Beobachter verfielen nicht dem „Rausch der Begeisterung" und bewahrten einen kritischen Blick.

- **Olympia 1936 – kann eine Sportveranstaltung ein politisches System stützen?**

Wir beschreiben und beurteilen ein historisches Schlüsselereignis.

Vorschlag zur Gestaltung der Wandzeitung:
Dokumentiert auf der Grundlage der Informationen zum Ablauf und zur Inszenierung der Spiele, der Analyse des Fallbeispiels Helene Mayer und des Tagebucheintrags von Victor Klemperer (M 3) die politische Instrumentalisierung des Sports zur Stützung des Regimes.
Tipp: Ihr könnt auch zwei Kommentare in die Dokumentation einbinden. Zum Beispiel so:
Versetzt euch in die Rolle eines (ausländischen) Sportreporters, der nach Abschluss der Spiele einen Kommentar verfasst. Zwei Überschriften stehen zur Auswahl: „Olympia 1936 – der schöne Schein ist trügerisch!" oder „Danke Deutschland! Olympia 1936 war ein großes Fest der Freude!"

Der Ablauf der Spiele
Die Olympischen Spiele 1936 wurden zu einem großen, glanzvollen Ereignis und steigerten das Ansehen des Nationalsozialismus in der Welt. Zwei Wochen lang konnten sich mehr als 6000 Sportler, Offizielle und Journalisten aus aller Welt über eine perfekt organisierte Veranstaltung und sportlich faire Wettkämpfe freuen. Berlin zeigte sich von seiner gastfreundlichsten Seite. Es herrschte eine ungezwungene Atmosphäre der Freiheit und Weltoffenheit. Der britische „Observer" sprach von dem großartigsten Sportereignis, das die Welt je gesehen habe; der Präsident des Internationalen Olympischen Komitees, Graf de Baillet-Latour (Frankreich), urteilte: „In dieser herzlichen Feststimmung konnten die Olympischen Spiele 1936 in einem grandiosen Rahmen und in einer Atmosphäre allgemeiner Sympathie, die durch keine politischen Schwierigkeiten getrübt wurde, stattfinden".
Kritische Stimmen, ganz zu schweigen von Boykottüberlegungen, waren verstummt.
Einige Elemente der Berliner Olympiade haben sich bis heute gehalten. So etwa die pompösen Eröffnungs- und Schlussfeiern oder der Fackellauf, mit dem das olympische Feuer (zuvor im heiligen Hain von Olympia entzündet) in das Stadion getragen wird. Berlin veranstaltete auch erstmals die Olympischen Spiele als Mediener-

M 1 Eine festlich geschmückte Straße

eignis. Der Rundfunk übertrug die Veranstaltungen fast ohne Pause und mit leichter Verzögerung erreichten auch die Wochenschaufilme in den Kinos alle Winkel des Reiches. Buchverlage gaben aufwendige Bildbände heraus und die Sammelalben, in denen großformatige Olympia-Bücher durch Bilder aus Zigarettenschachteln nach und nach selbst illustriert werden konnten, erreichten eine Auflage von über einer Million Exemplaren.

Die Massen waren elektrisiert, zumal die deutschen Sportler überaus erfolgreich waren und in der Medaillenwertung noch weit vor den USA rangierten. Zum herausragenden Teilnehmer der Sommerspiele wurde jedoch der US-Amerikaner Jesse Owens, der vier Goldmedaillen errang. Von den deutschen Zuschauern wurde der stets gut gelaunte Athlet begeistert gefeiert, aber Hitler verweigerte den Händedruck: Zu deutlich widersprach Owens als Mensch mit schwarzer Hautfarbe dem Denken von der Überlegenheit der germanischen Rasse.

Der Fall Helene Mayer

470 deutsche Sportlerinnen und Sportler gehörten zum Olympia-Team; nur ein Mitglied, nämlich die Fechterin Helene Mayer aus Offenbach, war eine Jüdin. Eigentlich hatten jüdische Sportler überhaupt keine Chance, sich für die Olympischen Spiele zu qualifizieren. Entweder waren sie aus den Vereinen ausgeschlossen worden oder man hatte sie zu den Ausscheidungskämpfen nicht zugelassen. Dies war allgemein bekannt, sodass mehrere Staaten, insbesondere die USA, im Frühjahr 1936 ernsthaft erwogen, ihre Mannschaften nicht nach Berlin zu schicken. Erst die Aufnahme Helene Mayers in die deutsche Olympiamannschaft stoppte die Befürworter eines Boykotts.

Helene Mayer war ein Sonderfall. Zum einen war sie prominent. Bei der Olympiade 1928 hatte sie die Goldmedaille gewonnen, 1931 und 1933 war sie Weltmeisterin geworden. Zum anderen lebte sie schon seit 1932 aus privaten Gründen in Kalifornien, weshalb ihr „Fall" in den USA großes Aufsehen erregte. Eine mögliche Nichtnominierung hätte mit großer Wahrscheinlichkeit die Absage des gesamten US-Teams bedeutet. Hitler persönlich soll deshalb angeordnet haben, Helene Mayer in die deutsche Mannschaft aufzunehmen. Pikanterweise entsprach ihre äußere Erscheinung (sehr groß, lange blonde Haare, zum Zopf geflochten) genau dem Bild einer arischen Modellathletin. Sie selbst stufte sich als unpolitische Sportlerin ein, die unbedingt noch einmal eine Olympiamedaille gewinnen wollte. Nach den Spielen kehrte sie nicht wieder nach Deutschland zurück und nahm 1938 die amerikanische Staatsbürgerschaft an.

M2 Siegerehrung

Die Siegerinnen im Florettfechten bei der Ehrung im Olympiastadion: (von links) Ellen Preis – Österreich (3.), Ilona Elek-Schacherer Ungarn (1.) und Helene Mayer – Deutschland (2.)

M3 Victor Klemperer

Die kritische Sicht eines jüdischen Professors, der sein Ordinariat an der Technischen Hochschule Dresden 1935 verloren hatte:

Die Olympiade, die nun zu Ende geht, ist mir doppelt zuwider. 1. als irrsinnige Überschätzung des Sports; die Ehre eines Volkes hängt davon ab, ob ein Volksgenosse zehn Zentimeter höher springt als alle andern. Übrigens ist ein Neger aus USA am allerhöchsten gesprungen, und die silberne Fechtmedaille für Deutschland hat die Jüdin Helene Mayer gewonnen (ich weiß nicht, wo die größere Schamlosigkeit liegt, in ihrem Auftreten als Deutsche des Dritten Reichs oder darin, dass ihre Leistung für das Dritte Reich in Anspruch genommen wird). [...] Und 2. ist mir die Olympiade so verhasst, weil sie nicht eine Sache des Sports ist – bei uns meine ich –, sondern ganz und gar ein politisches Unternehmen. „Deutsche Renaissance durch Hitler" las ich neulich. Immerfort wird dem Volk und den Fremden eingetrichtert, dass man hier den Aufschwung, die Blüte, den neuen Geist, die Einigkeit, Festigkeit und Herrlichkeit, natürlich auch den friedlichen, die ganze Welt liebevoll umfassenden Geist des Dritten Reiches sehe. Die Sprechchöre sind (für die Dauer der Olympiade) verboten, Judenhetze, kriegerische Töne, alles Anrüchige ist aus den Zeitungen verschwunden, bis zum 16. August, und ebenso lange hängen überall Tag und Nacht die Hakenkreuzfahnen. In englisch geschriebenen Artikeln werden „unsere Gäste" immer wieder darauf hingewiesen, wie friedlich und freudig es bei uns zugehe [...].

(Victor Klemperer, Ich will Zeugnis ablegen bis zum letzten – Tagebücher 1933–1941, Aufbau-Verlag 1995, S. 292f.)

Der Ausschluss aus der „Volksgemeinschaft"

Alle Menschen, die von der vorgegebenen Norm abwichen, wurden verdächtigt, sich „gegen die geistige und rassische Substanz des deutschen Volkes" zu vergehen. Als „Volksschädlinge" gehörten sie nicht zur „Volksgemeinschaft".

- „Gemeinschaftsfremde": Sinti und Roma, Behinderte, Juden

Wir präsentieren und beurteilen historische Fallbeispiele.

1. Bereitet einen Kurzvortrag zu einer der drei ausgegrenzten Gesellschaftsgruppen vor (s. S. 187: Informationen präsentieren). Stellt den jeweiligen Fall als typisches Beispiel in den Mittelpunkt eurer Ausführungen und erläutert daran, wie das nationalsozialistische Regime mit dieser Gesellschaftsgruppe umgegangen ist.

2. So könnt ihr euren Expertenvortrag vorbereiten: Bearbeitet die Darstellungstexte und Materialien mithilfe der Erschließungshinweise. Notiert die zentralen Informationen auf Karteikarten. Ihr könnt zu eurem Vortrag ein kurzes Thesenpapier oder Handout erstellen. **Zusätzliche Recherche:** Recherchiert zu eurem Thema im Internet (s. Methode S. 81).

3. Kreisgespräch: „Nicht dazugehören" – Diskutiert die Problematik der Politik der Ausgrenzung. Beziehet dabei die Tradition der Menschenrechte und Art. 1 des Grundgesetzes „Die Würde des Menschen ist unantastbar" ein.

Maßnahmen gegen Sinti/Roma

1935: Nürnberger Gesetze (Aberkennung aller politischen Rechte und Ämter, Verbot der Ehe – „Rassenschande" – zwischen „Zigeunern" und Ariern).

1936: Erste Deportation von Sinti und Roma ins KZ.

1937: Gründung der Rassehygienischen Forschungsstelle. Prof. Dr. Ritter „erforscht", dass 90 % aller „Zigeuner" als „Mischlinge" zu gelten haben; er schlägt vor, diese zu sterilisieren und in „Arbeitslagern" zu internieren; „Reinrassige" leben wie bisher.

1938: Erlass Heinrich Himmlers (erlaubt jedem Polizisten, „Bettler, Landstreicher – „Zigeuner" –, Dirnen […] ohne festen Wohnsitz" festzunehmen, auch wenn keine Straftat vorliegt).

1939: Mit Beginn des Zweiten Weltkriegs radikalisieren sich die Maßnahmen (Deportation ins eroberte Polen, Überstellung in Konzentrationslager).

Gruppe 1: Der Umgang mit den Sinti, Roma und anderen Minderheiten

Seit Jahrhunderten waren die Sinti und Roma eine unbeliebte Minderheit, die als arbeitsscheu und kriminell galt. In der Umgangssprache wurden diese Menschen, die keinen festen Wohnsitz kannten, abwertend als „Zigeuner" bezeichnet. Unter dem NS-Regime verschärfte sich die Verfolgung der „arbeitsscheuen, asozialen Elemente", von denen sich jeder „Deutschblütige" aus „rassehygienischen Gründen" fernzuhalten hatte. Von den etwa 25 000 „deutschen Zigeunern" hat etwa nur die Hälfte die Zeit des Dritten Reiches überlebt. Genaue Opferzahlen sind schwer zu ermitteln, da die Begriffe nicht einheitlich waren und die Erlasse sehr unterschiedlich ausgelegt wurden.

Ausgegrenzt aus der Volksgemeinschaft wurden auch die Homosexuellen; ihnen warfen die Nationalsozialisten vor, durch ihr „widernatürliches Sexualverhalten" die Stärke des Volkes und der Rasse zu beeinträchtigen. Bis 1945 wurden nach Schätzungen 5 000 bis 15 000 Menschen als Homosexuelle in KZs interniert, wo sie einen rosafarbenen Winkel tragen mussten. Ein Großteil wurde entlassen (z. B. nach einer Kastration, nach „erfolgreicher" Umerziehung oder „zur Frontbewährung"). Auch wenn eine systematische Ermordung dieser Bevölkerungsgruppe nicht feststellbar ist, war die soziale Ausgrenzung allgegenwärtig.

M1 „Rassenforschung"

Dr. Ritter, begleitet von einem Polizeibeamten, befragt eine alte Frau (Sinti oder Roma).

Opfer haben einen Namen: Der Fall Johann „Rukeli" Trollmann

Im Juni 1933 sollen zwei ganz ungleiche Boxer gegeneinander um den Titel des deutschen Boxmeiers im Halbschwergewicht kämpfen. In der einen Ringecke steht ein „Arier": Adolf Witt aus Kiel. In der anderen Ecke steht Johann Trollmann aus Hannover, nur 74 Kilogramm schwer und im Vergleich zu Witt sehr schmächtig wirkend. Der Deutsche Boxverband hat zu verhindern versucht, dass Trollmann um den Titel kämpft, denn Trollmann ist ein „Zigeuner". Doch „Rukeli", wie seine Freunde den Sinto Trollmann nennen, ist einer der bekanntesten Boxer Deutschlands und kann nicht einfach ignoriert werden. Der Deutsche Boxverband hat dem Kampf schließlich zugestimmt, weil alle annehmen, dass der schlagkräftige und deutlich größere Witt ohnehin gewinnen wird. Aber am 9. Juni wird Witt von seinem Gegner nach allen Regeln der Boxkunst beherrscht. Trollmann tanzt ihn zwölf Runden lang aus, trifft nach Belieben und sammelt Punkt für Punkt. Alle Zuschauer sind sicher, dass das Urteil nur eine Formsache ist und Trollmann als neuer Deutscher Meister ausgerufen wird. Aber Trollmanns „Rassenzugehörigkeit" und sein Boxstil stehen einer objektiven Würdigung seiner Leistung im Weg. Schon 1932 hatte der Sportredakteur Ludwig Haymann im „Völkischen Beobachter", dem Zentralorgan der NS-DAP, Trollmann vorgeworfen, der federnde, tänzelnde Boxstil voller „Mätzchen" sei „nicht deutsch". Als die Punktrichter den Kampf unentschieden werten, kommt es zu Tumulten in der Halle. Die Zuschauer protestieren minutenlang und drohen die Halle kurz und klein zu schlagen. Schließlich beugen sich die Veranstalter und erklären Trollmann zum neuen Deutschen Meister im Halbschwergewicht.

In der nächsten Ausgabe der Fachzeitschrift „Boxsport" wird über den Kampf ausführlich berichtet. Trollmann habe „artfremd" und „theatralisch" geboxt, seine „zigeunerhafte Unberechenbarkeit" wird verspottet. Acht Tage später erkennt der Deutsche Boxsportverband (8 von 10 Präsidiumsmitgliedern sind Mitglieder der NS-DAP) ihm den Titel ab; Trollmann wird bald darauf aus dem Boxsportverband ausgeschlossen, seine Karriere ist beendet. Nur einen Kampf, der schon zuvor anberaumt worden war, darf er noch durchführen. Es geht um nichts. Trollmann hat sich die Haare blond gefärbt, bewegt sich überhaupt nicht im Ring und nimmt Schlag für Schlag hin – deutlicher hätte er seinen Protest nicht zum Ausdruck bringen können.

In den 1930er-Jahren schlägt er sich mehr schlecht als recht als Rummelboxer durch und er lässt sich sterilisie-

ren, denn er hofft, dass er als ein Sinto mit festem Wohnsitz der Verfolgung entgeht, da er sein „minderwertiges Erbgut" ja nicht mehr weitergeben kann.

Ab 1939 ist Trollmann Soldat, wird verwundet und erhält Auszeichnungen. 1942 jedoch wird er als „Zigeuner" aus der Wehrmacht ausgeschlossen, im Juni 1942 verhaftet und im Oktober dieses Jahres in das KZ Neuengamme eingeliefert – einfach nur, weil er „Zigeuner" ist. Jetzt teilt er das Schicksal seiner beiden Brüder, die bereits seit Jahren in einem KZ sind. Als die Wachmannschaften in Neuengamme erfahren, dass es sich bei dem neuen Häftling um den früheren Meisterboxer handelt, vergnügen sie sich mit dem Spiel „Deutscher Meister". Sie lassen den ausgehungerten und abgemagerten Trollmann gegen schwergewichtige SS-Wächter antreten, bis er k. o. geschlagen wird. Trollmann stirbt 1944, vermutlich ist er im Außenlager Wittenberge erschlagen worden.

■ Beschreibt das Leben des Boxers Trollmann im Dritten Reich, indem ihr
   a) die wichtigen Lebensstationen benennt;
   b) sein persönliches Schicksal als durchaus typisch für viele Sinti/Roma darstellt;
   c) erläutert, warum die Sinti/Roma verfolgt wurden.

M2 Johann „Rukeli" Trollmann

Gruppe 2:
Der Umgang mit den Behinderten

Die Nationalsozialisten sahen das Wohl der Volksgemeinschaft durch Menschen gefährdet, die in medizinischer Hinsicht krank oder schwach waren. Der Rassegedanke verlangte aus ihrer Sicht nicht nur die „positive Auslese durch Zucht" – ein Gedanke, den vor allem der Reichsführer SS Heinrich Himmler vertrat –, sondern auch eine negative Auslese. Alle Menschen, die „dem Volkskörper als Ganzem zur Last fallen", sollten „ausgemerzt" werden.

Bereits am 14. Juli 1933 wurde das „Gesetz zur Verhütung erbkranken Nachwuchses" verabschiedet. Wer an Epilepsie litt, wer lernbehindert, alkoholkrank oder depressiv war, konnte nach diesem Gesetz auch gegen den eigenen Willen sterilisiert werden. Bis zum Jahre 1937 kam es zu 197 419 Zwangssterilisationen, 437 Menschen starben während der Operation oder unmittelbar danach. Die Zahlen für die Folgejahre sind nicht genau rekonstruierbar.

Die Zwangssterilisierungen bildeten nur eine Vorstufe zur gezielten Vernichtung des – wie es in der NS-Sprache hieß – „lebensunwerten Lebens". Der Begriff zielte auf Menschen mit körperlichen oder geistigen Behinderungen, die in der Regel in Heimen lebten. Das Thema galt als heikel, weshalb die Befehle heimlich erteilt und die entsprechenden Maßnahmen abseits der Öffentlichkeit durchgeführt wurden. Grundlage der Tötungen war ein formloses Schreiben Hitlers vom 1.9.1939: „Reichsleiter Bouhler und Dr. med. Brandt sind unter Verantwortung beauftragt, die Befugnisse namentlich zu bestimmender Ärzte so zu erweitern, dass nach menschlichem Ermessen unheilbar Kranken bei kritischster Beurteilung ihres Krankheitszustandes der Gnadentod gewährt werden kann." Die Tötung erfolgte durch Giftspritzen in den Heilanstalten oder durch Kohlenmonoxydgas, das man in Busse leitete, sodass die Insassen qualvoll erstickten. Eigene „Trostbriefabteilungen" und „Sonderstandesämter" sollten den Angehörigen einen natürlichen Tod der Patienten vortäuschen. Die hohe Zahl der Opfer sowie die Begleitumstände (Transporte in grauen Omnibussen mit verhängten Fenstern, Verbrennung der Leichen in Krematorien) sorgten jedoch für Unruhe, viele Gerüchte und heftigen Protest in der Bevölkerung. Am 23.8.1941 stoppte Hitler deshalb das Programm. Mehr als 100 000 geistig und körperlich Behinderte waren dieser, wie es verschleiernd hieß, „rassehygienischen Maßnahme" zum Opfer gefallen. Die beteiligten Ärzte wurden als Lagerärzte für die neuen KZs im Osten übernommen.

M1 Zwei Briefe von Kranken

Die beiden Briefe wurden geschrieben von Kranken in der Anstalt Stetten (Kreis Waiblingen), November 1940.

(1) Liebe Schwester! – Da ja bei uns die Angst und die Not immer größer wird, so will ich dir auch mein Anliegen mitteilen. Gestern sind wieder die Autos dagewesen und vor acht Tagen auch; sie haben wieder viele geholt, wo man es nicht gedacht hätte. Es wurde 5 uns so schwer, dass wir alle weinten, und vollends war es mir schwer, als ich M. S. nicht mehr sah [...].

(2) In diesem jammervollen Gefühl völliger Wehrlosigkeit klagte immer wieder R. W., der mit seinen lahmen Beinen im Selbstfahrerstuhl saß: „Wohin soll ich 10 fliehen und wer will mich verstecken, wer kann für mich Einsprache einlegen? Bei mir sieht man ja schon von Weitem, dass ich ein unnützer Brotesser bin und zu nichts tauge".

(Zit. nach: Praxis Geschichte, 5/1990, S. 44)

M2 Der „Fall Marianne"

Marianne litt am Down-Syndrom und war ebenfalls in der Anstalt Stetten.

Marianne rannte den aus Grafeneck angereisten Männern mit offenen Armen entgegen. Diese baten die Anstaltsleitung, das muntere Mädchen gegen ein anderes auszutauschen. Dies lehnte die Anstaltsleitung ab, denn sie hätte über einen anderen Menschen das 5 Todesurteil gesprochen. So nahmen die Männer Marianne mit. Sie kam nie wieder zurück nach Stetten.

(K. Morlok, Wo bringt ihr uns hin? „Geheime Reichssache" Grafeneck, Stuttgart 1985)

Opfer haben einen Namen: Der Fall Anna Lehnkering

Anna Lehnkering wurde am 2.8.1915 in Oberhausen geboren. Ihre Eltern bewirtschafteten eine gutbürgerliche Gaststätte und waren nicht unvermögend. Die jüngeren Brüder berichten übereinstimmend, dass Anna ein „sehr liebes, sanftmütiges Mädchen" war. Man konnte mit ihr spielen und sich „ganz normal" unterhalten, auch wenn ihr das Lernen sehr schwer fiel und sie eine sogenannte „Hilfsschule" besuchte. Heute würde Anna vermutlich als lernbehindert bezeichnet werden. Einen Beruf konnte Anna nicht ausüben. Sie half ihrer Mutter im Haushalt und lebte dort bis zu ihrem 19. Lebensjahr. 1934 änderte sich die wirtschaftliche und familiäre Situation. Die Ehe scheiterte, die Mutter musste mit den Kindern in eine kleine Wohnung nach Mülheim umziehen. Am 18. Februar 1935 wurde Anna als „erbkranker" und damit „minderwertiger" Mensch im Evangelischen Krankenhaus der Stadt Mülheim zwangssterilisiert. Diese Maßnahme wurde veranlasst vom Erbgesundheitsgericht Duisburg in Zusammenarbeit mit den zuständigen Gesundheitsämtern. Ein Jahr später, im Dezember 1936, wurde Anna in die Heil- und Pflegeanstalt Bedburg-Hau (bei Kleve) eingewiesen.

Das weitere Schicksal Annas geht aus ihrer „Patientenakte" hervor, die in der Anstalt geführt wurde. Bereits zuvor hatten die Behörden offenkundig versucht, über die gesamte Verwandtschaft Informationen zu bekommen, um Gründe für die Behinderung herauszufinden. Ohne Quellennachweis hat man kurios wirkende „Details" über 24 Vorfahren zusammengestellt. Auf einer „Sippentafel" wurde festgehalten, dass einige der Vorfahren „gutmütig und intelligent" waren, andere „schwunglos", wieder andere „etwas eigenartig". Am Tag der Einweisung hat man die Diagnose „angeborener Schwachsinn" gestellt und die Eintragung „Erbkrank: Ja" hinzugefügt. Bei der Aufnahme machte Anna eine sogenannte „Intelligenzprüfung". Das Protokoll der Prüfung zeigt, dass sie nur sehr einfache Rechenaufgaben lösen konnte (etwa $2 \times 4 = 8$ und $5 + 7 = 12$). Einfache Erdkundefragen konnte Anna richtig beantworten (Köln liegt im Rheinland, zwei deutsche Flüsse sind z. B. der Rhein und die Ruhr). Auf die Frage, warum es Weihnachten gibt, antwortete sie: „Wir feiern die Geburt Christi". Zwischen 1936 und 1940 finden sich in der Krankenakte etwa 30 Eintragungen. Es wird deutlich, dass Anna als eine „lästige" Patientin galt, die häufig weinte und „immer nach Hause wollte".

Am 24.2.1940 vermerkt die Krankenakte, dass der Verdacht auf Tuberkulose und Unterernährung besteht. Am 6. März des gleichen Jahres wurde Anna als eine von 457 Patienten („Krankenmaterial") nach Grafeneck (Schwäbische Alb) „verlegt". Dort befand sich ein Barackengelände, das von einem Bretterzaun, verstärkt mit Stacheldrähten, umgeben war. Gleich nach der Ankunft des Sonderzuges, am 7. März, wurde Anna entkleidet, gewogen, gemessen und fotografiert; im Anschluss wurden sie und 316 weitere Patienten nach und nach in einen „Todesschuppen" gebracht. Ein Arzt, Dr. Schumann, ließ Kohlenmonoxid-Gas in den Schuppen einströmen und stellte dann den Tod fest. Die Leichen wurden noch auf dem Gelände verbrannt. Wochen später erhielt Annas Mutter einen sogenannten „Trostbrief", in dem die Todesurkunde zugestellt wurde (Todesdatum: 23.4., nachts zwei Uhr/Todesursache: Bauchfellentzündung), und das Angebot, sich die Urne mit der Asche zustellen zu lassen. (Die Angaben folgen der Website von S. Falkenstein, Gedenken an Anna)

M3 Anna Lehnkering

Das Foto zeigt Anna (li.) im Alter von etwa 17 Jahren mit einer Freundin.

■ Beschreibt das Leben der Anna Lehnkering, indem ihr
  a) die Lebensstationen benennt;
  b) ihr persönliches Schicksal als durchaus typisch für viele Behinderte darstellt;
  c) erläutert, warum Anna verfolgt wurde.

Gruppe 3: Der Umgang mit den Juden (1933 – 1938)

Inbegriff des „Volksschädlings" waren die Juden, die in den Augen der Nationalsozialisten alles Schlechte und Abartige verkörperten – und aus ihrer Sicht den Gegensatz zur eigenen Herrenrasse bildeten.

1933 bis 1939 wurden die Juden zunehmend sozial ausgegrenzt, entrechtet und verfolgt. Eine durchdachte Strategie zur Judenverfolgung hat es allerdings nicht gegeben. Terrorakte der nationalsozialistischen Basis, wie der Boykott jüdischer Geschäfte am 1. April 1933 oder die Bloßstellung einzelner Juden in der Öffentlichkeit, wechselten mit staatlichen Maßnahmen ab, etwa der Entlassung jüdischer Beamter auf der Grundlage des Gesetzes zur Wiederherstellung des Berufsbeamtentums (1933) oder dem Ausschluss von Juden vom Wehrdienst (Wehrgesetz, 21.5.1935). Endgültig zu Bürgern minderen Rechts wurden die deutschen Juden durch die „Nürnberger Gesetze" vom 15.9.1935: Da Juden keine „arische Abstammung" nachweisen konnten, wurden ihnen alle politischen Rechte und Ämter aberkannt und sie verloren das Reichsbürgerrecht. Ehen zwischen Juden und Ariern wurden wegen „Rassenschande" untersagt. Mit diesem Gesetz hatten die gängigen, abendländischen Rechtsnormen für Juden keine Gültigkeit mehr.

Am 28.10.1938 schob die NS-Regierung etwa 15 000 Juden, die aus Polen stammten, gewaltsam an die polnische Grenze ab, da man sie im Reich „nicht länger dulden" wollte. Unter diesen Deportierten befanden sich auch Verwandte eines jungen Juden, Herschel Grünspan, der aus Rache am 7.11.1938 in Paris einen deutschen Diplomaten erschoss. Dieses Attentat lieferte den Vorwand für die Pogromnacht vom 9.11.1938 (von den Nazis beschönigend als „Reichskristallnacht" bezeichnet): Fanatisierte Gruppen steckten in zahlreichen Städten Synagogen in Brand und zerstörten jüdische Geschäfte. In dieser Nacht wütete nicht der Volkszorn, wie die Propaganda behauptete, sondern die radikale, antisemitische Parteibasis. Erstmalig hatte es viele jüdische Todesopfer gegeben – aber das bisherige „bewusste Wegsehen" der deutschen Bevölkerung war nicht mehr so einhellig gewesen, es hatte auch einige Proteste gegen die sinnlose Zerstörungswut und die Morde gegeben.

Den Machthabern war klar, dass eine weitere Stufe nur unter größtmöglicher Geheimhaltung und außerhalb des dicht besiedelten deutschen Kernlandes stattfinden konnte. Bis 1940/41 wollte man die Juden schnellstmöglich aus Deutschland vertreiben und erwog ernsthaft die Deportation nach Madagaskar oder die Einrichtung von Judenreservaten in Polen oder Sibirien. Nach der Pog-

romnacht betrieben die NS-Politiker eine aktive Auswanderungspolitik (Vertreibung auf dem Verordnungswege), die mit einer radikalen wirtschaftlichen Ausplünderung der auswandernden Juden verknüpft war.

M1 Foto von 1935

M2 Aufkleber von 1933

Jüdisches Geschäft! Wer hier kauft wird photographiert

M3 Personalausweis einer Jüdin

Seit 1935 wurden die Personalausweise jüdischer Bürger mit einem „J" gekennzeichnet. Frauen mussten ihrem Vornamen ein „Sara", Männer ein „Israel" hinzufügen.

Opfer haben einen Namen: Der Fall Hannele Zürndorfer

M4 Erinnerung an den 9. November 1938

Die damals 12-jährige Hannele Zürndorfer aus Düsseldorf erinnert sich an die „Reichskristallnacht". Hannele wurde 1926 in einer jüdischen Familie geboren, musste wegen ihrer Religionszugehörigkeit mehrfach die Schule wechseln und konnte 1939 nach Großbritannien fliehen. Ihr Vater wurde 1941 umgebracht.

Es muss drei oder vier Uhr morgens gewesen sein, als ich durch das Geräusch von zerschellendem Porzellan und Glas aus dem Schlaf gerissen wurde. […] Jetzt klang es so, als ob der ganze Geschirrschrank umge-
5 worfen und alles in ihm zerschlagen würde. Der Krach kam aus der Küche. Ich weiß nicht, was ich dachte: Einbrecher – ein Erdbeben? „Lotte!" Auch sie war aufgewacht, und wir beide flogen aus unseren Betten, aus unserem Zimmer, über den Flur ins Elternschlafzim-
10 mer. Aber das war nicht länger unser sicherer Hafen. Mein Vater stand wortlos im Nachthemd neben dem Bett – er hatte uns gerade holen wollen –, meine Mutter saß aufrecht in ihrem Bett, ihr schwarzes Haar fiel über ihre Schultern herab und ihre Augen waren starr
15 vor Angst. Sie holte uns in ihr Bett und sprach beruhigend auf uns ein.
Sekunden später stürmte eine Horde gewalttätiger Ungeheuer ins Zimmer. Ihre Gesichter waren hassverzerrte Fratzen, rot oder bleich, sie brüllten und johl-
20 ten, stampften mit ihren Schaftstiefeln durchs Zimmer, schauten sich wütend und zähnebleckend um und schwangen ihre Äxte, Vorschlaghämmer, Steine und Messer. Sie rasten durchs Zimmer und zertrümmerten, zerschmetterten, zertrampelten alles. Es
25 schien mir, als ob Hunderte von ihnen durch die Türe gestürmt wären, obwohl es in Wirklichkeit wohl nur ein Dutzend waren. Ein Stuhl landete im Frisierspiegel und die Scherben flogen durchs Zimmer. Ich duckte mich, als ich sah, wie eines der Ungeheuer brüllend
30 auf ein Gemälde zustürzte, das auf Papis Seite über dem Bett hing, und sein hell aufblitzendes Messer schwang. […] „Das nicht, das nicht!", hörte ich ihn bitten. Und dann, genauso wie in einem Alptraum, in dem alles im Zeitlupentempo geschieht und in dem
35 man im entscheidenden Augenblick hilflos und gelähmt ist, sah ich, wie ein anderer Nazi einen großen Marmorbrocken der zertrümmerten Frisierkommode hoch über seinen Kopf stemmte. In dem Bruchteil der Sekunde, als er das mächtige Marmorstück mit aller

Macht quer durch das Zimmer nach meinem gestiku- 40 lierenden Vater warf, sah ich ihn schon zerschmettert. Aber mein Vater hatte sich instinktiv geduckt, war neben das Bett gesprungen und beobachtete nun tonlos, wie der Messerschwinger seine Klinge tief in die Leinwand stieß, sie aufschlitzte und zerhackte […]. [Han- 45 nele Z. berichtet, dass die Männer nach und nach die gesamte Wohnungseinrichtung zertrümmern.]
Ganz plötzlich war das Zimmer leer – und wir alle waren noch am Leben. Obwohl ich immer noch den Lärm in meinen Ohren hatte, herrschte wirklich Stil- 50 le, Totenstille. Nur die zertrümmerten Möbel knarrten und ächzten. Wir horchten lange in diese Stille und wagten nicht zu atmen. Wir erwarteten, dass sie zurückkämen, um uns zu töten. Aber sie kamen nicht zurück. […] Am deutlichsten, weil am erschütternds- 55 ten, ist mir das Bild meines Vaters haften geblieben, wie er, zusammengesunken auf einem Küchenstuhl neben dem Herd, hemmungslos weinte. Mein Herz krampfte sich zusammen und schien dann stehen zu bleiben. Niemals in meinem ganzen Leben hatte ich 60 meinen Vater weinen sehen. […]
Ich erinnere mich an ein wenig Trost und Aufmerksamkeit inmitten des Chaos: An die Karps [die Karps waren die Nachbarn der Familie Zürndorfer], wie sie uns Tassen und warme Getränke brachten. Keine un- 65 serer eigenen Tassen war heil geblieben, kein Teller, kein Unterteller. Aber nach dieser Nacht sahen wir nur noch wenig von unseren Untermietern. Man konnte es ihnen nicht übelnehmen. […]
Als mein Vater das örtliche Polizeirevier aufsuchte, 70 um den Überfall zu melden und eine offizielle Anzeige aufzugeben, war der Polizeibeamte sehr verständnisvoll und gab zu, dass die Polizei die Übergriffe missbilligte, ließ aber durchblicken, dass sie Befehl bekommen hätten, nicht einzugreifen. Es täte ihm leid, aber 75 sie seien machtlos, meinte er. Wir konnten uns also an niemanden und nirgendwohin wenden. Die Juden waren vogelfrei.

(Hannele Zürndorfer, Verlorene Welt, Pfaffenweiler (Centaurus) 1988)

■ Beschreibt das Leben der Hannele Zürndorfer, indem ihr
   a) benennt, welche Verfolgungsmaßnahmen sie als jüdisches Mädchen seit 1933 erlebt hat;
   b) die Ereignisse in der „Reichskristallnacht" schildert;
   c) erläutert, warum sie und ihre Familie verfolgt wurden.

Warum stimmten immer mehr Menschen Hitler zu?
Fachwissenschaftler urteilen

Die meisten Historiker sind einig, dass der Siegeszug der Nationalsozialisten nach dem „Tag der Machtergreifung" erst richtig einsetzte und dass 1933 eine zweite Aufstiegsphase begann, die mindestens bis 1939 reichte. Historiker sprechen von einem massenhaften Einverständnis oder einer „Diktatur mit dem Volk". Nicht einig sind sie sich über die Gründe für diesen Zugewinn an Zustimmung.

- **Wie erklären Historiker, dass Hitler und seine Politik immer mehr Zustimmung erhielten?**

Wir analysieren unterschiedliche Standpunkte und nehmen dazu Stellung.

1. Wählt eine der beiden Stellungnahmen aus und formuliert in Partnerarbeit eine Analyse und kritische Auseinandersetzung mit dem Textauszug. Wendet die methodischen Schritte sachgerecht an.

2. Präsentiert eure Arbeitsergebnisse. Stellt sie in Kopie zur Verfügung, dann diskutiert es sich leichter.

Methode | **Analyse und Auseinandersetzung mit historischer Sekundärliteratur**

Wer einen direkten Zugang zu den Ereignissen in der Vergangenheit gewinnen will, greift zu Quellen. Eine andere Möglichkeit ist es, Texte oder Bücher zu lesen, die Experten über die Vergangenheit geschrieben haben. Diese fachwissenschaftlichen Texte bezeichnet man als historische Sekundärliteratur. Wenn man mit diesen Texten umgeht, muss man wissen, dass die Autoren sich nicht nur mit einer reinen Darstellung begnügen, sondern auch Schlussfolgerungen ziehen oder Urteile fällen – und dabei keineswegs immer einer Meinung sind. Eine 3-Schritt-Methode hilft, die nicht immer einfach formulierten Texte zu verstehen und sowohl Akzeptanz als auch eine kritische Distanz zu dem jeweiligen Expertenurteil aufzubauen.

1. Schritt: Untersuchungsfrage(n) festlegen Sie ist/sind leitend für die inhaltliche Analyse und die kritische Auseinandersetzung.	*Hier lautet sie: Wie erklären Historiker, dass Hitler und seine Politik immer mehr Zustimmung erhielten?*
2. Schritt: Analyse ➡ Formale Merkmale des Textes beschreiben: • Textart (Buch, Aufsatz, Zeitungsartikel …) • Autor/Autorin • Adressat (soweit ermittelbar) • Ort und Zeit der Veröffentlichung ➡ Den Textinhalt zusammenfassen: • Thema nennen. • Kernthese(n)/Position benennen. • Aussagen/Argumente zusammenfassen.	*Z. B. (M1):* *Auszug aus einem Aufsatz des Historikers Prof. Bergmann in einer Fachzeitschrift für Geschichtslehrerinnen und -lehrer, erschienen im Jahr 1997.* *Problematik der Zustimmung und Verführung in der NS-Zeit. Bergmann sieht mehrere Gründe für die Zustimmung:* *– Z. 1–11: Volksgemeinschaft als Attraktion …; – Z. 12–…*
3. Schritt: Kritische Auseinandersetzung ➡ These(n)/Argumente/Aussagen prüfen: • Z. B. a) Im Rückgriff auf eigenes Wissen und durch Vergleich mit bekannten anderen Positionen die Position des Autors erläutern und sie eher bejahen und unterstützen. • Oder z. B. b) Im Rückgriff auf eigenes Wissen und bekannte andere Positionen die Position des Autors kritisieren. • c) Ausgehend von der Position eine eigene zusammenfassende Einschätzung mit Blick auf die Untersuchungsfrage(n) formulieren.	*Einige der „Zeugnisse", die in Z. 5 angesprochen werden, kann ich nennen und erläutern. Prof. Bergmann denkt vermutlich an … oder … Was die Außenpolitik betrifft, wäre darauf zu verweisen, dass …* *Im Textauszug ist nicht die Rede von der Wirtschaftspolitik. Diesen Bereich halte ich in diesem Zusammenhang für wichtig, denn …* *Ich halte die Position von Prof. Bergmann für sehr/überwiegend/wenig … überzeugend, denn …*

Jubelnde Menschen bei der Ankunft Hitlers (Foto von 1938)

M1 Das Urteil des Historikers Klaus Bergmann

[…] Die Nationalsozialisten haben es verstanden, der Sehnsucht nach einer „Volksgemeinschaft" als verbreiteter Reaktion auf die parlamentarische Demokratie und die Konflikte der Klassengesellschaft ent-
5 gegenzukommen. Viele Zeugnisse bestätigen die ungeheure Attraktivität der „Volksgemeinschaft". Bedürfnisse nach symbolischen Handlungen und Selbstdarstellungen, nach nationaler Größe und sozialer Politik für die „Ärmsten" der „Volksgemeinschaft"
10 wurden von den Nationalsozialisten wahrgenommen, berücksichtigt, verstärkt und teilweise befriedigt.
Die aggressive Außenpolitik war überaus populär; sie sprach einen Nationalismus an, der durch den Vertrag von Versailles gedemütigt worden war. Gerade die
15 Verletzungen des Versailler Vertrages – Wiedereinführung der allgemeinen Wehrpflicht, Einmarsch in das entmilitarisierte Rheinland – imponierten der Mehrheit der Bevölkerung ungemein.
Die Nationalsozialisten hatten keine Bedenken, poli-
20 tische Auseinandersetzungen als ein Freund-Feind-Verhältnis darzustellen, rassistische Ressentiments [= Vorbehalte] und die Suche nach Sündenböcken in eine Politik der Integration der „Volksgenossen" und der Ausgrenzung der „Gemeinschaftsfremden" ein-
25 münden zu lassen. […] Es gelang ihnen, der verbreiteten Hoffnung auf eine „durchgreifende Politik" durch gewaltsames und gewalttätiges Handeln zu entsprechen. […]
Und schließlich: Die Zustimmung wurde […] durch
30 eine noch nie dagewesene Personalisierung von Politik [gewonnen]: Hitler, der unbegreiflich charismatische „Führer", der „Volkskanzler" – das war die NS-DAP und der Nationalsozialismus.

(Klaus Bergmann, Zustimmung und Verführung; in: Geschichte lernen – Geschichtsunterricht heute, Heft 57/1997, S. 16 f.)

M2 Das Urteil des Historikers Rolf Schörken

Wie kam es, dass das deutsche Volk einem Diktator derart zu Füßen lag? Die Antwort darauf lautet, dass Hitler von den meisten Deutschen nicht als Diktator verstanden wurde, sondern eben als der „Führer". Das
5 war etwas anderes, scheinbar Moderneres und irgendwie Zukunftverheißendes. Der Gegenbegriff zu Führer war Volk und der Führer wurde in der nationalsozialistischen Ideologie als Verkörperung des Volkes verstanden, nicht als ein vom Volk getrenntes Regierungs-
10 oberhaupt, das erst durch […] Wahlen bestimmt werden musste, sondern als etwas, das wesensgleich war. Der Führer „war" das zusammengefasste Volk, aus dessen Mitte er stammte. Dies war ein fast religiöser Gedanke und fast religiös war auch das Auftreten des
15 Führers. Immer war Hitler darauf bedacht, sich als ein einfacher Mensch aus dem Volk darzustellen, ohne persönliche Bedürfnisse, schlicht in Kleidung und Essen, ohne Ordensschmuck, aber in Uniform mit dem EK 1 geschmückt, das er sich als der „unbekannte Ge-
20 freite des Ersten Weltkriegs" erworben hatte.
„Ich bin vielleicht der einzige Staatsmann der Welt, der kein Bankkonto besitzt. Ich habe keine Aktie, habe keinen Anteil an irgendeinem Unternehmen. Ich besitze keine Dividende", sagte Hitler in einer Anspra-
25 che vor Krupp-Arbeitern und machte damit vermutlich mehr Eindruck auf die Zuhörer, als wenn er Wirtschaftsprogramme vorgetragen hätte.
Er achtete darauf, als ein Mensch zu erscheinen, der Tag und Nacht für Deutschland arbeitet, ohne an sich
30 selbst zu denken, der sogar auf Liebe und Ehe verzichtet, weil ihn das von seiner großen Aufgabe abhalten könnte. (Dass er mit Eva Braun liiert war, erfuhr die Öffentlichkeit erst am Tage seines Selbstmords.) In seinen Reden stellte er sich so dar, als habe er stets „den
35 Allmächtigen" auf seiner Seite. […] Dies war aber nur die eine Seite seiner Selbstdarstellung. Gleichzeitig stellte er sich als eine Art Messias dar, als Retter, der dem deutschen Volk von der Vorsehung geschenkt war, um es vor dem Untergang zu bewahren. […]
40 Der Führerglaube erreichte seine größte Stärke in den Jahren 1937–39. Will man in Worte fassen, was auch solche Menschen empfanden, die ursprünglich gar keine Nationalsozialisten waren, könnte man das so ausdrücken: Dieser unheimliche Mensch schafft das,
45 woran sich die anderen Politiker die Zähne ausgebissen haben, mit Energie, Brutalität und Geschick, aber er schafft es […].

(Rückspiegel, Bd. 4, Geschichtsbuch Kl. 10, Paderborn 1996, S. 128 ff.)

Vernichtungskrieg und Völkermord
Menschen im Krieg – Annäherungen

Die Fotos auf dieser Doppelseite sind während des Zweiten Weltkrieges (1939–1945) entstanden. Sie zeigen entsetzliches Leid, Ängste und Verzweiflung, aber auch Stolz und Glück. Einige schockieren, andere überraschen, viele werfen Fragen auf. Der Krieg hat viele Gesichter – eine nüchterne Analyse stößt bei den oft dramatischen Schicksalen schnell an Grenzen.

● **Wie erlebten Menschen den Krieg?**

Wir thematisieren Alltagshandeln von Menschen in einer Extremsituation.

1. Schreibgespräch: Äußert euch zu einem oder, wenn ihr möchtet, auch mehreren der Bilder.

Ein Schreibgespräch durchführen

Ein Schreibgespräch eignet sich vor allem bei Themen, die sehr ernst sind und nachdenklich machen.

Es verläuft in folgenden Schritten:

1. Schritt: Setzt euch zu zweit oder zu dritt zusammen und wählt den Gegenstand aus, zu dem ihr euch äußern möchtet. Im vorliegenden Fall ist es z. B. eines der Bilder. In anderen Fällen könnte es auch ein bestimmtes Thema sein.

2. Schritt: Schreibt abwechselnd auf, was ihr zu diesem Gegenstand oder Thema sagen möchtet; es können beschreibende Aussagen sein, aber auch weiterführende Gedanken.

3. Schritt: Nach zwei bis drei Sätzen wechselt der Schreiber, damit das Blatt oft hin- und herwechselt. Natürlich bezieht ihr euch als „neuer Schreiber" auch auf das, was eure Partnerin oder euer Partner zuvor aufgeschrieben hat.

Wichtig: Während des Schreibgesprächs solltet ihr nicht miteinander sprechen oder erste spontane Gedanken austauschen.

2. Lest eure Dialoge vor und vergleicht in der Klasse.

M1

Eine tote Mutter und ihr Kind
(Foto eines deutschen Soldaten, Russland 1941)

M2

Ein deutscher Frontsoldat im Heimaturlaub (Foto um 1944)

M3

Londoner Kinder suchen in einem Splittergraben Schutz (Oktober 1940).

M4

„Überlebt", nach einem Luftangriff in Mannheim (1943)

M5

Hitler belobigt 14- und 15-jährige Jungen, die für den Kampfeinsatz mit dem Eisernen Kreuz ausgezeichnet worden waren (Ende April 1945).

M6

Foto eines deutschen Offiziers (10.9.1941). Handschriftliche Bemerkung auf der Rückseite: „Frisch gefangene Russen vom Dnjepr"

M7

Tote deutsche Soldaten in Stalingrad. Es ist unbekannt, ob diese „Sammelstelle" von deutschen oder russischen Soldaten angelegt wurde (Foto von 1943).

Das Kriegsgeschehen im Überblick

Der Zweite Weltkrieg begann 1939 und endete 1945 – aber was genau geschah in diesen sechs Jahren? Waren alle Länder der Welt gleichermaßen beteiligt und betroffen? Gab es auch Pausen? Und: Wie viele Menschen fielen zum Opfer? Was sind die wichtigen Entwicklungen und Ereignisse des Zweiten Weltkriegs, den das Hitler-Regime 21 Jahre nach dem Ersten Weltkrieg entfachte und zu verantworten hatte.

- **Wer – Wann – Wo? Beteiligte, Zeiträume und Schauplätze des Zweiten Weltkrieges**

Wir stellen historische Schlüsselereignisse und Entwicklungen mithilfe eines Kartenfilms im Zusammenhang dar.

1. Erarbeitet in Partnerarbeit einen Kurzvortrag, in dem ihr anhand eines Kartenfilms die Verlaufsgeschichte des Zweiten Weltkrieges darstellt.

   So könntet ihr bei der Vorbereitung vorgehen:

   a) Jeder liest den Darstellungstext aufmerksam durch und notiert die wichtigen Daten und charakteristischen Merkmale der Schlüsselereignisse.

   b) Erstellt gemeinsam anhand eurer Notizen eine tabellarische Zusammenschau (s.u.), in die ihr die wichtigsten Informationen aufnehmt. Die Zwischenüberschriften helfen.

Der Zweite Weltkrieg: Das Geschehen im Überblick			
Datum	Schauplatz	Beteiligte	Ereignis

   c) Stellt den Kartenfilm zusammen.

Einen Kartenfilm erstellen und nutzen

1. Schritt: Wähle Karten aus, die du für einen Kartenfilm zu dem Thema für geeignet hältst.

2. Schritt: Scanne die ausgewählten Karten ein und erstelle einen Kartenfilm, indem du die einzelnen Karten in eine logisch folgerichtige Reihenfolge bringst.

3. Schritt: Bereite erläuternde Kommentare zum Kartenmaterial vor.

2. Haltet euren Kurzvortrag vor der Klasse.

   Wichtig: Gebt euren Zuhörern die Möglichkeit, Fragen zu stellen und nach Abschluss eurer Ausführungen Gelegenheit zur Diskussion!

Die Erweiterung des deutschen Machtbereichs von 1935 bis zum Kriegsbeginn

Die unmittelbare Vorgeschichte

Der erfolgreiche Anschluss Österreichs (März 1938) bestärkte Hitler in dem Entschluss, die Ausdehnung nach Osten mit der Zerschlagung der Tschechoslowakei einzuleiten. Immer häufiger bezeichnete er die Zustände im Sudetengebiet, das mehrheitlich von Deutschen bewohnt wurde, als unerträglich. Der Versailler Vertrag hatte dieses Gebiet der Tschechoslowakei zugesprochen. Öffentlich setzte Hitler den Termin zum Einmarsch auf den 1.10.1938 fest. Die Welt hielt den Atem an: Würde es Krieg geben? Ein Einmarsch hätte die Bestimmungen des Versailler Vertrages eklatant verletzt; England und Frankreich hätten militärisch antworten müssen. In fast letzter Sekunde wurde die Gefahr abgewendet. Auf einer eilig einberufenen Konferenz in München erhielt Deutschland von England, Frankreich und Italien das Sudetengebiet zugesprochen (29.9.1938). Franzosen und Briten hofften, den Frieden durch eine Politik des Entgegenkommens (Appeasement) zu bewahren. Man glaubte dem Versprechen Hitlers, dass es keine weiteren territorialen Forderungen gebe, wenn die Sudeten „heim ins Reich" geholt worden seien.

Die tatsächliche Wertlosigkeit des Münchener Abkommens wurde am 15.3.1939 deutlich. Deutsche Truppen marschierten in die sogenannte Rest-Tschechei ein und erklärten die fast ausschließlich von Tschechen bewohnten

Gebiete zum Protektorat (= Schutzgebiet) Böhmen und Mähren. Dieser Verstoß gegen alle internationalen Verträge machte klar: Hitlers Bekenntnis, das Selbstbestimmungsrecht der Völker „zu heiligen" und nur Ungerechtigkeiten des Versailler Vertrages überwinden zu wollen, war rein taktischer Art gewesen. Er machte Ernst mit seiner Idee einer offensiven Lebensraumpolitik.

Der Krieg bricht aus

Auf den Einmarsch deutscher Truppen in der Tschechoslowakei reagierten England und Frankreich sofort: Gemeinsam gaben sie Garantieerklärungen für den Bestand anderer europäischer Staaten ab (u. a. für Polen) und forcierten die eigene Aufrüstung. In dieser gespannten Atmosphäre allgemeiner Kriegserwartung überraschte die Nachricht von einem Nichtangriffspakt zwischen Deutschland und der Sowjetunion (23.8.1939). Kommunisten und Nationalsozialisten galten als ideologische Todfeinde – und jetzt einigten sie sich! Auch ohne Kenntnis des geheimen Zusatzprotokolls, in dem die beiden Großmächte Osteuropa untereinander aufteilten, war der Weltöffentlichkeit klar: Ein Krieg ließ sich nicht mehr vermeiden.

Unter dem Vorwand, Polen hätten den schlesischen Radiosender Gleiwitz angegriffen, ließ Hitler am 1.9.1939 deutsche Truppen in Polen einmarschieren. Dies war der Beginn des Zweiten Weltkrieges in Europa. Zur Verblüffung Hitlers („Unsere Gegner sind kleine Würmchen. Ich sah sie in München.") erklärten Frankreich und Großbritannien am 3.9. den Krieg. Die USA und die meisten europäischen Länder verhielten sich neutral, Italien unterstützte die deutsche Seite („Achsenmächte").

Deutsche Anfangserfolge

In den ersten Kriegsjahren errangen die deutschen Truppen viele Siege. In sogenannten „Blitzkriegen" konnten große Teile Europas besetzt werden. Die Kampfhandlungen im Osten (Polen: 1.9.–28.9.1939), Norden (Dänemark, Norwegen: 9.4.–10.6.1940) oder im Westen (Niederlande, Belgien, Frankreich: 10.5.–22.6.1940) dauerten jeweils nur wenige Wochen. Dann konnte die deutsche Propaganda melden: „Der Feind wurde vernichtend geschlagen". Hitler ließ sich schnell als der „größte Feldherr aller Zeiten" feiern, zumal große Teile der deutschen Bevölkerung vom Kriegsgeschehen gar nicht unmittelbar betroffen waren. Und auch für die aktiven Soldaten war die Phase der eigentlichen Kämpfe erheblich kürzer als die Zeiten der „Kriegspausen" – eine Zeit der relativen Ruhe, die im Jahre 1941 durch militärische Erfolge deutscher und italienischer Truppen im Mittelmeerraum, in Nordafrika und auf dem Balkan aufgewertet wurde. Am 22.6.1941 überfielen deutsche Truppen die Sowjetunion – trotz Nichtangriffspakt und Freundschaftsvertrag. Auch hier gab es große Anfangserfolge; dass der deutsche Vormarsch auf Moskau im russischen Winter 1941/42 gestoppt wurde, konnte die deutsche Siegeszuversicht kaum trüben. Im Jahre 1942 erstreckte sich der deutsche Machtbereich vom Nordkap bis zur Wolga.

Deutsche Soldaten marschieren durch Paris (Juni 1940).

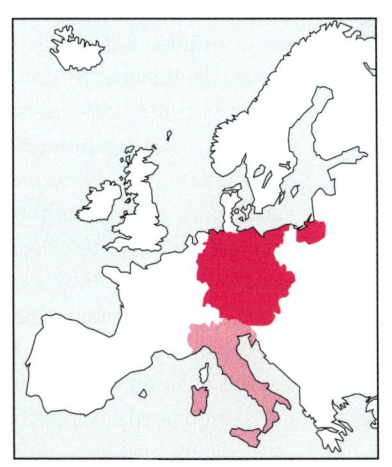

Kriegsschauplatz Europa: August 1939

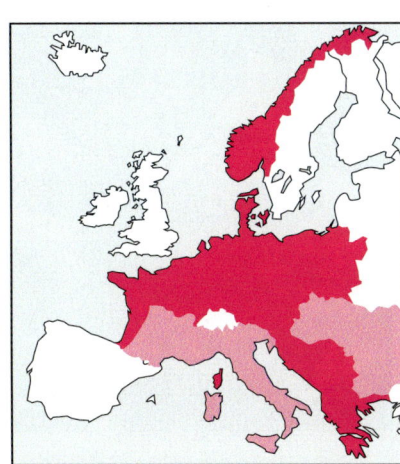

Mai 1941

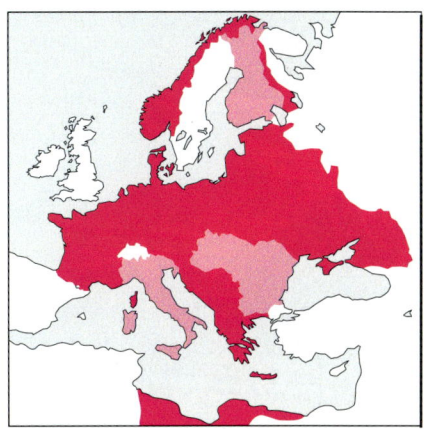

1942: größte Ausdehnung der Achsenmächte Deutschland und Italien

Der Krieg wird endgültig zum Weltkrieg

Die deutschen Raumgewinne waren so beeindruckend, dass viele Zeitgenossen eine ganz entscheidende Entwicklung kaum wahrnahmen: Der japanische Luftangriff auf die US-Flotte im Hafen von Pearl Harbor (7.12.1941) eröffnete den Krieg im Pazifik und bewog die Amerikaner, ihre offizielle Neutralität aufzugeben. Hitler erklärte den USA am 11.12.1941 den Krieg. Bis auf wenige Länder war nun die ganze Welt in diesen Krieg einbezogen. Die Achsenmächte Deutschland, Italien und Japan sahen sich Alliierten gegenüber, die immer mehr die Initiative gewinnen sollten. Großbritannien und die Sowjetunion waren nicht besiegt worden, überall in den besetzten Gebieten kämpften Befreiungsbewegungen und Partisanen. Die USA unterstützten die Alliierten mit dem riesengroßen wirtschaftlichen und militärischen Potenzial einer Supermacht.

Totaler Krieg

Als deutliche Wende des Krieges gilt rückblickend die Schlacht um Stalingrad, wo nach monatelangen Kämpfen große Teile der deutschen Armee kapitulieren mussten (2.2.1943). Fast zeitgleich gerieten auch die Soldaten des deutschen Afrika-Korps in britische Gefangenschaft, wodurch die „Südflanke" offen wurde. Die Vorstellung von der unbesiegbaren deutschen Armee war gebrochen.

Propagandaminister Joseph Goebbels hielt im Berliner Sportpalast eine geschickt inszenierte Rede, bei der die Zuhörer ihm zujubelten und seine Frage: „Wollt ihr den totalen Krieg? Wollt ihr ihn, wenn nötig, totaler und radikaler, als wir ihn uns heute überhaupt vorstellen können?" mit Beifallsstürmen bejahten.

In wirtschaftlicher Hinsicht bedeutete totaler Krieg, dass alle verfügbaren Kräfte der Waffenproduktion dienten. In neuen, teilweise unterirdisch angelegten Fabriken wurden kriegswichtige Geräte hergestellt. Alle waffenfähigen Männer zwischen 16 und 60 gehörten zum „Volkssturm"; sie wurden schlecht ausgebildet, schlecht bewaffnet und an die Front geschickt. Die 14-Jährigen halfen bei der Flakabwehr oder bei Schanzarbeiten. Die Mädchen und Frauen arbeiteten im Sanitätsdienst und zunehmend auch in Fabriken. In der Zeit der „Blitzkriege" waren viele Männer nach wenigen Wochen an der Front wieder an ihre Arbeitsplätze zurückgekehrt. Weil seit 1942 die Kriegshandlungen aber ununterbrochen bestanden, mussten die Frauen ihre Männer an der „Heimatfront" ersetzen – obwohl die weibliche Fabrikarbeit dem Frauenbild der NS-Ideologie völlig widersprach. Der Großteil des Bedarfs an Arbeitskräften wurde jedoch durch „Fremdarbeiter" gedeckt, die zum Arbeitseinsatz in Deutschland gezwungen wurden. Im Sommer 1944 arbeiteten 7,6 Millionen Männer und Frauen aus den „besiegten Gebieten", um die deutsche Kriegswirtschaft in Gang zu halten – „nur" 2 Millionen waren Kriegsgefangene, die große Mehrheit waren verschleppte Zivilisten. Fast alle lebten in Baracken, bei schlechter Verpflegung und ohne Lohn.

Kriegsende

Die Anstrengungen für den totalen Krieg verhinderten nicht, dass sich Niederlage an Niederlage reihte. Im Sommer 1943 verloren die Deutschen mit Italien den wichtigsten Verbündeten: Nach der Landung alliierter Truppen auf Sizilien hatten die Italiener Mussolini gestürzt und dem einstigen Verbündeten Deutschland den Krieg erklärt. An allen Fronten rückten die Alliierten vor: von Osten die „Rote Armee", von Westen die Streitkräfte Englands und der USA, unterstützt von Divisionen aus Frankreich und vielen anderen Ländern. Seit dem „D-Day",

Ein deutsches Plakat aus dem Jahre 1943

Zuhörer der Goebbels-Rede „Wollt ihr den totalen Krieg?" (Berliner Sportpalast, 18. Februar 1943)

dem Tag der Invasion der Westalliierten in der nordfranzösischen Normandie (6.6.1944) war es nur noch eine Frage der Zeit, bis der Landkrieg auch das deutsche Gebiet erreichen würde. Um die Jahreswende 1944/45 standen die Alliierten sowohl im Westen als auch im Osten an den alten Reichsgrenzen. Der Luftkrieg hatte Deutschland und die deutsche Bevölkerung schon längst erreicht. Seit 1943 flogen die alliierten Bomber fast täglich und oft in Großverbänden Luftangriffe auf kriegswichtige Ziele und auch auf Wohnviertel. Mindestens 700 000 Zivilisten wurden bei diesen Angriffen getötet. Im März 1945 überschritten Westalliierte den Rhein, mit der Einnahme Berlins durch die Rote Armee kapitulierte die deutsche Wehrmacht. Hitler hatte sich in seinem Bunker unter der Reichskanzlei selbst getötet.

Im Pazifik endete der Krieg zwischen Japan und den USA erst nach dem Abwurf zweier Atombomben auf Hiroshima und Nagasaki (offizielle Kapitulation am 2.9.1945).

Die Toten des Zweiten Weltkrieges

Land	Soldaten	Zivilbevölkerung
Deutsches Reich	3 760 000	1 654 000[1]
Volksdeutsche	432 000	1 020 000[2]
Österreich	230 000	104 000
Sowjetunion	13 600 000	7 000 000
Frankreich	340 000	470 000
Großbritannien	326 000	60 000
Italien	330 000	80 000
Niederlande	12 000	198 000
Polen	320 000	4 200 000
Jugoslawien	410 000	1 280 000
USA	259 000	–
Japan	1 200 000	600 000

(Zahlen zusammengestellt nach verschiedenen Quellen. Nach anderen Schätzungen liegen die Verluste höher.)

[1] davon 1,2 Millionen bei Flucht und Vertreibung
[2] Verluste bei Flucht und Vertreibung 1944–1946

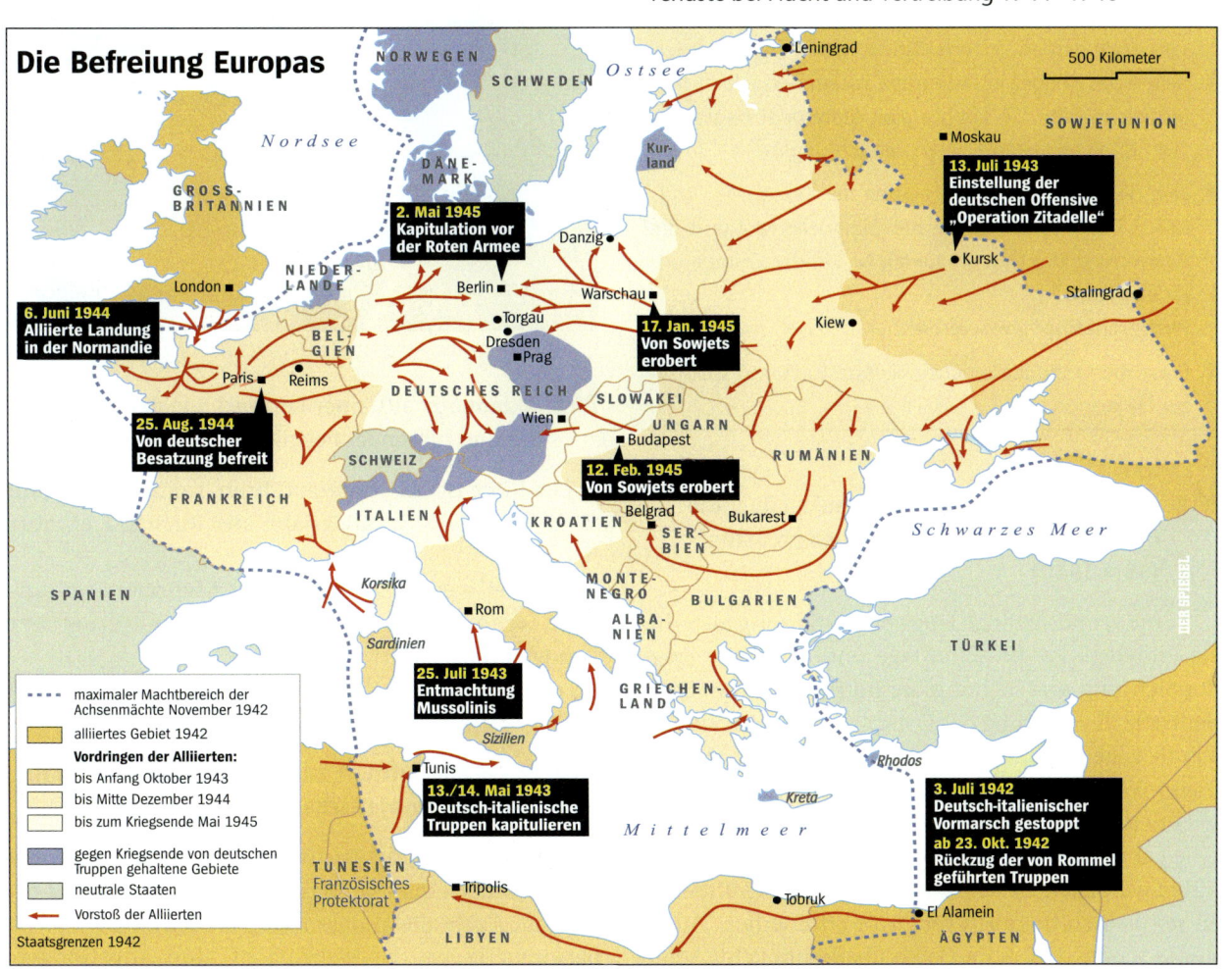

Die Befreiung Europas

Der Krieg im Osten – ein Krieg wie jeder andere?

Bereits Ende 1939 entwickelten verschiedene Dienststellen Pläne, wie man den Krieg im Osten zu führen hätte und wie man nach dem angenommen militärischen Erfolg über die Ost-Länder mit den Bewohnern der eroberten Gebiete umgehen sollte. Diese Überlegungen sowie die späteren Erlasse und Befehle zeigen, dass es sich bei dem Krieg im Osten um eine ganz neue Form von Krieg handelte: um einen Vernichtungskrieg. Warum die Wissenschaft bei dem Krieg im Osten von einer neuen Dimension der Kriegsführung spricht, könnt ihr selbst herausfinden.

Das ist eure **Forschungsfrage:**

● **Warum wird der Krieg im Osten als Vernichtungskrieg bezeichnet?**

Wir erläutern einen historischen Fachbegriff auf der Basis von Quellen.

1. Bildet kleine Arbeitsgruppen, deren Aufgabe es ist, auf der Grundlage von Interpretationsergebnissen gemeinsam ein Statement zu formulieren, in dem die Besonderheiten des Krieges in Osteuropa zusammengefasst dargestellt werden. So könnte euer Statement beginnen: „Der Krieg im Osten war ein Vernichtungskrieg …"

2. Teilt die Arbeit der Interpretation der Textquellen M1, M3, M4, M5, M6 sowie der Bildquelle M2 und die Auswertung des Datenmaterials M7 in der Gruppe unter euch auf.
Recherchetipp: www.verbrechen-der-wehrmacht.de

3. Präsentiert eure Statements foliengestützt und stellt sie zur Diskussion.

M1 Heinrich Himmler: Einige Gedanken über die Behandlung der Fremdvölkischen im Osten (15.4.1940)

[…] Eine grundsätzliche Frage bei der Lösung aller dieser Probleme ist die Schulfrage und damit die Frage der Sichtung und Siebung der Jugend. Für die nichtdeutsche Bevölkerung des Ostens darf es keine höhere
5 Schule geben als die vierklassige Volksschule. Das Ziel dieser Volksschule hat lediglich zu sein: einfaches Rechnen bis höchstens 500, Schreiben des Namens, eine Lehre, dass es ein göttliches Gebot ist, den Deutschen gehorsam zu sein und ehrlich, fleißig und brav
10 zu sein. Lesen halte ich nicht für erforderlich. Außer dieser Schule darf es im Osten überhaupt keine Schu-

len geben. Eltern, die ihren Kindern von vorneherein eine bessere Schulbildung sowohl in der Volksschule als auch später an einer höheren Schule vermitteln wollen, müssen dazu einen Antrag bei den höheren 15 SS- und Polizeiführern stellen. Der Antrag wird in erster Linie danach entschieden, ob das Kind rassisch tadellos und unseren Bedingungen entsprechend ist. Erkennen wir ein solches Kind als unser Blut an, so wird den Eltern eröffnet, dass das Kind auf eine Schu- 20 le nach Deutschland kommt und für Dauer in Deutschland bleibt. […]

(Zit. nach: R. Kühnl (Hg.), Der deutsche Faschismus in Quellen und Dokumenten, Köln 1978 u. ö.)

M2 Himmler betrachtet ein russisches Kind auf seine „Rassetauglichkeit"

M3 Aktennotiz aus einer Besprechung der Generalität und führender Politiker (2.5.1941)

1. Der Krieg ist nur weiterzuführen, wenn die gesamte Wehrmacht im 3. Kriegsjahr aus Russland ernährt wird.
2. Hierbei werden zweifellos zig Millionen verhungern, wenn von uns das für uns Notwendige aus dem 5 Lande herausgeholt wird.

(Zit. nach: Rolf-Dieter Müller, Der Zweite Weltkrieg, München 1989, S. 240)

M4 Erlass Adolf Hitlers zur Kriegsgerichtsbarkeit im besetzten sowjetischen Gebiet (14.5.1941)

Freischärler (das sind: Partisanen) sind durch die Truppe im Kampf oder auf der Flucht schonungslos zu erledigen. Auch alle anderen Angriffe feindlicher Zivilpersonen gegen die Wehrmacht, ihre Angehörigen

und das Gefolge sind von der Truppe auf der Stelle mit
den äußersten Mitteln bis zur Vernichtung des Angrei-
fers niederzumachen. [...]
Für Handlungen, die Angehörige der Wehrmacht und
des Gefolges gegen feindliche Zivilpersonen begehen,
besteht kein Verfolgungszwang, auch dann nicht,
wenn die Tat zugleich ein militärisches Verbrechen
oder Vergehen ist.

(Zit. nach: ebenda)

M5 Ausführungen Hitlers im Führerhauptquartier (17.9.1941)

Der Kampf um die Hegemonie in der Welt wird für
Europa durch den Besitz des russischen Raumes entschieden. Der russische Raum ist unser Indien, und
wie die Engländer es mit einer Handvoll Menschen
beherrschen, so werden wir diesen unseren Kolonial-
raum regieren. [...] Die slawischen Völker hingegen
sind zu einem eigenen Leben nicht bestimmt. Das
wissen sie und wir dürfen ihnen nicht einreden, sie
könnten das auch. Wir haben 1918 die baltischen
Länder und die Ukraine geschaffen. Wir haben aber
heute kein Interesse am Fortbestand der ostbal-
tischen Staaten und an einer freien Ukraine. Re-Chris-
tianisierung wäre der größte Fehler, denn das wäre
Wieder-Organisierung. Ich bin auch nicht für eine
Universität in Kiew. Wir bringen ihnen das Lesen besser nicht bei. Sie lieben uns gar nicht, wenn wir sie mit
Schulen quälen; es wäre schon falsch, sie auch nur auf
eine Lokomotive zu stellen. Wir haben auch keinen
Grund, mit einer Neuverteilung des Bodens anzufan-
gen. Die Eingeborenen werden künftig aber weit besser leben als jetzt. Wir finden in ihnen die Menschen
zur Bearbeitung des Bodens, der uns heute abgeht.
Wir werden ein Getreide-Exportland sein für alle in
Europa, die auf Getreide angewiesen sind. In der Krim
haben wir Südfrüchte, Gummipflanzen, Baumwolle.
Den Ukrainern liefern wir Kopftücher, Glasketten als
Schmuck und was sonst Kolonialvölkern gefällt. Unsere Deutschen – das ist die Hauptsache – müssen eine
festungsartig in sich geschlossene Gemeinschaft bilden, der letzte Pferdebursche muss höher stehen als
einer der Eingeborenen außerhalb dieser Zentren. Für
die deutsche Jugend wird das ein Gebiet sein, wo sie
sich vorarbeiten kann. Dänen, Holländer, Norweger,
Schweden nehmen wir mit herein.

(Zit. nach: Adolf Hitler, Monologe im Führerhauptquartier 1941–1944 –
Die Aufzeichnungen Heinrich Heims, hg. v. Werner Jochmann, Hamburg
1980, S. 62 ff.)

M6 Befehl des Oberkommandos der Wehrmacht zur Bekämpfung von Partisanen und Partisanenverdächtigen (16.12.1942)

Der Feind setzt im Bandenkampf fanatische, kommu-
nistisch geschulte Kämpfer ein, die vor keiner Gewalt-
tat zurückschrecken. Es geht hier mehr denn je um
Sein und Nichtsein. [...] Wenn dieser Kampf gegen die
Banden sowohl im Osten wie auf dem Balkan nicht
mehr mit den allerbrutalsten Mitteln geführt wird, so
reichen in absehbarer Zeit die verfügbaren Kräfte
nicht mehr aus, um dieser Pest Herr zu werden. Die
Truppe ist daher berechtigt und verpflichtet, in diesem Kampf ohne Einschränkung auch gegen Frauen
und Kinder jedes Mittel anzuwenden, wenn es nur
zum Erfolg führt. Rücksichten, gleich welcher Art,
sind ein Verbrechen gegen das deutsche Volk und den
Soldaten an der Front [...].

(Zit. nach: Wolfgang Benz, Das Dritte Reich – Die 101 wichtigsten Fragen,
München 2006, S. 119 f.)

M7 Daten zur Behandlung der Menschen Osteuropas

Zahl der russischen Zivilisten, die zwischen 1941 und 1945 verhungert sind:	7 Mio.
Zahl der fremdvölkischen Arbeiter im Deutschen Reich (Höchststand 1944)	7,1 Mio.
– davon russische Ostarbeiter	2,8 Mio.
– davon in Konzentrationslagern	0,5 Mio.
Zahl der russischen Soldaten in deutscher Kriegsgefangenschaft	5,7 Mio.
– davon in der Gefangenschaft gestorben	3,3 Mio.

(Nach: W. Michalka, Der Zweite Weltkrieg – Analysen, Grundzüge, For-
schungsbilanz, München 1989)

1 Analysiert die Materialien. Schreibt auf Karteikarten, welche Informationen die Textquellen und die Bildquelle sowie das Datenmaterial auf folgende Fragen liefern:
– Welche Ziele verfolgte die NS-Diktatur mit den Feldzügen im Osten?
– Welches Bild vom („Ost"-)Menschen liegt dieser Politik zugrunde?
– Welche unmittelbaren Folgen hatte diese Politik für die Menschen im Osten?

2 Notiert, welches Vokabular zur Bezeichnung der Menschen benutzt wird.

Holocaust – von der Verfolgung zum Völkermord (1939–1945)

Marcel Reich-Ranicki

Am 30. Januar 1939 hatte Hitler „die Vernichtung der jüdischen Rasse in Europa" in einer Reichstagsrede öffentlich angekündigt. Wohl kaum jemand ahnte, in welch schrecklicher Weise diese Ankündigung umgesetzt werden würde.

- **Welches Schicksal drohte einem Juden nach dem Kriegsbeginn?**

Wir beschreiben eine historische Entwicklung und ihre Merkmale und konkretisieren sie an einem Einzelschicksal.

1. Erstelle eine Folie, auf der du die wichtigsten Stationen der Entwicklung zur „Endlösung" auflistest; die Zwischenüberschriften helfen bei der Strukturierung.

2. Geschichte konkret: „Warum ich überlebt habe, ist mir ein Rätsel." – Diskutiert im Klassengespräch diese Aussage des prominenten Literaturkritikers Marcel Reich-Ranicki vor dem Hintergrund der ereignisgeschichtlichen Entwicklung.

Der Krieg radikalisiert den Antisemitismus

Mit dem Krieg und der Ausweitung des deutschen Machtbereichs wurde der Völkermord Wirklichkeit. Der eroberte Raum im Osten ermöglichte eine „Auslagerung" der Judenverfolgung aus dem unmittelbaren Anschauungsbereich der meisten Deutschen. Ob die industrielle Vernichtung bereits 1933 oder 1939 fest geplant war ober ob die Vernichtung nach und nach radikaler wurde, ist umstritten. Unbestritten ist der unfassbare Tatbestand, dass etwa sechs Millionen Menschen, nur weil sie Juden waren, systematisch verfolgt und ermordet wurden – und dass sich zahlreiche Menschen an der technisch perfekten Ausrottung beteiligten bzw. diese unwidersprochen hinnahmen. So unterschiedlich auch die Bezeichnungen für den Massenmord sind (im englischsprachigen Raum heißt er Holocaust, die Juden nennen ihn Shoa, die Deutschen Völkermord oder Genozid), die „Endlösung der Judenfrage" ist ohne Beispiel in der Geschichte. Der Name Auschwitz – allein in diesem Massenvernichtungslager wurden ca. 1,4 Millionen Menschen umgebracht – wurde weltweit zum Symbol für Menschenverachtung und Schuld.

Ein Einzelschicksal

Marcel Reich-Ranicki gilt als der vielleicht einflussreichste Literaturkritiker des deutschen Sprachraums. Er hält es für ein Wunder, dass er das Dritte Reich überlebt hat.

1920 wurde Marcel als Sohn einer deutschen Mutter und eines polnischen Vaters in Polen geboren. 1929 zog die Familie nach Berlin um. Sie lebten in bescheidenen Verhältnissen, aber der begabte Marcel konnte das Gymnasium besuchen und nutzte jede freie Minute, um zu lesen, in die Oper oder das Theater zu gehen. In der Schule hielten sich die Repressalien in noch erträglichen Grenzen, auch wenn der Direktor des Gymnasiums persönlich dafür gesorgt haben soll, dass die Abschlussnote im Fach Deutsch von „sehr gut" auf „gut" zurückgestuft wurde.

Ende 1938 wurde Marcel Reich-Ranicki aus Deutschland ausgewiesen und mit einem Sonderzug nach Polen deportiert – Begründung: Reich-Ranicki ist ein Pole. Er musste die polnische Sprache wieder neu lernen und hielt sich mit Gelegenheitsarbeiten über Wasser.

Den Polenfeldzug 1939 überlebte er. 1940 wurde er wie alle Juden zur Umsiedlung in ein Getto gezwungen. Er kam ins Warschauer Getto, wo er als Übersetzer arbeitete. Ungewissheit, Angst und Überlebenswille bestimmten den Alltag. 1942 heiratete er Tosia Langnas, deren Eltern 1939 enteignet und vertrieben worden waren und sich daraufhin selbst getötet hatten. Beide hofften, durch ihre Heirat die Überlebenschancen zu erhöhen, denn wegen seiner Übersetzertätigkeit war er von den Deportationen zur „Umsiedlung" zurückgestellt, die am 22. Juli 1942 begannen. Anfang 1943 unterstützte Reich-Ranicki eine Widerstandsaktion der Juden im Getto, die aber niedergeschlagen wurde. Am 3.2.1943 gelang ihm eine der seltenen erfolgreichen Fluchtaktionen: Nachdem er einen jüdischen Wachtposten bestochen hatte, konnte er mit seiner Frau unerkannt das Getto verlassen. Die polnische Polizei, die das Ehepaar kurz darauf aufgriff, konnte er ebenfalls bestechen und fand dann Unterschlupf bei dem arbeitslosen Schriftsetzer Bolek Gawin. 14 Monate hielten sich beide dort versteckt.

Erst nach ihrer Befreiung erfuhren sie von der „Endlösung" und dem Schicksal der Familie. Reich-Ranickis Eltern waren 1942 einem „Umsiedlungstransport" zugeteilt und in Treblinka ermordet worden, der Bruder wurde 1943 in Lublin erschossen. Nur die Schwester hatte 1939 nach Großbritannien emigrieren können und überlebt.

Maßnahmen der Ausgrenzung

Zahlreiche Verordnungen hatten bereits vor Ausbruch des Krieges zur Ausgrenzung der Juden aus der deutschen Gesellschaft geführt. Bis Kriegsbeginn hatten mehrere hunderttausend Juden die „Reichsfluchtsteuer" bezahlt und waren aus Deutschland geflohen. Auf die ca. 185 000 Juden, die im September 1939 noch in Deutschland lebten, kamen nun neue Diskriminierungen zu: Juden durften nur tagsüber auf die Straße, keine Rundfunkgeräte und Telefone besitzen, konnten nur zu bestimmten Zeiten einkaufen, durften keine Haustiere halten und keine öffentlichen Verkehrsmittel benutzen. Seit dem 1.9.1941 mussten sie einen gelben Stern auf ihrer Kleidung tragen – so waren sie leicht zu identifizieren und gleichzeitig schutzlos willkürlichen Übergriffen ausgesetzt.

Einrichtung von Gettos im Osten

Demütigung, Isolierung und Ausbeutung der Juden erhielten mit Kriegsbeginn eine neue Qualität. Polnische Juden wurden in wenigen „Wohngebieten" konzentriert. Diese Gettos wurden von der Außenwelt durch Mauern und Stacheldraht abgeschlossen. Dass Überfüllung und Hunger zu lebensgefährlichen Krankheiten und Epidemien führten, war durchaus gewollt. SS-Einsatzgruppen verschleppten mehrfach jüdische Bewohner und führten erste Erschießungen durch.

Massenerschießungen

Zu Beginn des Russlandfeldzuges folgten die Einsatzgruppen der Wehrmacht und ermordeten fast 560 000 Menschen – fast ausschließlich Juden. Traurige Berühmtheit erhielten die Vorfälle vom 29. und 30.9.1941, als die SS-Einheiten bei Babi Yar (Ukraine) weit über 30 000 Juden erschossen.

Massendeportationen

Seit Juli/August 1941 wurde die „Endlösung" diskutiert. Alle Juden im deutschen Machtbereich sollten ohne Rücksicht auf Alter, Geschlecht, Beruf usw. vernichtet werden. Die Weite des eroberten Raumes sollte genutzt werden, um die Aktionen möglichst geheim zu halten. Im Herbst 1941 wurden die ersten Juden aus dem Deutschen Reich in Gettos deportiert, die in den neu eroberten Gebieten lagen. Die Juden durften so gut wie nichts mitnehmen, ihre Fahrt mussten sie bezahlen (in Höhe einer Fahrkarte 3. Klasse).

Massenvernichtung

Mit dem Bau von sechs Massenvernichtungslagern auf dem Gebiet des ehemaligen Polen begann die letzte Phase. Am 20.1.1942 kamen bei der sog. Wannsee-Konferenz führende Vertreter von NS-Reichsbehörden zusammen, um die „Endlösung" der europäischen Judenfrage im Detail zu organisieren. In einer beispiellosen Sprache der Menschenverachtung ist das Konferenzprotokoll verfasst, das den Tod von „rund 11 Millionen Juden" vorsieht. Aus ganz Europa („von Westen nach Osten") sollten diese Juden ausnahmslos in die neuen Lager transportiert werden, um dort zu arbeiten („wobei zweifellos ein Großteil durch natürliche Verminderung ausfallen wird") und dann den „verbleibenden Restbestand" zu töten. Generalstabsmäßig wurde geplant, in welcher Reihenfolge die Judengettos aufgelöst, die Eisenbahntransporte abgefertigt und die eigentliche Vernichtung durchgeführt werden sollten. Mit unverhohlenem Stolz meldete der Lagerkommandant von Auschwitz, Höß, dass es „gelungen" sei, in besonders kurzer Zeit „ungefähr 400 000 ungarische Juden" nach Auschwitz zu transportieren und hinzurichten. Mit dem Vorrücken der sowjetischen Armee löste das Wachpersonal die Lager auf und baute Gaskammern und Krematorien weitgehend ab. Die Zahl der Juden, die sich in Deutschland verstecken und überleben konnten, wird auf unter 10 000 geschätzt.

Die wichtigsten Konzentrationslager im Deutschen Reich und in den besetzten Gebieten

Völkermord – Täter und Opfer

Marcel Reich-Ranicki gelang im letzten Moment die Flucht, im Massenvernichtungslager Treblinka wäre er sonst einer von ca. sechs Millionen ermordeten Juden gewesen. Dieser Völkermord liegt jenseits jeder Vorstellungskraft. Die Materialien sollen daher besonders zu eigenständigen Fragen, zur Nachdenklichkeit und zur Diskussion über die Sicht- und Verhaltensweisen der Täter und Opfer auffordern.

- Wie haben die Täter, wie haben die Opfer die „Endlösung" erlebt?

Wir betrachten historische Situationen und analysieren das Handeln von Menschen aus verschiedenen Perspektiven.

1. **Think (Ich-Phase):** Jeder informiert sich in Einzelarbeit durch sorgfältige Lektüre der Materialien über die Grundzüge und Merkmale der Täter-Opfer-Problematik. Macht in einem zweiten Schritt eine der beiden Perspektiven zum Schwerpunkt. Wertet die Materialien M 1–M 5 (S. 152 f.) bzw. M 1–M 5 (S. 154 f.) aus. Überlegt, wie ihr anderen Zuhörern die Fakten und Eindrücke am besten vermitteln könnt.

2. **Pair (Du-Phase):** Bildet kleine Arbeitsgruppen. Stellt euch eure Arbeitsergebnisse zur Täter-Opfer-Perspektive gegenseitig vor und diskutiert darüber.

3. **Share (Wir-Phase):** „Völkermord – Täter und Opfer." Diskutiert die Problematik in einer Plenumsdiskussion.
   Recherchetipp: www.verbrechen-der-wehrmacht.de

Auschwitz: Die Sicht der Täter

M 1 Rudolf Höß, Kommandant in Auschwitz, über die „Endlösung"

Die „Endlösung" der jüdischen Frage bedeutete die vollständige Ausrottung aller Juden in Europa. Ich hatte den Befehl, Ausrottungserleichterungen in Auschwitz im Juni 1942 zu schaffen. Zu jener Zeit bestanden
5 schon drei weitere Vernichtungslager im Generalgouvernement: Belzec, Treblinka und Wolzek. Diese Lager befanden sich unter dem Einsatzkommando der Sicherheitspolizei und des SD. Ich besuchte Treblinka, um festzustellen, wie die Vernichtungen ausgeführt
10 wurden. Der Lagerkommandant von Treblinka sagte mir, dass er 80 000 im Laufe eines halben Jahres liquidiert hätte. [...] Er wandte Monoxid-Gas an und nach

seiner Ansicht waren seine Methoden nicht sehr wirksam. Als ich das Vernichtungsgebäude in Auschwitz errichtete, gebrauchte ich also Zyklon B, eine kristalli- 15
sierte Blausäure, die wir in die Todeskammer durch eine kleine Öffnung einwarfen. Es dauerte 3 bis 15 Minuten, je nach den klimatischen Verhältnissen, um die Menschen in der Todeskammer zu töten. Wir wussten, wann die Menschen tot waren, weil ihr Krei- 20
schen aufhörte. Wir warteten gewöhnlich eine halbe Stunde, bevor wir die Türen öffneten und die Leichen entfernten. Nachdem die Leichen fortgebracht waren, nahmen unsere Sonderkommandos die Ringe ab und zogen das Gold aus den Zähnen der Körper. [...] Wir 25
sollten diese Vernichtungen im Geheimen ausführen, aber der faule und Übelkeit erregende Gestank, der von der ununterbrochenen Körperverbrennung ausging, durchdrang die ganze Gegend, und alle Leute, die in den umliegenden Gemeinden lebten, wussten, 30
dass in Auschwitz Vernichtungen im Gange waren.

(Zit. nach: Wochenschau 49, März/April 1998, S. 171)

M 2 Rechts von der Rampe

Auszüge aus Briefen der Firma Bayer (Leverkusen), damals Teil der Firma IG Farben, an die Lagerleitung in Auschwitz:

Bezüglich des Vorhabens von Experimenten mit einem neuen Schlafmittel würden wir es begrüßen, wenn Sie uns eine Anzahl von Frauen zur Verfügung stellen würden. [...]
Wir erhielten Ihre Antwort, jedoch scheint uns der 5
Preis von RM 200,– pro Frau zu hoch. Wir schlagen vor, nicht mehr als 170,– pro Kopf zu zahlen. Wenn das annehmbar erscheint, werden wir Besitz von den Frauen ergreifen. Wir brauchen ungefähr 150 [...].
Wir bestätigen Ihr Einverständnis. Bereiten Sie für uns 10
150 Frauen in bestmöglichem Gesundheitszustand vor, und sobald sie uns mitteilen, dass sie so weit sind, werden wir diese übernehmen. [...]
Die Versuche wurden gemacht. Alle Personen starben. Wir werden uns bezüglich einer neuen Sendung bald 15
mit Ihnen in Verbindung setzen.

(Zit. nach: W. Wimmer, Die Sklaven, Reinbek 1979, S. 227 f.)

1 Analysiert die Materialien mit den erlernten Schritten.

2 Versucht, ein Täterprofil des typischen Vollstreckers zu erstellen:
   – Welche Einstellung hatte er zu den Opfern?
   – Wie sah er sich selbst und sein Verhalten?
   – Welche Charakterzüge besaß er?

M3 Verhör des Unterscharführers Erber im Frankfurter Auschwitz-Prozess (Auszug)

Erber gehörte zum Wachpersonal und hatte auch an der sogenannten „Rampe" Dienst; das war der Bahnsteig, an dem die Transporte endeten.

Wie groß war etwa der Anteil derjenigen, die arbeiten mussten, und derjenigen, die direkt in die Gaskammern geschickt wurden?

ERBER: Man kann als Anteil rechnen mit 30 Prozent zu
5 der Arbeit.

Und 70 Prozent in die Gaskammern?

ERBER: Und 70 Prozent kam weg. Ich meine, es war eine sehr schlimme Sache. Aber wir durften nicht darüber reden und gar nichts. […]

10 *Da konnten dreitausend Leute auf einmal ins Gas geschickt werden?*

ERBER: Ja, aber so viele kamen nie zusammen, weil nie zwei Transporte zusammen kamen. Weil ein Transport immer nach dem anderen abgefertigt wurde. Und
15 dann fing der Arzt mit der Selektion an.

Was ist das?

ERBER: Also das Aussuchen. Zum Beispiel junge Leute, also die arbeitsfähig waren, zu der Arbeit. Und die anderen mussten in die Gaskammer gehen.

20 *Direkt von der Rampe in die Gaskammer?*

ERBER: Direkt von der Rampe weg. Da wurden sie aber noch einmal gezählt, denn Berlin verlangte von uns, dass haargenau gezählt wird, und auch die Details, und extra gehalten, ob Männer oder Frauen.[…]

(Zit. nach: Ebbo Demant (Hg.), Auschwitz – „Direkt von der Rampe weg",
Reinbek 1979, S. 31 u. 33f.)

M5 Der Historiker Till Bastian fasst Ergebnisse seiner Recherchen zusammen

Die Stärke der SS-Besatzung hatte am 15. Januar 1945 – zu Zeiten der Lagerräumung – ihren Höchststand erreicht und umfasste damals 4481 Männer und 71 Frauen. Infolge der erheblichen Fluktuation unter der Besatzungsmannschaft haben 1940–1945 insgesamt 5 ca. 7000 SS-Männer und 200 Frauen in Auschwitz Dienst geleistet; von 6161 Angehörigen konnten Daten ermittelt werden. Aus den von 3447 Personen bekannten Geburtsdaten ergibt sich, dass drei Viertel der Besatzung unter 40 Jahre, die Hälfte unter 35 Jahre, 10 ein knappes Drittel unter 30 Jahre und ein gutes Fünftel unter 25 Jahre alt war – eine auffallend junge Mannschaft. Beruflicher Status und Bildungsniveau der SS-Angehörigen in dieser Mannschaft sind eher niedrig gewesen […]. 15

Nur sehr selten kam es vor, dass Angehörige der SS-Besatzung die Teilnahme am Massenmord ablehnten und sich zum Beispiel weigerten, bei der Übernahme eines in Birkenau eintreffenden, größtenteils zur sofortigen Vernichtung bestimmten Sammeltransportes 20 Dienst zu tun – obschon kein einziger SS-Mann je disziplinarisch bestraft worden ist, weil er sich hier verweigert hätte. Eine solche Weigerung, bei der „Selektion an der Rampe" mitzuwirken, ist zum Beispiel von dem SS-Arzt Dr. Hans Münch vom Hygieneinstitut der 25 SS in Rajsko bekannt. Münch blieb unbehelligt.

(Wochenschau 49/1998, S. 171)

M4 Selektion auf der Rampe (SS-Foto von 1944)

Auschwitz: Die Sicht der Opfer

M1

Eines von tausenden Kindern: Maria Matlak, geboren 1928, Häftlingsnummer 39 847, mit einem Sammeltransport am 2. April 1943 nach Auschwitz verschleppt.

M2 Auf der Rampe

Esther, 14 Jahre, überlebte Auschwitz:

Ich kam am 22. August 1944 nach Auschwitz. Ich war zusammen mit meiner Mutter, meinem Bruder, meiner Tante, meinem Onkel und meinem Cousin. […] Alles ging sehr schnell. Als Mengele [= SS-Arzt in
5 Auschwitz, berüchtigt für medizinische Experimente an Häftlingen] kam, begann er mit der Selektion. Meine Tante mit ihrem kleinen Jungen stand vorn, dann meine Mutter mit dem kleinen Mädchen an der Hand und mein Bruder, und ich war die Letzte. Meine Tante
10 und ihr kleiner Sohn wurden nach links beordert, und als er meine Mutter fragte, ob das kleine Mädchen ihr Kind sei, und sie nickte, schickte er sie nach links. Da mein Bruder damals erst zwölf war, schickte er ihn auch nach links, mich winkte er nach rechts. Ich be-
15 griff, dass meine Mutter auf der anderen Seite war, und wollte zu ihr laufen, ich wollte bei ihr sein. Eine Jüdin, die dort arbeitete, fing mich in der Mitte ab und sagte auf Polnisch: „Wag es nicht, dich von hier weg-

zurühren!" Sie wusste, dass ich in die Gaskammer kommen würde, wenn ich auf der anderen Seite stün- 20 de. Und sie wollte mich nicht loslassen. Das war das letzte Mal, dass ich meine Mutter gesehen habe.

(Zit. nach: D. Dwork, Kinder mit dem gelben Stern, München 1994, S. 215)

1 Analysiert die Materialien.

2 Versucht, euch in die Lage der KZ-Insassen zu versetzen. Vielleicht hilft euch folgende Aussage des Schriftstellers Günter Anders bei der Formulierung eurer Gefühle und Eindrücke:
„Dass unsere Kraft nicht ausreicht, um uns diese Millionen wirklich vorzustellen und um den ungeheuren Klagelärm, den die Summe der Abermillionen Todesschreie ergeben würde, wirklich zu hören, das wissen wir ja. Was können wir da tun, um ihrer dennoch zu gedenken?"

M3 Ankunft deportierter Juden in Auschwitz (1944)

M4 Links von der Rampe

Dr. André Lettich arbeitete als jüdischer Häftling und Arzt in Auschwitz; er erinnert sich:

Mehr als fünfhundert Meter weiter befanden sich zwei Baracken: Auf der einen Seite standen Männer, auf der anderen Frauen. Sehr höflich und liebenswürdig hielt man ihnen eine kleine Ansprache: „Ihr kommt von
5 der Reise, ihr seid schmutzig, ihr werdet ein Bad nehmen, zieht euch schnell aus". Man verteilte Handtücher und Seife, und plötzlich erwachten die Rohlinge und zeigten ihr wahres Gesicht: Mit starken Hieben zwang man diese Menschenherde, diese Männer und
10 Frauen, sommers wie winters nackt herauszugehen und so die paar hundert Meter Entfernung bis zum „Duschraum" zurückzulegen. Über der Eingangstür stand das Wort „Brausebad". An der Decke konnte man sogar Duschbrausen bemerken, die verkittet wa-
15 ren, jedoch niemals das Wasser durchlaufen ließen. Diese armen Unschuldigen waren zusammengepfercht, die einen gegen die anderen gepresst, und da brach Panik aus: Denn endlich begriffen sie, welches Schicksal sie erwartete; jedoch stellten Kolbenschläge
20 und Revolverschüsse schnell die Ruhe wieder her und alle betraten schließlich die Todeskammer. Die Türen wurden geschlossen und zehn Minuten danach war die Temperatur hoch genug, um die Verflüchtigung der Blausäure zu begünstigen, denn mit Blausäure
25 wurden die Verurteilten vergast. Dies war eben das „Zyklon B", mit 20 % Blausäure getränkter Kieselgur, das von der deutschen Barbarei verwendet wurde.

Durch eine kleine Luke warf sodann SS-Unterscharführer Moll das
30 Gas ein. Die Schreie, die man hören konnte, waren fürchterlich: Aber einige Augenblicke später herrschte vollständi-
35 ge Stille. Zwanzig bis fünfundzwanzig Minuten darauf wurden Türen und Fenster zur Lüftung geöffnet und die Leichen
40 sofort in Gruben zum Verbrennen geworfen. Aber die Zahnärzte hatten vorher jeden Mund

Dose des Giftgases Zyklon B, wie sie auf dem Lagergelände gefunden wurde.

nachgeprüft, um die Goldzähne auszuziehen. Man 45 vergewisserte sich auch, ob die Frauen nicht etwa in ihren intimen Körperteilen Schmuck versteckt hatten, und ihr Haar wurde abgeschnitten und für industrielle Zwecke methodisch zusammengebündelt.

(Zit. nach: Eugen Kogon u. a. (Hg.), Nationalsozialistische Massentötungen durch Giftgas, Frankfurt a. M. 1983, S. 210 f.)

M5 Im Krematorium

Dr. M. Nyszli, Häftling und Arzt in Birkenau, erinnert sich:

Die Türen öffnen sich, Lastwagen kommen herangefahren. [...] Vier große Lastenaufzüge sind in Betrieb. Es werden jeweils zwanzig bis fünfundzwanzig Tote verladen. Ein Klingelzeichen meldet, wenn die Ladung fertig ist und der Fahrstuhl abfahren kann. Der 5 Aufzug hält beim Einäscherungssaal des Krematoriums, dessen große Türflügel sich automatisch öffnen. [...] Dicht gedrängt liegen die Leichen in Reihen [...]. Sie werden zu dritt auf eine Schiebe aus Stahlblech gelegt. Automatisch öffnen sich die schweren Ofen- 10 türen und das Schiebewerk wird in den bis zur Weißglut erhitzten Ofen eingeführt. In zwanzig Minuten sind die Leichen eingeäschert [...]. Es bleibt von ihnen nichts weiter zurück als die Asche im Ofen, die von Lastwagen zur zwei Kilometer entfernten Weichsel ge- 15 fahren wird.

(Zit. nach: Gerhard Schoenberner, Zeugen sagen aus, Gütersloh (Bertelsmann) 1973, S. 248 ff.)

Der Krieg geht verloren – Was verlieren die Menschen?

Zu Beginn des Jahres 1945 drangen die Soldaten der Roten Armee immer weiter nach Westen vor. In Ostpreußen, Ostpommern und Schlesien, also den Gebieten östlich der Oder und Neiße, waren mindestens fünf Millionen Deutsche auf der Flucht. Sie hatten nicht nur Angst vor dem Krieg, auch zahllose Berichte über Grausamkeiten hatten Panik ausgelöst. In den Wochen und Monaten vorher wäre Zeit genug zur Evakuierung gewesen – aber jedes „Weglaufen" war streng verboten, denn es hätte den Zweifel am „Endsieg" bedeutet.

Angst hatten auch die Menschen in den deutschen Städten. Kaum eine Nacht verging, in der sie nicht in Kellern und Bunkern Schutz vor den Bomben der Alliierten suchten – in der Hoffnung, nicht verschüttet zu werden, nicht zu ersticken, nicht zu verbrennen.

- **Waren auch die Deutschen Opfer?**

Wir analysieren historische Sachverhalte und beurteilen sie aus zeitgenössischer und heutiger Perspektive.

1. Moderiert ein Kreisgespräch zu diesem Thema. Stellt darin die Interview-Ausschnitte mit dem Historiker H.-U. Wehler (M 8) in den Mittelpunkt der Diskussion.

2. So könnt ihr euch auf dieses Kreisgespräch in Partnerarbeit oder kleinen Arbeitsgruppen vorbereiten:
   a) Analysiert den Sachverhalt: Welche „Opfer" sind von der deutschen Zivilbevölkerung gebracht worden? Wertet die Text- und Bildmaterialien M1–M7 unter dieser Fragestellung sach- und fachgerecht aus. Erschließungshinweise helfen euch.
   b) Stellt mögliche Argumente für die Opfer-These zusammen.
   c) Analysiert und beurteilt die Ausführungen Wehlers.

Wichtig: Notiert eure Arbeitsergebnisse auf Karteikarten!

Flucht und Vertreibung

M1 Die Gustloff-Katastrophe

Am 30. Januar 1945 wurde das ehemalige KdF-Schiff „Wilhelm Gustloff" (Foto von 1939) mit über 10 000 Personen an Bord, davon ca. 8 800 Flüchtlingen, von einem russischen U-Boot versenkt. Im eiskalten Wasser vor der Küste Pommerns überlebten nur 1 252 Menschen. Es handelt sich um die größte Schiffskatastrophe aller Zeiten.

M2 Flucht aus Ostpreußen (1945)

M3 Ein Historiker schildert die Flucht aus den Ostgebieten

Die Menschen versuchen zu fliehen – in den Westen, wo man sich von den amerikanischen und britischen Soldaten eine mildere Behandlung erhofft. Oft brechen die Menschen erst in letzter Sekunde auf, über-
5 stürzt und nur mit Handgepäck. Zu Fuß, mit Fahrrä-dern, auf Planwagen. Ihr Ziel sind zumeist die Ostseehäfen, ihre Hoffnung: ein Platz auf einem Schiff nach Westen. Quälend langsam schleichen die Trecks des Elends und der Angst auf verstopften, tief ver-
10 schneiten Landstraßen nach Westen. Immer wieder werden ganze Kolonnen durch flüchtende deutsche Truppen von den Straßen gedrängt. Oder von sowje-tischen Einheiten überrollt, buchstäblich niederge-walzt – denn Panzer sind schneller als Fuhrwerke. Kin-
15 der und Alte erfrieren in Nächten, in denen die Temperaturen auf minus 20 Grad fallen. Liegengelas-sene Koffer, Taschen, Rucksäcke markieren die Ränder der Fluchtwege. [...]

Die Flüchtlinge trifft die Rache der Sowjetarmee. Die Rache für Hitlers Krieg. Für die Leiden im eingeschlos- 20 senen Leningrad. Für das Wüten der SS. Für über 5 Millionen ermordete Juden. Für etwa 25 Millionen to-te Russen, davon mehr als die Hälfte Zivilisten. [...] Mindestens eine halbe Million Menschen überleben die Flucht aus ihrer Heimat nicht. 25

(Walter Saller, Flucht und Vertreibung; in: GEO Epoche, Heft 9/2003 S. 49f.)

1 Die Gustloff-Katastrophe (M 1) ist mehrfach verfilmt wor-den, u. a. im Jahre 2008 als groß angelegter Dokumentar-film im ZDF. Eine interessierte Gruppe kann sich die DVD von diesem Film ansehen und an zentralen Filmausschnitten über die Geschehnisse berichten.

2 Wertet die Karte M 4 aus. Wendet die grundlegenden Ar-beitsschritte der erlernten Methode „Eine Geschichtskarte untersuchen" an.

M4 Flucht und Vertreibung

* Personen, die als Zwangsar-beiter oder aus rassischen/poli-tischen Gründen ihr Land verlas-sen hatten.

Flucht- und Wanderungsbewegungen:
- Deutsche
- Deutsche aus der SBZ bzw. DDR
- „Displaced Persons"*
- Sowjetbürger
- Polen
- Tschechen, Slowaken

······· Staatsgrenzen von 1937

Deutsche Vertreibungsverluste: 2,11 Mio. (Vermisste und auf der Flucht Umgekommene)

Anzahl der deutschen Aussiedler meist aus den Vertreibungsgebieten 1950–1970: 962.000.

Der Bombenkrieg

M5 Das zerstörte Dresden

Beim Angriff auf Dresden (13./14.2.1945) starben ca. 25 000 Menschen, die Stadt war völlig zerstört. Ca. 700 000 Menschen fielen den Angriffen in Deutschland zum Opfer und ca. 60 000 Briten verloren ihr Leben bei der „Luftschlacht um England".

M6 Bericht eines Betroffenen über die Bombenangriffe

Helmut Nolde, geboren 1933, lebte als Sohn eines im Krupp-Konzern angestellten Ingenieurs im Ruhrgebiet. Er leidet bis heute an Schlafstörungen und Alpträumen.

[Anfangs erlebte ich den Krieg wie ein Abenteuer] Als in einiger Entfernung von uns die ersten Bomben fielen, waren wir Kinder fasziniert. Wir sind da hingepilgert wie zu einer Wallfahrt, unsere Trophäen waren
5 Bombensplitter. Das war wie ein Cowboyfilm.
[Wenig später begannen die Großangriffe.] Ich merkte, wie zerbrechlich so ein Haus ist. Pausenlos wurde der Schlaf gestört, wenn wir in die Schutzräume stürzten. Tagsüber habe ich Wunderkerzen gebaut aus lie-
10 gen gebliebenen Stahlbrandbomben und beim Spielen einmal einen Luftschutzalarm verpasst. Als ich dann zu spät zum Schutzbunker radelte, schlug es schon rings um mich ein; ein Splitter durchschlug den Rahmen meines Fahrrades. Ein anderes Mal wurde ich
15 in einer Schule verschüttet und musste über Leichen nach draußen kriechen, der abgerissene Arm einer

Frau landete unmittelbar neben mir. Ich erinnere mich auch an die ausgeprägte Nase eines Tieffliegerpiloten. Aus seiner Maschine wurde kurz vor Kriegsende
20 am Ruhrschnellweg dicht über dem Boden auf alles geschossen, was sich bewegte. Dabei wurde die Mutter meines Freundes getötet.
[In meinen Alpträumen] sitze ich tief im zehnten Untergeschoss eines Bunkers, panisch vor Angst, weil ich mich nirgendwohin verkriechen kann.
25
(Zit. nach: Spiegel special, Nr. 1/2003, S. 124)

M7 Deutsche Städte im Luftkrieg 1940–1945

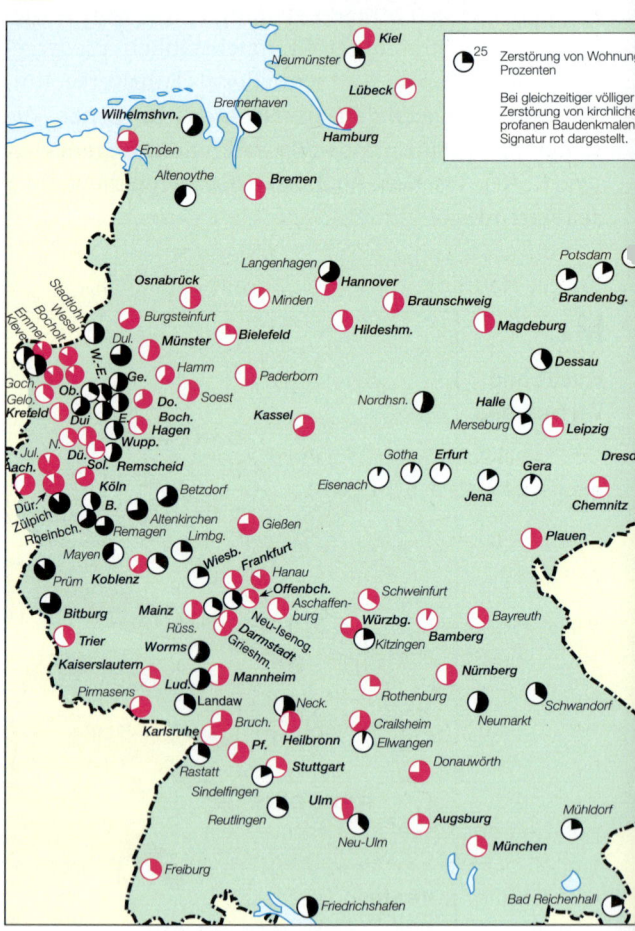

1 Haltet schriftlich fest, was ein Zeitzeuge über die Bombenangriffe und die persönlichen Spätfolgen berichtet (M6).

2 Ihr könntet zusätzlich im Archiv eurer Gemeinde nach Fotos und Berichten vom Bombenkrieg (vgl. M5/M6) recherchieren (s. Methode S. 121). Die Ergebnisse eurer Recherche könnt ihr in das Kreisgespräch einbringen.

3 Notiert in Stichworten, welche gesicherten inhaltlichen Informationen sich der Karte M7 entnehmen lassen.

M8 Die Deutschen als Opfer?

Der Historiker Hans-Ulrich Wehler äußerte sich 2002 und 2003 in zwei Interviews mit dem Nachrichtenmagazin „Der Spiegel" zur Frage, inwieweit die Deutschen auch als Volk der Opfer angesehen werden können:

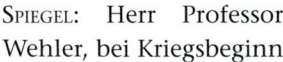

SPIEGEL: Herr Professor Wehler, bei Kriegsbeginn waren Sie sieben Jahre alt. Welche Erinnerungen haben Sie an die Flächenbombardements der Alliierten?

5 WEHLER: Aus unserer Kleinstadt wurden wir 1943/44 gelegentlich mit dem Lastwagen nach Köln gefahren, um beim Löschen zu helfen, die Straßen von Toten zu säubern oder Gegenstände aus den Häusern zu holen. Einmal war ich bei Bombenalarm im Wartesaal des 10 Kölner Hauptbahnhofs. Ich erinnere mich genau, wie das ganze Gebäude schwankte. Und dass die vielen Mütter, die da saßen, mit stoischer Ruhe ihre Kinder an sich pressten, während die Soldaten aus den Urlauberzügen, auch hochdekorierte mit allem Lametta da-15 bei, geschrien haben: „Lieber noch mal den Russen, aber nicht diese Scheißangriffe."

SPIEGEL: Haben Sie auf dem Land auch die Tiefflieger erlebt?

WEHLER: Ja, mehrfach. Im September '44 halfen wir bei 20 einer Bäuerin. Ein Tiefflieger erspähte uns. Er schoss das Pferd und die Frau zusammen und kam noch mal zurück. Ich bin mit einem Hechtsprung unter das sterbende Pferd und dachte: Der kann mich im Flug nicht so schnell erkennen. Mein Kopf lag tief in der Erde, 25 über mir das zuckende Pferd, und dann hörte man das Patsch-patsch-patsch von den Einschlägen, wie sie näher kamen und dann, Gott sei Dank, weiterwanderten.

SPIEGEL: Wie reagierte man auf so etwas?

30 WEHLER: Wir Jungen waren natürlich hell empört. Das schönste Mädchen unseres Gymnasiums wurde vom Fahrrad heruntergeschossen. Ich sehe noch, wie sie sie weggetragen haben [...].

SPIEGEL: Obwohl die Bundesbürger solche Vorgänge ja 35 meist nur noch vom Hörensagen kennen, stoßen neuerdings Veröffentlichungen über den Bombenkrieg heiße Debatten an. Wieso eigentlich erst jetzt, 60 Jahre danach?

WEHLER: Tabuisiert waren diese Themen vielleicht nicht, aber sie waren ja mit so vielen Traumata ver-40 bunden, dass die Beteiligten erst sehr viel später über die Schreckenstage sprechen konnten.

SPIEGEL: Aber auch die Historiker hielten sich zurück.

WEHLER: Es gab eine enorme Scheu, sich dieser Themen anzunehmen. Man mochte nicht zum Verrech-45 nen von Opferzahlen beitragen. Im Übrigen gab es diese Scheu auch, was Flucht und Vertreibung nach dem Zusammenbruch des Dritten Reiches betraf. Die Deutschen sollten sich erst einmal ihren eigenen Verbrechen stellen, was Völker denkbar selten tun. Das 50 wollte man nicht relativieren durch den offenen Blick auf die Tragödie von Millionen Menschen, die ganz überwiegend weder den Zweiten Weltkrieg verursacht hatten noch an den Verbrechen der Nazis beteiligt waren. 55

SPIEGEL: Wo sind denn Ihrer Ansicht nach die Grenzen, Flächenbombardements mit anderen Kriegsuntaten zu vergleichen?

WEHLER: Ich bin durchaus nicht dagegen, dass man die Gräuel des Krieges miteinander vergleicht. Es geht 60 aber um die Kriterien. Man muss dann schon die Gräuel der Landtruppen vergleichen oder die Bombardements von Wohnvierteln durch die deutsche Luftwaffe mit denen durch die Engländer. [...]

SPIEGEL: Ist der Stil der Bomberdebatte ein Indiz dafür, 65 dass Deutschland eine Art Opferkultur zu pflegen beginnt?

WEHLER: Ja, das ist meine Befürchtung.

(Spiegel Special, Heft 2/2002 und Heft 1/2003)

1 Fasst die Kindheitserinnerungen des Historikers H.–U. Wehler zusammen.

2 Benennt Wehlers Standpunkt zur gegenwärtig umstrittenen Debatte um das Thema „Bombenkrieg" und fasst seine Argumente zusammen.

3 Listet in Thesenform auf, wie ihr Wehlers Position beurteilt.

Deutsche zwischen Anpassung und Widerstand

Die Nazis an der Macht – und wie verhielten sich die Deutschen?

Im Dritten Reich gab es viele unterschiedliche Haltungen gegenüber dem Nationalsozialismus. Sie reichten von uneingeschränkter Begeisterung, eher angepasstem Verhalten bis zu entschiedener Ablehnung. Im Verhalten gegenüber den Juden zeigt sich besonders deutlich, wie schwierig dieses Verhalten in der historischen Rückschau zu beurteilen ist.

● **Wie verhielten sich die Deutschen gegenüber jüdischen Mitbürgern?**

Wir analysieren das Handeln von Menschen und formulieren begründete Urteile.

1. Klassengespräch zu einem schwierigen Thema: Diskutiert in der Klasse die Frage, welche Verhaltensmuster es gibt und warum es so schwierig ist, das „Verhalten der Deutschen" zu beurteilen.

2. Bereitet euch auf das Klassengespräch vor, indem ihr
   a) anhand der Fallbeispiele Hans-Peter Herz (M1) und Oskar Schindler (M2) erkennbare unterschiedliche Verhaltensweisen der deutschen Bevölkerung gegenüber jüdischen Mitbürgern herausarbeitet;
   b) die jeweiligen Verhaltensweisen aus eurer persönlichen Sichtweise zu erklären und zu beurteilen versucht.

M1 Ein Beispiel

Der Berliner Hans-Peter Herz (geb. 1927 in Berlin) erzählt rückblickend von seinen Erfahrungen:

Anfang 1933 wohnten wir in der Gielower Straße in einem Einfamilienhaus. Eines Tages erschienen Männer an der Haustür und schrieben mit schwarzer Farbe „Juden raus" an die Wand. Ich habe meinen Vater ge-
5 fragt, was das bedeutet. Er antwortete: „Ich bin Jude. Und du bist Halbjude[1]." So habe ich das erfahren. Vorher spielte es keine Rolle, weil wir evangelisch waren. 1934 ist mein Vater dann beim Ullstein-Verlag, wo er Journalist war, rausgeflogen. Als Jude durfte er nicht
10 mehr in seinem Beruf arbeiten. […]
Ich war Oberschüler im Kaiser-Wilhelm-Realgymnasium Neukölln. Am Morgen nach der Pogromnacht[2] bin ich wie immer mit der Straßenbahn zur Schule gefahren und ein Stück gelaufen. An der Buschkrugallee bin ich an dem Textilgeschäft der jüdischen Fami- 15 lie Baum vorbeigekommen: Die Ware war auf die Straße geworfen und angesteckt worden. Daneben befand sich die Albrecht-Dürer-Apotheke, die der jüdischen Familie Mockrauer gehörte: Dort waren die Scheiben eingeschmissen. An die Wände war „Juden raus" ge- 20 schmiert und Herr Mockrauer war zusammengeschlagen worden; er sah furchtbar aus, ihm fehlten mehrere Zähne.
Ich kam dann in die Schule, meine Klassenkameraden hatten sich in der Halle versammelt und die meisten 25 sagten: „Das wollen wir nicht. Das kann nicht gut gehen." Auch unsere Lehrer waren konsterniert, bis auf einige wenige, die mit ihrem Parteiabzeichen durch die Gegend schaukelten. Die fanden das richtig. […] Von 1935/36 an war unsere Siedlung in Britz[3] mit SS- 30 Leuten durchsetzt. Sie kamen als Mieter in Wohnungen von Juden, die raus mussten. Die Hitlerjugendführer, die bei uns in Britz wohnten, haben mich angepöbelt; sie haben mir mein Spielzeug geklaut und mich ausgeschlossen. Sie riefen: „Judenbengel, 35 hau ab!" Als Oberschüler habe ich mich in der Tanzschule Meise angemeldet, um mit meinen Kameraden Walzer zu tanzen. Aber das durfte ich nicht, die Nazis hatten das verboten. Also wurde ich rausgeschmissen. 40
Als die ersten Deportationen aus Berlin erfolgt waren, musste mein Vater als Jude untertauchen: Er war bei Familie Neustadt in der Pariser Straße zur Untermiete gemeldet, weil meine Großmutter und meine Tante Angst davor hatten, dass er bei uns lebt. Die Neustadts, 45 das waren jüdische Möbelfabrikanten. Die Tochter hat als Einzige der Familie überlebt, weil sie rechtzeitig nach Palästina ausgewandert ist. 1942 war ich am zweiten Adventssonntag bei der Familie eingeladen. Wir haben vorweihnachtlich gefeiert. Frau Neustadt 50 hatte einen Nudelauflauf gemacht, den wir statt Kuchen gegessen haben. Dann kam die Gestapo. Innerhalb von zehn Minuten mussten die Koffer gepackt sein. Ich habe mich im Hause versteckt und beobachtet, wie noch in der gleichen Nacht die Deutschen, die 55 in dem Haus wohnten, die Wohnungen der Juden geplündert und die Möbel rausgeschleppt haben. Die

gleichen Leute haben später behauptet, sie hätten nichts davon gewusst. Mein Vater war Gott sei Dank nicht da gewesen.

Überlebt hat mein Vater in einem kleinen Dorf in Sachsen-Anhalt, bei Verwandten meiner Mutter. Er wohnte in einem Zimmer bei der Großtante. Gegenüber lebte der Ortsbauernführer, um die Ecke der Ortsgruppenleiter der NSDAP; beide Männer haben sich um meinen Vater gekümmert. Sie brachten ihm Milch und Eier, Brot und Butter. Und zweimal pro Woche haben sie sich bei meinem Vater zum Skatspielen getroffen. Das Verhalten dieser beiden Männer hat dazu beigetragen, dass unsere Familie nach dem Krieg in Deutschland geblieben ist.

(Zit. nach: DIE ZEIT – Geschichte, Nr. 4/2008, S. 38)

---

[1] Halbjude: Bezeichnung für eine Person, deren einer Elternteil jüdisch war; Hans-Peter selbst war, wie seine Mutter, evangelisch.
[2] Pogromnacht: Bezeichnung für die von den Nazis so bezeichnete „Reichskristallnacht" am 9.11.1938
[3] Britz: Ortsteil von Berlin

M2 Kurzbiographie: Oskar Schindler

Der international bekannteste Judenretter ist vermutlich Oskar Schindler. Der Spielfilm „Schindlers Liste" erhielt mehrere Oscars und machte Schindler weltberühmt. Dabei war er keineswegs ein überzeugter Gegner der Nationalsozialisten, sondern eingeschriebenes Mitglied der NSDAP.

Er hatte eine jüdische Emaillewarenfabrik im ehemals polnischen Krakau günstig gekauft und erzielte mit diesem Unternehmen, in dem zahlreiche Zwangsarbeiter für einen Hungerlohn arbeiten mussten, hohe Gewinne. Als er nicht nur Emaillewaren, sondern auch Munition herstellte, wuchs das Vermögen weiter an, denn die Deutsche Wehrmacht war Hauptnachfrager und zahlte gut. Nach heutigen Maßstäben war Schindler zweifellos ein Millionär und führte ein Leben in großem Luxus.

Erst als ihn die Brutalität der SS-Wachmannschaften immer mehr abstieß und seine Vermutungen über die Vernichtung der Juden zur Gewissheit wurden, begann er sich nach und nach für das Schicksal seiner Arbeiter zu interessieren. Nun stand nicht mehr der materielle Gewinn im Vordergrund, sondern das Bemühen, so viele Juden wie möglich zu retten. Er ließ seine Fabrik als „kriegswichtige Produktionsstätte" einstufen, forderte zusätzliche jüdische Arbeitskräfte

an, führte Kinder als qualifizierte Metallarbeiter usw., nur um deren Abtransport nach Auschwitz zu verhindern. So gelang es ihm mit Tricks, Täuschungsmanövern, Bestechung und persönlicher Unerschrockenheit, etwa 1 200 sogenannte „Schindlerjuden" vor der Vernichtung zu bewahren.

(Angaben zusammengestellt nach verschiedenen Quellen)

Plakat zum Film „Schindlers Liste" von Steven Spielberg

Nicht alle Deutschen waren Nazis

„Und als er sich dann wiederfand, da war auch er beim Widerstand". Mit diesem kleinen Gedicht spottete der Schriftsteller Erich Kästner nach Ende des Zweiten Weltkrieges über den deutschen Biedermann, der zwischen 1933 und 1945 nach eigener Auffassung höchstens zum Schein mitgemacht hatte, aber innerlich auch immer „gegen Hitler" gewesen war. Kästners Worte machen deutlich, dass der Begriff „Widerstand" sehr unterschiedlich verstanden und schnell von Menschen beansprucht wurde, die vermutlich gar keinen „Widerstand" geleistet haben.

● **Was wollen wir unter dem Begriff „Widerstand im Dritten Reich" verstehen?**

Wir entnehmen einem Text Informationen und präsentieren sie strukturiert in einem Schaubild.

Erstellt ein Cluster zu dieser Leitfrage. Notiert dazu die Kernaussagen des Infotextes in Stichworten auf Karteikarten, die ihr dann im Cluster zuordnen könnt.

Vorschlag zur Clusterstruktur:

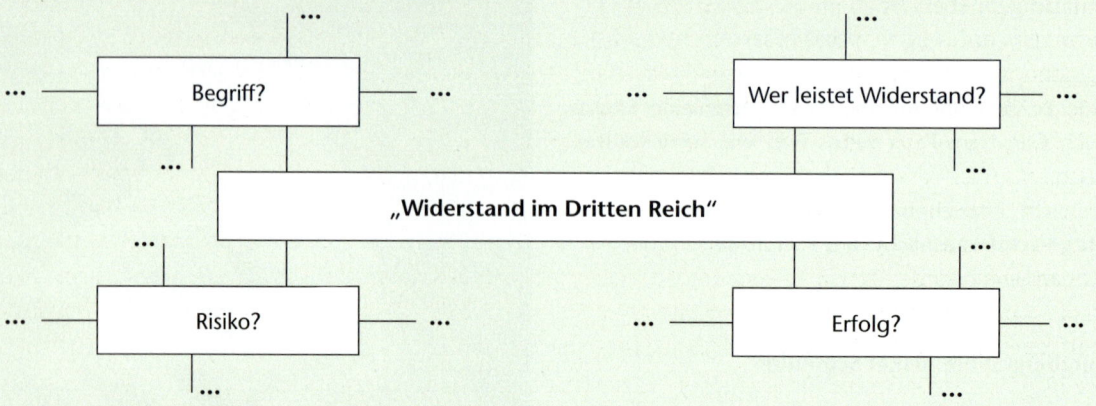

Präsentationstipp: Ihr könnt eine Lernplakatform wählen oder aber eine „Pinnwand" mit den Karteikarten erstellen.

Was meint der Begriff „Widerstand"?

Kann man bereits von „Widerstand" sprechen, wenn man den Hitler-Gruß nur undeutlich nuschelte, die verbotene „Negermusik" hörte oder mit einem Juden Skat spielte? Der Historiker Detlev Peukert hat vorgeschlagen, die kritischen Einstellungen gegenüber dem Nationalsozialismus mithilfe eines einfachen Modells zu beschreiben (s. Schaubild). Den Begriff „Widerstand" möchte er nur für Verhaltensweisen anwenden, die das NS-Regime als Ganzes ablehnten und auf eine öffentliche Wirksamkeit der Maßnahmen setzten – mit dem Ziel, das NS-System zu schädigen und zu stürzen. Legt man dieses Verständnis zugrunde, zählen zum Beispiel die zahlreichen bedeutenden Gelehrten und Künstler, die Deutschland nach 1933 verließen oder verlassen mussten, nicht zum Widerstand. Sie haben die NS-Diktatur abgelehnt, aber ihre Reaktion war eher eine „private Flucht" und zielte nicht darauf, die Verhältnisse in Deutschland zu ändern. Zweifellos jedoch hat ihr Verhalten eine starke symbolische Wirkung ausgeübt und gegenüber dem Ausland die Hoffnung auf ein anderes, besseres Deutschland gestützt.

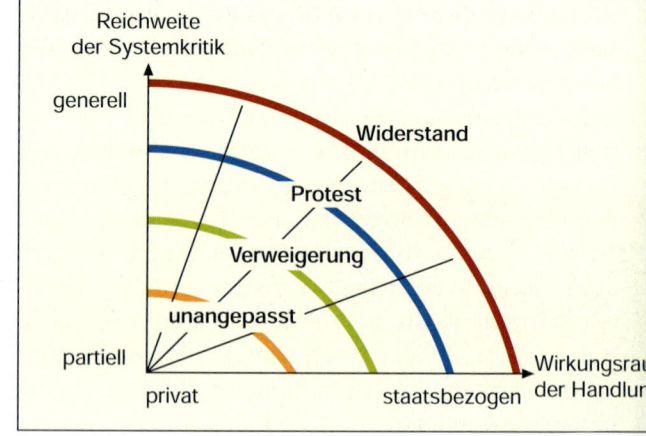

Leisteten viele Deutsche Widerstand?

Nach dem Zusammenbruch und dem Ende des Zweiten Weltkrieges hatten viele Deutsche das Interesse, sich als Gegner des NS-Regimes darzustellen, als hätten sie nur widerwillig mitgemacht oder die Zustimmung aus Angst vorgetäuscht. Die heutige Geschichtswissenschaft vertritt eher die gegenteilige Ansicht: Nur wenige Deutsche haben das Regime abgelehnt. Die NS-Diktatur stützte sich sogar in hohem Maß auf Einverständnis und Beteiligung. Zum aktiven Widerstand im Sinne der Definition Peukerts entschlossen sich nach heutiger Schätzung allenfalls zwischen 20 000 und 40 000 Menschen. In der Geschichtswissenschaft hat sich deshalb das Urteil vom „Widerstand ohne Volk" durchgesetzt. Wenn Widerständler verurteilt oder gar getötet wurden, „gingen sie einsam zur Richtstätte", denn bis zum letzten Tag bildeten sie eine kleine Minderheit.

Welches Risiko trugen Widerständler?

„Wer nicht für uns ist, ist gegen uns" – diese Aussage Hitlers verdeutlicht, dass im NS-Regime kein Spielraum für eigenständige, kritische Auffassungen existierte. Äußerte man Ablehnung, drohten sofort Nachteile oder Strafen, denn man war ja aus der „Volksgemeinschaft" ausgeschert. Über das Ausmaß dieser Nachteile wusste man nichts Genaues, denn es gehörte zum Charakter des Nationalsozialismus, dass es keine klaren Anweisungen oder Rechtsvorschriften gab. In einigen Städten passierte gar nichts, wenn man in dem Geschäft eines Juden einkaufte, in anderen wurde man als „Verräter am eigenen Volk" angepöbelt, in wieder anderen vorübergehend festgenommen. Zehntausende wurden gegen Ende des Krieges von Nachbarn oder „Freunden" angezeigt, weil sie „Feindsender" gehört hatten (etwa das deutsche Programm der BBC). Auch hier verfuhren die Behörden nach keinem einheitlichen System: Einige wurden wegen „Zersetzung der Wehrkraft" hingerichtet, andere inhaftiert, wieder andere „nur" verhört und dann entlassen; in vielen Fällen blieben die Anzeigen sogar unbearbeitet bei den Behörden liegen und die Denunzierten blieben unbehelligt. Das Verhalten der Machthaber war also nicht vorhersehbar, sondern willkürlich. Und gerade weil man nichts Genaues wusste, wurde die Angst, dass „irgendetwas Schlimmes" passieren könnte, wenn man Kritik am Nationalsozialismus äußerte, übermächtig: Wer sich zum Widerstand entschloss, riskierte, dass er sein Leben aufs Spiel setzte.

War der Widerstand erfolgreich?

Die NS-Diktatur ist nicht durch einen innerdeutschen Widerstand überwunden worden. Zwar verlor der Nationalsozialismus in den letzten Kriegsmonaten an Zustimmung, aber insgesamt war das System recht stabil. Erst der Selbstmord Hitlers und die bedingungslose Kapitulation besiegelten das Endes des „Tausendjährigen Reiches". Dennoch war der Widerstand nicht vergeblich: Die Beispiele der Widerständler zeigen, dass es auch zwischen 1933 und 1945 ein „besseres" Deutschland gab. In fast jeder deutschen Stadt gibt es Straßen, Gebäude oder öffentliche Einrichtungen, die nach Frauen und Männern benannt sind, die dem System des Dritten Reiches kritisch gegenüberstanden und Zivilcourage bewiesen haben. Dies soll Mut machen, selbst einzugreifen, wenn elementare Rechte aller Menschen verletzt werden.

Erinnerung an den deutschen Widerstand: die Gedenkstätte Deutscher Widerstand in Berlin

Widerstand im Dritten Reich: Motive und Formen

Von Beginn an waren die nationalsozialistischen Machthaber darauf bedacht, jegliche Opposition bzw. jeden politischen Widerstand gegen das Regime im Keim zu ersticken. Und doch gab es sie – Frauen und Männer, die nicht mitmachen, nicht „Hitlers willfährige Vollstrecker" sein wollten. Sie traten an mit dem Ziel, zum Widerstand aufzurufen und aktiv zur Beseitigung des Unrechtsregimes beizutragen. Ihre Motive und die Formen des Widerstands waren vielfältig.

● **Welche Motive und Formen des Widerstands gab es?**

Wir analysieren das Handeln von Menschen und bereiten diese historischen Sachverhalte problemorientiert für eine Präsentation auf.

1. Gestaltet auf Schautafeln eine Plakatausstellung, in der ihr über Widerstandskämpfer und -gruppen informiert.

a) Betrachtet die Fotos der Frauen und Männer, die „dagegen waren". Entscheidet euch, über wen ihr informieren möchtet. Zu den Vertretern des militärischen, des kirchlichen und des studentischen Widerstands gibt es auf den folgenden Seiten grundlegende Materialien. Weitere Informationen findet ihr in Lexika, Fachbüchern oder auf geeigneten Internetseiten; empfehlenswerte Startadressen: www.gdw-berlin.de www.dhm.de, www.shoa.de www.bpb.de. Diese Informationsquellen könnt ihr auch nutzen, wenn ihr über andere Widerstandskämpfer oder -gruppen informieren wollt (Beispiele s. Bildleiste).

b) Wertet in Arbeitsgruppen die abgedruckten Materialien aus, beschafft zusätzliche Materialien für die Dokumentation, sichtet sie und wertet sie aus.

c) Gestaltet ein Plakat für die Schautafeln. Jedes Plakat sollte Bildmaterial sowie Angaben zu folgenden Aspekten beinhalten: Lebenslauf der Person(en), die Motive/Ziele und die Formen des Vorgehens. Versucht auch, die Person(en) in das Schema Peukerts (s. S. 162) einzuordnen.

Prüft euer Produkt anhand dieser Checkliste für eine gute Plakatdokumentation: – Sie enthält keine sachlichen Fehler – ist gut durchdacht und gegliedert – übersichtlich aufgebaut – optisch und inhaltlich ansprechend gestaltet – für Nichtinformierte gut verständlich.

2. Präsentiert eure Plakate auf den Schautafeln. Ihr steht den Betrachtern als Experten zur Verfügung.

3. Gemeinsame Abschlussdiskussion: Käme eine der vorgestellten Personen eurer Meinung nach dafür infrage, dass in eurer Heimatgemeinde z.B. eine Straße, ein Platz oder eine Schule nach ihr benannt werden könnte.

Militärischer Widerstand: Graf von Stauffenberg

Studentischer Widerstand: Die Weiße Rose

Kirchlicher Widerstand: Bischof v. Galen (li.) und Dietrich Bonhoeffer

Einzeltäter: Georg Elser

Arbeiterwiderstand: Kurt Schumacher

Privater Widerstand: Frauen von der Rosenstraße

Widerstand der Jugendlichen: Bartholomäus Schink

Stauffenberg: Attentat vom 20.7.1944

Claus Graf von Stauffenberg (15.11.1907–20.7.1944) entstammte einem alten bayerischen Adelsgeschlecht und war Berufsoffizier. In Nordafrika wurde er schwer verwundet. Nach langer Vorbereitung führte er am 20.7.1944 persönlich das gescheiterte Attentat auf Adolf Hitler aus, wurde noch am Abend des gleichen Tages festgenommen und wegen Hochverrats hingerichtet.

M1 **Nach dem Attentat: Führerhauptquartier**

M2 **Stauffenberg (1934)**

M3 **Das Urteil eines Historikers über Stauffenberg**

Wie die meisten Verschwörer stand auch Stauffenberg dem Nationalsozialismus zunächst neutral oder sogar wohlwollend gegenüber. Der braune Reichskanzler versprach den Wiederaufstieg Deutschlands und man-
5 chem Offizier Aussicht auf Karriere. Auch Stauffenberg erlag dem nationalen Rausch. Der […] Berufsoffizier, Spross schwäbischen Uradels, hatte die erste deutsche Republik verachtet. Stauffenberg, bei Hitlers Machtantritt 25 Jahre alt, träumte von einem tau-
10 sendjährigen Reich […] und verstand sich als Teil einer neuen Elite. Nationale Erneuerung statt „Schmach von Versailles" – es waren die außenpolitischen Erfolge Hitlers, von denen sich Stauffenberg blenden ließ. „Welche Veränderung in welcher Zeit", schwärm-
15 te er von Hitlers Siegen über Polen und Frankreich 1939/1940. In einem Brief an seine Frau mokierte sich der charismatische Offizier, dem viele eine glänzende Karriere voraussagten, über den „unglaublichen Pöbel, sehr viele Juden und sehr viel Mischvolk. […] Ein
20 Volk, welches sich nur unter der Knute wohlfühlt. Die

Tausenden von Gefangenen werden unserer Landwirtschaft guttun."
Nach dem Scheitern der deutschen Hoffnungen auf einen Blitzsieg gegen die Sowjetunion änderte sich seine Haltung. Einer seiner Brüder berichtete Freunden: 25
„Claus sagt, zuerst müssen wir den Krieg gewinnen. Aber dann, wenn wir nach Hause kommen, werden wir mit der braunen Pest aufräumen." Anfang 1942 erkannte Stauffenberg, dass der Krieg ohne Unterstützung der sowjetischen Bevölkerung nicht zu gewinnen 30 war. Als ihm ein Offizier von einem Massaker an Juden durch die SS in der Ukraine berichtet, schimpft er bald darauf bei einem Ausritt: „Findet sich da drüben im Führerhauptquartier kein Offizier, der das Schwein mit der Pistole umlegt?" Nach einer schweren Verwun- 35 dung sagt er 1943 zu seiner Frau, die ihn im Lazarett besucht: „Weißt du, ich habe das Gefühl, dass ich jetzt etwas tun muss, um das Reich zu retten."

(Klaus Wiegrefe, Helden und Mörder, in: Der Spiegel Nr. 29/2004, S. 36)

M4 **Stauffenbergs politische Pläne**

Nach dem Anschlag wollte er diesen Aufruf verbreiten:

Deutsche! Hitler [hat] Ehre und Würde, Freiheit und Leben anderer für nichts erachtet. Zahllose Deutsche, aber auch Angehörige anderer Völker schmachten seit Jahren in Konzentrationslagern, den größten Qualen ausgesetzt und häufig schrecklichen Foltern unter- 5 worfen. […] Durch grausame Massenmorde ist unser guter Name besudelt. […] Daher ist kein Soldat, kein Beamter, überhaupt kein Bürger ihm mehr durch Eid verpflichtet. Unser Ziel ist die wahre, auf Achtung, Hilfsbereitschaft und soziale Gerechtigkeit gegründe- 10 te Gemeinschaft des Volkes. Wir wollen Gottesfurcht anstelle von Selbstvergottung, Recht und Freiheit anstelle von Gewalt und Terror, Wahrheit und Sauberkeit anstelle von Lüge und Eigennutz […].

(Zit. nach: Bodo Scheurig, Deutscher Widerstand, München 1984 u. ö., S. 278ff.)

1 Wertet die Materialien M 1 – M 4 aus. Beachtet die verschiedenen Materialsorten (Bildquelle, Historikertext, Textquelle). Wendet die erlernten Arbeitsschritte zur fach- und sachgerechten Informationsentnahme und Erkenntnisgewinnung an.

2 Formuliert auf der Grundlage eurer Analyse- und Interpretationsergebnisse Antworten auf die Fragen nach den Motiven/Zielen und dem Vorgehen dieser Form des Widerstands.

3 Übertragt das Modell Peukerts (s. S. 162) auf euer Plakat und ordnet die Tat in das Modell ein.

Der Widerstand der „Weißen Rose"

Mit der Bezeichnung „Weiße Rose" waren Flugblätter unterschrieben, die eine Gruppe junger Münchener Studenten im Sommer 1942 verteilte. In den Flugblättern riefen sie zum Kampf gegen Adolf Hitler und die Herrschaft der Nationalsozialisten auf. Führende Mitglieder waren die Geschwister Hans und Sophie Scholl, unterstützt wurde die Gruppe von dem Professor Kurt Huber. Am 18. Februar 1943 wurden die Geschwister Scholl im Gebäude der Universität verhaftet, als sie neue Flugblätter auf den Fluren und im Treppenhaus verteilten. Vor dem „Volksgerichtshof" wurde ihnen ein „kurzer Prozess" gemacht. Wegen Hochverrats wurden sie zum Tode verurteilt und am 22. Februar hingerichtet. Prof. Huber und drei weitere Mitglieder wurden ebenfalls zum Tode verurteilt und getötet.

M1 Die Geschwister Scholl

Foto vom 24.7.1942

M2 Auszüge aus den Flugblättern der Weißen Rose

Mit mathematischer Sicherheit führt Hitler das deutsche Volk in den Abgrund. Hitler kann den Krieg nicht gewinnen, nur noch verlängern! Seine und seiner Helfer Schuld hat jedes Maß unendlich überschritten. Die
5 gerechte Strafe rückt näher und näher! Was aber tut das deutsche Volk? Es sieht nicht, und es hört nicht. Blindlings folgt es seinen Verführern ins Verderben. […] Sollen wir auf ewig das von aller Welt gehasste und ausgestoßene Volk sein? Nein! Darum trennt
10 euch von dem nationalsozialistischen Untermen-

schentum! Beweist durch die Tat, dass ihr anders denkt!
In einem Staat rücksichtsloser Knebelung jeder freien Meinungsäußerung sind wir aufgewachsen. HJ, SA, SS haben uns in den fruchtbarsten Bildungsjahren un- 15 seres Lebens zu uniformieren, zu revolutionieren, zu narkotisieren versucht. „Weltanschauliche Schulung" hieß die verächtliche Methode, das aufkeimende Selbstdenken in einem Nebel leerer Phrasen zu ersticken. Freiheit und Ehre! Zehn Jahre haben Hitler und 20 seine Genossen die beiden herrlichen deutschen Worte bis zum Ekel ausgequetscht, abgedroschen, verdreht. […]
Der deutsche Name bleibt für immer geschändet, wenn nicht die deutsche Jugend endlich aufsteht, 25 rächt und sühnt zugleich, ihre Peiniger zerschmettert und ein neues geistiges Europa aufrichtet.

(Zit. nach: Informationen zur politischen Bildung, Der deutsche Widerstand, Bonn 1974, S. 20)

M3 Filmszene aus „Sophie Scholl – Die letzten Tage"

Die Geschwister Scholl und zwei weitere Mitglieder der „Weißen Rose" treffen die Entscheidung, Flugblätter zu verteilen.

1 Analysiert und interpretiert die Quelle M2. Wendet die Methode „Eine Textquelle interpretieren" an.

2 Die Historikerin Gisela Riescher hat die Studenten der Weißen Rose „Täter des Wortes" genannt – erläutert diese Einschätzung.

3 Formuliert auf der Grundlage eurer Arbeitsergebnisse Antworten auf die Fragen nach den Motiven/Zielen und dem Vorgehen des Widerstandes.

4 Übertragt das Modell Peukerts (s. S. 162) auf euer Plakat und ordnet diese Widerstandsgruppe in das Modell ein.

Der Widerstand aus dem Kreis der christlichen Kirchen

In der Zeit des Dritten Reiches wurden viele Christen, vor allem Priester und Pfarrer, von der Gestapo beobachtet, verhört und verhaftet. Mehrere Hundert wurden in Konzentrationslagern interniert, viele verloren ihr Leben. Dennoch, so sagen heutige Historiker, sollte das Ausmaß des Widerstandes der evangelischen und katholischen Kirche nicht überschätzt werden. Die Führer beider christlichen Kirchen trennten zwischen dem Bereich der Kirche, in den der Staat sich nicht einzumischen hatte, und dem Bereich des Staates, in dem die Kirche sich zurückhielt. „Wir Christen machen keine Revolution", predigte etwa der Münsteraner Bischof von Galen. Wenn es Widerspruch gab, so protestierten die Kirchen fast immer nur in eigener Sache – um das Recht, die christlichen Jugendgruppen weiterführen zu dürfen, um den Vorrang des Konfirmandenunterrichtes gegenüber Verpflichtungen der HJ durchzusetzen (so die Bekennende Kirche innerhalb der evangelischen Kirche) oder um weiterhin Kruzifixe in Klassenzimmern aufhängen zu können (katholische Kirche). Einige Kirchenführer verweigerten den Eid auf Hitler und nahmen persönliche Nachteile in Kauf, aber die katholische Kirchenführung und auch die Gruppe der „Bekennenden Kirche" in der evangelischen Christenheit schwiegen, als „linke" Politiker in Konzentrationslager eingeliefert, gefoltert und getötet wurden. Es gab keine Proteste nach den Nürnberger Gesetzen und auch nicht nach der Reichspogromnacht. Mit Fürbittengebeten wurden die deutschen Soldaten in den Krieg verabschiedet, und in Dankgottesdiensten wurden die Blitzsiege und das militärische Genie des Führers gefeiert. Nur in einem Bereich widersetzten sich die Kirchen der Verpflichtung, dem Staat zu geben, was des Staates ist: Die Tötung der Behinderten wurde in Predigten verurteilt, die Heime in christlicher Trägerschaft gaben keine Patienten mehr ab. Wenn nicht nur das kirchliche Leben bedroht war, sondern allgemein Menschenrechte verletzt wurden, waren mutige Christen fast immer auf sich allein gestellt. Unterstützt wurden sie allenfalls von ihren Gemeinden, aber so gut wie nie von den kirchlichen Leitungsgremien. Die Mehrzahl der Christen hat gejubelt oder geschwiegen.

M 1 Kardinal von Galen, Predigt in Münster (3.8.1941)

Seit einigen Monaten hören wir Berichte, dass aus Heil- und Pflegeanstalten für Geisteskranke auf Anordnung

von Berlin Pfleglinge, die schon länger krank sind und vielleicht unheilbar erscheinen, zwangsweise abgeführt werden. [...] 5

Als ich von dem Vorhaben erfuhr, Kranke aus Marienthal abzutransportieren, um sie zu töten, habe ich am 28. Juli bei 10 der Staatsanwaltschaft Münster Anzeige erstattet. [...] Man urteilt: Sie können nicht mehr Güter produzieren; sie sind wie eine alte Maschine, die nicht mehr läuft; sie sind wie ein altes Pferd, das unheilbar lahm gewor- 15 den ist [...]. Nein, hier handelt es sich um Menschen, unsere Mitmenschen, unsere Brüder und Schwestern.

(Zit. nach: Informationen zur politischen Bildung, Deutscher Widerstand, Heft 243, S. 21)

M 2 Dietrich Bonhoeffer, Vortrag vor Theologen (1933)

[Die Kirche] kann also auch in der Judenfrage heute nicht dem Staat unmittelbar ins Wort fallen und von ihm ein bestimmtes andersartiges 5 Handeln fordern. Aber das bedeutet nicht, dass sie teilnahmslos das politische Handeln an sich vorüberziehen lässt; sondern sie kann und soll [...] den Staat immer wieder danach fragen, 10 ob sein Handeln von ihm als legitim staatliches Handeln verantwortet werden könne, d. h. als Handeln, in dem Recht und Ordnung und nicht Rechtlosigkeit und Unordnung geschaffen werden. [...] Sowohl ein Zuwenig an Ordnung und Recht als auch ein Zuviel 15 an Ordnung und Recht zwingt die Kirche zum Reden.

(Dietrich Bonhoeffer, Werke, Bd. 12, Gütersloh 1997, S. 351f.)

1 Entnehmt dem Darstellungstext die Informationen, die für die Frage nach Motiven/Zielen/Form des Widerstands wichtig sind.

2 Analysiert und interpretiert die Quellen M 1/M 2. Wendet die Methode „Eine Textquelle interpretieren" an.

3 Formuliert auf der Grundlage eurer Arbeitsergebnisse Antworten auf die Fragen nach den Motiven/Zielen und dem Vorgehen des kirchlichen Widerstands.

4 Übertragt das Modell Peukerts (s. S. 162) auf euer Plakat und ordnet diese Form des Widerstands in das Modell ein.

Auseinandersetzung mit der Vergangenheit:
Waren die Deutschen schuldige Täter oder unschuldige Opfer?

Die nationalsozialistische Herrschaft dauerte nur 12 Jahre. Die deutsche Nation lebt, ob sie es will oder nicht, aber weiterhin im Schatten einer unauslöschlichen Vergangenheit. Besonders seit dem Buch des US-Historikers Goldhagen Ende der 1990er-Jahre, in dem er die These vertritt, die Deutschen seien in ihrer überwältigenden Mehrheit „willige Vollstrecker" der NS-Politik gewesen, ist die Problematik der persönlichen Verantwortung erneut in das Zentrum kontroverser Diskussionen gerückt. Zwei Einschätzungen bilden die extremen Positionen – zum einen die These von der Kollektivschuld aller Deutschen und zum anderen die Gegenthese, die deutsche Bevölkerung sei selbst Opfer eines verbrecherischen Regimes geworden.

Wir finden einen eigenen Standpunkt und begründen ihn.

- **Das deutsche Volk – kollektiv schuldig oder eher Opfer?**

Wir erlassen unterschiedliche Perspektiven und Standpunkte und formulieren ein begründetes eigenes Urteil.

1. Analysiert die Materialien mithilfe der angebotenen Frageperspektive und stellt die darin vertretenen Standpunkte vor.

2. Selbst Position beziehen:
   a) Positioniert euch entlang einer markierten Linie im Klassenraum. Um seinen persönlichen „Standpunkt" zu verdeutlichen, stellt sich jeder an den Punkt der Linie, wo er sich mit dem vertretenen eigenen „Standpunkt" zu dieser Frage richtig positioniert glaubt.
   b) Begründet eure jeweiligen „Standpunkte" und stellt sie zur Diskussion.

Ich meine: Ich meine:

Die Deutschen sind als Volk   *Die Deutschen sind (von Ausnahmen abgesehen) Opfer.*
schuldig und verantwortlich.

Drei Frageperspektiven, die eure Analyse der Materialien leiten können:

1. Wie wird die Frage nach der Schuld beantwortet?
2. Welche Einstellungen zur Zeit des Nationalsozialismus werden deutlich?
3. Welches Material lässt eine Haltung erkennen, die besonders (un-)geeignet erscheint, um einen Neuanfang im Sinne demokratischer und humaner Werte zu ermöglichen?

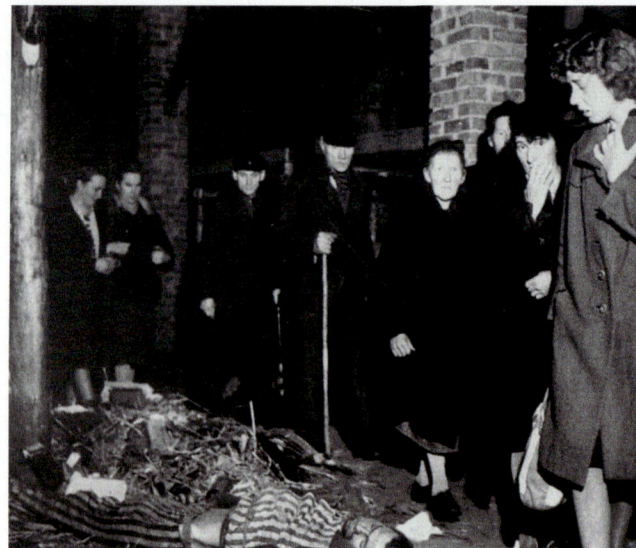

M1

Empörte US-Soldaten, die das KZ Buchenwald befreit haben, zwingen die Einwohner Weimars zu einem Gang durch das Lager, 1945.

M2

Das Foto zeigt vertriebene Sudetendeutsche, die in Prag auf weitere Anweisungen warten, Frühling 1945.

M3 „Diese Schandtaten: Eure Schuld"

Im Juli 1945 betrachtet ein junger Mann in der Stadtmitte von Bad Mergentheim eine Stelltafel. Auf ihr sind u. a. Fotos von Konzentrationslagern zu sehen.

M4 Eine Aussage

Aussage eines Mannes, der in der KZ-Verwaltung arbeitete, in einem alliierten Verhör:

FRAGE: Habt ihr im Lager Leute getötet?
ANTWORT: Ja.
FRAGE: Habt ihr sie mit Gas vergiftet?
ANTWORT: Ja.
5 FRAGE: Habt ihr sie lebendig begraben?
ANTWORT: Das kam manchmal vor.
FRAGE: Wurden die Opfer aus ganz Europa aufgegriffen?
ANTWORT: Das nehme ich an.
10 FRAGE: Haben Sie persönlich geholfen, Leute zu töten?
ANTWORT: Durchaus nicht. Ich war nur Zahlmeister im Lager.
FRAGE: Was dachten Sie denn bei diesen Vorgängen?
15 ANTWORT: Zuerst war es schlimm, aber wir gewöhnten uns daran.
FRAGE: Wissen Sie, dass die Russen Sie aufhängen werden?
ANTWORT (in Tränen ausbrechend): Warum sollten sie
20 das? Was habe ich denn getan?

(Zit. nach: Die Wandlung, Heft 4, 1945/46, S. 339 f.)

M5 Stuttgarter Erklärung des Rates der Evangelischen Kirche in Deutschland

[Wir wissen, dass] wir mit unserem Volk nicht nur in einer großen Gemeinschaft der Leiden [stehen], sondern auch in einer Solidarität der Schuld. Mit großem Schmerz sagen wir: Durch uns ist unendliches Leid über viele Völker und Länder gebracht worden. Was 5 wir unseren Gemeinden oft bezeugt haben, das sprechen wir jetzt im Namen der ganzen Kirche aus: Wohl haben wir lange Jahre hindurch im Namen Jesu Christi gegen den Geist gekämpft, der im nationalsozialistischen Gewaltregime seinen furchtbaren Ausdruck 10 gefunden hat; aber wir klagen uns an, dass wir nicht mutiger bekannt, nicht treuer gebetet, nicht fröhlicher geglaubt und nicht brennender geliebt haben.

(Zit. nach: Günther Heidtmann (Hg.), Hat die Kirche geschwiegen?, Berlin 1958)

M6 Die Publizistin Hannah Arendt

Hannah Arendt, die als junge Jüdin 1933 aus Deutschland floh, besuchte 1949/50 die Städte ihrer Kindheit und Jugend und notierte ihre Eindrücke:

Überall fällt einem auf, dass es keine Reaktion auf das Geschehene gibt, aber es ist schwer zu sagen, ob es sich dabei um eine irgendwie absichtliche Weigerung zu trauern oder um den Ausdruck einer echten Gefühlsunfähigkeit handelt. [...] Dieser allgemeine Ge- 5 fühlsmangel [...] ist jedoch nur das auffälligste äußerliche Symptom einer tief verwurzelten, hartnäckigen und gelegentlich brutalen Weigerung, sich dem tatsächlich Geschehenen zu stellen und sich damit abzufinden. Diese Gleichgültigkeit und die Irritation, die 10 sich einstellt, wenn man dieses Verhalten kritisiert, kann an Personen mit unterschiedlicher Bildung überprüft werden. Das einfachste Experiment besteht darin, [offen mitzuteilen], dass man Jude sei. Hierauf folgt in der Regel eine kurze Verlegenheitspause – und 15 danach kommt keine persönliche Frage wie etwa: „Wohin gingen Sie, als Sie Deutschland verließen?", kein Anzeichen für Mitleid, etwa dergestalt: „Was geschah mit Ihrer Familie?", sondern es folgt eine Flut von Geschichten, wie die Deutschen gelitten hätten 20 (was sicher stimmt, aber nicht hierher gehört), und wenn die Versuchsperson dieses kleinen Experiments zufällig gebildet und intelligent ist, dann geht sie dazu über, die Leiden der Deutschen gegen die Leiden der anderen aufzurechnen. 25

(Hannah Arendt, Zur Zeit – Politische Essays, Berlin 1986, S. 43 f.)

Ich kann sachkompetent ...

→ Begriffe erklären.

→ Schlüsselereignisse erläutern.

→ historisches Geschehen zusammenhängend beschreiben.

→ charakteristische Merkmale von Entwicklungen benennen.

• Nationalsozialismus • Lebensraumpolitik • Führerprinzip • Rassismus • Antisemitismus • Diktatur • Gleichschaltung • Ermächtigungsgesetz • Volksgemeinschaft • Holocaust • Widerstand • Vernichtungskrieg

Äußert euch zu diesen Stichworten, indem ihr die erlernte Methode des Schreibgesprächs (s. S. 142) anwendet.
Tipp: Nutzt, wenn nötig, dabei die „Begriffe zum Nachschlagen" und das Register (s. S. 302 ff.).

Mit diesen Methoden kann ich arbeiten:

→ Arbeiten im Archiv

→ Analyse und Auseinandersetzung mit historischer Sekundärliteratur

→ Ein Schreibgespräch durchführen

→ Einen Kartenfilm erstellen und nutzen

Gegen das Vergessen! – Vorschläge für einen aktiven Umgang mit dem Thema

Es gibt eine sehr nüchterne, einfache Schlussfolgerung, die man aus der Beschäftigung mit dem Dritten Reich ziehen kann. Sie heißt: Wehret den Anfängen! Wenn man es erst so weit kommen lässt, dass sich politische Kräfte festsetzen, die humane und demokratische Werte verachten, ist es schnell zu spät.

Hier findet ihr Vorschläge, wie ihr euch aktiv mit der Vergangenheit auseinandersetzen könnt und dabei auf historische und methodische Kenntnisse zurückgreift.

Stolperstein für Anna Lehnkering, verlegt am 2. April 2009 in Mülheim an der Ruhr (vgl. S. 137). Zur Erinnerung an die Opfer des Nationalsozialismus wurden seit 1997 bisher ca. 19000 „Stolpersteine" in ganz Europa verlegt.

Vorschlag 1:
Nehmt eine Abbildung aus diesem Buch und nutzt sie als Grundlage / Ausgangsmaterial für ein Plakat. Ziel könnte es sein, an die Opfer von Krieg und/oder Verfolgung zu erinnern oder dazu aufzurufen, die Werte von Demokratie und Humanität zu achten. (Die Zusammenarbeit mit dem Kunstunterricht könnte sinnvoll sein.)

Vorschlag 2:
Viele Deutsche haben gejubelt oder geschwiegen.
Sucht Beispiele für vorbildliches Verhalten in der NS-Zeit, für Menschen, die vielleicht im Alltag oder in ihrer Nachbarschaft Zivilcourage gezeigt haben. Tragt entsprechende Informationen zusammen und veröffentlicht sie in geeigneter Form.

Vorschlag 3:
Versucht herauszufinden, ob und wo es in eurer Stadt oder der Umgebung Bauwerke oder Einrichtungen der NS-Zeit gegeben hat, in denen Menschenrechte verletzt wurden (z.B. Gefangenenlager, Unterkünfte von Zwangsarbeitern, Gestapo-Gefängnisse...).
Fotografiert diese Orte oder die Überreste; nutzt Dokumente zu diesem Thema und veranstaltet eine Ausstellung in eurer Schule.
(Wenn ihr Hilfe braucht, wendet euch an Archive oder an Institutionen, die die Erinnerung an die Opfer des Dritten Reiches wachhalten.)

Vorschlag 4:
Bereitet einen sogenannten alternativen Stadtrundgang in eurer Stadt vor, bei dem es darum geht, die düsteren (oder unter den Teppich gekehrten?) Seiten der Vergangenheit in Augenschein zu nehmen.

Regierungserklärung Hitlers bei der Reichstagssitzung in der Krolloper am 28.4.1939

Ich habe das Chaos in Deutschland überwunden, die Ordnung wiederhergestellt, die Produktionen auf allen Gebieten unserer nationalen Wirtschaft ungeheuer gehoben, durch äußerste Anstrengungen für die zahlreichen uns fehlenden Stoffe Ersatz geschaffen, neuen Erfindungen die Wege geebnet, gewaltige Straßen in Bau gegeben. Ich habe Kanäle graben lassen, riesenhafte neue Fabriken ins Leben gerufen und mich dabei bemüht, auch den Zwecken der sozialen Gemeinschaftsentwicklung, der Bildung und der Kultur meines Volkes zu dienen. Es ist mir gelungen, die uns allen so zu Herzen gehenden 7 Millionen Erwerbslosen restlos wieder in nützliche Produktionen einzubauen, den deutschen Bauern trotz aller Schwierigkeiten auf seiner Scholle zu halten und diese selbst ihm zu retten, den deutschen Handel wieder zur Blüte zu bringen und den Verkehr auf das Gewaltigste zu fördern.

Um den Bedrohungen durch eine andere Welt vorzubeugen, habe ich das deutsche Volk nicht nur politisch geeint, sondern auch militärisch aufgerüstet, und ich habe weiter versucht, jenen Vertrag Blatt um Blatt zu beseitigen, der in seinen 440 Artikeln die gemeinste Vergewaltigung enthält, die jemals Völkern und Menschen zugemutet worden ist. Ich habe die uns 1919 geraubten Provinzen dem Reich wieder zurückgegeben, ich habe Millionen von uns weggerissener, tief unglücklicher Deutscher wieder in die Heimat geführt, ich habe die tausendjährige historische Einheit des deutschen Lebensraumes wiederhergestellt, und ich habe [...] mich bemüht, dieses alles zu tun, ohne Blut zu vergießen und ohne meinem Volk oder anderen daher das Leid des Krieges zuzufügen.

Ich habe dies [...] als ein noch vor 21 Jahren unbekannter Arbeiter und Soldat meines Volkes aus meiner eigenen Kraft geschaffen und kann daher vor der Geschichte es in Anspruch nehmen, zu jenen Menschen gerechnet zu werden, die das Höchste leisteten, was von einem Einzelnen billiger- und gerechterweise verlangt werden kann.

(Zit. nach: Dokumente der deutschen Politik VI. 1, Berlin 1940, S. 180)

■ Interpretiert die Rede Hitlers. Wendet dabei die erlernte Methode „Eine politische Rede untersuchen" (s. S. 39) an.
Die Leitfragen lauten: – Wie beschreibt und beurteilt Hitler seine eigene „Leistung"? – Wie können wir aus heutiger Sicht diese „Leistungen" kommentieren?
Denkt dabei an die Hintergründe der Außen- und Wirtschaftspolitik und die Entwicklung nach 1939.

Die Neuordnung der Welt nach dem Zweiten Weltkrieg

Die Atombombe stand im Mittelpunkt der Epoche des „Kalten Krieges" (1947–1989).

In dieser Epoche entwickelte sich der alte ideologische Gegensatz zwischen Kommunismus und liberaler Demokratie zu einer gefährlichen machtpolitischen Konfrontation zwischen dem „Westblock" und dem „Ostblock" – angeführt von den beiden „Supermächten" USA und UdSSR.

Das 20. Jahrhundert, das „Jahrhundert der Ideologien", hatte nach dem Ersten Weltkrieg mit drei ideologischen Grundalternativen begonnen: der liberalen Demokratie, dem Kommunismus und dem Faschismus bzw. National-sozialismus. Nachdem der Faschismus im Zweiten Welt-krieg besiegt worden war, wurden die letzten Jahrzehnte dieses Jahrhunderts durch den Kampf zwischen Kommu-nismus und liberaler Demokratie bestimmt.

Es war ein gefährlicher Kampf, denn das atomare Waffen-arsenal der beiden verfeindeten Blöcke hätte die Mensch-heit auslöschen können, wenn es tatsächlich zu einem Atomkrieg gekommen wäre.

- **Warum teilte sich die Welt in zwei verfeindete „Blöcke"?**
- **Welche Merkmale und welche Schlüsselereignisse prägten den „Kalten Krieg"?**

Zündung der 15-Megatonnen-Wasserstoffbombe der USA auf
dem Bikini-Atoll 1954

Die Neuordnung der Welt nach 1945 – Ein Überblick

Das Ende des Zweiten Weltkrieges

Der Zweite Weltkrieg endete am 8. Mai 1945 mit der bedingungslosen Kapitulation Deutschlands. Nach den beiden Atombomben auf Hiroshima (6. August 1945) und Nagasaki (9. August 1945) war auch Japan endgültig besiegt.

Weltweit hielten die Menschen den Atem an. Der Krieg hatte unvorstellbare Leiden hervorgerufen und ungefähr 55 Millionen Menschen das Leben gekostet. Nun sehnten sich die Menschen nach Frieden.

Die Nachkriegsordnung

Schon während des Krieges hatten sich die späteren Siegermächte USA, Großbritannien und UdSSR auf die Grundzüge einer neuen Nachkriegsordnung verständigt: Zur Sicherung des Weltfriedens sollte eine neue internationale Organisation, die „Vereinten Nationen" geschaffen werden.

Die UdSSR sollte einen Ausgleich für die großen Verluste während des Krieges erhalten. Die westlichen Alliierten nahmen deshalb Stalins Forderung nach einer „Westverschiebung" Polens hin: Die UdSSR erhielt einen (östlichen) Teil des polnischen Staatsgebietes, das wiederum als Ausgleich einen Teil des ehemaligen deutschen Staatsgebietes erhielt.

Nachdem man sich lange im Unklaren darüber gewesen war, wie man mit dem ehemaligen Deutschland verfahren sollte, einigte man sich auf einer Konferenz in Potsdam bei Berlin im August 1945 („Potsdamer Abkommen") auf eine Aufteilung in vier Besatzungszonen.

Aus Verbündeten werden Gegner

Doch schon nach wenigen Monaten wurde klar, dass die so erfolgreiche Zusammenarbeit der Siegermächte im Zweiten Weltkrieg nur eine Art Notgemeinschaft gewesen war, die nach dem Sieg schnell wieder zerbrach. An die Stelle vertrauensvoller Zusammenarbeit traten zunächst Misstrauen und Konkurrenz, schließlich offene Feindschaft.

Der seit dem Epochenjahr 1917 bestehende ideologische Gegensatz zwischen Kommunismus und liberaler Demokratie brach wieder auf. Der Ost-West-Konflikt mündete in einen „Kalten Krieg".

Der „Kalte Krieg"

Für die Epoche zwischen 1947 und 1989 haben schon die Zeitgenossen den Begriff „Kalter Krieg" benutzt. „Kalt" blieb dieser Krieg, weil ein „Dritter Weltkrieg", der mit Sicherheit ein Atomkrieg geworden wäre, ausblieb. Aber unterhalb dieser Schwelle bekämpften sich Ost und West mit allen Mitteln, sodass es durchaus gerechtfertigt sein kann, von einem „Krieg" zu sprechen. Zudem blieb der Einsatz von Atomwaffen immer eine reale Gefahr, sodass Historiker von einer „Politik am Rande der Katastrophe" sprechen.

Die Dimensionen des Ost-West-Konfliktes

Im Kern war der Ost-West-Konflikt ein ideologischer Konflikt. Es ging also um die Frage, welche der beiden Seiten die „richtigere" oder „bessere" Weltanschauung, die „richtigere" oder „bessere" Vorstellung von der menschlichen Geschichte und von der Zukunft hatte.

Churchill (GB), Roosevelt (USA) und Stalin (UdSSR) bei der Kriegskonferenz von Jalta, Februar 1945

8.5.1945	1947	1949	1950–53	1955	1961–1973	1962
Kapitulation Deutschlands	„Truman-Doktrin" und „Marshall-Plan"	Gründung der NATO	Korea-Krieg	Gründung des Warschauer Paktes	Vietnam-Krieg	Kuba-Krise

Je mehr diese ideologische zu einer machtpolitischen Auseinandersetzung wurde, desto mehr Dimensionen des menschlichen Lebens wurden in sie hineingezogen: Politik, Wirtschaft, Kultur, Sport, Technik, Militär – in allen diesen Dimensionen beanspruchten beide Seiten, jeweils „besser" und der anderen Seite überlegen zu sein.

Militärbündnisse

Beide Seiten gründeten Militärbündnisse, deren Mitglieder sich im Falle eines Krieges gegenseitig unterstützen sollten. Im Westen war dies die „NATO" (North Atlantic Treaty Organization) unter Führung der USA, im Osten der „Warschauer Pakt" unter Führung der UdSSR.

Verschärfung und Entspannung

Während des „Kalten Krieges" gab es immer wieder Zeiten, in denen der Konflikt sich zuspitzte, und andere Zeiten, in denen die Kontrahenten aufeinander zugingen und der Konflikt sich etwas entspannte. Als Höhepunkt des Konfliktes sehen viele Historiker heute den Konflikt um Kuba (1962) – damals stand die Welt unmittelbar am Rande eines Atomkrieges. Deshalb untersuchen wir beispielhaft die „Kuba-Krise" in diesem Kapitel.

Das Ende des „Kalten Krieges"

Der „Kalte Krieg" endete in den Jahren 1989/90, weil eine der beiden Seiten – der Ostblock – sich tief greifend wandelte und seine Frontstellung gegenüber dem Westen aufgab.

Die Ursachen dieses Wandels sind vielfältig. Wir untersuchen sie in einem späteren Kapitel in ihrem zeitlichen Zusammenhang (s. S. 254 ff.).

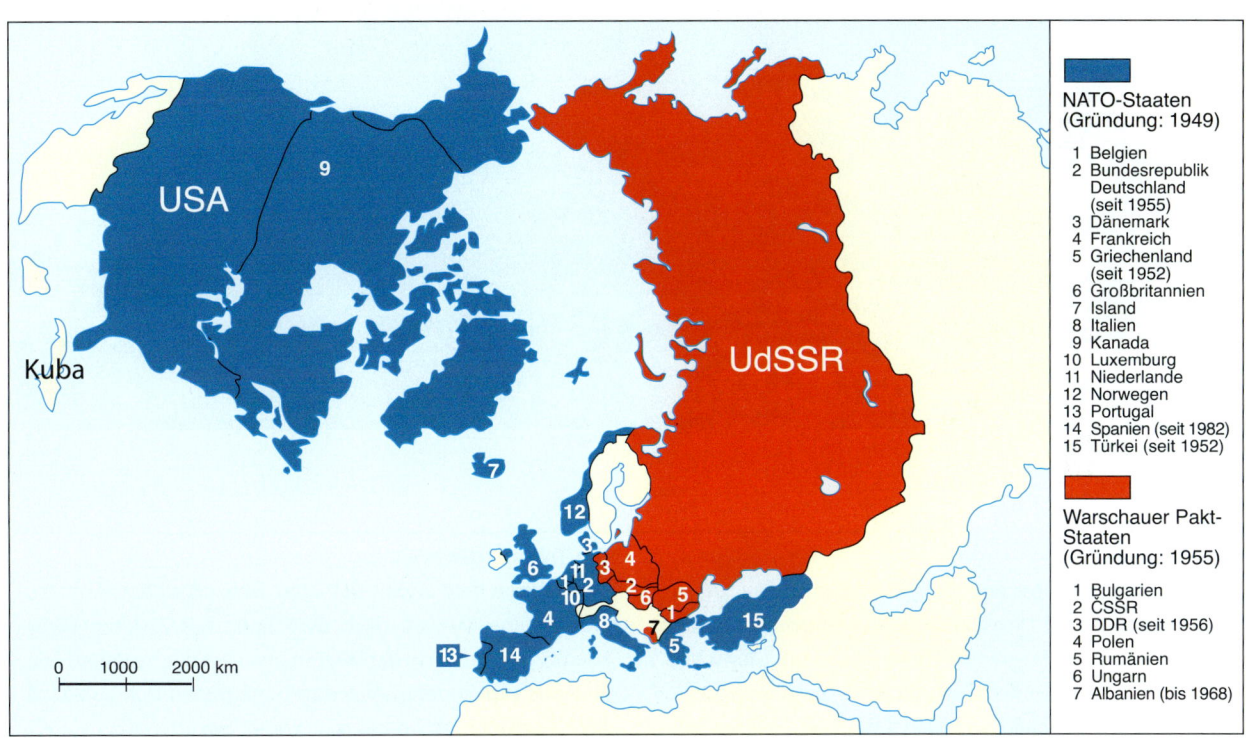

NATO und Warschauer Pakt

NATO-Staaten (Gründung: 1949)

1 Belgien
2 Bundesrepublik Deutschland (seit 1955)
3 Dänemark
4 Frankreich
5 Griechenland (seit 1952)
6 Großbritannien
7 Island
8 Italien
9 Kanada
10 Luxemburg
11 Niederlande
12 Norwegen
13 Portugal
14 Spanien (seit 1982)
15 Türkei (seit 1952)

Warschauer Pakt-Staaten (Gründung: 1955)

1 Bulgarien
2 ČSSR
3 DDR (seit 1956)
4 Polen
5 Rumänien
6 Ungarn
7 Albanien (bis 1968)

1975	1979	1985	1989	1990
„Konferenz für Sicherheit und Zusammenarbeit" (KSZE) in Helsinki	Einmarsch sowjetischer Truppen in Afghanistan	Beginn der Reformen in der UdSSR	Friedliche Revolutionen in Osteuropa	Auflösung der UdSSR Deutsche Einheit

Von der „Einen Welt" zur zweigeteilten Welt

Hiroshima (Japan), August 1945

6. August 1945

An diesem Tag warf ein amerikanischer Bomber auf die japanische Hafenstadt Hiroshima die erste Atombombe der Geschichte ab. Eine unvorstellbare Zahl von Menschen wurde getötet oder verletzt, die gesamte Stadt zerstört. Nach dem Abwurf einer weiteren Atombombe über Nagasaki am 9. August 1945 kapitulierte mit Japan das letzte Land, das sich mit den Alliierten noch im Kriegszustand befunden hatte. Der Zweite Weltkrieg war zu Ende.

Die „Eine Welt"

Die weltweite Erfahrung der Schrecken des Krieges führte dazu, dass die Menschen sich nach Frieden sehnten. Und wirklich: Die Vorstellung einer Welt ohne Krieg schien greifbar nahe. Auch die Politiker waren sich einig: Eine neue internationale Organisation, die „Vereinten Nationen", sollte in Zukunft den Frieden sichern.

Die Teilung der Welt

Doch schon bald erwies sich diese Idee als zu optimistisch. Nur wenige Monate nach dem Ende des Zweiten Weltkrieges begann sich die Welt in zwei Teile zu spalten. Die ehemals verbündeten Alliierten begegneten sich zunächst mit Misstrauen und dann mit offener Feindschaft. Eine neue gefährliche Konfrontation nahm ihren Lauf: der „Kalte Krieg".

- Die „Eine Welt":
  Welche Ziele verfolgten die „Vereinten Nationen"?
  Welchen Schwierigkeiten standen sie dabei gegenüber?

- Die Teilung der Welt:
  Warum zerbrach das Bündnis der Alliierten?

Die Idee der „Einen Welt" und die Vereinten Nationen

1945 hatten die Menschen auf der ganzen Welt den Krieg satt. Vor diesem Hintergrund entstand die Idee einer friedlichen internationalen Ordnung. Und es entstand eine neue Organisation, die Vereinten Nationen, die diese Idee in die Realität umsetzen sollte.

● **Die Vereinten Nationen – von der Idee zur Realität**

Wir beschreiben eine historische Entwicklung im Zusammenhang.

Beschreibt die Vorgeschichte und die Gründung der Vereinten Nationen in einem mündlichen Vortrag.
Projiziert als Visualisierung die grafische Darstellung des Aufbaus der UNO (s. S. 178) sowie eine Strukturskizze, die ihr auf der Grundlage des Infotextes erstellen könnt und die die Vorgeschichte und die Gründung der UNO visualisiert.

Die Atlantik-Charta

Schon während des Zweiten Weltkrieges hatte der amerikanische Präsident Roosevelt über die Zeit nach dem Krieg nachgedacht und eine Idee entwickelt, die unter dem Schlagwort „One World" („Eine Welt") bekannt wurde.
Diese Idee beruhte auf der Hoffnung, dass – nach der schrecklichen Erfahrung des Weltkrieges – alle Menschen und Staaten gemeinsam beschließen könnten, ein für alle Mal auf Gewalt zu verzichten und Streitigkeiten friedlich zu lösen.
Für Roosevelt war diese Idee – neben dem Sieg über Nazideutschland – das eigentliche Kriegsziel der USA. Gemeinsam mit Großbritannien verkündeten die USA am 14. August 1941 die sogenannte „Atlantik-Charta", in der beide Länder die freie und friedliche Zusammenarbeit aller Völker als ihr politisches Ziel nach einem Sieg im Zweiten Weltkrieg formulierten. Auch der Führer der Sowjetunion, Stalin, schloss sich dieser Charta an.

Die Gründung der Vereinten Nationen (UN)

Die konkrete Umsetzung seiner Idee konnte Roosevelt nicht mehr erleben. Zwei Wochen nach seinem Tod eröffnete sein Nachfolger, der amerikanische Präsident Truman, am 26. Juni 1945 die Gründungsversammlung der Vereinten Nationen (UN). In dieser Organisation sollten alle Staaten der Welt vertreten sein und gemeinsam ver-

suchen, Streitigkeiten friedlich zu lösen. Die Organisation der UN existiert bis heute und sie ist heute – mitsamt der ihr zugrunde liegenden Idee – mindestens genauso aktuell wie 1945 (s. S. 282f.). Damals aber versuchte man, die Schwächen ihrer Vorgängerorganisation, des „Völkerbundes", zu überwinden.

Das historische Vorbild: der „Völkerbund"

Der „Völkerbund" war am 10. Januar 1920, kurz nach dem Ende des Ersten Weltkrieges gegründet worden. Auch er hatte das Ziel, den Weltfrieden dauerhaft zu erhalten. Bis 1939 konnte er in einer Reihe von lokalen Konflikten hilfreich sein. Er litt aber von vornherein darunter, dass die Großmächte, vor allem die USA und die Sowjetunion, ihm nie beitraten und er deshalb keine machtpolitische Basis besaß, um seine Beschlüsse auch tatsächlich durchzusetzen. Deshalb hatte der Völkerbund auch kaum Einfluss, als der Zweite Weltkrieg begann.

Aus der Gründungserklärung der UNO (UN-Charta)

Artikel 1

Die Vereinten Nationen setzen sich folgende Ziele:

1. den Weltfrieden und die internationale Sicherheit zu wahren und zu diesem Zweck wirksame Kollektivmaßnahmen zu treffen, um Bedrohungen des Friedens zu verhüten [...], Angriffshandlungen und andere Friedensbrüche zu unterdrücken und internationale Streitigkeiten [...] durch friedliche Mittel nach den Grundsätzen der Gerechtigkeit und des Völkerrechts zu bereinigen [...];
2. freundschaftliche, auf der Achtung vor dem Grundsatz der Gleichberechtigung und Selbstbestimmung der Völker beruhende Beziehungen zwischen den Nationen zu entwickeln;
3. eine internationale Zusammenarbeit herbeizuführen, um [...] die Achtung vor den Menschenrechten [...] zu fördern und zu festigen.

Artikel 2

[...] 3. Alle Mitglieder legen ihre internationalen Streitigkeiten durch friedliche Mittel bei [...].

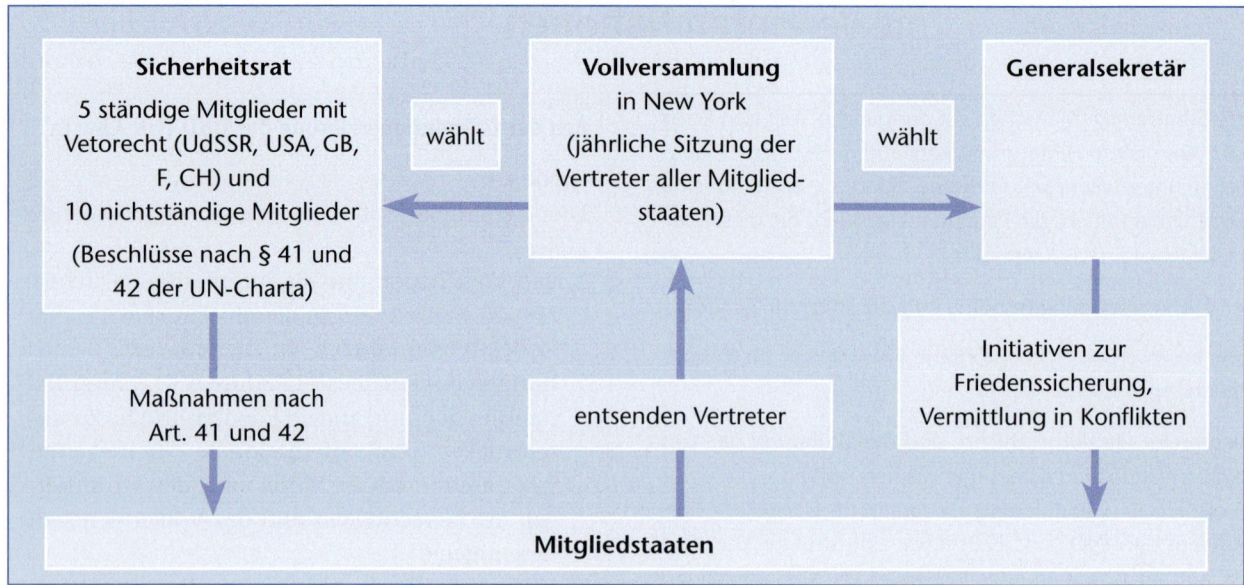

Die Gründerstaaten der Vereinten Nationen versuchten, diese Schwäche nun zu vermeiden: Sie räumten den damals mächtigen Staaten der Welt eine besondere Stellung in den Vereinten Nationen ein, um sie zur Mitarbeit zu bewegen und mit ihrer Hilfe mehr Einfluss zu bekommen.

Die ständigen Mitglieder des Sicherheitsrates

Nach dem Ende des Zweiten Weltkrieges war die Führungsrolle Europas verloren gegangen. Großbritannien und Frankreich gehörten zwar zu den Siegermächten, waren aber auf die finanzielle Unterstützung der USA angewiesen. Im Rahmen der Neuordnung der Welt verloren sie auch ihre Kolonialreiche.

Die USA und die Sowjetunion gingen als neue „Supermächte" aus dem Krieg hervor – allerdings unter verschiedenen Vorzeichen.

Die USA hatten den Krieg ohne Zerstörungen im eigenen Land überstanden und waren zur stärksten Wirtschaftsmacht der Welt aufgestiegen.

Die Sowjetunion, auf deren Territorium der Krieg jahrelang gewütet hatte, litt unter massiven Zerstörungen und Verlusten. Dennoch war sie durch ihre militärischen Erfolge zu einer Weltmacht aufgestiegen. Mit dem Kriegsende verband man die Hoffnung auf wirtschaftliche Erholung durch Reparationszahlungen aus dem besiegten Deutschland.

Unter den Bedingungen des Ost-West-Konfliktes führte das Vetorecht der ständigen Mitglieder häufig zu einer Blockade im Sicherheitsrat, der dadurch oftmals praktisch handlungsunfähig wurde.

Das militärisch bedeutsame China bildete im Sicherheitsrat eine dritte Kraft. Es verstand sich oft als Fürsprecher der sogenannten „Dritten Welt", also der Entwicklungsländer.

■ Lest den Text und notiert in Stichworten, welche Informationen für die Strukturskizze bedeutsam sind. Berücksichtigt dabei auch das Schaubild.

Die UN – wie ein Zeitgenosse urteilte …

Wie dachten die Zeitgenossen über die neu gegründete UNO? Waren sie begeistert? Oder skeptisch?

Seit der Neuzeit gibt es eine Quellengattung, die uns bei der Erforschung solcher Fragen besonders gut helfen kann: Karikaturen. Sie sind ein Spiegelbild ihrer Zeit und bringen Meinungen besonders deutlich und pointiert zum Ausdruck.

Beispielhaft untersuchen wir zwei Karikaturen des Engländers David Low (1891–1963), der als einer der bedeutensten politischen Karikaturisten des 20. Jahrhunderts gilt.

● **Wie urteilte der Karikaturist David Low über die Handlungsfähigkeit der neu gegründeten UN?**

Wir nutzen grundlegende Arbeitsschritte zur Informationsgewinnung aus Karikaturen.

1. Interpretiert die Karikaturen M1 und M2 arbeitsteilig in Kleingruppen unter der Leitfrage.
   Bringt eure Ergebnisse auf den Punkt: War Low von der Gründung der Vereinten Nationen begeistert oder war er skeptisch?

2. Projiziert eure Karikatur und tragt eure Ergebnisse dazu vor.

3. Diskutiert eure Ergebnisse im Klassengespräch.

M1 „United Nations Club“

Karikatur von David Low, Großbritannien 1945

Die Gesichter der vier Spieler erinnern (von links nach rechts) an: Stalin, Churchill, Roosevelt, de Gaulle.

Übersetzungshilfen:
– oben links: to cramp = einengen
– unten: „A fine team – but could do with a dash of unity …" = „Ein gutes Team, aber etwas mehr Einheitlichkeit könnte nicht schaden …"

M2 „After You“

Karikatur von David Low, Großbritannien 1945

Karikaturen entschlüsseln – in vier Schritten:

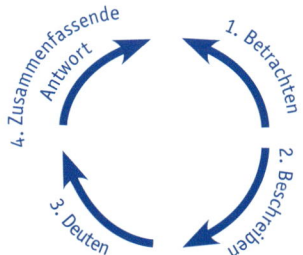

Eine Welt – zwei Perspektiven

Während des Krieges waren USA und Sowjetunion Verbündete. Jetzt (1945–1948) wurden sie Gegner. Der entscheidende Grund hierfür war, dass beide Seiten die Welt aus verschiedenen Perspektiven betrachteten und beurteilten. Um diese Entwicklung zu verstehen, ist es wichtig, beide Perspektiven zu erforschen. Dazu muss man versuchen, möglichst unvoreingenommen die historische Entwicklung aus diesen beiden verschiedenen zeitgenössischen Perspektiven zu betrachten.

● **Welche Perspektiven standen sich im beginnenden Ost-West-Konflikt 1946/47 gegenüber?**

Wir erfassen unterschiedliche Perspektiven.

1. Erzählt die Geschichte der Herausbildung des Ost-West-Konfliktes zweimal: aus der Perspektive des Westens und aus der Perspektive des Ostens.

2. Wertet dazu die Quellen M1–M3 (West) und M4/M5 (Ost) in Kleingruppen aus. Zu jeder Quelle findet ihr Erschließungshilfen. Notiert auf Karteikarten, was nach eurer Meinung für eure geschichtliche Erzählperspektive wichtig ist.

Perspektive West

M1 Aus einer Rede Winston Churchills (5.3.1946)

Der britische Oppositionsführer Churchill äußerte sich in Fulton (USA) zur Situation in Europa:

Von Stettin an der Ostsee bis nach Triest an der Adria hat sich ein eiserner Vorhang über den Kontinent gesenkt. Dahin-
5 ter liegen die Hauptstädte der vormaligen Staaten Zentral- und Osteuropas […]. Alle diese berühmten Städte und die umwohnende Bevölkerung befin-
10 den sich in der Sowjetsphäre […] und unterstehen in hohem […] Maße der Kontrolle Moskaus. In fast allen Fällen herrscht ein Polizeiregime. […]
15 Wenn die Sowjetregierung jetzt versucht, durch eigenmächtiges Vorgehen ein prokommu-

nistisches Deutschland in ihren Gebieten zu errichten, wird das neue, ernsthafte Schwierigkeiten in der britischen und amerikanischen Zone hervorrufen […].
20 Welche Schlussfolgerungen aus diesen Tatsachen man auch ziehen mag – dies ist sicher nicht das befreite Europa, für dessen Aufbau wir gekämpft haben.

(W. Churchill, Der Zweite Weltkrieg, Bern/Stuttgart 1954, S. 1102ff.)

■ Arbeitet heraus, wie Churchill das Vorgehen der Sowjetunion beschreibt und beurteilt.

M2 Die „Truman-Doktrin" (12.3.1947)

Am 12. März 1947 hielt der amerikanische Präsident Truman eine historisch bedeutsame Rede vor dem amerikanischen Kongress. Sie fasste die Leitlinien der damals zukünftigen amerikanischen Außenpolitik zusammen, die unter dem Begriff „Truman-Doktrin" in die Geschichte eingegangen sind.

Zum gegenwärtigen Zeitpunkt der Weltgeschichte muss fast jede Nation zwischen alternativen Lebensformen wählen. Nur zu oft ist diese Wahl nicht frei.
Die eine Lebensform gründet sich auf den Willen der Mehrheit und ist gekennzeichnet durch freie Institu-
5 tionen, repräsentative Regierungsform, freie Wahlen, Garantien für die persönliche Freiheit, Rede- und Religionsfreiheit und Freiheit von politischer Unterdrückung. Die andere Lebensform gründet sich auf den Willen einer Minderheit, den diese der Mehrheit ge-
10 waltsam aufzwingt. Sie stützt sich auf Terror und Unterdrückung, auf die Zensur von Presse und Rundfunk, auf manipulierte Wahlen und auf den Entzug der persönlichen Freiheiten.
Ich glaube, es muss die Politik der Vereinigten Staaten
15 sein, freien Völkern beizustehen, die sich der angestrebten Unterwerfung durch bewaffnete Minderheiten oder durch äußeren Druck widersetzen. Ich glaube, wir müssen allen freien Völkern helfen, damit sie ihre Geschicke auf ihre Weise selbst bestimmen
20 können. Unter einem solchen Beistand verstehe ich vor allem wirtschaftliche und finanzielle Hilfe, die die Grundlage für wirtschaftliche Stabilität und geordnete politische Verhältnisse bildet. […]

(Zit. nach: Geschichte in Quellen – Die Welt seit 1945, München (Bayrischer Schulbuchverlag) 1980, S. 576f.)

1 Arbeitet heraus, wie Truman das Vorgehen der Sowjetunion beschreibt und beurteilt. Vergleicht mit M1.

2 Stellt die politischen Maßnahmen dar, die er – als Konsequenz aus dieser Analyse der Situation – ziehen will.

M3 Der „Marshall-Plan" (5.6.1947)

Konkreter Ausdruck der Truman-Doktrin war ein wirtschaftliches Hilfsprogramm der USA für Europa. Dieses Programm stellte der US-Außenminister George Marshall am 5.6.1947 in einer Rede an der Harvard-Universität vor.
Die UdSSR lehnte diesen „Marshall-Plan" ab und untersagte allen in ihrem Einflussbereich liegenden osteuropäischen Staaten, den Plan anzunehmen.

Unsere Politik ist nicht gegen irgendein Land oder eine Doktrin, sondern gegen Hunger, Armut, Verzweiflung und Chaos gerichtet. Ihr Zweck soll es sein, die Weltwirtschaft wiederherzustellen, um das Entstehen poli-
5 tischer und sozialer Verhältnisse zu ermöglichen, unter welchen freie Institutionen existieren können. Jede Regierung, die willens ist, bei der Aufgabe des Wiederaufbaues mitzuwirken, wird, dessen bin ich sicher, seitens der Regierung der Vereinigten Staaten volle Un-
10 terstützung erfahren. Eine Regierung, welche den Wiederaufbau anderer Länder zu verhindern sucht, kann keine Hilfe von uns erwarten. Regierungen, politische Parteien oder Gruppen, welche bestrebt sind, das menschliche Elend zu verewigen, um daraus poli-
15 tisch oder in anderer Weise zu profitieren, werden auf den Widerstand der Vereinigten Staaten stoßen.

(Zit. nach: Geschichte in Quellen, a.a.O., S. 370f.)

1 Listet die Bestimmungen des Marshall-Plans auf.

2 Stellt die Ziele dar, die der Plan laut Marshall verfolgte.

3 Benennt die Kriterien, nach denen Regierungen oder Länder von den Hilfsmaßnahmen ausgenommen sein sollten, und überlegt, welche Staaten damit konkret gemeint waren.

4 Erläutert, inwiefern ein Zusammenhang mit der Truman-Doktrin (M2) besteht.

M4 Die „Zwei-Lager-Theorie" (22.9.1947)

Der Sekretär des Zentralkomitees der sowjetischen KPdSU, Shdanov, äußerte sich zur außenpolitischen Situation:

Die amerikanischen Imperialisten […], die sich als Bollwerk der reaktionären, antidemokratischen Kräfte in der ganzen Welt betrachten, sind am nächsten Tag nach der Beendigung des Zweiten Weltkriegs in die
5 der Wiederaufrichtung der UdSSR und der Weltdemokratie feindliche Front gegangen. […] Je größer der Zeitraum wird, der uns von der Beendigung des Krieges trennt, desto schärfer heben sich zwei Grundtendenzen in der internationalen Nachkriegspolitik her-

vor, die der Teilung der politischen 10 Kräfte in zwei Lager entsprechen: in das imperialistische und antidemokratische Lager einerseits und das antiimperialistische und demokratische Lager andererseits. Die füh- 15 rende Hauptkraft des imperialistischen Lagers sind die USA. […] Sie machen alles, um sich von den […] übernommenen Verpflichtungen loszusagen und sich die Hände frei 20 zu machen für eine neue Politik, die nicht auf die Zusammenarbeit der Völker berechnet ist, sondern darauf, sie gegeneinander aufzuhetzen. 25

(Zit. nach: Keesing's Archiv der Gegenwart, Jahrgang 1947, S. 128f.)

Perspektive Ost

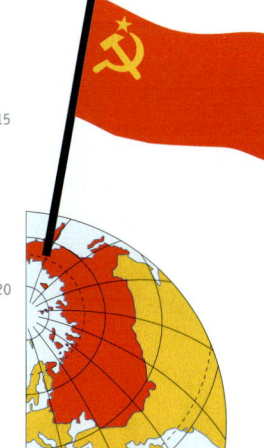

■ Arbeitet heraus, wie Shdanov das Vorgehen der USA beschreibt und beurteilt.

M5 Die Aufnahme des Marshall-Plans in der Sowjetunion (1.10.1947)

Shdanov bewertete den Marshall-Plan wie folgt:

Die US-Wirtschaftshilfe verfolgte das weit gestreckte Ziel, Europa mithilfe des amerikanischen Kapitals zu versklaven. Doch die wirtschaftliche Kontrolle zieht auch die politische Unterordnung nach sich. […] Ihren Ausdruck haben die Bestrebungen in den USA ge- 5 genwärtig in der Truman-Doktrin und im Marshall-Plan gefunden. […] Die Truman-Doktrin, die darauf berechnet ist, alle […] reaktionären Regime zu unterstützen, trägt unverhüllt aggressiven Charakter. Da die Truman-Doktrin eine so ungünstige Aufnahme 10 fand, tauchte die Notwendigkeit des Marshall-Planes auf. Das Wesen der verschwommenen Formulierungen dieses Planes besteht darin, einen Block der Staaten zu schaffen, die durch Verpflichtungen den USA gegenüber gebunden sind, und den europäischen 15 Staaten als Lohn für ihren Verzicht auf die wirtschaftliche und dadurch auch politische Selbstständigkeit amerikanische Kredite zu gewähren.

(Zit. nach: W. Reichert, Die Deutsche Frage, Würzburg 1974, S. 450)

■ Listet die Ziele auf, die die USA nach Ansicht von Shdanov mit der Truman-Doktrin und dem Marshall-Plan verfolgten.

Der Ost-West-Konflikt

Berlin 1961: Amerikanische und sowjetische Panzer stehen sich gegenüber.

Der Ost-West-Konflikt prägte über 40 Jahre – von 1948 bis 1989 – die Weltpolitik. Schwer bewaffnet standen sich der Westblock unter Führung der USA und der Ostblock unter Führung der Sowjetunion gegenüber.

Im – nicht nur symbolischen – Mittelpunkt des Konfliktes standen immer die Atomwaffen. Beide Parteien waren schließlich so hoch gerüstet, dass sie alles Leben auf dem Planeten Erde mehrfach hätten zerstören können. Erst heu-te wissen wir, was die Zeitgenossen immer nur hoffen konnten: Der Menschheit blieb ein vernichtender „Dritter Weltkrieg" erspart.

- **Welche Merkmale prägten den Ost-West-Konflikt, welche Ursachen lagen ihm zugrunde?**
- **Welche Schlüsselereignisse kennzeichneten den Verlauf des Ost-West-Konfliktes?**

Die Grundmerkmale des Ost-West-Konfliktes

Der Ost-West-Konflikt dauerte über 40 Jahre und war sehr kompliziert. Zwei Methoden helfen, alle wichtigen Aspekte richtig zu ordnen: Wir erstellen ein „Cluster" und ordnen so die wichtigen Informationen. Die Sammelpunkte können wir der Methode der „Konfliktanalyse" entnehmen.

- **Welche Merkmale prägten den Ost-West-Konflikt?**

Wir entnehmen einem Darstellungstext zentrale Aussagen und strukturieren sie.

1. Erstellt ein Cluster zur Leitfrage. Entnehmt dazu dem Infotext die Kernaussagen, die für die Fragen im Cluster relevant sind. Notiert sie in Stichworten auf Karteikarten.

2. Stellt eure Cluster vor und diskutiert eure Lösungen.

Methode **Konflikte in einem Cluster darstellen**

Um besser mit gegenwärtigen Konflikten umgehen und aus vergangenen Konflikten lernen zu können, haben Wissenschaftler die Methode der Konfliktanalyse entwickelt. Damit lassen sich Konflikte aller Art – gegenwärtige und vergangene, „kleine" und „große" Konflikte – systematisch untersuchen und beschreiben.
Die Methode besteht aus zehn Fragen, mit deren Hilfe die Struktur, der Verlauf und die Lösung von Konflikten erfasst werden können.

Diese zehn Fragen (und die dazugehörigen Antworten) lassen sich in Form eines Clusters darstellen: In einem **Cluster** kann man Informationen in Stichworten notieren und (z. B. auf Karteikarten an einer Pinnwand) unkompliziert nach bestimmten Oberbegriffen oder Leitfragen anordnen.

So könnte ein Cluster zu unserem Thema beginnen:

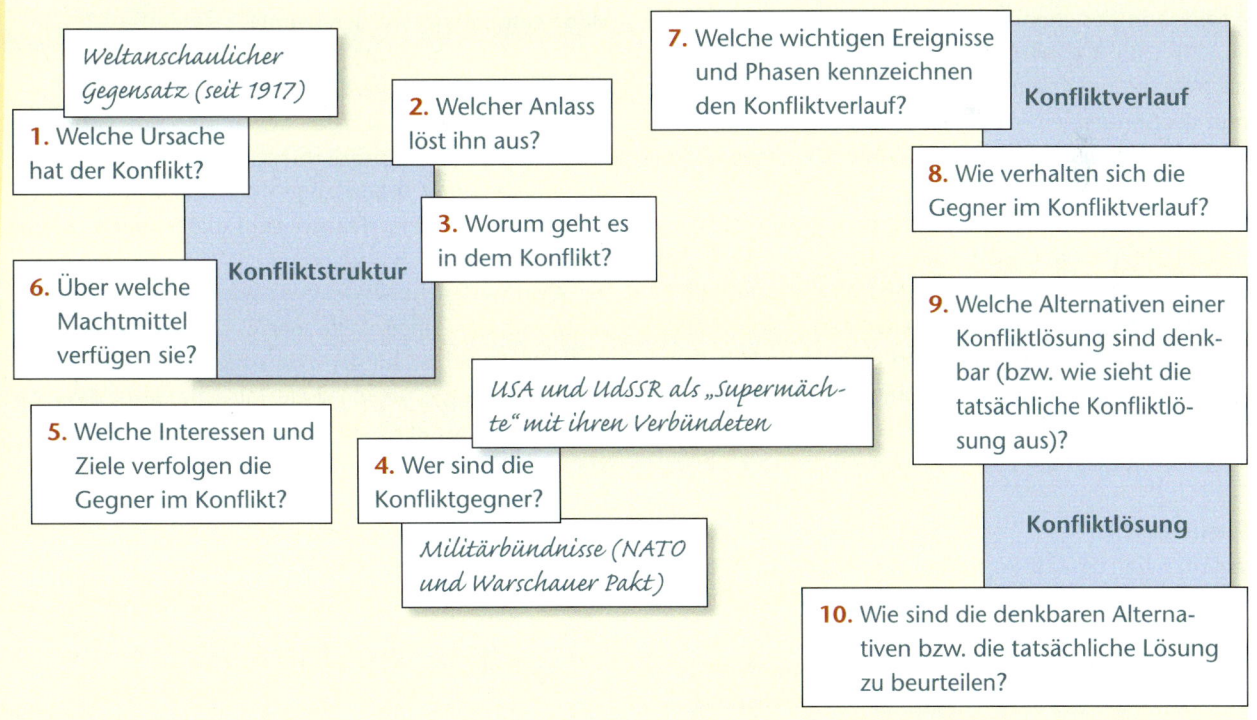

Die Gegner

Nach der Verfestigung des Gegensatzes zwischen dem Ost- und dem Westblock in den Jahren von 1945 bis 1948 blieb die Welt bis in das Jahr 1989 in zwei feindliche Lager geteilt. Die UdSSR auf der einen und die USA auf der anderen Seite mit den jeweils mit ihnen verbündeten Staaten standen sich gegenüber. Beide Seiten gründeten Militärbündnisse: Im Westen war dies die NATO (North Atlantic Treaty Organization) und im Osten der sogenannte „Warschauer Pakt".

Der Anlass und der Beginn

Der Ost-West-Konflikt begann wenige Monate nach dem Ende des Zweiten Weltkrieges. Sichtbar wurde er zuerst dort, wo sich die Truppen der USA und der UdSSR am Ende des Krieges unmittelbar begegnet waren und sich nun gegenüberstanden: in Deutschland und auf der koreanischen Halbinsel.

In Deutschland, das von amerikanischen, englischen, französischen und sowjetischen Truppen besetzt war, konnten sich die Alliierten nicht auf eine gemeinsame Politik einigen: Zu unterschiedlich waren die Vorstellungen über den richtigen Umgang mit den Deutschen – damit war schon früh die spätere Teilung in zwei deutsche Staaten eingeleitet.

Der nächste Streit ging um den Status und die Rechte der Alliierten in der ehemaligen deutschen Hauptstadt Berlin. Die UdSSR sperrte im Juni 1948 alle Zufahrtswege nach Berlin, um ihre Interessen durchzusetzen. Die USA und Großbritannien reagierten mit einer Luftbrücke, die mehrere Monate lang alle lebensnotwendigen Güter nach Westberlin transportierte.

Während diese Auseinandersetzung noch ohne militärische Mittel ausgetragen wurde, mündete kurze Zeit später der Konflikt um die Vorherrschaft auf der koreanischen Halbinsel in einen regelrechten Krieg (1950–1953) zwischen sowjetischen und amerikanischen Truppen. Der Korea-Krieg endete nach drei Jahren mit einem Waffenstillstand – ohne dass eine der beiden Seiten einen Vorteil errungen hätte.

Die Ursachen

Die Ursachen des Ost-West-Konfliktes lagen aber wesentlich tiefer und zeitlich weiter zurück. Letztlich lag ihm der tiefe ideologische (weltanschauliche) Gegensatz zugrunde, der seit der Oktoberrevolution in Russland im Jahr 1917 die dann gegründete Sowjetunion von den westlichen Demokratien wie den USA, Großbritannien oder Frankreich trennte. Der ideologische Gegensatz zwischen der kommunistischen Weltanschauung im Osten und der

liberal-demokratischen Weltanschauung im Westen prägte alle weiteren Unterschiede zwischen Ost und West so tief, dass schon die Zeitgenossen von zwei Welten sprachen: von der „ersten" (westlichen) und der „zweiten" (östlichen) Welt.

Der Gegenstand

Beide Konfliktgegner waren jeweils fest davon überzeugt, die „richtige" Weltanschauung und das „bessere" System zu vertreten. Beide waren jeweils der Ansicht, eine historische Mission zu erfüllen. Aus ihrer Sicht war es zum Wohle der Menschheit richtig und wichtig, ihre jeweilige Weltanschauung sowie ihre politischen, gesellschaftlichen und ökonomischen Vorstellungen zu verteidigen und letztlich weltweit durchzusetzen.

Die Dynamik des Konfliktes

Im Verlauf des Konfliktes kam eine weitere Ursache hinzu: Weil sich beide Seiten mit tiefem Misstrauen begegneten, interpretierten sie die Handlungen der Gegenseite – obwohl sie vielleicht gar nicht so gemeint waren – als Angriff auf sich selbst. Auf solche unterstellten bösen Absichten reagierte die Gegenseite ihrerseits mit Gegenmaßnahmen, die sie selbst als „Verteidigung", die andere Seite wiederum als „Angriff" verstand. Auf diese Weise entwickelte der Konflikt eine Eigendynamik, die nur mit Mühe eingegrenzt werden konnte.

Das „Gleichgewicht des Schreckens"

Beide Blöcke waren schwer bewaffnet. Am Ende des Zweiten Weltkrieges besaßen nur die USA Atomwaffen. Nur wenige Jahre später zogen die UdSSR, dann auch Großbritannien und Frankreich, später auch China nach.

Die Atomwaffen hatten ein erschreckendes Doppelgesicht: Auf der einen Seite hätte ein Atomkrieg alles menschliche Leben auf der Erde ausgelöscht. Auf der anderen Seite führte gerade diese Tatsache dazu, dass alle Konflikte immer kurz vor einem Weltkrieg angehalten wurden. Ein solcher Krieg hätte notwendigerweise auch den Angreifer ausgelöscht. In einem atomaren Weltkrieg hätte es keinen Sieger geben können.

Um das „Gleichgewicht des Schreckens" aufrechtzuerhalten, waren beide Blöcke ständig gezwungen, ihre Waffenarsenale zu modernisieren, um der Gegenseite militärisch ebenbürtig zu bleiben.

Der „Kalte Krieg"

Das Gleichgewicht des Schreckens führte glücklicherweise dazu, dass Atomwaffen nie zum Einsatz kamen. Der

Ost-West-Konflikt wurde deshalb auf andere Weise – immer unterhalb der Schwelle eines Atomkrieges – ausgetragen.

Schon die Zeitgenossen haben diese Politik am Rande eines Weltkrieges als „Kalten Krieg" bezeichnet. Diese Bezeichnung ist allerdings umstritten: Zwar wurde dieser Krieg nie „heiß" im Sinne eines atomaren Weltkrieges. Aber er forderte doch viele Opfer, vor allem durch die sogenannten „Stellvertreterkriege", also lokal begrenzte, aber doch zum Teil mit brutaler Gewalt geführte Kriege und Bürgerkriege, wie in Korea (1950–1953), in Vietnam (1961–1973) oder in Afghanistan (1979–1989). Auch indirekt forderte der „Kalte Krieg" seinen Tribut: Die enormen Rüstungskosten verschlangen Unsummen, die an anderer, sinnvollerer Stelle fehlten.

Die Lösung

Das Ende des Ost-West-Konfliktes begann mit der Ernennung Michail Gorbatschows zum Generalsekretär der Kommunistischen Partei der Sowjetunion. Gorbatschow leitete umfassende innen- und außenpolitische Reformen ein, die zunächst zu einer Lockerung und schließlich zu einer Auflösung der kommunistischen Strukturen in der Sowjetunion und im gesamten Ostblock führten. Der von innen her kommende Zerfall des Ostblocks hatte zur Folge, dass die eine Konfliktpartei, der Ostblock, sozusagen von der historischen Bildfläche verschwand. Damit hatte der Ost-West-Konflikt ein glückliches, weil unblutiges Ende gefunden (s. S. 254–259).

Für die Zeitgenossen kam dieses Ende unerwartet und überraschend – in den Jahrzehnten zuvor hatten viele Menschen sich eine Lösung, und dann auch noch eine friedliche Lösung, kaum vorstellen können.

1 Notiert die wichtigen Informationen des Infotextes in Stichworten auf Karteikarten.

2 Benennt auf Karteikarten auch (in Stichworten) die typischen Merkmale der sechs Phasen des Ost-West-Konfliktes.

3 Ordnet eure Karteikarten systematisch dem Cluster (S. 183) zu.

Der Verlauf des Ost-West-Konfliktes

Phase 1: Herausbildung des Konfliktes (1945–1947)

Das Bündnis zwischen den Siegermächten zerbrach. Zunehmend wurden gegensätzliche Anschauungen und Interessen deutlich.

Phase 2: Eskalation des Konfliktes (1948–1962)

Der Konflikt verschärfte sich kontinuierlich und mündete schließlich in die „Kuba-Krise", die die Welt an den Rand eines Atomkrieges führte.

Phase 3: Politik des „Status Quo" (1962–1968)

Nach der Erfahrung der Kuba-Krise akzeptierten beide Blöcke die gegebene Machtverteilung (Status quo = gegebener Zustand) und versuchten – aus Angst vor einem Atomkrieg – nicht mehr, sie zu ihren Gunsten zu verändern.

Dazu gehörte auch, dass beide Seiten sich nicht mehr in die innere Politik des jeweils anderen Blocks einmischten.

Phase 4: Politik der Entspannung (1968–1975)

In dieser Phase versuchten beide Blöcke, das „Gleichgewicht des Schreckens" nicht mehr nur durch Aufrüstung, sondern auch durch Verträge und Abkommen abzusichern. Allein die Tatsache, dass beide Seiten miteinander sprachen und verhandelten, sorgte für eine gewisse Entspannung des Konfliktes. Den Höhepunkt dieser Phase der Entspannung bildete die Unterzeichnung der Schlussakte der „Konferenz für Sicherheit und Zusammenarbeit in Europa" (KSZE) im August 1975. In dieser Schlussakte verpflichteten sich die beteiligten Staaten aus beiden Blöcken, die bestehenden Grenzen in Europa anzuerkennen und nicht mit Gewalt verändern zu wollen. Außerdem wurden Maßnahmen zu kultureller, wirtschaftlicher und wissenschaftlicher Zusammenarbeit über die Blockgrenzen hinweg vereinbart und die Unverletzlichkeit von Menschenrechten bekräftigt.

Phase 5: „Second cold war" (1977–1985)

In der Folgezeit verschärfte sich der Konflikt wieder deutlich. Die UdSSR stellte neue Atomraketen in Mitteleuropa auf und die NATO drohte daraufhin ebenfalls mit der Stationierung neuer Raketen. Die USA entwarfen einen Plan zur Aufrüstung des Weltraumes.

Phase 6: Konfliktlösung

Reformen in der Sowjetunion und friedliche Revolutionen in Osteuropa führten zur Auflösung des Ostblocks und damit zum Ende des Ost-West-Konfliktes.

Tipp: Die folgende Doppelseite gibt einen Überblick über Schlüsselereignisse in den sechs Phasen des Ost-West-Konfliktes.

Schlüsselereignisse im Ost-West-Konflikt

Die Epoche des Ost-West-Konfliktes dauerte 42 Jahre, von 1947 bis 1989. Die häufigen Wechsel zwischen Verschärfung und Entspannung des Konfliktes lassen sich wie eine „Fieberkurve" darstellen, deren Verlauf durch markante Ereignisse geprägt wird.

- **Welche Schlüsselereignisse prägten den Verlauf des Ost-West-Konfliktes?**

Wir stellen Schlüsselereignisse langfristiger historischer Entwicklungen dar und präsentieren sie.

1. Übertragt die „Fieberkurve" auf ein Wandplakat und zeichnet die sechs Phasen des Ost-West-Konfliktes (s. S. 185) durch vertikale Linien ein.

2. Die Kuba-Krise – das wichtigste Schlüsselereignis – ist Gegenstand einer gemeinsamen Untersuchung.

3. Wenn euch ein weiteres Ereignis näher interessiert, könnt ihr dazu ein Referat vor der Klasse präsentieren. Erarbeitet eure Referate arbeitsteilig in Kleingruppen. Schaut in euer Schulbuch, Lexika, Sachbücher und recherchiert im Internet. Eure Lehrerin/euer Lehrer helfen euch dabei. Folgt der Methode „Informationen präsentieren".

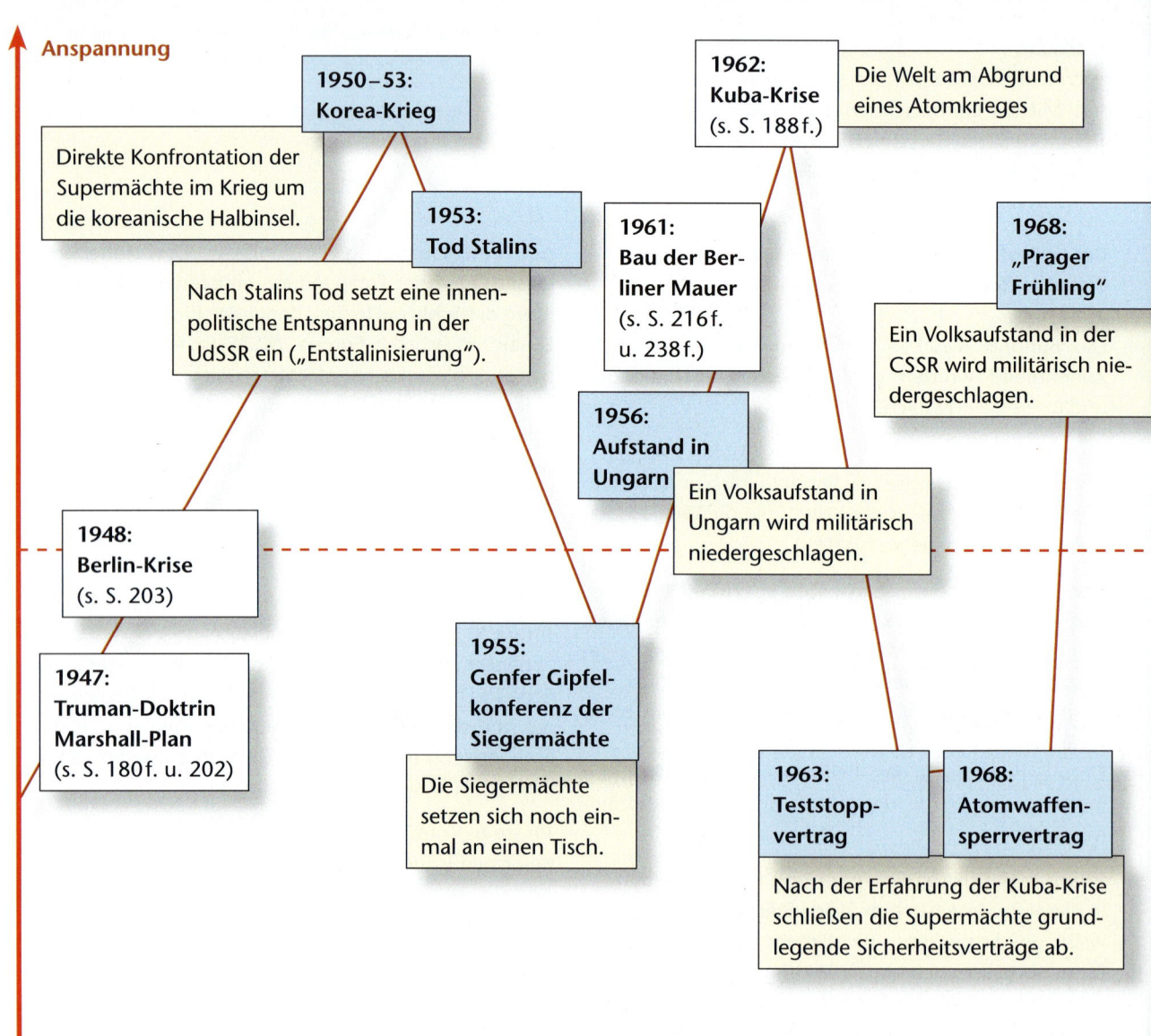

Anspannung

1950–53: Korea-Krieg

Direkte Konfrontation der Supermächte im Krieg um die koreanische Halbinsel.

1953: Tod Stalins

Nach Stalins Tod setzt eine innenpolitische Entspannung in der UdSSR ein („Entstalinisierung").

1962: Kuba-Krise (s. S. 188f.)

Die Welt am Abgrund eines Atomkrieges

1961: Bau der Berliner Mauer (s. S. 216f. u. 238f.)

1968: „Prager Frühling"

Ein Volksaufstand in der CSSR wird militärisch niedergeschlagen.

1956: Aufstand in Ungarn

Ein Volksaufstand in Ungarn wird militärisch niedergeschlagen.

1948: Berlin-Krise (s. S. 203)

1947: Truman-Doktrin Marshall-Plan (s. S. 180f. u. 202)

1955: Genfer Gipfelkonferenz der Siegermächte

Die Siegermächte setzen sich noch einmal an einen Tisch.

1963: Teststoppvertrag

1968: Atomwaffensperrvertrag

Nach der Erfahrung der Kuba-Krise schließen die Supermächte grundlegende Sicherheitsverträge ab.

Entspannung

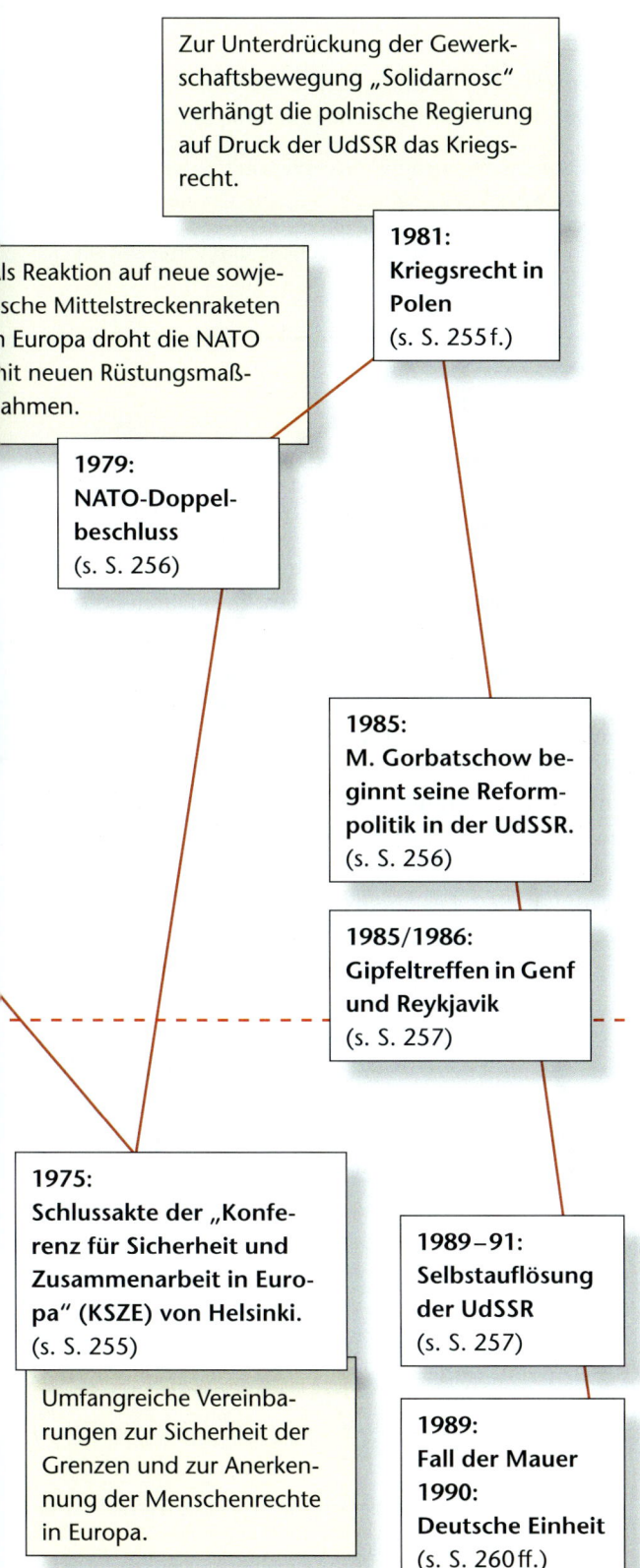

Zur Unterdrückung der Gewerk-
schaftsbewegung „Solidarnosc"
verhängt die polnische Regierung
auf Druck der UdSSR das Kriegsrecht.

1981:
Kriegsrecht in
Polen
(s. S. 255 f.)

Ls Reaktion auf neue sowje-
sche Mittelstreckenraketen
n Europa droht die NATO
it neuen Rüstungsmaß-
ahmen.

1979:
NATO-Doppel-
beschluss
(s. S. 256)

1985:
M. Gorbatschow be-
ginnt seine Reform-
politik in der UdSSR.
(s. S. 256)

1985/1986:
Gipfeltreffen in Genf
und Reykjavik
(s. S. 257)

1975:
Schlussakte der „Konfe-
renz für Sicherheit und
Zusammenarbeit in Euro-
pa" (KSZE) von Helsinki.
(s. S. 255)

Umfangreiche Vereinba-
rungen zur Sicherheit der
Grenzen und zur Anerken-
nung der Menschenrechte
in Europa.

1989–91:
Selbstauflösung
der UdSSR
(s. S. 257)

1989:
Fall der Mauer
1990:
Deutsche Einheit
(s. S. 260 ff.)

In einem Referat informieren Experten ihr Publikum in
Form eines mündlichen Vortrages über ein bestimmtes, begrenztes Thema.
Wenn Medien zur Veranschaulichung eingesetzt werden, spricht man von einer „Präsentation".

1. Schritt: Thema festlegen
Wählt ein Thema aus und benennt es möglichst genau in einer „Überschrift" für euer Referat.
Haltet euer Vorwissen und eure Fragen zum Thema
fest.

2. Schritt: Informationen sammeln
Sucht Informationen zu eurem Thema (Bibliothek, Internet, Archiv …).
Notiert wichtige Informationen. Haltet auch die Fund-
stellen fest, damit ihr sie später nachschlagen könnt.

3. Schritt: Informationen ordnen
Erstellt eine Gliederung eures Themas. Beachtet dabei
das Grundschema: Einleitung (Thema und Leitfragen),
Hauptteil (geordnete Informationen) und Schluss (Zusammenfassung).
Legt fest, wer welchen Abschnitt bearbeiten und später vortragen soll.
Arbeitet die einzelnen Abschnitte eurer Gliederung
aus. Wichtig: Formuliert in eigenen Worten bzw. Stichworten.

4. Schritt: Präsentation vorbereiten
Legt fest, welche Medien ihr zur Unterstützung eures
Vortrages anfertigen wollt (Plakat, Tafelbild, Folie,
PowerPoint).
Gestaltet sie so, dass eure wichtigsten Aussagen
schnell und übersichtlich erfasst werden können.
Erstellt einen Spickzettel oder Karteikarten mit Stich-
worten für euren Vortrag.

5. Schritt: Präsentation üben
Trainiert euren Vortrag im kleinen Kreis. Korrigiert und
verbessert.

6. Schritt: Präsentation durchführen
Präsentiert euer Referat vor der Klasse. Sprecht langsam, deutlich und frei.

7. Schritt: Fragen
Lasst nach eurem Vortrag Fragen aus dem Publikum
zu.

Die Kuba-Krise

1962 entdeckten die USA zu ihrem Entsetzen, dass die Sowjetunion Abschussbasen für Atomraketen auf Kuba gebaut hatte – nur 150 km von der amerikanischen Küste entfernt.

Eure Forschungsaufträge:

- Beschreibt Ursachen, Verlauf und Lösung der Kuba-Krise mithilfe der Kriterien der Konfliktanalyse.

- Erläutert, inwiefern man von einem „Wendepunkt" im Ost-West-Konflikt sprechen kann.

Wir erläutern ein Schlüsselereignis des Ost-West-Konflikts.

1. Erstellt ein Cluster, in dem ihr alle wichtigen Informationen zum ersten Forschungsauftrag sinnvoll anordnet.

2. Erstellt zum zweiten Forschungsauftrag ein kurzes Thesenpapier.

3. Präsentiert eure Arbeitsergebnisse und vergleicht sie.

M1 Zwei Fotos vom Oktober 1962

Die beiden Fotos wurden von amerikanischen Aufklärungsflugzeugen aufgenommen. Sie zeigen eine Luftaufnahme über Kuba (oben) und den sowjetischen Frachter „Krasnograd" im karibischen Meer vor Kuba (unten).

■ Schaut genau hin: Was löste das Entsetzen der USA aus?

M2 Was geschah auf Kuba?

In dem Buch „Die Geschichte des 20. Jahrhunderts" werden der Verlauf, die Hintergründe und die Folgen der Kuba-Krise so dargestellt:

1959 wird auf Kuba die von den USA unterstützte Regierung des Diktators Batista gestürzt. Die neue kommunistische Regierung unter Fidel Castro gerät zunehmend in Konflikt mit den USA. Der amerikanische Präsident Kennedy ist an einer Beseitigung der Regierung Castro interessiert, weil die sozialistische kubanische Revolution auch auf andere Staaten Lateinamerikas ausstrahlt. Ein vom amerikanischen Geheimdienst organisierter Invasionsversuch von 1500 Exilkubanern scheitert 1961. [10]
Sommer 1962: Die Sowjetunion beginnt mit der Stationierung von Raketen mit Atomsprengköpfen auf Kuba, die in der Lage sind, die Vereinigten Staaten aufs Äußerste zu bedrohen. Die Krise tritt am 22. Oktober 1962 ein, als Kennedy die Sowjetunion auffordert, die [15] Raketen zurückzuziehen. Der Präsident verhängt eine Schiffsblockade über die Insel und bereitet die amerikanischen Streitkräfte auf eine Invasion vor, die einen Krieg zwischen den beiden Supermächten auslösen könnte. Sieben Tage lang – in denen laufend Verhand- [20] lungen stattfinden – lebt die Welt in einer wachsenden Spannung, mit der realen Angst, in einen atomaren Konflikt gezogen zu werden. Am 28. Oktober 1962 akzeptiert Chruschtschow die Forderung, die Raketen abzuziehen, und zwar im Tausch gegen die amerika- [25] nische Zusicherung, nicht in Kuba einzufallen und einige Raketen der NATO aus Italien und der Türkei zu entfernen.
Die Lösung der Krise scheint die amerikanische Standhaftigkeit zu belohnen. [...] [30]
Von 1963 an beginnen Washington und Moskau, über

Die Fotos zeigen die Beschriftungen: LAUNCH STANDS, 17 MISSILE ERECTORS

die Kontrolle der Atomwaffen zu verhandeln, mit dem Ziel, das erreichte „Gleichgewicht des Schreckens" zu sichern. Im August 1963 wird ein Abkommen unterzeichnet, das Atomversuche in der Atmosphäre, unter Wasser und im Weltraum verbietet. Das Weiße Haus und der Kreml sind nun durch eine direkte Leitung verbunden (das sogenannte „rote Telefon") und es wird damit begonnen, gemeinsame Aktionen auszuarbeiten, um den Zuwachs an Nuklearwaffen zu verhindern. Die Beziehungen zwischen den beiden Supermächten verlieren die Schroffheit des vorangegangenen Jahrzehnts und verzeichnen die Anerkennung einiger essenzieller Interessen. [...] Dies schließt trotz allem das Bestehen einer starken Rivalität nicht aus.

(Die Geschichte des 20. Jahrhunderts, Verlag Kaiser, deutsche Erstausgabe 2000, S. 290 f.)

Ansichten der Beteiligten

M3 Die russische Seite

... während der Krise

Der Staatschef der UdSSR, Nikita Chruschtschow, in einem Brief vom 28. Oktober 1962 an den amerikanischen Präsidenten John F. Kennedy:

Nikita Chruschtschow

Sie sind wegen Kuba beunruhigt. Sie sagen, dass es Sie deshalb beunruhigt, weil es 90 Seemeilen von der Küste der Vereinigten Staaten von Amerika entfernt liegt. Die Türkei liegt doch auch in unserer Nähe, unsere Wachtposten gehen auf und ab und blicken einander an. Sie halten sich also für berechtigt, für Ihr Land Sicherheit und die Entfernung jener Waffen zu fordern, die Sie als offensiv bezeichnen, erkennen aber uns dieses Recht nicht zu. Sie haben doch zerstörende Raketenwaffen, die Sie offensiv nennen, in allernächster Nähe von uns, in der Türkei, stationiert [...]. Dies ist keineswegs miteinander zu vereinbaren.

(Zit. nach: Frankfurter Allgemeine Zeitung vom 29.10.1962)

... und danach

Die Menschheit in unserer Zeit hat nur eine Wahl: friedliche Koexistenz oder Vernichtungskrieg. Die Lösung der strittigen Fragen durch Krieg ist ein Wahnwitz, der den Völkern nur Leid und Unglück bringen kann.

(Zit. nach: Prawda vom 13.12.1962)

M4 Die amerikanische Seite

John F. Kennedy

... während der Krise

John F. Kennedy in seiner Fernsehansprache am 23. Oktober 1962:

Ich appelliere an Ministerpräsident Chruschtschow, diese heimliche, unbesonnene und provokatorische Bedrohung des Weltfriedens und der stabilen Beziehungen zwischen unseren Ländern zu beenden. Ich appelliere ferner an ihn, dieses Streben nach Weltherrschaft aufzugeben und sich an dem historischen Bemühen zu beteiligen, das gefährliche Wettrüsten zu beenden und der Geschichte der Menschheit eine neue Richtung zu geben. Er hat jetzt eine Gelegenheit, die Welt vor dem Abgrund der Vernichtung zu bewahren, indem er sich auf die Worte seiner eigenen Regierung besinnt, dass keine Notwendigkeit für die Stationierung von Raketen außerhalb des eigenen Territoriums besteht.

(Zit. nach: Frankfurter Allgemeine Zeitung vom 24.10.1962, S. 11)

... und danach

Unsere Probleme sind von Menschen geschaffen, deshalb können sie auch von Menschen gelöst werden. [...] Unter den vielen Zügen, die den Völkern unserer beider Länder gemeinsam sind, ist keiner ausgeprägter als unser beiderseitiger Abscheu vor dem Krieg.

(Zit. nach: Europa-Archiv, 1963, D2, S. 289)

1 Listet die Forderungen auf, die Chruschtschow und Kennedy während der Kuba-Krise jeweils erhoben haben.

2 Arbeitet die Begründungen heraus, die jeweils angeführt werden, und untersucht, ob jeweils eigene (unausgesprochene) Interessen vermutet werden können.

3 Stellt dar, inwiefern die Äußerungen von Chruschtschow und Kennedy nach dem Konflikt einen Meinungswandel erkennen lassen.

STOPP – Ein Blick zurück

Experten erklären zeitgenössische Positionen

Karikaturen sind Quellen, die uns zeitgenössische Meinungen besonders prägnant und anschaulich vermitteln können. In der Epoche des „Kalten Krieges" sind unzählige Karikaturen erschienen, die sich mit den Ursachen des Konfliktes und den Gefahren des weltpolitischen Wettrüstens auseinandersetzten. Und zwar – wie ihr schon an unserer kleinen Auswahl sehen könnt – höchst kontrovers.

1 Präsentiert die zeitgenössischen Positionen zum „Kalten Krieg" vor der Klasse und stellt sie zur Diskussion.

2 Interpretiert zur Vorbereitung arbeitsteilig die Karikaturen M 1 – M 6 nach der Methode „Karikaturen entschlüsseln": betrachten – beschreiben – deuten – zusammenfassende Antwort.

M1 „Planmäßige Fütterung – hüben und drüben"

Amerikanische Karikatur, Januar 1949
(„Daily Mirror", New York)

Ich kann sachkompetent …

→ Begriffe erklären.

→ Schlüsselereignisse erläutern.

→ historisches Geschehen zusammenhängend beschreiben.

→ charakteristische Merkmale von Entwicklungen benennen.

• Vereinte Nationen • Sicherheitsrat •Truman-Doktrin • Marshall-Plan • Kalter Krieg • Gleichgewicht des Schreckens • Konferenz für Sicherheit und Zusammenarbeit in Europa (KSZE) • Kuba-Krise

Mit Partnern Wissen austauschen:

1. Liste zunächst in Einzelarbeit zu jedem Stichwort in kurzer Form charakteristische Merkmale auf, die du für wichtig hältst (Karteikarten).

2. Gleiche deine Ergebnisse mit denen deiner Partner(innen) ab. Achtet dabei besonders auf Gemeinsamkeiten/Unterschiede eurer Lösungen und versucht, dies zu erklären. **Tipp zur Überprüfung:** „Begriffe zum Nachschlagen", Register (S. 302 ff.).

M2 „Der amerikanische Weg"

Sowjetische Karikatur zum Marshall-Plan, Februar 1949
(„Krokodil", Moskau)

Mit diesen Methoden kann ich arbeiten:

→ Konflikte in einem Cluster darstellen

→ Informationen präsentieren

M3 „Das Veto der Bombe"

„Hier wird dauernd vom Frieden gesprochen – meine
Herren, der Friede bin ich."
Westdeutsche Karikatur, 1956 („Simplicissimus")

M4 „Herr Präsident – wir wollen verhandeln"

Britische Karikatur, 1962 („Daily Mail", London)

M5 „Behalten Sie doch ihre albernen Raketen ..."

Amerikanische Karikatur, 1982 („Washington Post")

M6 „Er zwingt mich ja ..."

„Er zwingt mich ja nachzurüsten, zählen Sie nach: Er kann
mich zehnmal töten – ich ihn nur neunmal!
Westdeutsche Karikatur, 1982

Kleines Symbollexikon	
M1:	„Tito" = Marshall Tito, Staatschef Jugoslawiens, der seinem Land eine gewisse Unabhängigkeit innerhalb des Ostblocks bewahren konnte.
M4:	„H" = Abkürzung für Wasserstoffbombe (= Atombombe) links: Chruschtschow, rechts: Kennedy
M5:	Die Figur links soll US-Präsident Reagan darstellen. Das große „C" auf der Rakete steht für den Anfang von „CCCP" (= russ.: UdSSR)

Deutschland nach 1945: Ein Volk – zwei Geschichten

M1 1963

Polizisten aus Westberlin und ein Mitglied der Nationalen Volksarmee der DDR begegnen sich zufällig am Sektorenübergang Oberbaumbrücke, der für Fußgänger reserviert war.

Ein Westberliner Polizeibeamter (links) und ein Soldat der DDR-Grenztruppen sorgen für einen reibungslosen Fußgängerverkehr am Potsdamer Platz.

Während des Ost-West-Konfliktes verlief die Grenze zwischen den beiden verfeindeten weltpolitischen Blöcken mitten durch Deutschland. Unbarmherzig trennte der „Eiserne Vorhang" – so hatte der englische Premierminister Winston Churchill diese Grenze genannt – das Land in zwei Hälften.

Nach ihrer Befestigung mit hohen Mauern, Stacheldraht und Minenfeldern war diese Grenze für lange Jahre praktisch unpassierbar.

So entstanden zwei deutsche Staaten – die „Bundesrepublik Deutschland" im Westen und die „Deutsche Demokratische Republik" im Osten.

Von 1948 bis 1989 – also über 40 Jahre lang – erlebten die 16 Millionen Bürger der DDR und die 54 Millionen Bürger der Bundesrepublik voneinander getrennt ihre jeweils eigene Geschichte. Sie entwickelten besondere Verhaltensweisen und Wertvorstellungen, die noch heute – Jahrzehnte nach dem Fall der Mauer im Jahr 1989 – eine Rolle spielen.

- **Wie entstanden die beiden deutschen Staaten?**
- **Auf welchen politischen Grundlagen beruhten sie?**
- **Welche Schlüsselereignisse prägten ihre Geschichten und das Leben ihrer Bewohner?**

M3 1998

Besucher an der Mauer-Gedenkstätte, Bernauer Straße in Berlin

Deutschland nach 1945:
Ein Volk, zwei Geschichten – Ein Überblick

Deutschland nach dem Zweiten Weltkrieg

Nach dem 8. Mai 1945 gab es – völkerrechtlich gesehen – überhaupt kein Deutschland mehr. Der Staat hatte aufgehört zu existieren. Die Gebiete des ehemaligen Deutschen Reiches waren von alliierten Truppen besetzt. Im Alltag herrschten Scham, Not, Leid und Chaos.

Während die Menschen versuchten, ihr Überleben zu organisieren, begann der Ost-West-Konflikt, dem Land seinen Stempel aufzudrücken. Die Sowjetunion einerseits sowie die USA, Großbritannien und Frankreich andererseits behandelten jeweils „ihre" Gebiete und „ihre" Deutschen unterschiedlich. Aus dieser unterschiedlichen Entwicklung entstanden schließlich im Jahr 1948 zwei unterschiedliche deutsche Staaten.

Getrennt und doch aufeinander bezogen

Die beiden deutschen Geschichten waren durch den „Eisernen Vorhang" voneinander getrennt. Diesseits und jenseits der Grenze entstanden nicht nur einfach zwei verschiedene Staaten – die „Deutsche Demokratische Republik" im Osten und die „Bundesrepublik Deutschland" im Westen –, sondern zwei sehr verschiedene, ja gegensätzliche Gesellschaften und Lebensumstände. Für jemanden, der in dieser Zeit im Westen aufwuchs – sagen wir zum Beispiel in Düsseldorf – war es leichter, nach New York, Rio de Janeiro oder Tokio zu reisen als nach Dresden oder Leipzig. Die Welt war geteilt, Deutschland war geteilt – und auch die Gedankenwelt der Menschen lief auseinander. „Der geteilte Himmel" – so hieß ein Buch der ostdeutschen Schriftstellerin Christa Wolf.

Je weiter die Zeit voranschritt, desto weniger erschien den Zeitgenossen so etwas wie die deutsche Einheit noch als eine realistische Alternative.

Zugleich beobachteten die Menschen genau, was im anderen Teil Deutschlands vor sich ging. Man verglich und bewertete: Wo war das Leben besser? Welches System war demokratischer, wo war der Wohlstand größer? Zudem blieb die Grenze wie eine offene Wunde: Sie symbolisierte die gewaltsame Teilung und die Unfreiheit der deutschen Nation.

Bundesrepublik Deutschland

Konrad Adenauer war der erste Bundeskanzler der Bundesrepublik. Mit seinem Namen verbindet sich eine Politik der engen Anbindung an die Westmächte (Westorientierung). Auf dieser Grundlage gewinnt die junge Bundesrepublik politische Souveränität. Sie ist auch wirtschaftlich sehr erfolgreich. Zeitgenossen sprechen vom westdeutschen „Wirtschaftswunder".

Die Proteste der Studentenbewegung zeigen das Ende der unmittelbaren Nachkriegszeit an. Es gibt wirtschaftliche Probleme und die jungen Leute stellen das Selbstverständnis der Elterngeneration infrage.

1948	1949	1955	1968
Währungsreform	Grundgesetz	Beitritt zur NATO	Studentenbewegung

1961
Bau der Berliner Mauer

1949	1953	1955
Verfassung der DDR	Volksaufstand	Beitritt zum Warschauer Pakt

Walter Ulbricht war von 1946 bis 1971 Generalsekretär der SED – der Partei, die den alleinigen Führungsanspruch in der DDR hatte. Mit seinem Namen verbindet sich der Aufbau des Sozialismus in Politik und Gesellschaft in enger Abstimmung mit der Sowjetunion. Ein Aufstand der Bevölkerung wird mithilfe sowjetischer Militärs niedergeschlagen. Der Bau einer befestigten Grenzanlage im Jahr 1961 stoppt den Flüchtlingsstrom nach Westen.

Deutsche Demokratische Republik

Der Handlungsspielraum der Deutschen

In der Epoche des „Kalten Krieges" war der Handlungsspielraum der Deutschen gering. Trotzdem waren sie nicht nur Objekte der mächtigen weltpolitischen Konfrontation, sondern gestalteten sie selbst mit.

Der Preis für diesen Handlungsspielraum war allerdings hoch: Gerade weil alle Welt immer befürchtete, die Deutschen könnten ihren Wunsch nach nationaler Einheit wichtiger finden als ihre Blockzugehörigkeit, mussten beide deutsche Staaten ihre Loyalität gegenüber ihrer jeweiligen Supermacht ganz besonders betonen. Sie wurden zu einer Art Musterschüler ihrer jeweiligen Schutzmacht.

West und Ost

So kam es, dass die Deutschen im Westen einfach Glück hatten. Sie lebten im freieren und wirtschaftlich erfolgreicheren Staat. Zwar hätten sie dieses Glück gerne mit den Deutschen im Osten geteilt, aber das war unmöglich. Viele Westdeutsche versuchten, mit den Ostdeutschen in Kontakt zu bleiben. Aber die Möglichkeiten waren gering und mit der Zeit arrangierten sie sich mit der Teilung.

Die Ostdeutschen entwickelten in der Zeit der Trennung ein eigenes Selbstbewusstsein. Manche fühlten sich von den Westdeutschen im Stich gelassen. Aber die allermeisten wollten nicht wie Menschen angesehen werden, die eben einfach nur Pech gehabt hatten. Manche identifizierten sich deshalb ganz besonders mit den moralischen und politischen Zielen ihres Staates. Viele waren mit Recht stolz auf ihre persönliche Leistung in Beruf und Familie. Und schließlich gab es sehr viele, die mutig und engagiert für Veränderungen in der DDR kämpften. Menschliche Würde unter den Bedingungen einer Diktatur zu erhalten und sogar zu befördern – auf diese Erfahrung und Leistung konnten viele Ostdeutsche mit Recht stolz sein.

Willy Brandt war der erste sozialdemokratische Bundeskanzler (1969–1974). Mit seinem Namen verbinden sich innenpolitische Reformen und die „Neue Ostpolitik". Verträge mit der UdSSR, Polen und der DDR sollen die Konfrontation mildern und den „Eisernen Vorhang" durchlässiger machen.
Während der Regierungszeit seines Nachfolgers, **Helmut Schmidt**, (1974–1982) wird die Bundesrepublik in den 1970er-Jahren durch zwei schwere Wirtschaftskrisen und durch die Terroraktionen der RAF erschüttert.

Mit **Helmut Kohl** regiert von 1982 bis 1998 wieder ein christdemokratischer Bundeskanzler. Seine Regierung greift die Revolution in der DDR aktiv auf und bereitet die Vereinigung der beiden deutschen Staaten vor.

1977
Höhepunkt des Terrors der RAF

1986
Europäischer Binnenmarkt

1972
„Grundlagenvertrag" zwischen der Bundesrepublik und der DDR

1989
Öffnung der innerdeutschen Grenze

1990
Beitritt der ostdeutschen Länder zur BRD

1971
Wahl Honeckers zum Ersten Sekretär der SED

1985
Beginn der Reformpolitik in der UdSSR

1989
Friedliche Revolution

Unter dem Ersten Sekretär der SED, **Erich Honecker**, hat die Bevölkerung etwas mehr Freiheiten. Eine veränderte Wirtschaftspolitik verbessert Wohlstand und Konsummöglichkeiten.
Der Grundlagenvertrag führt zu einer gewissen Entspannung im Verhältnis zur Bundesrepublik.

Ermutigt durch Reformen in der UdSSR stürzt die Oppositionsbewegung in der **Friedlichen Revolution** die Herrschaft der SED. Nach inneren Reformen endet die Geschichte der DDR mit dem Beitritt zur Bundesrepublik am 3.10.1990.

Als es kein Deutschland gab ...

Die Hohenzollernbrücke in Köln, 1945

Nach dem Untergang des Dritten Reiches war jede staatliche Ordnung zusammengebrochen. Alliierte Truppen besetzten das ganze Land. Sie waren es nun, die im Land des ehemaligen Feindes die Verantwortung für ein Minimum an Ordnung und Sicherheit hatten.

Die bedingungslose Kapitulation hatte zur Folge, dass es tatsächlich – wie der deutsch-amerikanische Historiker Fritz Stern schrieb – „kein Deutschland gab".

Die politische Zukunft dessen, was einmal Deutschland gewesen war, war völlig offen.

- Wie erlebten die Menschen den Alltag unmittelbar nach Kriegsende?

- Wie gingen sie selbst, wie die Alliierten mit ihrer nationalsozialistischen Vergangenheit um?

- Welche Entscheidungen trafen die Alliierten für die Zukunft Deutschlands?

Deutschland – ein zerstörtes Land

Zwei Mädchen im Nachkriegsjahr 1946 in Deutschland …

- **Welche Probleme gab es im Alltag der Nachkriegszeit?**

- **Wie konnte man sie bewältigen?**

Wir thematisieren Alltagshandeln in historischer Perspektive.

Versucht, euch in die Lage der beiden Mädchen auf dem Foto zu versetzen. Erzählt aus ihrer Perspektive, wie ihr Alltag damals wohl ausgesehen haben könnte. Nutzt dazu die Informationen des Textes.

Zwei Mädchen in Deutschland, 1946

Der Alltag

Kälte, Hunger und Wohnungsnot bestimmten den Alltag der Menschen. Viele Großstädte wie Köln, Berlin, Hamburg oder Dresden waren fast vollständig zerstört. Grundnahrungsmittel und Kohlen waren sehr knapp.

Lautlose Geschäfte

Viele notwendige Dinge gab es nur im Tauschhandel auf dem Schwarzmarkt. Die alte Reichsmark war wertlos geworden, an ihre Stelle sind amerikanische Zigaretten getreten.

Auf tagelangen „Hamsterfahrten" versuchten die Hungernden, auf dem Land Wertgegenstände gegen Lebensmittel einzutauschen. Viele wanderten zu Fuß; andere hatten das Glück, einen der unregelmäßig fahrenden, mühsam zusammengeflickten und völlig überfüllten Züge zu erwischen. Sie fuhren auf den Dächern, Trittbrettern oder Puffern. Im Kampf gegen den Hunger wurden Parks und Freiflächen in den Städten umgegraben und in Gemüsebeete verwandelt.

Nachts versuchten viele, Kohlen aus den Güterzügen zu klauen – der einzige Weg, an Brennmaterial zu kommen. Weil der Kölner Kardinal Frings den Diebstahl aus Überlebensnot gerechtfertigt hatte, sprach der Volksmund von „fringsen".

Flüchtlinge und Vermisste

Millionen Flüchtlinge und Heimatvertriebene aus dem Osten machten die Situation noch schwieriger. Täglich zogen 300 000 von ihnen durch Berlin. Andere suchten verzweifelt nach ihren vermissten Angehörigen: Waren sie im Krieg gefallen, irrten sie irgendwo durch Deutschland, hatte sie jemand gesehen, von ihnen gehört?

Kinder und Jugendliche

Etwa 250 000 Kinder und Jugendliche, deren Eltern vermisst waren, streiften alleine durchs Land. Hunger, Verwahrlosung und Wohnungsnot führten zu einer steigenden Jugendkriminalität. Kinder- und Jugendbanden versuchten, durch Raub und Diebstahl das zum Überleben Notwendigste zu ergattern. Allein in Berlin besaßen 1947 125 000 Kinder kein einziges Paar brauchbare Schuhe.

Trümmerfrauen

Unzählige Männer waren gefallen oder lebten in Kriegsgefangenschaft. Die Bevölkerung bestand zu zwei Dritteln aus Frauen. Sie standen dem Chaos in Deutschland alleine gegenüber. Unter härtesten Bedingungen sorgten sie für ihre Familien und begannen, die Trümmer der zerstörten Städte wegzuräumen. Weil es kein Baumaterial gab, wurden die Steine der zerstörten Häuser aufgesammelt, Stein für Stein mit dem Hammer gesäubert, wegtransportiert und gestapelt. Unterbrochen von nur kurzen Pausen reinigte eine Frau im Durchschnitt 1 200 Ziegelsteine pro Tag. Ohne die Arbeit der Trümmerfrauen wäre an Wiederaufbau nicht zu denken gewesen.

Care-Pakete

Viele Deutsche überlebten nur mithilfe der sogenannten Care-Pakete, die von kirchlichen und karitativen Organisationen in den USA gespendet und nach Deutschland geschickt wurden, um die Hungersnot zu lindern.

„Stunde Null"?

„Stunde Null" – so wird oft die Stimmungslage und das ganz besondere Lebensgefühl der Deutschen in den ersten drei Jahren nach dem Krieg bezeichnet.

- **Wie erlebten die Deutschen das Jahr 1945?**
- **Konnten sie wirklich einfach neu, „bei Null" anfangen?**

Wir beschreiben wesentliche Umbrüche im Zusammenhang.

1. Interpretiert in vier arbeitsteiligen Kleingruppen je eine der vier Quellen unter der ersten Leitfrage.

„Pausenzeichen"? (M 1):
Versucht, dieses Gefühl zu erklären. Benutzt dabei die Begriffe „Vergangenheit", „Gegenwart" und „Zukunft".

Froschperspektive? (M 2):
Erzählt, wie die Autorin die „Stunde Null" erlebte. Erklärt, inwiefern ihr Bericht eine typisch kindliche Perspektive spiegelt und welche Rückschlüsse auf ihre erwachsene Umgebung möglich sind.

Ein unsichtbares Tier? (M 3):
Beschreibt, wie der Autor die Stimmung unter den Deutschen erlebte und welche Gedanken ihm beim Anblick der Kinder wichtig sind.

Ein Wendepunkt? (M 4):
Arbeitet heraus, wie die Mitglieder der „Bekennenden Kirche" über die Schuld der Deutschen denken.

2. Tauscht eure Ergebnisse in Form eines Gruppenpuzzles aus.

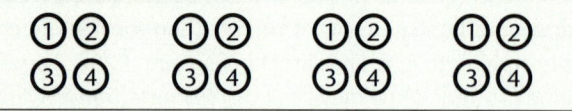

3. Tragt der Klasse eure Ergebnisse aus Aufgabe 2 vor.

4. Urteilt selbst: Formuliert euren Standpunkt zur zweiten Leitfrage.

Juni 1933: „Wer die Jugend hat, hat die Zukunft" (Hitler). Die Hitlerjugend vor dem Krieg.

Mai 1945: Deutsche Soldaten nach der Kapitulation auf dem Weg in die Kriegsgefangenschaft

M1 Ein Pausenzeichen der Geschichte

Ein Zeitgenosse beschrieb die Stimmung der Deutschen so:

[Es war ein] trotz Hunger und [...] Unsicherheit fast schmerzendes Hochgefühl von Freiheit, eine grenzenlose Erwartung. Schlimmeres als das Überlebte war nicht denkbar und diesem Schlimmen war ein Ende gesetzt. Ein Augenblick von Zeitlosigkeit, der sich rauschhaft dehnte, ein Pausenzeichen der Geschichte, nach dem alles verändert sein würde. ⁵

(Zit. nach: Christoph Kleßmann, Die doppelte Staatsgründung, Göttingen (Vandenhoek & Ruprecht) 1989, S. 37)

M2 Froschperspektive

Christiana von Barghorst erlebte das Jahr 1945 als kleines Mädchen. In ihren Erinnerungen schreibt sie:

Abends wurde uns noch einmal eingeschärft, wirklich kein Hakenkreuz mehr zu malen und die Spiele mit dem Hitlergruß zu lassen. Ich war wütend. Es hatte mir solche Mühe gemacht, das Hakenkreuzmalen zu
5 lernen. Immer zeichnete ich die Balken zur falschen Seite oder zwei nach innen und zwei nach außen. Nun endlich konnte ich es, und jetzt war es verboten. Der Hitlergruß war für uns immer Anlass zum Streit gewesen. Klaus machte ihn so, wie die Hitlerjugend
10 ihn machte: gerade stehen, beide Füße zusammensetzen, den Arm durchbiegen, schräg nach oben halten und keinen Finger krümmen. Ich hingegen hatte den Führer in der Wochenschau unseres Kinos gesehen und bestand auf seinem Gruß: den Oberarm am Kör-
15 per lassen, den Unterarm ganz kurz hochnehmen, dann die Hand locker nach oben werfen und dabei ein ernstes Gesicht machen. Man durfte bei diesem wahren und echten Hitlergruß sogar gehen, die Front abschreiten zum Beispiel oder die Parteigenossen begrü-
20 ßen. Es gab aber keine Parteigenossen mehr, keine Hakenkreuze, keine Hitlergrüße und keine braunen Hemden. Das von Onkel Friedhelm, der aus Riga zu uns gekommen war, färbte meine Großmutter in der Zinkbadewanne grün.

(Christiana von Barghorst, Froschperspektive – Bilder einer Kindheit, Husum (Husum Druck- und Verlagsgesellschaft) 1984, S. 41)

M3 Ein unsichtbares Tier

Der schweizerische Schriftsteller Max Frisch besuchte im Mai 1945 Deutschland. In seinem später veröffentlichen Tagebuch beschreibt er seine Eindrücke und Gedanken:

Flüchtlinge liegen auf allen Treppen, und man hat den Eindruck, sie würden nicht aufschauen, wenn mitten auf dem Platz ein Wunder geschähe; so sicher wissen sie, daß keines geschieht. […] Ihr Leben ist
5 scheinbar, ein Warten ohne Erwartung, sie hängen nicht mehr daran; nur das Leben hängt noch an ihnen, gespensterhaft, ein unsichtbares Tier, das hungert und sie durch zerschossene Bahnhöfe schleppt, Tage und Nächte, Sonne und Regen. Es atmet aus
10 schlafenden Kindern, die auf dem Schutte liegen, ihren Kopf zwischen den knöchernen Armen […]. Die spielenden Kinder, die mich geweckt haben, ihre Kleidchen, ihre sehr dünnen Gesichter und der Gedanke daran, daß sie noch nie eine ganze Stadt er-

blickt haben, dann der Gedanke, daß sie nichts dafür 15 können: weniger als irgendeiner von uns. Über die dringende Hilfe hinaus, die sie vor dem Hunger retten muß so wie alle andern Kinder, geht es vor allem darum, daß sie keine Verdammten sind, keine Verdammten, gleichviel wer ihre Väter und ihre Mütter sein 20 mögen.

(Max Frisch, Tagebuch 1946–1949; zit. nach: Materialien für den Geschichtsunterricht, Bd. VI, Franfurt/M. (Diesterweg) ²1987, S. 66f.; aus lizenzrechtlichen Gründen nicht in neuer Rechtschreibung)

M4 Ein Wendepunkt

Während der Herrschaft des Nationalsozialismus hatten die Anhänger der „Bekennenden Kirche" Widerstand gegen das Regime geleistet und sich von der offiziellen evangelischen Kirche abgespalten. Nach dem Krieg wandten sich ihre Vertreter an das deutsche Volk.

a) „Wort der Berliner Bekenntnissynode an die Pfarrer und Gemeinden" (31.7.1945):

In der Geschichte unseres Volkes ist ein Wendepunkt eingetreten. In diesem Augenblick sieht die Bekenntnissynode auf den Kampf, der hinter ihr liegt, zurück und bittet Gott, dass er uns in Kirche und Volk Erkenntnis und Bereitschaft zu gründlicher Umkehr 5 und Erneuerung schenken möge. […]
Unser Volk, das zu 90% aus getauften Christen besteht, hat sich unter geringem Widerstand die christliche Prägung seines Lebens in kürzester Frist rauben lassen. Das ist eine für uns Deutsche zutiefst beschä- 10 mende Tatsache. […]

b) „Stuttgarter Erklärung" (19.10.1945):

Mit großem Schmerz sagen wir: Durch uns ist unendliches Leid über viele Völker und Länder gebracht worden.
Was wir unseren Gemeinden oft bezeugt haben, das sprechen wir jetzt im Namen der ganzen Kirche aus: 5 Wohl haben wir lange Jahre hindurch im Namen Jesu Christi gegen den Geist gekämpft, der im nationalsozialistischen Gewaltregiment seinen furchtbaren Ausdruck gefunden hat; aber wir klagen uns an, dass wir nicht mutiger bekannt, nicht treuer gebetet, nicht 10 fröhlicher geglaubt und nicht brennender geliebt haben.

(Günther Heidtmann (Hg.), Hat die Kirche geschwiegen? Das öffentliche Wort der evangelischen Kirche aus den Jahren 1945 bis 1957, Berlin 1958; zit. nach: Materialien, a.a.O., S. 86f.)

Was wird aus Deutschland?

Von 1945 bis 1948 war Deutschland ein besetztes Land. Alles hing jetzt von den Alliierten ab. Zunächst wurden die Deutschen vor allem als ehemalige Kriegsgegner und Feinde betrachtet. Doch schon kurze Zeit später begann der Ost-West-Konflikt eine wichtige Rolle zu spielen. Letztlich führte er am Ende der Besatzungszeit zur Gründung von zwei deutschen Staaten.

- **Von 1945 bis 1948: Wie verlief die deutsche Geschichte in der Besatzungszeit?**

- **Von welchen Faktoren wurde sie bestimmt?**

- **Warum endete sie mit der Gründung von zwei deutschen Staaten?**

Wir erklären Zusammenhänge mithilfe einer Strukturskizze.

1. Erläutert die Strukturskizze in einem Vortrag.

2. Geht zur Vorbereitung so vor:
   a) Die Strukturskizze hilft euch beim Verständnis des Infotextes. Übertragt sie auf ein (ausreichend großes) Lernplakat.
   b) Arbeitet den Infotext Abschnitt für Abschnitt durch. Exzerpiert wichtige Informationen und ordnet sie den Elementen der Strukturskizze zu.

Attlee (GB), Truman (USA) und Stalin (UdSSR) auf der Potsdamer Konferenz (Juli/August 1945)

Exzerpieren …

ist der Fachbegriff für „wichtige Inhalte eines Textes schriftlich festhalten".
   a) Den Text aufmerksam lesen und auf wichtige Informationen zur Leitfrage prüfen.
   b) Diese Informationen auf Karteikarten notieren: entweder wörtlich („Zitat") oder in selbst gewählten Stichworten („Paraphrase"); auch die Fundstelle (Seite/Zeilennummer) auf der Karteikarte notieren.
   c) Karteikarten (je nach Thema) sinnvoll anordnen (Strukturskizze, Cluster, Zeitleiste …).

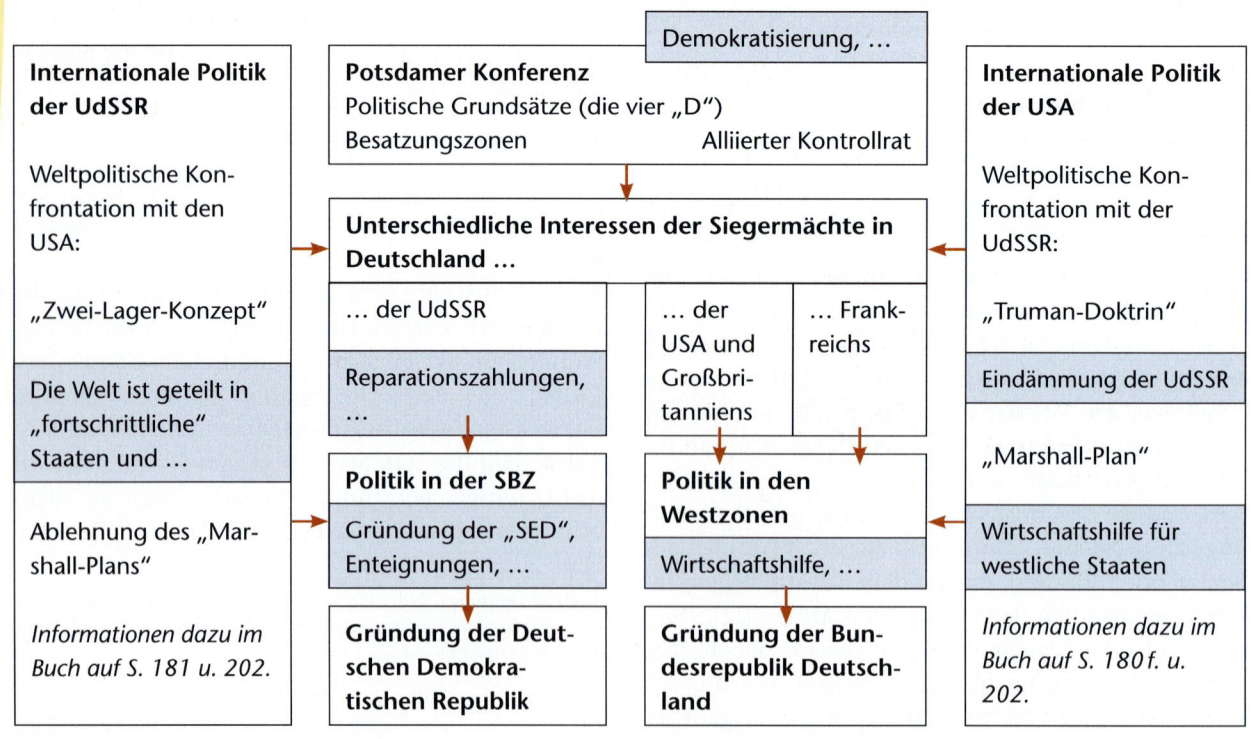

Demokratisierung, …

Internationale Politik der UdSSR

Weltpolitische Konfrontation mit den USA:

„Zwei-Lager-Konzept"

Die Welt ist geteilt in „fortschrittliche" Staaten und …

Ablehnung des „Marshall-Plans"

Informationen dazu im Buch auf S. 181 u. 202.

Potsdamer Konferenz
Politische Grundsätze (die vier „D")
Besatzungszonen   Alliierter Kontrollrat

Unterschiedliche Interessen der Siegermächte in Deutschland …

… der UdSSR

Reparationszahlungen, …

… der USA und Großbritanniens

… Frankreichs

Politik in der SBZ
Gründung der „SED", Enteignungen, …

Politik in den Westzonen
Wirtschaftshilfe, …

Gründung der Deutschen Demokratischen Republik

Gründung der Bundesrepublik Deutschland

Internationale Politik der USA

Weltpolitische Konfrontation mit der UdSSR:

„Truman-Doktrin"

Eindämmung der UdSSR

„Marshall-Plan"

Wirtschaftshilfe für westliche Staaten

Informationen dazu im Buch auf S. 180 f. u. 202.

Das Potsdamer Abkommen (August 1945)

Unmittelbar nach Kriegsende trafen sich die „Großen Drei" Stalin (UdSSR), Churchill (GB) und Truman (USA), um über die Zukunft Deutschlands zu beraten. Sie einigten sich auf die Aufteilung Deutschlands in vier Besatzungszonen. Jede dieser Zonen sollte von der jeweiligen Besatzungsmacht verwaltet werden. Auch die ehemalige Hauptstadt Berlin wurde in vier Sektoren aufgeteilt.

Außerdem legten sie fest, nach welchen politischen Grundsätzen sie das besiegte Deutschland behandeln wollten. Diese Grundsätze sind unter dem Namen „Die Vier D's" bekannt geworden.

Ein „Alliierter Kontrollrat", bestehend aus den vier Militärgouverneuren der vier Besatzungszonen, sollte für die gemeinsame und einheitliche Verwaltung Deutschlands sorgen.

Die Interessen der Besatzungsmächte

Mit Beginn des Kalten Krieges wuchs das Misstrauen, dass die vier Besatzungsmächte gegeneinander hegten. Die Begriffe, auf die man sich im Potsdamer Abkommen geeinigt hatte, erwiesen sich als „Gummibegriffe". Zum Beispiel verstand die UdSSR unter „Demokratisierung" etwas völlig anderes als die USA. Eine gemeinsame Verwaltung Deutschlands wurde deshalb immer schwieriger. Die Alliierten begannen zunehmend, in ihren jeweiligen Besatzungszonen ihre eigenen Interessen zu verfolgen:

Die Politik der Sowjetunion war besonders tief von der Erfahrung der brutalen Zerstörungs- und Rassenpolitik Deutschlands während des Zweiten Weltkrieges bestimmt. Die sowjetische Regierung erhob deshalb den Anspruch auf besondere Wiedergutmachungsleistungen, vor allem durch Reparationslieferungen aus allen vier Besatzungszonen.

Die französische Regierung widersetzte sich allen Versuchen, einheitliche Verwaltungsorgane oder ein gemeinsames Wirtschaftsgebiet für ganz Deutschland zu errichten.

Die „Vier „D's" des Potsdamer Abkommens

Demilitarisierung:

→ Auflösung aller militärischen Verbände und der Rüstungsindustrie.

Denazifizierung:

→ Aufhebung aller nationalsozialistischen Organisationen.

→ Anklage gegen alle Kriegsverbrecher vor einem internationalen Militärgerichtshof.

Demokratisierung:

→ Politische Selbstorganisation der Deutschen soll schrittweise auf demokratischer Grundlage wieder ermöglicht werden.

Dezentralisierung:

→ Politische Dezentralisierung: Deutschland soll zwar als Einheit erhalten, ein starker Zentralstaat aber verhindert werden.

→ Wirtschaftliche Dezentralisierung: Großunternehmen sollen in kleinere Unternehmen aufgeteilt werden.

→ Politische und wirtschaftliche Dezentralisierung sollen einen Machtmissbrauch – wie zur Zeit des Nationalsozialismus – verhindern.

201

Sie wollte – nach zwei Überfällen in einem halben Jahrhundert – auf keinen Fall ein einheitliches und starkes Deutschland an Frankreichs Grenze mehr dulden.

Die amerikanische und die englische Regierung verfolgten immer deutlicher das Ziel einer wirtschaftlichen Wiederbelebung in ihren Zonen. Sie erkannten, dass die Deutschen immer weniger in der Lage waren, die Kosten für ihre Nahrungsmittelversorgung aufzubringen. Sie wollten schließlich ihren eigenen Wählern diese Kosten nicht zumuten. Noch weniger wollten sie durch Reparationslieferungen aus ihren Zonen die Sowjetunion indirekt unterstützen. Der amerikanische Militärgouverneur Lucius D. Clay stoppte deshalb die Reparationslieferungen an die UdSSR aus den Westzonen. Zum ersten Mal war damit der Streit zwischen den Alliierten offen ausgebrochen. Der Wettstreit um die „richtigere" oder „bessere" Besatzungspolitik begann.

Die Besatzungszonen

Entwicklung in der sowjetisch besetzten Zone (SBZ)

Als erste Besatzungsmacht genehmigte die Sowjetunion schon am 14. Juli 1945 die Gründung von deutschen, antifaschistischen Parteien. Als erste Partei wurde die KPD zugelassen. Im April 1946 vereinigten sich die beiden Parteien KPD und SPD in der SBZ – ohne Befragung der Mitglieder – zur „Sozialistischen Einheitspartei Deutschlands" (SED). Dieser Zusammenschluss wurde mit dem Argument begründet, die beiden Arbeiterparteien dürften sich nicht mehr – wie bei der Machtergreifung der Nationalsozialisten – gegeneinander ausspielen lassen, sondern müssten nun gegen den Faschismus zusammenstehen. Tatsächlich wurde der Zusammenschluss vor allem deshalb betrieben, weil die KPD allein nicht über genügend Rückhalt in der Bevölkerung verfügte. Jetzt konnten die kommunistischen Machthaber alle Maßnahmen mit dem angeblich einmütigen Willen des „antifaschistischen Blocks" rechtfertigen.

Entwicklung in den Westzonen

Auch die Westmächte begannen, ihre Zonen nach ihren Vorstellungen zu gestalten. In Schulungskursen und auf Bildungsreisen nach England oder in die USA lernten deutsche Kommunalpolitiker und Beamte die westlichen Vorstellungen von Demokratie. Besonders wichtig war den westlichen Besatzungsmächten, dass der wirtschaftliche Wiederaufbau nach marktwirtschaftlichen Regeln erfolgte. Bei der Zulassung von Parteien waren die Besatzungsmächte in den Westzonen eher zögerlich: Parteien wurden nur auf regionaler Ebene zugelassen. Erst mit den Kommunal- und Landtagswahlen

1946/47 ging mehr politische Verantwortung auf die Deutschen über.

Gründung der Bi-Zone

Um die wirtschaftliche Erholung in ihren Zonen zu beschleunigen, schlossen die USA und Großbritannien im Dezember 1946 ihre Besatzungszone zur „Bi-Zone" zusammen. In diesem einseitigen Vorgehen sah die Sowjetunion einen Verstoß gegen das Potsdamer Abkommen. Eine Einladung, der Bi-Zone beizutreten, lehnte sie ab. Mit einer Zustimmung konnte auch niemand ernsthaft rechnen, denn schon längst hatte in der sowjetisch besetzten Zone (SBZ) der Aufbau einer sozialistischen Wirtschaftsordnung begonnen, die mit dem marktwirtschaftlichen System in der „Bi-Zone" unvereinbar war.

Mit dem Beitritt der französischen Zone zur Bi-Zone und der Einführung einer neuen gemeinsamen Währung in den vereinigten Westzonen entstanden in Deutschland endgültig zwei voneinander getrennte Wirtschaftsräume.

Der Marshall-Plan

Der „Marshall-Plan" (s. S. 181), mit dem die USA den wirtschaftlichen Wiederaufbau in Europa unterstützten, vertiefte diese Teilung weiter. Während die Deutschen in den Westzonen nun auf amerikanische Hilfe hoffen konnten, waren die Deutschen in der sowjetischen Zone doppelt benachteiligt: Erstens erhielten sie keine Hilfe aus dem Marshall-Plan, weil die Sowjetunion ihn abgelehnt hatte. Zweitens mussten sie weiter Reparationslieferungen an die Sowjetunion leisten.

Westdeutsches Plakat zum Marshall-Plan, 1947

Während der Berlin-Blockade in Westberlin: Kinder jubeln einem „Rosinenbomber" zu (Foto vom September 1948).

Die Berlin-Krise

Die Einführung der westlichen Währung in den Westsektoren von Berlin spaltete auch die Stadt in zwei Teile. Sie führte zur Berlin-Krise im Juni 1948, dem ersten Höhepunkt des Kalten Krieges: Die Sowjetunion sperrte alle Land- und Wasserwege nach Berlin. Auf diese Blockade reagierten Amerikaner und Briten mit einer Luftbrücke nach Berlin. Elf Monate lang wurden die Westzonen Berlins von sogenannten „Rosinenbombern" aus der Luft mit Lebensmitteln, Brennstoffen und anderen notwendigen Gütern versorgt. Erst am 12. Mai 1949 gab die Sowjetunion nach langen und schwierigen Verhandlungen die Blockade auf. Sie musste erkennen, dass die Westmächte nicht bereit waren, auf Westberlin zu verzichten.

Das Ende des Kontrollrates

Unter dem Eindruck der Berlin-Krise beschlossen die Westmächte im Jahr 1948, den Deutschen in den Westzonen die Möglichkeit zu geben, eine Verfassung auszuarbeiten und einen eigenen Staat zu gründen. Die Sowjetunion reagierte mit dem Rückzug des sowjetischen Militärgouverneurs aus dem Alliierten Kontrollrat.

Die Gründung der Bundesrepublik Deutschland

Die Regierungschefs der inzwischen in den Westzonen gegründeten Länder standen dem Angebot der Westmächte, einen neuen westdeutschen Staat zu gründen, zunächst sehr skeptisch gegenüber. Denn sie wussten, dass eine solche Staatsgründung zu einer endgültigen Spaltung Deutschlands führen würde. Andererseits eröffnete sie die Aussicht auf Normalität und die Wiedergewinnung staatlicher Souveränität.

Schließlich fand man einen Kompromiss: Der neue westdeutsche Staat sollte gegründet werden, aber er sollte ausdrücklich ein vorübergehendes Provisorium bleiben – bis zu einer späteren Vereinigung mit der SBZ.

Die zukünftige Verfassung des westdeutschen Staates wurde von Vertretern aus allen westdeutschen Ländern im „Parlamentarischen Rat" erarbeitet. Um ihren provisorischen Charakter zu betonen, nannte man sie aber nicht „Verfassung", sondern „Grundgesetz". Es wurde im Mai 1949 verkündet, im September 1949 fanden die ersten Bundestagswahlen statt.

Die Gründung der Deutschen Demokratischen Republik

In der SBZ hatte die Sowjetunion neue Verwaltungsbezirke eingerichtet. Als einzige deutsche Zentralbehörde in der SBZ existierte seit Mai 1947 die „Zentrale Wirtschaftskommission", die den Neuaufbau der Wirtschaft nach dem Vorbild der sowjetischen Planwirtschaft koordinierte.

Im November 1947 versammelten sich Vertreter ausgewählter „antifaschistischer Organisationen" aus der gesamten SBZ zum „Volkskongress für Einheit und gerechten Frieden". Im März 1948 erteilte dieser Volkskongress dem von ihm gewählten „Deutschen Volksrat" den Auftrag, eine Verfassung auszuarbeiten.

Als Reaktion auf die Gründung der Bundesrepublik setzte der „Deutsche Volksrat" die von ihm ausgearbeitete Verfassung in Kraft. Sie war auf demokratisch sehr fragwürdige Weise zustande gekommen, denn weder der „Deutsche Volksrat" noch der „Volkskongress" war von der Bevölkerung der SBZ gewählt worden.

Die abschließende Lesung des Grundgesetzes im Parlamentarischen Rat am 7./8.5.1949

Die „Entnazifizierung" – ein Weg aus der Vergangenheit?

Die deutsche Niederlage im Zweiten Weltkrieg war keine gewöhnliche Niederlage – durch ihre direkte oder indirekte Beteiligung an der nationalsozialistischen Ausrottungspolitik hatten zwar nicht alle, aber viele Deutsche schwere Schuld auf sich geladen. Wie konnten, wie sollten die Alliierten nun – nach dem Krieg – mit dieser Schuld umgehen? Beispielhaft betrachten wir zwei Wege: den Nürnberger Kriegsverbrecherprozess und die „Entnazifizierung" in den westlichen Besatzungszonen.

- **Gab es eine gerechte Bestrafung der Täter?**

- **Konnte die Entnazifizierung zu einer „Befreiung vom Nationalsozialismus" beitragen?**

Wir untersuchen und beurteilen Sachverhalte im Hinblick auf beabsichtigte und unbeabsichtigte Nebenfolgen.

1. Präsentiert je eine These zu den Leitfragen und stellt sie in der Klasse zur Diskussion.

2. Untersucht und beurteilt zur Vorbereitung arbeitsteilig die Materialien (a) zum Nürnberger Prozess und (b) zur „Entnazifizierung" unter den Leitfragen.

Der Nürnberger Kriegsverbrecherprozess

Der Prozess

Im November 1945 begann in Nürnberg vor dem „Internationalen Militärgerichtshof" der vier Siegermächte der Prozess gegen die führenden Nationalsozialisten, soweit sie sich nicht durch Selbstmord (Hitler, Goebbels, Himmler) oder Flucht (z. B. Eichmann) der Verantwortung entzogen hatten. Jede Siegermacht stellte einen der vier Vorsitzenden Richter.
Angeklagt waren insgesamt 177 Personen, von denen 25 zum Tode verurteilt und 12 hingerichtet wurden.

Wie Historiker heute über den Prozess urteilen

Die neue Grundidee des Prozesses bestand darin, die Kriegsverbrecher nicht – wie es früher üblich gewesen wäre – in geheimen Militärprozessen, sondern in einem öffentlichen und geregelten Prozess zu verurteilen. Damit wollte man drei Ziele erreichen: Die Täter sollten ihre gerechte Strafe erhalten, die Weltbevölkerung sollte über die Verbrechen des Nationalsozialismus aufgeklärt werden und künftig sollte die Einhaltung der Menschenrechte auf eine rechtliche Grundlage gestellt werden. Alle diese Ziele konnte – darin sind sich heute die Historiker einig – der Nürnberger Prozess erreichen. Besonders das dritte Ziel ist noch heute von aktueller Bedeutung: Im Nürnberger Prozess wurden zum ersten Mal in der Geschichte Kriegsverbrechen und Verbrechen gegen die Menschlichkeit vor einem internationalen Gericht verhandelt – ein wichtiger Schritt zur Durchsetzung der Menschenrechte. Der internationale Militärgerichtshof gilt deshalb als Vorläufer des heutigen internationalen Gerichtshofes in Den Haag.

Die Anklagebank im Nürnberger Kriegsverbrecherprozess

M1 Die Anklage im Original

In den Statuten des Internationalen Militärgerichtshofes wurde die Anklage so definiert:

(a) Verbrechen gegen den Frieden: Nämlich: Planen, Vorbereitung, Einleitung oder Durchführung eines Angriffskrieges.
(b) Kriegsverbrechen: Nämlich: Verletzung der Kriegsgesetze oder -bräuche. Solche Verletzungen umfassen 5 [...] Mord, Misshandlungen, Deportation zur Sklavenarbeit oder für irgendeinen anderen Zweck, [...] Mord oder Misshandlungen von Kriegsgefangenen [...], Töten von Geiseln [...].
(c) Verbrechen gegen die Menschlichkeit: Nämlich: 10 Mord, Ausrottung, Versklavung [...], Verfolgung aus politischen, rassischen oder religiösen Gründen [...].

(Aus dem Statut des Internationalen Militärgerichtshofes vom 8. August 1945; zit. nach: Materialien, a. a. O., S. 75)

Die „Entnazifizierung" in den Westzonen

Das Verfahren …

Alle Deutschen über 18 Jahren mussten einen Fragebogen ausfüllen. Darin wurden sie zum Beispiel gefragt, ob sie der NSDAP oder einer anderen nationalsozialistischen Organisation angehört hatten.
Danach wurden sie von Spruchkammern in eine von fünf Kategorien eingeteilt: (a) Hauptschuldige, (b) Belastete, (c) Minderbelastete, (d) Mitläufer und (e) Entlastete. Nur Personen, die in die Kategorien (d) oder (e) eingeteilt wurden, konnten eine Arbeitserlaubnis erhalten.

… und eine Umsetzung

Anfangs gingen die Alliierten sehr streng vor. Mit der Zeit aber mussten sie erkennen, dass das Verfahren zu aufwendig war. Das Ziel der Bestrafung trat immer mehr in den Hintergrund und immer mehr Deutsche erhielten den begehrten – wie es im Volksmund hieß – „Persilschein".

M2 „Schwarz wird weiß – oder: mechanische Entnazifierung"

Karikatur aus dem „Simplicissimus", 1946

M3 Ein zeitgenössisches Urteil

Ende 1947 schrieb die evangelische Kirche von Hessen über die Folgen der Entnazifizierung:

Die evangelische Kirche hat sich von Anfang an für eine echte Befreiung unseres Volkes vom Ungeist des Nationalsozialismus eingesetzt [...].
Aber sie hat [...] warnend darauf hingewiesen, dass dies Gesetz zur Unbotmäßigkeit führen könne, weil 5
hier ein großer Teil der Bevölkerung genötigt wird, sich selber zu rechtfertigen und als unschuldig hinzustellen.
[Aber unsere] Befürchtungen sind weit übertroffen worden; denn der Versuch den Nationalsozialismus 10
mit den Mitteln dieses Gesetzes auszurotten, ist auf ganzer Linie gescheitert. Dagegen hat diese Art der Entnazifizierung zu Zuständen geführt, die auf Schritt und Tritt an die hinter uns liegenden Schreckensjahre erinnern. Hunderttausende von Menschen stehen un- 15
ter beständigem Druck und erliegen der Versuchung, zu aller erdenklichen Unwahrhaftigkeit und Lüge zu greifen, um sich reinzuwaschen [...].

(Zit. nach: Christoph Kleßmann, Die doppelte Staatsgründung, Göttingen (Vandenhoek & Ruprecht) 1989, S. 386)

M4 Das Urteil eines heutigen Historikers

Der Historiker Christoph Kleßmann urteilte 1989 über die Folgen der Entnazifizierung:

Versucht man ein Fazit aus der Entnazifizierung zu ziehen, so lässt sich feststellen, dass damit die Einstellung zum Nationalsozialismus kaum tief gehend beeinflusst wurde [...].
Das im Entnazifizierungsverfahren erlebte Risiko poli- 5
tischen Engagements hat den Rückzug ins Privatleben gefördert und statt aktiver Umorientierung eher eine innere Abwehrhaltung forciert [verstärkt].

(Kleßmann, a.a.O., S. 91 f.)

1 Arbeitet heraus, welche zeitgenössische Position die evangelische Kirche in ihrer schriftlichen Stellungnahme (M3) und die Zeitschrift „Simplicissimus" in ihrer Karikatur (M2) zur Entnazifizierung eingenommen haben.

2 Vergleicht mit dem heutigen „Fazit" des Historikers Kleßmann (M4).

Die Bundesrepublik Deutschland – ein Erfolgsmodell?

Die Geschichte der Bundesrepublik Deutschland (1949 – 1990)

Der neue, für viele überraschende Wohlstand der 1950er-Jahre prägt bis heute das Bild von der Bundesrepublik. Aus den Ruinen des Zweiten Weltkrieges entstand ein Staat, in dem wirtschaftliches Wohlergehen und politische Stabilität gesichert schienen. Wer im Westen lebte, hatte das glücklichere Los gezogen – so sahen es schon viele Zeitgenossen und darin sind sich – im Rückblick – die Historikerinnen und Historiker einig.

War also die Geschichte der Bundesrepublik Deutschland eine Art „Erfolgsmodell"?

Dafür spricht, dass alle ihre Grundstrukturen übernommen wurden, als sich im Jahr 1990 die beiden deutschen Staaten zur „neuen" Bundesrepublik Deutschland vereinigten. Aber Vorsicht: So glänzend und so vorbildlich verlief auch die Geschichte der Bundesrepublik nicht. Auch hier gab es Widersprüche, Probleme und Auseinandersetzungen.

- **Auf welchen politischen und wirtschaftlichen Grundlagen beruhte die Bundesrepublik?**

- **Welche Schlüsselereignisse prägten ihre Geschichte und das Leben ihrer Bewohner?**

1956: Ein Werbezug der Bundesregierung

Das Land des „Wirtschaftswunders"
Schon Mitte der 1950er-Jahre war die Bundesrepublik drittstärkste Exportnation der Welt geworden. Der wirtschaftliche Erfolg führte zu steigendem Wohlstand der Bevölkerung. Den „reichen" Westdeutschen ging es damit wesentlich besser als den in bescheidenen Verhältnissen lebenden Ostdeutschen. Für viele Zeitgenossen war dieser Wohlstand ein wichtiger Grund, „ihren" Staat zu mögen und sich in ihm wohlzufühlen.

Typisch Bundesrepublik – Was Fotografien erzählen ...

Auf dieser Doppelseite seht ihr eine Auswahl von Fotografien aus der Geschichte der Bundesrepublik. Sie bringen jeweils eine „typische" Situation zum Ausdruck.

- **Welche Grunderfahrungen prägten die Geschichte der Bundesrepublik?**
- **Wie trugen sie zum „Erfolg" der Bundesrepublik bei?**

Wir stellen Hypothesen auf.

Projiziert die Fotos auf dieser Doppelseite. Erläutert jeweils, welche Grunderfahrung sie zum Ausdruck bringen, und tragt Hypothesen zur zweiten Leitfrage vor.

Hypothesen aufstellen

Hypothesen sind „begründete Vermutungen".
Wissenschaftler stellen Hypothesen zu ihren Leitfragen auf, wenn sie (noch) nicht über gesichertes Wissen verfügen. Eine Hypothese ist also eine vorläufige Antwort auf eine Leitfrage. Damit sie aber mehr ist als reine Spekulation, muss sie plausibel und nachvollziehbar begründet werden.
a) Leitfragen klären.
b) Vorhandene Materialien unter der Leitfrage untersuchen.
c) Mögliche Antworten auf die Leitfrage als Vermutung formulieren und begründen.
Tipp: Hypothesen kann man überprüfen, indem man weitere Informationen sammelt und auswertet.

Das Land im Westen

Die Bundesrepublik stand im Ost-West-Konflikt sozusagen auf der „richtigen" Seite. Die Westmächte unterstützten sie finanziell und politisch. Der militärische Schutz durch die USA war für die Bundesrepublik und noch mehr für Westberlin lebenswichtig.
Auf der anderen Seite gewährten die Westmächte der Bundesrepublik schon früh (1955) die Selbstständigkeit.

1963: Der amerikanische Präsident John F. Kennedy während seines Besuches in Westberlin

Das Land des offenen Streits

Die Bundesrepublik war eine Demokratie, in der verschiedene Meinungen erlaubt waren und Streitigkeiten offen ausgetragen wurden. Auch wenn der Streit oft heftig war: Gerade deshalb konnten viele Bürger am Ende die politischen Entscheidungen akzeptieren.

1968: Demonstration gegen die sogenannten „Notstandsgesetze", die im Falle eines Notstandes die Grundrechte einschränken sollten.

Die Grundlagen des Staates

Das Grundgesetz der Bundesrepublik Deutschland – aus Erfahrung klug?

Die Verfassung des neuen Staates, das Grundgesetz, sollte besser sein als die Weimarer Verfassung. Darin waren sich die Abgeordneten des „Parlamentarischen Rates" trotz Meinungsverschiedenheiten einig. Sie wollten aus der Geschichte lernen. Fehler der alten Verfassung, die die Machtergreifung der Nationalsozialisten erleichtert hatten, wollten sie vermeiden.

- **Welche Konsequenzen zogen die Verfasser des Grundgesetzes aus der historischen Erfahrung der Schwächen der Weimarer Verfassung?**

Wir beschreiben und erläutern ein Schaubild.

1. Beschreibt und erläutert das Schaubild (M 2). Formuliert eine zusammenfassende Antwort auf die Leitfrage.
2. Informiert euch zur Vorbereitung über die wichtigsten Bestimmungen des Grundgesetzes, übertragt die Stichworttabelle in euer Heft und füllt die leeren Felder aus.

Das Grundgesetz

M 1 Wichtige Artikel im Wortlaut

Art. 1: (1) Die Würde des Menschen ist unantastbar. […]
(2) Das deutsche Volk bekennt sich deshalb zu unverletzlichen und unveräußerlichen Menschenrechten […].

Art. 3: (1) Alle Menschen sind vor dem Gesetz gleich.
(2) Männer und Frauen sind gleichberechtigt.

Art. 20: (1) Die Bundesrepublik Deutschland ist ein demokratischer und sozialer Rechtsstaat.
(2) Alle Staatsgewalt geht vom Volke aus. […]

Art. 21: (1) Die Parteien wirken bei der politischen Willensbildung des Volkes mit. […]
(2) Parteien, die […] darauf ausgehen, die freiheitliche demokratische Grundordnung zu […] beseitigen […], sind verfassungswidrig. […]

Art. 67: (1) Der Bundestag kann dem Bundeskanzler das Misstrauen nur dadurch aussprechen, dass er mit der Mehrheit seiner Mitglieder einen Nachfolger wählt […].

A) Wichtige Bestimmungen der Weimarer Verfassung (1919)	B) Welche historischen Erfahrungen wurden mit ihnen gemacht?	C) Wichtige Bestimmungen des Grundgesetzes (1945)	D) Welche Absichten verfolgte der Parlamentarische Rat?
Es gibt kein Staatsorgan, das die Einhaltung der Grundrechte überwacht.	Verletzung aller Grundrechte im Nationalsozialismus.	Das Bundesverfassungsgericht überwacht das Handeln des Staates.	?
Die Aufgabe der Parteien ist nicht definiert.	Parteien haben nur wenig Ansehen. Antidemokratische Parteien (z. B. NSDAP) dürfen ungehindert arbeiten.	?	?
Schwache Stellung des Parlamentes (Gesetze können durch Volksabstimmungen oder durch Notverordnungen des Reichspräsidenten überstimmt werden).	Reichspräsident Paul von Hindenburg entmachtete das Parlament und ernannte Hitler zum Reichskanzler.	?	?
Schwache Stellung der Länder und ihrer Vertretung, des Reichsrates.	Die Länder konnten der Machtübernahme durch Hitler wenig entgegensetzen.	?	?
Schwache Stellung der Reichsregierung (Abwahl durch einfaches Misstrauensvotum möglich).	Häufige Regierungswechsel.	?	?

„Alle Staatsgewalt geht vom Volke aus" (Grundgesetz Art. 20)

Bundesrat
Vertreter der Bundesländer

Bundes-präsident
schlägt vor und ernennt
ernennt

Bundes-regierung
Bundes-kanzler
schlägt vor Bundesminister

Bundes-verfassungs-gericht
Die 16 Richter werden je zur Hälfte von Bundestag und Bundesrat gewählt. Regierungs- und Verfassungskontrolle.

wirkt mit

entsenden Vertreter

Länder-regierungen

wählen

Länder-parlamente

Wahl alle 5 Jahre

Ge-setze §

Bundes-versammlung
Vertreter von Bundestag und Länder-parlamenten

beschließt

wählt

konstruk-tives Miss-trauens-votum

Bundestag
Vertreter des Volkes

Wahl   alle 4 Jahre

Wahl alle   4 Jahre

W a h l v o l k
(allgemeines, freies, gleiches und geheimes Wahlrecht)

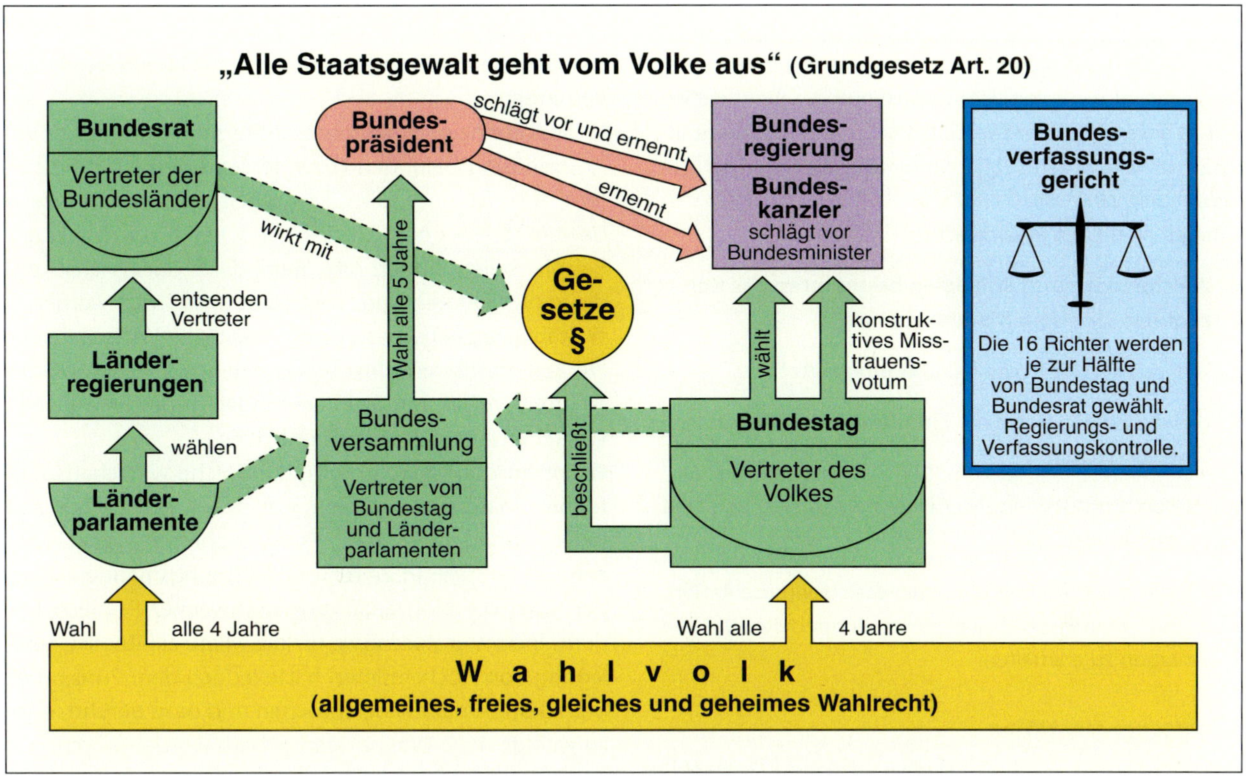

Das Grundgesetz – wichtige Inhalte zusammengefasst

Der Bundespräsident

Der Bundespräsident ist das höchste Staatsorgan. Seine wichtigste Aufgabe ist die Vertretung des deutschen Volkes nach außen. Er darf aber nicht direkt in die Gesetzgebung oder die Arbeit der Regierung eingreifen.

Er wird nicht vom Volk, sondern von der „Bundesversammlung" gewählt; sie besteht zur einen Hälfte aus allen Abgeordneten des Bundestages und zur anderen Hälfte aus einer gleich großen Zahl von durch die Länderparlamente gewählten Mitgliedern.

Indirekte Demokratie

Nach dem Grundgesetz ist das Volk die Grundlage des Staates (Art. 20, Abs. 2). Es bestimmt aber seine Gesetze und seine Regierung nicht direkt, sondern indirekt durch gewählte Vertreter (Abgeordnete des Parlamentes). Die Möglichkeit einer Volksabstimmung gibt es zwar in den Ländern, aber auf der Bundesebene – außer in sehr speziellen Ausnahmefällen – nicht.

Der Bundestag

Gesetze dürfen nur vom Bundestag und von den Landes-

parlamenten beschlossen werden. Die erste Gewalt, die Legislative (= „gesetzgebende Gewalt") , liegt also ganz alleine bei ihnen.

Die Bundesregierung

Die Bundesregierung wird vom Bundestag mit Mehrheit gewählt. Sie steht an der Spitze der zweiten Gewalt, der Exekutive (= „ausführende Gewalt").

Das Bundesverfassungsgericht

Das Bundesverfassungsgericht steht an der Spitze der dritten Gewalt, der Judikative (= „rechtsprechende Gewalt"). Es überprüft, ob Gesetze oder das Handeln von Staatsorganen mit dem Grundgesetz vereinbar sind. Es kann z. B. Gesetze außer Kraft setzen, die gegen eines der in Artikel 1 – 19 festgelegten Grundrechte verstoßen.

Föderalismus

Die Bundesländer haben eigene Rechte (vor allem Polizei und Schulwesen), in die Bundestag und Bundesregierung nicht eingreifen dürfen.

Bestimmte Bundesgesetze bedürfen der Zustimmung des Bundesrates, der von den Länderregierungen gebildet wird.

Die „Soziale Marktwirtschaft" und ihre Folgen

„Soziale Marktwirtschaft" – so hieß (und heißt bis heute) die Wirtschaftsordnung der Bundesrepublik. Offensichtlich war es eine erfolgreiche Wirtschaftsordnung, denn mit ihrer Einführung in den 1950er-Jahren stieg der Wohlstand in Westdeutschland unerwartet schnell an. Das „Wirtschaftswunder" hatte also eine Ursache.

- **Welche Ideen und Prinzipien bestimmten das Konzept der „Sozialen Marktwirtschaft"?**

- **Wie wurden sie in die Realität umgesetzt?**

- **Welche Folgen hatte die Einführung der „Sozialen Marktwirtschaft"?**

Wir stellen historische Sachverhalte problemorientiert und adressatengerecht dar.

Präsentiert eure Ergebnisse in einer Stafettenpräsentation. Nutzt die Informationen auf dieser Doppelseite, um die Präsentation zu erarbeiten.

Stafettenpräsentation

Wie bei einem Stafettenlauf wechselt ihr euch bei der Präsentation eines Themas ab.
a) Teilt das Thema in verschiedene Abschnitte und erarbeitet sie arbeitsteilig.
b) Bereitet die Präsentation „eures" Abschnittes vor.
c) Tragt eure Abschnitte nacheinander vor.

Das Konzept der „Sozialen Marktwirtschaft"

Die Idee

Im System der „freien Marktwirtschaft" sollen sich Angebot und Nachfrage auf dem Markt frei, d. h. ohne Eingriff des Staates, entwickeln können. Freie Konkurrenz, freie Preise und freie Löhne führen danach zu hoher Produktion und steigendem Wohlstand. Die „Soziale Marktwirtschaft" basiert auf diesem System, will aber zugleich einen sozialen Ausgleich schaffen. Der Staat soll dort für soziale Gerechtigkeit sorgen, wo der freie Markt zu Härten und Ungerechtigkeiten führt.

Die fünf Prinzipien

❶ Prinzip der freien Initiative: Unternehmer, Arbeitnehmer und Konsumenten sollen frei handeln können. Auf ihrer Aktivität und ihrem Fleiß beruht der Wohlstand.
❷ Wettbewerbsprinzip: Der freie Wettbewerb in der Wirtschaft soll zu Leistung anspornen und überhöhte Preise verhindern.

❸ Sozialprinzip: Einkommensunterschiede sollen zwar Anstrengung belohnen (bzw. fehlende Leistung bestrafen), zugleich aber sollen Menschen, die nicht am Wettbewerb teilnehmen können, geschützt werden. Zum Beispiel sollen Kinder, Alte, Behinderte oder Menschen, die in Not geraten sind, vom Staat unterstützt werden.
❹ Stabilitätspolitisches Prinzip: Staatliche Wirtschaftspolitik soll drastische Fehlentwicklungen, wie Inflation oder zu hohe Arbeitslosigkeit, verhindern und eine stabile Wirtschaftsentwicklung unterstützen.
❺ Prinzip der Marktkonformität: Solche wirtschaftspolitischen Maßnahmen sollen jedoch auf keinen Fall den freien Markt – etwa durch Preisvorschriften – einschränken. Ein Beispiel: In Zeiten des Wohnungsmangels sollte der Staat die Not einkommensschwacher Familien lindern, indem er Zuschüsse für die Miete zahlte. Die Festlegung von Höchstmieten hätte jedoch dem Prinzip der Marktkonformität widersprochen und dazu geführt, dass zu wenige neue Wohnungen gebaut worden wären.

Der Wirtschaftsminister (von 1949 bis 1963) und spätere Bundeskanzler (von 1963 bis 1966) Ludwig Erhard gilt als „Vater des Wirtschaftswunders".

Die Einführung der „Sozialen Marktwirtschaft"

Die Währungsreform

Noch gegen Ende der Besatzungszeit bereitete Ludwig Erhard als Direktor der „Verwaltung für Wirtschaft des Vereinigten Wirtschaftsgebietes" eine Währungsreform (20.6.1948) vor. Bis dahin waren die Lebensmittelkarten das deutlichste Zeichen der Zwangsbewirtschaftung in den Nachkriegsjahren. Sie sollten die knappen Waren gerecht verteilen. Aber: Arbeiten lohnte sich nicht, denn bei festgelegten Niedrigpreisen konnte niemand beim Verkauf von Waren Geld verdienen. Der (illegale) Schwarzmarkt blühte.

Am 20. Juni 1948 änderte sich die Situation grundlegend. Die Westmächte verkündeten eine Währungsreform: Jeder Einwohner der Westzone erhielt 40,– DM „Kopfgeld", weitere Guthaben in alter Reichsmark wurden im Verhältnis 10:1 umgetauscht. So entstand eine stabile Währung, die eine wesentliche Grundlage für den wirtschaftlichen Aufschwung bildete.

Das „Leitsätzegesetz"

Ebenso bedeutsam war das von Ludwig Erhard zusammen mit der Währungsreform vorbereitete „Leitsätzegesetz" (7.7.1948). Es hob – in dieser Radikalität auch für die Besatzungsmächte überraschend – alle Preisfestlegungen auf.

Das „Wirtschaftswunder"

In der Erinnerung der Zeitgenossen ist die Währungsreform bis heute ein magisches Datum: Es gab wieder etwas zu kaufen, die Notzeiten waren vorbei, es ging wieder aufwärts. Welche Ursachen hatte dieses „Wunder"?

… eine Folge der Wirtschaftspolitik

Weil Hersteller und Ladenbesitzer wieder Geld verdienen konnten, lohnte es sich wieder, Konsumgüter zu produzieren und zu verkaufen. Das Konzept der „Sozialen Marktwirtschaft" belohnte Arbeit und Leistung mit materiellem Wohlstand (s. S. 214f.). Zugleich versprach es allen Bürgern Sicherheit im Notfall. Mit einem Schlag füllten sich die Schaufenster mit Waren. Wer Geld hatte, konnte nun kaufen. Der Schwarzmarkt verschwand.

… eine Folge der Weltpolitik

Auch die strategisch bedeutsame Lage der Bundesrepublik im aufkeimenden Ost-West-Konflikt half: Die USA unterstützten sie – ebenso wie die anderen westeuropäischen Staaten – mit Aufbauhilfen aus dem Marshall-Plan. Sogar der Korea-Krieg (1950–1953) hatte eine indirekte Wirkung, die als „Korea-Boom" bezeichnet wird: Weil die amerikanische Wirtschaft kriegswichtige Güter produzieren musste, sprang die westdeutsche Industrie in die Lücke ein; Exporte in alle Welt, vor allem in die USA, stiegen sprunghaft an. Im Jahr 1953 wurde die Bundesrepublik zur drittstärksten Exportnation der Welt.

Währungsreform 1948: Andrang in einer Umtauschstelle

20. Juni 1948: Die Währungsreform tritt in Kraft und entfaltet ihre Wirkung.

Die Westintegration

15.12.1954: Im Bundestag wird über die sogenannten „Pariser Verträge" gestritten. Diese Verträge bildeten den markanten Höhepunkt der sogenannten „Westintegration". Unter den Zeitgenossen und auch im Bundestag waren sie allerdings sehr umstritten.

- **Die Westintegration: Welche Argumente sprachen dafür, welche dagegen?**

Wir gestalten historische Entscheidungssituationen sachgerecht nach.

1. Gestaltet ein denkbares Streitgespräch im Dezember 1954 (z.B. auf einem Marktplatz in eurer Gemeinde) nach. Denkbare Spielrollen: Befürworter der Regierungspolitik, Anhänger der Opposition.
   Bereitet euch mit verteilten Rollen auf das Streitgespräch vor, indem ihr euch im Darstellungstext informiert und die Quellen M1 und M2 unter der Leitfrage interpretiert.

2. Reflektiert anschließend gemeinsam das Streitgespräch: Wurden alle wesentlichen Argumente richtig wiedergegeben?

Das Besatzungsstatut und die Souveränität

Nach ihrer Gründung im Jahre 1949 konnte die Bundesrepublik Deutschland keineswegs handeln wie sie wollte. Sie war nicht – so lautet der Fachbegriff – „souverän". Die Militärbefehlshaber der drei Westalliierten in Deutschland, die jetzt „Hohe Kommissare" hießen, waren nach wie vor alleine für die gesamte Außenpolitik zuständig und überwachten die Einhaltung des Grundgesetzes.

Der damalige Bundeskanzler Konrad Adenauer war bestrebt, das Besatzungsstatut langsam aber sicher abzuschütteln und der Bundesrepublik wieder zu voller Souveränität zu verhelfen. Er wusste, dass dies nur mithilfe und in enger Zusammenarbeit mit den Westmächten möglich war.

Die Westintegration: Motive und Konzept Adenauers

Adenauer betrieb deshalb aktiv und mit Erfolg die Aussöhnung mit dem ehemaligen „Erbfeind" Frankreich. Die enge Zusammenarbeit Frankreichs und der Bundesrepublik bildete den historischen Kern der europäischen Einigung, aus der später die Europäische Union wurde. Zugleich war Adenauer angetrieben von einer ständigen Angst vor der UdSSR – im damaligen Sprachgebrauch „Sowjetrussland". Er befürchtete, dass die UdSSR versu-

chen würde, ihren Einfluss auf Westeuropa und insbesondere auf die Bundesrepublik auszudehnen. Das Vorgehen der UdSSR in den osteuropäischen Staaten, in der SBZ, im Korea-Krieg, dann bei der Niederschlagung des Volksaufstandes in der DDR im Jahr 1953 schienen ihm Recht zu geben.

Vor diesem Hintergrund versuchte Adenauer, die Unterstützung der Westmächte zu sichern und die Bundesrepublik möglichst fest in den Westblock zu integrieren. Dazu gehörte auch, dass er bereit war, einen westdeutschen „Beitrag" zum militärischen Bündnis des Westens, der NATO, zu leisten.

Die „Pariser Verträge"

Im Jahr 1955 war es soweit: Die Bundesrepublik wurde in die NATO aufgenommen, verpflichtete sich zum Wiederaufbau einer Armee (der „Bundeswehr") im Rahmen der NATO und erhielt im Gegenzug die volle Souveränität.

Der Preis der Westintegration

Nur knapp zehn Jahre nach dem Ende des Zweiten Weltkrieges hatten sich die Verhältnisse komplett gewendet: Nachdem die Siegermächte damals in Deutschland jeden Militarismus ausrotten wollten, gab es nun wieder deutsche Soldaten – auf ausdrücklichen Wunsch der Westalliierten, unter deren Kontrolle sie allerdings standen.

Und: Die Westintegration besiegelte für lange Jahre die deutsche Teilung. Adenauers Hoffnung auf baldige Verhandlungen mit der UdSSR erfüllten sich nicht. Aber in einer Hinsicht hat er Recht behalten: Die deutsche Einheit war erst im Rahmen einer weltweiten und einer europäischen Einigung möglich. Die aber ergab sich erst viel später in den Jahren 1989/90.

Die Westintegration: Chronologie

1949: Ein „Besatzungsstatut" legt die Oberhoheit der Westalliierten über die deutsche Politik fest.

1951: Die Bundesrepublik, Frankreich und die Beneluxstaaten gründen die „Montanunion", die eine gemeinsame Verwaltung der Kohlevorkommen vorsieht.

1952: Ein Vertrag zur Gründung einer europäischen Verteidigungsgemeinschaft scheitert im französischen Parlament.

1952: Stalin schlägt die Gründung eines vereinigten, neutralen Deutschlands vor. Adenauer und die Westmächte halten das für einen Trick, um den Einfluss der UdSSR ausdehnen zu können.

1955: Pariser Verträge: Beitritt der Bundesrepublik zur NATO, volle Souveränität.

M1 Bundeskanzler Adenauer (CDU), 15.12.1954

Regierungserklärung zu den „Pariser Verträgen":

Eines der bedeutsamsten Ergebnisse der Pariser Konferenz, das auch die Grundlage für alle weiteren Beschlüsse über die deutsche Beteiligung an der gemeinsamen Verteidigung Europas und der atlantischen
5 Staatengruppe bildet, ist die Wiederherstellung der deutschen Souveränität im Bereiche der Bundesrepublik. Die Bundesregierung weist nachdrücklich die Behauptung zurück, dass die Spaltung Deutschlands durch die Wiederherstellung der Souveränität für ei-
10 nen Teil Deutschlands vertieft oder verhärtet werde.
Sie hat auch bei der Neuformulierung der Vertragstexte sorgfältig darauf Bedacht genommen, dass jene Elemente der Vier-Mächte-Vereinbarungen von 1945 unberührt bleiben, die die Bewahrung der staatlichen
15 Einheit Deutschlands und seine Wiedervereinigung betreffen. Nur aus diesem Grunde hat sie der Aufrechterhaltung der Verantwortlichkeit der drei Westmächte für Berlin, die Wiedervereinigung und den Friedensvertrag [...] zugestimmt. [...]
20 [Die Bundesregierung ist] nach wie vor der Überzeugung, dass jede übersteigerte Form nationalstaatlichen Souveränitätsdenkens geschichtlich überholt und verderblich wäre. Sie sieht in der wiedergewonnenen Souveränität eine erweiterte politische Selbst-
25 ständigkeit, Verantwortlichkeit und Handlungsfähigkeit, die ihr erlauben, mit größerer Wirksamkeit und Überzeugungskraft die schon bisher erstrebten Ziele zu verfolgen: die Wiedervereinigung Deutschlands und die Einigung Europas.
30 Bisher werden wichtige [...] Entscheidungen, die [Deutschland] direkt berühren, zumindest formal in Abwesenheit der Bundesregierung getroffen, da wir die volle Souveränität und Gleichberechtigung noch nicht besitzen. In Zukunft [wird] die Bundesregierung
35 [...] in der Lage sein, als Mitglied der westlichen Gemeinschaft die Rechte und Pflichten bei der Beschlussfassung [...] wie die anderen Staaten zu übernehmen.

1 Benennt die Ziele, die Adenauer mit der Westintegration und den Pariser Verträgen verfolgen will.

2 Arbeitet heraus, warum Adenauer die Verantwortung der Westalliierten für Berlin, für die Wiedervereinigung und für einen endgültigen Friedensvertrag erhalten will.

3 Stellt Vermutungen an, was Adenauer unter „übersteigerten Formen nationalstaatlichen Souveränitätsdenkens" (Z. 21f.) verstanden haben könnte und warum er sie ablehnte.

M2 Oppositionsführer Ollenhauer (SPD), 15.12.1954

Der Vorsitzende der SPD, Erich Ollenhauer, entgegnete dem Bundeskanzler in seiner Rede vor dem Bundestag:

Wir waren und wir sind der Meinung, dass [...] vor der Entscheidung über [...] Formen eines militärischen Beitrags der Bundesrepublik zunächst ein neuer ernsthafter Versuch unternommen werden sollte, in Vier-Mächte-Verhandlungen die Möglichkeiten einer be-
5 friedigenden Lösung der deutschen Frage zu prüfen. Es gibt unter den Pariser Dokumenten keine Vereinbarung über die gemeinsame Politik zur Verwirklichung des Ziels der deutschen Wiedervereinigung; im Gegenteil, in Paris ist zwar nicht schriftlich, aber tatsäch-
10 lich festgelegt worden, dass neue Verhandlungen mit der Sowjetunion über das Problem der deutschen Einheit erst nach der Ratifizierung der Verträge ins Auge gefasst werden sollen. [...] Damit ist eindeutig der Aufrüstung der Bundesrepublik der Vorrang vor der Wie-
15 dervereinigung gegeben worden.
Nun hat die Sowjetregierung in ihrer letzten Note vom 9. Dezember eindeutig erklärt, dass nach der Ratifizierung der Pariser Verträge Verhandlungen über die deutsche Wiedervereinigung gegenstandslos sein
20 werden. Sie sagt weiter, es sei ein Irrtum, anzunehmen, dass man nach der Ratifizierung mit größerer Erfolgsaussicht über die deutsche Frage verhandeln könne. [...]
Die Stellungnahme, dass man nach der Ratifizierung
25 auf Verhandlungen drängen werde und dass, wie der Herr Bundeskanzler heute morgen gemeint hat, die Sowjets dann auch zu Verhandlungen bereit sein werden, ist keine Antwort auf die jetzt gegebene Situation [...]. Wir können es vor dem deutschen Volke nicht
30 verantworten, dass wir das unbestreitbare Risiko eingehen, dass nach der Ratifizierung der Verträge Verhandlungen über die Wiedervereinigung nicht mehr möglich sind und dass wir dann vor der Tatsache eines endgültig gespaltenen Deutschlands stehen. [...]
35 (M1/M2 zit. nach: Materialien, a. a. O., S. 267f.)

1 Arbeitet heraus, welche Befürchtung Ollenhauer mit einer Unterzeichnung der Pariser Verträge verband.

2 Stellt dar, welche Rolle in seinem Gedankengang das Verhalten einerseits der Westmächte und andererseits der Sowjetunion spielte.

3 Gebt zusammenfassend wieder, welche Befürchtungen Ollenhauer mit den Pariser Verträgen verband und mit welchen Argumenten er sie ablehnte.

Politik und Alltag in der Bundesrepublik

Das „Wirtschaftswunder" im Alltag

Hier könnt ihr das legendäre „Wirtschaftswunder" der 1950er-Jahre erforschen. Und etwas darüber erfahren, was es für die Zeitgenossen bedeutete.

Das ist eure **Forschungsfrage:**

- **Wie beeinflusste das Wirtschaftswunder den Alltag der 1950er-Jahre?**

Wir thematisieren Alltagshandeln in historischer Perspektive.

1. Erstellt eine kleine Ausstellung zur Leitfrage.

2. Listet zur Vorbereitung anhand der Materialien auf, in welchen Lebensbereichen sich der Alltag der Zeitgenossen veränderte.

Urteilt aus eurer heutigen Sicht und unterscheidet zwischen positiven und negativen Aspekten.

Ergänzt eure Ausstellung um weitere anschauliche Materialien.

M1 Die wirtschaftliche Entwicklung in Zahlen

1949 Bevölkerung 49 Mio.	1969 Bevölkerung 60 Mio.
Arbeitslose 1 263 000	190 000 Arbeitslose
Monatsverdienste (Industriearbeiter) DM 266	Monatsverdienste (Industriearbeiter) DM 1080
Wohnungen in Mio. 10	Wohnungen in Mio. 21
Pkw auf 100 Einwohner 1	Pkw auf 100 Einwohner 19
Privates Geldvermögen in Mrd. DM 20	Privates Geldvermögen in Mrd. DM 335

M2 Neues Luxusgut: Kühlschrank mit Inhalt

Eine Fotografie aus den 1950er-Jahren – von Zeitgenossen im Nachhinein kommentiert:

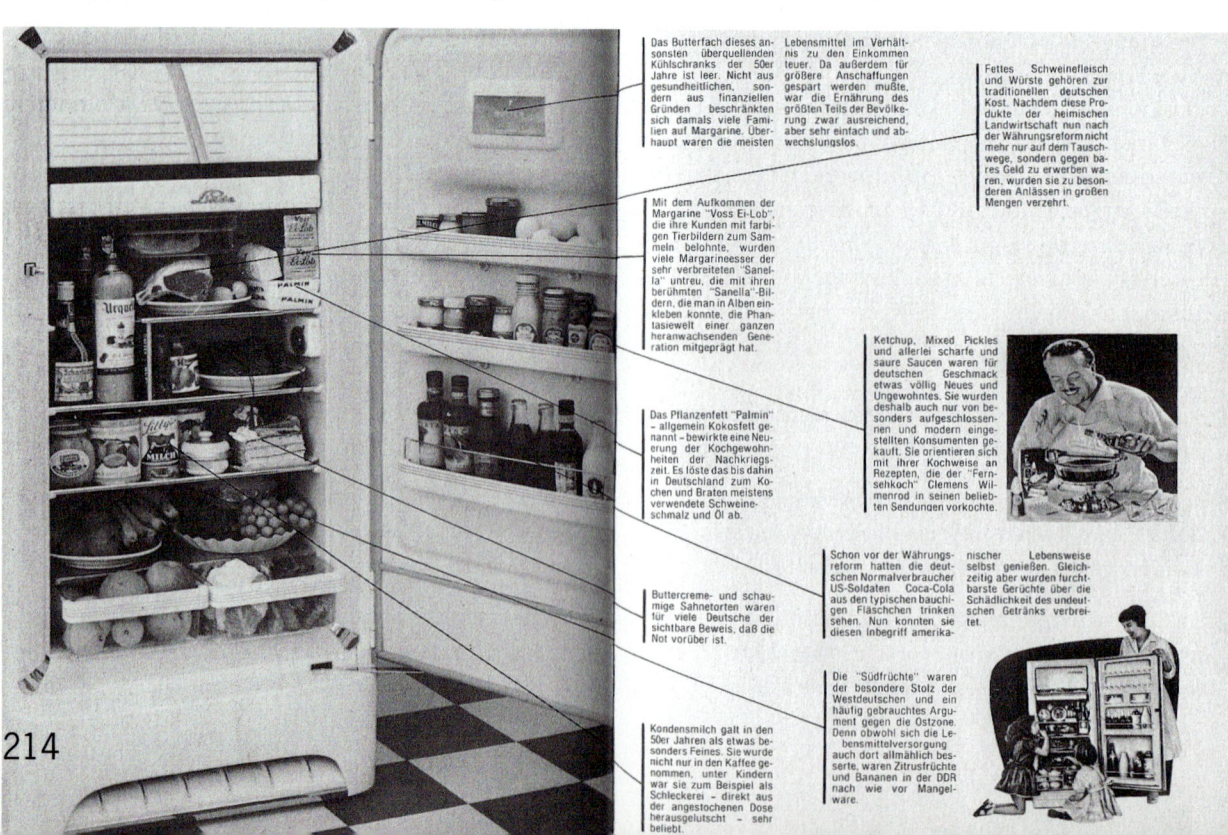

Das Butterfach dieses ansonsten überquellenden Kühlschranks der 50er Jahre ist leer. Nicht aus gesundheitlichen, sondern aus finanziellen Gründen beschränkten sich damals viele Familien auf Margarine. Überhaupt waren die meisten Lebensmittel im Verhältnis zu den Einkommen teuer. Da außerdem für größere Anschaffungen gespart werden mußte, war die Ernährung der größten Teils der Bevölkerung zwar ausreichend, aber sehr einfach und abwechslungslos.

Fettes Schweinefleisch und Würste gehören zur traditionellen deutschen Kost. Nachdem diese Produkte der heimischen Landwirtschaft nun nach der Währungsreform nicht mehr nur auf dem Tauschwege, sondern gegen bares Geld zu erwerben waren, wurden sie zu besonderen Anlässen in großen Mengen verzehrt.

Mit dem Aufkommen der Margarine „Voss Ei-Lob", die ihre Kunden mit farbigen Tierbildern zum Sammeln belohnte, wurden viele Margarineesser der sehr verbreiteten „Sanella" untreu, die mit ihren berühmten „Sanella"-Bildern, die man in Alben einkleben konnte, die Phantasiewelt einer ganzen heranwachsenden Generation mitgeprägt hat.

Das Pflanzenfett „Palmin" – allgemein Kokosfett genannt – bewirkte eine Neuerung der Kochgewohnheiten der Nachkriegszeit. Es löste das bis dahin in Deutschland zum Kochen und Braten meistens verwendete Schweineschmalz und Öl ab.

Ketchup, Mixed Pickles und allerlei scharfe und saure Saucen waren für deutschen Geschmack etwas völlig Neues und Ungewohntes. Sie wurden deshalb auch nur von besonders aufgeschlossenen und modern eingestellten Konsumenten gekauft. Sie orientierten sich mit ihrer Kochweise an Rezepten, die der „Fernsehkoch" Clemens Wilmenrod in seinen beliebten Sendungen vorkochte.

Buttercreme- und schaumige Sahnetorten waren für viele Deutsche der sichtbare Beweis, daß die Not vorüber ist.

Schon vor der Währungsreform hatten die deutschen Normalverbraucher US-Soldaten Coca-Cola aus den typischen bauchigen Fläschchen trinken sehen. Nun konnten sie diesen Inbegriff amerikanischer Lebensweise selbst genießen. Gleichzeitig aber wurden furchtbarste Gerüchte über die Schädlichkeit des undeutschen Getränks verbreitet.

Kondensmilch galt in den 50er Jahren als etwas besonders Feines. Sie wurde nicht nur in den Kaffee genommen, unter Kindern war sie zum Beispiel als Schleckerei – direkt aus der angestochenen Dose herausgelutscht – sehr beliebt.

Die „Südfrüchte" waren der besondere Stolz der Westdeutschen und ein häufig gebrauchtes Argument gegen die Ostzone. Denn obwohl sich die Lebensmittelversorgung auch dort allmählich besserte, waren Zitrusfrüchte und Bananen in der DDR nach wie vor Mangelware.

M3 Das neue Auto – mehr als ein Fahrzeug?

Aus einer zeitgenössischen Illustrierten

Wir haben es geschafft: Das neue Auto steht vor der Tür. Alle Nachbarn liegen im Fenster und können sehen, wie wir für eine kleine Wochenendfahrt rüsten. Jawohl, wir leisten uns etwas, wir wollen etwas haben vom Leben; dafür arbeiten wir schließlich alle beide, mein Mann im Werk und ich als Sekretärin […].

M4 Rollenbilder – neu oder alt?

Aus einer zeitgenössischen Frauenzeitschrift

Ja, das lässt man sich gern gefallen! So eine reizende Sekretärin hat er noch nie gehabt: Sie nimmt sich seiner wirklich an! Wohl ihm, wenn das aus hilfsbereitem, mütterlichem Wesen kommt, aus Mitleid mit dem eingefleischten Junggesellen – weh ihm, wenn die Dame ebenso reizend wie berechnend ist, wenn die beiden nicht einander finden, sondern wenn er

von ihr kaltherzig gegängelt wird, wenn sie ihn, wie der populäre, unbarmherzige Ausdruck erschöpfend sagt, „fertigmacht". Dann wird sie sich nicht damit zufrieden geben, dass er mit ihr auf dem Standesamt erscheint. Dann wird das Nächste sein, dass sie einen schnelleren Wagen haben möchte und natürlich einen kostbaren Nerzmantel. Dann kommt die Reise nach Mallorca. Dann – dann – dann – ja, wie es dann weitergeht, kann er in dem alten Märchen vom armen Fischer und seiner erbarmungslos verlangenden Frau nachlesen.

(M2–M4 aus: Nikolaus Jungwirth/Gerhard Kromschröder, Die Pubertät der Republik, Reinbek (Rowohlt) 1983, S. 116 f., 122, 134)

M5 Ein Zeitgenosse beschreibt rückblickend die Wirtschaftswunderjahre

Die außenpolitische Isolierung, in der die Bundesrepublik lebte, hat die Wirtschaftswundermentalität mitgeprägt. Die hässlichen Deutschen, mit denen im Ausland niemand etwas zu tun haben wollte, verkrochen sich hinter ihre Grenzen und stürzten sich auf das, was ihnen noch geblieben war: die Wirtschaft. Verdrängung der Vergangenheit ins Wirtschaftliche – wer wollte es einem Dreißigjährigen, der seine Jugend im Uniformrock und anschließend in Gefangenschaft verbracht hatte, verübeln, wenn er nur noch friedlich arbeiten, eine Existenz aufbauen, vielleicht ein Haus errichten wollte? Viele der sogenannten höheren Werte – Freiheit, Vaterland, Ehre, Treue, Glauben – hatten in ihrer pervertierten Ausprägung gerade auf furchtbare Weise Schiffbruch erlitten. Die Antwort der Betrogenen war eine natürliche Skepsis. […]
Eines fand in der Wirtschaftswunderzeit sicherlich nicht ausreichend statt, die Bewältigung der Vergangenheit. Die Vermutung die (West-)Deutschen seien vor ihrer Vergangenheit ins Wirtschaftswunder geflohen, wollten das schlechte Gewissen mit Wirtschaftserfolgen betäuben, ist nicht ganz unbegründet.
Man musste nicht unbedingt schuldig geworden sein, um den Wunsch zu verspüren, in die Idylle von Eigenheimbau und Schrebergarten heimzukehren. Übrigens waren die Deutschen ja nicht nur Täter, sondern auch Opfer der Schreckensjahre. Auch als Opfer verdrängten sie ihre Erlebnisse mit der Flucht ins Wirtschaftswunder. Es war schon ein Segen, dass das Trauma der Bombennächte, der Flucht und der Vergewaltigungen sich in harter Arbeit am eigenen Häuschen auflösen ließ.

(Arno Surminski, Aufbruch ins Wunder, 1983)

1961 – Die Mauer

Im Morgengrauen des 13. August 1961 begann die DDR mit dem Bau der Berliner Mauer – seither Symbol der deutschen Teilung und bis 1989 alltägliche Realität.

- **Was geschah am 13. August 1961?**

- **Welche Ursachen, welche Folgen hatte der Bau der Berliner Mauer?**

Wir ordnen ein Ereignis in seine historischen Zusammenhänge ein.

1. Findet anhand der Informationen auf dieser Doppelseite Antworten auf die beiden Leitfragen.

2. Präsentiert eure Ergebnisse in einem Expertengespräch:
   - Ich bin Experte für die offizielle Begründung und die tatsächlichen Motive der DDR-Regierung.
   - Ich bin Experte für die Reaktion des Westens.
   - Ich bin Experte für die konkreten Folgen.

Berlin, 13. August 1961 – Eine Chronik

1 Uhr: An mehreren Sektorenübergängen verweigern ostdeutsche Volkspolizisten Ostberlinern den Übergang in die Westsektoren.

2 Uhr: Die Westberliner Polizei erhält erste Meldungen über die Absperrung des Ost-Sektors.

2 Uhr 15: An der Friedrich-Ebert-Straße wird das Straßenpflaster aufgerissen, Maschinengewehre werden in Stellung gebracht.

3 Uhr: Am Potsdamer Platz und Unter den Linden fahren Panzer auf.

3 Uhr 30: Entlang der gesamten Sektorengrenze werden Straßensperren und Stacheldrahtverhaue errichtet.

4 Uhr 30: Der Stacheldrahtverhau trennt die Sektoren fast vollständig. Hier und da durchbrechen Flüchtlinge an unübersichtlichen Stellen noch die Grenze. Der U-Bahn-Verkehr nach Ostberlin ist unterbrochen, die Ostberliner Bahnhöfe sind geschlossen.

8 Uhr: Berliner aus Ost und West stehen sich – getrennt durch Stacheldraht und Maschinengewehre – fassungslos gegenüber. Die Sektoren sind vollständig getrennt.

Der Bau der Mauer (Ausschnitt aus einem Pressefoto, 1961)

Das Brandenburger Tor hinter Stacheldraht (Foto von 1962)

Der Bau der Mauer – Motive und Hintergründe

Rechtfertigung und Ursache

Im Radio der DDR hörte sich der Bau der Mauer am 14. August 1961 so an: „Seit gestern wird eine Kontrolle und Bewachung unserer Grenzen durchgeführt, wie sie an den Grenzen jedes souveränen Staates üblich ist."

Offiziell begründete die Regierung der DDR den Bau der „gesicherten Grenzanlagen" mit der Notwendigkeit, die feindliche Tätigkeit westlicher Agenten in der DDR zu unterbinden. Erst viele Jahre später gab die DDR-Regierung das wahre Motiv des Mauerbaus zu: Die Zahl der „Republikflüchtlinge" nahm dramatisch zu. Vor allem gut ausgebildete und junge Menschen verließen die DDR. Denn dort wuchs die Not, sogar Grundnahrungsmittel waren knapp. Im Westen waren Lebensstandard und Löhne wesentlich höher. Der Bau der Mauer sollte das Schlupfloch in den Westen endgültig und wirksam verstopfen (s. S. 238 f.).

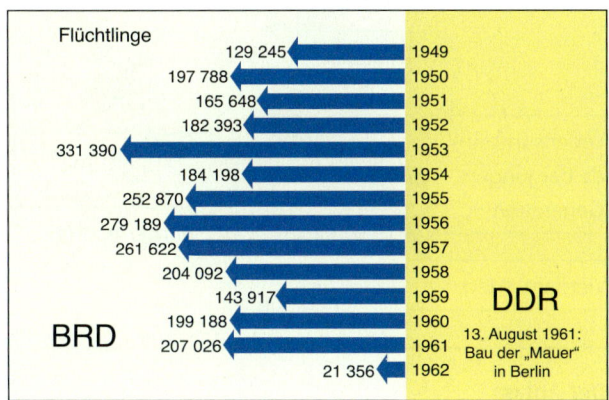

Flüchtlingszahlen 1949 – 1962

Berlin – eine Frontstadt

Zur Zeit des Mauerbaus waren die beiden deutschen Staaten bereits fest in die beiden feindlichen Machtblöcke integriert. Die Bundesrepublik war seit dem 5.5.1955 Mitglied der NATO und die DDR seit dem 28.1.1956 Mitglied des Warschauer Paktes. Die Front des Kalten Krieges verlief mitten durch Deutschland und Berlin.

Testfall der Weltpolitik

Knapp einen Monat vor dem Mauerbau – am 25. Juli 1961 – hatte der amerikanische Präsident John F. Kennedy in einer Fernsehansprache die drei Grundpfeiler der amerikanischen Berlinpolitik dargestellt:
① Stationierung westlicher Truppen in den Westsektoren.
② Freier, ungehinderter Zugang für sie.
③ Erhaltung der Lebensfähigkeit Westberlins.

Entscheidend war, dass Kennedy diese Grundsätze nur auf Westberlin bezogen hatte. Damit hatte er indirekt Ostberlin als Herrschaftsgebiet der Sowjetunion anerkannt. Damit war der Weg frei für die DDR-Regierung, auf dem Grenzgebiet des sowjetischen Sektors Maßnahmen zu ergreifen und die für ihr Ansehen so schädliche Abwanderung der Bevölkerung zu stoppen.

Der Bürgermeister von Berlin, Willy Brandt, schickte einen energischen Brief an den amerikanischen Präsidenten, in dem er um Hilfe bat. Der Protest der Westmächte fiel jedoch sehr gemäßigt aus. Der amerikanische Außenminister Rusk erklärte, dass sich der Bau der Mauer im sowjetischen Machtbereich abgespielt habe und die USA deshalb nicht eingreifen könnten. Die Supermächte hatten begonnen, ihre jeweiligen Einflusssphären, den „Status quo", zu respektieren. Niemand hatte Interesse daran, durch unklare Verhältnisse und Unruhe in Berlin an den Rand eines neuen Weltkrieges zu geraten.

Was blieb?

Gesamtberlin gab es nicht mehr, die Stadt war geteilt. Ostberlin wurde Hauptstadt der DDR. Westberlin war noch mehr auf die militärische Sicherung durch die Westmächte und auf finanzielle Hilfe aus der Bundesrepublik angewiesen. Die Transportwege und Reisemöglichkeiten zwischen der Bundesrepublik und Westberlin blieben gefährdet und Gegenstand von Schikanen, Auseinandersetzungen und Verhandlungen.

Die Mauer wurde weiter ausgebaut. Mit der Zeit gewöhnten sich die Menschen an das absurde Bauwerk. Vom Westen her wurde es bemalt und mit Sprüchen oder Gedenkzeichen versehen. Vom Osten konnte man die Mauer kaum zu Gesicht bekommen: Die nach Westen gehenden Fenster nahe liegender Gebäude waren zugemauert, die Grenzanlagen waren militärisches Sperrgebiet.

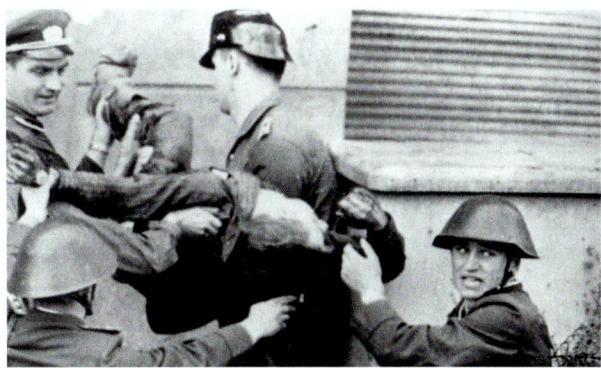

17.8.1962: Der 18-jährige Peter Fechter bleibt – von einem Grenzsoldaten angeschossen – schwer verletzt im Niemandsland zwischen Mauer und Stacheldraht eine Stunde ohne jede Hilfe liegen und verblutet, bevor DDR-Grenzsoldaten ihn abtransportieren.

1968 – Protest!

Das Jahr 1968 markiert das endgültige Ende der Nachkriegsgesellschaft. In diesem Jahr überrollte eine Protestwelle das Land. Getragen wurde sie von der „Außerparlamentarischen Opposition", der sogenannten „APO".

Die APO war für die Zeitgenossen in vielerlei Hinsicht etwas ganz Neues, Verstörendes und Provozierendes. Denn: Die jungen Leute von der APO stellten die Generation ihrer Eltern mitsamt ihrer Lebensweise radikal infrage.

- **Wogegen richtete sich der Protest der APO, welche Ziele verfolgte er?**

- **Welche Wurzeln und welche Folgen hatte dieser Protest?**

Wir visualisieren die Informationen des Infotextes in einer Baumgrafik.

Eine Baumgrafik …

… eignet sich zur anschaulichen Darstellung der Wurzeln, des Verlaufs und der Folgen eines historischen Ereignisses.

1. Bearbeitet den Infotext in Kleingruppen und entwerft eine Baumgrafik, in der ihr seine wesentlichen Inhalte visualisiert.

2. Übertragt eure Grafik auf ein Lernplakat oder eine Folie und stellt sie der Klasse vor.

Langfristige Wirkungen:

Frauenbewegung

Verlauf/Ereignisse:

Ziele:

Aktionen/Protestformen:

Akteure:

Anlass:

Lebensumstände der jungen Generation

„Hippiekultur"

Kritik an der Elterngeneration

Bürgerrechtsbewegung in den USA

Vietnam-Krieg

Der Ursprung

Begonnen hatte die Protestbewegung an den Universitäten mit dem Kampf um bessere Studienbedingungen. Bald kritisierten die Studenten aber nicht nur das völlig veraltete Bildungssystem, sondern die westdeutsche Gesellschaft insgesamt. Sie organisierten sich in studentischen Verbänden wie dem „Sozialistischen Deutschen Studentenbund" (SDS).

Diese Generation von Studenten hatte den Krieg und die Not der unmittelbaren Nachkriegszeit nicht mehr miterlebt. Sie waren vom Wirtschaftswunder geprägt. Deutlicher als Ältere empfanden sie, dass die grundlegenden Werte der Elterngeneration – wie Wohlstand und Sicherheit – als Grundlage für ein sinnerfülltes Leben nicht ausreichten. An ihren Eltern kritisierten sie vor allem die Verdrängung und Leugnung der in der Zeit des Nationalsozialismus begangenen Verbrechen.

Für viele Studenten war der Protest ein Kampf für ihre persönliche Freiheit und gegen die in ihren Augen unglaubwürdige Autorität der älteren Generation.

Der Anlass

Der Protest weitete sich aus, als die „Große Koalition" in Bonn die sogenannten „Notstandsgesetze" einführen wollte. Sie sollten im Falle eines Krieges oder politischer Unruhen die Einschränkung von Grundrechten, wie des Brief-, Post- und Fernmeldegeheimnisses, erlauben.

Weil in Bonn die „Große Koalition" aus CDU und SPD regierte, fehlte im Bundestag eine wirksame Opposition, die gegen diese Pläne hätte protestieren können.

Diese Aufgabe übernahm die Studentenbewegung. Sie protestierte nicht im Parlament, sondern auf der Straße. Die „Außerparlamentarische Opposition" (APO) entstand.

Wichtige Einflüsse

Die Protestbewegung in der Bundesrepublik war nicht allein. Sie entstand zeitgleich mit der amerikanischen Bürgerrechtsbewegung gegen die Diskriminierung der Farbigen und dem Protest gegen den Vietnam-Krieg in Amerika.

Von großer Bedeutung war auch die neue Jugendkultur der „Hippies", die sich in der ganzen westlichen Welt ausbreitete. Musiker wie die Beatles oder die Rolling Stones waren die Vorbilder eines neuen Lebensgefühls. Es stellte Friedlichkeit, sexuelle Freizügigkeit und die Ablehnung kommerziellen Konsums in den Mittelpunkt.

Ziele und Themen

Die Anhänger der APO vertraten im Einzelnen oft unterschiedliche Ansichten. Alle interessierten sich jedoch für Theorien, mit denen man die Welt verändern konnte.

In ihren Augen war der Kapitalismus die eigentliche Ursache der vielen Missstände, gegen die sich ihr Protest richtete: der Vietnam-Krieg der USA, die Ausbeutung der „Dritten Welt", die Unterstützung von Diktaturen, die Benachteiligung von Frauen, der „Konsumterror" und die einseitige, „verdummende" Berichterstattung in den Medien.

Viele Anhänger der APO probierten neue Formen des Zusammenlebens im Alltag aus. Sie lebten in Wohngemeinschaften. Ihre Kinder erzogen sie bewusst ohne die – bis dahin noch oft übliche – Gewalt. Auch die Benachteiligung von Frauen im Beruf und in der „bürgerlichen" Familie wurde thematisiert.

Der Protest eskaliert

Ursprünglich verlief der Protest der APO in ungewöhnlichen, aber friedlichen Bahnen. Boykottaufrufe, „Sit-Ins" (Sitzblockaden), „Teach-Ins" (Diskussionsveranstaltungen) und Straßendemonstrationen erregten viel Aufmerksamkeit.

Die Situation eskalierte am 2. Juni 1967. An diesem Tag protestierte die APO in Westberlin gegen den Besuch des Schahs von Persien (heute: Iran) und sein diktatorisches Regime. Mit Schlagstöcken bewaffnete Anhänger des Schahs provozierten die Demonstranten und die Situation geriet außer Kontrolle. Die unvorbereitete und überforderte Polizei erschoss den Studenten Benno Ohnesorg.

Als dann im April 1968 einer der Wortführer der APO, Rudi Dutschke, von einem jugendlichen Rechtsradikalen angeschossen und schwer verletzt wurde, kam es Ostern 1968 zu massiven Unruhen in allen Großstädten der Bundesrepublik.

Die APO zerfällt

Die bis dahin unbekannten Gewalttätigkeiten riefen allgemeines Entsetzen unter Gegnern und Anhängern der APO hervor. An der Frage, ob Gewalt ein gerechtfertigtes Mittel der politischen Auseinandersetzung sein könne, zerbrach die APO schließlich im Verlauf des Jahres 1969.

Deutlicher traten jetzt auch die unterschiedlichen Ansichten und Ziele ihrer Anhänger hervor. Sie gingen von nun an unterschiedliche Wege.

Töchter der APO

Viele Anhänger der APO begannen, sich in den Parteien und anderen gesellschaftlichen Organisationen, wie Kirchen und Gewerkschaften, zu engagieren.

Andere gründeten neue Bewegungen und Organisationen. Neben verschiedenen studentischen Splittergruppen waren dies vor allem die Frauenbewegung, die Umweltbewegung, die Friedensbewegung und die Dritte-Welt-Bewegung. Mitglieder dieser Bewegungen gründeten später (1980) die Partei „Die Grünen".

Eine kleine Minderheit entschloss sich für den Weg in den Terrorismus (s. S. 224 ff.).

Die Folgen

Heute sind sich die Historiker darin einig, dass die Proteste auf studentische und bürgerliche Schichten begrenzt blieben, aber dennoch weitreichende Folgen hatten.

Diese Folgen werden jedoch bis heute unterschiedlich bewertet. Einige Historiker betonen den begrenzten Charakter der APO als bürgerlichen Jugendprotest. Andere kritisieren den Bruch des Gewalttabus und ziehen eine direkte Linie zu dem späteren Terrorismus der RAF.

Eine Mehrheit der Historiker hebt jedoch die langfristig bedeutsame Wirkung der Proteste auf das Bewusstsein und die politische Kultur der Westdeutschen hervor: Sie stellten die allzu selbstzufriedene Nachkriegsgesellschaft und ihre moralischen Grundlagen infrage. Sie bereiteten Reformen und Modernisierungen in allen gesellschaftlichen Bereichen vor und förderten Liberalität, Offenheit und kritisches Bewusstsein im alltäglichen Leben der Bundesrepublik.

Rudi Dutschke am Rednerpult während des internationalen Vietnam-Kongresses in Berlin am 18.2.1968

Normalisierung oder Verrat? Der Streit um die „Ostpolitik"

7.12.1970: Bundeskanzler Willy Brandt kniet vor dem Mahnmal für die Opfer des Aufstandes im ehemaligen Warschauer Getto. Das Foto ging um die Welt – auch als Symbol der sogenannten „neuen Ostpolitik". Für diese Politik erhielt Willy Brandt als erster Deutscher nach dem Zweiten Weltkrieg den Friedensnobelpreis. Aber sie war im Bundestag und in der deutschen Öffentlichkeit sehr umstritten.

- Welche Positionen standen sich im Streit um die „neue Ostpolitik" gegenüber?

- Welche Argumente wurden auf beiden Seiten vorgetragen?

Wir gestalten eine historische Entscheidungssituation sachgerecht und adressatengerecht nach.

1. Gestaltet eine denkbare Podiumsdiskussion in eurer Gemeinde im Jahr 1970 als historische Spielszene. Spielrollen: Moderator (leitet das Gespräch), Experte (führt in das Thema ein), Vertreter der Regierung und Vertreter der Opposition (diskutieren miteinander).

Podiumsdiskussion
Experten und Vertreter verschiedener Meinungen diskutieren vor einem Publikum.
a) Bereitet euch arbeitsteilig auf eine dieser Rollen vor.
b) Wählt (z. B. durch Los) die Teilnehmer aus und führt die Podiumsdiskussion vor der Klasse durch.
c) Reflektiert anschließend den Verlauf der Podiumsdiskussion: Wurden alle wesentlichen Argumente und Sachverhalte richtig wiedergegeben?

2. Bereitet euch auf die Podiumsdiskussion vor, indem ihr euch anhand des Darstellungstextes über die „neue Ostpolitik" informiert und die Quellen M1–M3 unter den beiden Leitfragen interpretiert.

Willy Brandt vor dem Mahnmal im ehemaligen Warschauer Getto (7. 12. 1970)

Die Vorgeschichte
Der außenpolitische Schwerpunkt der bisherigen CDU-geführten Bundesregierungen war die Westintegration. Kontakte mit den osteuropäischen Regierungen wurden möglichst vermieden, um ihren Charakter als Unrechtsregime zu betonen.

Nach der Kuba-Krise (s. S. 188 f.) mehrten sich in der westlichen Welt die Stimmen, die auf eine Verbesserung der Ost-West Beziehungen drängten. Das ungelöste Deutschland-Problem blockierte jetzt eher die amerikanischen Bemühungen um eine Entspannung im Kalten Krieg. Nach den Bundestagswahlen des Jahres 1969 und der Bildung der sozialliberalen Koalition (SPD und FDP) setzte auch in der Bundesrepublik ein politischer Wandel ein.

Die „neue Ostpolitik" und die Diskussion darum
Die neue Regierung verfolgte das Ziel, die Konfrontation mit der DDR und anderen Ostblockstaaten durch Verträge zu entspannen. Nach zähen Verhandlungen wurden Verträge mit der Sowjetunion, Polen und der DDR abgeschlossen. Die Ratifizierung der Ostverträge führte Ende 1971 zu einer leidenschaftlichen Debatte im Bundestag und schließlich zu einem konstruktiven Misstrauensvotum der oppositionellen CDU gegen die Regierung, das nur knapp scheiterte. Aus den anschließenden vorgezogenen Neuwahlen zum Bundestag am 19.11.1972 ging die SPD als Wahlsieger hervor.

Die Verträge
→ „Moskauer Vertrag" mit der Sowjetunion (7.12.1970): Anerkennung der bestehenden Grenzen in Europa.
→ „Warschauer Vertrag" mit Polen (7.12.1970): Anerkennung der Oder-Neiße Linie als Westgrenze Polens.
→ Viermächteabkommen über Berlin (3.9.1971): Anerkennung der Präsenz der Westmächte in Westberlin durch die Sowjetunion, Garantie der Verbindungen zwischen Westberlin und der BRD.
→ Transitabkommen mit der DDR (17.12.1971): Vereinfachung und Erleichterung des Transitverkehrs zwischen Westberlin und der Bundesrepublik.
→ „Grundlagenvertrag" mit der DDR (21.12.1972): Anerkennung der DDR als gleichberechtigter und souveräner Staat ohne völkerrechtliche Anerkennung als Ausland.

M1 Das Konzept der Regierung

Der SPD-Politiker Egon Bahr gilt als Architekt der „neuen Ostpolitik". Er skizzierte schon 1963 seine Grundideen:

Die Voraussetzungen zur Wiedervereinigung sind nur mit der Sowjetunion zu schaffen. Die Wiedervereinigung ist ein außenpolitisches Problem. [...]

Die amerikanische Strategie des Friedens lässt sich
5 durch die Formel definieren, dass die kommunistische Herrschaft nicht beseitigt, sondern verändert werden soll. Die Änderung des Ost-West-Verhältnisses [...] dient der Überwindung des Status quo, indem der Status quo zunächst nicht verändert werden soll. Das
10 klingt paradox, aber es eröffnet Aussichten, nachdem die bisherige Politik des Drucks und Gegendrucks zu einer Erstarrung des Status quo geführt hat. [...] Wenn es richtig ist, [...] dass man auch die Interessen der anderen Seite anerkennen und berücksichtigen
15 müsse, so ist es sicher für die Sowjetunion unmöglich, sich die Zone zum Zwecke der Stärkung des westlichen Potenzials entreißen zu lassen. Die Zone muss mit Zustimmung der Sowjets transformiert werden. [...] Das ist eine Politik, die man auf die Formel brin-
20 gen könnte: Wandel durch Annäherung.

(Zit. nach: Heinrich von Siegler, Dokumentation zur Deutschlandfrage Hauptband 3, Bonn (Siegler-Verlag) 1966, S. 256 ff.)

Die Diskussion

M2 Die Position der Regierung

Der damalige Bundeskanzler Willy Brandt erklärte vor dem Deutschen Bundestag am 28.10.1969:

Diese Regierung geht davon aus, dass die Fragen, die sich für das deutsche Volk aus dem Zweiten Weltkrieg und aus dem nationalen Verrat durch das Hitlerregime ergeben haben, abschließend nur in einer euro-
5 päischen Friedensregelung beantwortet werden können. Niemand kann uns jedoch ausreden, dass wir Deutschen ein Selbstbestimmungsrecht haben, wie alle anderen Völker auch.
Aufgabe der praktischen Politik [...] ist es, die Einheit
10 der Nation dadurch zu wahren, dass das Verhältnis zwischen den Teilen Deutschlands aus der gegenwärtigen Verkrampfung gelöst wird [...]. 20 Jahre nach Gründung der Bundesrepublik Deutschland und der DDR müssen wir ein weiteres Auseinanderleben der
15 deutschen Nation verhindern, also versuchen, über ein geregeltes Nebeneinander zu einem Miteinander zu kommen. Dies ist nicht nur ein deutsches Interes-
se, denn es hat seine Bedeutung auch für den Frieden in Europa und für das Ost-West-Verhältnis.
Die Bundesregierung [...] bietet dem Ministerrat der 20 DDR [...] Verhandlungen [...] an, die zu vertraglich geregelter Zusammenarbeit führen sollen. Eine völkerrechtliche Anerkennung der DDR durch die Bundesregierung kann nicht in Betracht kommen. Auch wenn zwei Staaten in Deutschland existieren, sind sie 25 doch füreinander nicht Ausland; ihre Beziehungen zueinander können nur besonderer Art sein.

(Bulletin des Presse- und Informationsamtes der Bundesregierung, Nr. 132, 29.10.1969, S. 1121 ff.)

M3 Die Position der Opposition

In einer Rede vor dem Deutschen Bundestag erklärte der Oppositionspolitiker und CSU-Abgeordnete Freiherr von und zu Guttenberg am 27. Mai 1970:

Ich will die Sache, die hier auf dem Spiele steht, um deretwillen wir schwerste Sorge haben, [...] gleich beim Namen nennen. Die Sache ist nicht mehr und nicht weniger als das Recht der Deutschen – aller Deutschen –, frei zu sein und über sich selbst zu be- 5 stimmen. Dies war, dies ist und dies wird bleiben der feste unveränderliche Kern und Auftrag aller deutschen Politik.
Ich sage hier für meine Freunde und für mich mit allem Nachdruck, mit allem Ernst und leider auch mit 10 der heute nötigen Sorge: Wir, die CDU/CSU, sind nicht bereit, sogenannte Realitäten zu achten, zu respektieren oder gar anzuerkennen, die den Namen „Unrecht" tragen. [...]
Was aber wäre denn die unausweichliche Konsequenz 15 eines solchen Scheinfriedens auf der Basis einer sanktionierten Teilung Deutschlands und Europas? Die erste Konsequenz wäre die, dass viele, allzu viele in Amerika sagen würden, nun sei das entscheidende Problem in Europa gelöst; wozu also noch amerika- 20 nische Truppen in Europa? Die zweite Konsequenz wäre die, dass die Sowjetunion in der wichtigsten und zentralen Auseinandersetzung in Europa über den Westen einen entscheidenden politischen Sieg errungen hätte und dass der Wind dann in Europa zu- 25 gunsten der Sowjetunion drehen würde. [...]
Dieser Kurs [der Regierung] wird dazu führen, dass eines Tages der Schutz der NATO zerbröckelt und die Sowjetunion die Herrschaft über ganz Europa gewinnen kann. 30

(Verhandlungen des deutschen Bundestages, Stenographische Berichte, Bd. 72, S. 2693 ff.)

Typisch Frau? Frauenbilder in der Geschichte der Bundesrepublik

M1 Titelseiten von Illustrierten (1959, 1952, 1971)

Die Titelseiten von Illustrierten sind – als historische Quellen – sehr gut geeignet, wenn man die Alltagsvorstellungen und Rollenbilder der Menschen in der Geschichte erforschen will. Hier geht es um die Frauenbilder in der Geschichte der Bundesrepublik Deutschland – und darum, was sie heute noch mit uns zu tun haben.
(Frauen in der DDR: s. S. 242f.)

- Wie wandelte sich das vorherrschende Frauenbild in der Geschichte der Bundesrepublik?

- Welche Themen beschäftigten die „Neue Frauenbewegung"?

- Welche Bedeutung haben sie heute für uns?

Wir beschreiben Zusammenhänge zwischen der Frauenbewegung in der „alten" Bundesrepublik und der Gegenwart.

1. Erstellt eine kleine Ausstellung zur ersten Leitfrage mit den Titelbildern aus M1. Ergänzt sie durch ein aussagekräftiges Titelbild aus unserer Gegenwart. Fügt Texte hinzu, die eure Gedanken zum jeweiligen Frauenbild zum Ausdruck bringen.

2. Erstellt anhand des Darstellungstextes eine Liste der Themen und Strategien der „Neuen Frauenbewegung" der 1970er-Jahre.

3. Analysiert zur dritten Leitfrage die Texte M2 und M3. Bezieht zu den dort geäußerten Positionen aus eurer Sicht kritisch Stellung.

Das Grundgesetz

In Artikel 3 des Grundgesetzes hieß es: „Frauen und Männer sind gleichberechtigt." Dieser Satz war vor allem den drei Frauen im „Parlamentarischen Rat" zu verdanken. Aber auch viele Männer konnten ihm zustimmen.
In den ersten Nachkriegsjahren hatten die Frauen die Hauptlast des Wiederaufbaus getragen. Mit dem Wirtschaftswunder wurden sie jedoch in das traditionelle Rollenbild als Hausfrau und Mutter zurückgedrängt.

Neue Zeiten – alte Unfreiheit

„Neue Frauenbewegung" – so nannten sich die Frauen, die mit Beginn der 1970er-Jahre der Frauenemanzipation neuen Schwung gaben. Ihr Ziel – die Gleichberechtigung – war nicht neu, sondern Jahrhunderte alt. Aber Frauen waren nach Ansicht der „Neuen Frauenbewegung" noch immer in praktisch allen Lebensbereichen benachteiligt – trotz der bereits erkämpften Fortschritte.
Die Entwicklung der „Anti-Baby-Pille" und die sogenannte „sexuelle Revolution" hatten zu einer freieren Sexualmoral geführt. Den ungezwungeneren Umgang mit Liebe, Lust und Leidenschaft empfanden viele Frauen als Befreiung. Gleichzeitig führte er aber auch zur Vermarktung des weiblichen Körpers in der Werbung. Frauen mussten sich gegen den Eindruck wehren, ihr Körper und ihre Sexualität seien nur noch Objekt männlicher Wunschvorstellungen. Die Erfahrung, dass das Leben von Frauen trotz allen gesellschaftlichen Wandels immer wieder von männlichen Erwartungen und Rollenbildern bestimmt war, bildete den Ausgangspunkt des Versuchs

der neuen Frauenbewegung, die Stärke und Identität von Frauen wiederzuentdecken und sich gegen die Fremdbestimmung durch Männer zu wehren.

Die „Neue Frauenbewegung"

Sie entstand zu Beginn der 1970er-Jahre aus der Studentenbewegung. Ihre Vertreterinnen waren der Ansicht, dass die patriarchalische (d. h. von Männern beherrschte) Gesellschaft Frauen nicht nur im öffentlichen, sondern auch im privaten Leben unterdrückte.

Die Frauenbewegung forderte deshalb nicht nur bessere Ausbildungs- und Berufschancen, sondern prangerte auch „private" Unterdrückungsmechanismen wie die Festlegung auf die Rolle als Hausfrau und Mutter sowie die alltägliche Gewalt gegen Frauen an.

Nach Auffassung vieler Frauen in der Frauenbewegung konnten Frauen nur in bewusster Abkehr von der Männergesellschaft ihr eigenes, selbstbestimmtes Leben entwickeln. Eine Vielzahl von Frauengruppen und -projekten, wie Frauenbuchläden oder Frauenhäuser, sollte – unter Ausschluss von Männern – einen Schutz- und Freiraum für die Entwicklung weiblicher Identität bieten.

Später teilte sich die Frauenbewegung: Während der radikalere Teil die Zusammenarbeit mit Männern ablehnte, begannen andere Frauen, eine aktive Gleichstellungspolitik, z. B. durch die Einführung von Frauenquoten in Parteien, Staat und Wirtschaft: Bei der Besetzung von Führungspositionen sollten Frauen bis zur Erreichung einer bestimmten Quote vor Männern bevorzugt werden. Gleichstellungsbeauftragte sollten die Gleichberechtigung im Alltag von Behörden durchsetzen und überprüfen. Gefordert wurde auch ein sorgfältigerer Umgang mit der Sprache. Bis 1977 mussten Frauen z. B. im Personalausweis ihre Unterschrift unter „Der Inhaber" setzen.

Was geht uns die „Neue Frauenbewegung" heute an? – Zwei Meinungen

M2 „Sie schlendern cool ..."

Alice Schwarzer war eine der führenden Persönlichkeiten der „Neuen Frauenbewegung" und Gründerin der Frauenzeitschrift „Emma". Nach ihrer Ansicht ist die Frauenbewegung noch immer sehr aktuell. Zur Begründung schrieb sie 1997:

Woran das liegt? Daran, dass Frauen nicht länger nur Frauen sein wollen, sondern endlich auch Menschen! Daran, dass junge Frauen es selbstverständlich finden, die Hälfte der Welt zu fordern (und die Hälfte des Hauses an die Männer abzutreten). Sie schlendern cool über die Pfade, die ihre Mütter noch mit heißem

Herzen freigeschlagen haben. Doch sie ahnen schon jetzt, dass der Fortschritt ihnen nicht geschenkt wird – und neue Gefahren lauern. Was soll also das ganze Gerede? Es soll uns spalten! Den jungen Frauen, die 10 gerade erst beginnen, eigene Erfahrungen zu machen, will man einreden, sie könnten von unseren Erkenntnissen gar nichts lernen [...].

(Emma, Jan./Feb. 1997, S. 9)

M3 „Teilung der Macht"

Der Sozialwissenschaftler Walter Hollstein benennt Versäumnisse, die nach seiner Meinung die Frauenemanzipation bis heute behindern:

Die Forderungs- und Maßnahmekataloge zur Gleichstellung der Geschlechter beschreiben zwar Wege der Frauenförderung, stellen aber umgekehrt keine Konzepte dar, wie männliche Herrschaftsformen abgelöst werden können. Wenn dies überzeugend geschehen 5 soll, muss Männern konstruktiv verdeutlicht werden, warum eine Teilung der Macht historisch vonnöten ist und welche menschlichen Vorteile sie daraus gewinnen können. Doch solche Konzeptionen fehlen durchgängig [...]. Es gibt weder Maßnahmen noch 10 Förderungspläne, um Männer in den Bereichen von Haushalt, Kindererziehung und anderen privaten Aufgaben verstärkt anzusiedeln. Der [...] Beitrag der Männerfrage zur Frauenbefreiung ist der offiziellen Politik bislang verborgen geblieben; jedenfalls ist er 15 nicht politisch problematisiert worden.

(W. Hollstein, Ende der Frauenpolitik?; in: APUZ, Heft 42/1996)

Das Abtreibungsrecht

In dem bis 1974 geltenden Verbot von Abtreibungen sahen die Anhängerinnen der Frauenbewegung eine Fremdbestimmung über ihren Körper und verlangten, die Entscheidung über eine Abtreibung in die Verantwortung der Frau zu legen. Die 1974 vom Bundestag beschlossene „Fristenregelung", die einen Abbruch innerhalb der ersten drei Schwangerschaftsmonate straffrei stellte, wurde vom Bundesverfassungsgericht aufgehoben. Es sah darin einen Widerspruch zur im Grundgesetz verankerten Unantastbarkeit des menschlichen Lebens. Die daraufhin 1976 verabschiedete Regelung stellte einen Schwangerschaftsabbruch nur unter bestimmten Bedingungen (z. B. Gefährdung der Gesundheit der Mutter oder des Kindes, schwere soziale Notlage) straffrei.

1977 – Der Herbst des Terrorismus

Am 5. September 1977 entführten Terroristen den Präsidenten der Bundesvereinigung der Deutschen Arbeitgeberverbände, Hanns Martin Schleyer. Sie forderten von der Bundesregierung die Freilassung von elf inhaftierten Mitgliedern der „Roten Armee Fraktion" (RAF). Die sieben Wochen dauernde Entführung bildete den Höhepunkt des Kampfes zwischen Terrorismus und demokratischem Rechtsstaat. Hinter den dramatischen Ereignissen im „heißen Herbst" 1977 stand die Frage, ob der Staat den Terrorismus besiegen könnte, ohne seine eigenen Prinzipien und Grundlagen zu verletzen.

So lautet eure **Forschungsfrage:**

● **Bedrohung durch Terror: Wie kann ein demokratischer Rechtsstaat reagieren?**

Wir untersuchen das Handeln von Menschen im Spannungsfeld von Offenheit und Bedingtheit.

Versucht im Klassengespräch, eine Antwort auf die Leitfrage zu formulieren. Bereitet euch vor, indem ihr

a) beschreibt, vor welchen Alternativen die Bundesregierung stand und nach welchen Prinzipien sie handelte;

b) darstellt, wie die RAF entstand und welche Ziele sie verfolgte;

c) wiedergebt, wie Zeitgenossen den Kampf zwischen Staat und Terrorismus wahrnahmen – und wie sie heute denken.

M1

Polaroid-Foto des entführten Hanns Martin Schleyer (8.10.1977). Mit Fotos wie diesem versuchten die Terroristen, ihren Forderungen Nachdruck zu verleihen.

M2 Die Ziele der Bundesregierung

Nach dem Eingang der Forderungen der Entführer bildete Bundeskanzler Schmidt einen Krisenstab. In einer Dokumentation heißt es über das Ergebnis der ersten Beratungen:

Der Bundeskanzler fasst […] zusammen, dass sich die zu treffenden Entscheidungen an folgenden Zielen orientieren sollen: die Geisel Hanns Martin Schleyer lebend zu befreien, die Entführer zu ergreifen und vor Gericht zu stellen, die Handlungsfähigkeit des Staates 5 und das Vertrauen in ihn nicht zu gefährden; das bedeute auch: die Gefangenen, deren Freilassung erpresst werden sollte, nicht freizugeben. Eine Entscheidung darüber, welchem der vorstehend aufgezählten Ziele im Falle ihres Widerstreits der Vorzug gegeben 10 werden soll, soll erst dann getroffen werden, wenn sie unausweichlich gefordert sei.

(Bundesregierung (Hg.), Dokumentation zu den Ereignissen und Entscheidungen im Zusammenhang mit der Entführung von Hanns Martin Schleyer und der Lufthansamaschine „Landshut" 1977, S. 18)

Die Ereignisse im Herbst 1977

7.4.1977: Generalbundesanwalt Buback und zwei Begleiter werden bei einem Anschlag der RAF getötet.

30.7.1977: Der Chef der Dresdner Bank, Jürgen Ponto, wird bei einem Entführungsversuch erschossen.

5.9.1977: Ein RAF-Kommando entführt Hanns Martin Schleyer. Im Kugelhagel sterben sein Fahrer und drei Polizeibeamte. Ihre Forderung: Freilassung der inhaftierten Mitglieder der „Roten Armee Fraktion".

13.10.1977: Um die Forderung des RAF-Kommandos zu unterstützten, entführen arabische Terroristen die Lufthansa-Maschine „Landshut" und nehmen 91 Passagiere und Besatzungsmitglieder als Geiseln.

15.10.1977: Die Familie Schleyer versucht, die Bundesregierung über das Bundesverfassungsgericht zur Freilassung der RAF-Gefangenen zu zwingen. Ihr Eilantrag wird vom Gericht abgelehnt.

18.10.1977: Ein Spezialkommando des Bundesgrenzschutzes stürmt auf dem Flughafen Mogadischu (Somalia) die entführte „Landshut" und befreit alle Geiseln unverletzt. Drei Terroristen werden getötet. Am selben Abend begehen die RAF-Häftlinge Andreas Baader, Gudrun Ensslin und Jan-Carl Raspe im Hochsicherheitstrakt von Stuttgart-Stammheim Selbstmord.

19.10.1977: Hanns-Martin Schleyer wird im Kofferraum eines PKW ermordet aufgefunden.

Die „Rote Armee Fraktion"

Ab 1970 gingen einige radikale Mitglieder der Studentenbewegung in den Untergrund, um den „bewaffneten Kampf" gegen den „Weltimperialismus" aufzunehmen. Ihren ehemaligen Mitstreitern aus der Studentenbewegung, die weiterhin mit friedlichen Mitteln Veränderungen erreichen wollten, begegneten sie mit Verachtung. Eingeschlossen in die nach außen abgeschottete Welt ihrer Gruppe steigerten sie sich immer mehr in eine wahnhafte Wahrnehmung der Welt. In ihren Augen war die Bundesrepublik ein faschistischer Staat und sie selbst die Vorhut einer weltweiten Revolution.

M3 Das Selbstverständnis der RAF

Ein von Ulrike Meinhof in der Haft verfasstes Schreiben beschreibt die Weltsicht und die Strategie der RAF 1972 so:

Das System hat es in den Metropolen geschafft, die Massen so tief in den eigenen Dreck zu ziehen, dass sie das Gefühl für ihre eigene Lage […] weitgehend verloren haben, sodass sie fürs Auto, 'ne Lebensversiche-
5 rung und 'nen Bausparvertrag jedes Verbrechen des Systems billigend in Kauf nehmen und sich was anderes als ein Auto, eine Ferienreise, ein gekacheltes Bad kaum noch vorstellen können. […] Daraus folgt aber, dass jeder, der sich aus diesen Zwängen befreit, dass
10 jeder, der im Befreiungskampf der Dritten Welt seine Identität findet, jeder, der nicht mehr mitmacht, revolutionäres Subjekt ist. Wer immer anfängt, zu kämpfen und Widerstand zu leisten, ist einer von uns.

(Zit. nach: Mario Krebs, Ulrike Meinhof – Ein Leben im Widerspruch, Reinbek (Rowohlt) 1988, S. 250)

M4 Studentenbewegung und Terrorismus

In einem selbstkritischen Rückblick schrieb Daniel Cohn-Bendit, einer der Führer der Studentenbewegung, später:

Ich gehörte 1977 nach der Auflösung der linksradikalen politischen Gruppen zu […] dem Milieu, das später alternative Szene genannt wurde. Für uns war der deutsche Herbst eine harte Herausforderung, denn
5 wir wurden von allen Seiten unter Beschuss genommen. Die im Untergrund sagten: Entweder gehört ihr zum Staat oder zu den Freiheitskämpfern. Der Staat forderte von uns: Entweder ihr gehört zu den Verteidigern der Demokratie oder zu den Sympathisanten
10 des Terrorismus. Wir dagegen setzten die Parole: weder mit dem Staat noch mit der Guerilla.
Ich will […] die historische Verantwortung meiner Ge-

neration, der Achtundsechziger, zu skizzieren versuchen […]. Die antiautoritäre Bewegung besaß einen sehr undifferenzierten Begriff von Widerstand und Wi- 15 derstandsrecht. Sie hat versucht, sämtliches mögliches Handeln mit den Missständen der Welt zu legitimieren. Der Vietnam-Krieg, die Diktaturen […] mussten herhalten, um ein […] Widerstandsrecht gegen den westdeutschen Staat zu legitimieren. Dazu kam die 20

Wichtige Stationen in der Geschichte der RAF

2./3.4.1968: Aus Protest gegen den Krieg der USA in Vietnam werden nächtliche Brandanschläge auf zwei Kaufhäuser in Frankfurt verübt. U. a. werden Andreas Baader und Grudrun Ensslin als Brandstifter festgenommen.

14.5.1970: Andreas Baader wird von einer kleinen, konspirativen Gruppe, unter ihnen Ulrike Meinhof, aus der Haft befreit. Ein Unbeteiligter wird schwer verletzt. Die Aktion gilt als Geburtsstunde der RAF.

24.5.1972: Bei einem Bombenanschlag auf das Hauptquartier der US-Streitkräfte in Heidelberg sterben drei Soldaten. Die RAF bekennt sich zu dem Anschlag.

1.6.1972: Nach langer Großfahndung gelingt der Polizei die Festnahme von Andreas Baader, Holger Meins und Jan-Carl Raspe. Wenige Tage später werden auch Gudrun Ensslin und Ulrike Meinhof gefasst. Der Terrorismus scheint besiegt.

9.11.1974: Nach wochenlangem Hungerstreik für eine Aufhebung der Isolationshaft stirbt Holger Meins im Gefängnis.

24.4.1975: Ein „Kommando Holger Meins" besetzt die deutsche Botschaft in Stockholm, um inhaftierte Terroristen freizupressen. Zwei Geiseln werden getötet.

9.5.1976: Ulrike Meinhof verübt in ihrer Zelle Selbstmord.

April 1977: Der Prozess gegen die in Stammheim inhaftierten RAF-Mitglieder endet mit einer Verurteilung zu lebenslanger Haft.

13.–18.10.1977: Ein RAF-Kommando entführt die Lufthansamaschine „Landshut", um die inhaftierten Terroristen freizupressen. Das Flugzeug wird auf dem Flughafen Mogadischu (Somalia) gestürmt und die Geiseln werden befreit.

18.10.1977: Die Terroristen Baader, Ensslin und Raspe begehen im Gefängnis Selbstmord.

20.4.1998: In einem Schreiben erklären die noch verbliebenen Mitglieder die Selbstauflösung der RAF.

schwer verdaubare Nichtauseinandersetzung der Eltern der revoltierenden Studenten mit dem Nationalsozialismus, sie war ein wichtiger Ausgangspunkt der Revolte. Diese Diskussionsverweigerung, dieses Schweigen, hat bei uns wesentlich zur ungeheuren emotionalen Unzufriedenheit mit dieser Gesellschaft geführt.

(Die Zeit, Nr. 43/16.10.1987, S. 43 ff.)

Zwei Zeitgenossen über Demokratie und Terrorismus

M5 Walter Scheel

In einer Ansprache zum Staatsakt für den ermordeten Hanns Martin Schleyer in Stuttgart am 25.10.1977 sagte der damalige Bundespräsident Walter Scheel:

Hanns Martin Schleyer ist gestorben. Wir neigen uns vor dem Toten. Wir alle wissen uns in seiner Schuld. Die Wochen, die wir durchlebt haben, sind gewiss die schlimmsten in der Geschichte der Bundesrepublik gewesen. Wir alle bejahen den demokratischen Kampf, den Kampf der Meinungen und Argumente. Aber dieser Kampf beruht auf der Achtung vor den Überzeugungen des Gegners. Wohin es in letzter Konsequenz führt, wenn der Kampf seinen Ursprung in Hass und Feindschaft hat, haben wir in diesen Tagen nur zu deutlich erfahren. [...]
Uns allen ist bekannt, dass die Terroristen ihre Verbrechen nur ausführen können, weil es Menschen gibt, die ihnen helfen. [...] Sie helfen den Boden bereiten, auf dem die böse Saat aufgehen kann. Auch sie sind deshalb mitschuldig. [...] Dann gibt es die Menschen, die ihre blinde Abneigung gegen die Demokratie dazu führt, die Ziele der Terroristen [...] in Wort und Schrift öffentlich zu unterstützen, wenn sie selbst auch die Anwendung von terroristischer Gewalt für ihre eigene Person missbilligen. [...] Auch diese Gruppe ist, so meine ich, mitschuldig.
Menschen, die sich in den beschriebenen Weisen verhalten, müssen mit allen rechtsstaatlichen Mitteln bekämpft werden. Sie haben, davon bin ich fest überzeugt, im öffentlichen Dienst nichts zu suchen. [...] Nur wenn es uns gelingt, die Tätigkeit dieser Gruppen zu unterbinden, wird es uns gelingen, den Terrorismus zu besiegen. Dies geschieht am besten dadurch, dass wir sie von der Würde einer freiheitlichen Ordnung überzeugen. Lassen sie sich nicht überzeugen, müssen wir uns mit der Strenge der Gesetze wehren.
Von den beschriebenen Gruppen sind diejenigen zu unterscheiden, die weder die Ziele noch die Methoden der Terroristen billigen, die jedoch verstehen

möchten, was die Terroristen zur Gewalt treibt; diejenigen, die auf der Menschenwürde auch dessen bestehen, der selbst unmenschlich handelt. Haben diejenigen, die die Terroristen geistig oder materiell unterstützen, überhaupt noch nicht begriffen, was eine demokratische Lebensordnung ist, so haben diejenigen, die auf der menschlichen Würde auch des Terroristen bestehen, die Demokratie zu Ende gedacht.

(Presse- und Informationszentrum des Deutschen Bundestages, Zum Gedenken an die Opfer des Terrorismus, Bonn 1978, S. 13 ff.)

M6 Bundeskanzler Helmut Schmidt

In einer Regierungserklärung nach dem Tod von Hanns Martin Schleyer sagte Bundeskanzler Helmut Schmidt am 20.10.1977:

Wer weiß, dass er so oder so, trotz allen Bemühens, mit Versäumnis und Schuld belastet sein wird, wie immer er handelt, der wird von sich selbst nicht sagen wollen, er habe alles getan und alles sei richtig gewesen. [...] Wohl aber wird er sagen dürfen: Dieses und dieses haben wir entschieden, jenes und jenes haben wir aus diesen oder jenen Gründen unterlassen. Aber dies haben wir zu verantworten.

(Bundesregierung (Hg.), Dokumentation zu den Ereignissen und Entscheidungen im Zusammenhang mit der Entführung von Hanns Martin Schleyer und der Lufthansamaschine „Landshut" 1977, Anlage 22)

M7

Bundeskanzler Helmut Schmidt neben Frau Schleyer während des Gedenkgottesdienstes für Hanns Martin Schleyer in Stuttgart am 25.10.1977

1982: Die „Wende" – mehr als ein Regierungswechsel?

„Die Wende" – so nannte man den Regierungswechsel von der sozialliberalen Koalition (SPD/FDP) und Bundeskanzler Helmut Schmidt (SPD) zur christlich-liberalen Koalition (CDU/FDP) und Bundeskanzler Helmut Kohl (CDU).

- **Welche Ursachen führten zur „Wende" von 1982?**

- **Welche Folgen hatte sie?**

Wir ordnen historisches Geschehen chronologisch und thematisch ein.

Erstellt auf der Grundlage des Infotextes eine Stichwortliste zu beiden Leitfragen.

Die sozialliberale Koalition

1974 übernahm Helmut Schmidt das Amt des Bundeskanzlers. Er galt als erfolgreicher Krisenmanager und tatsächlich hatte seine Regierung eine ganze Reihe von Krisen zu bewältigen. Durch die sogenannten Ölkrisen war der Rohölpreis in schwindelerregende Höhen gestiegen und hatte eine lang andauernde Wirtschaftskrise ausgelöst. Die Regierung versuchte, der ansteigenden Arbeitslosigkeit durch staatliche Hilfen für die Wirtschaft zu begegnen. Das gelang teilweise, führte aber auch zu einer hohen Staatsverschuldung.

Auch außenpolitisch wurde die Situation schwierig: Nach Jahren der Entspannung begann Ende der 1970er-Jahre eine neue Eiszeit im Ost-West-Konflikt. Ängste um einen Atomkrieg und Diskussionen um neue Rüstungsvorhaben vergifteten das innenpolitische Klima, das ohnehin durch den Kampf gegen den Terrorismus belastet war.

Die „Wende"

Die sozialliberale Koalition zerbrach schließlich im Streit um den wirtschaftspolitischen Kurs. Vor allem auf diesem Politikfeld fühlten sich viele Abgeordnete der FDP näher an der CDU als an der SPD. Durch eine eher unternehmerfreundliche Wirtschaftspolitik wollten sie die Wirtschaft wieder in Schwung bringen.

Am 1.10.1982 wurde erstmals von der im Grundgesetz vorgesehenen Möglichkeit eines konstruktiven Misstrauensvotums erfolgreich Gebrauch gemacht. Eine Mehrheit von Abgeordneten des Bundestages aus der CDU/CSU-Fraktion und – was entscheidend war – der FDP-Fraktion sprachen der Regierung Schmidt das Misstrauen aus und wählten Helmut Kohl zu seinem Nachfolger.

„Geistig-moralische Wende"

Die christlich-liberale Koalition war mit dem Versprechen angetreten, eine „geistig-moralische Wende" in der Politik herbeizuführen, also andere, eher konservative Werte wieder in den Mittelpunkt stellen zu wollen.

In der **Außenpolitik** setzte die neue Regierung aber eher die Politik ihrer Vorgängerin fort. Vor allem führte sie die von ihr zuvor bekämpfte Politik gegenüber der DDR und dem Ostblock fort. Sie gewährte der DDR-Regierung 1983/84 einen Milliardenkredit und erreichte im Gegenzug Erleichterungen im innerdeutschen Reiseverkehr. Der Besuch des DDR-Staatsratsvorsitzenden Honecker 1987 demonstrierte die inzwischen entstandene Normalität in den Beziehungen zwischen beiden Staaten. Besondere Akzente setzte die Regierung Kohl in den Ausbau der Europäischen Gemeinschaft zu einer Wirtschafts- und Währungsunion.

Wirtschaftspolitik

In der Wirtschafts- und Sozialpolitik trat die Wende viel deutlicher hervor. Unter dem Motto „Leistung muss sich wieder lohnen" betrieb die neue Regierung eine eher unternehmerfreundliche Politik und kürzte eine Reihe von Sozialleistungen. Steuersenkungen sollten Investitionen und Produktion wieder attraktiv machen. Dies gelang teilweise, die Arbeitslosigkeit blieb allerdings hoch.

Innenpolitik

Die innenpolitische Situation der 1980er-Jahre war widersprüchlich. Einerseits nahm der Wohlstand zu und sicherte der Regierung Zustimmung in breiten Bevölkerungskreisen. Andererseits protestierten Gewerkschaften und Sozialverbände gegen die Sparpolitik im sozialen Bereich. Das Scheitern der Verhandlungen um den Abbau der sowjetischen Mittelstreckenraketen im Herbst 1983 und die Reaktorkatastrophe von Tschernobyl 1986 führten dazu, dass die Proteste der Friedens- und Umweltbewegung an Schärfe zunahmen. Aus den verschiedenen alternativen Bewegungen heraus wurde im Januar 1980 eine neue Partei, „Die Grünen", gegründet.

1985 ...

wurde Michail Gorbatschow Generalsekretär der KPdSU. Obwohl die Grundelemente seiner Reformpolitik schnell deutlich wurden, ahnte kaum jemand, welche Bedeutung sie für Deutschland und die Deutschen haben würde.

Der ostdeutsche Staat –
Wie sah die Alternative aus?

Die Geschichte der Deutschen Demokratischen Republik (1949–1990)

Marx, Engels, Lenin, Stalin – die strikte Orientierung an der sozialistisch-kommunistischen Ideologie und ihren großen Vorbildern prägt bis heute das Bild von der DDR. Anders als die Bundesrepublik war die DDR keine Demokratie, sondern ein diktatorischer Einparteienstaat. Es gab viel weniger Freiheit als im Westen und der Wohlstand der Bevölkerung war deutlich geringer. Wer im Osten lebte, hatte das weniger glückliche Los gezogen. Und er hatte keine Möglichkeit, es zu ändern, denn man durfte die DDR nicht verlassen.

Dennoch: Manche Bürger der DDR glaubten an ihren Staat und seine sozialistischen Ideale. Viele litten unter ihm. Die meisten arrangierten sich, so gut es ging. Am Ende leisteten viele Widerstand und kämpften für ihre Freiheit.

- **Auf welchen politischen und wirtschaftlichen Grundlagen beruhte die DDR?**

- **Welche Schlüsselereignisse prägten ihre Geschichte und den Alltag ihrer Bewohner?**

9.7.1952: Aufmarsch anlässlich der Zweiten Parteikonferenz der SED

Das Land der Ideologie
Die staatlichen Grundlagen und das Alltagsleben in der DDR waren durchgehend von der marxistisch-leninistischen Ideologie geprägt. Die Staatsführung glaubte ebenso wie ein Teil der Bevölkerung daran, dass diese Ideologie richtig sei. Die Mehrheit der Bevölkerung akzeptierte sie nur äußerlich und unter Zwang. Deshalb gab es nie freie Wahlen. Die DDR war eine Diktatur.

Typisch DDR – Was Fotografien erzählen ...

Auf dieser Doppelseite seht ihr eine Auswahl von Fotografien aus der Geschichte der DDR. Sie bringen jeweils eine „typische" Situation zum Ausdruck.

- **Welche Grunderfahrungen prägten die Geschichte der DDR?**
- **Wie trugen sie zum Lebensgefühl in der DDR bei?**

Wir stellen Hypothesen auf.

Projiziert die Fotos auf dieser Doppelseite. Erläutert jeweils, welche Grunderfahrung sie zum Ausdruck bringen, und tragt Hypothesen zur zweiten Leitfrage vor.

Tipp: „Hypothesen aufstellen" – beachtet die methodischen Hinweise auf Seite 207.

1963: Blick über die Grenze in Berlin

Das eingesperrte Volk

DDR-Bürger durften ihr Land nicht verlassen. Urlaubsreisen waren nur in die anderen Ostblock-Staaten möglich.

Die Übersiedlung in die Bundesrepublik oder andere westliche Länder war verboten. Bei abenteuerlichen Fluchtversuchen über die Grenze starben viele Menschen; wer erwischt wurde, wurde wegen „Republikflucht" mit Gefängnis bestraft.

1953: Sowjetische Panzer in Ostberlin

1984: Im Garten, Bitterfeld

Das Land im Osten

Die DDR-Führung war von der UdSSR doppelt abhängig: Außenpolitisch war sie vom militärischen Schutz der UdSSR abhängig. Anders als die Bundesrepublik benötigte sie diesen Schutz aber auch gegenüber der eigenen Bevölkerung, die das Regime mehrheitlich ablehnte.

Das Land des privaten Glücks

Weil es in der DDR gefährlich war, offen seine Meinung zu sagen, zogen sich viele Menschen in die private Umgebung ihrer Familie und ihrer Freundeskreise zurück.

Die Grundlagen des Staates

Was heißt hier Demokratie? – Die „sozialistische Demokratie"

„Es muss alles demokratisch aussehen, aber wir müssen die Kontrolle über alles haben" – das soll Walter Ulbricht schon 1945 im Kreis von Vertrauten gesagt haben.

- Was verstanden die Machthaber in der DDR unter „sozialistischer Demokratie"?

- Was bedeutete „sozialistische Demokratie" in der politischen Wirklichkeit der DDR?

Wir wenden grundlegende historische Fachbegriffe sachgerecht an.

1. Beschreibt und erläutert den Begriff „sozialistische Demokratie". Interpretiert dazu die Quellen M1 und M2 unter der ersten Leitfrage.

2. Erläutert, wie sich dieser Begriff auf das politische Leben in der DDR auswirkte. Untersucht dazu das Schaubild M3 und den Darstellungstext auf der rechten Seite.

Der Begriff „sozialistische Demokratie"

M1 „Sozialistische Demokratie"

Hermann Matern, ein Mitglied des Politbüros der SED, sagte 1958 in Leipzig:

Die Staatsmacht in den Händen zu haben, das ist eine große Sache […]. Wir denken nie daran, die Arbeiter- und Bauernmacht wieder aufzugeben. Bei uns lassen wir nicht zu, dass jemand bei den Wahlen kandidiert,
5 der den Kapitalismus wieder aufbauen will.
Es geht doch um die Macht, und die Macht ist keine Kleinigkeit, versteht ihr? Ich kenne keinen Fall in der Geschichte der Arbeiterbewegung, wo die Arbeiterklasse durch den Stimmzettel die Macht erobert hat.
10 […]
Da wären wir doch rückständige Menschen, wenn wir zulassen würden, die Macht mit dem Stimmzettel zu verlieren. Was wären wir denn dann für Politiker und Arbeiterfunktionäre. Nein, das dürft ihr von uns nicht
15 erwarten.
Und es gibt bei uns auch keine Partei, die den Standpunkt vertritt, bei uns den Kapitalismus wieder herzustellen. Deshalb gibt es also auch keine Opposition

nach bürgerlichen Vorstellungen. Das ist unsere sozialistische Demokratie, und darüber muss man sich 20 klar sein.

(Zit. nach: Dokumente zur Geschichte der SED, Bd. 2, Berlin (Dietz-Verlag) 1986)

1 Arbeitet heraus, welchen Unterschied Hermann Matern (M1) zwischen „Arbeiter- und Bauernmacht" und „Macht mit dem Stimmzettel" sieht.

2 Erläutert, was Matern mit „Opposition nach bürgerlichen Vorstellungen" meint und warum er eine solche Opposition nicht zulassen will.

3 Beschreibt zusammenfassend, was Matern unter einer „sozialistischen Demokratie" versteht.

M2 Aus der Verfassung der DDR (1949)

Vorwort

Vom Willen erfüllt, die Freiheit und die Rechte des Menschen zu verbürgen, das Gemeinschafts- und Wirtschaftsleben in sozialer Gerechtigkeit zu gestalten, dem gesellschaftlichen Fortschritt zu dienen, die Freundschaft mit allen Völkern zu fördern und den 5 Frieden zu sichern, hat sich das deutsche Volk diese Verfassung gegeben.

Art. 3
Alle Staatsgewalt geht vom Volke aus.

Art. 51 10
Die Volkskammer besteht aus den Abgeordneten des deutschen Volkes.
Die Abgeordneten werden in allgemeiner, gleicher, unmittelbarer und geheimer Wahl nach den Grundsätzen des Verhältniswahlrechtes auf die Dauer von 15 vier Jahren gewählt.
Die Staatsgewalt muss dem Wohl des Volkes, der Freiheit, dem Frieden und dem demokratischen Fortschritt dienen.

■ Überprüft, ob die Auffassung von einer „sozialistischen Demokratie" (M1) mit dem Wortlaut der Verfassung (M2) vereinbar ist. Stellt dazu fest, wo es Unterschiede gibt und wo Übereinstimmungen.

Die „sozialistische Demokratie" in der Realität

M3 Das politische System der DDR

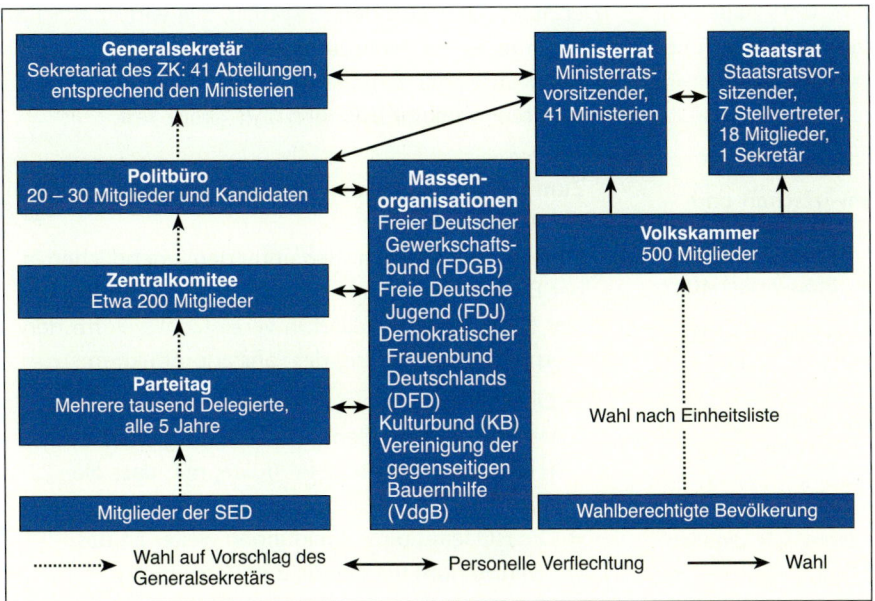

Historische Erfahrungen und weltanschauliche Grundlagen

Die historische Erfahrung der Machtlosigkeit der Kommunisten angesichts der Machtübernahme der Nationalsozialisten prägte die neue Führung in der DDR tief. Nie wieder sollte so etwas geschehen, selbst dann nicht, wenn – wie 1933 – „reaktionäre Kräfte" in einer Wahl die Mehrheit der Stimmen erhalten würden.

Die Macht der Arbeiterklasse und die sozialistische Demokratie mussten um jeden Preis verteidigt werden. Das war im Verständnis der DDR wichtiger als formale demokratische Regeln.

Nach der Theorie des Marxismus-Leninismus handeln diejenigen zum Wohl des Volkes – und damit demokratisch –, die das Ziel des Sozialismus verfolgen. Bestenfalls über den richtigen Weg zu diesem Ziel könnte man sich streiten. Wer aber das Ziel selbst infrage stellte, stand außerhalb der staatlichen Ordnung.

Die SED

Als „Partei der Werktätigen" beanspruchte die SED die Führung in Staat und Gesellschaft. Andere Parteien oder Gruppierungen mussten sich unterordnen, verschiedene Meinungen wurden nicht mehr zugelassen.

In den Jahren 1949/50 wurden alle bestehenden Parteien und die wichtigsten Massenorganisationen zur „Nationalen Front" zusammengeschlossen. In dieser „Nationalen Front" bestimmte nur die SED über alle wichtigen politischen Entscheidungen. Alle anderen Parteien und Organisationen mussten sich diesen Entscheidungen unterordnen – im Volksmund hießen sie deshalb spöttisch „Blockflöten".

Die Volkskammer

Bei den Wahlen zur Volkskammer trat die „Nationale Front" mit einer Einheitsliste an. Die Anzahl der Sitze auf dieser Liste wurde vorab zwischen den Parteien und Organisationen aufgeteilt. Da sich die SED immer die meisten Sitze sicherte, war ihr die absolute Mehrheit in der Volkskammer sicher. Die Wähler konnten nur zwischen Zustimmung und Ablehnung dieser Liste entscheiden.

Politbüro und Zentralkomitee

Die Mitglieder des Zentralkomitees und des Politbüros konnten nur auf Vorschlag des Generalsekretärs gewählt werden. Das Politbüro war – zusammen mit dem Sekretariat – die eigentliche Schaltstelle der Macht. Es war personell eng mit den staatlichen Organen, dem Staatsrat und dem Ministerrat, verflochten.

1 Beschreibt mithilfe des Schaubildes (M3) und des Darstellungstextes den Staatsaufbau der DDR.

2 Erläutert, wo der Führungsanspruch der SED deutlich wird und welche Möglichkeiten der politischen Einflussnahme die Wählerinnen und Wähler hatten.

Die „Planwirtschaft" – eine Idee und ihre Folgen

Stellt euch vor: Ihr wohnt in Ostberlin, DDR. Onkel Max aus Düsseldorf kommt im Sommer des Jahres 1985 zu Besuch. Er hat eine Ausnahmegenehmigung bekommen und nur wenig Zeit. Vieles in der DDR ist ihm sehr fremd – besonders aber das Wirtschaftssystem. Er stellt Fragen – und ihr helft ihm, eure „Planwirtschaft" zu verstehen.

- Welche Idee steckt hinter der Planwirtschaft und wie funktioniert sie?

- Welche Probleme verursachte die „Planwirtschaft"?

Wir beschreiben charakteristische Merkmale einer Wirtschaftsordnung.

1. Spielt die Spielszene vor: Onkel Max stellt Fragen und drei Jugendliche antworten ihm.

Onkel Max stellt Fragen:

a) Könnt ihr mir an einem Beispiel erklären, wie die Planwirtschaft eigentlich funktioniert?

b) Welche Idee steckt hinter der Planwirtschaft?

c) In euren Läden gibt es wenig Sachen zu kaufen, oft auch in schlechter Qualität. Welche Ursachen könnte das haben?

d) Außerdem ist mir aufgefallen, dass viele Fabriken und Geschäfte heruntergekommen aussehen. Warum kümmert sich keiner darum?

e) Gut, dass es bei euch überhaupt keine Arbeitslosigkeit gibt. Wie ist das möglich?

f) Seit Monaten fehlt ein Pedal an eurem Fahrrad. Warum kauft ihr euch keins? Wie wollt ihr das Problem lösen?

Bereitet euch vor, indem ihr euch auf dieser Doppelseite informiert.

2. Reflektiert im Anschluss die Spielszene: Sind alle Fragen richtig beantwortet worden?

3. Beantwortet die beiden Leitfragen zusammenfassend.

Das Konzept der Planwirtschaft

Die Idee

Die Wirtschaftsordnung der DDR beruhte auf der Theorie des Marxismus-Leninismus. Danach sollten alle Produktionsmittel (z. B. Fabriken) im Besitz des Staates sein. Denn dann könne der Staat – im Auftrag des Volkes – bestimmen, welche Produkte hergestellt und wie sie verteilt werden sollen. Die gesamte Produktion könne so zum Wohle aller besser geplant werden.

Die staatliche Planung der Produktion

Der Staat hatte also den Anspruch, alle wirtschaftlichen Vorgänge bis ins Detail zu bestimmen.
Dazu wurde eine zentrale Planungsbehörde gegründet. Sie legte Produktionsmengen und -preise fest.

Zum Beispiel Fahrräder: Wie funktionierte die Planwirtschaft?

In den 1980er-Jahren stieg unter den Jugendlichen in der DDR die Nachfrage nach Fahrrädern deutlich an. Der folgende Text erklärt in vereinfachter Form den Weg bis zur Steigerung der Fahrradproduktion:

→ Die Leiter der Centrum-Warenhäuser in verschiedenen Städten teilen der Handelsorganisation (HO), Abt. technische Produkte, mit, dass die Nachfrage nach Fahrrädern ständig steigt.

→ Die HO leitet diese Meldungen weiter an das „Ministerium für Handel und Versorgung".

→ Von dort gehen die Bedarfsmeldungen an das „Ministerium für bezirksgeleitete Industrie" weiter. Hier werden Produktionsplanungsentwürfe für Fahrräder ausgearbeitet.

→ Die Entwürfe werden nun der „Staatlichen Planungskommission" zugeleitet. Im Volkswirtschaftsplan wird ausgewiesen, dass zukünftig aus Gründen der Erhaltung der Volksgesundheit 560 000 statt bisher 530 000 Fahrräder produziert werden sollen. Dem Wunsch nach Herstellung von 600 000 Fahrrädern könne aufgrund von Versorgungsengpässen nicht entsprochen werden.

→ Der von der „Staatlichen Planungskommission" ausgearbeitete Volkswirtschaftsplan kann nur in Kraft treten, wenn er vom Zentralkomitee der Sozialistischen Einheitspartei (SED) genehmigt wird. Ohne die Zustimmung der Partei kann kein Wirtschaftsgut produziert werden. Das Politbüro der SED stimmt dem Plan zu. Die Volkskammer, das Parlament der DDR, wird aufgefordert, diesem Beschluss der Partei zuzustimmen.

→ Die Abgeordneten der Volkskammer stimmen einstimmig für den Plan zur Erhöhung der Fahrradproduktion. Das Kombinat Zekiwa Zeitz erhält den Auftrag, die geplante Anzahl Fahrräder des gleichen Typs FR 174 zu produzieren. Der Preis für die Fahrräder wird nach den Vorschriften des „Amtes für Preise" einheitlich kalkuliert.

Die DDR ist lebendiger Beweis :
Ohne Kapitalismus geht es besser !

Die Planwirtschaft in der Realität

Die Einführung

Schon vor der Gründung der DDR hatte man begonnen, die Planwirtschaft nach dem Vorbild der Sowjetunion aufzubauen. Industriebetriebe wurden verstaatlicht und Fünf-Jahres-Pläne für die Wirtschaft aufgestellt. Am Ende der 1950er-Jahre betrug der Anteil der staatlichen „Volkseigenen Betriebe" (VEB) bereits 90 % der Industrieproduktion. Auf dem Land wurden die Bauern gezwungen, sich zu „Landwirtschaftlichen Produktionsgenossenschaften" (LPG) zusammenzuschließen. In den 1960er-Jahren gab es schließlich nur noch wenige private (nichtstaatliche) Betriebe im Bereich des Handwerks und des Kleinhandels.

Die Folgen

Die Planwirtschaft hatte zunächst einige Erfolge beim Wiederaufbau der Industrie nach dem Krieg. Dann aber führten ihre Schwächen dazu, dass die Warenproduktion immer wieder ins Stocken geriet. Zwar herrschte in der DDR nie wirkliche Not, aber die Produktionsleistung blieb gering und das Wohlstandsgefälle zur Bundesrepublik wurde immer größer. Schließlich brach die Wirtschaft der DDR in den 1980er-Jahren praktisch zusammen und konnte nur noch mithilfe ausländischer Kredite halbwegs aufrechterhalten werden.

Wie Wirtschaftswissenschaftler im Nachhinein urteilen

M   Warum die Planwirtschaft scheiterte

In einem Standardwerk der Wirtschaftswissenschaften, das 1992 erschien, fassen die Autoren die Schwächen der Planwirtschaft der DDR so zusammen:

In der Theorie ist es vorstellbar, dass in einer Zentralverwaltungswirtschaft alle [...] genannten Grundprobleme gelöst werden. In der Wirklichkeit scheiterte sie aber aus folgenden Gründen:

➤ Keine Planbehörde ist in der Lage, die Erzeugung 5 und Verteilung von Abermillionen Gütern und Dienstleistungen zentral bis ins Detail zu planen. [...]

➤ Da die Planerfüllung bzw. -übererfüllung höchstes Gebot war, suchten die Betriebe erfolgreich nach 10 Methoden einer leichteren Zielerreichung. Dies äußerte sich im Streben nach „weichen Plänen", d. h. in bewusster Fehlinformation der Zentrale über das eigene Leistungsvermögen ebenso wie im Widerstand gegen neue Produktionsverfahren und neue 15 Produkte. Zur Planerfüllung selbst wurde oft der bequemste Weg gesucht [...], z. B. durch die Massenfertigung einiger weniger Standardprodukte mit geringer Qualität. [...]

➤ Mit der Beseitigung des Privateigentums an Pro- 20 duktionsmitteln wurde auch das Interesse am Erhalt und an der rationellen Nutzung der Produktionsanlagen, der Gebäude, der Rohstoffe etc. abgeschafft. Die desolaten Fabriken, die heruntergekommenen Stadtviertel, die freudlosen Ge- 25 schäfte, aber auch die horrenden Umweltschäden in der DDR zeugen von einer „kollektiven Verantwortungslosigkeit", die vom System verursacht und ermöglicht wurde.

➤ Um die Pläne leichter erfüllen zu können, horteten 30 die Betriebe z. B. Rohstoffe und Arbeitskräfte [...], die dann an anderer Stelle fehlten. Diese Tendenz zur „Übersetzung der Arbeitsplätze" wurde auch noch dadurch gefördert, dass Entlassungen in die Arbeitslosigkeit nicht zulässig waren. Die Kehrseite 35 war eine [...] niedrige Arbeitsproduktivität.

➤ Weitere schwerwiegende Mängel resultierten aus dem starren Preissystem. [...]
Die Verbraucherpreise wurden entweder durch Subventionen künstlich niedrig gehalten oder 40 durch hohe Steuern (z. B. bei Autos, Fernsehern, Waschmaschinen) kräftig heraufgesetzt [...].
Die sehr niedrigen Mieten [...] deckten nicht einmal die nötigsten Reparaturen, geschweige denn die Erhaltung oder Modernisierung der Häuser. 45
Dafür waren viele Waren extrem überteuert oder so knapp, dass sich schwarze Märkte bildeten und „Beziehungen" erforderlich waren, um sie zu erhalten.

(Peter Czada/Michael Tolksdorf/Alparslan Yenal, Wirtschaftspolitik, Opladen (Leske & Budrich) 1992, S. 25 ff.)

Politik und Alltag in der DDR – Propaganda oder Realität?

Das Leben in der DDR bietet im Rückblick ein zwiespältiges Bild. Einerseits versprach die offizielle DDR ihren Bürgerinnen und Bürgern immer wieder Fortschritt und Gerechtigkeit in einer „sozialistischen Gesellschaft". Andererseits: In einem diktatorischen Staat – wie es die DDR war – sind Realität und Propaganda oft schwer auseinanderzuhalten.

- **Schlüsselereignisse und Alltag in der DDR – Propaganda oder Realität?**

Wir dokumentieren vier Aspekte.

1. Ihr könnt diese vier Aspekte arbeitsteilig bearbeiten.

2. Wir schlagen euch vor, eure Ergebnisse in einer neuen Form zu präsentieren: eine Dokumentation in Form einer Wandzeitung, einer kleinen Ausstellung, einer Power-Point-Präsentation oder eines Videofilmes.

3. Schaut euch die fertigen Dokumentationen an und diskutiert auf ihrer Grundlage die Leitfrage.

Aspekt 1:

Der 17. Juni 1953 – vor und hinter den Kulissen der DDR

Aspekt 2:

Die innerdeutsche Grenze – Schutzmaßnahme oder Verbrechen?

Aspekt 3:

Kindheit und Jugend in der DDR

Aspekt 4:

Frauenbild und Frauenrealität in der DDR

Eine Dokumentation ist eine Sammlung und übersichtliche Anordnung von Schriftstücken, Bildern und anderen Quellen zu einem bestimmten Thema. Sie kann in Form einer Dokumentationsmappe, einer Wandzeitung oder einer Ausstellung erfolgen. Möglich ist auch eine Dokumentation in elektronischer Form, zum Beispiel als Internetseite, als DVD oder als PowerPoint-Präsentation. Für den Betrachter bietet eine anschaulich gemachte Dokumentation die Möglichkeit der schnellen Information über ein Sachgebiet oder über die Arbeitsergebnisse einer Lerngruppe. Dokumentationen prägen sich in der Regel gut in das Gedächtnis des Betrachters ein. Ihre Erstellung setzt voraus, dass sich die Autorinnen und Autoren intensiv mit einem Thema auseinandergesetzt haben.

Das Thema „Die sozialistische Gesellschaft" eignet sich besonders gut, weil auf interessante Bildquellen zurückgegriffen werden kann, die sich gut visualisieren lassen.

Wie erstellt man eine Dokumentation?

1. Schritt: Thema gliedern	Untergliedert das Thema in einzelne Teilaspekte. Aus diesen Aspekten ergibt sich die Struktur der Dokumentation. Zum Beispiel kann im Rahmen einer Ausstellung für jedes Teilthema eine Schautafel vorbereitet werden.
2. Schritt: Ziele festlegen	• Für welche Zielgruppe (z. B. die eigene Klasse oder die Schulöffentlichkeit) soll die Dokumentation erstellt werden? • Welche Wirkung soll beim Betrachter erreicht werden? • Zu welcher Leitfrage soll die Dokumentation einen Beitrag leisten? Von den Antworten auf diese Fragen hängen die Auswahl und die Präsentation der Materialien ab.
3. Schritt: Produktion in Gruppen	Arbeitsteiliges Vorgehen ermöglicht eine effektivere Arbeitsweise. Erstellt einen Arbeitsplan, in dem ihr plant, wer welche Aufgaben übernimmt. Stellt euch in regelmäßigen Abständen eure Zwischenergebnisse vor.
4. Schritt: Material anordnen	Achtet darauf, eure Materialien (Quellen, Historikertexte, eigene Beiträge und Kommentare) in einem sinnvollen, gut nachvollziehbaren Zusammenhang anzuordnen.
5. Schritt: Qualitätsprüfung	Wenn die Dokumentation fertig ist, prüft ihr, wie sie aus der Perspektive eines Betrachters wirkt. Jetzt könnt ihr noch letzte Verbesserungen vornehmen oder Fehler beseitigen.
6. Schritt: Veröffentlichen	Veröffentlicht eure Dokumentation.

Was macht eine gute Dokumentation aus?
• Sie kann die vorher festgelegten Ziele erreichen.
• Sie enthält keine fachlichen Fehler.
• Sie ist gut durchdacht und gegliedert.
• Sie ist übersichtlich aufgebaut.
• Sie ist optisch und inhaltlich ansprechend gestaltet.
• Sie ist auch für Laien gut verständlich.

17. Juni 1953 – Volkserhebung in Ostberlin. Mithilfe sowjetischer Panzer wird der Aufstand niedergeschlagen.

- **Wie stellte die DDR-Führung den Volksaufstand vom 17. Juni 1953 offiziell in einem Geschichtsbuch dar?**

- **Entsprach diese Darstellung der Wahrheit?**

Wir entwickeln Deutungen auf der Basis von Quellen.

1. Beantwortet die erste Leitfrage. Analysiert dazu die Quelle M1.

2. Beantwortet die zweite Leitfrage in Form einer schriftlichen Stellungnahme zum Text im DDR-Schulbuch (M1). Informiert euch zur Vorbereitung über Ursachen, Verlauf und Folgen des 17. Juni 1953 (s. Kasten) und interpretiert die Quellen M2–M5 unter der zweiten Leitfrage.

M1 Der 17. Juni 1953 im Schulbuch

In einem Geschichtsbuch, das seit den 1970er-Jahren in den Schulen der DDR benutzt wurde, hieß es über den 17. Juni 1953:

Am 17. Juni 1953 gelang es Agenten verschiedener imperialistischer Geheimdienste, die von Westberlin aus zahlreich in die Hauptstadt und einige Bezirke der DDR eingeschleust worden waren, in der Hauptstadt
5 und in verschiedenen anderen Orten der Republik einen kleinen Teil der Werktätigen zu zeitweiligen Arbeitsniederlegungen und Demonstrationen zu bewegen. In einigen Städten plünderten Gruppen von Provokateuren und Kriminellen. Sie legten Brände,
10 rissen Transparente herunter, misshandelten und ermordeten Funktionäre der Arbeiterbewegung, holten verurteilte Kriegsverbrecher aus Gefängnissen und forderten den Sturz der Arbeiter-und-Bauern-Macht. Doch der junge sozialistische Staat bestand unter Füh-
15 rung der Partei auch diese Belastungsprobe. Die Mehrheit der Arbeiterklasse und der Bevölkerung stand zu ihrem Staat. In zahlreichen Großbetrieben, wie im Eisenhüttenkombinat Ost, in den Eisenwerken West (Calbe), im Bergbau sowie im Stahl- und Walzwerk
20 Brandenburg, wiesen Arbeiter die Provokateure entschieden zurück.

("Geschichte", Berlin (Verlag Volk und Wissen) 1974, Bd. 10, S. 170)

Was geschah am 17. Juni 1953?

Die Vorgeschichte (1952): Die SED beschließt auf ihrer „Zweiten Parteikonferenz" den „Aufbau des Sozialismus". Landwirtschaftliche Privatbetriebe werden zu „Landwirtschaftlichen Produktionsgenossenschaften" (LPG) zusammengeschlossen. Die landwirtschaftliche Produktion sinkt und die Nahrungsmittelversorgung verschlechtert sich.

Um die Industrialisierung des Landes voranzutreiben, werden die Preise für Konsumgüter und zugleich die Arbeitsnormen (die Bemessungsgrundlage für Löhne) erhöht. Höhere Preise und sinkende Löhne – das bedeutete eine deutliche Verschlechterung der Lebenssituation für viele Menschen.

16. Juni 1953: Demonstranten in Ostberlin fordern die Rücknahme der Erhöhung der Arbeitsnormen. Noch am selben Tag weiten sich die Proteste auch auf andere Städte aus.

Die Staatsführung reagiert schnell und gibt durch Lautsprecherwagen die Herabsetzung der Normen bekannt. Trotzdem gehen die Demonstrationen weiter. Die Demonstranten fordern jetzt auch freie Wahlen.

17. Juni 1953: Sowjetische Panzereinheiten rücken aus und schlagen den Aufstand nieder. Mehrere hundert Menschen kommen ums Leben.

Die Folgen: Unmittelbar nach dem 17. Juni werden die Preis- und Normerhöhungen zurückgenommen. Angesichts der Gewalt der sowjetischen Panzer scheint offener politischer Protest für lange Zeit unmöglich.

In der Bundesrepublik wird der 17. Juni zum Gedenken an den Volksaufstand in der DDR zum offiziellen Nationalfeiertag erklärt.

---

1 Listet die in M1 genannten Ursachen des Aufstandes auf.

2 Arbeitet heraus, wie das Verhalten (a) der Aufständischen, (b) der Bevölkerung und (c) der Regierung dargestellt und bewertet wird.

3 Fasst zusammen, welchen Eindruck das Schulbuch von den Ereignissen am 17. Juni 1953 vermitteln will.

M2 Beschluss der 13. Tagung des ZK der SED (13./14.5.1952)

Das aus etwa 200 Mitgliedern bestehende Zentralkomitee (ZK) der SED war neben dem „Politbüro" das eigentliche Machtzentrum der Partei.

Die Leitungen der Betriebe und der Wirtschaftsorgane schenken der Ausarbeitung technisch begründeter Arbeitsnormen[1] ungenügende Aufmerksamkeit. […] Da-
5 durch entstehen Normen, die zu den Interessen der Erhöhung des Lebensstandards der Bevölkerung in Widerspruch stehen. Ohne entsprechende Leistungen zu erzielen, werden Normerfüllungen von 150 bis 200 Prozent erreicht. Das Zentralkomitee steht auf dem Standpunkt, dass die Minister Maßnahmen […] ein-
10 leiten mit dem Ziel, […] eine Erhöhung der für die Produktion entscheidenden Arbeitsnormen um durchschnittlich 10 Prozent bis zum 1. Juni 1953 sicherzustellen.

(Zit. nach: Ilse Spittmann/Wilhelm Fricke (Hg.), 17. Juni 1953 – Arbeiter-aufstand in der DDR, Köln (Ed. Deutschland-Archiv) 1982, S. 178f.)

---

[1] Gemeint ist hier, dass eine Arbeiterin oder ein Arbeiter durch neue Maschinen in derselben Zeit mehr Güter produzieren kann. Wenn neue Maschinen eingesetzt werden, müsste also neu festgelegt werden, wie viele Güter eine Arbeiterin oder ein Arbeiter zu produzieren hat (= Arbeitsnorm), um den durchschnittlichen Lohn zu erhalten.

■ Benennt die Maßnahme, die das ZK der SED beschloss, und die Argumente, mit denen diese Maßnahme begründet wurde.

M3 Beschluss des Ministerrates (28.5.1952)

Der Ministerrat war die Regierung der DDR, deren Politik vom ZK und dem Politbüro der SED bestimmt wurde. Der folgende Text wurde in den Zeitungen der DDR veröffentlicht:

Die Regierung der Deutschen Demokratischen Republik begrüßt die Initiative der Arbeiter zur Erhöhung der Arbeitsnormen. Sie dankt allen Arbeitern, die ihre Normen erhöht haben, für ihre große patriotische Tat.
5 Die Regierung […] kommt gleichzeitig dem Wunsche der Arbeiter, die Normen generell zu überprüfen und zu erhöhen, nach. Diese generelle Erhöhung ist ein wichtiger Schritt zur Schaffung der Grundlagen des Sozialismus.

(Zit. nach: ebd., S. 179)

■ Beschreibt, wie der Ministerrat die Reaktion der Bevölkerung auf die Erhöhung der Arbeitsnormen darstellte.

M4 Beschluss der 15. Tagung des ZK der SED (24. – 26.7.1953)

Etwa einen Monat nach den Ereignissen des 17. Juni stellte das ZK fest:

Viele Parteiorganisationen haben in den Tagen der faschistischen Provokationen nicht die notwendige Aktivität und Standhaftigkeit gezeigt; sie vermochten es infolge der schwachen politischen Bildung ihrer Mit-
5 glieder nicht, rasch das Wesen der faschistischen Provokationen zu begreifen […]. In einer Reihe von Fällen haben sich Parteimitglieder selbst im Schlepptau der Provokateure befunden und an den von den Provokateuren organisierten Kundgebungen […] teilge-
10 nommen. Andere Parteimitglieder wiederum sind in Panik verfallen […].
Die Arbeit der Parteipresse war unbefriedigend. In den Zeitungen und Sendungen kamen die Massen selbst wenig zu Worte. […] Nach dem 17. Juni verloren eini-
15 ge Redakteure den Kopf, wichen – statt die Feinde zu entlarven – vor dem Druck des Gegners zurück und machten sich zum Teil sogar zu seinem Sprachrohr. Das Zentralkomitee verurteilt besonders die unrichtige, kapitulantenhafte Linie, die in einer Reihe Auf-
20 sätze des Organs des ZK „Neues Deutschland" [offizielle Zeitung der SED] vertreten wurde, dessen Chefredakteur Genosse Herrnstadt in der Zeitung eine kapitulantenhafte, im Wesen sozialdemokratische Auffassung zum Ausdruck brachte. […]
Das Zentralkomitee beschließt den Ausschluss der Ge-
25 nossen Zaisser und Herrnstadt aus dem Zentralkomitee der SED.

(Zit. nach: ebd., S. 203)

1 Arbeitet heraus, wie das ZK der SED die Ursachen des Volksaufstandes im Nachhinein darstellte.

2 Listet auf, wen das ZK der SED im Nachhinein kritisierte, welche Vorwürfe jeweils erhoben wurden und welche Konsequenzen deutlich werden.

M5 Ostberlin, 17. Juni 1953

Aspekt 2: Die innerdeutsche Grenze – Schutzmaßnahme oder Verbrechen?

Wir schauen nochmals (s. auch S. 216f.) auf die innerdeutsche Grenze und die Berliner Mauer: Sie teilte nicht nur das Volk, sondern auch die Gedanken und Urteile.

● **Wie urteilten Zeitgenossen aus Ost und West über die innerdeutsche Grenze?**

Wir erfassen kontroverse Standpunkte und geben sie zutreffend wieder.

1. Vergleicht und diskutiert die Urteile (M1 und M2) über die innerdeutsche Grenze im Klassenverband.

2. Analysiert zur Vorbereitung arbeitsteilig die Quellen M1 und M2.
Nutzt die Erschließungshilfen für das Verständnis des Inhaltes und erstellt jeweils eine Argumentliste.

M1	M2
Autoren: …	Autoren: …
Adressaten: …	Adressaten: …
Position: …	Position: …
Argumente:	Argumente:
1) …	1) …
2) …	2) …
…	…

tole und Panzer sind nicht die Mittel, den Bürgern ihres Staates die Zustände in der DDR erträglich zu machen. Nur ein Staat, der sich der Zustimmung sei- ner Bürger nicht mehr sicher ist, versucht sich auf diese Weise zu retten.
[Sie haben] die Pflicht, das Unrecht vom 13. August beim Namen zu nennen.
Wir fordern Sie auf, unseren offenen Brief offen zu beantworten, indem Sie entweder die Maßnahmen ihrer Regierung gutheißen oder den Rechtsbruch verurteilen.

(Zit. nach: Klaus Wagenbach/Winfried Stephan/Michael Krüger, Vaterland – Muttersprache: Deutsche Schriftsteller und ihr Staat seit 1945, Berlin (Verlag Klaus Wagenbach) 1980, S. 184)

1 Benennt die im Text behaupteten eigentlichen Motive und Ziele der „gewaltsamen Schließung der Grenzen" (Z. 15 ff.).

2 Arbeitet heraus, welche allgemeine Schlussfolgerung die Autoren über den Charakter der DDR ziehen.

3 Stellt dar, was die Autoren von ihren ostdeutschen Kollegen verlangen, und erörtert, warum sie vermutlich diesen Brief auch „ohne Aussicht auf Erfolg" (Z. 1) geschrieben haben.

4 Gebt den Standpunkt der Autoren in eigenen Worten zusammenfassend wieder.

M1 Der Standpunkt der westdeutschen Schriftsteller Günter Grass und Wolfdietrich Schnurre (1961)

In einem offenen Brief an den Schriftstellerverband der DDR schrieben die westdeutschen Schriftsteller Günter Grass und Wolfdietrich Schnurre am 16.8.1961:

Ohne Auftrag und Aussicht auf Erfolg dieses offenen Briefes bitten die Unterzeichneten hiermit alle Schriftsteller der DDR, die Tragweite der plötzlichen militärischen Aktion vom 13. August zu bedenken. Es kom-
5 me später keiner und sage, er sei immer gegen die gewaltsame Schließung der Grenzen gewesen, aber man habe ihn nicht zu Wort kommen lassen. […]
Viele Bürger Ihres Staates halten die DDR nicht mehr für bewohnbar, haben ihren Staat verlassen und wol-
10 len Ihren Staat verlassen. Diese Massenflucht […] kann und darf die Aktion vom 13. August weder erklären noch entschuldigen. Stacheldraht, Maschinenpis-

Die Mauer – von Westberlin aus fotografiert (1963)

M2 Der Standpunkt eines Historikerkollektivs aus der DDR (1981)

In einem wissenschaftlichen Werk über die Geschichte der DDR schrieb eine Gruppe von DDR-Historikern:

Die Grenzsicherungsmaßnahmen der DDR vom 13. August 1961, hinter denen geschlossen die Staaten des Warschauer Paktes standen, retteten den Frieden in Europa. Die Grenzen des sozialistischen Weltsys-
5 tems gegenüber den Hauptkräften des Imperialismus in Europa[1] wurden zuverlässig gesichert, die sozialistische Staats- und Gesellschaftsordnung der DDR wirksam geschützt. Der Imperialismus wurde in die Schranken gewiesen; das tatsächliche internationale
10 Kräfteverhältnis trat deutlich zutage, die imperialistische Politik des „Roll back"[2] war gescheitert. Für immer wurde revanchistischen Kräften der Weg nach dem Osten versperrt. Die Frontstadtfunktionen Westberlins wurden erheblich eingeschränkt. Der
15 BRD-Imperialismus erlitt seine bis dahin schwerste Niederlage.
Die Maßnahmen vom 13. August 1961 demonstrierten die Macht und Entschlossenheit der Staaten des Warschauer Vertrages, die größte Errungenschaft der
20 internationalen Arbeiterklasse, das Weltsystem des Sozialismus, unter Aufgebot aller Kräfte zu schützen [...]. Die internationalen Positionen der DDR stabilisierten sich. Neue Perspektiven im Kampf für Sicherheit, Entspannung und friedliche Koexistenz[3] taten sich auf.
25

(Geschichte der Deutschen Demokratischen Republik, von einem Autorenkollektiv, Berlin (Deutscher Verlag der Wissenschaften) 1981, S. 228 ff.)

---

[1] Gemeint sind die westeuropäischen NATO-Staaten und die USA.

[2] „Roll back": auch im Westen gebräuchliche Bezeichnung für den Versuch der USA, den Einfluss der Sowjetunion weltweit zurückzudrängen.

[3] „Friedliche Koexistenz": friedliches Nebeneinander von West und Ost.

1 Benennt die im Text behaupteten Motive und Ziele der „Grenzsicherungsmaßnahmen der DDR".

2 Arbeitet heraus, welche Folgen der Bau der Grenzsicherungsanlagen nach Ansicht der Autoren für den Verlauf des Ost-West-Konflikts hatte und wie diese Folgen bewertet werden.

3 Gebt den Standpunkt der Autoren in eigenen Worten zusammenfassend wieder.

Aspekt 3: Kindheit und Jugend in der DDR

Kinder und Jugendliche sollten nach dem Willen der SED zu „sozialistischen Persönlichkeiten" erzogen werden. Vor allem mithilfe der Massenorganisation der „Freien Deutschen Jugend" sollte dieser Erziehungsprozess systematisch gesteuert werden.

- **Ideal: Welche Ziele verfolgte die Kinder- und Jugendpolitik der DDR?**

- **Wirklichkeit: Wie lebten Kinder und Jugendliche in der DDR?**

Wir unterscheiden zwischen Propaganda und Realität.

1. Versucht, euch in die Lage eines Jugendlichen wie M. Bothe (M1) zu versetzen. Erläutert eure Lebenssituation und diskutiert: Würdet ihr euch ähnlich verhalten?

2. Informiert euch zur Vorbereitung im Darstellungstext und anhand der Quellen M1–M6 über die Lebenssituation von Kindern und Jugendlichen in der DDR.

Kindheit und Jugend in der DDR

Schule: Kinder wurden bis zum dritten Lebensjahr in einer Kinderkrippe betreut, danach im Kindergarten. Mit sieben Jahren begann die Schulpflicht. Die Klassen 1 bis 4 bildeten die Unterstufe; danach schloss sich die Oberstufe bis Klasse 10 an. Etwa 12 % der Schülerinnen und Schüler durften dann die Erweiterte Oberschule (EOS) besuchen, die nach zwei Jahren zum Abitur führte.

Freie Deutsche Jugend (FDJ): Obwohl die Mitgliedschaft offiziell freiwillig war, waren 98 % aller Kinder und Jugendlichen in der FDJ organisiert. Ein blaues Halstuch und das Pionierabzeichen waren das äußere Zeichen der Mitgliedschaft bei den Jungpionieren und – ab der vierten Klasse – bei den Thälmannpionieren. Ab dem 14. Lebensjahr wurde man in die FDJ aufgenommen. Die FDJ war in der Schule präsent (Klassensprecher hießen in der DDR „FDJ-Sekretär"), half bei Lernschwierigkeiten, organisierte Freizeitaktivitäten von der Disco bis zum Zeltlager und beteiligte sich aktiv am allgemeinen politischen Leben (z. B. in den alljährlichen „FDJ-Parlamenten").

Die Jugendweihe: Die Jugendweihe war seit 1954 eine feste Einrichtung in der DDR. Jugendliche wurden nach acht Jahren Schule feierlich in die Welt der Erwachsenen aufgenommen. Etwa 95 % aller Jugendlichen nahmen daran teil, seit 1956 wurde die Jugendweihe in das Familienstammbuch eingetragen.

M1 Ein Jugendlicher erinnert sich

M. Bothe, ein Zeitzeuge, beschrieb seine Erinnerungen an seine Jugend in der DDR so:

Diese schulische Propaganda hatte bei mir weder großen Erfolg noch großen Misserfolg, wie das bei vielen der Fall ist, die zu jung sind, das Gesagte kritisch zu verarbeiten und zu bewerten. Man wiederholt einfach die dargebotenen Phrasen – und der Lehrer ist 5 zufrieden. [...]

Allein die Primitivität der Propaganda, die einem mit zunehmendem Alter immer fragwürdiger erscheint, ihre Eindringlichkeit und Penetranz erschöpfen sehr schnell die Aufnahmefähigkeit und vor allem den 10 Aufnahmewillen des Jugendlichen. So kommt es, dass Staatsbürgerkunde zum Horrorfach wird, das einem nur die Zeit stiehlt und tödlich nervt.

Dieser Anti-Effekt wurde bei mir noch verstärkt, als ich allmählich erwachte und meine Umwelt genauer 15 wahrnahm. Ich hörte aufmerksamer den Gesprächen meiner Eltern zu, die sich keineswegs mit dem deckten, was der Lehrer in der Schule erzählte [...]. Dazu kam noch das Fernsehen, das buchstäblich jeden Tag den enormen Qualitätsunterschied in Information 20 und Unterhaltung demonstrierte.

So wurde ich, wie fast alle Kinder und Jugendlichen in diesem Land, zur DDR-spezifischen Schizophrenie erzogen, nämlich in der Schule so zu tun als ob und das zu sagen, was der Lehrer hören wollte, und zu Hause, 25 unter Freunden die eigene wirkliche Meinung zu sagen. Diese Anpassungsfähigkeit funktioniert erstaunlich reibungslos, wenngleich die Schäden, die die Persönlichkeit dabei nimmt, zwar nicht gleich offen zutage treten, aber dennoch unbestreitbar sind. In der 30 DDR heißt das Acht-Stunden-Ideologie. Dieser Begriff macht deutlich, dass sich die Persönlichkeitsspaltung von der Schule bis in das Berufsleben fortsetzt [...].

(M. Bothe, Die Acht-Stunden-Ideologie, in: Deutschland nach Deutschland, 1988; zit. nach: Praxis Geschichte, H. 4/1993, S. 32)

M2 Gelöbnis zur Jugendweihe, 1957

M3 Das Gelöbnis

GELÖBNIS

LIEBE JUNGE FREUNDE!

Seid ihr bereit, als junge Bürger unserer Deutschen Demokratischen Republik mit uns gemeinsam, getreu der Verfassung, für die große und edle Sache des Sozialismus zu arbeiten und zu kämpfen und das revolutionäre Erbe des Volkes in Ehren zu halten, so antwortet:

JA, DAS GELOBEN WIR!

Seid ihr bereit, als treue Söhne und Töchter unseres Arbeiter-und-Bauern-Staates nach hoher Bildung und Kultur zu streben, Meister eures Faches zu werden, unentwegt zu lernen und all euer Wissen und Können für die Verwirklichung unserer großen humanistischen Ideale einzusetzen, so antwortet:

JA, DAS GELOBEN WIR!

Seid ihr bereit, als würdige Mitglieder der sozialistischen Gemeinschaft stets in kameradschaftlicher Zusammenarbeit, gegenseitiger Achtung und Hilfe zu handeln und euren Weg zum persönlichen Glück immer mit dem Kampf für das Glück des Volkes zu vereinen, so antwortet:

JA, DAS GELOBEN WIR!

Seid ihr bereit, als wahre Patrioten die feste Freundschaft mit der Sowjetunion weiter zu vertiefen, den Bruderbund mit den sozialistischen Ländern zu stärken, im Geiste des proletarischen Internationalismus zu kämpfen, den Frieden zu schützen und den Sozialismus gegen jeden imperialistischen Angriff zu verteidigen, so antwortet:

JA, DAS GELOBEN WIR!

Wir haben euer Gelöbnis vernommen. Ihr habt euch ein hohes und edles Ziel gesetzt. Feierlich nehmen wir euch auf in die große Gemeinschaft des werktätigen Volkes, das unter Führung der Arbeiterklasse und ihrer revolutionären Partei, einig im Willen und im Handeln, die entwickelte sozialistische Gesellschaft in der Deutschen Demokratischen Republik errichtet.

Wir übertragen euch eine hohe Verantwortung. Jederzeit werden wir euch mit Rat und Tat helfen, die sozialistische Zukunft schöpferisch zu gestalten.

ZUM FESTTAG DER JUGENDWEIHE WÜNSCHEN WIR DIR

Marschner Karin

ALLES GUTE UND VIEL ERFOLG IN DEINEM KÜNFTIGEN LEBEN UND SCHAFFEN FÜR UNSERE DEUTSCHE DEMOKRATISCHE REPUBLIK

M4 Das Hemd

Eine westdeutsche Journalistin berichtete 1982 von einem Besuch bei Abiturienten in der DDR:

Hat sich jemand am Morgen überlegt, was er heute anzieht? „Wir mussten heute im FDJ-Hemd kommen", erläutert mir die FDJ-Sekretärin Monika in der Jeans-Latzhose, „weil wir eine Russisch-Arbeit ge-
5 schrieben haben. Bei Prüfungen und Examen wird in festlicher Kleidung verteidigt. (In der DDR werden Titel und Examensarbeiten „verteidigt".) Bei uns ist die festliche Kleidung das FDJ-Hemd.

(Marlies Menge, Abitur – Die große Prämie in der DDR; in: Zeit-Magazin, Nr. 18/30.4.1982, S. 51)

M5 Abschrift eines Reifezeugnisses

Reifezeugnis
DEUTSCHE DEMOKRATISCHE REPUBLIK
Michael …
Geb. am
Hat die erweiterte allgemeinbildende polytechnische Oberschule besucht und sich der Reifeprüfung unterzogen.
GESAMTEINSCHÄTZUNG
Michael konnte seinen Leistungsstand im Vergleich zum Vorjahr erheblich verbessern. Er hat es in diesem Schuljahr besser verstanden, seine Arbeit zu planen, und ist in seiner Arbeitsweise kontinuierlicher geworden. Sein Selbstvertrauen ist durch seinen besseren Leistungsstand gewachsen. Michael ordnet sich gut in das Klassenkollektiv ein. Er hat zu seinen Mitschülern im Allgemeinen ein gutes Verhältnis. Er muss es jedoch noch lernen, in manchen Situationen beherrschter aufzutreten, um sein Ansehen zu wahren. Michael hat als Agitator der Klasse eine gute gesellschaftliche Arbeit geleistet. Auch seine Vorbereitung und seine Mitwirkung am Fest der russischen Sprache müssen hervorgehoben werden. Michael hat das FDJ-Studienjahr einer 9. Klasse mitgestaltet und konnte hier für seine Arbeit gelobt werden. Michael zeigt in politischen Diskussionen ein parteiliches Auftreten. Er muss sich aber auch weiterhin bemühen, seine Informationen zu vertiefen, um noch überzeugender vom Marxismus-Leninismus ausgehend argumentieren zu können. In der wissenschaftlich-praktischen Arbeit wurde besonders seine Einsatzbereitschaft hervorgehoben.

M6 Am Rande eines Pfingsttreffens der FDJ, Berlin 1981

Aspekt 4: Frauenbild und Frauenrealität in der DDR

„Es ist in der Tat eine der größten Errungenschaften des Sozialismus, die Gleichberechtigung der Frau in unserem Staat sowohl gesetzlich als auch im Leben weitgehend verwirklicht zu haben. Kein kapitalistisches Land der Erde kann Gleiches von sich behaupten."

Diese Sätze des Staatsratsvorsitzenden Erich Honecker auf dem VIII. Parteitag der SED zeigen, wie stolz die DDR-Führung auf ihre Frauenpolitik war. Mit Recht?

- **Welches Frauenbild vertrat die DDR-Führung?**

- **Entsprach dieses Frauenbild der Wirklichkeit?**

Wir unterscheiden zwischen Anspruch und Wirklichkeit.

1. Projiziert das Plakat (M1) und interpretiert es in einem Vortrag.

2. Bereitet euch in Kleingruppen in folgenden Schritten vor:
   a) Anspruch: Untersucht das Plakat zum internationalen Frauentag (M1): Welches Frauenbild wird deutlich?
   b) Wirklichkeit: Erarbeitet die Motive, Maßnahmen und Folgen der Frauenpolitik der DDR auf der Grundlage des Darstellungstextes.
   c) Euer Urteil: Stimmten der Anspruch der Frauenpolitik und die Lebensrealität von Frauen überein?

M1 Internationaler Frauentag (Plakat des FDGB, 1954)

Der Freie Deutsche Gewerkschaftsbund (FDGB) war die Einheitsgewerkschaft der DDR, der fast alle Berufstätigen angehörten. Etwas mehr als die Hälfte seiner Mitglieder waren Frauen.

Die Frauenpolitik der DDR

Das Ziel der Gleichberechtigung

„Eine wirkliche Gleichberechtigung der Frau ist erst dann vorhanden, wenn sie einen Beruf erlernt hat und imstande ist, eine gesellschaftlich wirklich nützliche Arbeit zu verrichten". Diesen Grundsatz der Frauenpolitik der SED formulierte Walter Ulbricht im Februar 1949. Die Berufstätigkeit von Frauen – auch in sogenannten „Männerberufen" – war in der DDR eine Selbstverständlichkeit. Sie galt als Garant für die wirtschaftliche Unabhängigkeit der Frau.

Allerdings gab es für diese Politik der SED auch andere handfeste Gründe: Die Arbeitskraft der Frauen wurde zum Aufbau der Wirtschaft dringend benötigt.

Verfassung und Gesetze

In Artikel 7 der Verfassung von 1949 hieß es: „Männer und Frauen sind gleichberechtigt". Ein 1950 erlassenes Gesetz sah materielle und soziale Hilfen für werktätige Frauen und Mütter vor, zum Beispiel durch Kindergeld und Betreuungseinrichtungen für Kinder. Die berufliche Ausbildung und Qualifikation von Frauen wurde seit 1961 besonders gefördert.

Ausbildung und Beruf

Ende der 1980er-Jahre war der Beschäftigungsgrad von Frauen in der DDR einer der höchsten der Welt: 78,1 % aller Frauen waren erwerbstätig; wenn man Frauen in der Ausbildung oder im Studium hinzuzählt, waren es sogar 91,2 %.

Mädchen strebten ebenso wie die Jungen eine solide Berufsausbildung an. Weit häufiger als in der Bundesrepublik begannen in der DDR Mädchen und Frauen ihre Berufsausbildung in technischen, naturwissenschaftlichen und mathematischen Fachrichtungen.

Sozialpolitik

In den 1970er-Jahren signalisierten steigende Scheidungsquoten und sinkende Geburtenraten Probleme, die sich für viele Frauen aus der Doppelbelastung ergeben hatten. Deshalb ergriff die Staatsführung Maßnahmen zur Entlastung berufstätiger Mütter und junger Familien: Bau von zusätzlichen Wohnungen für junge Familien, Erhöhung des Kindergeldes, Verkürzung der Arbeitszeit für Mütter, bezahlte Freistellung bei Krankheit der Kinder. Außerdem wurden die Einrichtungen der Kinderbetreuung weiter ausgebaut: 1982 waren rund 65 % der ein- bis dreijährigen Kinder in einer Kinderkrippe und 90 % der drei- bis sechsjährigen Kinder in einem Kindergarten untergebracht.

M2 VEB Leunawerke „Walter Ulbricht" (1984)

Rollenbilder

Obwohl Väter und Mütter rechtlich in gleicher Weise für die Erziehung der Kinder verantwortlich waren, richteten sich alle diese Maßnahmen vornehmlich an Mütter. Dadurch verfestigten sich traditionelle Rollenstrukturen (vgl. auch S. 222 f.) in der Familie eher. Das Bild des Mannes als „Hauptverdiener" blieb auch in der DDR bestehen.

Frauen und Politik

Die sozialpolitischen „Errungenschaften" verfehlten in der DDR ihre Wirkung nicht: Sie trugen wesentlich zur Identifikation der Bürgerinnen der DDR mit ihrem Staat bei. Dennoch blieben Widersprüche. Dazu gehörte, dass in allen Führungspositionen erheblich mehr Männer als Frauen arbeiteten. In den politischen Organen der Parteien und des Staates waren Frauen kaum vertreten. Im Politbüro der SED gab es über die gesamte Dauer der Existenz der DDR niemals eine Frau als stimmberechtigtes Mitglied.

M3 Kinderkrippe (1968)

Kinderkrippen erleichterten Frauen in der DDR die Berufstätigkeit.

„Schild der Partei" – die Stasi

„Schild der Partei" – so verstand sich das Ministerium für Staatssicherheit (MfS) selbst. Es sollte die Herrschaft der SED vor staatsfeindlichen Bestrebungen schützen.

Dies sind eure **Forschungsfragen:**

- **Wie arbeitete das Ministerium für Staatssicherheit in der DDR?**

- **Welchen Einfluss hatte es auf den Lebenslauf von Bürgern der DDR?**

- **Wie urteilen wir heute über die Aktivitäten der Stasi?**

Wir untersuchen und beurteilen das Handeln von Menschen im Kontext ihrer zeitgenössischen Wertvorstellungen.

Als **Forschungsgrundlage** stehen euch Darstellungstexte und – als Quellen – Akten der Staatssicherheit in Auszügen zur Verfügung.

Geschichte konkret:

1. Der Fall: Informiert euch über den Fall Matthias und Elke Seifert (Schritte 1 und 2 der Methode).

2. Das Urteil: Entwickelt in Kleingruppen eure eigenen Werturteile (Schritte 3–6 der Methode). Sie können durchaus unterschiedlich sein.

3. Stellt eure Werturteile in der Klasse zur Diskussion.

Methode Werturteile formulieren

Oft urteilen Menschen über denselben Sachverhalt unterschiedlich. Das ist bei Historikerinnen und Historikern nicht anders. Ihre Deutungen von Geschichte unterscheiden sich, je nachdem mit welcher wertenden Grundhaltung sie einen Sachverhalt betrachten. Ein solches Urteil nennt man „Werturteil".

Wenn ihr ein Werturteil formulieren wollt, geht ihr am besten in diesen Schritten vor:

1. Schritt: Leitfrage festlegen	Unter welcher Fragestellung wollt ihr über welche Thematik urteilen?
2. Schritt: Sache klären	Klärt den historischen Vorgang und die historischen Fakten so exakt wie möglich.
3. Schritt: Zeitgenössische Wertvorstellungen	Untersucht, welche Werte für die Zeitgenossen denkbar (Werthorizont) waren und nach welchen Werten sie sich tatsächlich richteten.
4. Schritt: Eigene Wertvorstellungen	Überlegt, welche Werte für euch wichtig sind, wenn ihr aus heutiger Sicht urteilt.
5. Schritt: Grenzen des Urteils	Überlegt, ob ihr genügend informiert seid, um ein Urteil zu fällen. Stellt ggf. weitere Fragen.
6. Schritt: Werturteil formulieren	Formuliert euer Urteil zusammenfassend. Nennt dabei ausdrücklich die Werte, die für euer Urteil wichtig sind.

Das Ministerium für Staatssicherheit

Das Ministerium für Staatsicherheit (MfS) – von der Bevölkerung nur kurz „die Stasi" genannt – war eine Hauptstütze der Herrschaft der SED. Das MfS war eine Art Geheimpolizei, die die Bürger der DDR überwachte und eigene Gefängnisse und Verhörzentren unterhielt.

Bei ihrer Auflösung im Jahr 1989 arbeiteten nicht weniger als 91 000 hauptamtliche und 173 000 „Inoffizielle Mitarbeiter" (IM) für die Stasi. Rein rechnerisch stand damit ein Mitarbeiter der Stasi 60 Menschen gegenüber. Die Ausweitung des Stasi-Apparates und insbesondere des Netzes der „Inoffiziellen Mitarbeiter" zeugt von dem Grundmisstrauen der SED-Führung dem eigenen Volk gegenüber. Für alle Menschen, die in irgendeiner Weise nicht mit der SED konform gingen, blieb die Stasi eine ständige Bedrohung.

Die Akten der Staatssicherheit

Das Ministerium für Staatssicherheit hatte alle Überwachungsaktionen genauestens und schriftlich dokumentiert. Unmittelbar nach der Revolution im November 1989 begannen Mitarbeiter, die Akten zu vernichten, aber schon Anfang Dezember 1989 besetzten Bürgerrechtler die Zentrale der Staatssicherheit in Ostberlin und retteten den Großteil der ungefähr 180 Regalkilometer umfassenden Stasi-Akten. Seit Dezember 1990 – also seit dem Ende der DDR – können ehemalige Bürgerinnen und Bürger der DDR auf Antrag Einsicht in die Akten nehmen, die über sie angelegt worden waren. Viele mussten dabei erkennen, dass sie von Familienmitgliedern, Freunden oder Bekannten, denen sie damals vertraut hatten, bespitzelt worden waren.

Der Fall Matthias und Elke Seifert

Die Hintergründe

Die Überwachung des Ehepaars Matthias und Elke Seifert (die Namen sind geändert) ist kein spektakulärer Fall, sondern war eher ein alltäglicher Vorgang, wie er tausendfach in der DDR üblich war.

Matthias Seifert war Lehrer an einer Oberschule in Brandenburg und arbeitete zugleich für das Bildungsfernsehen der DDR. Seine Frau Elke war Sonderschullehrerin und hatte Ende der 1970er-Jahre ein Studium für Rehabilitationspädagogik an der Martin-Luther-Universität in Halle begonnen. Das Ehepaar hatte zwei Kinder.

M1 Bericht der KD Brandenburg (25.3.1977)

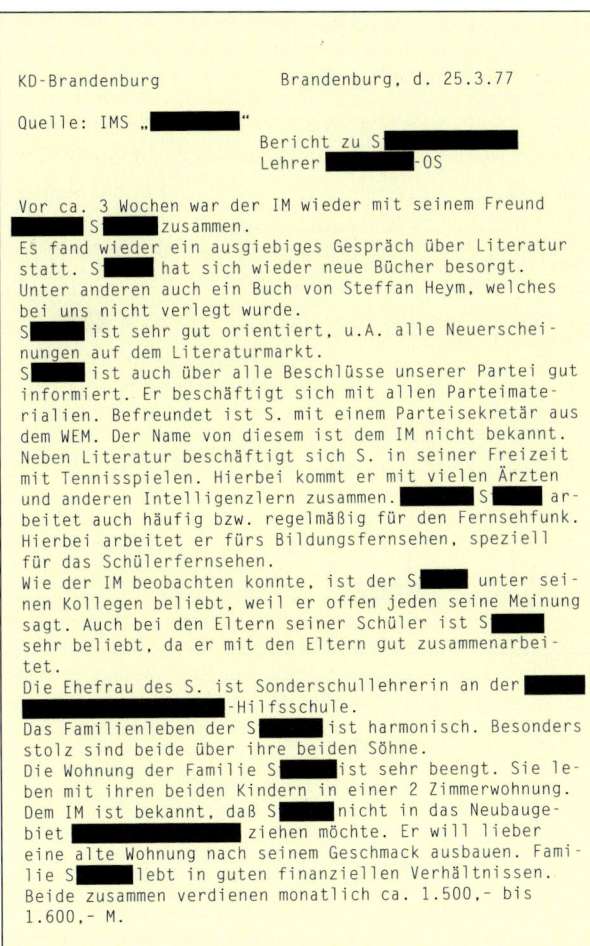

M2 Bericht der KD Brandenburg (13.5.1977)

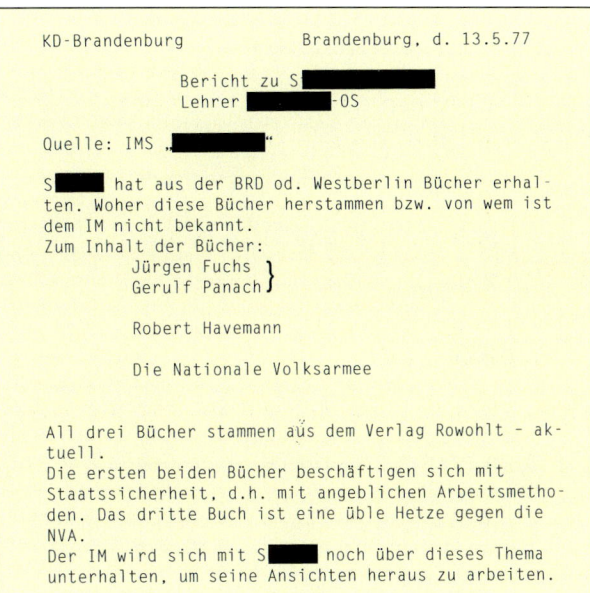

M3 Beschluss der BV Potsdam (23.2.1981)

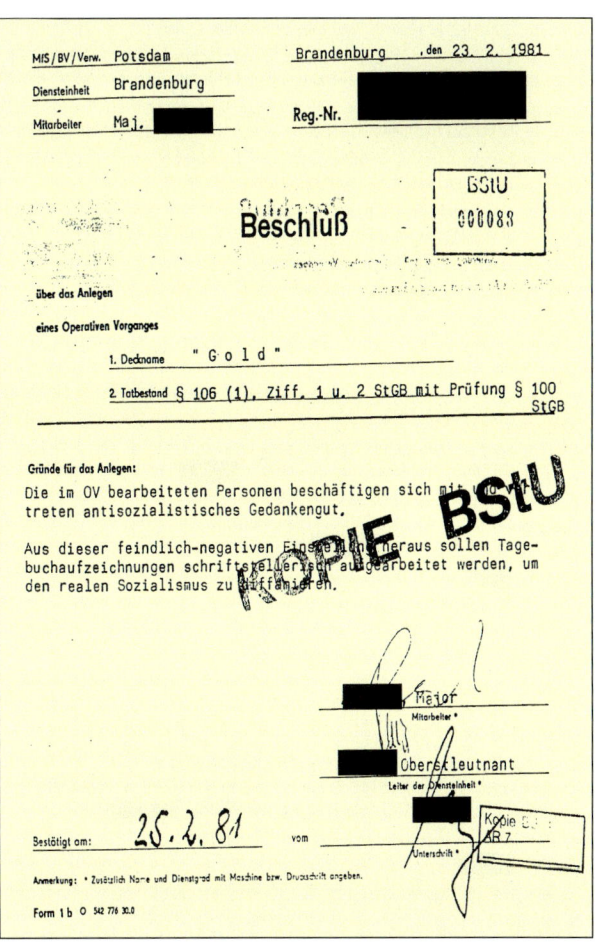

Aus Gründen des Persönlichkeitsschutzes sind Namen in den Akten geschwärzt oder geändert.

M4 Operativplan der KD Brandenburg (23.2.1981)

Operativplan zum   OV   „Gold"

1. Zielstellung

- Vorbeugende Verhinderung eines feindlich-negativen Wirksamwerdens in der Öffentlichkeit;
- Aufklärung der konkreten Pläne, Absichten und Handlungen sowie deren strafrechtliche Relevanz;
- Aufklärung des Charakters der operativ-bedeutsamen Verbindungen insbesondere in die BRD und WB.

2. Operative Maßnahmen

2.1. Einsatz von IM/GMS

1. IMB „_____"

Der IMB ist derzeitig der einzigste IM, der in der privaten Sphäre eingesetzt ist.

- Informationsbedarf

  o weitere Aufklärung des Persönlichkeitsbildes
  o Aufklärung der Wohnung
  o Feststellung, wo die schriftlichen Aufzeichnungen des S. liegen, wie sind sie gesichert und welche Möglichkeiten des Zugriffs bestehen?
  o Beschaffung des Wohnungsschlüssels bzw. welche Möglichkeiten des Zugriffs bestehen?
  o Feststellung, ob bei Abwesenheit der Familie S. jemand die Wohnung betreut.
  o Wie ist der Kontakt der Familie S. im Hause?
  o Urlaubspläne der Familie S. im Jahre 1981
  o Wie akurat ist die Ordnung in der Wohnung des S.? Stellen sie geringfügige Veränderungen fest? Machen sie sich Markierungen?
  o Feststellung des Standes der schriftstellerischen Arbeit
  o Der S. ist zu veranlassen, dem IM Einblick in seine Arbeit zu geben bzw. Lesungen zu tätigen.
  o Herausarbeiten: Wer hat alles und in welchem Umfang Kenntnis von seinem schriftstellerischen Vorhaben?
  o Wann, wo und über wen will der S. veröffentlichen?
  o Aufklärung anderer feindlich-negativer Pläne, Absichten und Handlungen durch den S.
  o Gibt es durch den S. Fehlverhaltensweisen bzw. kriminelle Handlungen?
  o Aufklärung des Umgangskreises der Familie S., insbesondere in das NSA
  o Herstellung eines Vertrauensverhältnisses zu den NSA-Kontakten, insbesondere zu dem S., _____ (entsprechend den Möglichkeiten bei Einreisen).

    Termin: 10. 3. 1981, 24. 3. 1981, 7. 4. 1981
    verantw.: Major _____

2. GMS „____"

Der GMS wohnt im Hause der bearbeiteten Person. Die Ehrlichkeit und Zuverlässigkeit des GMS ist gegeben. Persönliche Kontakte zu den OV-Personen bestehen nicht.

Der GMS wird eingesetzt im Rahmen der Aufklärung, Beobachtung und Durchführung der konspirativen Hausdurchsuchung sowie der spezifischen Maßnahmen 26 „B". Des weiteren wird der GMS eingesetzt zur Aufklärung des Umgangskreises, des Persönlichkeitsbildes und der Lebensgewohnheiten der Familie S.
Zu diesem Zweck erfolgt Treffteilnahme zur persönlichen Auftragserteilung und Instruierung durch Maj. _____.
[…]

3. IMS „____"

Bei dem IMS handelt es sich um einen leitenden Mitarbeiter der

Abt. Volksbildung. Die Ehrlichkeit und Zuverlässigkeit ist gegeben.

- Einsatzrichtung

  o Aufklärung und Vervollständigung des Persönlichkeitsbildes, des Umgangskreises der Familie S.
  o Aufklärung der Lehrer, die an der Schule des S. und seiner Ehefrau tätig sind
  o Verhinderung des Einsatzes des S. und seiner Ehefrau in leitenden Stellungen
  o Bindung des S. bei der Durchführung der operativ-technischen Maßnahmen

    Termin: 27.2.81, 6.3.81, 13.3.81 und danach bei Notwendigkeit
    verantw.: Ltn. _____

4. Suche, Auswahl und Gewinnung eines IM/GMS an der OS „_____"

Die OV-Person ist an der OS „_____" tätig. Zur Absicherung des S. im Arbeitsbereich ist ein IM/GMS zu schaffen.
[…]

2.2. Einsatz weiterer operativer Kräfte und Mittel

1. Zur Beweisführung der staatsfeindlichen Tätigkeit ist eine konspirative Wohnungsdurchsuchung bei dem S. durchzuführen. Das Ziel ist die Dokumentierung seines Tagebuches, seiner schriftstellerischen Aufzeichnungen und die Literatur mit antisozialistischem Inhalt
[…]

6. BV Halle, Abt. XX

Die Ehefrau der OV-Person studiert zur Zeit in ____ Sonderpädagogik. Durchführung einer persönlichen Absprache mit der Zielstellung:

- Prüfung der Einführung eines IM
- operative Kontrolle während ihres Aufenthaltes in ____
- weitere Aufklärung des S.
- Verhinderung eines feindlich-negativen Wirksamwerdens
- Erarbeitung von Informationen zu Fehlverhaltensweisen, die zur vorzeitigen Beendigung des Studiums führen könnten.
[…]
- Prüfung von Möglichkeiten, die S. zu zwingen, eine klare politische Haltung zu zeigen, um ihre wahre politische Einstellung herauszuarbeiten.
- Überprüfung der Seminargruppe mit dem Ziel der Herausarbeitung operativ nutzbarer Personen

    Termin: 16.3.81
    verantw.: Maj. _____
    […]

4. Zusammenwirken mit anderen Einrichtungen

- Über die Abt. Volksbildung ist durchzusetzen, daß die S. in keine leitende Stellung eingesetzt wird.

    Termin: 28.2.81
    verantw.: Maj. _____

- Über die Abt. Volksbildung ist durchzusetzen, daß der S. keine außerplanmäßige Aspirantur erhält und in keine leitende Stellung eingesetzt wird.

    Termin: 28.2.81
    Verantw.: Maj. _____

Nach Abarbeitung der Maßnahmen erfolgt eine erneute Zwischeneinschätzung zum Stand der Bearbeitung sowie die Erarbeitung eines neuen Operativplanes.

Die Kontrolle der Maßnahmen erfolgt direkt durch den Leiter der KD - Gen. OSL _____.

M5 Schreiben der KD Brandenburg an die BV Halle, Abteilung XX (6.3.1981)

Unterstützung bei der Realisierung von politisch-operativen Maßnahmen im Rahmen des OV „G o l d"

Wir bitten Ihre DE um Unterstützung bei der Realisierung von politisch-operativen Maßnahmen im Rahmen des OV „Gold". Im OV „Gold" werden Personen wegen des begründeten Verdachts der Verletzung der Straftatsbestände gem. §§ 100 und 106 StGB bearbeitet. Zur Verhinderung eines Öffentlichkeitswirksamwerdens bitten wir um terminlich kurzfristige und aktive Unterstützung bei der Ralisierung von Maßnahmen in Ihrem Verantwortungsbereich.

Die Person

S▓▓▓▓▓ Elke geb. ▓▓▓▓▓
[…] geb. am

absolviert zur Zeit ein Studium an der „Martin-Luther-Universität" an der Sektion Erziehungswissenschaften/Rehabilitationspädagogik ▓▓▓▓▓. Die Person S▓▓▓, Elke und ihr Ehemann werden im genannten OV bearbeitet. Beide Personen vertreten eine politisch feindlich-negative Einstellung zur DDR und der sozialistischen Staatengemeinschaft. Sie verfügen über umfangreiche antisozialistische Literatur, die aus der BRD/WB eingeführt wurde. Es besteht der dringende Verdacht, daß der Ehemann antisozialistische Schriften verfaßt, die in die BRD zur Veröffentlichung verbracht werden sollen. Die Ehefrau identifiziert sich mit dem Gedankengut ihres Ehemannes und ist bestrebt, aus der SED auszutreten, was aber zur Zeit wegen des gewünschten Studienabschlusses nicht weitergeführt wird.

Wir bitten Sie um Unterstützung bei der Realisierung nachfolgender Maßnahmen:

1. Prüfung der Einführung eines IM Ihrer DE oder Suche, Auswahl und Gewinnung eines geeigneten IM für die Bearbeitung der S.
2. Beschaffung der Stundenpläne der S.
3. Beschaffung von Handschriftenmaterial und Schreibmaschinenschriften (wenn der S. eine Schreibmaschine zugänglich ist) für die Schriftenfahndung
4. Listen der Seminargruppen zur Überprüfung in der Abt. XII mit dem Ziel der Prüfung von vorhandenen IM-Möglichkeiten
5. konspirative Hausdurchsuchung in dem Internat - Schriften-, Adressenmaterial und Wohnungsschlüssel sind zu sichern
6. Bei der Durchführung von spezifischen Maßnahmen in Brandenburg, die Person S. in ▓▓▓ unter Kontrolle zu halten.
7. Prüfung von Möglichkeiten der Verhinderung eines feindlich-negativen Wirksamwerdens während Aufenthaltes in ▓▓▓ und Erarbeitung von Informationen zu Fehlverhaltensweisen, die zielgerichtet genutzt werden können.

Zur Koordinierung der Zusammenarbeit wird der Gen. Hptm. ▓▓▓ unserer KD sich mit Ihrer DE persönlich in Verbindung setzen.

M6 Schreiben der BV Halle an die KD Brandenburg (8.3.1982)

S▓▓▓, elke
[…]

konnte durch offensive masznahmen im rahmen der vorgangsmaeszigen bearbeitung politischer untergrundtaetigkeit im dv 'zentrum' unserer diensteinheit erreicht weden, dasz die s. im ergebnis eines parteiverfahrens aus der sed ausgeschlossen werden soll. in auswertung offizieller auswertbarer informationen wird vom ministerium für volksbildung eine entscheidung getroffen, die zum entzug der lehrbetaetigung fuehren kann und ueber den zustaendigen kreisschulrat eingeleitet wird.

inoffiziell wurde bekannt, dasz die s. in dieser woche ihren kreisschulrat aufsuchen wird, um den moeglichen sanktionen zuvorzukommen bzw. entgegenzuwirken.

weiterhin unterhält die s. enge vebindunen zum pfarrer in ▓▓▓ ▓▓▓, der von der gesamten problematik kenntnis hat un d die s. bezueglich ihres weitern vorgehens beraet.

wir bitten um einleitung enzsprechender vorbeugender masznahmen die die realisierung moeglicher sanktionen garantieren. bzw. ein weitere politisch-negatives auftreten in verbindung mit aktivitaeten der kirche verhindern.

M7 Schreiben des Ministeriums für Volksbildung an den Bezirksschulrat in Potsdam (Datum unleserlich)

Werter Genosse Bezirksschulrat !

Wie bereits telefonisch vereinbart, ist die Delegierung für Genn. S▓▓▓, Elke, […] zum Zusatzstudium Rehabilitationspädagogik der Martin-Luther-Universität ▓▓▓ mit sofortiger Wirkung zurückzuziehen.

Die persönliche Aussprache mit Genn. S▓▓▓ dient der Information, daß ihre Delegierung zum Zusatzstudium an der Martin-Luther-Universität ▓▓▓ wegen verfassungsfeindlicher Tätigkeit zurückgezogen wird und die weitere Auseinandersetzung im Kollektiv ihrer bisherigen Schule erfolgt.

Der zuständige Kreisschulrat ist zu beauftragen, diese politische Auseinandersetzung im jeweiligen Pädagogenkollektiv gut vorzubereiten.

Im Ergebnis der Auseinandersetzung ist das Disziplinarverfahren einzuleiten und mit der fristlosen Entlassung zu beenden.

Die Kaderabteilung des Ministeriums für Volksbildung ist über die Durchführung schriftlich zu informieren.

Mit sozialistischem Gruß
[…]

Abkürzungen in den Akten

OV „Operativer Vorgang" – Bezeichnung für eine Maßnahme der Stasi, wie zum Beispiel die Observierung von Personen

BV „Bezirksverwaltung" des Ministeriums für Staatssicherheit

KD „Kreisdienststelle" des Ministeriums für Staatssicherheit

DE Diensteinheit

IMS „Inoffizieller Mitarbeiter Staatssicherheit" – verdeckt arbeitende Ermittler im Auftrag der Stasi. Die IMS wurden von der Stasi meist für besondere Vorgänge angeworben. Sie wurden zu ihrer Tätigkeit teils mit Versprechungen gelockt, teils mit Druckmitteln gezwungen.

GMS „Gesellschaftlicher Mitarbeiter Staatssicherheit" – verdeckt arbeitende Ermittler der Stasi, die den Auftrag hatten, ihr soziales Umfeld (Wohnviertel, Betrieb etc.) zu beobachten.

NVA „Nationale Volksarmee"

Gen. „Genosse"

OSL „Oberstleutnant" – die hauptamtlichen Mitarbeiter des MfS trugen militärische Dienstgrade.

OS „Oberschule" – bezeichnet die Oberschule, an der S. als Lehrer arbeitete.

BstU „Behörde für Staatssicherheitsunterlagen" – diese Behörde versieht alle Kopien von Aktenstücken, die sie auf Antrag aushändigt, mit einem Stempel.

STOPP – Ein Blick zurück

Szenen aus Berlin:
Experten rekonstruieren Geschichte

Mithilfe der Fotos könnt Ihr wichtige Stationen der wechselvollen Geschichte der Deutschen nach dem Ende des Zweiten Weltkrieges rekonstruieren.

So könnt ihr vorgehen:

1 Wählt in Kleingruppen jeweils eines der Fotos aus und erarbeitet die historischen Zusammenhänge, in denen es entstand.

2 Stellt fest, wie diese Zusammenhänge in den Fotos zum Ausdruck kommen.

3 Präsentiert „euer" Foto und eure Rekonstruktion der dazugehörigen Geschichte im Rahmen einer chronologisch angelegten Stafettenpräsentation (s. S. 210).

Ich kann sachkompetent …

→ Begriffe erklären.

→ Schlüsselereignisse erläutern.

→ historisches Geschehen zusammenhängend beschreiben.

→ charakteristische Merkmale von Entwicklungen benennen.

• Potsdamer Abkommen • Besatzungszonen • Entnazifizierung • Grundgesetz • Soziale Marktwirtschaft • Westintegration • Ostpolitik • Sozialistische Demokratie • Planwirtschaft

Runder Tisch: Ihr sollt erworbenes Wissen nutzen, um für ein Schülerlexikon eigenständig Kurzeinträge zu den Stichworten zu formulieren.

1. Teilt die Stichworte unter euch auf und erarbeitet zunächst in Einzelarbeit einen Lösungsvorschlag.
2. Lasst die Arbeitsblätter rotieren. Die übrigen drei Partner ergänzen und korrigieren.
3. Erörtert, welche Informationen für den Eintrag unverzichtbar sind. **Tipp zum Vergleich:** „Begriffe zum Nachschlagen", Register (s. S. 302 ff.).

Mit diesen Methoden kann ich arbeiten:

→ Exzerpieren
→ Hypothesen aufstellen
→ Stafettenpräsentation
→ Baumgrafik

→ Podiumsdiskussion
→ Dokumentieren
→ Werturteile formulieren

M1 Berlin, Mai 1945

M2 Berlin, September 1948

M3 Berlin, Juni 1953

M4 Berlin, August 1961

M5 Berlin, August 1961

M6 Berlin, August 1961

M7 Berlin, Juni 1963

M8 Berlin, April 1968

M9 Berlin, November 1989

Ein Vorgriff auf das nächste Kapitel …

Die weltpolitische Wende und die deutsche Einheit

250

10.11.1989:

Am Morgen nach der Öffnung der innerdeutschen Grenze klettern Ost- und Westberliner auf die Mauer am Brandenburger Tor.

Jahrzehntelang hatte der Todesstreifen mitten durch Berlin die Teilung der Welt in Ost und West in ihrer ganzen absurden Ungeheuerlichkeit besonders drastisch symbolisiert.

Damit war es jetzt vorbei. Der weltweite Ost-West-Konflikt war zu Ende gegangen.

In Deutschland hatte eine Revolution die DDR erschüttert und die Herrschaft der SED gestürzt. Damit war auch der Weg frei für ein neues, geeintes Deutschland.

- **Die Lösung des Ost-West-Konfliktes: Wie und aus welchen Gründen löste sich der Ost-West-Konflikt auf?**
- **Die „Friedliche Revolution" in der DDR: Wie verlief sie und warum war sie erfolgreich?**
- **Die deutsche Einheit: Wie wurde sie erreicht?**

251

Das Ende des Ost-West-Konfliktes

Den Anfang vom Ende des Kalten Krieges kann man auf das Jahr 1985 datieren. In diesem Jahr wurde Michail Gorbatschow Staatschef der Sowjetunion. Seine Reformen führten – von ihm selbst unbeabsichtigt und für die Zeitgenossen völlig überraschend – in den Jahren 1989–91 zum Ende der kommunistischen Staats- und Gesellschaftsordnung in der Sowjetunion und den anderen Ostblockstaaten.

Damit entfiel der ideologische Gegensatz, der den Ost-West-Konflikt begründet hatte. 1991 löste sich die Sowjetunion selbst auf. Die Nachfolgestaaten der einstigen Supermacht gründeten einen lockeren Staatenverbund, die „Gemeinschaft Unabhängiger Staaten" (GUS).

Das Ende des 20. Jahrhunderts

In den Jahren 1989–91 endete nicht nur der Ost-West-Konflikt, sondern ein ganzes Jahrhundert. Dieses „Jahrhundert der Ideologien" hatte mit dem Epochenjahr 1917 begonnen. Nach der Urkatastrophe des Ersten Weltkrieges und der russischen Revolution hatte der Kampf zwischen den drei Ideologien Kommunismus, Faschismus/Nationalsozialismus und liberale Demokratie begonnen und das ganze Jahrhundert bestimmt. Dieser rücksichtslos geführte Kampf hatte unvorstellbar viele Todesopfer – besonders im Zweiten Weltkrieg – gefordert und in seiner Schlussphase, dem Kalten Krieg, durch die atomare Bewaffnung die Menschheit sogar in ihrer gesamten Existenz bedroht.

Die Friedliche Revolution in der DDR

Die Reformen in der Sowjetunion hatten eine doppelte Wirkung auf die DDR: Erstens schwächten sie die kommunistische Staatsführung, die ihre Rückendeckung verlor. Zweitens ermutigten sie die Bevölkerung, nun auch in ihrem eigenen Staat Reformen zu fordern. In der „Friedlichen Revolution" des Jahres 1989 stürzte die Oppositionsbewegung in der DDR die Herrschaft der SED und erzwang am 9.11.1989 die Öffnung der innerdeutschen Grenze.

Ein Bild aus dem 20. Jahrhundert – Deutschland, 1.9.1994:
Mit dem letzten Truppentransport verlässt dieser sowjetische Soldat als letzter deutschen Boden. Damit war der Abzug von 380 000 Soldaten aus Russland und anderen Nachfolgestaaten der Sowjetunion abgeschlossen. Die einstige Schutzmacht der DDR hatte sich zurückgezogen und damit den Weg für die Deutsche Einheit frei gemacht.

Die Deutsche Einheit

In freien Wahlen – den ersten in der Geschichte der DDR – entschied sich die Bevölkerung der DDR im März 1990 für die Abschaffung ihres eigenen Staates und ihren Beitritt zur westlichen Bundesrepublik. Nach komplizierten

1985
Michail Gorbatschow wird Staatschef in der Sowjetunion, Beginn der Reformpolitik in der Sowjetunion.

1989
Revolutionen in den Ostblockstaaten, „Friedliche Revolution" in der DDR, Öffnung der Berliner Mauer

1990
Deutsche Einheit

1991
Auflösung der Sowjetunion und des Warschauer Paktes

Ein Überblick

Verhandlungen zwischen der neuen, frei gewählten Regierung der DDR und der Regierung der Bundesrepublik sowie den Siegermächten des Zweiten Weltkrieges und den europäischen Nachbarstaaten war es am 3. Oktober 1990 soweit: Die inzwischen neu gegründeten Bundesländer im Osten traten – wie es im komplizierten Juristendeutsch hieß – „dem Geltungsbereich des Grundgesetzes bei". Einfacher formuliert: Die Deutschen lebten wieder gemeinsam in einem Staat, in der „neuen" Bundesrepublik.

Der Beginn des 21. Jahrhunderts

Nach dem Ende des Ost-West-Konfliktes atmeten die Menschen auf. Wieder schien eine friedlichere, bessere Welt möglich. Nach dem – wie Historiker heute sagen – "kurzen 20. Jahrhundert" (1917–1989/91) begann das 21. Jahrhundert optimistisch.

Heute – gut zwei Jahrzehnte später – ist die Stimmung geteilt. Viele Entwicklungen geben Anlass zur Hoffnung, aber es gibt auch neue Bedrohungen der Sicherheit und des Weltfriedens.

Ein Bild aus dem 21. Jahrhundert – Kuwait 1991: Amerikanische Truppen kämpfen in Kuwait gegen Soldaten des irakischen Diktators Saddam Hussein. Neue Konfliktherde um Rohstoffvorkommen, politische Vorherrschaft, wirtschaftliche Interessen, kulturellen Einfluss und religiöse Überzeugungen bedrohen den Frieden.

2001
Terrorangriff auf das World-Trade-Center in New York, Beginn des „Krieges gegen den Terror", Sturz des Taliban-Regimes in Afghanistan durch internationale Truppen

2003
Koalitionstruppen unter Führung der USA besetzen den Irak.

2004
Osterweiterung der Europäischen Union

2009
Barack Obama wird als erster schwarzer Präsident der USA vereidigt.

Das Ende des Ost-West-Konfliktes

November 1985:
Der sowjetische Parteichef Michail Gorbatschow und der US-Präsident Ronald Reagan treffen in Genf zum ersten Mal aufeinander.

Die Zeitgenossen waren froh, dass die politischen Führer der beiden Supermächte nach Jahren der Anspannung wieder miteinander sprachen. Aber kaum jemand ahnte, dass in dieser Begegnung schon der Keim für eine radikale, für unmöglich gehaltene Wende in der Weltpolitik angelegt war: Schon vier Jahre später – 1989 – löste sich der Ost-West-Konflikt auf.

- **Die Ereignisse: Wie verlief die Auflösung des Ost-West-Konfliktes?**

- **Die Ursachen: Welche Gründe ermöglichten die Lösung des Ost-West-Konfliktes?**

Die Stationen auf dem Weg zur Konfliktlösung

Fragt eure Eltern oder Großeltern: Kaum jemand hätte sich 1985 vorstellen können, dass der Ost-West-Konflikt zu Ende gehen würde – schon gar nicht in so kurzer Zeit. Heute – im Nachhinein – sind Zusammenhänge und Ursachen erkennbar.

- **Welche Stationen führten zur Lösung des Ost-West-Konfliktes?**

Stationen der Stafettenpräsentation:

Wir erläutern historisches Geschehen chronologisch und thematisch geordnet.

Erläutert die historischen Ereignisse („Stationen") zur Lösung des Ost-West-Konfliktes in einer Stafettenpräsentation (Hinweise s. S. 210). Erstellt eure Stafettenpräsentation arbeitsteilig auf der Grundlage des Infotextes.

Schlussakte von Helsinki	Solidarnosc in Polen	„Second cold war"	Reformpolitik in der UdSSR	Abrüstungs-verhandlungen	Ende der UdSSR

Die Schlussakte von Helsinki

Um die Ursachen für das Ende des Ost-West-Konfliktes in den Jahren 1989/90 zu verstehen, muss man weit zurückgehen – bis in das Jahr 1975.

Am 1. August 1975 unterzeichneten Vertreter von 35 Staaten, darunter auch die beiden Supermächte USA und UdSSR sowie die beiden deutschen Staaten, in einer feierlichen Zeremonie die Schlussakte der „Konferenz für Sicherheit und Zusammenarbeit in Europa" (KSZE) in der finnischen Hauptstadt Helsinki.

Die KSZE bildete den Höhepunkt der Entspannungspolitik der 1970er-Jahre, denn es gelang den Teilnehmern über alle Feindschaft hinweg, sich auf bestimmte gemeinsame Grundsätze zu einigen (siehe Kasten).

Die Anerkennung der bestehenden Grenzen und der Verzicht auf militärische Gewalt erhöhten die Sicherheit in Europa. Auf dieser Grundlage wurde die Zusammenarbeit auch über die Blockgrenzen hinweg einfacher. Wirtschaftliche und kulturelle Kontakte nahmen zu und es gab Reiseerleichterungen – auch für Bürger der DDR, die ihre Verwandten im Westen besuchen wollten.

Kurz zusammengefasst:
Die Schlussakte von Helsinki

- ☞ Anerkennung der bestehenden Grenzen in Europa
- ☞ Verzicht auf militärische Gewalt
- ☞ Keine Einmischung in die inneren Angelegenheiten anderer Staaten
- ☞ Achtung der Menschenrechte

Langfristig ebenso bedeutsam war eine vierte Übereinkunft der Konferenz: die gemeinsame Achtung universeller Menschenrechte und Grundfreiheiten. Diese vierte Übereinkunft war zunächst von vielen Zeitgenossen, insbesondere von den Regierungen der Ostblockstaaten, unterschätzt worden.

Tatsächlich entwickelte sie große Sprengkraft. Denn in den Staaten des Ostblocks entstand eine Vielzahl von Bürgerrechtsbewegungen, die gegen die offensichtliche Verletzung der Menschenrechte in ihren Staaten protestierten und die diese Menschenrechte nun auch für sich einforderten. Schließlich hatten ihre eigenen Regierungen ebendiese Menschenrechte in Helsinki ganz offiziell anerkannt.

Nicht selten entwickelten sich aus diesen Bürgerrechtsbewegungen regelrechte Volksbewegungen oder Volksaufstände. Sie bildeten den Keim der späteren Revolutionen in Osteuropa.

Der Streik der „Solidarnosc" in Polen

Im August 1980 begannen polnische Werftarbeiter einen – für sie sehr gefährlichen – Streik. Er richtete sich vordergründig gegen Preiserhöhungen, die die Regierung verfügt hatte. In Wirklichkeit war er Ausdruck des Widerstandes der mehrheitlich katholischen Bevölkerung gegen die kommunistische Regierung.

Die streikenden Arbeiter organisierten sich in der Gewerkschaft „Solidarnosc" (= Solidarität). Sie forderten freie Wahlen, Rede- und Pressefreiheit, die Freilassung von politischen Gefangenen und unabhängige Gerichte. Die kommunistische Regierung zeigte sich zunächst verhandlungsbereit. Als die Streikbewegung aber schließlich das ganze Land erfasste, zog sie am 13.12.1981 die Notbremse und verhängte das Kriegsrecht – angeblich auch, um eine sowjetische Invasion zu verhindern. Arbeiterführer und Oppositionelle wurden verhaftet, die Gewerkschaft „Solidarnosc" verboten.

Damit war die Streikbewegung in Polen zwar zunächst gescheitert. Aber: Sie blieb weiterhin – vor allem in den Ostblockstaaten – ein Vorbild für den Widerstand gegen kommunistische Regime, die ganz offensichtlich gegen die Menschenrechte verstießen.

Der „Second cold war"

Ende der 1970er- und Anfang der 1980er-Jahre verschärfte sich der Ost-West-Konflikt wieder. Deshalb nennen Historiker diese Zeit „Second cold war".

Die Sowjetunion stationierte neue atomare Mittelstreckenraketen in Osteuropa, die alle westeuropäischen Städte bedrohen konnten. Der Westen reagierte 1979 mit dem sogenannten „NATO-Doppelbeschluss" (siehe Kasten). Diese Entwicklung verstärkte die Angst der Menschen vor einem Atomkrieg erneut; viele gaben ihrer Sorge in Protesten und Demonstrationen Ausdruck.

Der NATO-Doppelbeschluss (1979)

Beschluss 1: Wenn der Warschauer Pakt seine neuen atomaren Mittelstreckenraketen wieder abbaut, wird die NATO keine neuen Atomraketen installieren und zu weiteren Abrüstungsverhandlungen bereit sein.

Beschluss 2: Wenn der Warschauer Pakt seine neuen atomaren Mittelstreckenraketen nicht wieder abbaut, wird die NATO ebenfalls neue Atomraketen installieren.

Etwa zeitgleich marschierte die Sowjetunion im Dezember 1979 mit ihren Truppen in Afghanistan ein, um der dortigen kommunistischen Regierung gegen islamistische Rebellen zur Seite zu stehen. Für viele Menschen im Westen war dies ein weiterer Beweis für die Machtbestrebungen der UdSSR.

„Star Wars"

Im Jahr 1981 wurde der Republikaner Ronald Reagan zum Präsidenten der USA gewählt. Er vertrat eine harte Linie gegenüber der UdSSR, die er als „Reich des Bösen" bezeichnete. Er kündigte ein umfassendes Programm zur militärischen Aufrüstung im Weltraum an. Schon die Zeitgenossen gaben diesem Programm den Namen „Star Wars".

Mit diesem Programm trafen die USA die Sowjetunion an einer sehr empfindlichen Stelle: dem Geld. Die Sowjetunion konnte kaum die finanziellen Mittel für einen weiteren Schritt im atomaren Rüstungswettlauf – nun auch noch im Weltraum – aufbringen.

Damit war der Ost-West-Konflikt an einen gefährlichen Wendepunkt gelangt: Würde die UdSSR ebenfalls mit aller Kraft weiter aufrüsten? Würde sie vielleicht einen präventiven Atomschlag ausführen? Würde sie nachgeben?

Michail Gorbatschow und die Reformpolitik in der Sowjetunion

Tatsächlich gab die Sowjetunion nach. Dies war das Verdienst des neuen sowjetischen Staatschefs Michail Gorbatschow, der 1985 an die Macht kam. Gorbatschow wollte sein Land wirtschaftlich voranbringen und deshalb die enormen Kosten für die Atomrüstung senken. Er war zu Verhandlungen mit den USA bereit.

Viele Historiker stimmen darin überein, dass es ein Glücksfall war, dass 1985 mit Michail Gorbatschow ein besonnener Politiker zum Gegenspieler Reagans wurde. Umstritten bleibt aber bis heute, ob es eher die Entspannungspolitik der 1970er-Jahre oder die „Politik der Stärke" Reagans war, die letztlich zur Lösung des Ost-West-Konfliktes führte.

Michail Gorbatschow leitete eine Reformpolitik ein (siehe Kasten), die die offensichtlich gewordene Wirtschaftsmisere des Landes beheben sollte. Dabei setzte er auf eine Belebung des Landes durch die Demokratisierung aller Lebensbereiche. Mehr Freiheiten für alle Bürgerinnen und Bürger sollten Initiative und Leistungsbereitschaft wecken. Die Gesundung der Wirtschaft sollte zum Anliegen des ganzen Volkes werden.

Gorbatschows Reformpolitik (1985 – 1991)

„Perestroika" (= „Umbau"): Entwicklung einer modernen Industriegesellschaft, Dezentralisierung der staatlichen Planwirtschaft

„Glasnost" (= „Offenheit", „Durchsichtigkeit"): Offenheit des politischen Prozesses, freie Meinungsäußerung

---

Die von Gorbatschow in der Sowjetunion proklamierten Reformen zeigten in den Staaten des Warschauer Paktes eine enorme, wohl unvorhersehbare Wirkung. Vor allem in Polen, Ungarn und der Tschechoslowakei wurden Perestroika und Glasnost als Rücknahme des Herrschaftsanspruches der UdSSR über den Ostblock verstanden. Das „neue Denken" Gorbatschows strahlte auch auf diese

Länder aus und ermutigte die dort schon vorhandenen Oppositionsbewegungen.

Die Großmächte verhandeln wieder

Die hohen Kosten des Rüstungswettlaufs zwischen den Großmächten belasteten die Wirtschaft der UdSSR und behinderten Gorbatschows Wirtschaftspolitik. Dies war ein wichtiger Grund dafür, dass die UdSSR seit 1985 neue Verhandlungen mit den USA anregte. Darüber hinaus versuchte Gorbatschow, die UdSSR wirtschaftlich und politisch stärker in die Weltgemeinschaft zu integrieren.

So kam es nun zu Gipfeltreffen zwischen Gorbatschow und dem US-Präsidenten Ronald Reagan in Genf (1985) und in Reykjavik (1986). Die beiden Staatschefs einigten sich auf weitreichende Vereinbarungen zur Abrüstung (s. Kasten).

Abrüstungsvereinbarungen zwischen den USA und der UdSSR (1985/86)

☞ Abbau aller atomaren Mittelstreckenraketen in Europa

☞ Reduzierung der atomaren Langstreckenraketen in den USA und in der UdSSR

☞ Begrenzung der konventionellen Streitkräfte in Europa

☞ Wiederaufnahme der KSZE-Gespräche

Die Revolutionen in Osteuropa

Diese – für die Zeitgenossen sensationellen – Abrüstungsschritte schwächten die Autorität der kommunistischen Regierungen in Osteuropa. Immer wieder hatten sie vor der angeblichen Aggressivität des „imperialistischen" Westens gewarnt und damit auch ihr strenges Regime gerechtfertigt. Nun entfiel diese Rechtfertigung.

Die Reformen in der UdSSR und die internationale Abrüstung – beide Entwicklungen zeigten, dass positive Veränderungen möglich waren! Die Völker Osteuropas wollten auch daran teilhaben. Sie machten sich auf den Weg.

Das Jahr 1989 brachte den ersten nichtkommunistischen Präsidenten in Polen sowie in Ungarn das Ende der Herrschaft der kommunistischen Partei und schließlich eine gewaltlose Revolution. Ähnliches geschah auch in der DDR, obwohl hier die kommunistische Regierung länger Widerstand gegen demokratische Reformen leistete.

In wieder anderen Ländern, wie zum Beispiel in Rumänien, konnten sich die Reformer erst nach harten, blutigen Kämpfen gegen die verhassten kommunistischen Diktatoren durchsetzen.

Das Ende der Sowjetunion

Die UdSSR selbst blieb von diesen Veränderungen nicht ausgenommen. Gorbatschows Reformpolitik hatte Hoffnungen geweckt, die sie nur zum Teil erfüllen konnte. Im Vielvölkerstaat UdSSR verlangten jetzt einige Völker nach einem Ende der russischen Vorherrschaft. Dies beschleunigte den Verfall der UdSSR und versetzte einen Teil der alten Führungsriege in Angst und Schrecken. Die Gegner Gorbatschows versuchten 1991, in einem Putsch gegen ihn die alten Zustände wiederherzustellen. Dieser Putschversuch scheiterte am Widerstand der Bevölkerung.

Danach war die Auflösung der UdSSR nicht mehr aufzuhalten. Im August 1991 trat Gorbatschow zurück. Im Dezember des Jahres 1991 verkündeten die Vertreter von ehemaligen Sowjetstaaten das Ende der UdSSR und gründeten die „Gemeinschaft Unabhängiger Staaten" (GUS).

Schon im April 1991 war der Warschauer Pakt, das Militärbündnis der Ostblockstaaten, aufgelöst worden. Damit war einer der beiden Kontrahenten im Ost-West-Konflikt verschwunden. Schon 1990 hatten die Staats- und Regierungschefs der KSZE in ihrer „Charta für ein neues Europa" die Ära der Konfrontation und der Spaltung Europas für beendet erklärt.

Der Ost-West-Konflikt war zu Ende.

Die neuen Grenzen in Osteuropa nach der Auflösung des Ostblocks (1991)

Die Ursachen der Auflösung des Ost-West-Konfliktes

Das Ende des Ost-West-Konfliktes 1989/90 war eine epochale, für die Zeitgenossen völlig unerwartete positive Entwicklung. In die allgemeine Freude mischte sich die Frage, wem das Verdienst für diese glückliche Wendung zuzusprechen sei. In der anschließenden Diskussion bildeten sich schnell zwei Lager: Für die eine Seite gebührte der Entspannungspolitik dieses Verdienst, für die andere Seite – gerade im Gegenteil – der „Politik der Stärke" Ronald Reagans. Beispielhaft könnt ihr hier zwei Deutungen untersuchen.

- **Wem gebührt das Verdienst, zum Ende des Konfliktes beigetragen zu haben?**

Wir wissen, dass es sich bei der Darstellung von Geschichte um Deutungen handelt.

1. Präsentiert beide Historikerpositionen (M 1, M 2) mithilfe einer Stichwortliste (Plakat, Folie) vor der Klasse.

2. Untersucht zur Vorbereitung arbeitsteilig in Kleingruppen die Texte M 1 und M 2 mithilfe der Methode „Historische Urteile analysieren" (s. S. 100). Nutzt die Erschließungshilfen zum Verständnis des Inhalts.

Loth (M 1)	Kissinger (M 2)
Autor: …	Autor: …
Adressat: …	Adressat: …
Thema: …	Thema: …
Inhalt: …	Inhalt: …
Position:	Position:
(wichtige Ursachen)	(wichtige Ursachen)
1) …	1) …
2) …	2) …
Argumente:	Argumente:
1) …	1) …
2) …	2) …
Kritische Stellungnahme …	Kritische Stellungnahme …

M 1 Wilfried Loth (1990)

Der westdeutsche Historiker Wilfried Loth schrieb 1990:

Dass der Ost-West-Konflikt schließlich doch für alle Beteiligten überraschend schnell zu Ende ging, war […] nicht ein Erfolg westlicher Politik der Stärke[1]. […] Entscheidend für die Überwindung des Sicherheitsdilemmas[2] war vielmehr zunächst das geduldige Beharren all derjenigen, die sich um ein Durchlässigmachen der Blockgrenzen bemühten. Sie trugen damit dazu bei, dass die westlichen Prinzipien im sowjetischen Machtbereich Verbreitung fanden und bis zur Spitze des sowjetischen Imperiums vordrangen, und sie erleichterten mit ihrer Kooperationsbereitschaft der sowjetischen Führung den Abschied von den alten Einkreisungsängsten[3].

Entscheidend war sodann vor allem, dass Michail Gorbatschow und die Reformen, für die er steht, den Schritt aus der Festung des Kalten Kriegs heraus tatsächlich gewagt haben […]. Dieser Schritt folgte gewiss aus der Einsicht in die desolate Lage des Sowjetimperiums; er wurde mit dem Mut der Verzweiflung unternommen. Dennoch war er alles andere als selbstverständlich. […]

Es ist darum ganz irreführend zu behaupten, der Westen habe im Kalten Krieg gesiegt. Nicht der Westen hat gesiegt, sondern die westlichen Prinzipien sind im sowjetischen Machtbereich zum Programm geworden. Das ist etwas ganz anderes. Es ist neben […] dem Erfolg westlicher Entspannungspolitik auch ein Erfolg der Sowjetunion selbst.

Sie hat […] Verbündete gewonnen, die ihr bei der Bewältigung ihrer Modernisierungsprobleme helfen können. Vor allem aber hat sie sich von den Lasten einer 45-jährigen Überspannung ihrer Kräfte befreit.

(Zit. nach: Wochenschau, Jg. 41/1990, Heft 4/5, S. 160)

---

[1] NATO-Doppelbeschluss und die Aufrüstungspolitik Reagans.

[2] „Sicherheitsdilemma": Gemeint ist die Abschottung der UdSSR und der osteuropäischen Staaten, die einerseits durch die Angst vor einem Angriff des Westens hervorgerufen worden sei und andererseits diese Angst noch mehr verstärkt habe.

[3] „alte Einkreisungsängste": Gemeint sind die Ängste der Führung der Sowjetunion, von feindlichen kapitalistischen Staaten umgeben zu sein und bedroht zu werden.

1 Arbeitet zunächst heraus, wem der Autor das Verdienst an der Lösung des Konfliktes ausdrücklich nicht zuspricht.

2 Listet die Personen oder politischen Kräfte auf, die der Autor für ihren Beitrag zur Lösung des Konfliktes lobt. Erläutert jeweils, worin dieser Beitrag nach Ansicht des Autors bestanden hat.

3 Erläutert dieses Zitat aus dem Text: „Nicht der Westen hat gesiegt, sondern die westlichen Prinzipien sind im sowjetischen Machtbereich zum Programm geworden" (Z. 23 ff.).

4 Stellt die Deutung Wilfried Loths zusammenfassend dar.

M2 Henry Kissinger (1994)

Der amerikanische Politikwissenschaftler war mehrere Jahre Sicherheitsberater zweier amerikanischer Präsidenten und von 1973 bis 1977 Außenminister der USA.

Die fatale Schwäche des aufgedunsenen Sowjetimperialismus wurzelte in der Tatsache, dass seinen Machthabern im Laufe der Zeit jedes Gefühl für Verhältnismäßigkeiten abhanden gekommen war. Sie hatten die
5 Fähigkeit des sowjetischen Systems, seine militärischen wie wirtschaftlichen Erfolge zu festigen, überschätzt und völlig aus den Augen verloren, dass die Basis, von der aus sie alle anderen Großmächte herausforderten, eigentlich außerordentlich schwach war.
10 Außerdem konnten sich sowjetische Machthaber nie eingestehen, dass ihr System in tödlichem Ausmaß unfähig war, Initiative und Kreativität zu fördern, und dass die Sowjetunion trotz ihrer militärischen Macht in Wirklichkeit noch immer ein rückständiges Land
15 war. […]
Gorbatschow [hat …] eine der bedeutendsten Revolutionen seiner Zeit bewerkstelligt: Er zerstörte die ehedem speziell zum Zweck der Machtergreifung und -erhaltung gegründete Kommunistische Partei, wel-
20 che das Leben in der Sowjetunion bis in den hintersten Winkel kontrolliert hatte; er hinterließ ein in Stücke gesprungenes Weltreich, das über Jahrhunderte hinweg mühevoll zusammengefügt worden war. […]
Er wollte Modernisierung, nicht Freiheit; er hat ver-
25 sucht, die Kommunistische Partei nach außen hin zu öffnen, nicht aber den Zusammenbruch jenes Systems[1] einleiten wollen, das ihn hervorgebracht hatte und dem er seinen Aufstieg verdankte.
Gorbatschow, der von seinem eigenen Volk für das
30 Ausmaß des während seiner Amtszeit eingetretenen Desasters verantwortlich gemacht wurde, […] sah sich ungemein schwierigen, vielleicht unüberwindlichen Problemen gegenüber. […]
Vierzig Jahre Kalter Krieg hatten die Industrienatio-
35 nen zu einem mehr oder weniger festen Bündnis gegen die Sowjetunion zusammengeführt. […] Gleichzeitig stellte die strategische Aufrüstung der USA, vor allem SDI[2], eine technologische Herausforderung dar, der die stagnierende, strapazierte sowjetische Wirt-
40 schaft nicht gewachsen war.
Als dann der Westen mit der Weiterentwicklung des Mikrochips noch eine Supercomputer-Revolution in Gang setzte, sah der neue sowjetische Generalsekretär sein Land in die technologische Unterentwicklung
45 abdriften.

Trotz der letztlich verheerenden Entwicklungen[3] verdient Gorbatschow Anerkennung, weil er bereit war, sich mit dem Dilemma der UdSSR auseinanderzusetzen. Anfangs mag er geglaubt haben, er könne dem System durch Säuberungen innerhalb der Kommunis-
50 tischen Partei und durch die Einführung marktwirtschaftlicher Elemente in die zentrale Planwirtschaft neuen Schwung verleihen. Wenngleich er noch keine Vorstellung von dem Umfang seiner innenpolitischen Vorhaben hatte, so wusste er doch, dass er dafür eine
55 Zeit außenpolitischer Ruhe brauchte.

(Henry A. Kissinger, Die Vernunft der Nationen, Berlin 1994, S. 847 u. 872 ff.)

---

[1] Gemeint ist das kommunistische System der UdSSR.
[2] SDI = Strategic Defense Initiative: Aufrüstungsprogramm des US-Präsidenten Ronald Reagan, das auch satellitengestützte Raketenabwehrsysteme im Weltall vorsah.
[3] Gemeint ist die Auflösung der Sowjetunion.

1 Listet die Schwächen der Sowjetunion auf, die der Autor in seiner Darstellung zu erkennen glaubt.

2 Arbeitet heraus, (a) welche Absichten der sowjetische Staatschef Gorbatschow nach Ansicht des Autors hatte und (b) welche unabsehbaren oder unbeabsichtigten Folgen sein Handeln gehabt habe.

3 Arbeitet zusammenfassend heraus, wie Henry Kissinger die politische Lebensleistung Gorbatschows bewertet.

4 Erschließt aus dem Text, welche Rolle Henry Kissinger dem amerikanischen Präsidenten Ronald Reagan bei der Lösung des Konfliktes zuspricht.

5 Stellt die Deutung Henry Kissingers zusammenfassend dar.

Revolution in der DDR und deutsche Einheit

10.11.1989: Jahrzehntelang unvorstellbar: Nach der Öffnung der innerdeutschen Grenze fahren Tausende DDR-Bürger mit ihren Trabis in den Westen – bejubelt von Westdeutschen, die an den Grenzübergängen die Straßenränder säumen. Ein Volksfest der ganz besonderen Sorte.

Die Nacht vom 9. auf den 10. November 1989 war eine der ganz großen Momente der deutschen Geschichte. Nachdem die Ostdeutschen für Jahrzehnte wie in einem großen Gefängnis eingesperrt waren, konnten sie sich nun wieder frei bewegen. Nach Jahren der Trennung konnten Deutsche in Ost und West sich wieder frei begegnen.

Dieser Nacht der Freude war ein aufregendes und banges Jahr vorausgegangen. Mit großem persönlichem Mut hatten Oppositionelle in der DDR für ihre Freiheit gekämpft.

In dieser Nacht wusste noch niemand, wie es mit den beiden deutschen Staaten weitergehen würde. Heute wissen wir: Nur ein knappes Jahr später – am 3. Oktober 1990 – entstand die neue, vereinigte Bundesrepublik Deutschland.

- Wie verlief die „Friedliche Revolution" in der DDR?

- Welche Stationen führten zur deutschen Einheit?

- Welche Bedeutung haben die „Friedliche Revolution" in der DDR und die deutsche Einheit?

Die „Friedliche Revolution" in der DDR
Was will die Opposition?

Die Revolution in der DDR begann mit den Montagsdemonstrationen in Leipzig. Jede Woche kamen mehr Oppositionelle. Sie trugen ihre Forderungen in Sprechchören und auf Plakaten vor.

● **Was will die Opposition?**

Wir gestalten historische Ereignisse sachgerecht nach.

1. Antwortet in knappen Slogans auf die Leitfrage.

2. Interpretiert zur Vorbereitung die Quelle unter der Leitfrage. Achtet auf die Schritte einer Quelleninterpretation und nutzt die Erschließungshilfen zum Verständnis des Inhaltes.

Opposition in der DDR

Nach der Niederschlagung des Volkaufstandes 1953 schien offener Protest in der DDR unmöglich. Doch der Staatsführung gelang es nie, die Opposition ganz mundtot zu machen.

Durch die Schlussakte von Helsinki (1975) und die Reformen in der Sowjetunion (seit 1985) gewannen Oppositionsgruppen neue Hoffnung. Sie formierten sich trotz vielfältiger Unterdrückungsmaßnahmen im Umfeld der Kirchen, die als einzige relativ unabhängige Organisationen in der DDR noch existierten.

M **Gründungsaufruf des „Neuen Forums"**
(18.9.1989)

Das „Neue Forum" war eine sehr wichtige Organisation, in der sich im September 1989 verschiedene Oppositionsgruppen zusammenschlossen. In ihrem Gründungsaufruf hieß es (Auszüge):

In unserem Lande ist die Kommunikation zwischen Staat und Gesellschaft offensichtlich gestört. Belege dafür sind die weit verbreitete Verdrossenheit bis hin zum Rückzug in die private Nische oder zur massen-
5 haften Auswanderung. Fluchtbewegungen dieses Ausmaßes sind anderswo durch Not, Hunger und Gewalt verursacht. Davon kann bei uns keine Rede sein.
Die gestörte Beziehung zwischen Staat und Gesellschaft lähmt die schöpferischen Potenzen unserer Ge-
10 sellschaft und behindert die Lösung der anstehenden lokalen und globalen Aufgaben. […]
In Staat und Wirtschaft funktioniert der Interessenausgleich zwischen den Gruppen und Schichten nur mangelhaft. […] Im privaten Kreis sagt jeder leicht-
15 hin, wie seine Diagnose lautet, und nennt die ihm wichtigsten Maßnahmen. Aber die Wünsche und Bestrebungen sind sehr verschieden […]. Auf der einen Seite wünschen wir uns eine Erweiterung des Warenangebotes und bessere Versorgung, andererseits sehen
20 wir deren soziale und ökologische Kosten und plädieren für die Abkehr vom ungehemmten Wachstum. Wir wollen Spielraum für wirtschaftliche Initiative, aber keine Entartung in eine Ellenbogengesellschaft.

[…] Wir wollen freie, selbstbewusste Menschen, die doch gemeinschaftsbewusst handeln. Wir wollen vor 25 Gewalt geschützt sein und dabei nicht einen Staat von Bütteln und Spitzeln ertragen. Faulpelze und Maulhelden sollen aus ihren Druckposten vertrieben werden, aber wir wollen dabei keine Nachteile für sozial Schwache und Wehrlose. […] 30
Um alle diese Widersprüche zu erkennen, Meinungen und Argumente dazu anzuhören und zu bewerten […], bedarf es eines demokratischen Dialogs über die Aufgaben des Rechtsstaates, der Wirtschaft und der Kultur. Über diese Fragen müssen wir in aller Öffent- 35 lichkeit, gemeinsam und im ganzen Land, nachdenken und miteinander sprechen. […]
Allen Bestrebungen, denen das Neue Forum Ausdruck und Stimme verleihen will, liegt der Wunsch nach Gerechtigkeit, Demokratie und Frieden sowie Schutz 40 und Bewahrung der Natur zugrunde.
Die Zeit ist reif.

(Zit. nach: Ch. Schüddekopf (Hg.), „Wir sind das Volk" – Flugschriften, Aufrufe und Texte einer deutschen Revolution, Reinbek (Rowohlt) 1990, S. 29 ff.)

1 Beschreibt, wie das Neue Forum das Verhältnis zwischen Staat und Gesellschaft charakterisiert.

2 Benennt die Ziele des Neuen Forums.

3 Erörtert, inwiefern das Neue Forum einerseits die DDR und andererseits auch westliche Gesellschaften kritisiert.

Die „Friedliche Revolution" in der DDR

Im Verlauf des Jahres 1989 stürzte die Opposition in der „Friedlichen Revolution" die Herrschaft der SED.

- **Wie verlief die „Friedliche Revolution" in der DDR?**

- **Welche Ursachen und welche Folgen hatte sie?**

Wir beschreiben wesentliche Umbrüche im Zusammenhang.

Beschreibt Ursachen, Verlauf und Folgen der Revolution in der DDR in einer Strukturskizze. Die nötigen Informationen könnt ihr dem Infotext entnehmen.
So könnte eure Strukturskizze beginnen:

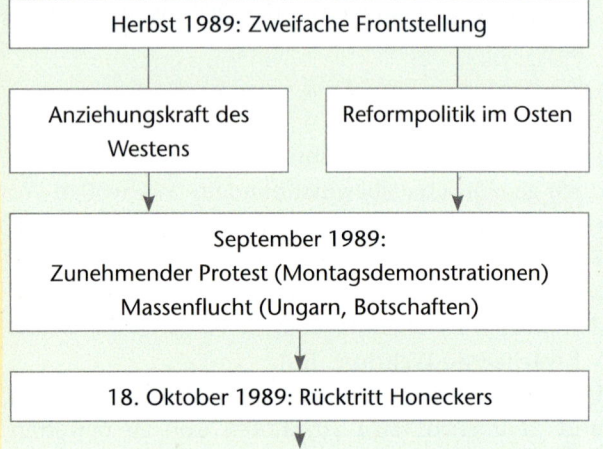

Hof, Bundesrepublik Deutschland, 5. Oktober 1989: Ankunft von Flüchtlingen in der Bundesrepublik. Am 1. und 4. Oktober 1989 durften die 6 000 Flüchtlinge aus der Prager Botschaft in insgesamt acht Sonderzügen in die Bundesrepublik ausreisen. Die DDR-Führung hatte darauf bestanden, dass die Züge über DDR-Gebiet fuhren, um den Schein einer „Ausweisung aus der DDR" aufrechtzuerhalten. Bei der nächtlichen Durchfahrt durch die DDR kam es zu Tumulten, weil weitere Menschen versuchten, während der Fahrt auf den Zug aufzuspringen.

Die Haltung der Regierung

Die Regierung der DDR versuchte zunächst, die Veränderungen zu ignorieren, die im ganzen Ostblock vor sich gingen. Sie sperrte sich kategorisch gegen Reformen, wie sie Gorbatschow in der Sowjetunion begonnen hatte.

Zweifache Frontstellung

Im Herbst des Jahres 1989 sah sich die Regierung der DDR deshalb von zwei Seiten bedroht: Erstens – wie schon immer – durch die Bundesrepublik, die eine hohe Anziehungskraft auf die DDR-Bevölkerung ausübte. Und zweitens – das war neu – durch die Reformpolitik in der Sowjetunion.
Die Bevölkerung in der DDR spürte aber, dass die Zeichen der Zeit sich gewandelt hatten. Die Oppositionsgruppen traten – ermutigt durch das Vorbild Gorbatschows – mutiger und offener auf, die von ihnen organisierten „Montagsdemonstrationen" erhielten immer mehr Zulauf. Andere versuchten über Ungarn, das

seine Grenzen nach Österreich geöffnet hatte, in den Westen zu fliehen oder durch die Flucht in westliche Botschaften in Polen, Ungarn oder der CSSR ihre Ausreise in den Westen zu erzwingen.
Völlig blind gegenüber den neuen Realitäten feierte die SED noch am 7. Oktober 1989 den 40. Jahrestag der Gründung der DDR mit einer traditionellen Militärparade. Der wichtigste Ehrengast, Michail Gorbatschow, sagte zu Reportern seinen berühmten Satz: „Wer zu spät kommt, den bestraft das Leben".

Rücktritt Honeckers

Ohne die Unterstützung der Sowjetunion und der anderen „sozialistischen Bruderstaaten" fand die SED-Führung keine Mittel gegen die massenhaften Fluchtbewegungen und gegen die immer weiter anwachsenden Demonstrationen. Am 18. Oktober 1989 gab Honecker auf und trat „aus gesundheitlichen Gründen" von seinen Ämtern zurück. Sein Nachfolger wurde Egon Krenz, der eher zu dem reformbereiten Flügel der SED gehörte. Am 7. November trat der Ministerrat, am 8. November das gesamte Politbüro der SED zurück. Im In- und Ausland machte sich Erleichterung breit: Lange Zeit war ungewiss, ob die Führung in der DDR noch einmal mit brutaler Gewalt reagieren oder Kompromisse mit der Opposition suchen würde.

Leipzig, DDR, 9. Oktober 1989:
Hunderttausende fordern auf der bis dahin größten Montagsdemonstration den Rücktritt der Regierung und freie Wahlen.

Die Öffnung der Mauer

Die neue Führung der SED suchte nach einem Ventil für die Proteste im Land und beschloss, die innerdeutsche Grenze zu öffnen. Von der eher beiläufigen Ankündigung während einer internationalen Pressekonferenz am Abend des 9. November wurden alle überrascht: Die Bürger der DDR, die Grenztruppen und die internationale Öffentlichkeit. Sofort begann ein massenhafter Andrang auf alle Grenzübergänge. Zunächst versuchten die Grenzbeamten noch, auf Formalitäten wie Ausweisen, Anträgen und Stempeln zu bestehen, aber sie gaben unter dem Druck der wartenden Massen bald auf. Die innerdeutsche Grenze hatte ihren Schrecken verloren.

Der Zusammenbruch der DDR

Was als Ventil für Unzufriedene gedacht war, erwies sich bald als Einsturz der DDR. Zu Tausenden strömten die DDR-Bürger in den Westen und kehrten nicht zurück. Das führte zu menschlichen und politischen Problemen: Viele Krankenhäuser standen plötzlich ohne Ärzte, Altersheime ohne Pflegepersonal, Universitäten ohne Professoren da. Der DDR lief das Volk weg. Es war klar: Grundlegende Reformen mussten dringend her.

Das Ende der SED-Herrschaft

Von nun an ging alles sehr schnell. Am 13. November nahm eine neue Regierung unter Leitung des reformorientierten SED-Bezirkssekretärs Hans Modrow die Arbeit auf, am 28. November schaffte die Volkskammer die „führende Rolle der SED" in Staat und Gesellschaft ab. Damit endete die ideologisch begründete Einparteiendiktatur. Seit dem 7. Dezember begleitete ein „Runder Tisch" aus Regierungsmitgliedern und Vertretern der Oppositionsbewegung die Regierungsarbeit. Dieser „Runde Tisch" bereitete freie und geheime Wahlen vor, die am 18. März 1990 stattfinden sollten.

Die „Friedliche Revolution": Eine Chronologie

2. Mai 1989: Ungarn beginnt mit dem Abbau seiner Grenzbefestigungen.

7. Mai 1989: Bürgerrechtlern in der DDR gelingt es, Wahlfälschungen bei den vorangegangenen Kommunalwahlen nachzuweisen.

8. August 1989: Die „Ständige Vertretung" der BRD in der DDR wird wegen Überfüllung geschlossen, am 13. August auch die Botschaft der BRD in Budapest (Ungarn). Hunderte hatten sich auf das Gelände der Botschaften geflüchtet, um ihre Ausreise in den Westen zu erzwingen.

19. August 1989: 600 DDR-Bürgern gelingt durch ein offenes Grenztor die Flucht von Ungarn nach Österreich in den Westen.

4. September 1989: Beginn der „Montagsdemonstrationen" in Leipzig. Über tausend Menschen demonstrieren gegen die SED-Herrschaft.

11. September 1989: Ungarn öffnet die Grenzen nach Österreich. Im September fliehen 25 000 DDR-Bürger über Ungarn nach Österreich und von dort weiter in die Bundesrepublik.

Oktober 1989: Nach langen Verhandlungen zwischen den Regierungen der BRD und der DDR bringen Sonderzüge die Flüchtlinge aus den völlig überfüllten Botschaften in Prag (CSSR) und Warschau (Polen) in die Bundesrepublik.

9. Oktober 1989: Bisher größte Montagsdemonstration in Leipzig mit etwa 70 000 Teilnehmern. Polizei und Militär halten sich zurück, sodass es nicht zu den befürchteten Auseinandersetzungen kommt.

18. Oktober 1989: Rücktritt von Erich Honecker.

9. November 1989: Öffnung der innerdeutschen Grenze in Berlin.

Im Nachhinein: Urteile über die DDR

Nachdem die DDR 1989 so schnell zusammengebrochen war, versuchten die Zeitgenossen, diesen Staat und sein plötzliches Ende zu verstehen.

- **Warum hat sich die SED-Herrschaft so lange halten können?**

- **Warum scheiterte sie letztlich?**

Wir untersuchen in ersten Ansätzen historische Deutungen.

1. Präsentiert die Deutungen zur ersten Leitfrage (M1, M2) sowie zur zweiten Leitfrage (M3–M5) vor der Klasse.

2. Wertet dazu die Materialien M1–M5 arbeitsteilig aus. Achtet auf die jeweilige Materialgattung und geht in den richtigen methodischen Schritten zur Analyse von Historikertexten und von Karikaturen vor.

Warum hat sich die DDR so lange halten können?

M1 Eine Kommission des Deutschen Bundestages

Nach der Wiedervereinigung untersuchte eine Kommission des Deutschen Bundestages die Lebensverhältnisse in der DDR:

Alltag in der DDR war immer ein Alltag mit Politik. [...] Das lässt sich sinnfällig an Entscheidungen, die [...] den Alltag verändern und neu ausrichten, veranschaulichen: Heiraten und Kinderkriegen standen in
5 enger Wechselwirkung mit Wohnungsvergabepolitiken, Vereinbarkeit von Mutterschaft und Beruf hing von den staatlicherseits zur Verfügung gestellten Kinderbetreuungseinrichtungen ab, Bildungsmöglichkeiten waren mit politisch codierten [ausgedrückten]
10 Klassenzugehörigkeiten[1] und Loyalitätsbekundungen[2] verknüpft, die Teilhabe an anderen materiellen Errungenschaften wie Ferienplätzen, Eintragungen in eine Warteliste für Autos etc. an die Mitgliedschaften in Massenorganisationen und so weiter.
15 Der alltägliche Umgang mit den vom politischen Willen der SED [...] diktierten Konditionen [Bedingungen] für den Erwerb der Grundlagen für die eigene Lebensführung war eine Selbstverständlichkeit, eine Routine.

(Deutscher Bundestag (Hg.), Materialien der Enquete-Kommission „Überwindung der Folgen der SED-Diktatur im Prozess der deutschen Einheit", Bd. V: Alltagsleben in der DDR und den neuen Ländern, Baden-Baden 1999; zit. nach: Informationen zur politischen Bildung 270, 1/2001, S. 48)

1 Nennt und erläutert die Beispiele, die der Text für die Verknüpfung von Alltag und Politik in der DDR nennt.

2 Erörtert, welche Folgen diese Verknüpfung für ein angepasstes Verhalten der Bevölkerung gehabt haben könnte.

M2 Der Oppositionelle Stefan Berg

Nach dem Ende der DDR beschrieb der ehemals in der Opposition aktive Stefan Berg das Verhalten der Bürger der DDR so:

Die allmächtige Partei brauchte nur noch in Ausnahmefällen – an der Grenze zum Beispiel – die brutalen Herrschaftsinstrumente. Für den Alltag hatte sie ausgesorgt.
5 Denn die Angst hatte sie in den Jahren zuvor tief in die Bevölkerung eingepflanzt. Nun konnte sie die Anpassung ernten. Wie eine Erbkrankheit wurde sie von den Eltern an die Kinder weitergegeben. So verinnerlicht waren bestimmte Erfahrungen, dass viele sie gar
10 nicht erst machen mussten, um sich doch so zu verhalten, als hätten sie sie gemacht.
Heute werden, auch aus Verärgerung über das eigene angepasste Verhalten, vielfach die Verhältnisse umgedeutet: Es sei alles gar nicht so schlimm gewesen. So
15 steht jeder besser da, vor allem vor sich selbst.

(Stefan Berg, Die Geschichte der eigenen Angst; in: H. F. Buck/G. Holzweißig/E. Kurth, Am Ende des realen Sozialismus, Bd. 2, Opladen 1996, S. 38 ff.)

1 Benennt das zentrale Stichwort, mit dem Berg das Verhalten vieler DDR-Bürger charakterisiert.

2 Erläutert, wie die DDR-Führung dieses Verhalten nach Ansicht von Berg erreichen konnte.

---

[1] Klassenzugehörigkeit: Kinder aus „Arbeiterfamilien" wurden zum Beispiel bei der Vergabe von Studienplätzen bevorzugt.
[2] Loyalitätsbekundungen: Erklärung, dass man die Politik der SED unterstützte, z. B. durch Mitgliedschaft in der SED.

Warum scheiterte die DDR?

M3 Der Historiker Günther Heydemann

Die DDR, der Staat der SED, ist aus mehreren unterschiedlichen Gründen zusammengebrochen. […]
Tatsächlich veränderten sich die Existenzbedingungen der DDR durch die Politik Gorbatschows grundlegend.
5 Die Betonung der Eigenständigkeit ließ den SED-Staat auf Distanz [zur Sowjetunion] gehen. Damit zeigte er aber nur umso krasser die eigene Erstarrung und Reformunfähigkeit auf.
Noch entscheidender aber war, dass mit dem funda-
10 mentalen Politikwechsel in der UdSSR durch Gorbatschow die […] Bestandsgarantie der DDR durch die Sowjetunion aufgegeben wurde. […] Das Nichteingreifen sowjetischer Streitkräfte während der Revolution von 1989/90 in der DDR besiegelte faktisch ihr
15 Ende.
Die internen Gründe für den Zusammenbruch der DDR sind noch vielfältiger.
Zu keiner Zeit war das mithilfe der sowjetischen Besatzungsmacht von der KPD/SED errichtete Herrschafts-
20 system demokratisch legitimiert.
Zudem […] stand [die DDR] mit dem anderen deutschen Teilstaat Bundesrepublik Deutschland in fortwährender Konkurrenz […].
Ebenso wenig gelang es, ein leistungsfähiges Wirt-
25 schaftssystem zu errichten, das international wettbewerbsfähig war und mehr als nur eine Grundversorgung der Bevölkerung sicherstellen konnte. […]
Mit den wachsenden Wirtschafts- und Versorgungsproblemen nahm auch der innenpolitische Druck zu.
30 […] Die Zahl oppositioneller Gruppen im Schutz der Kirchen wuchs, noch mehr nahm die Zahl der Ausreisewilligen zu.
Mit dem massenhaften Exodus[1] von DDR-Bürgern, die ihr Land verließen und verlassen wollten, war
35 letztlich das Ende des SED-Staates besiegelt – ein Staat, dem die eigenen Menschen davonliefen, besaß keine Existenzgrundlage mehr.

(Günther Heydemann, Entwicklung der DDR bis Ende der Achtzigerjahre, in: Informationen zur politischen Bildung 270, 1/2001, hg. vom Bundesinstitut für politische Bildung, München 2001, S. 19ff., S. 33)

---

[1] Exodus: Auswanderung

■ Listet die innen- und außenpolitischen Gründe für den Zusammenbruch der DDR, die der Autor nennt, auf.

M4 „Ohne Titel"

Karikatur von 1989

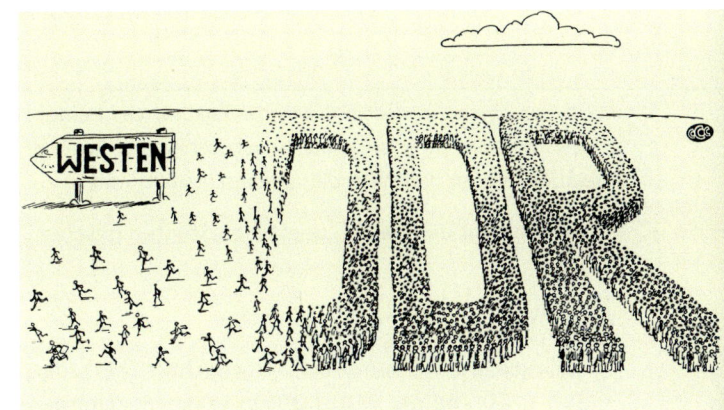

M5 „VEB-DDR stellt ein …"

Karikatur von 1989

Karikaturen entschlüsseln – in vier Schritten:

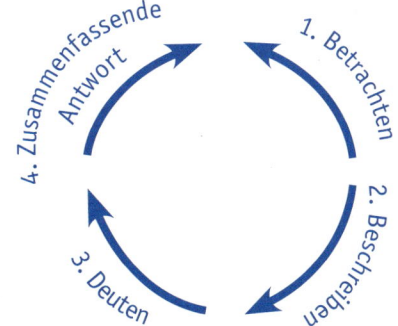

4. Zusammenfassende Antwort
1. Betrachten
2. Beschreiben
3. Deuten

Von der Revolution zur Einheit
Was soll mit den beiden deutschen Staaten geschehen?

Nach der Wende in der DDR war die Zukunft der beiden deutschen Staaten offen. Und es gab sehr verschiedene Meinungen über den Weg, den sie einschlagen sollten.

- **Was soll mit den beiden deutschen Staaten geschehen?**

Wir erfassen kontroverse Standpunkte.

1. Stellt die drei Positionen der Bürgerrechtler (M1), der SPD (M2) und der CDU (M3) in einem Podiumsgespräch einander gegenüber.

2. Die Quellen liefern dazu die notwendigen Informationen. Erarbeitet sie arbeitsteilig mithilfe der Methode zur Interpretation von Textquellen.

M1 Aufruf „Für unser Land" (26.11.1989)

Der Aufruf wurde von einer Gruppe von Bürgerrechtlern aus der DDR wie dem Schriftsteller Stefan Heym, dem Pfarrer Friedrich Schorlemmer und der Schriftstellerin Christa Wolf veröffentlicht.

Gewaltfrei hat das Volk den Prozess der revolutionären Erneuerung erzwungen, der sich in atemberaubender Geschwindigkeit vollzieht. Uns bleibt nur wenig Zeit, auf die verschiedenen Möglichkeiten Einfluss zu nehmen. [...]
Entweder können wir auf der Eigenständigkeit der DDR bestehen und versuchen, mit allen unseren Kräften in unserem Land eine solidarische Gesellschaft zu entwickeln, in der Frieden und soziale Gerechtigkeit, Freiheit des Einzelnen [...] und die Bewahrung der Umwelt gewährleistet sind.
Oder wir müssen dulden, dass [...] ein Ausverkauf unserer materiellen und moralischen Werte beginnt und über kurz oder lang die Deutsche Demokratische Republik durch die Bundesrepublik vereinnahmt wird.
Lasst uns den ersten Weg gehen. Noch haben wir die Chance, in gleichberechtigter Nachbarschaft zu allen Staaten Europas eine sozialistische Alternative zur Bundesrepublik zu entwickeln.

(Zit. nach: Klaus Schröder, Der SED-Staat, München (Propyläen Taschenbuch) 2000, S. 721 f.)

M2 Oskar Lafontaine, SPD (28.5.1990)

Der damalige Kanzlerkandidat der SPD in der Bundesrepublik, Oskar Lafontaine, nahm in einem Zeitungsinterview Stellung zum geplanten Staatsvertrag zur Währungs-, Wirtschafts- und Sozialunion:

Ich halte die Ausdehnung des Geltungsbereiches der D-Mark zum 1. Juli in der DDR nach wie vor für einen schweren Fehler, weil sie Massenarbeitslosigkeit zur Folge hat. [...]
Es gibt Leute, die unter Einheit nur die staatliche Einheit verstehen. Die Sozialdemokraten verstehen darunter aber auch die Herstellung der Einheitlichkeit der Lebensverhältnisse. Die abrupte Einführung der D-Mark ist der teuerste Weg für beide Teile Deutschlands. [...]
Ich kann eine Radikalkur nicht akzeptieren. Sie kann jemand vorschlagen, der hier in sicheren Verhältnissen lebt und keinerlei Sorge hat, einen sicheren Arbeitsplatz [...] zu finden. Sicherlich gibt es in der DDR große Erwartungen in die Einführung der D-Mark, die im Wahlkampf leichtfertig geschürt wurden. Man kann einer Bevölkerung, die jahrzehntelang nicht im marktwirtschaftlichen System gelebt hat, nicht abverlangen, dass sie die Auswirkungen auf die Wettbewerbsfähigkeit ihrer eigenen Wirtschaft und damit ihrer Arbeitsplätze überblickt. Das wäre Aufgabe der verantwortlichen Politiker gewesen, die hier eklatant versagt haben.

(Der Spiegel, Nr. 22/28.5.1990, S. 26ff.)

M3 Bundeskanzler Helmut Kohl, CDU (21.6.1990)

Bundeskanzler Helmut Kohl sagte in seiner Regierungserklärung zu Beginn der Debatte im Bundestag zum Staatsvertrag:

Die Bundesregierung will jetzt die Voraussetzungen dafür schaffen, dass bald alle Deutschen gemeinsam in Frieden, Freiheit und Wohlstand leben können. [...]
Ich bin mir bewusst, dass der Weg, den wir jetzt einschlagen, schwierig sein wird. Das wissen auch die Menschen in der DDR. Aber sie sagen uns allen unmissverständlich: Der Staatsvertrag muss kommen. [...]
Wer jetzt behauptet, man hätte sich noch mehr Zeit

lassen können, der verkennt die Realitäten in Deutschland und er verdrängt die Erfahrungen der letzten Monate. Es sind die Menschen in der DDR, die das Tempo der Entwicklung bestimmt haben und im Übrigen weiter bestimmen werden.

Ein Hinauszögern des Staatsvertrages hätte den Zusammenbruch der DDR bedeutet. Die Übersiedlerzahlen wären sprunghaft erneut angestiegen – wie wir alle wissen, mit verheerenden Folgen. […]

(Zit. nach: Das Parlament, Nr. 27/ 29.6.1990, S. 1–6)

Berlin, 3. Oktober 1990: Feier zur Wiedervereinigung Deutschlands vor dem Reichstag

Von der Wende zur Einheit: Eine Chronologie

9. November 1989: Öffnung der Mauer. Vier Tage später wird Hans Modrow (SED) zum Ministerpräsidenten der DDR gewählt. Er lehnt „gefährliche Spekulationen über eine Wiedervereinigung" ab.

28. November 1989: Der westdeutsche Bundeskanzler Helmut Kohl (CDU) fordert in einem „10-Punkte-Programm" die möglichst rasche Herstellung der deutschen Einheit. Er selbst rechnet für diesen Prozess mit einem Zeitraum von 5 bis 10 Jahren.

7. Dezember 1989: Ein „runder Tisch" aus Mitgliedern der Regierung der DDR und Vertretern von Oppositionsgruppen kontrolliert die Regierungsarbeit und soll freie Wahlen vorbereiten.

Januar–März 1990: Der Wahlkampf der neu gegründeten Parteien kreist um die Frage, ob eine schnelle Wiedervereinigung sinnvoll sei.

18. März 1990: Die „Allianz für Deutschland", die der westdeutschen CDU nahesteht, geht als Siegerin aus den ersten freien Wahlen in der DDR hervor. Damit ist klar: Die Bevölkerung will eine schnelle Vereinigung mit der Bundesrepublik.

12. April 1990: Wahl des CDU-Politikers Lothar de Maizière zum Ministerpräsidenten der DDR.

1. Juli 1990: Der Staatsvertrag zur Herstellung der Währungs-, Wirtschafts- und Sozialunion tritt in Kraft. Damit übernimmt die DDR große Teile der Wirtschafts- und Rechtsordnung der Bundesrepublik. Die westdeutsche „Deutsche Mark" wird alleiniges Zahlungsmittel. Gehälter und Renten werden 1:1 von Ostmark auf Deutsche Mark umgestellt. Der Umtauschkurs ist unter Wirtschaftswissenschaftlern umstritten: Er erhöht die Lohnkosten der (unrentablen) Industrieproduktion in der DDR mit einem Schlag auf das Niveau des Westens.

14.–16. Juli 1990: Bundeskanzler Kohl erreicht während eines Staatsbesuches im Kaukasus die Zustimmung des sowjetischen Staatschefs Gorbatschow zu einer Vereinigung der beiden deutschen Staaten.

31. August 1990: Die beiden deutschen Regierungen unterzeichnen einen Vertrag „zur Herstellung der staatlichen Einheit Deutschlands".

12. September 1990: Unterzeichnung des „2+4-Vertrages" zwischen den beiden deutschen Staaten und den vier Siegermächten des Zweiten Weltkrieges, die auf alle noch verbliebenen Rechte verzichten und damit den Weg zur Einheit Deutschlands freimachen.

3. Oktober 1990: Die in der DDR neu gegründeten Länder treten nach Artikel 23 des Grundgesetzes als „neue Bundesländer" der Bundesrepublik Deutschland bei. Der 3. Oktober wird zum neuen Nationalfeiertag des vereinigten Deutschland.

Die deutsche Einheit aus der Perspektive des Auslands – Berechtigte Sorgen?

Während die „Friedliche Revolution" in der DDR auf der ganzen Welt mit Freude aufgenommen wurde, stieß der deutsche Wunsch nach nationaler Einheit im Ausland auf gemischte Gefühle.

- Welche Sorgen rief die deutsche Einheit im Ausland hervor?

- Sind diese Sorgen aus zeitgenössischer Sicht nachvollziehbar?

Wir nutzen grundlegende Arbeitsschritte zur sachgerechten Erkenntnisgewinnung aus Karikaturen.

1. Projiziert die Karikaturen und tragt jeweils eure Interpretation zur ersten Leitfrage vor. Interpretiert zur Vorbereitung die Karikaturen M3 bis M8 arbeitsteilig in Kleingruppen und ordnet sie jeweils einer der Schlagzeilen (M2) zu. Nutzt auch die Ergebnisse der Umfrage (M1). Folgt den euch bekannten Arbeitsschritten zur Interpretation von Karikaturen.

2. Tauscht eure Gedanken zur zweiten Leitfrage im Klassengespräch aus.

M1 Meinungen zur deutschen Vereinigung im Frühjahr 1990

„Sind Sie für oder gegen die deutsche Einheit?"			
Land	Zustim-mung	Ableh-nung	Keine Meinung
DDR	90	6	5
Spanien	81	5	13
BRD	77	11	11
Italien	77	11	12
USA	61	13	9
Irland	61	13	9
Griechenland	74	11	15
Ungarn	68	22	10
Frankreich	66	15	19
Großbritannien	64	18	17
Niederlande	59	21	20
Sowjetunion	51	30	9
Polen	48	39	13
Tschechoslowakei	37	22	22
Israel	25	33	40

M2 Schlagzeilen

Angst vor einem „Vierten Reich"

Angst vor dem deutschen Revisionism

Angst vor dem Vergessen

Sorge um das europäische Gleichgewicht

Angst vor einem Ausverkauf der Sicherheitsinteressen

M3

Jacek Sasin, ohne Titel (Polityka, 13. April 1991, Polen)

M4

Agris Liepins, Erfolgreicher Austausch (1990, Lettland).
In der Sprechblase: „Man kann erwerben durch Geben, man kann erwerben durch Nehmen. Das durch Geben Erworbene kann keiner mehr nehmen!" Auf der Tafel: „Deutschland"

M5

Ya'acov Farkas, ohne Titel (Ha'aretz, 13. November 1989, Israel)

M6

Jean Plantureux, „Ich habe Hunger für zwei!" (Le Monde, 16. November 1989, Frankreich)

M7

Christophe Vorlet, 1989 – 1938 (New York Times, 17. November 1989, USA)

M8

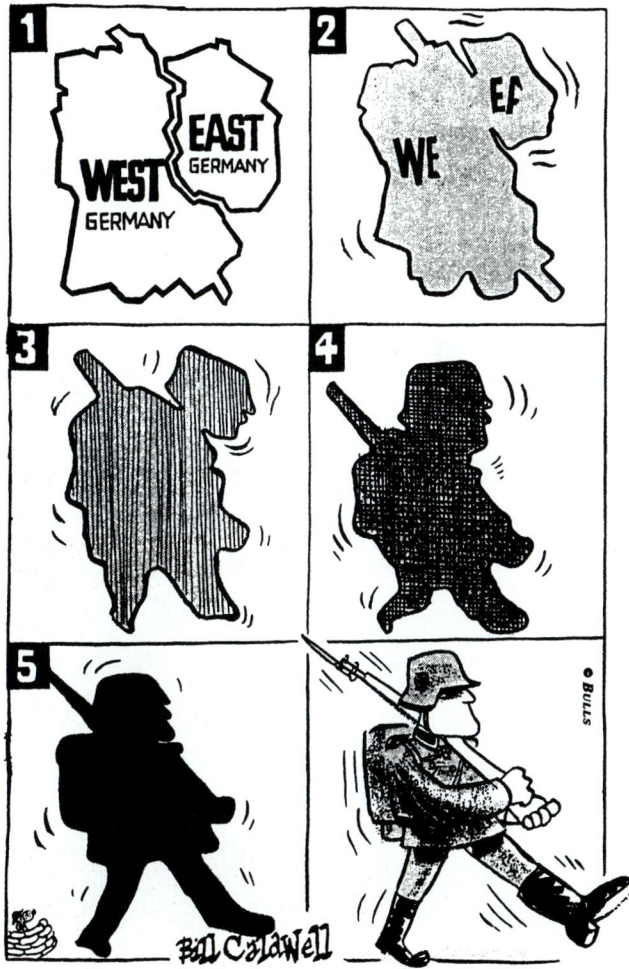

Bill Caldwell, March of the Fourth Reich (Daily Star, 26. Februar 1990, Großbritannien)

Wie reagieren die Siegermächte?

Die deutsche Einheit betraf nicht nur die Deutschen, sondern auch ihre Nachbarn, denn sie veränderte die europäische Nachkriegsordnung grundlegend. Es war für die Deutschen deshalb ein großes Glück, dass die europäischen Nachbarn und insbesondere die Siegermächte des Zweiten Weltkrieges der Einheit zustimmten.

Über die Hintergründe dieser Entscheidung können wir etwas aus dem Bericht eines prominenten Zeitzeugen, des damaligen westdeutschen Außenministers, Hans-Dietrich Genscher, erfahren.

- **Warum stimmten die Siegermächte der deutschen Einheit zu?**

Wir untersuchen das Handeln von Menschen im Spannungsfeld von Offenheit und Bedingtheit.

1. Präsentiert verschiedene Antworten auf die Leitfrage in Form von Statements vor der Klasse.
   Informiert euch zur Vorbereitung im Darstellungstext über den Verlauf der „2+4-Verhandlungen" und analysiert den Zeitzeugenbericht (M) unter der Leitfrage.

2. Versucht im Klassengespräch eine Gewichtung: Welche Gründe könnten letztlich entscheidend gewesen sein?

Internationale Verhandlungen um die deutsche Einheit
Die Haltung der Siegermächte

Während die USA von Anfang an die Vereinigung der beiden deutschen Staaten unterstützte, hatten die europäischen Nachbarstaaten größere Vorbehalte, denn der erwartete Machtzuwachs des vereinten Deutschland

Außenministertreffen (v. l. n. r.): James Baker (USA), Eduard Schewardnadse (UdSSR), Hans-Dietrich Genscher (BRD), Roland Dumas (F), Markus Meckel (DDR), Douglas Hurt (GB)

machte ihnen Sorgen. Besonders schwierig war die Situation für die Sowjetunion, denn die Auflösung der DDR, ihres ehemaligen Verbündeten, bedeutete einen erheblichen Einflussverlust. Eine mögliche Mitgliedschaft des neuen Deutschland in der NATO, dem ehemals feindlichen Militärbündnis, weckte zudem Ängste vor einer militärischen Bedrohung.

Die „2+4-Verhandlungen"

Anfang Mai 1990 begannen die „2+4-Verhandlungen, an denen außer den beiden deutschen Staaten die vier Siegermächte des Zweiten Weltkrieges (USA, UdSSR, Frankreich und Großbritannien) teilnahmen.

Die wichtigste Hürde konnte während eines Staatsbesuches des westdeutschen Bundeskanzlers Helmut Kohl im Kaukasus im Juli 1990 überwunden werden. Michail Gorbatschow, dessen Reformen die deutsche Einheit überhaupt erst ermöglicht hatten, stimmte nun auch der deutschen Einheit zu. Für ihn war wichtig, dass die Bundesrepublik versprach, die Bundeswehr auf 370 000 Mann zu reduzieren, den Verzicht auf Atomwaffen und die Unveränderbarkeit der polnischen Westgrenze bekräftigte sowie bereit war, den teuren Abzug der noch in der DDR stationierten sowjetischen Soldaten zu bezahlen.

Deutschland in Europa

Für die westlichen Nachbarstaaten war wesentlich, dass der Prozess der deutschen Einheit von vornherein Teil des gesamteuropäischen Einigungsprozesses war. Auf diese Weise konnten Ängste vor einem zu starken Gewicht Deutschlands oder gar vor einem neu aufkeimenden Nationalismus überwunden werden.

Die Unterzeichnung

Am 12. September 1990 wurde der „2+4-Vertrag" in Moskau unterzeichnet. Er entließ Deutschland in die volle Souveränität und machte den Weg frei für den Einigungsvertrag zwischen den beiden deutschen Staaten.

M Ein Zeitzeuge

Aus einem Radiointerview mit dem ehemaligen Außenminister der Bundesrepublik Deutschland, Hans-Dietrich Genscher (12.9.2000):

Frage: Wenn Sie sich an all die Bedenken erinnern, Herr Genscher, an die Ängste, die einem größeren Deutschland vonseiten der Sowjets, aber genauso vonseiten der Verbündeten Frankreich und Großbri-

tannien entgegengebracht wurden, wie hat es dann
schließlich doch zu diesem für Deutschland so groß-
zügigen Vertrag kommen können? Lag das nur an den
Amerikanern?

Genscher: Man darf vielleicht nicht verallgemeinern.
Die Amerikaner haben ganz eindeutig die deutsche
Einheit von Anfang an unterstützt. Das war besonders
wertvoll für uns. Aber auch Präsident Mitterand[1] hat
keinen Zweifel daran gelassen und mir das am 29. November 1989 schon gesagt, dass er die Einheit Deutschlands für eine historische Notwendigkeit hielte. Ihm
ging es darum, dass dieses vereinte Deutschland den
europäischen Weg fortsetzt, der von der Bundesrepublik Deutschland beschritten war. Das war für uns ja
kein Problem. Das war das Ziel der Bundesregierung
und aller demokratischen Parteien im deutschen Bundestag. Distanziert zur Vereinigung stand in der Tat
die britische Premierministerin, wobei ganz deutlich
wurde, dass das nicht eine in Großbritannien allgemein geteilte Meinung war.

Was die Sowjetunion angeht, so steht heute fest, dass
für Gorbatschow und Schewardnadse[2] die ganz eindeutige Haltung der Deutschen in der DDR, die ja sowohl in den Demonstrationen, aber dann auch in der
ersten freien Wahl am 18. März 1990 zum Ausdruck
kam, bestimmend war. Man wollte sich nicht wie früher einer Freiheitsentwicklung entgegenstellen, sondern dem Willen des Volkes Rechnung tragen.

Damit kommen wir zum Kern der Lösung der deutschen Frage. Vollendet ist die deutsche Einheit am
Ende durch die ganz klare Willensäußerung und die
Freiheitsrevolution der Deutschen, aber das machte
natürlich die Verhandlungen über diesen Vertrag
[nicht überflüssig].

In der Sache waren das komplizierte Verhandlungen.
Es musste ja geklärt werden einmal das Recht Deutschlands, in der NATO zu bleiben. Da konnten wir uns
auf die Schlussakte von Helsinki berufen, wo ein solches Recht der freien Bündniswahl verankert war. Es
war klar, dass es eine eindeutige Festlegung der deutschen Ostgrenze geben musste. Da wurde nichts aufgegeben, denn Hitler hatte die deutschen Ostgebiete
durch seinen verbrecherischen Krieg verspielt. Aber
dennoch bedurfte es hier eines Vertrages und der moralischen Grundlage des vereinten Landes entsprach
es, dass wir unseren Verzicht auf Massenvernichtungs-
waffen noch einmal bekräftigten.

Frage: Herr Genscher, Sie haben das eingangs ein biss-
chen zur Seite gewischt. 1990 blickte man immerhin
auf 41 friedfertige Jahre Bonner Republik zurück. Auch
wenn Sie sagten, es waren differenzierte Meinungen
bei unseren Verbündeten, es gab schon ziemlich viel
Misstrauen, was Deutschland entgegenschlug […].
Hat Sie das persönlich enttäuscht?

Genscher: Nein. Alle diese Bedenken konnten überwunden werden, weil am Ende ja etwas ganz Wichtiges geschah, nämlich dass es eine Freiheitsrevolution gab, nicht nur in der DDR, sondern in Polen, in der
Tschechoslowakei, in Ungarn, im ganzen sowjetischen
Machtbereich. Die wurde nicht mehr niedergewalzt
wie früher. An dieser Freiheitsrevolution, die ja eine
europäische war, waren die Deutschen beteiligt.
Vielleicht ist noch nicht voll überall erkannt worden,
was es für das ganze Deutschland bedeutete, dass
Deutsche an dieser Freiheitsrevolution beteiligt waren. Das ist das sehr kostbare Geschenk, das die Deutschen aus der damaligen DDR mit ins vereinte Land
brachten, nämlich selbst und friedlich errungene Freiheit. Das wurde hoch anerkannt, und ich denke, dass
heute jeder weiß: Was damals geschah, war der richtige Weg […].

Frage: Wenn man heute Gorbatschow und Schewar-
nadse vor zehn Jahren betrachtet, dann wächst die
Achtung vor dem damaligen Verhalten. Sie sagten, die
beiden sind eingegangen auf den Willen der Bevölkerung im damaligen Ostblock. Woher kam dieser Mut?
Können Sie das rückblickend kurz für uns zusammen-
fassen?

Genscher: Das war wirklich neues Denken. Sie hatten
erkannt, dass die alte Politik der Sowjetunion das eigene Land nicht weiterführte, sondern lähmte und dass
die Ost-West-Konfrontation auf Dauer die Kräfte der
Menschen in die falsche Richtung lenkt. Das war eine
wirklich zutiefst verantwortungsvolle und auch mora-
lische Entscheidung.

(Deutschlandfunk, „Informationen am Morgen", 12.9.2000, 7.15 Uhr; zit.
nach: Zeit-Archiv)

---

[1] Französischer Präsident

[2] Außenminister der Sowjetunion

1 Stellt die Gründe dar, die – nach Genschers Einschätzung –
dafür entscheidend waren, dass Bedenken gegen die deutsche Einheit überwunden werden konnten.

2 Erläutert die besonderen Bedingungen, die für die Zustimmung einzelner Regierungen nach Genschers Darstellung
wesentlich waren.

3 Arbeitet zusammenfassend heraus, wie Genscher das Verhalten der von ihm genannten Regierungen bewertet.

„Schau an, die Einheit …"

Was bedeuten uns die Ereignisse des Jahres 1989/90 heute? Diese Frage steht im Mittelpunkt der Diskussion um ein „Freiheits- und Einheitsdenkmal" in Berlin.

Am 9. November 2007 beschloss der Bundestag, ein „Freiheits- und Einheitsdenkmal" zu errichten, das an die Ereignisse der Jahre 1989/90 erinnern sollte. Aber zur Zeit der Drucklegung dieses Schulbuches (2009) hielt die Diskussion um das Denkmal noch an. Sie ist nicht einfach, denn: Ein Denkmal zu gestalten, bedeutet Geschichte zu deuten.

- **Was bedeuten uns die Ereignisse des Jahres 1989/90 heute?**

Wir wissen, dass es sich bei der Darstellung von Geschichte um eine Deutung handelt.

1. Präsentiert Entwürfe für ein „Freiheits- und Einheitsdenkmal" und stellt sie der Klasse zur Diskussion.

2. Überlegt zur Vorbereitung zunächst, was euch persönlich die Ereignisse des Jahres 1989/90 bedeuten, und haltet eure Überlegungen in Stichworten fest.

3. Nutzt dann M1–M4, um euch über die Debatte um das Denkmal zu informieren und Anregungen für eure eigene Deutung der Geschichte zu bekommen.

M1 Entwurf von Christoph Knoth und Ronny Schmidt

Ein achteckiger Platz wird von einem Fußweg mit einer „Mauer" aus Wassersäulen durchschnitten. Immer wenn sich auf beiden Seiten der Wassersäulen Menschen gegenüberstehen, wird die Höhe der Wasserwand automatisch abgesenkt.

M2 Entwurf von Bernadette Boebel

Zwei stählerne Ringteile sollen auf dem ehemaligen Schlossplatz in Berlin aufgestellt werden. Die beiden Elemente sind so gegeneinander versetzt, dass sie aus einer bestimmten Perspektive wie ein Ring wirken.

M3 „Schau an – die Einheit"

In einem Zeitungskommentar schrieb kurz vor der Bundestagsdebatte um ein „Freiheits- und Einheitsdenkmal" die Journalistin Brigitte Fehrle:

Die Deutschen drängt es zu einer großen Geste. Achtzehn Jahre nach dem Fall der Mauer, siebzehn Jahre, nachdem die beiden deutschen Staaten sich vereinigt haben, entscheidet der Bundestag an diesem Freitag über ein Denkmal. […] Was macht die Befürworter so sicher, dass wir schon wissen, was uns die Einheit bedeutet? […]

Dass der Mauerfall ein Glücksfall war, wird fast jeder sagen. Aber die Frage, ob wir ihn der deutschen Politik, den Bürgerrechtlern oder den Weltmächten zu verdanken haben, würde schon unterschiedlich beantwortet. […]

Ein Denkmal oder Mahnmal muss auch unseren Platz in Europa beschreiben. Es muss etwas darüber sagen, welche Verantwortung Deutschland in der Welt nach dem Ende des Kalten Krieges hat; ohne diese neue Welt ist die Einheit ja nicht zu denken. […]

In dieser Woche werden junge Frauen und Männer 18 und damit erwachsen, die am Tag des Mauerfalls geboren sind. Lassen wir ihnen die Geschichte offen, lassen wir sie nachdenken und irgendwann entscheiden über ein Denkmal. Oder ihre Kinder.

(Brigitte Fehrle, Schau an – die Einheit, in: Die Zeit, 8.11.2007)

■ Listet die Argumente auf, mit denen die Autorin ihren Wunsch begründet, ein Denkmal zur deutschen Einheit erst später zu errichten.

M4 Ein Bericht über die Debatte im Bundestag am 9.11.2007

In einem Zeitungsbericht fasste der Journalist Carsten Volkery die Debatte im Bundestag wie folgt zusammen:

Das Datum soll ein Symbol sein: Heute, am 9. November, hat der Bundestag ein „Freiheits- und Einheitsdenkmal" in Berlin beschlossen. […]

Zum ersten Mal seit sieben Jahren wurde wieder über ein Denkmal geredet, das an die historischen Wochen des Mauerfalls erinnern soll. Mit den Stimmen von CDU/CSU, SPD und FDP beschloss der Bundestag, ein solches „Freiheits- und Einheitsdenkmal" in Berlin zu errichten. Nach dem Willen der Koalition soll es bis zum 20. Jahrestag des Mauerfalls 2009 errichtet werden. Bundestagsvizepräsident Wolfgang Thierse (SPD) redete begeistert von einem „Mahnmal unseres historischen Glücks". […]

Verkehrsminister Wolfgang Tiefensee, der zugleich Ost-Beauftragter der Regierung ist, plädierte für ein Denkmal in Berlin, aber gleichzeitig ein „markantes Zeichen" in seiner Heimatstadt Leipzig. Entscheidend sei nicht nur der Fall der Berliner Mauer am 9. November 1989, sondern auch die Leipziger Montagsdemos, besonders die Großdemo mit 70 000 Menschen am 9. Oktober.

Die Linksfraktion[1] schließlich will das „Denkzeichen" samt Museum nur in Leipzig errichten. Die westdeutsche Abgeordnete […] Lukrezia Jochimsen sorgte jedoch für Empörung im Saal, als sie dies damit begründete, die Linksfraktion fühle sich „der Ehre der ostdeutschen Bürgerbewegung besonders verpflichtet".

Der FDP-Abgeordnete Jan Mücke stand auf und sagte, das sei eine „Unverschämtheit". Die Leute seien damals gegen die SED auf die Straße gegangen, deren Nachfolgepartei Jochimsen nun im Bundestag repräsentiere. Auch Thierse reagierte aufgebracht. „Frau Jochimsen, Ihre Rede war von einer Dreistigkeit, dass mir regelrecht die Luft weggeblieben ist."

Gedacht werden soll mit dem „Freiheits- und Einheitsdenkmal" nicht nur der ostdeutschen Bürgerbewegung und der Wochen rund um den Mauerfall. Tiefensee betonte, Deutschland habe eine „Bringschuld" auch gegenüber den Tschechen, Polen, Ungarn und Russen, „die mit ihrem Blut den 9. November möglich gemacht haben".

Der CDU-Abgeordnete Jens Börnsen sagte, ein Denkmal müsse die gesamte deutsche Freiheitsgeschichte widerspiegeln – von der Paulskirche und dem Hambacher Fest bis zum Mauerfall. Schon deshalb gehöre das Denkmal nach Berlin.

Bleibt noch das Rätsel, wie das Denkmal aussehen soll.

(Carsten Volkery, Ein Mahnmal historischen Glücks, Spiegel-Online, 9.11.2007)

---

[1] Linksfraktion: Die Partei „Die Linke" entstand 2007 als Vereinigung aus der ostdeutschen PDS, die wiederum nach 1990 aus der SED-PDS hervorgegangen war, und der westdeutschen WASG („Arbeit & soziale Gerechtigkeit – Die Wahlalternative").

1 Stellt die während der Debatte genannten Argumente für den Standort Berlin und für den Standort Leipzig einander gegenüber.

2 Erläutert die während der Debatte genannten Elemente, die das geplante Denkmal zum Ausdruck bringen sollte.

3 Arbeitet heraus, in welchen Fragen es Streit zwischen den Abgeordneten gab.

Auf dem Weg in das 21. Jahrhundert

Der fliegende Engel

Der deutsche Philosoph Walter Benjamin (1892–1940) beschrieb „die Geschichte" in einem berühmten Gleichnis als einen Engel, der von der Vergangenheit in die Zukunft fliegt – dabei sein Gesicht aber rückwärts (in die Vergangenheit) gerichtet hält. Damit wollte er sagen: Wir können in die Vergangenheit schauen, sie erforschen und viel über sie wissen – die Zukunft aber kennen wir nicht.

Aus der Vergangenheit in die Zukunft

Die Beschäftigung mit der Geschichte wäre aber sinnlos, wenn sie uns nicht helfen würde, unsere Gegenwart besser zu verstehen und vielleicht sogar unsere Zukunft besser zu gestalten.

- **Können wir aus der Geschichte für die Zukunft lernen?**

Drei Projekte

Dieser Leitfrage gehen wir beispielhaft auf den folgenden Seiten in drei Projekten nach.

- **Die Europäische Union: Ein richtiger Weg zu dauerhaftem Frieden in Europa?**

- **Die Globalisierung: Chance oder Risiko für eine gerechte Welt?**

- **Die Vereinten Nationen (UN): Wie kann internationale Kooperation erfolgreich gestaltet werden?**

Ein Projekt ist eine sehr offene Arbeitsform, die von allen Beteiligten umso mehr Disziplin und Verantwortungsbewusstsein verlangt.

Zu Beginn eines Projektes sind nur Start und Ziel bekannt: die Projektidee (der Start) und der Zeitpunkt sowie die Form der Ergebnispräsentation (das Ziel). Alle Teilnehmer einer Projektgruppe haben nun die Aufgabe, gemeinsam zu einem guten Ergebnis zu kommen. Diese Arbeit verläuft in der Regel in vier Phasen, in die ihr jeweils verschiedene Methoden, die ihr bereits kennengelernt habt, integrieren könnt.

1. Schritt: Projekt beginnen	• Projektideen sammeln und diskutieren. • Ein Projektthema sowie eine oder mehrere Leitfragen festlegen. • Zeitpunkt und Form der Ergebnispräsentation (Ausstellung, Referat, Staffettenpräsentation, szenische Darstellung, Podiumsdiskussion mit verteilten Rollen, schriftliche Ausarbeitung …) festlegen.

2. Schritt: Projekt planen	• Thematische Aspekte erkennen und dokumentieren (z. B. mithilfe einer Mindmap zum Thema).
	• Einen Arbeitsplan erstellen.
	  ☞ Arbeitspakete festlegen:
	  Welche Aufgaben müssen zu den einzelnen Aspekten erledigt werden?
	  ☞ Arbeitsteilig vorgehen und Verantwortlichkeiten festlegen:
	  Wer übernimmt welche Arbeitspakete?
	  ☞ Zeitplan erstellen:
	  Bis wann sollen welche Aufgaben erledigt sein?
	  ☞ Haltestellen einplanen:
	  Wann sollen Zwischenergebnisse kontrolliert und Fragen gemeinsam geklärt werden?

3. Schritt: Projekt ausarbeiten	• Quellen und Informationen recherchieren (Bibliothek, Internet, Zeitzeugeninterview …). • Material ordnen und auswerten (Quelleninterpretation, Analyse von Historikertexten, Filmanalyse). • Ergebnisse dokumentieren (exzerpieren, Thesen formulieren). • An den Haltestellen: Arbeitsfortschritt vorstellen, diskutieren und ggf. den Arbeitsplan verändern.
4. Schritt: Projekt präsentieren	• Präsentation vorbereiten: Ergebnisse in die zu Anfang des Projektes festgelegte Form bringen. • Präsentation durchführen.
	Eine gute Projektpräsentation ist … • auf die Problemfrage(n) konzentriert, • klar gegliedert, • fachlich korrekt (Ergebnisse zuvor überprüfen!), • anschaulich und auch für Laien verständlich gestaltet.

Projekt 1: Die Europäische Union

Europa – das ist nicht nur ein Kontinent, sondern auch eine jahrhundertealte Idee von Gemeinsamkeit. Immer wieder wurde diese Idee durch Hass, Neid und Krieg infrage gestellt. Die europäische Geschichte ist sowohl eine Geschichte von Nähe und Gemeinsamkeit wie auch von Zerrissenheit und Krieg. Im vergangenen Jahrhundert gingen zwei Weltkriege von Europa aus und verwüsteten den Kontinent – danach blieb er für vier Jahrzehnte durch den „Eisernen Vorhang" zerrissen.

Im westlichen Teil Europas begann nach dem Zweiten Weltkrieg ein neuer Anlauf zur Einigung Europas. Unter neuen Vorzeichen setzte er sich nach dem Fall des „Eisernen Vorhangs" im Jahr 1991 fort. Es scheint, als bekäme Europa eine neue Chance.

● **Die Europäische Union: Ein richtiger Weg zu dauerhaftem Frieden in Europa?**

Wir entwickeln aus unserem Wissen und aus unseren Einsichten über die Vergangenheit Konsequenzen für die Gegenwart.

1. Bearbeitet das Projekt nach der Methode „Ein Projekt durchführen" (s. S. 275).

2. Die Mindmap auf dieser Doppelseite bietet einen ersten Einstieg in die Projektplanung.

3. Auf der folgenden Doppelseite findet ihr Materialien zu wichtigen Aspekten des Themas.

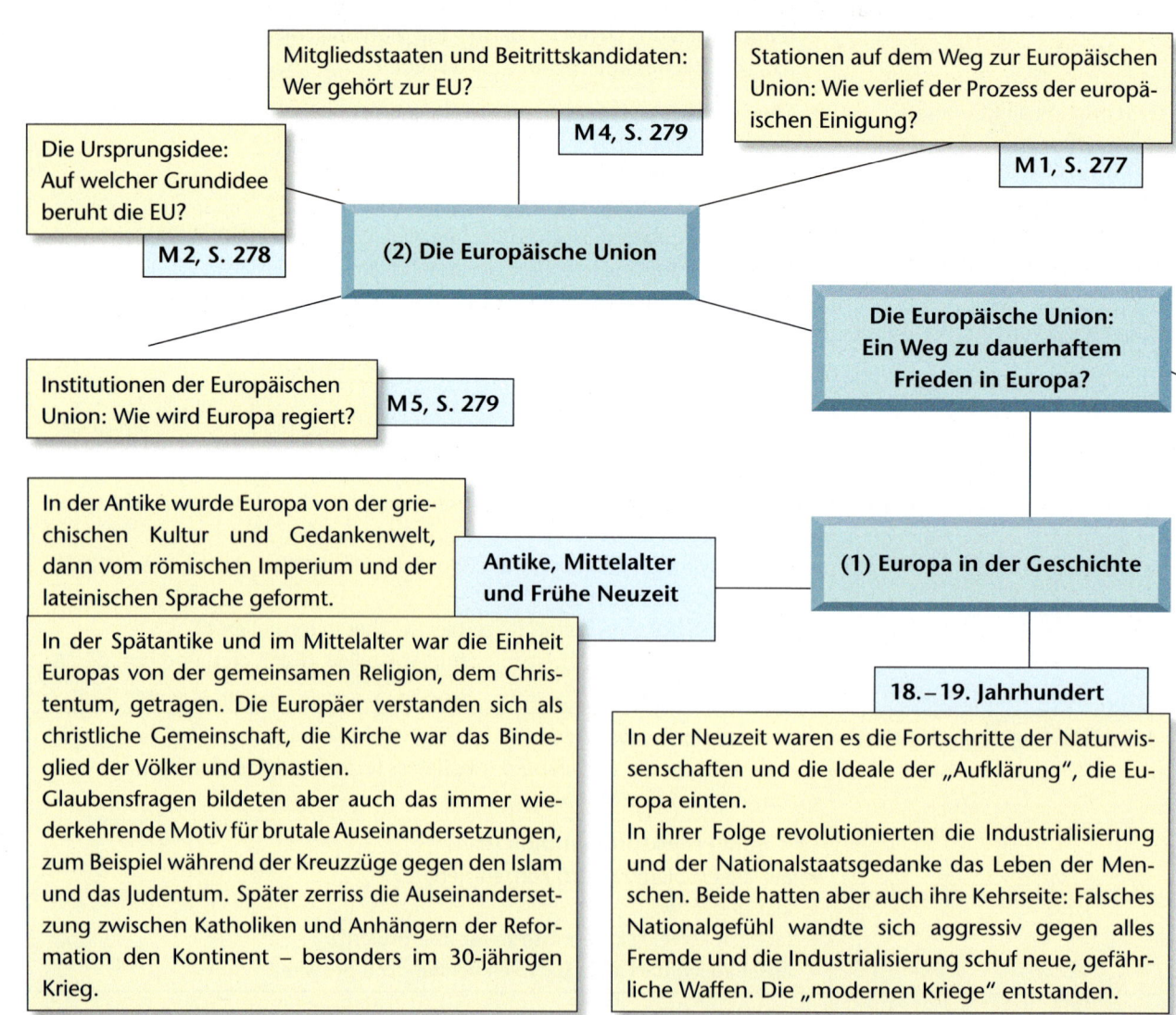

Mitgliedsstaaten und Beitrittskandidaten: Wer gehört zur EU?

M 4, S. 279

Stationen auf dem Weg zur Europäischen Union: Wie verlief der Prozess der europäischen Einigung?

M 1, S. 277

Die Ursprungsidee: Auf welcher Grundidee beruht die EU?

M 2, S. 278

(2) Die Europäische Union

Die Europäische Union: Ein Weg zu dauerhaftem Frieden in Europa?

Institutionen der Europäischen Union: Wie wird Europa regiert?

M 5, S. 279

In der Antike wurde Europa von der griechischen Kultur und Gedankenwelt, dann vom römischen Imperium und der lateinischen Sprache geformt.

Antike, Mittelalter und Frühe Neuzeit

(1) Europa in der Geschichte

In der Spätantike und im Mittelalter war die Einheit Europas von der gemeinsamen Religion, dem Christentum, getragen. Die Europäer verstanden sich als christliche Gemeinschaft, die Kirche war das Bindeglied der Völker und Dynastien.
Glaubensfragen bildeten aber auch das immer wiederkehrende Motiv für brutale Auseinandersetzungen, zum Beispiel während der Kreuzzüge gegen den Islam und das Judentum. Später zerriss die Auseinandersetzung zwischen Katholiken und Anhängern der Reformation den Kontinent – besonders im 30-jährigen Krieg.

18.–19. Jahrhundert

In der Neuzeit waren es die Fortschritte der Naturwissenschaften und die Ideale der „Aufklärung", die Europa einten.
In ihrer Folge revolutionierten die Industrialisierung und der Nationalstaatsgedanke das Leben der Menschen. Beide hatten aber auch ihre Kehrseite: Falsches Nationalgefühl wandte sich aggressiv gegen alles Fremde und die Industrialisierung schuf neue, gefährliche Waffen. Die „modernen Kriege" entstanden.

M1 Die wichtigsten Stationen auf dem Weg zur Europäischen Union

1950 – Schuman-Plan: In seinem Plan schlug der französische Außenminister Robert Schuman vor, die gesamte französisch-deutsche Kohle- und Stahlproduktion einer gemeinsamen Behörde zu unterstellen. Auf diese Weise sollte die neu gegründete Bundesrepublik fest in den westlichen Block eingebunden werden.

1951 – EGKS: Der bereits ein Jahr später gegründeten „Europäischen Gemeinschaft für Kohle und Stahl" (EGKS) gehörten Belgien, die Bundesrepublik Deutschland, Frankreich, Italien, Luxemburg und die Niederlande an. Die EGKS bildete die Keimzelle der späteren Europäischen Union.

1957 – Römische Verträge: In der italienischen Hauptstadt Rom gründeten die Mitgliedsstaaten der EGKS die „Europäische Wirtschaftsgemeinschaft" (EWG). Ihr Fernziel: Die Schaffung eines großen gemeinsamen Marktes.

1992 – Vertrag von Maastricht: Nach dem Ende des Ost-West-Konfliktes und der Vereinigung der beiden deutschen Staaten entwickelte sich die EU weiter. Im Vertrag von Maastricht wurde die Einführung einer Wirtschafts- und Währungsunion beschlossen – die entscheidende Voraussetzung für die spätere Einführung des Euro als gemeinsamer Währung. Außerdem wurde eine engere Zusammenarbeit in der Außen- und Sicherheitspolitik beschlossen.

Weil man jetzt nicht mehr nur in wirtschaftlichen Fragen zusammenarbeitete, wurde die EWG in „Europäische Union" (EU) umbenannt.

2001 – Vertrag von Nizza: Vereinfachung der Entscheidungsprozesse innerhalb der EU.

2002 – Der Euro: Der Euro wird als gemeinsame Währung und als Bargeld eingeführt. Heute (2009) ist der Euro in 16 der 27 Staaten der EU das offizielle Zahlungsmittel.

2004 – Vertrag über eine Verfassung für Europa: Die EU unterzeichnet einen Verfassungsentwurf für Europa, der von einem Verfassungskonvent ausgearbeitet worden war. Dieser Verfassungsentwurf wurde jedoch durch Volksabstimmungen in Frankreich und in den Niederlanden abgelehnt, sodass er nicht in Kraft treten konnte.

2004 und 2007 – Osterweiterungen: In den beiden Osterweiterungen traten insgesamt zwölf ehemalige Ostblockstaaten der EU als neue Mitglieder bei. Seitdem hat die EU insgesamt 27 Mitgliedsstaaten.

2007 – Vertrag von Lissabon: Als Ersatz für die gescheiterte Verfassung unterzeichneten die Mitgliedsstaaten in Lissabon einen neuen Vertrag, der die Zusammenarbeit innerhalb der EU vereinfachen und erleichtern sollte. Auch dieser Vertrag muss von allen Mitgliedsstaaten ratifiziert (= völkerrechtlich verbindlich anerkannt) werden.

(3) Fragen zur Zukunft der Europäischen Union

Erweitern oder vertiefen?
Seit der letzten Runde der Osterweiterung gehören 27 Staaten der EU an. Wie kann der politische Prozess trotzdem effektiv gestaltet werden? Muss die EU sich erst neue Institutionen schaffen, bevor weitere Staaten aufgenommen werden können?

Demokratiedefizit?
Für viele Menschen in Europa scheint die EU undurchschaubar. Wie und wo werden politische Entscheidungen in der EU getroffen? Kommen diese Entscheidungen auf demokratische Weise zustande? Kann und soll die EU demokratischer gestaltet werden?

Staatenbund oder Bundesstaat?
Welchem Einigungsmodell soll die EU in Zukunft folgen: Soll sie eher ein lockerer Zusammenschluss von Nationalstaaten sein (Staatenbund) oder soll sie sich zu einem gemeinsamen Staat entwickeln (Bundesstaat)?

Recherchetipps:
http://europa.eu/index_de.htm
www.europarl.de
www.bpb.de

Die Grundideen

M2 Winston Churchill (19.9.1946)

Die folgende Rede hielt der englische Premierminister Winston Churchill in Zürich. Sie gilt als wichtiges Signal zur Neuausrichtung der Europäischen Politik nach dem Ende des Zweiten Weltkrieges.

Ich möchte heute über die Tragödie Europas zu Ihnen sprechen. [...] In weiten Gebieten starrt eine riesige, geängstigte Menge geschundener, hungriger, sorgenvoller und bestürzter Menschen die Ruinen ihrer Städ-
5 te und Wohnungen an und sucht am dunklen Horizont nach einer neuen Gefahr. [...]
Doch es gibt ein Heilmittel, das [...] wie durch ein Wunder die ganze Szene verwandeln und innerhalb weniger Jahre ganz Europa, oder wenigstens dessen
10 größeren Teil, ebenso frei und glücklich machen könnte, wie es die Schweiz heute ist. Worin besteht dieses Allheilmittel? Darin, dass man die europäische Familie, oder doch einen großen Teil davon, wiederaufrichtet und ihr eine Ordnung gibt, unter der sie in
15 Frieden, Sicherheit und Freiheit leben kann. Wir müssen eine Art Vereinigte Staaten von Europa schaffen. [...]
Wir alle wissen, dass die beiden Weltkriege, die wir erlebt haben, aus dem eitlen Verlangen des neu geein-
20 ten Deutschland entsprungen sind, eine führende Rolle in der Welt zu spielen. In diesem hinter uns liegenden Kampf sind Verbrechen und Massaker begangen worden, für die es [...] in der ganzen Menschheitsgeschichte kein Beispiel gibt. Die Schuldigen müssen
25 bestraft werden. Man muss Deutschland die Möglichkeit nehmen, [...] abermals einen Aggressionskrieg zu führen. Doch wenn dies geschehen ist, wie es gesche-

hen wird und schon geschieht, dann muss die Vergeltung ein Ende haben. [...] Wir alle müssen den Schrecken der Vergangenheit den Rücken kehren. Wir 30 müssen in die Zukunft blicken. [...]

(Zit. nach: R.H. Foerster (Hg.), Die Idee Europa 1300–1946 – Quellen zur Geschichte der politischen Einigung, München 1963, S. 253ff.)

M3 Robert Schuman (9.5.1950)

In der folgenden Erklärung begründete der französische Außenminister seinen Vorschlag zur Schaffung einer Kohle- und Stahlunion:

Europa ist [nach dem Ersten Weltkrieg] nicht zustande gekommen, wir haben den Krieg gehabt.
Europa lässt sich nicht mit einem Schlage herstellen und auch nicht durch eine einfache Zusammenfassung: Es wird durch konkrete Tatsachen entstehen, 5 die zunächst eine Solidarität der Tat schaffen. Die Vereinigung der europäischen Nationen erfordert, dass der jahrhundertealte Gegensatz zwischen Frankreich und Deutschland ausgelöscht wird. Das begonnene Werk muss in erster Linie Deutschland und Frankreich 10 erfassen. Zu diesem Zweck schlägt die französische Regierung vor, in einem begrenzten, doch entscheidenden Punkt sofort zur Tat zu schreiten.
Die französische Regierung schlägt vor, die Gesamtheit der französisch-deutschen Kohle- und Stahlpro- 15 duktion einer gemeinsamen Hohen Behörde zu unterstellen, in einer Organisation, die den anderen europäischen Ländern zum Beitritt offensteht. [...]
Die Solidarität der Produktion, die so geschaffen wird, wird bekunden, dass jeder Krieg zwischen Frankreich 20 und Deutschland nicht nur undenkbar, sondern materiell unmöglich ist. Die Schaffung dieser mächtigen Produktionsgemeinschaft [...] wird die realen Fundamente zu ihrer wirtschaftlichen Vereinigung legen.

(Zit. nach: http://www.europa.eu.int/abc/symbols/9-may/decide.htm)

Beitrittskandidaten sind (Stand 2009): Kroatien, Mazedonien und die Türkei.

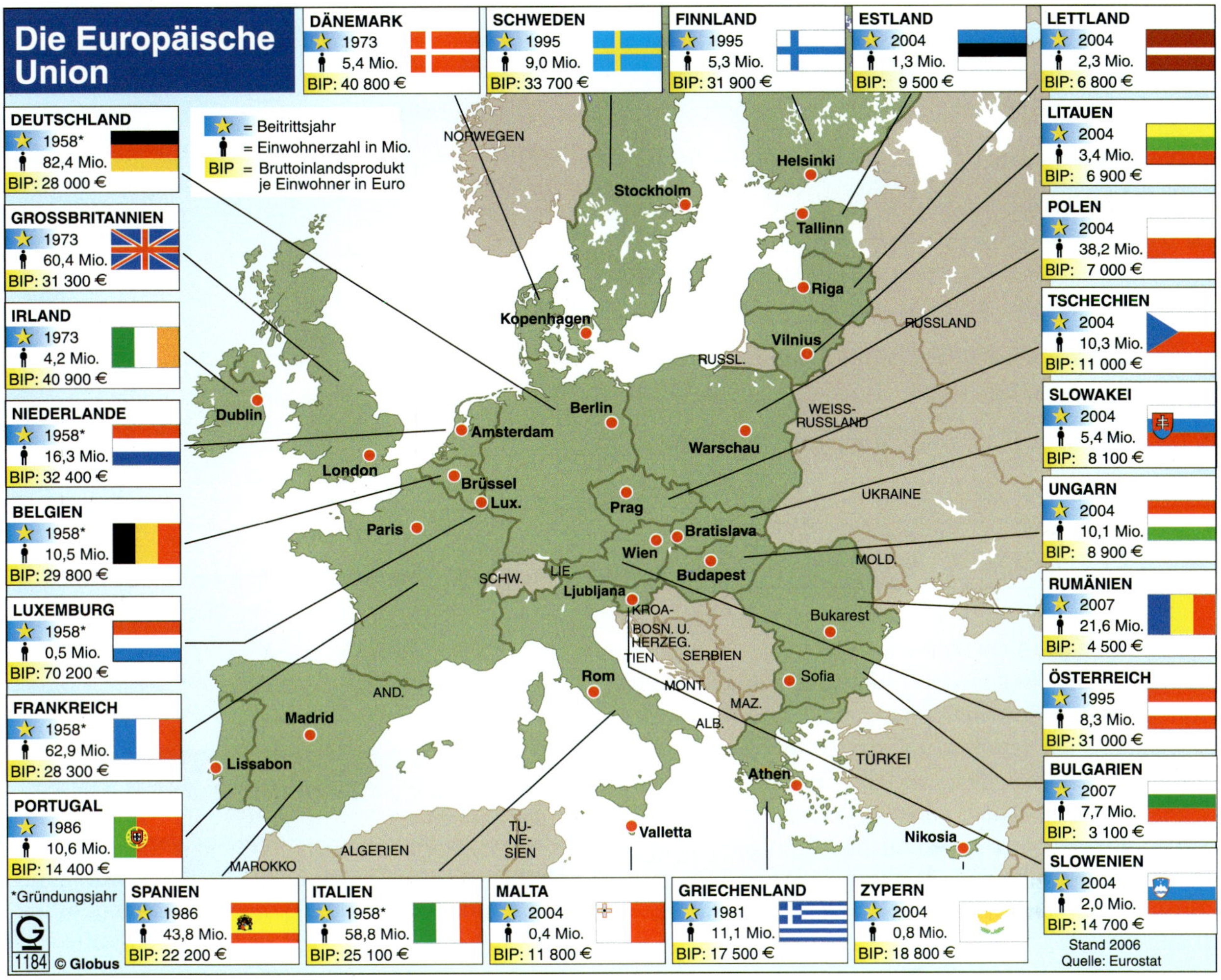

Die Europäische Union

⭐ = Beitrittsjahr
🚶 = Einwohnerzahl in Mio.
BIP = Bruttoinlandsprodukt je Einwohner in Euro

DÄNEMARK
⭐ 1973
🚶 5,4 Mio.
BIP: 40 800 €

SCHWEDEN
⭐ 1995
🚶 9,0 Mio.
BIP: 33 700 €

FINNLAND
⭐ 1995
🚶 5,3 Mio.
BIP: 31 900 €

ESTLAND
⭐ 2004
🚶 1,3 Mio.
BIP: 9 500 €

LETTLAND
⭐ 2004
🚶 2,3 Mio.
BIP: 6 800 €

DEUTSCHLAND
⭐ 1958*
🚶 82,4 Mio.
BIP: 28 000 €

GROSSBRITANNIEN
⭐ 1973
🚶 60,4 Mio.
BIP: 31 300 €

IRLAND
⭐ 1973
🚶 4,2 Mio.
BIP: 40 900 €

NIEDERLANDE
⭐ 1958*
🚶 16,3 Mio.
BIP: 32 400 €

BELGIEN
⭐ 1958*
🚶 10,5 Mio.
BIP: 29 800 €

LUXEMBURG
⭐ 1958*
🚶 0,5 Mio.
BIP: 70 200 €

FRANKREICH
⭐ 1958*
🚶 62,9 Mio.
BIP: 28 300 €

PORTUGAL
⭐ 1986
🚶 10,6 Mio.
BIP: 14 400 €

LITAUEN
⭐ 2004
🚶 3,4 Mio.
BIP: 6 900 €

POLEN
⭐ 2004
🚶 38,2 Mio.
BIP: 7 000 €

TSCHECHIEN
⭐ 2004
🚶 10,3 Mio.
BIP: 11 000 €

SLOWAKEI
⭐ 2004
🚶 5,4 Mio.
BIP: 8 100 €

UNGARN
⭐ 2004
🚶 10,1 Mio.
BIP: 8 900 €

RUMÄNIEN
⭐ 2007
🚶 21,6 Mio.
BIP: 4 500 €

ÖSTERREICH
⭐ 1995
🚶 8,3 Mio.
BIP: 31 000 €

BULGARIEN
⭐ 2007
🚶 7,7 Mio.
BIP: 3 100 €

SLOWENIEN
⭐ 2004
🚶 2,0 Mio.
BIP: 14 700 €

*Gründungsjahr

SPANIEN
⭐ 1986
🚶 43,8 Mio.
BIP: 22 200 €

ITALIEN
⭐ 1958*
🚶 58,8 Mio.
BIP: 25 100 €

MALTA
⭐ 2004
🚶 0,4 Mio.
BIP: 11 800 €

GRIECHENLAND
⭐ 1981
🚶 11,1 Mio.
BIP: 17 500 €

ZYPERN
⭐ 2004
🚶 0,8 Mio.
BIP: 18 800 €

G
1184 © Globus

Stand 2006
Quelle: Eurostat

Map labels: NORWEGEN, Helsinki, Stockholm, Tallinn, Riga, RUSSLAND, RUSSL., Kopenhagen, Vilnius, WEISS-RUSSLAND, Dublin, Berlin, Warschau, Amsterdam, London, Brüssel, Lux., Prag, UKRAINE, Paris, Wien, Bratislava, MOLD., SCHW., LIE., Ljubljana, Budapest, KROA-, BOSN. U. HERZEG., TIEN, SERBIEN, Bukarest, AND., Rom, MONT., MAZ., Sofia, Madrid, ALB., TÜRKEI, Lissabon, Athen, TU-NE-SIEN, Valletta, Nikosia, MAROKKO, ALGERIEN

M5 Wie funktioniert die Europäische Union?

Die Institutionen der Europäischen Union (nach dem Vertrag von Nizza, 2001)

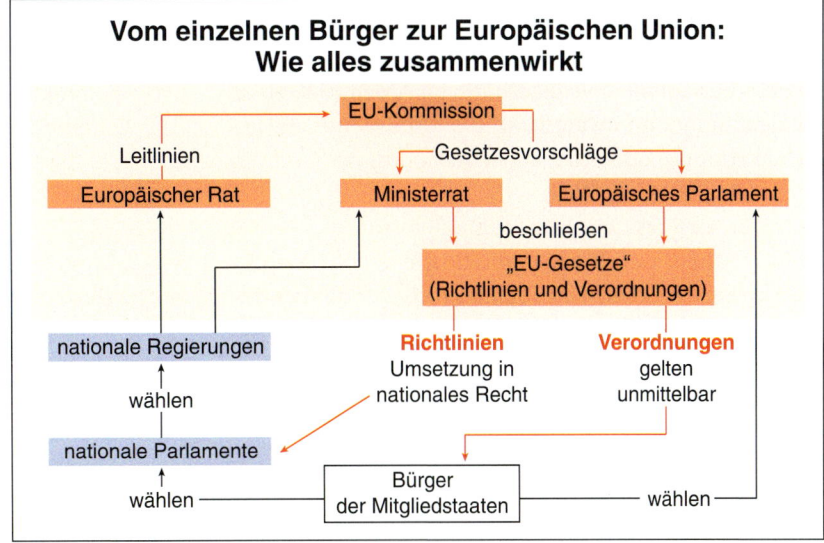

Vom einzelnen Bürger zur Europäischen Union: Wie alles zusammenwirkt

EU-Kommission

Leitlinien — Gesetzesvorschläge

Europäischer Rat — Ministerrat — Europäisches Parlament

beschließen

„EU-Gesetze"
(Richtlinien und Verordnungen)

Richtlinien
Umsetzung in nationales Recht

Verordnungen
gelten unmittelbar

nationale Regierungen

wählen

nationale Parlamente

wählen

Bürger der Mitgliedstaaten

wählen

Institut der deutschen Wirtschaft Köln
© 8/2004 Deutscher Instituts-Verlag

Projekt 2: Die Globalisierung

„Globalisierung" – dieses Schlagwort ist in aller Munde, wenn es um die Zukunft geht. Oft ist nicht klar, was damit gemeint ist. Noch mehr unterscheiden sich die Bewertungen: Es gibt Gegner und Befürworter der „Globalisierung".

● **Die Globalisierung: Chance oder Risiko für eine gerechte Welt?**

Wir entwickeln aus unserem Wissen und aus unseren Einsichten über die Vergangenheit Konsequenzen für die Gegenwart.

1. Bearbeitet des Projekt nach der Methode „Ein Projekt durchführen" (s. S. 275).

2. Die Informationen auf dieser Seite helfen bei der Projektplanung.

3. Die Rede des früheren Bundespräsidenten Rau (M) bietet einen ersten Einstieg in die Diskussion.

Was ist das eigentlich: Globalisierung?

„Globalisierung" ist eine vieldeutige Bezeichnung für die wohl bedeutsamste Grundtendenz zu Beginn des 21. Jahrhunderts. Im Kern ist damit das Zusammenwachsen der Welt zu einem „globalen Dorf" gemeint. Möglich wurde die Globalisierung durch technische Erfindungen, die Raum und Zeit viel leichter überwindbar machen. Betroffen ist in erster Linie die Wirtschaft, aber auch Gesellschaft, Kultur und Politik.

Welche Folgen hat die „Globalisierung"?

Da gehen die Meinungen weit auseinander. Befürworter der Globalisierung loben den weltweiten Kulturaustausch oder ein preiswerteres und vielfältigeres Warenangebot. Gegner beklagen die Verlagerung von Arbeitsplätzen an billigere Standorte im Ausland, die fortschreitende Umweltzerstörung oder die Benachteiligung von schwächeren Regionen der Welt.

Unstrittig ist, dass die Nationalstaaten immer weniger Einfluss haben: Gefällt einem multinationalen Unternehmen irgendein Gesetz eines Staates nicht, so zieht es einfach (mitsamt seinen Arbeitsplätzen) in ein anderes Land um. Dies kann zu einem ruinösen Wettbewerb zwischen Staaten um möglichst billige Arbeitslöhne, niedrige Steuern oder geringe Umweltauflagen führen.

Viele Zeitgenossen fordern deshalb, dass auch die Politik internationaler werden sollte – ein Konzept, das als „global governance" (= globale Regierung) bezeichnet wird.

Globalisierungswellen		
„Erste Globalisierung"		
15./16. Jh.	Europäer entdecken die Welt.	Segelschiffe Navigation Astronomie
„Zweite Globalisierung"		
19./20. Jh.	Industrialisierung verbindet Räume und Zeiten.	Eisenbahn Automobile Telegraph Flugzeug
„Dritte Globalisierung"		
20./21. Jh.	Computertechnik macht aus der Welt ein „globales Dorf".	Computertechnik Internet Transporttechnik

Informationstechnik: Schnelle Verarbeitung und Weiterleitung von Daten über weite Entfernungen

Transporttechnik: Verbilligter Transport von Waren über weite Entfernungen

Ursachen der Globalisierung

Massenmedien: Weltweite Vermittlung von Informationen und Kultur

Wettbewerb: Weltweiter Wettbewerb um kostengünstige Produktionsstätten

Mächtige multinationale Unternehmen

Zusammentreffen von Kulturen und Religionen

Zugang zu Informationen aus aller Welt

Folgen der Globalisierung

Konkurrenz um Arbeitsplätze

Bedeutungsverlust nationalstaatlicher Regeln und Gesetze

…

Eine Position zur Globalisierung

In seiner „Berliner Rede" von 2002 nahm der damalige Bundespräsident Johannes Rau Stellung zur Globalisierung:

Vor drei Jahren hatte die Hälfte der Deutschen den Begriff Globalisierung noch nie gehört. Heute kennt ihn praktisch jeder. […] Die „Eine Welt" – vor ein paar Jahren noch die Zukunftshoffnung alternativer Bewe-
5 gungen und sogenannter „Dritte-Welt-Gruppen" – scheint nun durch grenzüberschreitende Finanzströme und Firmenfusionen durch Internet und Mobiltelefon auf ganz andere Weise Wirklichkeit zu werden, als das einst gemeint war.
10 Das Wort „Globalisierung" begegnet uns nun beinahe täglich als Argument, als Argument allerdings für alles Mögliche: für radikale Bildungsreformen, für Englisch lernen schon im Kindergarten, aber auch für den Abbau von Arbeitsplätzen, für die Lockerung von
15 ethischen Standards, z.B. in der Gentechnik, für die Verlagerung von Firmensitzen, für den Zusammenschluss von Unternehmen – und schließlich als Grund dafür, dass es das ganze Jahr über Erdbeeren gibt.
Die einen sagen, die Globalisierung führe zum Verlust
20 vertrauter Bindungen und zur Schwächung des Nationalstaates. Andere feiern, dass die Herrschaft des Marktes und seiner Gesetze bald überall und für alles gilt. Manchen erscheint all das wie ein unentrinnbares Schicksal, wie ein Verhängnis, anderen wie die
25 Verheißung eines goldenen Zeitalters. Das Stimmengewirr ist groß und auch die Unsicherheit darüber, was Globalisierung bedeutet […]:
Es hat mit Globalisierung zu tun, wenn die Firma, in der man arbeitet, plötzlich mit Betrieben aus Ge-
30 genden der Welt konkurriert, von denen man bisher kaum gehört hatte. Es hat mit Globalisierung zu tun, wenn sich junge Leute, die durch die Anden wandern, aus dem Internetcafe in Quito bei ihren Eltern in Oberursel melden und mal eben per E-Mail die ersten
35 digitalen Fotos schicken. Es hat mit Globalisierung zu tun, wenn wir vom PC aus unseren Urlaub buchen und wenn Studenten sich nachmittags aus dem Internet Material aus Amerika für ihre Hausarbeit holen. Es hat mit Globalisierung zu tun, wenn in dem Auto, das
40 wir kaufen, die Teile aus vielen Ländern kommen, wenn also das „Made in Germany" manchmal nur noch für die Idee, für die Endmontage oder für den Namen steht. Es hat mit Globalisierung zu tun, wenn Menschen in aller Welt am 11. September live miter-
45 leben mussten, wie das World Trade Center Tausende von Menschen unter sich begrub. Es hat mit Globali-

sierung zu tun, wenn aus abgelegenen Berghöhlen ein Verbrechen geplant und gesteuert wird, das die ganze Welt erschüttert.
Aus der Geschichte wissen wir: Nichts, keine tech- 50 nische Erfindung, keine politische Entwicklung, keine gesellschaftliche Veränderung führt automatisch und für alle ausschließlich zum Schlechteren oder zum Besseren. Auch bei der Globalisierung kommt es darauf an, was wir aus den neuen Möglichkeiten machen. 55 Viele fragen heute aber: Kann man denn überhaupt etwas machen? Ist die Globalisierung nicht unbeeinflussbar, ist sie nicht wie ein Naturereignis, dem wir ausgeliefert sind? Dann wäre es tatsächlich sinnlos, auch nur zu überlegen, wie man gestaltend eingreifen 60 kann und wer das tun sollte.
Nein, die Globalisierung ist kein Naturereignis. Sie ist von Menschen gewollt und gemacht. Darum können Menschen sie auch verändern, gestalten und in gute Bahnen lenken. 65
Man muss aber genau hinsehen: Es gibt großartige neue Chancen – und es gibt handfeste Interessen. Es gibt Leute, die bestimmen – und es gibt Menschen, die haben nichts zu sagen. Es gibt mehr Wohlstand und mehr kulturellen Austausch – und es gibt Länder und 70 Regionen, die werden abgehängt.
Wir können und wir müssen fragen: Wer sind – bisher – die Gewinner, wer sind – bisher – die Verlierer der Globalisierung? Wo erschließt uns die Globalisierung Zugang zu fremden Kulturen? Und wo führt sie zu 75 einem undefinierbaren Einerlei der Lebensstile, dazu, dass alle das Gleiche essen und dieselben Filme sehen?
[…] Von der Globalisierung sind wir alle betroffen – noch bevor alle genau wissen, wie sie eigentlich funktioniert. Darum müssen wir zu begreifen versuchen, 80 was geschieht und warum es geschieht. Wir müssen die Globalisierung als politische Herausforderung verstehen und politisch handeln. Damit wir die Globalisierung gestalten können, brauchen wir neue politische Antworten. 85

(Johannes Rau, Chance, nicht Schicksal – die Globalisierung politisch gestalten, „Berliner Rede", 13.5.2002)

1 Bestimmt die Textsorte und beschreibt sie (W-Fragen).

2 Benennt in Form einer These, welche Konsequenz Rau hauptsächlich aus dem Prozess der Globalisierung ziehen will. Erläutert, mit welchem Argument er seine Position begründet.

3 Listet die Aspekte auf, die Rau als Folgen der Globalisierung nennt. Vergleicht sie mit den Informationen auf S. 280.

4 Nehmt zur Position Raus Stellung.

Projekt 3: Die UN

Die Sicherung des Friedens durch internationale Kooperation ist ein alter Menschheitstraum. Er wird noch dringlicher, wenn die Welt immer näher zusammenrückt und globale Probleme, wie der Schutz der Umwelt, immer drängender werden. Kein Staat der Welt kann diese Probleme alleine lösen.

● **Die UN: Wie kann internationale Kooperation erfolgreich gestaltet werden?**

Wir entwickeln aus unserem Wissen und aus unseren Einsichten über die Vergangenheit Konsequenzen für die Gegenwart.

1. Bearbeitet das Projekt nach der Methode „Ein Projekt durchführen" (s. S. 275).

2. Einen ersten Einstieg in die Projektplanung bietet die Mindmap auf dieser Seite.

3. Wie Zeitgenossen die Rolle der UN heute und in der Zukunft beurteilen – das könnt ihr mithilfe der Materialien auf S. 283 erarbeiten.

M1 **Der Anpruch der Vereinten Nationen**

Denkmal auf dem Platz der Vereinten Nationen in New York

Geschichte der UNO im „Kalten Krieg" (1945–1989)

Geschichte der UNO seit 1989

Die Vorgeschichte der UNO: der „Völkerbund"

Geschichte und Vorgeschichte

Die UNO

Institutionen der UNO (s. S. 178)

Aktuelle Probleme und Fragen

Menschenrechte vor Völkerrecht?

Es gibt ein altes und allgemein anerkanntes Prinzip des Völkerrechtes: die „Nichteinmischung in die inneren Angelegenheiten" eines Staates. Jedes Volk soll über seine Angelegenheiten selbst entscheiden und keine Einmischung von außen befürchten müssen.

Was ist aber zu tun, wenn in einem Staat (z. B. in einer Diktatur) systematisch und gravierend Menschenrechte verletzt werden (z. B. durch Folter, durch Rassismus, durch Vertreibungen)? Darf die UNO in einem solchen Fall ein solches Land militärisch angreifen, um den Menschenrechten Geltung zu verschaffen?

Konkrete Fälle, in denen diese Frage diskutiert wurde: Kosovo, Ruanda, Irak, Afghanistan.

Reform der Finanzierung?

Die UNO leidet unter Geldnot. Viele Mitgliedsstaaten leisten ihre Beiträge nur schleppend. Manche Staaten haben sogar ihre Zahlungen mit bestimmten Bedingungen an die Politik der UNO verknüpft.

Über eine Reform des Beitragssystems müsste die Generalversammlung der UNO entscheiden. Die aber verschiebt das Problem – wohl auch aus Sorge, die reichen Beitragszahler zu verprellen.

Reform des Sicherheitsrates?

Der Sicherheitsrat mit seinen fünf „Ständigen Mitgliedern", die über ein Veto-Recht verfügen, spiegelt noch die Machtverteilung nach dem Ende des Zweiten Weltkrieges.

Heute ist man sich einig, dass der Sicherheitsrat durch die Aufnahme weiterer Mitglieder „demokratischer" oder „gerechter" gestaltet werden müsste. Offen und umstritten ist aber, welche Staaten zusätzlich aufgenommen werden könnten und ob man das Veto-Recht nicht ganz abschaffen sollte.

Gegen eine Abschaffung des Veto-Rechtes sprechen sich die jetzigen Veto-Mächte aus. Damit droht aber weiterhin eine Selbstblockade des Sicherheitsrates bei Entscheidungen, die nicht einmütig getroffen werden können.

Wie Zeitgenossen heute über die UNO denken

M1 Karikatur von Burkhard Mohr

M2 Karikatur von LUFF

„Also, wer kümmert sich schnellstens um das Problem in Zaire?"

M3 Karikatur von Felix Mussil

M4 Zwei Wissenschaftler über die UN (2002)

Welche Rolle werden nun die Vereinten Nationen in der Welt des 21. Jahrhunderts spielen?

[Es wird] darauf ankommen, was die Mitgliedsstaaten aus ihren Vereinten Nationen machen. Eine internationale Organisation […] kann immer nur in dem Maße agieren, wie es die sie tragenden Mitgliedsstaaten zulassen. Offensichtlich verstehen die Mitgliedsstaaten die Bestimmungen [der UN] jedoch oftmals nicht als konkrete Verpflichtung, sondern vielmehr als rhetorische Floskel. [Ein Beispiel] ist etwa die nicht eingehaltene Zusage der Industrienationen, 0,7 Prozent ihres Sozialprodukts für Entwicklungshilfe aufzuwenden.

[Auf der anderen Seite ist aber] ein Milieu entstanden, in dem die Bestimmungen der Charta Referenzpunkt[1] geworden sind. Sie werden zwar nicht immer eingehalten, der Rechtfertigungsdruck im Falle der Regelverletzung hat aber enorm zugenommen. Selbst große Mächte können sich diesem durch die internationale Öffentlichkeit verstärkten Druck kaum entziehen.

[Außerdem] gilt es, sich von unrealistischen Erwartungen an die Vereinten Nationen zu verabschieden. Es ist zwar davon auszugehen, dass [ihre] Bedeutung zunehmen wird, eine Weltregierung aber nicht in Sicht ist. Sie wäre nicht einmal erstrebenswert, weil auf diese Weise wohl weder eine demokratisch kontrollierbare, noch eine effektive Art des Regierens zu erzielen wäre.

Der anhaltende Refombedarf der Weltorganisation sollte […] nicht den Blick dafür verstellen, dass die Vereinten Nationen für die Stabilität des internationalen Systems unverzichtbar sind.

(Gareis/Varwick, Die Vereinten Nationen, Opladen 2002, S. 302 ff.)

---

[1] Referenzpunkt: Wert oder Grundsatz, auf den sich alle beziehen, auch wenn sie selbst mit ihm nicht immer übereinstimmen.

1 Interpretiert die Karikaturen (M 1 – M 3). Arbeitet jeweils heraus, welche aktuellen Probleme der UN angesprochen werden und welche Position die Autoren dazu jeweils einnehmen.

2 Listet die im Text (M 4) genannten Aspekte zur Rolle der UN im 21. Jahrhundert auf. Arbeitet heraus, welche von den Autoren positiv und welche negativ bewertet werden.

Recherchetipps: www.un.org   www.un-infos.info

STOPP – Ein Blick zurück

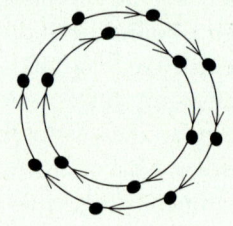

Experten erklären Momentaufnahmen

1 Ich stelle die Zeitumstände, in denen die Aufnahmen entstanden sind, dar.

2 Ich beschreibe die historische Entwicklung, die von der ersten Aufnahmes (M 1) zur zweiten Aufnahme (M 2) führte.

3 Ich erkläre am Beispiel beider Aufnahmen den Zusammenhang zwischen Weltgeschichte und deutscher Geschichte im 20. Jahrhundert.

M 2 Amerikanischer Checkpoint in Berlin 1990

Feierlicher Akt am 22.6.1990 mit den folgenden Außenministern (v. l. n. r.): Markus Meckel (DDR), Douglas Hurt (GB), James Baker (USA), Roland Dumas (Frankreich), Hans-Dietrich Genscher (BR Deutschland), Eduard Schewardnadse (UdSSR)

M 1 Amerikanischer Checkpoint in Berlin 1961

Was ich jetzt kann ...

✓ Ich benenne wesentliche Stationen auf dem Weg zur Lösung des Ost-West-Konfliktes.

✓ Ich erläutere Ziele und Folgen der Reformpolitik Michail Gorbatschows in der Sowjetunion.

✓ Ich stelle zwei mögliche Deutungen über die Ursachen des Endes des Ost-West-Konfliktes einander gegenüber.

✓ Ich stelle – chronologisch geordnet – den Verlauf der „Friedlichen Revolution" in der DDR dar.

✓ Ich benenne drei wesentliche Gründe für den Zusammenbruch der SED-Herrschaft in der DDR im Jahr 1989.

✓ Ich erläutere wesentliche Stationen auf dem Weg zur deutschen Einheit vom November 1989 bis zum Oktober 1990.

✓ Ich stelle dar, in welchen Schritten ein Projekt durchgeführt werden kann.

✓ Ich erläutere an einem Beispiel, welche Einsicht aus der Geschichte mir in der Gegenwart oder für die Zukunft bedeutsam erscheint.

Die Bedeutung der Revolution von 1989 – Experten urteilen

Der westdeutsche Historiker und Journalist Gustav Seibt urteilte am Ende des Jahres 1989 über die Bedeutung der revolutionären Veränderungen, die in diesem Jahr stattgefunden hatten. Weil die Revolutionen in den verschiedenen osteuropäischen Ländern (einschließlich der DDR) alle in engem Zusammenhang standen, spricht er von einer „osteuropäischen Revolution". Und er vergleicht diese „osteuropäische Revolution" mit der Französischen Revolution von 1789, die zum damaligen Zeitpunkt genau 200 Jahre alt geworden war.

● **Welche historische Bedeutung hat die „osteuropäische Revolution" von 1989?**

So könnt ihr vorgehen:

1 Analysiert den Historikertext (M 3) unter der Leitfrage. Folgt den Schritten der Methode „Historische Urteile analysieren und sich mit ihnen auseinandersetzen" (s. S. 100).

2 Nehmt kritisch Stellung und formuliert ein eigenes Urteil zur Leitfrage. Folgt den Schritten der Methode „Werturteile formulieren" (s. S. 244).

M3 Der westdeutsche Journalist Gustav Seibt (29.12.1989)

Was bedeuten die Ereignisse dieses Jahres 1989 im Zusammenhang der europäischen Geschichte?

Die osteuropäische Revolution ist keine Revolution im marxistischen Sinne, auch wenn soziale und ökonomische Probleme eine bedeutende Rolle spielen[1] [...]. 5

Es geht nicht um Utopien[2] und ferne Geschichtsziele, sondern um Ziele, die, wie unvollkommen auch immer, an einigen Stellen der Welt längst verwirklicht sind: die selbstverständliche Achtung der grundlegenden Menschen- und Bürgerrechte, die im Jahr 10 1789 endgültig formuliert wurden. Es geht um die Abschaffung der Folter, um Rede- und Versammlungsfreiheit, um Rechtsstaat, um Freizügigkeit, um all jene Sicherungen, die den Einzelnen vor dem Terror von 15 Staat und Kollektiv[3] bewahren [...].

Trotzdem ist die politisch-bürgerliche Revolution des Jahres 1989 in einem Punkt wesentlich verschieden von ihrer Vorläuferin von 1789. [...].

1789 meinten die Revolutionäre, die Bewegung der 20 Zeit [...] trage sie voran, sie waren der Zukunft gewiss. Revolution, das hieß zwangsläufig Fortschritt [...].

Nach dem zwanzigsten Jahrhundert weiß man: Das Rad kann überall und zu jedem Zeitpunkt wieder zurückgedreht werden. Der Rückfall in die Barbarei kann 25 sich immer als geschichtlicher Fortschritt maskieren. Es gibt keine Sicherheit mehr, das Recht zu brechen. Jetzt zählt nur noch, was hier und heute Wirklichkeit ist, ob Menschen in der Folterkammer sterben müssen oder ob sie frei atmen können. 30

(Frankfurter Allgemeine Zeitung, 29.12.1989)

_____

[1] „Revolution im marxistischen Sinne": In der Theorie des Marxismus entsteht eine Revolution immer dann, wenn eine wirtschaftlich ausgebeutete und unterdrückte Bevölkerungsklasse (z. B. die Arbeiterklasse) eine herrschende Klasse (z. B. das Bürgertum) mit Gewalt stürzt.

[2] Utopien: ferne Ideale

[3] Kollektiv: in der DDR gebräuchliche Bezeichnung für „Gruppe" (z. B. Arbeiterkollektiv, Stadtteilkollektiv)

Mit diesen Methoden kann ich arbeiten:

→ Ein Projekt durchführen

Was Menschen früher voneinander wussten und heute voneinander wissen

Dieses Kapitel erzählt, wie das Buch gestern und das Internet heute die Welt veränderten. Es erzählt von Reisen früher und heute und davon, wie Menschen sich selbst und den Fremden sahen.

Menschen können heute auch in den entlegensten Winkeln der Erde miteinander in Kontakt kommen – und dies, ohne aufwendige Reisen wie früher auf sich zu nehmen. Digitale und mobile Technologien wie das Internet oder das Mobiltelefon schaffen über Ländergrenzen hinweg soziale Netzwerke. Es ist offenkundig: Wir leben im digitalen Zeitalter. Millionen von Menschen bewegen sich in der virtuellen Welt des Internets und schaffen sich in Computerspielen eine andere Identität. Nie zuvor konnten Informationen so schnell weitergegeben und Wissen so einfach gespeichert werden. Aber das neue Zeitalter birgt auch neue Gefahren und Risiken. Das Internet ist auch Tatort – Ort der Spionage, des Datendiebstahls und des Betrugs.

Das Buch revolutionierte die Gesellschaft

Die Erfindung der Schrift leitete eine große Veränderung für die Menschen ein. Von nun an besaßen sie eine Geschichte, die überliefert werden konnte.

Die Erfindung der Buchdruckerkunst war eine zweite revolutionäre Entwicklung. Durch Druckerzeugnisse wie Buch und vor allem Zeitung entstand eine neue Epoche in der menschlichen Kommunikation. Die erste täglich erscheinende deutsche Zeitung kam bereits 1660 in Leipzig heraus. In sogenannten „Lesezirkel" debattierte man über Gott und die Welt.

Das World Wide Web erobert die Welt

Als der erste vollständige Heimcomputer im Jahr 1977 verfügbar wurde, hielt man den PC noch für eine verbesserte Schreibmaschine. Doch die Computertechnik schritt schnell voran. Bereits ein Jahr später gab es das Modem und die Diskette. 1980 entwickelte Bill Gates das PC-Betriebssystem MS/DOS. Und 1990 ging das Internet in Betrieb. Seitdem das Telefonieren im Internet möglich wurde (1996) und knapp zehn Jahre später mit dem Start von „YouTube" Millionen selbst gedrehter Web-Videos zu sehen sind, ist der Siegeszug des Internets über die anderen Medien unaufhaltsam.

Der Boom des Internets wäre ohne ein gewaltiges Bedürfnis nach Unterhaltung und Kommunikation kaum möglich gewesen. Aber noch sind etliche finanzielle und bildungsbedingte Schranken vorhanden, bis wir von einer insgesamt vernetzten Welt sprechen können. Auch fürchten viele Regierungen die Macht des Internets. Denn im Internet kann ein jeder seine Meinung ungehindert äußern.

Antike		500 Mittelalter		1500 Frühe Neuzeit

Schreibmedien
Wand, Tafel, Rolle, Brief, Buch

Druckmedien (ab 1450)
Buch, Flugschrift, Kalender

1660
Tageszeitun

Im digitalen Zeitalter sterben kulturelle Eigenheiten

Die Sprache verleiht einer Gruppe ihre Eigenheit. Sie ermöglicht, kulturelles Wissen über Generationen hinweg weiterzugeben.

Mit der Globalisierung und Digitalisierung zerfallen die sprachlichen Traditionen vor allem kleinerer Gruppen, weil zufällig oder zwanghaft nationale oder internationale Sprachen übernommen werden und diese nach und nach die alten Sprachen verdrängen. Sprachwissenschaftler nehmen an, dass von den derzeit knapp 7000 gesprochenen Sprachen am Ende dieses Jahrhunderts die Hälfte nicht mehr existieren wird.

Mit dem Aussterben von Sprachen lösen sich Beziehungen in Stammesverbänden und Völkern auf. Selbstbild und Zusammengehörigkeitsgefühl der Gruppen werden zerstört, althergebrachtes Wissen geht für immer verloren.

Die Welt erscheint „kleiner"

Im Jahr 2007 wurden 898 Millionen Auslandsreisen unternommen. Die Menschheit ist stärker denn je in Bewegung geraten. Geschäfts- und Urlaubsreisen, aber auch die Suche nach besseren Lebensverhältnissen prägen den modernen Reiseverkehr.

Dabei verändern sich unsere Vorstellungen von Entfernung und Exotik. Die Welt ist für viele „kleiner" geworden.

Aber auch die Gastländer sind von diesen Massenreisen betroffen. Der Tourismus ist für sie zu einer ergiebigen Einnahmequelle geworden. Schattenseiten des Tourismus – wie Umweltzerstörung und menschliche Ausbeutung – werden dabei in Kauf genommen.

	1900			2000
	Elektronische Medien	Neue elektronische Medien		Digitalisierung
ca. 1840 Fotografie, Schreibtelegraf	1890 Rollfilmkamera	1930 Fernsehapparat	1977 Heimcomputer	1990 Internet

Wie der Buchdruck die Welt veränderte

Der Mann auf dem Bild unten war kein großer Eroberer und kein berühmter Wissenschaftler. Dennoch gilt er für viele Menschen als ein „Mann des Jahrtausends". Seine Bedeutung und Berühmtheit verdankt er einer Erfindung, die er um 1450 machte: dem Buchdruck. Ohne ihn hätten Martin Luthers Thesen nicht ihre Verbreitung und weltverändernde Wirksamkeit entfalten können, ohne ihn hätten die Ideen der Aufklärer nicht ihren Siegeszug antreten können und ohne ihn könnten wir heute kein Buch und keine Zeitung lesen. Denn mit dem Buchdruck tat sich um 1450 eine völlig neue Möglichkeit auf, Geschriebenes zu verbreiten. Deshalb gilt diese Erfindung der Frühen Neuzeit heute zu Recht als revolutionäres Schlüsselereignis in der Entwicklung menschlicher Kommunikationsmedien.

- Johannes Gutenberg – der „Mann des Jahrtausends"

Wir bereiten ein Schlüsselereignis für die Präsentation vor Öffentlichkeit auf.

Bildet eine Arbeitsgruppe, die eine Dokumentation zu dem Thema gestaltet.
Nutzt für die inhaltliche Erarbeitung und die Gestaltung der Präsentation die Methoden „Im Internet recherchieren und Informationen gewinnen" (S. 81), „Dokumentieren" (S. 235) sowie „Dokumentieren mit PowerPoint" (S. 41).
Der Darstellungstext und die Bildmaterialien M1–M4 bieten euch einen ersten Einstieg in die Thematik.
Weiterführende Recherche – Startadressen: http://www.gutenberg.de und http://www.gutenberg-museum.de.

Johannes Gutenberg (um 1397–1468)

Frühe Formen der Drucklegung

Schon vor der Erfindung des Buchdrucks – bereits im 14. Jahrhundert – waren die Menschen in Europa in der Lage, ihre Gedanken auch durch gedruckte Schriftstücke unter die Leute zu bringen. Wesentliche Grundlage dafür war die Entwicklung der Papiermacherei.
Erste Papiermühlen waren zu dieser Zeit in Deutschland entstanden. So gab es bereits sogenannte „Blockbücher"; diese wurden durch den Druck von Holzschnitten hergestellt. Das Verfahren ihrer Drucklegung war recht aufwendig: Seitenweise wurden Schrift und Bild auf Holztafeln eingeschnitzt, mit Druckerfarben bestrichen und dann auf Papier gepresst. Die Technik hatten die Europäer von den Chinesen übernommen.

Der Buchdruck – die „schwarze Kunst"

Die Erfindung des Buchdrucks – des Drucks mit beweglichen metallenen Einzelbuchstaben in Setzkästen, die immer wieder neu zusammengesetzt und verwendet werden konnten – schuf ein neues Mittel, Meinung und Politik zu machen. Diese „schwarze Kunst" ermöglichte eine erheblich verbilligte Herstellung von Büchern, sodass mehr Menschen sich diese leisten konnten. Schon kurz nach der Erfindung kosteten gedruckte Bücher nur noch ein Zehntel so viel wie handgeschriebene Bücher.
Schnell verbreiteten sich auch die neuen Druckwerkstätten. Die Drucker, zunächst ausgebildete Handwerker, häufig aber auch gelehrte Magister, druckten in den 70er- und 80er-Jahren des 16. Jahrhunderts Bibeln und lateinische Klassiker. Sie verbanden Gelehrsamkeit mit Geschäft und schufen in Venedig, Lyon, Florenz, Leipzig, Mailand, Straßburg oder Köln Zentren der Buchdruckerkunst.

Die Folgen des Buchdrucks

Mit der Ausweitung des Buchdrucks wuchs die Kenntnis des Schreibens und Lesens, auch deutscher Texte. Man schätzt, dass um 1500 gut die Hälfte der Einwohner größerer Städte lesen und schreiben konnte. Das gedruckte Wort erreichte um ein Vielfaches mehr Leser als die früheren Handschriften. Es informierte, belehrte, beeinflusste immer mehr Menschen. Bücher antiker und moderner Schriftsteller erschienen in großer Zahl. Auch der Staat profitierte von dem neuen Druckverfahren, denn seine Gesetze und Bekanntmachungen erreichten nun rasch und unmissverständlich die Bürger. Flugblätter – Vorläufer der heutigen Zeitungen – erschienen und informierten über alle wichtigen Neuigkeiten.

Johannes Gutenberg: Eine Erfindung und ihre Folgen – Bilder einer Ausstellung

M1 Technik des Buchdrucks

Rekonstruktion der Gutenberg-Werkstatt mit der ersten Buchdruck-
presse (Mainz, Gutenberg-Museum)

M2 Die gedruckte Bibel

Eine Seite aus der Gutenberg-Bibel (1454)

M3 Der Erfinder in der Sicht der Nachwelt

Gutenberg-Denkmal in der Innenstadt von Mainz (entstanden
1837)

M4 Orte des kulturellen Gedächtnisses

Mehr als vier Millionen Bücher umfasst die Alte Bibliothek des Trini-
ty College in Dublin.

Wie das Internet die Gesellschaft verändert

Die Verbreitung des Internets verlief in den letzten Jahren schnell, unaufhaltsam und global. Die „Waffen" dieser digitalen Invasion sind Laptops, internetfähige Mobiltelefone und Smartphones. Derzeit verdoppelt sich das Datenvolumen alle elf Monate. Das Internet hat bereits noch tiefer greifende gesellschaftliche Veränderungen bewirkt als die Erfindung des Buchdrucks. Und die Dynamik nimmt weiter zu: 2010 soll die Datenverdoppelung sich bereits alle elf Stunden vollziehen! Nach Meinung von Experten sind derzeit schon 70 % der US-Bürger online, allerdings nur 10 % der Menschen in Asien und 4 % der Afrikaner.

- **Charakteristische Merkmale, Chancen und Risiken: Wie verändert das Internet unsere Welt?**

Wir geben Standpunkte richtig wieder und beurteilen sie.

1. Bildet Zweierteams, in denen ihr die Textauszüge M1–M4 oder das Material M5 kooperativ anhand der Erschließungshilfen bearbeitet.

2. Präsentiert die Arbeitsergebnisse im Plenum. Ein Partnerteam päsentiert seine Folie. Die anderen Zweierteams ergänzen und korrigieren.

3. Euer Urteil ist gefordert: Diskutiert die Standpunkte und angeführten Begründungen der Autorinnen und Autoren sowie das Thema „Virtuelle Welt" im Klassengespräch. Dabei sollte der Blick dort, wo es sinnvoll ist, vergleichend auch auf die Frühe Neuzeit zurückgehen.

M1 Der Journalist und Schriftsteller Peter Glaser über das World Wide Web (2008)

Durch die Vernetzung und die immer vielfältigere Verteilung der Wissensströme entstehen völlig neue wirtschaftliche, kulturelle und soziale Lebensformen. Eine eigene Google-Ökonomie hat sich um die vorde-
5 ren Plätze der Suchmaschinen-Ergebnislisten gebildet. […] Mit Ebay lassen sich die Keller und Dachböden des Planeten erschließen. Gemeinschaftsprojekte wie das Online-Lexikon Wikipedia haben altehrwürdigen Institutionen wie der Encyclopedia Britannica oder
10 dem Brockhaus das Heft aus der Hand genommen. Jeder Netznutzer verfügt heute über Nachrichtenquellen, wie sie vor ein paar Jahren nur großen Zeitungsredaktionen zugänglich waren; dazu kommt das Informationsrauschen von vielleicht 100 Milliarden
15 Blogs, Datenbanken, offenen Archiven, Wissensporta-

len, Spezialsuchmaschinen für jedes erdenkliche Thema und Foren mit auskunftsbereiten Experten. Zwei, drei Worte eingetippt – und ein Füllhorn an Auskünften ergießt sich innerhalb von Sekunden über den Bildschirm. Das Zeitalter der Eroberungen ist zu Ende. 20 Es gibt keine weiße Flecken mehr auf der Landkarte. Wir dringen jetzt vor in eine weitere, digitale Welt. Wir besiedeln den achten Kontinent – das Netz. Jahrtausendelang waren Nachrichtenverbindungen von Boten abhängig gewesen, vom Marathonläufer bis 25 zum Pony-Express. Mittels des Buchdrucks waren große Mengen alter Manuskripte vervielfältigt worden und hatten die Renaissance mit der Vergangenheit des Altertums und des Mittelalters überflutet. In jener Zeit wurde die Zukunft erfunden: Mithilfe von Büchern be- 30 gann der menschliche Geist zum ersten Mal, sich frei in Vergangenheit und Zukunft zu bewegen. […]
Heute lässt die Vernetzung uns eintauchen in alle Kulturen, die je auf dieser Welt existierten. Sie hat uns mehr Informationen bereitgestellt als in all den Jahr- 35 tausenden zuvor. Schon ein einziges Exemplar der Sonntagsausgabe der New York Times enthält mehr Informationen, als ein Europäer des 17. Jahrhunderts in seinem ganzen Leben zusammentragen konnte.

(Peter Glaser, Internet – Der achte Kontinent, in: Merian – Unsere Erde, Jubiläumsausgabe 2008, S. 100f.)

M2 Die Journalistin Petra Fleck (2009)

Wann immer wir uns im Internet bewegen, hinterlassen wir Spuren – mit jedem Bucheinkauf bei Amazon, bei jeder Suchanfrage bei Google. Oder auch beim Besuch einer Wahlkampf-Website: Wenn ein Nutzer die Seite anklickt, fängt er sich damit ein sogenanntes 5 „Cookie" ein, das auch über das Surfverhalten Auskunft gibt. Damit lässt sich die Wahlwerbung auf die speziellen Bedürfnisse des Users abstimmen. […] Professionelle Marketing-Agenturen werten Massen von Surf-Daten aus und verkaufen sie an Unternehmen, 10 aber auch an politische Parteien. Die Informationen sind offiziell zwar anonymisiert, erlauben es aber den Wahlkampfstrategen, mit hoher Trefferquote aus dem Wohnviertel oder aus den Lesegewohnheiten von Wählern auf deren politische Präferenzen [Bevorzu- 15 gungen] rückzuschließen.

(Petra Fleck, Gefährdet das Internet unsere Demokratie, in: P.M. Welt des Wissens, Januar 2009, S. 49)

M3 Der Journalist Frank Hornig über das Mitmachnetz (2007)

Zeitungsmacher hatten einst Angst vor dem Radio, dieses fühlte sich vom Fernsehen attackiert – das Aufkommen neuer Medien hat immer für Unruhe gesorgt, doch im Prinzip hat sich seit Gutenbergs Erfindung
5 der modernen Druckerpresse Mitte des 15. Jahrhunderts kaum etwas geändert. Stets gab es wenige – professionelle – Sender und viele, viele Empfänger.

An dieser Grundregel wird kräftig gerüttelt. Denn das Internet im Jahr 2007 ist mehr als nur ein Vertriebska-
10 nal. Es ist zu einem Ort geworden, an dem die Leute sich unterhalten und darstellen, an dem sie ihr Wissen und ihre Interessen organisieren – oder ganz einfach mit Freunden herumhängen. Es steht für eine Demokratisierung der Massenkommunikation, frei
15 nach dem Motto: Mein Netz gehört mir! […] Erst durchs Internet ist diese Form der Massenkommunikation aller mit allen möglich geworden.

Eine Generation zieht sich online aus, manchmal wortwörtlich, manchmal indem sie ihre Gefühle und
20 Gedanken, ihren Alltag und ihr Familienleben offen präsentiert – die mediale Distanz lässt auch bisher gültige Schamgrenzen fallen.

Der „gläserne Mensch", in der Vergangenheit für viele eine Schreckensvision, wird zunehmend zur Realität
25 – für manche gar zum erstrebenswerten Ideal.

(Frank Hornig, Ein bunter, chaotischer Marktplatz; in: Spiegel Special, Nr. 3/2007, S. 10 f.)

M4 Die Chefredakteurin Anne Katrin Peters (2009)

[…] ich liebe E-Mails. So kann ich auch zu Uhrzeiten, zu denen ich niemanden anrufen würde, meine Botschaften loswerden, kann länger über das nachdenken, was ich von mir gebe, als in einem Telefonat und
5 kann Aussagen gegebenenfalls durch einen Anhang belegen. Von der Dokumentierbarkeit des „Besprochenen" ganz abgesehen. Aber E-Mails haben einen entscheidenden Nachteil: Weder Tonfall, Betonung noch Gesichtsausdruck lassen sich in die elektronische
10 Post bannen. Die sogenannten Emoticons, Kombinationen von Zeichen, die ein Gesicht darstellen sollen, oder Smileys stellen nur eine unzureichende Möglichkeit zur Gefühlsäußerung dar. Schnell kann da ein ironisch gemeinter Kommentar als persönliche Beleidi-
15 gung verstanden werden, eine als Spaß abgesendete Bemerkung im besten Fall für Unverständnis, im schlimmsten für Verstimmung sorgen. Und da die Möglichkeit zur direkten Rückfrage im Gegensatz zum persönlichen Gespräch fehlt, bleibt viel Interpretation und damit Missverständnisspielraum.
20

(Anne Katrin Peters, Der Lion, Februar 2009, S. 3)

1 Lest die Texte M 1 – M 4 kursorisch durch.
2 Entscheidet euch, welchen Text ihr in Partnerarbeit analysieren möchtet.
   a) Jeder liest den Text unter der Fragestellung: „Welchen Standpunkt vertritt die Autorin/der Autor und wie argumentiert sie/er im Einzelnen?".
   b) Vergleicht und diskutiert: Stellt euch mit Blick auf die Fragestellung eure Antworten gegenseitig vor.
   c) Erstellt eine Folie, auf der ihr gemeinsame Antworten auf die Fragestellung festhaltet.

---

1 Stellt euren Mitschülern das PC-Spiel „Second Life" vor.
2 Formuliert eine persönliche Stellungnahme dazu. Orientiert euch an den Aspekten Vor- und Nachteile des Internets.

M5 „Second Life"

Große Unternehmen haben Filialen in virtuellen Welten eingerichtet. So können Spielfiguren im PC-Spiel „Second Life" z.B. die Mercedes-Niederlassung besuchen …

…oder den „Avastar", die virtuelle Zeitung, des Axel Springer-Verlags lesen.

Was Menschen früher voneinander wussten und heute voneinander wissen – Zwei Projektvorschläge

Ihr erinnert euch? Projektarbeit verläuft anders als normaler Unterricht, bei dem die Rollen klar zwischen Lehrern und Schülern verteilt sind. Bei der Projektarbeit kommt es entscheidend darauf an, dass vorrangig ihr und nicht eure Lehrer allein Planungs-, Arbeits- und Vermittlungsaufgaben übernehmen. Wichtig ist auch, dass alle an der Planung und Durchführung des Projekts beteiligten Schülerinnen und Schüler ihren Beitrag leisten und Verantwortung für das Gesamtprodukt tragen. Nur dann ist Projektarbeit erfolgreich.

- **Reisen früher und heute**

- **Selbst- und Fremdbilder in historischer Sicht – zum Beispiel Deutschland und Frankreich**

Wir wenden die grundlegenden Arbeitsschritte einer bekannten Methode an und präsentieren historische Sachverhalte problemorientiert, sach- und adressatengerecht.

Organisiert euren Arbeitsprozess zu einem der beiden Projektthemen, die auf den folgenden Seiten vorgestellt werden.

a) Jeder liest die Darstellungstexte auf den Seiten 296/297 und 298/299 aufmerksam kursorisch durch und entscheidet sich, welches Thema er in einer Arbeitsgruppe bearbeiten möchte.

b) Diese Arbeitsschritte solltet ihr bei der Projektarbeit beachten:

1. Schritt: Thema und zugehörige inhaltliche Aspekte festlegen.

2. Schritt: Eine zentrale Fragestellung formulieren und zugehörige Unterfragen sammeln.
- Die Lektüre des jeweiligen Darstellungstextes sowie der zugehörigen Bild- und Textmaterialien zum Thema sind eine gute Grundlage für die Themafindung und die Formulierung der Untersuchungsfragen.
- Die Darstellungstexte und Materialien auf den folgenden Seiten bilden auch die materiale Grundlage für die inhaltliche Bearbeitung des Themas.
- Weiterführende Recherche in Fachbüchern, Zeitschriften und mithilfe des Internets.

3. Schritt: Arbeitsverteilung in der Gruppe vereinbaren.

4. Schritt: Das Produkt und den Präsentationsrahmen festlegen.
Tipp: Die bekannten Methoden „Dokumentieren" (S. 235), „Dokumentieren mit PowerPoint" (S. 41) sowie Plakate, Folien u. a. nutzen.

5. Schritt: Einen Projektplan (inhaltliches Vorgehen, Zeitrahmen, organisatorische Abläufe) erstellen.

Lasst euren „Ideenballon" steigen!

Thema: …
Aspekte/Fragen:
…
…
…

Bei dieser Methode werden Informationen und Materialien zu einer bestimmten Fragestellung oder zu einem Projektthema in einem Heft gesammelt, geordnet, gewichtet und – am Ende präsentiert. Der Arbeitsprozess wird in Kurzkommentaren festgehalten. Das Heft wird auf diese Weise allmählich zu einem Forschungstagebuch.

In drei Schritten zum Projektziel

1. Schritt: Entstehung eines Projektplans
Das *Untersuchungsziel* wird im Rahmen eines übergeordneten Projektthemas (z. B. „Reisen früher und heute") festgelegt: Wir möchten wissen, was eine wirklich bedeutende Reise ausmacht.
Die Projektgruppe bestimmt dann das *Untersuchungsfeld*: Zur Klärung dieser Frage wählen wir die Reise des englischen Forschers Charles Darwin.
Ein Zeitplan wird angelegt; Aufgaben werden bestimmt und übernommen.

2. Schritt: Durchführung
In dieser Phase wird Material beschafft, ausgewertet und bearbeitet. Zunächst werden in unterschiedlichen Medien geeignete Fundstücke (Schriftquellen, Bilder, Sachtexte) gesucht, gesammelt und knapp kommentiert. Zum Abschluss wird begründet *ein Fundstück* für die Untersuchung ausgewählt und analysiert: „Um unser Untersuchungsziel beispielhaft zu verdeutlichen, scheint uns ein Auszug aus Fundstück … geeignet zu sein. Denn hier wird dargelegt, …"

3. Schritt: Präsentation
Das Produkt wird im Klassenverband präsentiert: Das Projektheft wird vorgestellt, das Fundstück (kopiert oder auf Folie) detailliert erläutert. Wichtig für die abschließende Auswertung ist, dass die Bedeutung des Fundstückes für das Untersuchungsziel herausgestellt wird.

Ein Projektheft sollte folgenden Aufbau haben:
(1) Titelblatt, (2) Inhaltsverzeichnis, (3) Untersuchungsziel/Untersuchungsfeld, (4) Materialsammlung, (5) Kommentare zu den Materialien, (6) Fundstück, (7) Analyse des Fundstücks, (8) Auswertung der Arbeit.

Reisen früher: Die HMS Beagle ankert in der Murray-Meerenge im Beagle-Kanal (Zeichnung von Conrad Martens).
Mit diesem Schiff unternahm Charles Darwin seine berühmte Forschungsreise.

Reisen heute: Die Südsee – Endstation Sehnsucht vieler Kreuzfahrttouristen! Von zwei kräftig zupackenden Einheimischen werden diese beiden gewichtigen Urlauber über den Strand an Land getragen. Ein echtes All-Inclusive-Angebot …

Projektthema: Reisen früher ...

Zum Beispiel: Weltreise mit der „HMS Beagle"

Eine Reise auf dem Schiff einmal um die Erde. Reiseziele wie die Kapverden, Patagonien, Feuerland, die Küsten Chiles und Perus, dann Palmeninseln im weiten Pazifik. Würde jemandem die Gelegenheit geboten, an solch einer Weltreise teilzunehmen, er würde sicher wie Charles Darwin eine Einladung kaum ausschlagen.

„Die Reise mit der Beagle war das wichtigste Ereignis meines Lebens." Wen wundert es, dass Darwin später so urteilte. Jedoch stand die Reise anfangs unter keinem guten Stern und das Leben an Bord der Beagle glich selten einer Vergnügungsfahrt.

Charles Darwin und die Beagle

Plymouth, der 27.12.1831: Soeben hat das knapp 28 Meter lange Segelschiff HMS Beagle den Hafen von Plymouth verlassen. Im Dienste der englischen Krone soll die Mannschaft um ihren Kapitän Robert Fitzroy die Küsten Südamerikas und einige Pazifikinseln vermessen. An Bord ist auch ein 22 Jahre junger Student aus Cambridge: Charles Darwin. Durch Zufall ist Darwin Mitglied der Expedition geworden; eigentlich war sein Biologie-Professor für die Reise vorgesehen. Doch dieser ist aufgrund familiärer Gründe verhindert. So schlägt er Darwin für diese Expedition vor.

Südweststürme behindern zunächst die Abfahrt. Erst der dritte Versuch, den Anker zu lichten, gelingt. Und auch für Darwin beginnt die Fahrt nicht angenehm. Von Anfang an leidet er unter Seekrankheit. Zudem braucht er Tage, um richtig in seine Hängematte einsteigen und schlafen zu können.

Auf den „Inseln der Glückseligkeit"

Der erste Halt, den das Schiff auf seiner fünfjährigen Weltumsegelung macht, ist St. Jago, eine der kapverdischen Inseln. Die Geologie der Kapverden ist für Darwin in wissenschaftlicher Hinsicht hochinteressant. So berichtet er: „Die Geologie von St. Jago ist bemerkenswert und doch ganz einfach. In früheren Zeiten hat sich ein Lavastrom über den Meeresboden aus zerriebenen [...] Muschelschalen und Korallen ergossen und diesen losen Belag zu einer harten, weißen Gesteinsmasse zusammengebacken. Nach dieser Zeit ist die ganze Insel emporgehoben worden.

Aber das Band aus weißem Gestein wies mich auf eine neue, bedeutsame Tatsache hin: Später war eine Senkung rings um die Krater eingetreten, die seitdem tätig waren und Lavaströme ausgestoßen hatten. Zum ersten

Charles Darwin
(1809 – 1882)

Mal kam mir nun nebelhaft der Gedanke, ich könnte vielleicht ein Buch über die Geologie der verschiedenen Länder schreiben, die wir auf unserer Reise sahen".

Ergebnisse einer Reise

Die Forschungsreise auf der Beagle sollte Darwins späteren Weltruhm begründen. Denn auf Grundlage seiner Beobachtungen und des auf der Reise gesammelten Materials verfasste Darwin ein epochemachendes Buch über die Entwicklungsgeschichte des Menschen.

1876, im Alter von 67 Jahren, schrieb Darwin in seine Autobiographie: „Die Herrlichkeiten der tropischen Vegetation stehen mir jetzt lebendiger vor Augen als alles sonst. Aber auch die Empfindung des Erhabenen, die mir die ausgedehnten Wüstengebiete Patagoniens und die bewaldeten Berge von Tierra del Fuego vermittelten, hat sich meinem Gedächtnis unauslöschlich eingeprägt. Der Anblick eines Wilden in seiner ureigenen Umgebung ist ein unvergessliches Erlebnis. Viele meiner Exkursionen zu Pferde durch wilde Ländereien oder zu Wasser mit Booten – manchmal dauerten sie wochenlang – waren hochinteressant; dass sie unbequem und nicht ganz ungefährlich waren, bedeutete schon damals kaum eine Einschränkung und verliert sich in der Erinnerung vollends. Ich denke gern und sehr zufrieden an die eine oder andere wissenschaftliche Arbeit dieser Zeit zurück, etwa die Erklärung des Phänomens der Koralleninseln oder das Verstehen der geologischen Struktur bestimmter Inseln, zum Beispiel St. Helenas. Ich darf auch nicht vergessen, hier auf die Entdeckung hinzuweisen, dass die Tiere und Pflanzen, die auf den verschiedenen Inseln des Galapagos-Archipels vorkommen, von Insel zu Insel eine je eigene Ausprägung zeigen und alle in Verwandtschaftsbeziehungen zueinander und zu denen stehen, die man in Südamerika findet."

(Zitate nach: Charles Darwin, Mein Leben (1887), Nachdruck: Frankfurt/M. und Leipzig 2008, S. 89 f.)

... und heute

Zum Beispiel: Weltreise mit der „AIDA", der „Astor", der „Europa" oder ...

„Lassen Sie sich von AIDA inspirieren und erleben Sie mit dem schönsten Lächeln der Weltmeere einen traumhaften Urlaub. Unsere Schiffe empfangen Sie mit einer Großzügigkeit und Weite, die sich so gut anfühlt und so schwer in Worte fassen lässt." Wer bekommt bei diesen Worten eines Reiseveranstalters nicht Lust, eine Kreuzfahrt durch die Meere zu unternehmen? Weltreisen sind – im Unterschied zu früher – recht komfortabel geworden. Längst kann man sie aus dem Katalog oder dem Internet buchen und sich die Reiseziele nach Wunsch zusammenstellen lassen.

Mit dem Traumschiff unterwegs

So etwa: In 109 Tagen um die Welt. Von Southampton nach New York auf dem alten Kurs der Titanic, dann Richtung Südamerika auf den Spuren Darwins, in die Südsee und nach Australien. Über Japan und Indien führt die Reise nach Ägypten, dem Land der Pharaonen und Pyramiden, weiter durch das Mittelmeer, auf dem Atlantik zurück nach Nordamerika.

Eine Reise auf dem Traumschiff ist bereits ab knapp 14 000 Euro zu haben. Aber es geht auch deutlich teurer. Im „Penthouse de Luxe" des Fünf-Sterne-Plus-Schiffes „Europa" kostet die Weltreise mehr als das Zehnfache. Zwischen den Ausflügen zu touristischen Sehenswürdigkeiten haben die Reisenden an Bord zahlreiche Unterhaltungsangebote, können einen Einkaufsbummel machen, Sport treiben oder sich kulinarisch verwöhnen lassen.

Der Massentourismus hat Folgen

Einerseits ist er zur wichtigen Einnahmequelle von Staaten in der sog. „Dritten Welt" geworden. Andererseits verändert er auch Landschaften, schafft ökologische Herausforderungen. Erst nach und nach scheint das Konzept des sanften Tourismus als Mittel zur Vermeidung von Natur- und Landschaftsschäden sich durchzusetzen.

Der Reiz des Fremdartigen, den Reisende noch vor hundert Jahren verspürten, geht durch Pauschalreisen verloren. Anstatt sich der Fremde auszusetzen, bezahlt man Geld, um sich durch diese führen zu lassen oder sich vor ihr zu schützen.

So warten die Kapverdischen Inseln – anders als zu Lebzeiten von Charles Darwin – nicht mehr darauf, „entdeckt zu werden". Sie werben vielmehr mit touristischen Angeboten wie Wandern, Segeln, Windsurfen oder Tauchen.

M1 Das Vermessungsschiff „HMS Beagle"

M2 Ein Kreuzfahrtschiff der „AIDA-Flotte"

Projektthema: Selbst- und Fremdbild

Zum Beispiel: Deutsch-französische Wahrnehmungen in historischer Sicht

Welche Vorstellung hatten Menschen in früheren Zeiten von sich, wie sahen sie den „Fremden"? Wie entsprach diese Vorstellung der Wahrnehmung, die der „Fremde" von sich und anderen hatte?

Es ist wichtig, sich diesen Fragen zu stellen: Denn Verhalten und Denken werden durch das jeweilige Selbstbild bestimmt. Wenn sich das Eigene wandelt, verändert sich das Bild des Fremden.

Dies lässt sich beispielhaft bei der Entstehung des deutschen Nationalstaates im 19. Jahrhundert beobachten. Die Reichsgründung war von der Ausgrenzung ganzer Bevölkerungsgruppen im Innern (z. B. Polen, Juden, Elsässer) und Abgrenzungen nach außen begleitet. Man bedurfte geradezu des Fremdempfundenen, um Konflikte zu überdecken und eine eigene Identität zu entwerfen.

Deutschland und Frankreich – vom Feind zum Freund

Das deutsch-französische Verhältnis ist historisch stark belastet. In den letzten 200 Jahren führten die beiden Länder fünf Kriege gegeneinander.

Der Begriff „Erbfeindschaft" kann – obwohl häufig verwendet – dennoch nicht die jahrhundertealte Beziehung zwischen den Nachbarvölkern charakterisieren. Eine dauerhafte Konfrontation entstand erst mit der Reichsgründung von 1871, insbesondere mit der Elsass-Lothringen-Frage. Konflikte und Spannungen zwischen Deutschland und Frankreich reichten dann bis in die Mitte des 20. Jahrhunderts. Zwei Weltkriege führten zu tiefer Feindschaft. Besonders der Zweite Weltkrieg und die deutsche Besatzungszeit prägten das negative Deutschlandbild der Franzosen. Die Bedenken gegen die deutsche Wiederbewaffnung waren daher besonders groß. Bis 1956 erschwerte auch der Konflikt um das Saarland eine deutsch-französische Aussöhnung.

Erst das Treffen zwischen Bundeskanzler Adenauer und Staatspräsident de Gaulle im September 1958 in Frankreich sollte eine Wende einleiten. Weitere Staatsbesuche Adenauers in Frankreich und de Gaulles in Deutschland förderten die Annäherung. Am 22. Januar 1963 kam es schließlich im Pariser Elysee-Palast zur Unterzeichnung des deutsch-französischen Freundschaftsvertrages. Die deutsch-französische Beziehung entwickelte sich in den folgenden Jahrzehnten trotz kleinerer Probleme, so etwa bei der deutschen Einigung von 1989/90, zu einer festen, verlässlichen Partnerschaft.

Deutschland und Frankreich – Ein Rückblick

1. Französisch-deutsche Wahrnehmungen zur Zeit Napoleons

In bewusster Abgrenzung zu Frankreich bildete sich Anfang des 19. Jahrhunderts das deutsche Nationalbewusstsein heraus. Dass es sich mit auf den unter der Herrschaft Napoleons entstandenen Hass gegen die Franzosen gründete, belegen die Texte des politischen Schriftstellers und Dichters Arndt.

M1 Ernst Moritz Arndt

1813 – zur Zeit der Befreiungskriege gegen Napoleon – schrieb er:

Ich will denn Hass gegen die Franzosen, nicht bloß für diesen Krieg, ich will ihn für lange Zeit, ich will ihn für immer. Dann werden Deutschlands Grenzen auch ohne künstliche Wehren sicher sein, denn das Volk wird immer einen Vereinigungspunkt haben, sobald die 5 unruhigen und räuberischen Nachbarn darüberlaufen wollen. Dieser Hass glühe als die Religion des deutschen Volkes, als ein heiliger Wahn in allen Herzen, und erhalte uns immer in unserer Treue, Redlichkeit und Tapferkeit. 10

(E. M. Arndt, Über Volkshass und über den Gebrauch einer fremden Sprache, Leipzig 1813, S. 19)

M2 Baronin de Stael-Holstein

Sie bereiste 1803/04 Deutschland. Die Eindrücke ihrer Reise hielt sie in dem Buch „De l'Allemagne" fest, das 1814 in deutscher Sprache erschien.

Die Deutschen sind im Allgemeinen aufrichtig und bieder: Sie brechen nie ihr Wort und Lug und Trug ist ihnen fremd. Wenn dieser Fehler sich jemals in Deutschland einbürgern sollte, so würde das nur als Folge des Bestrebens geschehen, die Ausländer nach- 5 zuahmen, sich ebenso gewandt zu zeigen wie sie, und besonders, um nicht betrogen zu werden. Aber der Verstand und das Gemüt würden dann doch die Deutschen bald wieder zu der Einsicht bringen, dass die Stärke immer nur innerhalb der Grenzen der eigenen 10 Natur liegt und dass die Gewohnheit, redlich und offen zu sein, vollständig unfähig macht, sich der Hinterlist zu bedienen, selbst wenn man es will.

(Germaine de Stael, Über Deutschland, hg. v. S. Metken, Stuttgart 1962, S. 57)

2. Französisch-deutsche Wahrnehmungen zur Zeit des Ersten Weltkrieges

Der Erste Weltkrieg war auch eine Propagandaschlacht. Mit allen verfügbaren Mitteln einer aufwendigen Propagandamaschinerie – vor allem Flugblätter, Filme, Zeitungen und Plakate – hetzten die Krieg führenden Länder gegen ihre jeweiligen Feinde.

Den Franzosen fiel die „Feindpropaganda" leicht, waren die Deutschen doch in ihr Land eingedrungen. Die Deutschen wurden als „teutonische Barbaren" und „Hunnen" von unvorstellbarer Grausamkeit dargestellt – oder als „boche" (frz. Schwein) verhöhnt. Der deutsche Kaiser Wilhelm II. war häufig Zielscheibe französischer Karikaturisten (s. M 3).

Die deutsche Propaganda konnte keine auch nur annähernd effektive Wirkung erzielen – trotz aller gegenteiligen Beteuerungen war die Tatsache unübersehbar, dass die Deutschen bei ihrem eiligen und brutalen Vormarsch durch Luxemburg und Belgien einen Angriffskrieg führten.

M3 Französische Postkarte (um 1916)

Titel: „Mal sehen, was er sich schon einverleibt hat!"

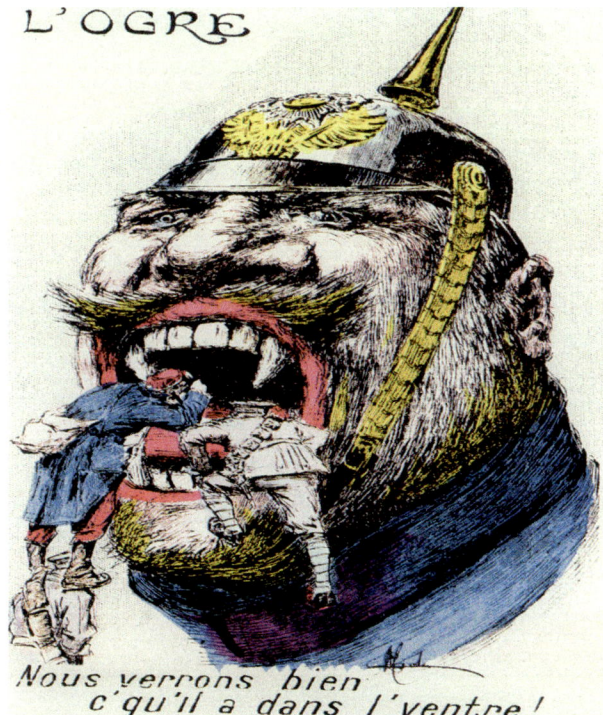

L'OGRE

Nous verrons bien c'qu'il a dans l'ventre !

3. Französisch-deutsche Wahrnehmungen zur Zeit von Konrad Adenauer und Charles de Gaulle

Die von Adenauer betriebene Integration der Bundesrepublik in das westliche Bündnissystem sowie der wirtschaftliche und politische Zusammenschluss Westeuropas setzten eine Versöhnung mit Frankreich voraus. Schon zu Beginn der 1950er-Jahre versuchte die Bundesregierung, mit der Europäischen Gemeinschaft für Kohle und Stahl (EGKS) und dem 1954 gescheiterten Projekt einer Europäischen Verteidigungsgemeinschaft (EVG) vertrauensbildende Maßnahmen einzuleiten. Dem freundschaftlichen Verhältnis zwischen Adenauer und de Gaulle, der 1959 französischer Staatspräsident wurde, war es schließlich zu verdanken, dass es am 22. Januar 1963 zum Elysee-Vertrag kam, der unter anderem regelmäßige Konsultationen der deutschen und der französischen Regierung vorsieht.

M4 Erste Begegnung

Adenauer berichtet in seinen „Erinnerungen" über sein erstes Zusammentreffen mit de Gaulle am 14./15. September 1958 in Colombey-les-deux-Eglises:

Es sei nun einmal eine Tatsache, dass Supermächte wie die Vereinigten Staaten und Sowjetrussland existierten. Das sei der Grund, warum Europa sich zusammenschließen und warum auch in erster Linie die Freundschaft und Zusammenarbeit zwischen Frankreich und Deutschland verstärkt werden müsse. Ich sei von der absoluten Notwendigkeit dieses Zusammenschlusses überzeugt. Die Schaffung Europas sei für die Weltpolitik sehr wichtig. Die wirtschaftlichen Bande müssten als erste hergestellt werden. Dies sei normal, da unmittelbar nach dem Zweiten Weltkrieg keine gemeinsamen politischen Grundlagen möglich waren. Heute handele es sich darum, sie zu finden. Hierzu notwendig sei ein gutes Einvernehmen zwischen Frankreich und Deutschland.

(Konrad Adenauer, Erinnerungen 1955–1959, Stuttgart 1967, S. 424)

M5 Briefmarke von 1973

Thema: Zehn Jahre Vertrag über die Deutsch-Französische Zusammenarbeit 1963–1973

ZEHN JAHRE VERTRAG ÜBER DIE DEUTSCH-FRANZÖSISCHE ZUSAMMENARBEIT 1963-1973
Xᵉ ANNIVERSAIRE DU TRAITE SUR LA COOPERATION FRANCO-ALLEMANDE 1963-1973
40
DEUTSCHE BUNDESPOST

STOPP – Ein Blick zurück

Ich kann sachkompetent ...

→ Begriffe erklären.

→ Schlüsselereignisse erläutern.

→ historisches Geschehen zusammenhängend beschreiben.

→ charakteristische Merkmale von Entwicklungen benennen.

• Buchdruck • Internet • Missions- und Forschungsreise • Selbst- und Fremdbild

Partnerquiz:

1. Lege für jedes der vier Stichworte eine Karteikarte an und notiere auf der Rückseite Fragen, die du deiner Partnerin bzw. deinem Partner zu den Stichworten stellen möchtest.

2. Wechselt euch in der Frage- und Antwortrolle ab.

Mit diesen Methoden kann ich arbeiten:

→ Ein Projektheft anlegen – eine begleitende Form von Projektarbeit

Wichtige Erfindungen der Technik- und Mediengeschichte – Wir ordnen Ereignisse in die richtige Zeit

Auf den Karten stehen wichtige Erfindungen der Technik- und Mediengeschichte. Einige wurden bereits in diesem Kapitel genannt, andere wurden neu hinzugefügt.

1 Ordnet jede Erfindung einer Jahreszahl in der Zeitleiste zu.

2 Erklärt in einem kleinen Vortrag, welche Bedeutung diese Erfindung für den Menschen wohl hatte.

1 Internet
2 Walkman
3 Fotografie
4 Heimcomputer
5 Buchdruck
6 Fernsehapparat
7 Tageszeitung
8 Videorecorder
9 Radiosendung
10 CD-Rom
11 Stereoschallplatte

Antike	500 Mittelalter	1500 Frühe Neuzeit

ab 1450   1660

Historische Rätsel – Wer war es?

Ihr habt in euren Geschichtsbüchern viel von Entdeckungsreisen, Eroberungen und Erfindungen lesen können. Hier werden euch drei historische Rätsel aufgegeben: Einmal wird ein berühmter Entdecker gesucht. Des Weiteren ist der Name eines Entdeckers und Eroberers zu erraten. Die Frage nach dem bekannten Erfinder ist etwas schwieriger zu beantworten. Obgleich – jeder kennt seinen Nachnamen.

Das erste historische Rätsel – der Entdecker

Sein Geburtsjahr steht nicht genau fest. Möglicherweise war es das Jahr 1451. Auch sein Geburtsort lässt sich nicht mehr genau bestimmen. Fest steht, dass er als Junge bereits zur See fuhr. Auch ist zu vermuten, dass er zumindest einige Zeit zur Mannschaft eines Freibeuterschiffes gehörte. Er machte später am spanischen Hof Karriere. Sein Interesse galt den alten Landkarten. So sah man ihn häufig im Schifffahrtarchiv von Lissabon. Auch war er ein begeisterter Leser der Reiseberichte von Marco Polo. Er ging davon aus, dass die Entfernung von Portugal nach China nur 500 Kilometer betrage. Allerdings müsste man hierfür eine Westroute über See einschlagen. In Portugal erntete er für seinen Vorschlag nur Spott. Erst die Spanier ließen sich auf seinen Vorschlag ein und riskierten viel Geld für seine Reiseunternehmen. Er gelangte auf seiner Reise nicht nach Ostasien, wie er glaubte. Dennoch kam er mit Gold, unbekannten Pflanzen und dunkelhäutigen Menschen von einem fremden Kontinent nach Spanien zurück und versetzte seine Zuhörer in Erstaunen. Vier weitere Reisen unternahm er noch. Im Jahr 1506 starb er.
Wer war es?

Das zweite historische Rätsel – der Entdecker und Eroberer

Unser Mann wurde 356 v. Chr. in Nordgriechenland geboren. Sein Erzieher war der berühmte Philosoph Aristoteles. Nach der Ermordung seines Vaters wurde er König und setzte dessen Eroberungspolitik fort. Er wendete sich gegen ein asiatisches Großreich. In mehreren Schlachten besiegte er dieses vollkommen. Sein Feldzug führt ihn und sein Heer bis nach Indien. Dort musste er, da seine Truppen ihn dazu zwangen, umkehren. In einer Massenhochzeit verheiratete er seine griechischen Offiziere mit vornehmen persischen Frauen. Im Jahr 323 v. Chr. starb er in Babylon.
Wer war es?

Das dritte historische Rätsel – der Erfinder

Unser Erfinder wurde im Jahr 1844 geboren. Sein Vater hatte – für damalige Verhältnisse – einen recht modernen Beruf; er war Lokomotivführer. Ab 1861 besuchte unser gesuchter Erfinder die Maschinenbauklasse der Polytechnischen Schule in Karlsruhe. Bereits im Jahr 1871 gründete er mit einem Kompagnon in Mannheim eine „Fabrik für Maschinen zur Blechbearbeitung". 1877 ging er allerdings in Konkurs.

Im Folgenden verlegte er sich auf die Produktion von Gasmotoren. 1886 ließ er einen „Motorenwagen" patentieren. Er hatte ein pedalgetriebenes Tricycle (Fahrzeug mit drei Rädern) mit einem Viertaktmotor für Leichtbenzin versehen. In seiner Fabrik in Mannheim entwickelte er den „Selbstfahrer" weiter. Bemerkenswert: Zeit seines Lebens war er der Meinung, dass Geschwindigkeiten über 50 km/h nicht gefahren werden sollten. 1929 starb er in Ladenburg bei Mannheim.
Wer war es?

■ Versucht doch nun einmal selbst, eine Rateaufgabe zu stellen. **Tipp:** Grundlage für das Rätsel kann auch ein historischer Begriff oder ein Ort sein.

	1900							2000	
	Elektronische Medien			Neue elektronische Medien				Digitalisierung	
ca. 1840	1890	1906	1930	1932	1956	1977	1979	1985	1990

Begriffe zum Nachschlagen

Abrüstung. Seit der Aufklärung gibt es Vorstellungen über die Begrenzung, Kontrolle und Verminderung der Rüstung, um Kriege zu verhindern. Nach den beiden Weltkriegen hat die moderne Kriegstechnik, insbesondere das Vorhandensein nuklearer Waffen, Abrüstungsgespräche sehr schwierig gemacht und allenfalls Teilerfolge im Bereich der Rüstungskontrolle und Rüstungsbegrenzung ermöglicht. Erst am Ende des Kalten Krieges, vor allem seit dem Niedergang des sozialistischen Weltsystems, sind mit dem Mittelstreckenabkommen und den START-Verträgen (Strategic Arms Reduction Talks) durch den US-Präsidenten George Bush und den letzten Präsidenten der UdSSR, Michail Gorbatschow, Durchbrüche erzielt worden, die eine echte Abrüstung durch die Vernichtung von Waffensystemen mit einer wirksamen Kontrolle vor Ort verbinden und eine Basis für die dringend erforderliche Abrüstung darstellen.

Abschreckung. Die militärisch-politische Strategie der Abschreckung beruht auf der Vorstellung, durch den Ausbau und die Verstärkung der eigenen Streitkräfte einen möglichen militärischen Gegner davon abzuhalten, einen Angriff zu starten.
Diese in der Geschichte immer wieder verwendete Strategie gipfelte im 20. Jahrhundert in der Abschreckungspolitik während des Kalten Krieges und der Jahre der Entspannungspolitik, als die führenden Atommächte und ihre Verbündeten sich gegenseitig mit konventionellen, chemischen, biologischen und nuklearen Waffen bedrohten, um den Ausbruch eines dritten Weltkrieges zu verhindern.

Antisemitismus. In einem sehr weiten Sinne meint der Begriff jede Form von Abneigung oder Feindschaft gegenüber den Juden. Im engeren Sinne meint Antisemitismus eine politische Weltanschauung, die gegen Ende des 19. Jahrhunderts entstanden ist und die die Judenfeindschaft mit biologisch-rassistischen Argumenten zu begründen versucht. In Anlehnung an die Überlegungen Darwins werden Juden als eine minderwertige „Rasse" betrachtet. Letztlich bildete dieses Denken die Voraussetzung für die nationalsozialistische Ideologie und die Massenvernichtung.

Appeasement-Politik. Die Bezeichnung leitet sich vom englischen Verb „to appease" ab (= beschwichtigen, Zorn mildern). Gemeint ist der Versuch der britischen Regierung, die aggressiven Tendenzen der deutschen Außenpolitik zwischen 1933 und 1938 durch eine Politik der Zugeständnisse einzudämmen und somit den Frieden zu sichern. Die Münchener Konferenz von 1938 gilt als Inbegriff dieser Strategie und gleichzeitig als Ausdruck ihres Scheiterns, denn die weitgehenden diplomatischen und territorialen Konzessionen konnten den Krieg nicht verhindern.

Aufrüstung. Der scheinbar einfache Vorgang der Rüstungssteigerung mit dem Ziel, die militärische Kampfkraft der eigenen Truppen zu verbessern, kann sehr unterschiedlichen Motiven dienen: Kriegsvorbereitung, Ausgleich für gegnerische Rüstung, Abschreckung, Ruinieren der gegnerischen Finanzen durch Verstrickung in einen Rüstungswettlauf, Arbeitsbeschaffung, Arbeitsmarktentlastung durch Heeresverstärkung. Der Beurteilung von Aufrüstungsmaßnahmen muss daher eine genaue Analyse der politisch-strategischen und wirtschaftlichen Lage vorausgehen.

Autokratie. Autokratie (Selbstherrschaft) ist ein Sammelbegriff für Regierungsformen, bei denen die Staatsgewalt uneingeschränkt in der Hand eines Einzelnen liegt.

Bolschewismus. Dieser Begriff wird oft gleichbedeutend mit Kommunismus verwendet. Er leitet sich ab von den „Bolschewiki", den „Mehrheitlern", jenem radikalen Flügel der Sozialdemokratischen Arbeiterpartei Russlands, der seit 1903 den revolutionären Gedanken Lenins folgte.

Bürgerkrieg, amerikanischer. 1861 traten 7 der 15 Sklaven haltenden Südstaaten aus der Union der amerikanischen Staaten aus. Sie gründeten die „Konföderierten Staaten von Amerika". Ihr „Austritt" (lat. *secessio*) löste den amerikanischen Bürgerkrieg (Sezessionskrieg) aus. Den Hintergrund bildete der Gegensatz zwischen dem industrialisierten, auf freier Lohnarbeiterschaft basierenden bzw. in freier Farmwirtschaft betriebenen Norden und der Pflanzeraristokratie des Südens, deren Plantagenwirtschaft auf Sklavenarbeit beruhte.

DAF/Deutsche Arbeitsfront. Organisation, die in der Arbeitswelt die Idee der „Volksgemeinschaft" umsetzen sollte. Interessengegensätze zwischen Unternehmern, Angestellten und Arbeitern konnte es in einer national organisierten Arbeitswelt nicht mehr geben. Gewerkschaften und Arbeitgeberverbände hatten in diesem Denkmodell keinen Platz. Führer (= Unternehmer) und Gefolgschaft (= Arbeiter) kämpften gemeinsam zum Wohle des Volkes. Folgerichtig gab es kein Streikrecht mehr und die Löhne wurden festgesetzt. Die Organisation „Kraft durch Freude" versuchte, den gesellschaftlichen Abstand zwischen Unternehmern und Arbeitern aufzuheben: durch Betriebsfeste, Konzerte in Werkshallen und Urlaubsangebote.

Demokratie. Der Begriff stammt aus dem Griechischen und bedeutet „Volksherrschaft". Seit dem 18. Jahrhundert wurde die Demokratie als repräsentative Demokratie in den Staaten Nordamerikas, West- und Mitteleuropas bis 1918 schrittweise durchgesetzt. Auf der Grundlage einer selbst gegebenen Verfassung wählt das Volk auf Zeit seine Vertreter (Repräsentanten), die die Gesetzgebung und die Kontrolle der Regierung wahrnehmen sollen. Diesem liberalen Verständnis zufolge zeichnet sich eine Demokratie durch Rechtsstaatlichkeit, die Existenz von Grundrechten, Minderheitenschutz und Gewaltenteilung aus.

Diktatur. Der Begriff bezeichnet die auf Gewalt beruhende, uneingeschränkte Herrschaft eines Einzelnen oder einer Gruppe. Im 20. Jahrhundert können z. B. der Nationalsozialismus oder der Stalinismus als Diktaturen bezeichnet werden.

Diktatur des Proletariats. Karl Marx prägte diesen Begriff als Bezeichnung für die Übergangsphase zwischen der proletarischen Revolution und der anzustrebenden herrschaftsfreien, klassenlosen Gesellschaft. In dieser Übergangsphase herrscht die Mehrheit des Proletariats über die Minderheit der Bourgeoisie.

Dolchstoßlegende. Behauptung, nicht die militärische Führung des Deutschen Kaiserreiches sei schuld an der Niederlage Deutschlands im Ersten Weltkrieg, sondern Demokraten und Sozialisten, die sich gegen einen Siegfrieden als Kriegsziel gewandt hatten. Die Dolchstoßlegende wurde zu einer politischen Kampfparole der antidemokratischen, nationalistischen Kräfte in der Weimarer Republik.

Einigungsvertrag. Umgangssprachliche Bezeichnung für den innerdeutschen „Vertrag zur Herstellung der staatlichen Einheit Deutschlands", der am 31. August 1990 von dem Ministerpräsidenten der DDR, Lothar de Maizière, und dem Bundeskanzler der Bundesrepublik Deutschland, Helmut Kohl, unterzeichnet wurde. Die deutsche Einheit trat am 3. Oktober 1990 in Kraft.

Entnazifizierung. Sammelbegriff für den Versuch der Siegermächte des Zweiten Weltkrieges, die deutsche Bevölkerung vom nationalsozialistischen Denken zu „säubern". Neben der Aburteilung der Hauptkriegsverbrecher in Nürnberg (Nürnberger Prozess) wurden die ehemaligen Parteimitglieder in Hauptschuldige, Belastete, Minderbelastete, Mitläufer und Entlastete eingestuft. Viele belastete Berufstätige verloren ihre Stellung, die meisten Erfassten wurden als Mitläufer bezeichnet. In der SBZ umfasste der Begriff „Entnazifizierung" auch Maßnahmen zur gesellschaftlichen Umgestaltung, wie die Enteignung von Industrieunternehmen oder landwirtschaftlichem Großgrundbesitz. Auf diese Weise sollten nach dem Verständnis der sowjetischen Besatzungsmacht die Trägerschichten des Nationalsozialismus entmachtet werden. Infolge des aufkommenden Ost-West-Gegensatzes und der Teilung Deutschlands wurde die Entnazifizierung für die Siegermächte in allen Zonen bald zu einem untergeordneten Vorhaben. Im Westen wurde sie vorzeitig abgebrochen.

Entspannung. Zustand des friedlichen Nebeneinanders von Machtblöcken oder Nationen mit der Praxis des diplomatisch geregelten Interessen- und Konfliktaustrags. Die Entspannungspolitik zur Zeit des Ost-West-Konfliktes verfolgte durch Vereinbarungen zur Sicherung des Friedens, zur Rüstungskontrolle und zur Aufnahme intensiver Beziehungen auf allen Ebenen das Ziel der Spannungsminderung zwischen den führenden Atommächten und ihren Bündnissystemen auf westlicher und östlicher Seite.

Euthanasie. Die wörtliche Übersetzung lautet: „leichter Tod" – eine Menschen verachtende Vokabel, mit der die Ermordung behinderter oder kranker Menschen verschleiert wird.

Faschismus. Das aus dem Italienischen stammende Wort „fascisti" könnte etwa mit „Bündler", „Angehörige eines Bundes" wiedergegeben werden. Im engeren Sinne bezeichnet der Begriff Faschismus nur das italienische Herrschaftssystem unter Mussolini. Die politischen Gegner, insbesondere die Marxisten, haben das Wort jedoch in einem allgemeineren Sinne verwendet und auch auf den Nationalsozialismus in Deutschland bezogen. Gemeinsamkeiten der Ideologie sind etwa Nationalismus, Idee der Volksgemein-schaft, Machtmonopol einer Partei, diktatorische Strukturen, Ausschaltung jeder Opposition und expansionistische Tendenzen.

Föderalismus. Prinzip der Aufteilung politischer Macht zwischen einer Zentralregierung (in der Bundesrepublik: Bundestag und Bundesregierung) und regionalen politischen Strukturen (in der Bundesrepublik: Bundesländer mit ihren Länderparlamenten und Landesregierungen). Der föderale Staat soll übermäßige Machtkonzentration verhindern und für mehr Bürgernähe von Politik und Verwaltung sorgen.

Frauenemanzipation. Emanzipation bedeutet Selbstständigkeitserklärung, Gleichstellung vorher Minderberechtigter.
Durch die Weimarer Verfassung erhielten Frauen erstmalig in Deutschland das Wahlrecht. In den 1920er-Jahren wurde in den Medien das Bild der „neuen Frau" verbreitet. Sie beanspruchte eine neue Rolle, strebte nach akademischem Studium und nach einem qualifizierten Arbeitsplatz. In der Mode signalisierten Bubikopf-Frisuren und kurze Röcke das neue Frauenbild. Dieses Frauenbild entsprach aber in vielen Fällen nicht der Wirklichkeit. Frauen waren im Reichstag unterrepräsentiert, verdienten für gleiche Arbeit weniger als Männer und erhielten eine weniger qualifizierte Ausbildung.
Neuen Schwung erhielten die traditionellen Forderungen der Frauenemanzipation in der BRD durch die „neue Frauenbewegung" zu Beginn der 1970er-Jahre.

Friedensvertrag. Am 12. September 1990 unterzeichneten die Vertreter der vier Siegermächte des Zweiten Weltkrieges und der beiden deutschen Staaten den sogenannten „2+4-Vertrag", mit dem alle noch aus dem Zweiten Weltkrieg resultierenden alliierten Vorbehalte aufgehoben wurden und Deutschland in die volle Souveränität entlassen wurde.

Frontier. 1893 vertrat der amerikanische Historiker Frederik Jackson Turner (1861–1932) die These, dass das Vorhandensein freien Landes und das Vordringen der Siedlungsgrenze nach Westen die amerikanische Entwicklung erkläre. Die Bedingungen des Grenzraums, des Aufeinandertreffens besiedelten und unbesiedelten Landes, der „Frontier", hätten die Möglichkeiten des sozialen Aufstiegs, des Individualismus und der Demokratie gefördert. Turner sah den Westen als das wahre Amerika. Damit erklärte er die fortschrittlichen politischen und gesellschaftlichen Institutionen Amerikas nicht aus der europäischen Tradition, sondern leitete sie aus dem demokratisierenden Einfluss der Siedlungserfahrung ab. Zwar wurde Turners These kritisiert, die besondere Bedeutung der ständigen Grenzverschiebung ist jedoch unbestritten, insbesondere die durch die Pioniergesellschaften aus Farmern, Kaufleuten, Händlern, Handwerkern, Arbeitern und freien Berufen geförderte Tendenz zur gleichberechtigten, Standesunterschiede einebnenden und vom Einzelnen zu verantwortenden Teilhabe an sozialen und ökonomischen Chancen.

Führer (Führerprinzip, Führerstaat). Der offizielle Titel Hitlers lautete seit August 1934: „Führer und Reichskanzler". In seinem Selbstverständnis verkörperte der Führer das Volk und verwirklichte den „wahren Volkswillen", was sich auch in der Anrede „Mein Führer" ausdrückte. Der Führerstaat sollte das Prinzip von Befehl und Gehorsam auf allen Ebenen durchführen und setzte uneingeschränkte Befugnisse des Führers voraus. In Wirklichkeit schuf er ein schwer durchschaubares System rivalisierender Ämter.

Genozid/Holocaust. Gemeint ist der Völkermord an den europäischen Juden, der von den Nationalsozialisten systematisch geplant und durchgeführt wurde. Die Ausgrenzung der Juden begann bereits 1933: Schikanen und Demütigungen steigerten sich über die Nürnberger Gesetze (1935) und die „Reichskristallnacht" (1938). Nach Kriegsbeginn weitete sich die Verfolgungswelle aus. Deportationen bildeten die Zwischenstufe zur „Endlösung", die auf der Wannsee-Konferenz 1942 beschlossen wurde und zur Ermordung von etwa sechs Millionen europäischen Juden in Massenvernichtungslagern führte.

Gestapo. „Geheime Staatspolizei", ursprünglich von Göring in Preußen eingerichtete Polizeidienststelle zur Verfolgung politischer Gegner wurde die Gestapo seit 1939 eine der SS unterstellte Reichsdienststelle. Zentrale der Gestapo war das „Reichssicherheitshauptamt" (RSHA) der SS in Berlin. Die Gestapo erzwang Aussagen durch Folter, ließ Gefangene ermorden und organisierte die Einweisung in Konzentrations- und Vernichtungslager.

Gleichschaltung. Der Begriff taucht zuerst auf im „Vorläufigen Gesetz zur Gleichschaltung der Länder" vom

31.3.1933, das die Zusammensetzung der Landtage nach den Stärkeverhältnissen des Reichstages regelte. Übertragen wurde der Begriff auf die nationalsozialistische Durchdringung aller wirtschaftlichen, sozialen und kulturellen Vereinigungen und des gesamten Informationswesens. Alle Menschen sollten in den wichtigen Dingen „gleich" denken, was der Idee der Volksgemeinschaft entsprach.

Hitler-Stalin-Pakt. Umgangssprachliche Bezeichnung für das zwischen dem Deutschen Reich und der Sowjetunion am 23.8.1939 geschlossene Abkommen, in dessen geheimem Zusatzprotokoll die Interessensphären beider Staaten in Osteuropa, insbesondere eine zukünftige Aufteilung Polens, festgelegt wurde.

Ideologie. Im engeren Sinne bezeichnet der Begriff eine Ansammlung von Ideen oder Wertvorstellungen, die beansprucht, die Wirklichkeit sinnvoll zu deuten – seien die politischen, wirtschaftlichen oder gesellschaftlichen Verhältnisse auch noch so kompliziert. Wichtige Elemente der NS-Ideologie sind z. B. das Führerprinzip, die Idee des (knappen) Lebensraumes, der Rassismus und der Antisemitismus.
Aufgabe der Ideologiekritik ist es, die Hintergründe und Interessengebundenheit eines derartigen Denkens aufzudecken und damit nachzuweisen, dass dieses Denken mit der Wirklichkeit nicht übereinstimmt, aber für die Träger der Ideologie Nutzen bringt.

Inflation. Darunter versteht man eine durch anhaltende Preissteigerung gekennzeichnete Geldentwertung. Während und vor allem nach dem Ersten Weltkrieg kam es insbesondere in Deutschland und Österreich, aber auch in anderen Staaten zu einer schweren Inflation, weil die Regierungen die Ausgaben für die Kriegsfinanzierung und Reparationen durch Ausweitung der Geldmengen aufzubringen versuchten, während das Warenangebot gleichzeitig aufgrund des Krieges zurückging. Den Höhepunkt erreichte die Inflation in Deutschland im Jahre 1923. Die sozialen Folgen waren steigende Arbeitslosigkeit, Verlust von Besitz und Geld bei Sparern, riesige Gewinne dagegen bei Schuldnern und Spekulanten. Durch einen Währungsschnitt wurde die Inflation im November 1923 beendet.

Kalter Krieg. Der Begriff bezeichnet die nach dem Zweiten Weltkrieg entstandene machtpolitische und ideologische Auseinandersetzung zwischen den USA und der ehemaligen Sowjetunion sowie ihren Bündnissystemen. Eine direkte militärische Auseinandersetzung konnte trotz mehrerer schwerer Krisen (Berlin 1948, Kuba 1962), die einen „heißen Krieg" hätten herbeiführen können, vermieden werden. Während des Kalten Krieges versuchten beide Staaten, ihre eigene Position durch Aufrüstung, Paktsysteme, Wirtschaftshilfe, Propaganda, Unterstützung von Staatsstreichen, Revolutionen und Stellvertreterkriegen in der Dritten Welt zu stärken bzw. zur Verhinderung eines dritten Weltkrieges die jeweils andere Seite abzuschrecken. Noch während dieser Epoche wurde aber auch eine Entspannungspolitik entworfen und erfolgreich abgeschlossen.

Kapitalismus. Wenn alle Abläufe der Wirtschaft vom Besitz/Nichtbesitz von Kapital sowie von der Art des Einsatzes abhängen, gilt ein Wirtschaftssystem als kapitalistisch. Kapital umfasst dabei sowohl das frei verfügbare Vermögen als auch das in Grundstücken, Gebäuden, Maschinen, Werkzeugen und anderen Betriebsmitteln investierte Kapital.

Kollektivschuld. Überlegung, dass bestimmte Handlungen nicht (nur) einzelnen Tätern zuzuordnen sind, sondern der gesamten Gruppe, in der diese Täter gelebt haben und ihre Taten ausüben konnten. Die These der Kollektivschuld wurde vor allem nach dem Zweiten Weltkrieg als Vorwurf gegen die deutsche Bevölkerung erhoben.

Kommunismus. Zum einen steht dieser Begriff für die von Karl Marx und Friedrich Engels angestrebte herrschaftsfreie, klassenlose Gesellschaft. Oft wird der Begriff auch ähnlich wie „Sozialismus" als Bezeichnung für die mit der Oktoberrevolution in Russland etablierte Herrschaftsform verwendet.

Konzentrationslager (KL, KZ). Ursprünglich Internierungslager für politische Gegner als „Schutzhäftlinge", vor allem Funktionäre der KPD und SPD. Erste Lager waren Oranienburg, Dachau, dann Buchenwald bei Weimar; Leitung seit 1934 durch die SS. Nach Kriegsbeginn Errichtung riesiger Arbeits- und Vernichtungslager für Juden, Polen, Sinti und Roma u. a., vor allem im besetzten Polen: Auschwitz ist bis heute Inbegriff eines Konzentrationslagers.

Lebensraum. Gegen Ende des 19. Jahrhundert entwickelter geopolitischer, von der nationalsozialistischen Rassenlehre aufgenommener Begriff, der das einem Volk zur Verfügung stehende Territorium bezeichnete und implizierte, dass ein Volk umso mächtiger sei, je mehr Land ihm zur Verfügung stünde. Die nationalsozialistische Propaganda betonte immer wieder, dass dem deutschen Volk ein zu enger „Lebensraum" zur Verfügung stünde („Volk ohne Raum"). Dieser „Lebensraum"-Begriff bildete als Rechtfertigung der deutschen Expansionspolitik im Zweiten Weltkrieg einen der zentralen Begriffe der nationalsozialistischen Ideologie.

Liberalismus. Der Liberalismus (lat. *liber* bedeutet frei) entstand als politische Bewegung des Bürgertums Ende des 18. Jahrhunderts. Grundlage bildeten die Ideen der Aufklärung wie die der Freiheit und Selbstbestimmung des Menschen in geistiger, politischer und wirtschaftlicher Hinsicht.
Die Vorstellung, dass der Wirtschaftsprozess nicht vom Staat, sondern von den privaten Wirtschaftsteilnehmern auf der Grundlage des freien Wettbewerbs und des Privateigentums bestimmt wird, ist Grundgedanke des Wirtschaftsliberalismus.

Manifest Destiny. Der Begriff wurde 1845 durch den Journalisten John L. O'Sullivan geprägt, der in einem Artikel der „Democratic Review" ausführte, die Erschließung und der Besitz des amerikanischen Kontinents sei „die offenkundige Bestimmung" der Vereinigten Staaten. Das Bekenntnis zur „Manifest Destiny" beinhaltete vor allem die Verpflichtung, die demokratischen Institutionen auszubreiten. Neben den rein machtpolitischen Triebkräften spiegelte sich in dieser Auffassung der heilige Eifer der puritanischen Kolonisten. Amerika galt als der Hort politischer Demokratie, die den Menschen überall Glück und Freiheit bringen sollte. Wenige Jahrzehnte später wurde der Begriff zur Rechtfertigung der außerkontinentalen Expansion der USA benutzt.

Marxismus. Gesamtheit der Lehren von Karl Marx und Friedrich Engels. Im Zentrum steht die geschichtsphilosophische Vorstellung, dass die wirtschaftliche und gesellschaftliche Entwicklung notwendig auf eine sozialistische Gesellschaft hinausläuft (Historischer Materialismus). Vor diesem Hintergrund analysieren und kritisieren Marx und Engels die wirtschaftlichen Gegebenheiten ihrer Zeit. Sie entwerfen Vorstellungen von der Beschaffenheit einer künftig anzustrebenden Gesellschaftsordnung und zeigen mögliche Wege ihrer Durchsetzung auf.

Marxismus-Leninismus. Der Begriff bezeichnet die von Lenin vorgenommene Ausdeutung, Erweiterung bzw. Veränderung der marxistischen Lehre zu einer ideologischen Grundlage des politischen Systems der UdSSR und anderer Staaten, z. B. des ehemaligen Ostblocks.

Modernisierung. Modernisierung werden die politischen, wirtschaftlichen, sozialen und kulturellen Veränderungsprozesse genannt, die seit dem ausgehenden 18. Jahrhundert die fortgeschrittenen Gesellschaften in den USA und Europa umformten. Das Prinzip der Veränderung setzte sich gegen das der Tradition durch. Individuelle Freiheit, Fortschrittsdenken, Verweltlichung gehörten zu den Leitideen. Die Gesellschaften wurden offener, vielfältiger.
Zentren der Moderne in der Weimarer Republik waren die Großstädte. Berlin erlebte die „Goldenen Zwanziger". Die Massenmedien (Tageszeitungen, Illustrierte, Rundfunk, Film) veränderten Lebensstil und Wertvorstellungen. Es entstand eine Massenkultur (Tanz, Revuen, Sportgroßveranstaltungen).

Münchener Abkommen. Das Münchener Abkommen vom 29.9.1936 zwischen Deutschland, Frankreich, Großbritannien und Italien sah die sofortige Abtretung des Sudetenlandes von der CSR an das Dritte Reich vor. Die CSR war kein Vertragspartner, sondern reines Objekt der Verhandlungen. Das Abkommen ist Bestandteil der deutschen Expansionspolitik vor dem Zweiten Weltkrieg und stellt den letzten und historisch bedeutsamsten Ausdruck der Appeasementpolitik Großbritanniens und Frankreichs gegenüber dem nationalsozialistischen Deutschland dar.

Nationalsozialismus. Nach dem Ersten Weltkrieg in Deutschland aufgekommene, dem Führerideal huldigende, antidemokratische Bewegung mit extrem nationalistischer, rassistischer und antisemitischer Weltanschauung. Nach der Machtübertragung am 30.1.1933 bezeichnet der Begriff neben der so charakterisierten Weltanschauung und politischen Bewegung (NSDAP) auch das nun errichtete Herrschafts- und Gesellschaftssystem sowie die Epoche der deutschen Geschichte zwischen 1933 und 1945.

NATO. Die NATO wurde im April 1949 von zwölf Staaten Europas, den USA und Kanada gegründet. Sie versteht sich als Bündnis der westlichen Welt zur Verteidigung von Demokratie, Menschenrechten, Marktwirtschaft und Rechtsstaatlichkeit in dem Territorium ihrer Mitglieder und der assoziierten Staaten. In der Zeit des Kalten Krieges dominierte das militärische Gegengewicht gegen das Sowjet-Imperium (Warschauer Pakt), wozu die Unterstützung Europas durch Nordamerika notwendig war. Die militärische Struktur wurde durch weitere Gesetze und Verträge laufend modernisiert, doch gilt die NATO im Kern als eine politische Wertegemeinschaft, d. h. das Militär ist der politischen Führung der demokratisch legitimierten Staaten unterstellt.

Notverordnungen. Durch Regierung oder Staatsoberhaupt ohne Beteiligung des Parlamentes erlassene Gesetze. Viele Verfassungen enthalten solche Bestimmungen für den Fall, dass das rechtmäßige Gesetzgebungsorgan, das Parlament, nicht handlungsfähig ist, so z. B. die Weimarer Verfassung mit dem Art. 48.

Ostpolitik. Sammelbezeichnung für diejenigen außenpolitischen Aktivitäten der sozialliberalen Koalition (SPD/FDP), die auf dem Konzept einer Zusammenarbeit mit den Ostblockstaaten und insbesondere der DDR beruhten. Die Ostpolitik bildete das Gegenstück zur Politik der Westintegration der Ära Adenauer. Die Ostpolitik ging von der Anerkennung der territorialen und politischen Verhältnisse aus, die durch den Zweiten Weltkrieg geschaffen waren. Sie betonte den Verzicht auf Gewalt als Mittel zur Veränderung dieser Verhältnisse und versuchte durch ein Reihe von Verträgen, Vertrauen zu schaffen sowie wirtschaftliche Zusammenarbeit und menschliche Begegnungen zu fördern. Auf diese Weise sollten die Teilung Europas und Deutschlands für die Menschen erträglicher gemacht und langsame Veränderungen in der Konfrontation der Blöcke ermöglicht werden.

Parlamentarische Demokratie. Bezeichnung für ein politisches System, bei dem ein Parlament, das aus Wahlen hervorgegangen ist, die Wählerschaft repräsentiert und somit die wichtigste Instanz der politischen Willensbildung darstellt. Die zentralen Rechte eines Parlamentes sind das Gesetzgebungsrecht, das Haushaltsrecht und die Funktion, Regierung und Verwaltung zu kontrollieren.
In der deutschen Novemberrevolution von 1918/19 konkurrierten für eine kurze Übergangszeit die parlamentarische Demokratie und die sozialistische Räte-Republik. Schließlich wurde eine verfassunggebende Nationalversammlung gewählt, die die Verfassung für eine parlamentarische Demokratie verabschiedete.

Parteienstaat. Eine Partei ist der organisierte Zusammenschluss von Bürgern, die gemeinsame soziale Interessen und politische Vorstellungen über die Gestaltung ihrer staatlichen, gesellschaftlichen und wirtschaftlichen Ordnung haben. Ihr Ziel ist es, auf verfassungsmäßig geregeltem Weg Herrschaft zu übernehmen.
Im Grundgesetz ist die Rolle der Parteien klar geregelt; sie wirken mit an der „politischen Willensbildung des Volkes". Der Begriff „Parteienstaat" bezeichnet deshalb wertneutral die ausschlaggebende Rolle, die Parteien in der parlamentarischen Demokratie spielen.
In der Weimarer Republik wurde der Begriff abwertend für eine Demokratie gebraucht, in der es aufgrund des Wahlsystems und der fehlenden 5 %-Klausel eine Vielzahl von Splitterparteien gab. Dadurch wurde die Regierungsbildung erheblich erschwert. In der Weimarer Verfassung wurden Parteien nicht ausdrücklich erwähnt, ihre wesentliche Aufgabe war die Organisation von Wahlen.

Pilgrim Fathers. Die 41 erwachsenen männlichen Passagiere des Schiffes „Mayflower", die 1620 mit insgesamt 102 Männern, Frauen und Kindern bei Cape Cod landeten. Sie gehörten zur Glaubensgemeinschaft der Puritaner, die die hierarchische Struktur der anglikanischen Kirche ablehnten und stattdessen Presbyter oder Kirchenälteste als Vertreter an die Spitze ihrer Gemeinden wählten. Diese basisdemokratischen Vorstellungen wurden mit in die neue Heimat übernommen. Die Männer der Gemeinden berieten sich in Kirchen und regelten Probleme des Zusammenlebens im Sinne einer echten Selbstverwaltung.

Planwirtschaft. Bezeichnung für die Wirtschaftsordnung in sozialistischen Staaten wie der Sowjetunion oder der DDR. Die Planwirtschaft beruht auf dem staatlichen Eigentum an Produktionsmitteln. Das gesamte Wirtschaftsgeschehen wird von einer zentralen Behörde gelenkt, die festlegt, wann welche Güter von welchen Betrieben zu welchen Preisen produziert werden.

Präsidialregierungen. In der Endphase der Weimarer Republik (1930–1933) büßten die kompromissunfähigen Parteien ihre Kontrollfunktion gegenüber der Regierung weitgehend ein. Der Reichspräsident wurde zum eigentlichen Machtzentrum. Er beriet die Kanzler (Brüning, Papen, Schleicher), die sich an seinen Wünschen und Vorstellungen orientieren mussten. Er nutzte dazu den Artikel 48 der Weimarer Verfassung, um Gesetzesvorlagen im Wege der Notverordnung zu erlassen, und den Artikel 25, um den Reichstag bei Ablehnung der Notverordnungen aufzulösen. Diese Kombination der Artikel 48 und 25 war verfassungsrechtlich problematisch.

Propaganda. Versuch der Beeinflussung von Menschen. In der Zeit des Dritten Reiches wurde der Begriff durchaus positiv gesehen und in einem Atemzug mit „Aufklärung" genannt. Propagandaminister Goebbels bediente sich vor allem der gleichgeschalteten Massenmedien (Radio, Film, Presse), um die Bevölkerung noch stärker an die Ideen des Nationalsozialismus zu binden.

Rassismus. Im Gegensatz zur wissenschaftlichen Biologie, die Rassen nach angeborenen äußeren Merkmalen beschreibt und unterscheidet (z. B. Hautfarbe), geht der Rassismus von der Idee einer Verschiedenwertigkeit der Rassen aus. Die höherwertige Rasse, das war in der Ideologie der NS-Zeit die arische Rasse, habe das Recht und die Pflicht, die minderwertigen Rassen zu unterdrücken. In der Logik des Denkansatzes liegt es, dass die sogenannten „parasitären Rassen" vernichtet werden müssen, um das Überleben der „Herrenrassen" zu sichern.

Rätedemokratie. Dieses Regierungssystem entstand in Russland, wo es sich 1917 durchsetzte. Eine Aufteilung der Gewalten in Exekutive, Legislative und Judikative wird abgelehnt, die gesamte Gewalt liegt bei den sogenannten Räten. Die Mitglieder entstammen der Klasse der Arbeiter, Bauern und Soldaten. Anders als die Abgeordneten im parlamentarischen System, die ihrem Gewissen verpflichtet sind, sind Räte an die Beschlüsse der Gruppe gebunden, die sie gewählt hat. Sie sind jederzeit abwählbar. Die Regierung ist an die Weisungen des Rätekongresses gebunden. Die politische Zielsetzung besteht in der Enteignung der Besitzenden, der Beseitigung der Klassenunterschiede und damit der Durchsetzung einer sozialistischen Staats- und Wirtschaftsordnung.

Rechtsstaat. Der Rechtsstaat garantiert die Gültigkeit der in der Verfassung festgelegten Rechte (Menschenrechte) und aller nachgeordneten Gesetze und Verordnungen, ohne Ansehen der Person einklagbar vor Gerichten. Zur Durchsetzung des Rechts und der Rechtssicherheit für alle Individuen beansprucht der Staat das Gewaltmonopol. Gleichzeitig untersteht alles staatliche Handeln der Kontrolle durch Gerichte. In der Bundesrepublik Deutschland bildet das Bundesverfassungsgericht in Karlsruhe die oberste Gerichtsinstanz.

Revolution. Im politischen Sprachgebrauch meint Revolution die im Allgemeinen unter Einsatz von Gewalt ablaufende Umwälzung einer politischen Ordnung, die gleichzeitig zu tief greifenden gesellschaftlichen Veränderungen führt. Als klassisches Beispiel eines solchen Umsturzes gilt die Französische Revolution von 1789. Aber auch frühere Jahrhunderte und vor allem das 19. und 20. Jahrhundert kennen zahlreiche Beispiele von Revolutionen. Im 20. Jahrhundert brachte in Europa die Russische Revolution von 1917 wohl die einschneidensten Folgen. Für Deutschland bedeutsam waren die Novemberrevolution 1918/19 und die „Friedliche Revolution" in der DDR 1989.

SA. Abkürzung für „Sturmabteilung". Gruppierung von Nationalsozialisten, die zur Zeit der Weimarer Republik eigene Veranstaltungen schützen und gegnerische Aktionen sprengen sollte. SA-Männer wurden von weiten Teilen des Bürgertums abgelehnt, u. a. weil sie oft grölend durch die Straßen zogen und mit Saal- und Straßenschlachten assoziiert wurden. Wegen der Gewalttätigkeiten war die SA in der Weimarer Republik zeitweilig verboten. 1934 wurde die Führungsspitze der SA endgültig ausgeschaltet. Die SA spielte von nun an kaum noch eine Rolle.

Sozialdarwinismus. Der Rassismus und der Antisemitismus greifen auf das sozialdarwinistische Denkmodell zurück, das sich auf die Lehre des britischen Naturforschers Charles Darwin (1809–1882) von der Entstehung und Selbstbehauptung der Arten beruft. Der Sozialdarwinismus überträgt auf das Zusammenleben der Menschen die These, dass sich nur die biologisch stärkeren oder angepassteren Lebewesen im „Kampf ums Dasein" durchsetzen.

Soziale Marktwirtschaft. Bezeichnung für die Wirtschaftsordnung in der Bundesrepublik Deutschland, die vor allem vom Wirtschaftsminister und späteren Bundeskanzler Ludwig Erhard in der Nachkriegszeit in die Praxis umgesetzt und später weiter ausgebaut wurde. Sie beruht einerseits auf dem System der Marktwirtschaft, nach dem der Markt (Angebot und Nachfrage) und die freie Konkurrenz alle wirtschaftlichen Vorgänge regeln, und andererseits auf der Idee des sozialen Ausgleichs durch staatliche Politik (z. B. durch sozialpolitische Maßnahmen wie Sozialhilfe,

Kindergeld oder Wohngeld oder durch wirtschaftspolitische Maßnahmen wie die Bekämpfung von Inflation oder Arbeitslosigkeit).

Sozialismus. Eine im 19. Jahrhundert als Gegenmodell zur kapitalistischen Wirtschafts- und Gesellschaftsordnung entstandene weltanschauliche Richtung und politische Bewegung. Ziel aller verschiedenen sozialistischen Strömungen ist eine von sozialer Gleichheit gekennzeichnete Gesellschaft. Dem Gleichheitsgrundsatz räumen sozialistische Zukunftsmodelle bewusst höheren Rang ein als der Entfaltungsfreiheit des Individuums, wie sie vom Liberalismus stark betont wird.

SS. Die SS (= Schutzstaffel) ist eine nationalsozialistische Gruppierung, die sich selbst als Elitetruppe verstand und nach der Machtergreifung zum stärksten Machtfaktor aufstieg. Aufgenommen wurde nur, wer den strengen rassischen Aufnahmebedingungen entsprach. Seit 1929 stand die SS unter Leitung des „Reichsführers SS" Heinrich Himmler, der SS-Ordensburgen errichten ließ, die Idee des „Herrenmenschentums" zuspitzte und eine Symbolik entwickelte, die an germanische Kulte erinnert. Die Geheime Staatspolizei und der Sicherheitsdienst waren Untergliederungen der SS. Mit Beginn des Krieges wurde die Ausrottung der unterworfenen Völker zur zentralen Aufgabe der SS.

Stalinismus. Der Begriff meint zum einen die Erweiterung der Lehre von Marx, Engels und Lenin durch Josef Stalin. Zum anderen wird damit jene Periode der Geschichte der UdSSR bezeichnet, in der Stalin weitgehend unumschränkte Macht ausübte. Terror, Verfolgung, straffe wirtschaftliche Organisation und Personenkult bildeten markante Merkmale dieser Phase.

Totalitarismus. Mit diesem Begriff werden die Eigenarten solcher politischen Systeme des 20. Jahrhunderts bezeichnet, deren Absicht es ist, alle Lebensbereiche der Gesellschaftsmitglieder vollständig zu erfassen und gleichzuschalten. Dabei spielt die Ausrichtung auf ein neues, dem bisher bestehenden entgegengesetztes Wertesystem eine entscheidende Rolle: Ein „neuer Mensch" soll geschaffen werden. Um dies zu erreichen, bedienen sich totalitäre Systeme neuartiger Mittel, die erst durch die moderne Technik zur Verfügung gestellt werden: Informations- und Propagandamonopol durch Beherrschung der Massenmedien, Geheimpolizei, die gegen die eigene Bevölkerung eingesetzt wird, eine Monopolpartei als Mittel der Massenerfassung und -mobilisierung.

Der Totalitarismusbegriff wurde vorwiegend eingesetzt, um die strukturellen Ähnlichkeiten zwischen dem Nationalsozialismus und dem Bolschewismus aufzuzeigen. Bis heute ist eine solche Parallelisierung umstritten.

Unabhängigkeitserklärung. In einer Unabhängigkeitserklärung verlautbart eine zuvor von einer Führungsmacht abhängige Körperschaft ihre politische Selbstständigkeit. In der folgenreichsten Unabhängigkeitserklärung der Weltgeschichte, der der 13 englischen Kolonien in Nordamerika, erklärten diese am 4. Juli 1776 ihre Unabhängigkeit vom englischen Mutterland. In der feierlichen Erklärung legten die Kolonien die Prinzipien ihres Zusammenlebens dar und begründeten mit Bezug zum Selbstbestimmungsrecht ausführlich ihre Trennung von England. Die Unabhängigkeitserklärung wurde von Thomas Jefferson im Auftrag der Repräsentanten der Kolonien ausgearbeitet. Im anschließenden Unabhängigkeitskrieg besiegten die amerikanischen Truppen unter dem Oberbefehl von George Washington die englischen Truppen. Im Frieden von Paris (1783) anerkannte England die Unabhängigkeit der Vereinigten Staaten von Amerika.

Vereinte Nationen (UN). Am 26.6.1945 in San Francisco gegründete Weltorganisation der Völker der Erde, deren Mitglieder sich auf die Erhaltung des Weltfriedens, notfalls mit militärischer Gewalt, verpflichtet haben, auf Gewalt als Mittel der Durchsetzung ihrer Ziele im Übrigen aber verzichten und die Achtung der Menschenrechte garantieren. Organe der UN sind die jährlich tagende Vollversammlung (ein Staat – eine Stimme), ein aus 15 Mitgliedern bestehender Sicherheitsrat (5 mit einem Vetorecht ausgestattete ständige, 10 nichtständige Mitglieder), ein von der Vollversammlung gewählter Generalsekretär und eine Reihe von sehr wichtigen Unterorganisationen wie die Weltgesundheitsorganisation und die UNESCO. Die Machtmittel der UN erstrecken sich über diplomatische Schritte, wirtschaftliche Maßnahmen bis hin zu militärischen Kampfeinsätzen zur Friedenserzwingung.

Verfassung. Die vertragsmäßige Regelung der grundlegenden Ordnung eines Staates, der Aufgaben, Rechte und Pflichten seiner Organe und Bürger. Eine Verfassung kann sich über einen längeren Zeitraum hin aufgrund einzelner Rechtsakte entwickeln oder in einem einmaligen Gesetzgebungsakt (z. B. Verfassung der USA, 1789) geschaffen werden.

309

Versailler Vertrag. Am 28.6.1919 wurde im Schloss von Versailles, einem Vorort von Paris, zwischen dem Deutschen Reich und 27 alliierten Staaten der Versailler Vertrag zur Beendigung des Ersten Weltkrieges unterzeichnet. Deutschland, das von den Verhandlungen ausgeschlossen war, verlor 13 % seines Gebietes, wichtige Rohstoffvorkommen und Produktionseinrichtungen. Einhellige Empörung in der Bevölkerung riefen vor allem die zeitweilige Besetzung deutscher Gebiete an Rhein und Saar, die erzwungene Abrüstung sowie der „Kriegsschuldartikel" hervor.

Völkerbund/Völkerbundsrat. Internationale Staatenorganisation, die 1920 auf Anregung des amerikanischen Präsidenten Wilson mit dem Ziel der Friedensbewahrung gegründet wurde, der die Vereinigten Staaten von Amerika jedoch nicht beitraten. Oberste Organe waren die in Genf tagende Bundesversammlung sowie der Völkerbundsrat, dem die Hauptmächte (Großbritannien, Frankreich, Italien bis 1937, Japan bis 1933, Deutschland 1926-1933 und die UdSSR 1934-1939) als ständige Mitglieder angehörten. Die Mitgliedsstaaten verpflichteten sich zur Schlichtung von Streitfragen durch internationale Organisationen. Die Machtmittel des Völkerbundes beschränkten sich auf wirtschaftliche Druckmittel.

Volksgemeinschaft. Überzeugung der Nationalsozialisten von der Zusammengehörigkeit des ganzen Volkes und der Überwindung aller Gegensätze. Die Zersplitterung in Klassen, in Parteien, in Konfessionen sei in der schicksalhaft verbundenen Volksgemeinschaft überwunden. Der Ausspruch „Ein Volk – ein Reich – ein Führer" zeigt die große Nähe dieser Idee zum Führerprinzip, nach welchem sich unterschiedslos alle Volksgenossen dem Führer anvertrauen sollten. Raum für Minderheiten oder individuelle Präferenzen lässt die Idee der Volksgemeinschaft nicht zu.

Währungs-, Wirtschafts- und Sozialunion. Die W. wurde am 1. Juli 1990 durch einen Staatsvertrag zwischen der DDR und der BRD begründet. Sie schuf – vor allem durch die Einführung der DM in der DDR und die Übertragung westdeutscher Regelungen – ein gemeinsames Wirtschaftsgebiet. Die W. bereitete die Vereinigung der beiden deutschen Staaten vor.

Warschauer Pakt. Der Warschauer Pakt wurde 1955 als Antwort auf die NATO, der die Bundesrepublik Deutschland 1955 beitrat, als Militärbündnis der osteuropäischen Staaten unter der Führung der Sowjetunion gegründet. Er stabilisierte den Ostblock gegenüber dem Westen; es war aber auch jeder Mitgliedsstaat verpflichtet, militärisch gegen jeden Staat im eigenen Bündnis vorzugehen, der die Bedingungen des Ostblocks nicht einhielt. Die Sowjetunion hatte allein die oberste Kommandogewalt im Pakt, in dem Zwangsmitgliedschaft herrschte. Unter dem Begriff der Nichteinmischung in die inneren Angelegenheiten setzte die Sowjetunion ihre Macht im Pakt und gegenüber dem Westen durch. 1990 löste der Warschauer Pakt sich selbst auf.

Weltwirtschaftskrise. Seit dem Ende des 19. Jahrhunderts wurden die USA zur führenden Wirtschaftsmacht der Welt. Von ihr ging eine zweite industrielle Revolution aus, die wesentlich von der Massenproduktion von Konsumgütern (Autos, Radios) geprägt wurde. Die USA wurden zum Inbegriff der hoch entwickelten kapitalistischen Gesellschaft, in der sich einerseits Macht und Reichtum bei wenigen privaten Firmen konzentrierten, in der sich andererseits die Konsummöglichkeiten der breiten Bevölkerungsschichten entscheidend veränderten. Ab 1929 geriet das „amerikanische System" in eine schwere Krise. Der „Schwarze Freitag", der 24. Oktober 1929, markiert mit seinen dramatischen Kursstürzen den Beginn der Krise. Die Produktion sank um die Hälfte, Millionen Menschen wurden arbeitslos. Da die USA ihre Kredite aus Europa abzogen und ihren Markt durch Zölle abschirmten, wurden auch andere Staaten, in besonderem Maße Deutschland, in die Krise hineingezogen. Die amerikanische Krise wurde zur Weltwirtschaftskrise.
Im Unterschied zu den USA entwickelte sich in Deutschland die Wirtschaftskrise zur Staatskrise; die Weimarer Republik wurde zerstört.

Westintegration. Politischer Leitbegriff der Außenpolitik der Adenauer-Ära. Die Konfrontation der Weltblöcke im Kalten Krieg und die politischen Grundbedingungen der Nachkriegszeit erlaubten der Bundesrepublik keine volle Souveränität. Deshalb wurde die Einbindung in das westliche Bündnis (NATO, EWG) einer Politik der Wiedervereinigung vorgezogen. Nach Ansicht ihrer Verfechter waren nur durch die Westintegration Stabilität, Sicherheit, wirtschaftlicher Aufschwung und die innere Entwicklung der Bundesrepublik möglich. Eine Weiterentwicklung gab es erst mit der Ostpolitik der sozialliberalen Koalition.

Register

Bildquellenverzeichnis

akg-images / Archiv für Kunst und Geschichte: S. 33 u.l., S. 47 r.o., S. 71, S. 80 r., S. 104, S. 105 l., S. 111 r., S. 146 l., S. 155 l., S. 164 o. (2.v.l.) und u.l., S. 198 u.S. 229 l., S. 234 o.l., S. 248 o.; Anschläge / Verlag Langewiesche-Brandt: S. 60 M., S. 77 l.o. und r., S. 109, S. 112 u.l., S. 116 u., S. 131 o.l.; AP Photo: S. 20 (Ivan Sekretarev), S. 105 r., S. 189 r.; Arbeitsgruppe Pädagogisches Museum (Hg.), Heil Hitler, Herr Lehrer!, Rowohlt 1983 (Foto aus Privatbesitz): S. 127 u.; Army Signal Corps Collection in the U.S. National Archives: S. 174; Artothek Peissenberg: S. 83 l.; Aschendorff Verlag / Borgas Fotoverlag: S. 164 o. (2.v.r.), S. 167 o.; Axel Springer-Verlag: S. 293 u.; Bettmann Archive, New York: S. 38; Bildarchiv Preußischer Kulturbesitz / bpk: S. 36 (Alfredo Dagli Orti), S. 60 r., S. 62 (© VG Bild-Kunst, Bonn 2009), S. 75 o. (© VG Bild-Kunst, Bonn 2009), S. 82 (Kunstbibliothek SMB / Knud Petersen), S. 85 l.u., S. 88 u.l. (Hans Schaller) und u.r., S. 99 u., S. 122 u.r., S. 153, S. 165 l., S. 191 o.l., S. 205, S. 249 r.M., S. 291 o.l.; Thomas Billhardt / Gustav Kiepenheuer Verlag: S. 229 r.o. und u., S. 234 o.r., S. 238/239, S. 241; Brend'amour, Simhart & Co., München: S. 122 u.M.; Bridgeman Art Library: S. 17, S. 40 o.l., S. 42, S. 295 l.; Bundesarchiv, Koblenz: S. 94, S. 112 o.r., S. 122 o.l. und u.l., S. 134, S. 202; Bundesbildstelle: Umschlag (2.v.r.), S. 164 u. (2.v.l.), S. 192, S. 193 o., S. 196, S. 197, S. 217 r., S. 219, S. 228, S. 249 l.u. und r.o., S. 250/251; Bundesregierung: S. 206 (Rolf Unterberg), S. 207 l. (Ludwig Wegmann), S. 252 (Schambeck); Caldwell/ Distr. Bulls: S. 269 r.u.; Carl Henrich-Archiv: S. 156 u.; CCC, www.c5.net: S. 265 o. (Joachim Kohlbrenner) und u. (P. Fuchs), S. 283 o. (Burkhard Mohr) und M. (LUFF), und u. (Felix Mussil); J. A. Chaldei / M. Grosset Photographies / Fotosoyuz: S. 27 r.o. und u.; Chaplin-Archiv, Frankfurt a.M.: S. 87 M.; Chicago Historical Society: S. 40 u.l., S. 50; Corbis: S. 40 u.r., S. 52, S. 55 r.M. (Sygma), S. 168 o. (Jack Clemmer); CTK: S. 168 u.; David King-Collection, London: S. 33 u.r.; DDP / Brian Lynch: S. 291 u.r.; Deutsche Bundespost: S. 299 r.; Deutsches Historisches Museum / DHM: Umschlag (2.v.l.), S. 96 l., S. 108, S. 122 o.r., S. 127 M.; Deutsches Technikmuseum, Berlin / Firmenarchiv AEG: S. 84 r.M.; dfd / Deutscher Fotodienst GmbH: S. 272 l.; Dokumentenkabinett, Vlotho: S. 31; Europäische Union: Umschlag r.; Sigrid Falkenstein: S. 137, S. 170; Yurj Feklistov: S. 34; J.M. Flagg / The Hegman Print, New York: S. 57; Gedenkstätte Deutscher Widerstand, Berlin: S. 163 o., S. 164 u.r., S. 165 r.; Getty Images / Jung Yeon-Je: S. 289 o.; Globus Kartendienst: S. 279 o.; Granger Collection, New York: S. 40 o.r., S. 44, S. 47 r.M.; Haus der Geschichte der Bundesrepublik Deutschland: S. 191 r.u. (Jupp Wolter), S. 234 u.r., S. 242, S. 268 u., S. 269 l.o. und u. und r.o.; Hessisches Landesmuseum, Darmstadt: S. 73 M., S. 102; Institut für Zeitungsforschung der Stadt Dortmund: S. 97; P. Kassin: S. 35; Katamidse Slawa: S. 23 u.; Keystone: S. 80 l., S. 83 r.o., S. 88 u.M., S. 138 o., S. 164 o.r., S. 167 u., S. 189 l., S. 194, S. 195 o.; Klett-Perthes Verlag GmbH, Gotha: S. 46; Laif / Gunnar Knechtel: S. 289 u.; Leninbibliothek, Moskau: S. 22; Library of Congress, Washington: S. 11, S. 40 M.l. und r., S. 47 u.l., S. 48, S. 51 u.; Magnum / Ferdinando Scianna: S. 55 r.o.; Ute Mahler, Lehnitz: S. 193 u.; Merian: S. 295 r.; Museum Karykatury w Warszawie, Warschau: S. 268 o.; NAS/ Scott Camazine/ OKAPIA: S. 172/173; Ostsee-Archiv / Heinz Schön: S. 156 o.; Panstwowe Muzeum, Auschwitz: S. 154 o.; Photo-Hoffmann, München: S. 124; PICTOR International, Hamburg: S. 274; picture alliance: Umschlag l./innen (dpa) und M. (dpa), S. 9 (dpa), S. 81 (dpa), S. 150 (dpa), S. 159 (dpa), S. 163 u.l. (ZB-Fotoreport), S. 176 (dpa), S. 195 u. (dpa), S. 203 o. (dpa), S. 207 r. (dpa), S. 211 r. (akg-images), S. 216 u. (dpa), S. 226 (dpa), S. 253 (dpa), S. 254 (dpa), S. 259 (dpa), S. 262 (dpa), S. 263 (dpa), S. 267 (dpa), S. 270 (dpa), S. 272 r., S. 278 (dpa), S. 293 M. (dpa), S. 296 (dpa); Picture Press, Hamburg: S. 222 l. und r.; report, München: S. 222 M.; O. Rheindorf, Düsseldorf: S. 123; Roger-Viollet: S. 299 l.; Ruhrnachrichten: S. 288 u.; Russisches Staatsarchiv für filmische und fotografische Dokumente, Krasnogorsk: S. 12 r., S. 25; Sammlung R. Sterz / Archiv Westermann, Braunschweig: S. 143 r.M.; Hans Schaller, Berlin: S. 63; Schapowalow, Waldkirch: S. 291 o.r.; Sigloch Edition, Blaufelden: S. 87 u.; Norbert Simianer, Ostfildern: S. 112 u.r., S. 121, S. 122 o.M.; DER SPIEGEL: S. 13, S. 55 r.u., S. 147; Stadtmuseum Düsseldorf: S. 83 r.u.; Stadtmuseum München: S. 80 M.; Karl Stehle, München: S. 112 o.l.; Sven Simon, Essen: S. 220; SZ-Photo: S. 8 (Jandke / Caro), S. 12 l. (Ria Nowosti / TB; © VG Bild-Kunst, Bonn 2009), S. 23 o., S. 59, , S. 77 l.u., S. 84 r.o. und u., S. 87 o., S. 88 r.o. (Scherl), S. 93 r.o. und u., S. 95 r., S. 96 r. (Scherl), S. 99 o., S. 111 l., S. 143 r.u., S. 158 l., S. 182, S. 188, S. 210, S. 211 l., S. 224, S. 233, S. 249 l.M., S. 282 (Melde Press), S. 288 o. (Rue des Archives); Transglobe Agency, Hamburg / Popperfoto: S. 143 l.o.; Wolfgang Trees, Aachen: S. 169; Tretjakow-Galerie, Moskau: Umschlag l./außen, S. 10; Manuel Trollmann: S. 135; ullstein bild: S. 15, S. 58, S. 79, S. 85 l.o., S. 93 l.o. und u., S. 95 l., S. 98, S. 112 o.M., S. 117, S. 141, S. 143 r.o., S. 145 M., S. 146 r., S. 148, S. 171, S. 198 o., S. 200, S. 203 u., S. 204, S. 216 o., S. 234 u.l., S. 237, S. 240, S. 243 o., S. 248 M. und u., S. 249 l.o., S. 284 l. (AP) und r. (Peters), S. 297 o. (Olaf Rahardt); Universal City Studios, Inc. and Amblin Entertainment, Inc.: S. 161; Lauren Uram / Artwork for TIME: S. 290; VISUM / Heiko Specht: S. 249 r.u., S. 260; Westermann, Braunschweig: S. 53; „Westfälische Geschichte" / Internetportal: S. 120; Westfälisches Freilichtmuseum, Hagen: S. 291 u.l.; Katja Worch, Berlin: S. 243 u.; X Verleih / Cinetext: S. 166 r.; Zentrum für Antisemitismusforschung, Berlin: S. 125 u.; Zydowski Instytut Historyczny, Warschau: S. 138 u.; weitere: Verlagsarchiv Schöningh.

Sollte trotz aller Bemühungen um korrekte Urheberangaben ein Irrtum unterlaufen sein, bitten wir darum, sich mit dem Verlag in Verbindung zu setzen, damit wir eventuell notwendige Korrekturen vornehmen können.

Methoden in Band 1

Methoden in Band 2